A LEI DO TRIUNFO

NAPOLEON HILL

Deão do Departamento de Filosofia
Industrial da Universidade Internacional
do Pacífico, Los Angeles, Califórnia

A LEI DO TRIUNFO

16 LIÇÕES PRÁTICAS PARA O SUCESSO

Ensinando, pela primeira vez na história
do mundo, a verdadeira filosofia sobre
a qual repousa todo o triunfo pessoal

Tradução
Fernando Tude de Souza

63ª edição

JOSÉ OLYMPIO

Rio de Janeiro, 2024

EDITORA JOSÉ OLYMPIO LTDA.
Rua Argentina, 171 — 3º andar — São Cristóvão
20921-380 — Rio de Janeiro, RJ
Tel.: (21) 2585-2000
Printed in Brazil / Impresso no Brasil

ISBN 978-85-03-01179-2

Capa: Elmo Rosa
Diagramação: Paulo Cesar Veiga

Livro revisado segundo o novo Acordo Ortográfico da Língua Portuguesa.

CIP-BRASIL. CATALOGAÇÃO NA FONTE
SINDICATO NACIONAL DOS EDITORES DE LIVROS, RJ

H545L
63ª ed.

Hill, Napoleon, 1883-1970
A lei do triunfo: 16 lições práticas para o sucesso: ensinando, pela primeira vez na história do mundo, a verdadeira filosofia sobre a qual repousa todo o triunfo pessoal / Napoleon Hill; tradução Fernando Tude de Souza. - 63ª ed. - Rio de Janeiro: José Olympio, 2024.
672 p.; 23 cm.

Tradução de: The law of success in sixteen lessons
ISBN 978-85-03-01179-2

1. Sucesso. 2. Autorrealização. 3. Autoconfiança. I. Título.

15-14291

CDD: 158.1
CDU: 159.947

A Andrew Carnegie, que sugeriu que se escrevesse este curso;
a Henry Ford, cujas notáveis realizações formam,
praticamente, a base para as 16 lições,
e a Edwin C. Barnes, sócio de Thomas A. Edison, cuja
amizade auxiliou o autor durante mais de 15 anos a
prosseguir, em face de um grande número de adversidades
e das muitas derrotas temporárias que encontrou na
organização do curso.

Sumário

Como foi elaborado o curso prático da Lei do Triunfo *13*
Julgamento de grandes personalidades americanas sobre a Lei do Triunfo *15*
Prefácio da terceira edição (pelos editores americanos) *17*
Introdução geral ao curso da Lei do Triunfo (Declaração pessoal do autor) *19*
Testemunho de gratidão do autor pelo auxílio que lhe foi prestado na realização desta obra *23*
Resumo da lição introdutória *25*

A Lei do Triunfo

Primeira lição
O MASTER MIND *29*
Moléculas, átomos e elétrons *37*
O fluido que faz vibrar a matéria *40*
Ar e éter *41*
Cada cérebro é, ao mesmo tempo, uma estação transmissora e receptora *45*
O Master Mind *48*
A química mental *48*
Química mental e poder econômico *55*
A psicologia das reuniões de reavivamento *67*
O significado da palavra educação *72*
Os que podem lucrar mais com o curso sobre a filosofia da Lei do Triunfo *78*
Seus seis inimigos mais perigosos *88*

SEGUNDA LIÇÃO
UM OBJETIVO PRINCIPAL DEFINIDO *95*
Um objetivo principal definido *112*
Instruções para a aplicação dos princípios da segunda lição *127*

TERCEIRA LIÇÃO
CONFIANÇA EM SI MESMO *133*
Os seis medos básicos da humanidade *134*
Hereditariedade física e social *135*
O medo da pobreza *137*
O medo da velhice *138*
O medo da crítica *139*
O medo de perder o amor de alguém *141*
O medo da doença *141*
O medo da morte *142*
Fórmula da confiança em si mesmo *156*
A força do hábito *158*
Descontentamento *170*
Os milagres modernos *173*
A fé, o maior de todos os milagres *174*

QUARTA LIÇÃO
O HÁBITO DA ECONOMIA *179*
As barreiras de limitação construídas pelo hábito *180*
A escravidão das dívidas *182*
Como dominar o medo da pobreza *185*
O meio mais fácil de o seu dinheiro aumentar *188*
Quanto uma pessoa pode economizar *193*
"Ganhei 1 milhão de dólares e hoje não possuo 1 centavo" *198*
Oportunidades que surgem para os que economizam dinheiro *210*

QUINTA LIÇÃO
INICIATIVA E LIDERANÇA *215*
Iniciativa e liderança *220*
Os percalços da liderança *225*
Intolerância *249*
A necessidade de uma nova espécie de liderança *253*
As 20 qualidades essenciais para os líderes *253*

SEXTA LIÇÃO
IMAGINAÇÃO *257*

SÉTIMA LIÇÃO
O ENTUSIASMO *301*
De que maneira o entusiasmo nos afeta *301*
De que maneira o nosso entusiasmo afeta as outras pessoas *304*
A psicologia do vestuário *328*
Os Sete Cavaleiros fatais *335*

OITAVA LIÇÃO
AUTOCONTROLE *341*
"Como me convenci de que a pobreza é a mais útil experiência que um rapaz pode ter" *366*
A evolução dos transportes *376*

NONA LIÇÃO
O HÁBITO DE FAZER MAIS DO QUE A OBRIGAÇÃO *383*
A Lei do Aumento de Lucros *396*
O Master Mind *415*

DÉCIMA LIÇÃO
UMA PERSONALIDADE ATRAENTE *423*
Plano número um *431*
Plano número dois *433*
Plano número três *435*

Décima primeira lição
PENSAR COM EXATIDÃO *455*
Resumo dos princípios relacionados com a questão de "pensar com exatidão" *480*
A importância de adotar um objetivo principal *481*
Desejo *482*
Sugestão e autossugestão *482*
O valor da autossugestão para a realização do objetivo principal definido *483*
O fracasso *494*

Décima segunda lição
CONCENTRAÇÃO *501*
Persuasão *versus* força *524*
A sugestão mental no revivalismo *530*

Décima terceira lição
COOPERAÇÃO *543*
Como desenvolver o poder por meio da cooperação *547*
Um exército a postos *573*
Tudo é possível ao homem que tem um propósito bem-definido *575*

Décima quarta lição
FRACASSO *579*
O primeiro ponto decisivo *580*
O segundo ponto decisivo *581*
O terceiro ponto decisivo *582*
O quarto ponto decisivo *583*
O quinto ponto decisivo *586*
O sexto ponto decisivo *588*
O sétimo ponto decisivo *590*
"Uma visita ao editor" *591*

Décima quinta lição
TOLERÂNCIA *611*
Como abolir a guerra *615*
O plano *620*
A civilização não pode esquecer isso! *626*
Tolerância *631*

Décima sexta lição
A REGRA DE OURO *633*
O poder da prece *636*
Meu código de moral *648*
Indecisão *667*

Como foi elaborado o curso prático da Lei do Triunfo

Pessoas de todas as classes sociais foram ouvidas por Napoleon Hill — 16 mil pessoas: comerciantes, donas de casa, advogados, bancários, engenheiros, comerciários, médicos, corretores, operários, professores, fazendeiros, ferroviários —, gente de todas as profissões foi por ele ouvida e analisada. E todos os fatos importantes reunidos nessas análises foram cuidadosamente organizados pelo autor e divulgados na Lei do Triunfo. E antes de serem dados à publicidade, os manuscritos foram submetidos a banqueiros, comerciantes e professores universitários norte-americanos, por conseguinte homens capazes de, pelo seu espírito eminentemente prático e grau de cultura, analisá-los e criticá-los. Duas importantes universidades os examinaram atentamente com a finalidade de corrigir ou eliminar as declarações que parecessem sem base do ponto de vista econômico. Nem uma única modificação foi proposta, além de duas ou três simples trocas de palavras, tendo um dos professores declarado:

> É de lastimar que todas as moças e rapazes que entram para as escolas superiores não estejam exercitados, de maneira eficiente, nas 15 leis que constituem seu curso de leitura sobre a Lei do Triunfo, e que uma grande universidade como esta a que tenho a honra de pertencer, bem como todas as outras, não inclua esse curso como uma parte do seu currículo.

Julgamento de grandes personalidades americanas sobre a Lei do Triunfo

Quero agradecer-lhe a gentileza que teve para comigo mandando-me os originais manuscritos da Lei do Triunfo. Vejo que empregou, na feitura desse trabalho, muito tempo e dedicação. Sua filosofia é verdadeira e o senhor merece todos os elogios pela persistência com que trabalhou durante tantos anos. Seus discípulos serão amplamente beneficiados por esse seu trabalho.

Thomas Edison

Napoleon Hill produziu um trabalho que considero a primeira filosofia prática do triunfo. Sua característica principal é a simplicidade.

David Starr Jordan (Lelan Stanford University)

Autorizo-o a dizer em nome do sr. Rockefeller que ele endossa os 15 princípios fundamentais do triunfo, e que os recomenda a todos os que procuram o caminho prático das realizações.

John Rockefeller (por seu secretário)

Tive agora a oportunidade de terminar a leitura da sua Lei do Triunfo e desejo expressar-lhe o meu apreço pelo esplêndido trabalho realizado. Seria de grande utilidade que todos os políticos do país estudassem e aplicassem os 15 princípios sobre os quais se baseia a filosofia da Lei do Triunfo, que é de imenso valor e deveria ser assimilada por todos os líderes, em cada setor da vida.

William H. Taft (ex-presidente da Suprema Corte)

Assimilar a filosofia da Lei do Triunfo equivale a munir-se de uma apólice de seguro contra o fracasso.

Samuel Gompers (líder trabalhista)

É impossível que uma pessoa leia a filosofia da Lei do Triunfo sem ficar mais bem-preparada para triunfar em qualquer profissão que escolher.

Elbert H. Gary (magistrado)

Não posso deixar de congratular-me com o senhor pela sua persistência. Qualquer homem que dedica tanto tempo a um estudo assim faz com certeza descobertas de grande valor para os outros. Fiquei muito bem-impressionado com o seu estudo sobre o princípio da cooperação por meio do Master Mind.

Woodrow Wilson (ex-presidente dos Estados Unidos)

Suas páginas precisam ser lidas, estudadas, digeridas e meditadas.

Dr. Miller Reese Hutchinson (engenheiro e ex-sócio de Thomas Edison)

Certamente lhe darei as informações que me pede. Considero isso não somente um dever, como também um prazer. O senhor está trabalhando em favor de gente que não tem tempo nem inclinação para descobrir as causas dos fracassos e dos triunfos.

Theodore Roosevelt (ex-presidente dos Estados Unidos)

Aplicando os 15 princípios da Lei do Triunfo construímos uma grande cadeia de importantes lojas. Acho que não é exagero dizer que o Woolworth Building pode ser considerado como um monumento à retidão desses princípios.

F. M. Woolworth (proprietário das Five and Ten Cent Stores)

Todo o sucesso que tenho alcançado devo-o inteiramente à aplicação dos 15 princípios da sua Lei do Triunfo. Julgo ter a honra de ser o primeiro dos estudantes que seguem a sua filosofia.

William Wrigley Jr. (grande negociante norte-americano)

Sinto-me gratíssimo pelo privilégio de ler a sua filosofia da Lei do Triunfo. Se eu tivesse feito isso há 50 anos, creio que poderia ter realizado tudo o que fiz até agora em menos da metade desse tempo. Confio sinceramente que o mundo lhe fará a necessária justiça.

Robert Dollar (magnata da navegação. The Dollar Lines)

Prefácio da terceira edição

Apresentando ao mundo esta nova edição da filosofia da Lei do Triunfo, os editores pedem permissão para escrever algumas palavras de justificado orgulho pelo bem que esses livros vêm causando. É sempre útil, para novos leitores, tirar estímulo e inspiração do que outros realizaram, e conhecer as causas e os progressos que fizeram história no desenvolvimento de qualquer grande movimento que se empenha no aperfeiçoamento dos homens e mulheres da atual geração.

Quanto ao que já foi realizado por outros, e quanto ao lugar ocupado por essas lições na vida nacional norte-americana, no momento presente, são dignas de reflexão as seguintes palavras de um antigo presidente dos Estados Unidos:

> Os interesses comerciais e industriais do país têm para com Napoleon Hill (o autor de *Lei do Triunfo*) uma dívida de gratidão. Sua influência é um perfeito antídoto para o radicalismo e para o bolchevismo.

E um médico escreveu:

> O autor acumulou um material que faz época, para o esclarecimento da humanidade. Prevejo que *Lei do Triunfo* circulará em edições sucessivas e servirá para nutrir os espíritos, mesmo numa posteridade remota. É esse um curso incomparável, e estou certo de que será um tesouro sem preço para todos os que seguirem os seus ensinamentos.

O curso da Lei do Triunfo, tal como é apresentado agora, percorre um longo caminho, a partir da primeira edição, pois apareceu, primeiro, na forma de pequenos panfletos. Hoje, ampliada, e apresentada na feição de livros, essa filosofia assumiu não somente uma importância capital na formação da carreira de homens de grande influência como também conduziu a atual transformação que se observa nos *standards* comerciais e sociais.

A Lei do Triunfo tem viajado em torno do mundo. Tem sido pedida de todas as partes do globo. Grandes quantidades da série de oito volumes* foram já adquiridas pelas diretorias de estabelecimentos comerciais e industriais, para distribuição entre os empregados. Já recebemos pedidos de mil coleções, de uma vez só! Tais resultados demonstram apenas uma coisa: essas lições são extraordinárias!

Trata-se de começar um curso de leitura e instrução que deveria, com justiça, intitular-se "As mágicas Leis do Triunfo". Todo aquele que tiver uma parcela de ambição, por menor que seja, não poderá deixar de modificar-se, percorrendo as lições deste curso. E modificar-se para melhor. Ninguém termina a leitura destas páginas sem encontrar uma nova orientação, uma compreensão mais segura do que pode realizar, e que, entretanto, não lhe parecia possível. O leitor é uma dessas pessoas, e esses livros lhe pertencem.

Todos os volumes estão cheios de segredos sem preço, verdades magníficas, revelações inesperadas sobre todas as possibilidades atuais de cada um. Cada palavra penetra profundamente. As lições são escritas da maneira mais simples possível, numa linguagem ao alcance de qualquer pessoa. Há páginas e páginas de magníficas surpresas para todos os que necessitam de auxílio e inspiração. Há algo de substancial sobre construir uma vida nova!

Assim, entregamos aos leitores a filosofia da Lei do Triunfo, esperando sinceramente que, com este estudo, alcançarão a felicidade e benefícios sem conta.

Os editores

---

*O livro foi publicado originalmente em oito volumes. (*N. da E.*)

Quem disse que isso era impossível? E que grandes vitórias tem você a seu crédito para julgar os outros com exatidão?
Napoleon Hill

Introdução geral ao curso da Lei do Triunfo

(Declaração pessoal do autor)

Há 30 anos um jovem pastor de nome Gunsaulus anunciou nos jornais de Chicago que pregaria, numa manhã de domingo, um sermão sobre o seguinte tema: "O que eu faria se tivesse 1 milhão de dólares!"

Esse anúncio atraiu o olhar de Philip D. Armour, o Rei dos Frigoríficos, que decidiu ir ouvir o sermão no qual o dr. Gunsaulus traçou o plano de uma grande escola técnica, onde moças e rapazes aprendessem a vencer na vida por meio do desenvolvimento da habilidade de pensar, em termos mais práticos do que teóricos; uma escola onde "aprendessem fazendo".

— Se eu tivesse 1 milhão de dólares — disse o jovem pregador —, fundaria uma escola assim.

Depois do sermão, o sr. Armour aproximou-se do púlpito e, apresentando-se ao pregador, disse-lhe:

— Acredito que seja um jovem capaz de fazer o que diz. Vá ao meu escritório, amanhã cedo, e eu lhe darei o 1 milhão de dólares de que precisa.

Há sempre fartura de capital à disposição dos que podem traçar planos práticos para serem levados a efeito.

Foi esse o início do Armour Institute of Technology, uma das maiores escolas práticas da América do Norte. A escola nasceu da imaginação de um rapaz cujo nome nunca ultrapassaria os limites da comunidade em que pregava, se não fosse essa "imaginação" e mais o capital de Philip D. Armour.

Todas as grandes estradas de ferro, todas as grandes instituições financeiras, todos os empreendimentos comerciais de vulto e todas as grandes invenções tiveram início na imaginação de alguém.

F. W. Woolworth criou na sua imaginação as Five and Ten Cent Stores,* antes de torná-las uma realidade e de se converter num multimilionário.

*São lojas que vendiam mercadorias a 5 e 10 centavos. A ideia era lançar uma loja com preços baixos, modelo que fez sucesso nos Estados Unidos em meados do século XIX.

Thomas Alva Edison criou o fonógrafo e o cinematógrafo, a lâmpada elétrica e dezenas de outras invenções úteis na sua imaginação, antes de realizá-las.

Durante o grande incêndio que aconteceu em Chicago, dezenas de comerciantes, cujas casas foram tragadas pela voragem das chamas, encontravam-se reunidos, cabisbaixos, em frente aos seus estabelecimentos, olhando a fumaça que saía dos escombros e lamentando os prejuízos. Muitos resolveram ir para outras cidades e recomeçar a vida. No grupo estava Marshall Field, que viu em imaginação a maior cadeia de lojas de departamentos do mundo, erguendo-se no mesmo local onde existira o seu antigo estabelecimento, do qual, naquele instante, só se viam destroços e cinzas. Esse estabelecimento se tornou uma realidade.

Feliz do rapaz ou da moça que aprende desde cedo a usar a imaginação, e, com maior razão, nesta época de grandes oportunidades.

A imaginação é uma faculdade do espírito que pode ser cultivada, desenvolvida, ampliada e a que se dá realidade pelo emprego que dela se faz. Se isso não fosse uma verdade, nunca teria sido criado este curso das 15 Leis do Triunfo, pois foi primeiro criado na imaginação do autor, originando-se da mera semente de uma ideia, lançada por uma simples observação feita pelo falecido Andrew Carnegie.

Qualquer pessoa, esteja onde estiver, seja qual for a sua ocupação, encontrará sempre uma oportunidade para ser mais útil, e portanto, mais produtiva, se desenvolver a sua imaginação e fizer uso dela.

Ser bem-sucedido no mundo é sempre uma questão de esforço pessoal. Todavia, é um engano acreditar em alguém que pode vencer sem a cooperação de outros.

O triunfo é uma questão de esforço individual, mas somente quanto a decidirmos por nós mesmos o que é que desejamos. Isso implica o emprego da imaginação. Daí por diante, para triunfar, trata-se de induzir os outros à cooperação, de maneira hábil e inteligente.

Porém, antes de se poder alcançar a cooperação dos outros, antes mesmo de se ter o direito de pedir ou esperar essa cooperação, é preciso demonstrar que se está disposto a cooperar também. Assim, a oitava lição

F. W. Woolworth foi o primeiro empresário a adotar a prática de comprar as mercadorias diretamente aos fabricantes e a fixar os preços dos produtos, em vez de variá-los. (*N. da E.*)

deste curso, o hábito de produzir mais trabalho do que o que lhe é pago, deve ser objeto de uma atenção séria e cuidadosa. A lei na qual se baseia essa lição poderá, por si mesma, praticamente, garantir o triunfo a todos os que a empregarem em tudo o que empreendem.

No fim da primeira lição encontra-se uma tabela de análise pessoal, na qual dez personalidades bem conhecidas são analisadas e comparadas. O leitor deve observar essa tabela com todo o cuidado, tomando nota dos "pontos perigosos" que significam fracasso para os que não prestam atenção a tais sinais. Dos dez homens analisados, oito são apontados como bem-sucedidos, enquanto dois são considerados fracassados. Estude o leitor, cuidadosamente, a razão pela qual esses dois homens fracassaram.

Faça em seguida uma análise pessoal, e ao começar o curso tire-se uma média, em cada uma das 15 leis, escrevendo-a nas duas colunas deixadas em branco especialmente para esse fim; ao terminar o curso, tire nova média, observando os progressos feitos.

O propósito do curso é tornar as pessoas aptas a encontrar o meio de constituírem-se mais capazes no seu campo de atividade. Para isso, a pessoa será analisada e todas as suas qualidades classificadas, a fim de que possa organizá-las e fazer delas o melhor uso possível.

Pode acontecer que uma pessoa não goste do trabalho do qual se ocupa. Existem dois meios de ela se livrar de tal ocupação: um é ter pouco interesse pelo trabalho, procurando apenas produzir o bastante para "passar"; bem depressa encontrará uma saída, pois os seus serviços deixarão de ser procurados.

O outro meio, e sem dúvida alguma o melhor, é tornar-se a pessoa tão útil e eficiente nesse trabalho a ponto de atrair a atenção favorável dos que têm o poder de promovê-la para um trabalho de maior responsabilidade e que seja mais do seu agrado.

Está no direito de cada um escolher, dentre esses dois caminhos, aquele que deve seguir.

Novamente chamamos a atenção para a importância da nona lição deste curso, por meio da qual é possível encontrar o melhor caminho para elevar-se. Milhares de pessoas passaram sobre a grande Calumet Copper Mine, sem descobri-la. Um homem, sozinho, fez uso da imaginação, cavou alguns metros de terra, investigou e descobriu a mais rica jazida de cobre do universo.

TRATA-SE DE UMA GRANDE VERDADE, QUE NÃO SE DEVE ESQUECER!
NAPOLEON HILL

Todos nós, neste mundo, caminhamos, num momento ou noutro, sobre uma "mina Calumet". A descoberta é uma simples questão de investigar e fazer uso da imaginação. Este curso sobre as 15 Leis do Triunfo pode indicar ao leitor o caminho de sua "mina". E ele ficará surpreso ao descobrir que, enquanto seguia as lições, pisava justamente sobre a rica jazida.

Na sua conferência sobre "Acres of Diamonds", Russel Conwell nos diz que não é preciso procurar muito longe a oportunidade, que podemos encontrá-la justamente no lugar onde nos encontramos.

Testemunho de gratidão do autor pelo auxílio que lhe foi prestado na realização desta obra

Este trabalho é o resultado de cuidadosa análise sobre a vida de trabalho de mais de uma centena de homens e mulheres que conseguiram triunfos notáveis, cada qual no seu ramo de atividade. O autor passou mais de 20 anos a reunir, classificar, experimentar e organizar as 15 leis sobre as quais é baseado o curso. No seu trabalho recebeu valioso auxílio, quer em pessoa, quer estudando a vida de trabalho, dos seguintes homens: Henry Ford, Cyrus H. K. Curtis, John D. Rockefeller, Georges S. Parker, Darwin P. Kingsley, juiz Elbert H. Gary, E. A. Filene, John W. Davis, Edwin C. Barnes, E. M. Statler, Marshall Field, Elbert Hubbard, Charles P. Steinmetz, William H. French, Frank Vanderlip, capitão Georges M. Alexander, Thomas A. Edison, Georges W. Perkins, Charles M. Schwab, dr. Alexander Graham Bell, Edward Bok, Harvey S. Firestone, Henry L. Doherty, Woodrow Wilson, general Rufus A. Ayers, A. D. Lasker, dr. Elmer Gates, Hugh Chalmers, Robert L. Taylor (Bob), Andrew Carnegie, Luther Burbank, Samuel Gompers, dr. C. O. Henry, William Wrigley Jr., William Howard Taft, John Burroughs, James J. Hell, dr. F. W. Strickler, George Eastman, John Wanamaker, F. W. Woolworth, G. H Harriman, Theodore Roosevelt, juiz Daniel T. Wright e E. H. Harriman.

De todas as personalidades aqui citadas, Henry Ford e Andrew Carnegie são talvez os que merecem maior gratidão do autor, pois foram os que mais contribuíram para a organização do curso. Andrew Carnegie foi quem primeiro sugeriu que o escrevesse, e Henry Ford, com a sua vida de trabalho, forneceu muito material, que serviu de base para a obra.

Alguns dos nomes citados são de homens que já não existem, mas aos que ainda vivem o autor deseja testemunhar aqui a sua gratidão pelos serviços que lhe prestaram, sem os quais este curso jamais teria sido escrito. O autor estudou a maioria dessas personalidades, bem de perto, pessoalmente. Gozou ou goza ainda do privilégio de amizade íntima com muitos deles, o que lhe tornou possível colher, da filosofia pessoal de cada um, fatos que de outra maneira não teria conseguido.

Sente-se sumamente grato por ter tido no seu trabalho o auxílio de alguns dos mais poderosos homens da Terra. Tal privilégio constituiria, por si só, recompensa suficiente, ainda que nada mais fosse alcançado.

Esses homens foram a espinha dorsal, o alicerce do comércio, das finanças, da indústria e da política norte-americanas. As lições da Lei do Triunfo resumem a filosofia e as normas de proceder que fizeram de todos eles uma grande potência, cada qual no seu campo de atividade.

Foi intenção do autor apresentar este curso nos termos mais simples e acessíveis, para que pudesse ser seguido por todos os jovens ainda em idade de escola secundária.

Com exceção da Lei Psicológica a que se refere a primeira lição, com o nome de Master Mind, o autor não pretende ter criado coisa alguma de basicamente novo aqui. Limitou-se ele a organizar antigas verdades e leis conhecidas, dando-lhes uma forma prática, a fim de que possam ser interpretadas de maneira adequada na vida quotidiana do homem de hoje, que necessita de uma filosofia da simplicidade.

Exaltando os méritos da Lei do Triunfo, o juiz Elbert H. Gary declarou:

> Há nessa filosofia duas características que me impressionaram vivamente: uma é a simplicidade com que ela foi apresentada, e a outra é o fato de que a sua verdade é tão evidente a ponto de torná-la imediatamente aceita por todos.

Aqueles que seguirem o curso devem evitar fazer juízos precipitados antes de terem lido as 16 lições. Isso se aplica especialmente a esta introdução, na qual se tornou necessário incluir ligeiras referências a assuntos de natureza mais ou menos técnica e científica. A razão de tal procedimento se tornará clara depois da leitura das 16 lições, sem omitir nenhuma.

Aquele que seguir este curso com um espírito aberto e que se esforçar para que esse espírito persista até a última lição será amplamente recompensado, adquirindo uma visão mais larga e real da vida como um todo.

Resumo da lição introdutória

1. Poder. Em que consiste, como criá-lo e empregá-lo.
2. A cooperação. Psicologia do esforço de cooperação. Como empregá-lo de maneira construtiva.
3. O Master Mind. Como é criado por meio de harmonia de propósito e esforço entre duas ou mais pessoas.
4. Henry Ford, Thomas Edison e Harvey S. Firestone. O segredo da sua força e da sua riqueza.
5. Os "Seis Grandes". Como, empregando a Lei do Master Mind, alcançaram um lucro de mais de 25 milhões de dólares por ano.
6. A imaginação. Como estimulá-la, a fim de criar planos práticos e ideias novas.
7. Telepatia. Como o pensamento passa de um cérebro a outro através do éter. Cada cérebro é, ao mesmo tempo, uma estação transmissora e receptora do pensamento.
8. Como os vendedores e oradores públicos "sintonizam" com o pensamento do público.
9. Vibração. Tal como é descrita pelo dr. Alexander Graham Bell, inventor dos telefones de longa distância.
10. Ar e éter. Como conduzem as vibrações.
11. Como e por que as ideias chegam ao cérebro, procedentes de fontes desconhecidas.
12. A história da filosofia da Lei do Triunfo, durante um período de mais de 25 anos de pesquisas e experiências científicas.
13. O juiz Elbert H. Gary lê, aprova e adota o curso da Lei do Triunfo.
14. Andrew Carnegie lança a ideia do curso da Lei do Triunfo.
15. Como o treinamento por meio da Lei do Triunfo ajudou uma turma de vendedores a ganhar 1 milhão de dólares.
16. O "espiritualismo" explicado.
17. O esforço organizado, fonte de todo o poder.
18. Como analisar a si mesmo.

19. De que maneira se conseguiu realizar uma pequena fortuna explorando uma velha fazenda sem valor.
20. Há sempre uma mina de ouro no emprego que se exerce: basta seguir as direções e cavar, procurando o metal.
21. Há muito capital pronto para desenvolver qualquer ideia prática ou qualquer plano que se possa imaginar.
22. Algumas razões de fracassos.
23. Por que Henry Ford é o homem mais poderoso do mundo, e como se pode fazer uso dos princípios que o tornaram poderoso.
24. Por que razão algumas pessoas são antagonistas de outras, sem mesmo as conhecer.
25. O efeito do contato sexual como estimulante do cérebro e fator de saúde.
26. O que acontece na tradição religiosa denominada Reavivamento.
27. O que nos ensina a Bíblia da Natureza.
28. A química do cérebro. Como nos fará vencer ou nos destruirá.
29. O que se entende por "momento psicológico" na arte de vender.
30. O cérebro perde a sua vitalidade. Como restaurá-la?
31. O valor e o sentido da harmonia no esforço de cooperação.
32. Em que consistem as realizações de Henry Ford? A resposta.
33. É esta a era do esforço cooperativo altamente organizado.
34. Como Woodrow Wilson tinha em mente a Lei do Master Mind ao planejar a Liga das Nações.
35. O triunfo é uma questão de negociação inteligente com as outras pessoas.
36. Todo ser humano possui pelo menos duas personalidades distintas: uma destruidora e outra construtora.
37. A educação não significa, como se pensa geralmente, instrução, ou aprender regras de memória. Na realidade, significa o desenvolvimento do cérebro humano, vindo de dentro e por meio da prática.
38. Há dois métodos de acumular conhecimentos: por meio da experiência pessoal e através da assimilação de conhecimentos adquiridos mediante a experiência alheia.
39. Análise pessoal de Henry Ford, Benjamim Franklin, George Washington, Abraham Lincoln, Theodore Roosevelt, William Howard Taft, Woodrow Wilson, Napoleão Bonaparte, Calvin Coolidge e Jesse James.
40. Uma visita do autor depois da lição.

A Lei do Triunfo

O TEMPO É UM GRANDE MESTRE QUE CURA AS FERIDAS DAS DERROTAS TEMPORÁRIAS, CORRIGE AS DESIGUALDADES E OS ERROS DO MUNDO.
COM O TEMPO NADA É *IMPOSSÍVEL*.

PRIMEIRA LIÇÃO

O MASTER MIND

QUERER É PODER!

Este é um curso sobre os fundamentos do triunfo.

O triunfo é, em grande parte, uma questão de ajustamento do indivíduo ao ambiente da vida, sempre variado e em contínua transformação, num espírito de harmonia e equilíbrio. A harmonia é baseada na compreensão das forças que constituem o ambiente de cada um; assim, este curso é, na realidade, um projeto, uma "planta" que pode conduzir diretamente ao triunfo, porque ajuda a pessoa que o segue a interpretar, compreender e tirar o máximo dessas forças que a rodeiam.

Antes de iniciar o curso da Lei do Triunfo o leitor precisa saber alguma coisa sobre a história deste curso. Precisa saber exatamente o que ele promete aos que o seguem até a assimilação completa das leis e dos princípios sobre os quais é baseado. Precisa conhecer tanto as suas limitações como as suas possibilidades, como auxílio na árdua luta por um lugar no mundo.

Do ponto de vista de diversão, o curso da Lei do Triunfo não poderá, decerto, competir com algumas das publicações do gênero *Snappy Story*,* que estão à venda nas bancas de jornais.

O curso foi criado e organizado para a pessoa de espírito sério, que dedica pelo menos parte do seu tempo a essa questão de vencer na vida. O autor não teve a intenção de competir com aqueles que escrevem apenas visando distrair o público.

O seu objetivo, ao organizar este curso, foi duplo: primeiro, ajudar o leitor a descobrir qual é a sua fraqueza; em seguida, auxiliá-lo na criação de um *plano definitivo* para suplantar essa fraqueza.

*Revista muito popular nos Estados Unidos, publicada entre 1912 e 1933. (*N. da E.*)

Os homens e as mulheres que alcançaram mais sucessos na vida tiveram que corrigir certos pontos fracos na sua personalidade antes de trilhar a estrada do triunfo. As mais destacadas dentre as fraquezas que se interpõem entre as pessoas e o triunfo são: a cupidez, a violência, a inveja, a desconfiança, o espírito de vingança, o egoísmo, a tendência para colher onde não se semeou e o hábito de gastar mais do que se ganha.

Todos esses inimigos comuns da humanidade, e muitos outros que não foram aqui mencionados, são tratados no curso da Lei do Triunfo de maneira que qualquer pessoa de inteligência mediana pode dominá-los sem grande dificuldade.

É preciso saber logo de início que o curso da Lei do Triunfo já passou há muito pela fase experimental, tem já a seu crédito um grande número de realizações dignas de análise e de estudo acurado. É preciso saber, também, que o curso foi examinado e aprovado por alguns dos espíritos mais práticos da atual geração.

O curso da Lei do Triunfo foi primeiramente difundido na forma de conferências pronunciadas pelo autor praticamente em todas as cidades e em muitas das menores localidades dos Estados Unidos, durante mais de sete anos.

Enquanto realizava essas conferências, o autor tinha auxiliares que observavam os auditórios, com o propósito de interpretar a reação produzida e descobrir exatamente o efeito que as suas palavras tinham sobre o povo. Tal análise resultou em muitas transformações.

A primeira grande vitória da filosofia da Lei do Triunfo foi alcançada quando o seu autor a empregou como base para um curso de treinamento de um grupo de 3 mil vendedores, de ambos os sexos. Assim, tão grande grupo conseguiu ganhar mais de 1 milhão de dólares pelos serviços prestados num período de seis meses, aproximadamente.

Os vendedores — quer particularmente, quer em grupo — que conseguiram êxito com o auxílio deste curso são muito numerosos para que se possa mencioná-los nesta introdução, mas os benefícios alcançados por eles foram definitivos.

A filosofia da Lei do Triunfo atraiu a atenção do falecido Don R. Mellett, antigo editor do *Daily News*, de Canton (Ohio), que se associou ao autor do curso e se preparava para deixar o seu posto no jornal quando foi assassinado, a 16 de julho de 1926.

Nenhum homem terá chance para desfrutar um triunfo permanente se não começar por olhar-se num espelho para descobrir a causa real de todos os seus erros.
Napoleon Hill

O sr. Mellett entrara em entendimento com o juiz Elbert H. Gary, que era então presidente do Conselho da United States Steel Corporation, para oferecer o curso da Lei do Triunfo a todos os empregados da corporação, o que custaria um total de 150 mil dólares. O plano não foi realizado, devido à morte do juiz Gary, mas esse fato é suficiente para provar que o autor da Lei do Triunfo produziu um sólido plano de educação. O juiz Gary era um magistrado eminentemente preparado para julgar o valor de tal curso, e o fato de haver ele analisado a filosofia da Lei do Triunfo e de estar disposto a investir nessa empresa 150 mil dólares é prova da veracidade de tudo o que foi dito em favor do curso.

O leitor observará, nesta introdução geral, alguns termos técnicos que não lhe são de todo familiares. Não consinta, porém, que isso o perturbe. Não tente entendê-los logo à primeira lição. A introdução destina-se apenas a servir de base para as outras 15 lições do curso, e deve ser lida como tal. Nesta introdução não se fará um exame do leitor, mas ele precisa lê-la várias vezes, pois obterá, a cada leitura, um pensamento ou uma ideia que passara despercebida na leitura anterior.

Encontra-se aí a descrição de uma lei de psicologia recentemente descoberta, e que é o alicerce de todas as realizações pessoais. A essa lei o autor deu o nome de Master Mind, o que significa um espírito que se desenvolve por meio da cooperação harmoniosa entre duas ou mais pessoas que se aliam com o objetivo de realizar uma determinada missão.

Se você é um vendedor, poderá experimentar com proveito a Lei do Master Mind no trabalho de todos os dias. Verificou-se que um grupo de seis vendedores, usando a lei, com toda a sua eficiência, conseguiu lucros fabulosos.

Julga-se em geral que a apólice de seguro de vida é uma das coisas mais difíceis de vender. Entretanto, não deveria ser, pois se trata de uma necessidade indispensável, mas assim é. Apesar desse fato, alguns vendedores da Prudential Life Insurance Company, cujas vendas eram poucas, formaram um pequeno grupo com o propósito de fazer uma experiência com a Lei do Triunfo. O resultado foi que cada vendedor conseguiu mais seguros durante os primeiros três meses da experiência do que durante todo o ano anterior.

O que pode conseguir, com o auxílio desse princípio, qualquer grupo de vendedores inteligentes de apólices de seguro de vida que tenham aprendido a aplicar a Lei do Master Mind, causará assombro até mesmo à pessoa mais otimista e imaginosa.

O mesmo pode ser dito sobre pessoas que se dedicam à venda de mercadorias mais concretas do que apólices de seguro de vida.

Tendo-se isso bem em mente, não será desarrazoado esperar que somente esta introdução poderá dar ao leitor uma compreensão suficiente da lei para transformar o curso inteiro de sua vida.

É a personalidade dos empregados que determina o grau de sucesso que o negócio irá alcançar. Modifiquemos essa personalidade, tornando-a mais agradável, e os negócios florescerão.

Em qualquer das grandes cidades dos Estados Unidos é possível comprar artigos do mesmo gênero, pelos mesmos preços, em dezenas de estabelecimentos; entretanto, sempre se encontrará uma loja que faz mais negócios do que as outras. A razão disso é que à frente desse estabelecimento há um homem ou homens que cuidam seriamente da personalidade dos seus empregados que vão entrar em contato com o público. O público tanto compra personalidades como mercadorias, e pode-se até mesmo perguntar se o povo não se deixa impressionar mais pela personalidade do vendedor do que pelos artigos que compra.

O negócio de seguros de vida foi reduzido a bases tão científicas que o custo de um seguro não varia muito de uma companhia para outra; entretanto, entre centenas de companhias de seguro, menos de 12 realizam o grosso dos negócios nos Estados Unidos.

Por quê? É simplesmente uma questão de personalidade! Noventa por cento das pessoas que compram apólices nada conhecem sobre o sistema de seguros e, o que é mais extraordinário, parece que não se importam com isso. O que compram, realmente, é a personalidade agradável de algum agente, homem ou mulher, que saiba o quanto vale cultivar tal personalidade.

O objetivo principal de cada um, na vida, é sucesso. O triunfo, tal como é estudado no curso da Lei do Triunfo, consiste na realização de um objetivo principal definido, sem violação dos direitos alheios. Seja qual for o nosso objetivo na vida, nós o conseguiremos com muito menos dificuldade depois que tivermos aprendido a desenvolver uma personalidade agradável e também a delicada arte de aliar-se com os outros para um determinado empreendimento, sem os atritos e a inveja que levam milhões de pessoas à miséria, à necessidade e ao fracasso, todos os anos.

Com essa declaração de propósito do curso, o leitor poderá iniciar as lições com a impressão de que a sua personalidade está em vias de passar por uma transformação.

Sem poder não se pode alcançar grandes triunfos na vida, e ninguém gozará de poder sem personalidade suficiente para influenciar pessoas à cooperação, num espírito de harmonia.

Lição por lição, o resumo que vamos apresentar agora encerra o que se pode esperar obter com as 15 Leis do Triunfo:

1. *Um objetivo principal definido*: ensinará a maneira de economizar os esforços desperdiçados pela maioria das pessoas que vivem eternamente procurando encontrar a sua verdadeira ocupação na vida. Essa lição mostrará como se pode abandonar para sempre as coisas vagas e fixar-se em qualquer objetivo definido e justo.
2. *A confiança em si mesmo*: ajudará a dominar os seis temores básicos que constituem um tormento para a vida de todas as pessoas: o medo da pobreza, o medo da doença, o medo da velhice, o medo da crítica, o medo de perder o amor de alguém e o medo da morte. Ensinará a diferença entre o egoísmo e a verdadeira confiança em si, pois esta é baseada num conhecimento definitivo e útil.
3. *O hábito de economizar*: ensinará a maneira de distribuir sistematicamente os rendimentos, a fim de que seja possível acumular uma percentagem, formando-se assim uma das maiores fontes de poder individual que se conhece. Sem economizar, não é possível vencer na vida. Não há exceção a essa regra, e ninguém poderá escapar a ela.
4. *Iniciativa e liderança*: mostrarão de que maneira é possível tornar-se um líder, em vez de um adepto, em qualquer campo de atividade. Desenvolverão no

indivíduo o instinto da liderança, que o levará pouco a pouco a gravitar no alto de todos os empreendimentos de que participar.

5. *A imaginação*: estimulará o cérebro de tal forma que ele conceberá novas ideias para a realização do objetivo principal. Essa lição ensinará como "erguer casas novas com pedras velhas", por assim dizer. Mostrará de que modo criar novas ideias com antigos e bem conhecidos conceitos, e como empregar de uma nova maneira ideias antigas. Essa lição, por si só, equivale a um curso prático sobre vendas e é certo que será uma verdadeira mina de ouro para os que necessitam de conhecimentos.
6. *O entusiasmo*: tornará possível infundir em todos aqueles com quem entramos em contato grande interesse por nós e por nossas ideias. O entusiasmo é a base de uma personalidade agradável e precisamos ter tal personalidade para influenciar os outros a cooperar conosco.
7. *Autocontrole*: é a balança com a qual controlamos o nosso entusiasmo, dirigindo-o para onde desejarmos. Essa lição nos ensinará, de maneira muito prática, a nos tornarmos "senhores do nosso destino e comandantes da nossa alma".
8. *O hábito de produzir mais trabalho do que o que é pago*: é uma das mais importantes lições do curso da Lei do Triunfo. Ensinará como tirar vantagens da Lei do Aumento de Lucro, que nos assegurará um rendimento em dinheiro muito maior do que o trabalho feito. Ninguém se torna um verdadeiro líder, em qualquer setor da vida, sem adquirir o hábito de produzir mais e melhor trabalho do que aquele que lhe é pago.
9. *Uma personalidade agradável*: é a base sobre a qual devemos apoiar nossos esforços, e, feito isso, de maneira inteligente, encontrar-se-á facilidade para remover montanhas. Essa lição, por si só, tem feito dezenas de chefes de vendas. Tem desenvolvido líderes da noite para o dia. Ela nos ensinará a transformar nossa personalidade de modo que poderemos nos adaptar a qualquer ambiente, ou a outra qualquer personalidade, de maneira tal que poderemos facilmente dominar.
10. *Pensar com segurança*: é uma das pedras fundamentais de todo triunfo duradouro. Essa lição nos ensinará a distinguir os "fatos" da mera "informação". Mostrará a maneira de organizar os fatos conhecidos em duas classes: os "importantes" e os "sem importância". Ensinará como

determinar um fato "importante" e, ainda, a construir planos definitivos e exequíveis para a conquista de qualquer objetivo, por meio dos fatos.

11. *A concentração*: ensinará como focalizar a nossa atenção sobre um dado assunto até que tenhamos traçado planos práticos para dominar a questão. Ensinará a maneira de nos aliarmos aos outros, de modo a podermos fazer uso dos seus conhecimentos como um apoio para a execução dos nossos planos e objetivos. Adquiriremos, também, um conhecimento prático das forças que nos cercam e aprenderemos a empregar tais forças em favor dos nossos interesses.
12. *A cooperação*: mostrará o valor do trabalho em conjunto, em tudo o que fizermos. Essa lição ensina a maneira de aplicar a Lei do Master Mind descrita na introdução e na segunda lição do curso. Mostrará, também, o meio de coordenar os nossos próprios esforços com os dos outros, de tal maneira que os atritos, o ciúme, a discórdia e a cupidez serão eliminados. Aprenderemos a fazer uso de tudo o que as outras pessoas aprenderam sobre o trabalho em que nos empenhamos.
13. *Tirar proveito dos fracassos*: ensinará como fazer degraus decisivos dos erros e fracassos, passados e futuros. Mostrará a diferença entre "fracasso" e "derrota temporária", diferença essa que é imensa e de grande importância. Ensinará de que maneira tirar proveito dos próprios fracassos e dos fracassos dos outros.
14. *A tolerância*: ensinará como evitar os desastrosos efeitos dos preconceitos religiosos e raciais que significam derrota para milhões de pessoas que se deixam prender nas malhas de argumentos absurdos sobre tais assuntos, que envenenam seus espíritos e fecham a porta à razão e à investigação. Essa lição é irmã gêmea da lição sobre "Pensar com segurança", pois ninguém pode pensar com acerto sem praticar a tolerância. A intolerância fecha o livro do conhecimento e escreve na capa: "*Finis!* Aprendi tudo." A intolerância torna inimigos aqueles que deveriam ser amigos. Destrói a oportunidade, e enche o espírito de dúvidas, desconfianças e preconceitos.
15. *Praticando a regra de ouro*: ensinará a fazer uso dessa grande lei universal de conduta humana, de tal maneira que se poderá, facilmente, conseguir a cooperação de qualquer pessoa ou grupo de pessoas.

SE TIVER QUE CALUNIAR ALGUÉM, NÃO FALE, ESCREVA. ESCREVA NA AREIA, BEM PERTO DAS ONDAS.

NAPOLEON HILL

A falta de compreensão da lei sobre a qual repousa a filosofia da regra de ouro é uma das principais causas do fracasso de milhões de pessoas que permanecem na miséria, ou na pobreza, durante toda a vida. Essa lição, entretanto, nada tem a ver com religião, sob qualquer forma, ou com sectarismo, como, aliás, qualquer outra das lições do curso sobre a Lei do Triunfo.

Depois que o leitor tiver dominado as 15 leis, o que pode ser conseguido num período de 15 a 30 semanas, estará apto a desenvolver poder pessoal suficiente para assegurar a obtenção do seu objetivo principal definitivo.

O propósito dessas 15 leis é desenvolver — ou ajudar a organizar — todo o conhecimento que o leitor possui e tudo o que adquirir para o futuro, de modo a permitir que tudo isso se transforme em força, em poder.

Aquele que seguir as lições do curso da Lei do Triunfo deve ter sempre ao lado um caderno de notas, pois observará que durante a leitura começarão a surgir as ideias, bem como os meios de empregar essas leis em benefício dos seus interesses.

O leitor deve, também, começar a transmitir as lições àqueles por quem mais se interessa, pois é fato bem conhecido que é ensinando que mais se aprende qualquer assunto. Aqueles que tiverem filhos e filhas ainda jovens poderão fixar tão indelevelmente as 15 Leis do Triunfo nos seus espíritos a ponto de transformar inteiramente o curso da sua vida. Os chefes de família encontrariam vantagem em seguir este curso com as esposas, e isso por motivos que se tornarão claros antes de terminada a leitura da introdução.

O poder é um dos três objetivos básicos do esforço humano.

Há duas classes de poder: a que é desenvolvida através da coordenação de leis físicas naturais e a que nasce da organização e classificação do conhecimento.

O poder que se origina do conhecimento organizado é o mais importante, porque dá ao homem um instrumento que ele pode transformar, oferecendo-lhe nova direção, e por meio dele dominará, até certo ponto, a outra forma de poder.

O objetivo deste curso é indicar o caminho que se pode trilhar com segurança, para colher os fatos necessários à aquisição do conhecimento.

Há dois métodos principais de adquirir conhecimento, a saber: estudar, classificar e assimilar fatos que já tenham sido organizados por outras pessoas; colher, organizar e classificar, por método próprio, os fatos geralmente chamados de *experiência pessoal*.

Essa lição trata, principalmente, dos modos de estudar os fatos e dados reunidos e classificados por outras pessoas.

O grau de progresso conhecido por "civilização" é apenas a medida do conhecimento que a raça humana acumulou. Há duas espécies de conhecimento: mental e físico.

Entre os conhecimentos úteis que organizou, o homem catalogou os 92 elementos químicos ímpares que constituem todas as formas materiais no universo.

Por meio de estudo, análise e medidas cuidadosas, o homem descobriu a grandeza do lado material do universo, representada pelos planetas, sóis e estrelas, alguns dos quais, segundo se sabe, são 10 milhões de vezes maiores que a pequenina Terra em que vivemos.

Por outro lado, o homem descobriu a pequenez das formas físicas que constituem o universo, reduzindo os mesmos 92 elementos químicos a moléculas, átomos e, finalmente, à partícula mínima: o elétron. Um elétron não pode ser visto; é apenas um centro de forças, consistindo num positivo ou num negativo. O elétron é o começo de tudo o que tenha natureza física.

Moléculas, átomos e elétrons

Para compreender tanto o detalhe como a perspectiva do processo por meio do qual o nosso conhecimento é reunido, organizado e classificado, parece essencial, para o leitor, começar pelas menores e mais simples partículas da matéria física, pois estas são o á-bê-cê com que a natureza formou toda a estrutura da parte física do universo.

A molécula consiste em átomos, que são pequenas partículas invisíveis de matéria, movendo-se continuamente com uma velocidade do relâmpago exatamente de acordo com o mesmo princípio segundo o qual a Terra gira em torno do Sol.

Essas pequenas partículas da matéria, conhecidas como átomos, que vivem nesse giro contínuo, são formadas de elétrons, que são as partículas mínimas da matéria física. Conforme já foi dito, o elétron nada mais é do que uma força de duas espécies. O elétron é uniforme, e apenas de uma classe, tamanho e natureza; assim, num grão de areia ou numa gota de água, duplica-se todo o princípio sobre o qual opera o universo.

Que maravilha! Que coisa estupenda! O leitor poderá ter uma pequena ideia da magnitude de tudo isso na próxima refeição que fizer, lembrando-se de que cada espécie de alimento que ingere, o prato que contém a comida, a toalha da mesa, a própria mesa, em última análise, nada mais são do que uma coleção de elétrons.

No mundo da matéria física, quer contemplemos a maior estrela que cintila nos céus, quer o menor grão de areia encontrado na Terra, o objeto que observamos nada mais é que uma coleção organizada de moléculas, átomos e elétrons, girando um em torno do outro, numa velocidade inconcebível.

Cada partícula da matéria se acha num contínuo estado de movimento altamente agitado. Quase toda matéria, entretanto, aparentemente, não tem movimento. Não há matéria "sólida". A mais rija peça de aço nada mais é do que uma massa organizada de moléculas, átomos e elétrons em movimento. Mais ainda, os elétrons numa peça de aço são da mesma natureza, animados da mesma média de velocidade que os elétrons do ouro, da prata, do bronze ou do estanho.

As 92 formas físicas de matéria parecem ser diferentes umas das outras, e são diferentes, porque são feitas de diferentes combinações de átomos, conquanto os elétrons, nesses átomos, sejam sempre os mesmos; apenas alguns são positivos e outros são negativos, o que significa que alguns contêm uma carga positiva e outros uma carga negativa de eletrificação.

Por meio da química, a matéria pode ser partida em átomos, que são, em si mesmos, imutáveis. Os 92 elementos são criados mediante as combinações e transformações das posições dos átomos. Para ilustrar o *modus operandi* da química, em virtude da qual se processa essa transformação da posição atômica, falemos em termos da ciência moderna:

> Acrescentando-se quatro elétrons (dois positivos e dois negativos) ao átomo de hidrogênio, ter-se-á o elemento lítio; retirando-se do átomo do lítio

NADA TEMA, SE ENCONTRAR ALGUMA OPOSIÇÃO. LEMBRE-SE DE QUE O "PAPAGAIO" DO ÊXITO ERGUE-SE GERALMENTE CONTRA O VENTO DA ADVERSIDADE, E NÃO COM ELE!

(composto de três elétrons positivos e três negativos) um elétron positivo e outro negativo, ter-se-á um átomo de hélio (composto de dois elétrons positivos e dois negativos).

Assim, pode-se ver que os 92 elementos químicos do universo diferem uns dos outros apenas quanto ao número de elétrons que compõem os seus átomos e quanto ao número e combinação desses átomos nas moléculas de cada elemento.

Por exemplo: um átomo de mercúrio contém 80 cargas positivas nos seus núcleos e 80 negativas. Se o químico pudesse tirar dois dos seus elétrons positivos, teria conseguido instantaneamente o metal conhecido como platina. Se fosse um pouco além e tirasse daí um elétron negativo, o átomo de mercúrio perderia então dois elétrons positivos e um negativo, isto é, uma carga positiva ao todo; consequentemente, conservaria 79 cargas positivas no núcleo e 79 negativas, transformando-se assim em ouro!

A fórmula por meio da qual essa transformação pode ser produzida tem sido objeto de pesquisas diligentes da parte dos alquimistas de todas as eras e dos químicos de hoje.

É fato bem conhecido de todo químico que, literalmente, dezenas de milhões de substâncias sintéticas podem ser compostas de quatro espécies de átomos: hidrogênio, oxigênio, nitrogênio e carbono.

As diferenças no número de elétrons nos átomos conferem-lhes diferenças qualitativas (químicas), embora todos os átomos de qualquer elemento sejam quimicamente idênticos. As diferenças no número e na combinação desses átomos no espaço (em grupos de moléculas) constituem tanto as diferenças físicas como as químicas das substâncias, isto é, nos compostos. Substâncias inteiramente diversas são produzidas precisamente pelas combinações das mesmas espécies de átomos, mas em diferentes proporções.

Tomemos de uma molécula de certas substâncias, um simples átomo, e elas se transformarão, de um composto necessário à vida e ao crescimento, num veneno mortal. O fósforo é um elemento e, assim, contém apenas uma espécie de átomo; mas o fósforo é, às vezes, amarelo, outras vezes, vermelho, variando conforme a distribuição espacial dos átomos nas moléculas que o compõem.

Pode-se afirmar que o átomo é a partícula universal com que a natureza constrói todas as formas da matéria, desde o grão de areia até a maior das estrelas que cintilam no espaço. O átomo é o material de construção da natureza, com o qual ela faz erguer um carvalho ou um pinheiro, uma rocha de pedra e areia ou de granito, um rato ou um elefante.

Alguns dos maiores pensadores têm julgado que o mundo em que vivemos e toda partícula material que nele existe tiveram início quando dois átomos se ligaram um ao outro e durante centenas de milhões de anos de voo, através do espaço, conservaram-se em contato, acumulando outros átomos, até que, passo a passo, a Terra se formou. Isso, acentuam eles, explicaria as diferentes camadas da substância terrestre, tais como as minas de carvão, os depósitos de ferro, de ouro, de prata, de cobre etc.

Achavam eles que a Terra girava no espaço e entrava em contato com várias espécies de nebulosas, ou átomos, dos quais logo se apropriava, por meio da Lei da Atração Magnética. Na composição da superfície da Terra, vê-se muita coisa que vem em apoio a essa teoria, embora não exista uma evidência positiva da sua veracidade.

Essa breve referência aos fatos relacionados com as menores partículas da matéria será o ponto de partida para o nosso empreendimento, isto é, encontrar a maneira de desenvolver e aplicar a Lei do Poder.

Já dissemos que toda matéria está em constante estado de vibração ou mobilidade, que a molécula é formada de partes móveis chamadas átomos, os quais, por sua vez, são formados de partículas que se movem com grande velocidade e que se chamam elétrons.

O FLUIDO QUE FAZ VIBRAR A MATÉRIA

Em cada partícula da matéria há um "fluido" invisível ou força que obriga os átomos a girar um em torno do outro, num ritmo inconcebível de velocidade.

Esse fluido é uma forma de energia que nunca foi analisada. Assim, tem deixado perplexo o mundo científico. Para muitos cientistas o fluido é a mesma energia que chamamos eletricidade. Outros preferem chamá-lo de vibração. Alguns pesquisadores acreditam que a velocidade com que essa força — como quer que a chamemos — se movimenta determina, em grande parte, a natureza do aspecto dos objetos físicos do universo.

Uma quantidade de vibração dessa "energia-fluido" é a causa do que conhecemos com o nome de som. O ouvido humano pode captar apenas o som que é produzido mediante cerca de 32 mil a 38 mil vibrações por segundo. Quando a média de vibrações vai além do que chamamos som, essas vibrações começam a se manifestar na forma de calor. O calor começa com cerca de 1.500.000 de vibrações por segundo.

Quando se eleva ainda mais, a escala de vibrações começa a registrar-se sob a forma de luz. Três milhões de vibrações por segundo criam uma luz violeta. Acima desse número, as vibrações produzem os raios ultravioleta (que são invisíveis a olho nu) e outras radiações invisíveis.

E ainda mais alto na escala — num grau que não se conhece ainda, segundo parece —, as vibrações criam a força que produz o pensamento humano.

Acreditamos que a porção de fluido de cada vibração, da qual nascem todas as formas conhecidas de energia, é de natureza universal: que a porção de fluido do som é igual à porção de fluido da luz, sendo a diferença entre o som e a luz apenas uma diferença de quantidade de vibração, e, ainda, que a porção de fluido do pensamento seja exatamente a mesma que a do som, do calor e da luz, diferindo apenas no número de vibrações por segundo.

Da mesma maneira que só há uma forma de matéria que compõe a Terra e todos os outros planetas, sóis e estrelas — o elétron —, há apenas uma forma de "energia-fluido", que leva toda a matéria a permanecer num estado constante e rápido de movimento.

Ar e éter

O grande espaço entre o Sol, a Lua, as estrelas e outros planetas contém uma forma de energia que se chama éter. Acreditamos que a "energia-fluido" que mantém em movimento todas as partículas da matéria seja o mesmo fluido universal conhecido por éter e que preenche todo o espaço. A uma certa distância da superfície da Terra, calculada por alguns em cerca de 8 quilômetros, existe o que se chama ar, substância gasosa composta de oxigênio e nitrogênio. O ar é o condutor das vibrações do som, mas não conduz a luz ou as vibrações mais altas, que são

AQUELE QUE PRODUZ UM TRABALHO SUPERIOR AO SALÁRIO EM BREVE ESTARÁ GANHANDO UM SALÁRIO MAIOR DO QUE O SERVIÇO PRESTADO. A LEI DO AUMENTO DOS LUCROS CUIDARÁ DISSO.

conduzidas pelo éter. Esse é o condutor de todas as vibrações, desde o som até o pensamento.

O ar é uma substância localizada, cuja função principal é alimentar a vida de todos os animais e plantas com o oxigênio e o nitrogênio, sem o que nenhum ser vivo existiria. Perto do cimo das montanhas muito altas o ar se torna muito rarefeito, porque contém muito pouco nitrogênio, razão pela qual a vida vegetal não pode existir ali. Por outro lado, a "leveza" do ar, constatada nas grandes altitudes, consiste, sobretudo, em oxigênio, e é por essa razão que as pessoas atacadas de tuberculose são enviadas para as montanhas.

Mesmo o nosso resumo sobre moléculas, átomos, elétrons, ar, éter etc. pode parecer leitura um tanto pesada, mas era indispensável, pois esta introdução desempenha papel essencial como base para a lição.

Que o leitor não desanime se a descrição que acabamos de fazer não lhe tiver produzido os efeitos emocionantes de um conto. Mas é preciso empenhar-se seriamente em encontrar as suas possibilidades e a maneira de organizá-las e aplicá-las. Para completar com êxito essa descoberta é preciso combinar a determinação com a persistência, e um desejo bem definido de reunir e organizar conhecimentos.

Em apoio às nossas teorias concernentes à vibração transcrevemos as palavras do falecido dr. Alexander Graham Bell, inventor do telefone e uma das mais reputadas autoridades sobre o assunto:

> Suponhamos que alguém tenha o poder de fazer uma barra de ferro vibrar com uma frequência determinada num quarto escuro. A princípio, quando a vibração for ainda vagarosa, seus movimentos serão indicados apenas por um dos cinco sentidos: o tato. Logo que as vibrações aumentarem, emitirão um som baixo e, então, já apelam para dois dos sentidos: o tato e audição.
>
> Com cerca de 32 mil vibrações por segundo, o som tornar-se-á bem alto e agudo, mas com 40 mil vibrações será quase imperceptível, e os movimentos da barra de ferro não serão mais percebidos pelo tato. Deixam de ser percebidos pelos sentidos humanos.

Deste ponto, a aproximadamente 1.500.000 vibrações por segundo, não temos nenhum sentido capaz de apreciar qualquer efeito das mesmas. Depois de alcançada essa fase, o movimento é indicado, primeiro, pela sensação da temperatura e, então, quando a barra de ferro se torna rubra, impressiona a visão. Acima, teremos os raios ultravioleta e outras radiações invisíveis, algumas das quais podem ser percebidas por meio de aparelhos, e empregadas por nós.

Ocorreu-me que deve haver muito a aprender sobre o efeito dessas vibrações, no grande abismo onde os sentidos humanos não são capazes de ouvir, ver ou sentir movimentos. O poder de enviar mensagens pelo telégrafo sem fio, por meio das vibrações do éter, põe uma ponte sobre o abismo, mas esse é tão grande que há muita coisa por fazer. É preciso fabricar máquinas que forneçam praticamente novos sentidos, como fazem os instrumentos da telegrafia sem fio.

Poder-se-á afirmar, ao se refletir sobre esse grande abismo, que não existem muitas formas de vibração que podem dar resultados tão maravilhosos, ou até mesmo mais do que as ondas do rádio! Parece-me que nesse abismo jazem as vibrações que julgamos abandonadas pelos nossos cérebros e células nervosas quando pensamos. Mas, então, novamente, elas poderiam elevar-se na escala além das vibrações que produzem os raios ultravioleta*.

Precisamos de um fio para transmitir essas vibrações? Não passarão elas através do éter, sem qualquer fio, exatamente como fazem as ondas hertzianas? Como serão elas percebidas pelo receptor? Ouvirá ele uma série de sinais ou sentirá que os pensamentos de outros homens penetraram no seu cérebro?

Podemos condescender com algumas especulações baseadas no que conhecemos sobre as ondas do telégrafo sem fio, que são, como já tivemos ocasião de dizer, tudo o que podemos reconhecer de uma vasta série de vibrações que, teoricamente, devem existir. Se as ondas do pensamento são iguais às ondas do rádio, elas devem passar do cérebro e fluir infinitamente, em torno do mundo e do universo. O corpo, o crânio e outros obstáculos sólidos não constituiriam embaraços à sua passagem, pois elas passam através do éter que rodeia as moléculas de todas as substâncias, por sólidas ou densas que sejam.

Pode-se perguntar se não haveria constante interferência e confusão se os pensamentos dos outros fluíssem através do nosso cérebro e estabelecessem nele pensamentos que não se originaram em nós?

Como é que podemos saber se não interferem nesse mesmo instante com os nossos? Tenho notado muitos fenômenos de perturbações de espírito que nunca me foram possíveis explicar. Por exemplo, será a inspiração

*A última sentença sugere a teoria sustentada pelo autor. (*N. do A.*)

ou o desânimo que um orador sente ao dirigir-se ao público? Tenho experimentado isso várias vezes e nunca pude definir exatamente as causas físicas desse fato.

Muitas descobertas científicas recentes, na minha opinião, anunciam o dia não distante, talvez, em que os homens lerão os pensamentos uns dos outros, em que os pensamentos serão enviados diretamente de cérebro a cérebro, sem intervenção da palavra, da escrita ou de qualquer dos atuais meios de comunicação.

Não será desarrazoado antever uma época em que veremos sem olhos, ouviremos sem ouvidos e falaremos sem língua.

Em suma, a hipótese de que um espírito pode comunicar-se diretamente com outro se apoia na teoria segundo a qual o pensamento, ou força vital, é uma forma de perturbação elétrica, que pode ser captada por indução e transmitida a distância, através de um fio ou, simplesmente, através do éter, como no caso das ondas do telégrafo sem fio.

Muitas analogias sugerem que o pensamento tem a mesma natureza de um distúrbio elétrico. Um nervo, que é da mesma substância do cérebro, é excelente condutor da corrente elétrica. A primeira vez que passamos uma corrente elétrica pelos nervos de um morto ficamos estarrecidos ao vê-lo levantar-se e mover-se. Os nervos eletrificados produziam a contração dos músculos, como acontece em vida.

Parecem agir sobre os músculos como a corrente elétrica age sobre um eletromagneto. A corrente magnetiza uma barra de ferro colocada em ângulo reto com a mesma, e os nervos produzem, através da corrente intangível da força vital que os percorre, a contração das fibras musculares que são dispostas em ângulo reto com eles.

Seria possível citar muitas razões mostrando como o pensamento e a força vital podem ser considerados como sendo da mesma natureza que a eletricidade. Sustenta-se que a corrente elétrica é uma onda do éter em movimento, uma onda do éter, essa substância hipotética que enche todos os espaços e cerca todas as substâncias. Acreditamos que deve haver éter, pois sem ele a corrente elétrica não poderia passar pelo vácuo, ou a luz do Sol através do espaço. É razoável acreditar que apenas uma onda semelhante em movimento possa produzir os fenômenos do pensamento e da força vital. Podemos afirmar que as células do cérebro agem como uma bateria e que a corrente produzida corre através dos nervos.

Mas isso terminará aí? Não passará além do corpo, em ondas que fluem em torno do mundo, imperceptíveis aos nossos sentidos, do mesmo modo que as ondas do telégrafo sem fio passaram despercebidas, antes que Hertz e outros descobrissem sua existência?

Cada cérebro é, ao mesmo tempo, uma estação transmissora e receptora

Temos provado inúmeras vezes, para nossa própria satisfação pelo menos, que todo cérebro humano é, ao mesmo tempo, uma estação transmissora e receptora para as vibrações da frequência do pensamento.

Se essa teoria se tornar uma realidade e se for possível estabelecer métodos adequados de controle, imagine-se a importância que isso terá para o trabalho de reunir, classificar e organizar conhecimentos. A simples ideia de tal possibilidade faz vacilar o nosso espírito.

Thomas Paine foi um dos maiores espíritos do período revolucionário americano. A ele, talvez mais que a qualquer outro, devemos o início e o resultado feliz da Revolução, pois foi o seu espírito elevado que ajudou tanto a redigir a Declaração da Independência como a convencer os signatários do documento a traduzi-lo em termos de realidade.

Falando sobre a origem desse grande "depósito" de conhecimento, Paine assim o descreveu:

> Quem quer que tenha feito observações sobre o estado do progresso do espírito humano, estudando o seu próprio espírito, não pode deixar de ter notado que existem duas classes distintas de pensamentos: os que produzimos em nós mesmos, por meio da reflexão e do ato de pensar, e os que se esgueiram no nosso cérebro, por conta própria. Adotei sempre a regra de tratar com civilidade esses visitantes voluntários, tendo o cuidado de examiná-los, tanto quanto possível, para ver se mereciam ser cultivados: e é com esses pensamentos que tenho adquirido quase todo o conhecimento que possuo. Quanto à instrução adquirida por todos os que frequentam escolas, serve apenas como um pequeno capital, para colocar o indivíduo em condições de aprender por si mesmo daí em diante. Afinal de contas, toda pessoa que tem instrução é sempre o seu próprio professor, isso pela simples razão de que os princípios não podem ser aprendidos de cor; o seu lugar de residência, no espírito, é a compreensão, e eles nunca são tão duradouros como quando começam por concepção.

Nas palavras de Paine, que acabamos de transcrever, o grande patriota e filósofo americano referiu-se a uma experiência que, num momento ou noutro, é a experiência de todos nós. Existirá alguém tão infeliz a ponto de

CADA FRACASSO É UMA BÊNÇÃO DISFARÇADA, POIS NOS DÁ SEMPRE UMA LIÇÃO QUE DE OUTRA MANEIRA TALVEZ NUNCA APRENDÊSSEMOS. QUASE TODOS OS FRACASSOS SÃO APENAS DERROTAS TEMPORÁRIAS.

não ter tido evidências positivas de que os pensamentos, até mesmo ideias completas, surgem no cérebro vindos de fontes externas?

Que meio de condução existiria para tais visitantes a não ser o éter, que preenche o espaço sem limites do universo? É ele o meio de condução para todas as formas de vibração que conhecemos, tais como o som, a luz e o calor. Por que motivo não seria também o meio de transmitir a vibração do pensamento?

Cada espírito, ou cérebro, está diretamente ligado a outros espíritos por meio do éter. Cada pensamento emitido por um cérebro é imediatamente apanhado e interpretado por todos os outros que estão em contato com o cérebro transmissor. Temos tanta certeza disso como estamos certos de que a fórmula química H_2O produz a água.

A possibilidade de que o éter se torne o condutor dos pensamentos, de cérebro a cérebro, não é ainda a mais assombrosa das suas realizações. Acreditamos que toda vibração de pensamento emitida por qualquer cérebro, e apanhada pelo éter, é mantida em movimento, em ondas cuja extensão corresponde à extensão da energia empregada na sua transmissão; que essas vibrações permanecem em movimento contínuo, que são uma das fontes das quais os pensamentos podem despontar no cérebro de que emanam, caso o outro cérebro esteja em contato constante e direto, através do éter, com o cérebro que transmitiu a vibração do pensamento.

Desse modo, veremos, se essa teoria for um fato, que espaço sem limites do universo é e continuará a ser uma biblioteca mental, na qual podem ser encontrados todos os pensamentos transmitidos pela humanidade.

Lançamos aqui os alicerces para uma das mais importantes hipóteses enumeradas na lição sobre a "Confiança em si mesmo", fato que o estudante deve ter em mente quando se aproximar dessa lição.

É uma lição sobre o conhecimento organizado. A maioria do conhecimento útil de que a raça humana se tornou herdeira foi cuidadosamente preservada e sinceramente anotada na bíblia da natureza. Voltando as

Crer em heroísmo é fazer heróis.

Disraeli

páginas dessa bíblia inalterável, o homem lê a história da terrível luta que permitiu o crescimento da civilização da nossa época. As páginas dessa bíblia são formadas de elementos físicos que constituem a Terra e os outros planetas, e do éter, que preenche todos os espaços.

Voltando às pinturas rupestres ocultas na superfície da Terra, o homem encontrou ossos, esqueletos, pegadas e outros sinais indiscutíveis da história da vida animal, que a natureza ali semeou, para esclarecê-lo e guiá-lo em períodos de tempo de incrível duração. As grandes páginas de pedra da bíblia da natureza, encontradas na terra, e as páginas sem-fim da bíblia constituída pelo éter, que registrou todo o pensamento humano no passado, constituem uma fonte autêntica de comunicação entre o Criador e o homem. Essa bíblia foi iniciada antes de o homem atingir a fase do pensamento, ou mesmo antes de ter ele alcançado o grau de desenvolvimento da ameba (animal unicelular).

Não há poder humano capaz de alterar essa bíblia. Além disso, ela conta sua história não em línguas antigas e mortas, ou em hieróglifos de raças semisselvagens, mas numa linguagem universal, que pode ser lida por todos. A bíblia da natureza, de onde tiramos todos os conhecimentos que vale a pena possuir, não pode ser alterada por nenhum homem.

A descoberta mais extraordinária feita pelo homem foi a do princípio do rádio, que opera com o auxílio do éter, essa parte importante da bíblia da natureza. Imaginemos o éter recolhendo a vibração ordinária do som, e transformando-a de audiofrequência em radiofrequência e conduzindo-a para uma estação receptora sintonizada, e fazendo-a voltar à sua primeira forma de audiofrequência, tudo isso em um segundo apenas. Não é de surpreender que tal força possa colher a vibração do pensamento, e conservar essa vibração em movimento contínuo.

O fato já estabelecido e muito conhecido da transmissão instantânea do som, através do éter, por meio dos modernos aparelhos de rádio, faz passar, do possível para o provável, a teoria da transmissão do pensamento de um cérebro para outro.

O Master Mind

Vamos, agora, dar mais um passo, com a descrição dos meios e modos pelos quais o indivíduo pode reunir, classificar e organizar conhecimento útil, por meio de uma aliança harmoniosa de dois ou mais espíritos, da qual nasce um Master Mind.

O termo Master Mind é abstrato e não tem equivalente no campo dos fatos conhecidos, exceto para um pequeno número de pessoas que já realizaram cuidadosos estudos acerca do efeito exercido por um espírito sobre outros.

Fizemos pesquisas em todos os livros e ensaios que pudemos conseguir sobre o assunto e não encontramos sequer a menor referência ao princípio aqui descrito com o nome de Master Mind. O termo nos atraiu a atenção pela primeira vez durante uma entrevista com Andrew Carnegie, conforme dissemos na segunda lição.

A química mental

Acreditamos que a mente é formada pelo mesmo fluido universal, a mesma energia que constitui o éter que preenche o universo. É fato já bem conhecido tanto dos leigos como dos homens que se dedicam às investigações científicas que certas mentes se chocam quando entram em contato com outras, ao passo que algumas mostram grande afinidade entre si. Entre os dois extremos do antagonismo e da afinidade naturais, nascendo do contato mental, há uma grande possibilidade para as várias reações de um cérebro a outro.

Há casos em que um espírito se adapta tão bem a outro que o "amor à primeira vista" é o resultado inevitável do contato. Haverá quem não tenha tido uma experiência assim? Em outros casos, há um tal antagonismo que o aborrecimento mútuo se mostra claramente logo ao primeiro encontro. Isso acontece sem que as pessoas em questão tenham trocado uma só palavra e sem qualquer indício das causas que habitualmente agem como estímulo para o amor e o ódio.

É inteiramente provável que a mente seja formada de um fluido, ou substância, ou energia — como quer que a chamemos — semelhante ao éter. Quando duas mentes se aproximam, a ponto de haver contato, a fusão das unidades desse "material mental" (chamemos assim os elétrons do éter) produz uma reação qumica, e iniciam-se as vibrações que afetam os dois indivíduos, quer agradável, quer desagradavelmente.

O efeito de tal contato é evidente até para o observador mais desprevenido. Todo efeito deve ter uma causa. Haverá coisa mais razoável do que suspeitar que a causa da transformação da atitude mental entre dois cérebros que acabaram de entrar em contato não seja outra senão a alteração dos elétrons ou unidades de cada mente, no seu processo diverso de combinação, no novo campo criado pelo contato?

Com o objetivo de estabelecer uma sólida base para essa lição nos aproximamos bastante do êxito ao admitirmos que o encontro, o contato de duas mentes produz, em ambas, "efeito" evidente, ou um estado de espírito muito diferente do que havia antes. Conquanto isso fosse desejável, não é essencial saber qual é a "causa" dessa reação de mente para mente. Que essa reação se produz em todos os casos é fato conhecido, o que nos dá um ponto de partida para podermos demonstrar o significado do termo Master Mind.

Pode-se criar um Master Mind por meio da fusão de duas ou mais mentes num estado de perfeita harmonia. Com essa fusão harmoniosa a química mental cria uma terceira mente, que todas as outras mentes podem fazer sua e empregar. Esse Master Mind permanecerá disponível enquanto exista a aliança amigável e harmoniosa entre os indivíduos que concorreram para a sua formação. Desintegrar-se-á, desaparecendo sem deixar vestígio, no momento em que cessar a aliança.

O princípio da química mental é a base e a causa de todos os casos de "almas irmãs" e "eterno triângulo", muitos dos quais, infelizmente, acabam nos processos de divórcio, provocando o ridículo que se origina da ignorância e da falta de educação, que dessa maneira fabrica escândalo com uma das maiores leis da natureza.

Sabe-se, em todo o mundo civilizado, que os dois ou três primeiros anos de vida em comum, no casamento, são sempre marcados por muitos desentendimentos, de natureza mais ou menos mesquinha. São os anos de "ajustamento". Se o casamento resistir a esses desentendimentos, tem todas as probabilidades de se tornar uma aliança permanente. Isso é fato reconhecido por todos os casais. Mais uma vez, vemos o "efeito", sem compreendermos a "causa".

Embora existam outras causas que contribuam para isso, em conjunto, a falta de harmonia durante os primeiros anos de casamento é devida à lentidão da química mental para se fundir harmoniosamente. Em outras palavras, os elétrons ou unidades de energia que chamamos de mente, muitas vezes, não são amistosos ou antagonistas em extremo logo no primeiro contato, mas, pela constante associação, gradativamente, se adaptam harmoniosamente, exceto em casos raros, onde a associação teve um efeito oposto, gerando uma franca hostilidade entre essas unidades.

É fato bem conhecido de todos, que depois de viverem juntos alguns anos, um homem e uma mulher se tornam indispensáveis um ao outro, mesmo quando não existe entre os dois o mais leve resquício desse estado de espírito chamado amor. Além disso, essa associação e as relações sexuais não somente desenvolvem uma afinidade natural entre os dois espíritos, como também levam até mesmo os dois indivíduos a adquirir uma expressão semelhante de feições e a se parecer em muitas outras coisas. Um analista competente, que penetre num grupo de estranhos onde se encontrem casais, sendo apresentado a um dos homens presentes, pode facilmente apontar a esposa desse. A expressão dos olhos, as linhas do rosto e o tom da voz dos dois cônjuges, tudo isso se torna bem semelhante depois de muitos anos de casamento.

Tão marcado é o efeito da química mental humana que qualquer orador experimentado pode, com rapidez, interpretar o modo como o auditório recebe as suas palavras. O antagonismo de um só espírito, entre mil pessoas, pode ser prontamente captado pelo orador que sabe "sentir" e registrar os seus efeitos. Além disso, o orador pode fazer essas interpretações sem observar a expressão fisionômica dos que o ouvem ou ser, de qualquer maneira, influenciado por ela. Dessa maneira, um auditório pode fazer um orador elevar-se aos píncaros da eloquência ou levá-lo ao fracasso, sem dizer uma palavra, sem dar a menor demonstração de satisfação ou de desagrado por meio dos traços fisionômicos. Todo vendedor experimentado conhece o "momento psicológico" de fechar um negócio, não pelo que diz o cliente em perspectiva, mas interpretando e sentindo os efeitos da sua química mental. As palavras muitas vezes escondem as intenções dos que as pronunciam, mas uma interpretação correta da química mental não deixa saída para tal possibilidade. Todos os vendedores hábeis sabem muito bem

Se você não acredita em cooperação, veja o que acontece com um vagão que perde uma roda.

que a maioria dos compradores tem por hábito apresentar uma atitude negativa até o momento de efetuar a compra.

Não há o advogado que não desenvolva um sexto sentido, que torna possível para ele "abrir o caminho" através das palavras de uma testemunha inteligente, que esteja mentindo, e interpretar, por meio da química mental, o seu verdadeiro pensamento. Muitos advogados têm desenvolvido essa habilidade sem saber de onde ela se origina. Possuem a técnica sem a compreender cientificamente. O mesmo tem acontecido com vários vendedores.

O indivíduo dotado da arte de interpretar corretamente a química mental dos outros pode, para se falar figuradamente, entrar pela porta principal da mansão de um dado espírito e, despreocupadamente, explorá-la toda, tomando nota de todos os detalhes, saindo em seguida com uma fotografia completa do interior do edifício, sem que o proprietário tivesse conhecimento de que recebia uma visita. Observar-se-á, na lição sobre "Pensar com segurança", que a esse princípio pode ser dado um emprego muito prático (relacionado com o princípio da química mental). Mas ele é citado apenas como uma aproximação, para os princípios de maior importância, contidos nessa lição.

Dissemos já o bastante para a apresentação do princípio da química mental, e para provar — com o auxílio das experiências quotidianas do próprio leitor interessado e das observações acidentais — que, no momento em que duas mentes se aproximam uma da outra, tem lugar uma transformação mental digna de nota, registrando-se, algumas vezes, sob a forma de antagonismo, e outras, sob a forma de amizade. Toda mente possui o que se poderia chamar de campo elétrico. A natureza desse campo varia de acordo com o "humor" da mente e com a natureza da química mental que produz o campo elétrico a que nos referimos.

Acreditamos que a condição normal ou natural da química mental de qualquer indivíduo é o resultado da sua herança física mais a natureza dos pensamentos que dominaram o seu espírito, que cada mente está em contínua transformação, a tal ponto que a filosofia particular da pessoa e os seus modos de pensar modificam sua química mental. É nossa crença que esses princípios são verdadeiros, que qualquer pessoa pode voluntariamente modificar sua química mental, a ponto de atrair ou repelir todos aqueles com que entra em contato. Isso é fato conhecido. Em outras palavras, qualquer pessoa pode assumir uma atitude mental capaz de atrair e agradar, ou, pelo contrário, de gerar antagonismo, e isso sem o auxílio das palavras, da expressão do rosto ou de qualquer movimento ou gesto.

Volte-se agora à definição do Master Mind: uma mente que nasce da fusão e coordenação de duas ou mais mentes, num espírito de perfeita harmonia, e se aprenderá o significado completo da palavra "harmonia". Dois espíritos não se fundem nem podem ser coordenados a menos que esteja presente o elemento da perfeita harmonia, pois nele repousa o segredo do triunfo ou do fracasso de todas as uniões, quer no campo comercial, quer no social.

Todos os gerentes de casas comerciais, todos os comandantes militares, todos os dirigentes, em suma, em qualquer setor da vida, compreendem a necessidade imperiosa do que os franceses chamam *esprit de corps* (espírito de compreensão comum e de cooperação) em busca do êxito. Esse espírito de harmonia e de propósito em conjunto é obtido pela disciplina, voluntária ou forçada, de tal modo que as mentes se fundem num novo espírito, que decidimos chamar de Master Mind, o que significa que a química mental é modificada a tal ponto que todas as mentes se fundem e funcionam como uma só.

Os métodos por meio dos quais esse processo de fusão se verifica são tão numerosos como os indivíduos empenhados nas várias formas de liderança. Cada líder tem o seu método próprio de coordenar o espírito dos seguidores. Um empregará a força; outro preferirá a persuasão; este agirá com a ameaça dos castigos, ao passo que outro prometerá recompensas, a fim de reduzir as mentes dos indivíduos de um dado grupo de pessoas a ponto de poderem ser fundidas. O leitor não precisará estudar a fundo a história da diplomacia, da política, do comércio ou das finanças para descobrir a técnica empregada pelos dirigentes nesses diversos campos, para o processo de fusão dos espíritos, a fim de formar um espírito de massa.

Todos os chefes realmente poderosos foram providos pela natureza de uma combinação de química mental favorável como um núcleo de atração para outros espíritos. Napoleão foi um exemplo notável de homem dotado de uma espécie de espírito magnético, com uma tendência decidida para atrair todos os espíritos com os quais entrava em contato. Os seus soldados o seguiam certos de que se encaminhavam para a morte, sem vacilar, isso devido à natureza da sua personalidade, que impelia ou atraía, e essa personalidade nada mais era do que a sua química mental.

Nenhum grupo de espíritos pode ser fundido num Master Mind se um dos indivíduos desse grupo possuir um desses espíritos negativos que tudo repele. Mentes negativas e positivas não se podem fundir no espírito que descrevemos aqui como Master Mind. A ignorância desse fato tem levado ao fracasso muitas pessoas que de outra maneira seriam hábeis dirigentes.

Qualquer líder capaz, que compreenda o princípio da química mental, pode conseguir uma associação mental provisória, com qualquer grupo de pessoas, formando assim um espírito de massa, mas essa unidade se desintegrará logo que o chefe se afastar do grupo. As mais prósperas companhias de seguro de vida, bem como outras firmas importantes, convocam seus vendedores para uma ou mais reuniões, todas as semanas, com que objetivo? Com o objetivo de fundir todas as opiniões num Master Mind que durante alguns dias servirá de estímulo para cada mente em particular.

De modo geral, é certo que os líderes de tais grupos são inconscientes do que se passa em tais sessões, chamadas habitualmente de reuniões para "apimentar". O programa dessas reuniões consiste em conferências pronunciadas pelo chefe e outros membros do grupo, e, esporadicamente, de alguém de fora, mas enquanto isso os espíritos dos presentes estão num contato constante, fazendo uma interessante troca de energias.

O cérebro humano pode ser comparado a uma bateria elétrica que quando se torna exausta faz a pessoa ficar desanimada e "sem energia". Haverá quem não tenha experimentado isso? Quando está nesse estado de esgotamento, o cérebro humano precisa ser restaurado, e isso se faz através do contato com um espírito, ou espírito mais vitalizado. Os grandes líderes reconhecem a necessidade desse processo de "recarregar" e, ainda mais, sabem como conseguir tal resultado. Esse conhecimento é a característica principal que distingue um chefe de um adepto.

É uma felicidade saber conservar o cérebro vitalizado por meio de contatos periódicos com espíritos mais vigorosos. O contato sexual é um dos mais eficientes estímulos nesse processo de revitalização do cérebro, contanto que seja realizado de maneira inteligente, entre um homem e uma mulher que sintam uma afeição real um pelo outro. Qualquer outra espécie de relação sexual tem uma característica desvitalizadora mental. Qualquer psicólogo competente pode "recarregar" um cérebro em poucos minutos.

Antes de passarmos dessa breve referência sobre o contato sexual como um meio de revitalizar um cérebro esgotado parece oportuno chamar a atenção para o fato de todos os grandes líderes, em todos os setores da vida em que tenham surgido, terem sido e serem pessoas de natureza altamente sexual. (A palavra "sexo" não é uma palavra indecente, e está em todos os dicionários.)

Entre os médicos mais bem-informados e outros profissionais empenhados na defesa da saúde há crescente tendência para aceitar a teoria de que todas as doenças começam quando o cérebro do indivíduo está em estado de esgotamento. Em outras palavras, é fato bem conhecido que quem possui um cérebro inteiramente são e vitalizado está praticamente imunizado contra todas as formas de doença.

Todo médico inteligente sabe que a "natureza" ou a mente curam doenças todas as vezes que a cura é possível. Os remédios, a fé, os passes, a quiropatia, a osteopatia e todos esses estimulantes nada mais são do que artifícios para auxiliar a natureza, ou, falando mais propriamente, simples meios de pôr em ação a química mental com o fim de reajustar as células e tecidos do corpo, de revitalizar o cérebro e fazer assim com que a máquina humana funcione normalmente.

O profissional mais ortodoxo admitirá a verdade dessa afirmativa.

Quais, então, poderão ser as possibilidades dos futuros desenvolvimentos no campo da química mental?

Empregando o princípio da fusão harmoniosa das mentes, é possível gozar de uma saúde perfeita; com o auxílio desse mesmo princípio pode-se desenvolver uma força suficiente para resolver o problema econômico, que é o problema de todas as pessoas.

Podemos julgar das possibilidades da química mental por meio de um estudo das suas realizações passadas, sem esquecer o fato de que todas essas realizações têm sido em grande parte resultado de descobertas acidentais, e

A CORAGEM É O EXÉRCITO QUE DEFENDE A ALMA, QUE A CONSERVA LIVRE DA CONQUISTA, DA PILHAGEM E DA ESCRAVIDÃO.
HENRY VAN DYKE

da possibilidade de agrupamentos de mentes. Aproxima-se o tempo em que o professorado das universidades ensinará a química mental, como ensina agora outras matérias. Enquanto isso, as pesquisas e experiências abrem perspectivas para os estudiosos do assunto.

Química mental e poder econômico

Que a química mental pode ser propriamente aplicada aos negócios quotidianos do mundo comercial e econômico é um fato demonstrável.

Através da fusão de duas ou mais mentes, num espírito de perfeita harmonia, o princípio da química mental pode ser organizado de modo a desenvolver poder suficiente para tornar possíveis, aos indivíduos cujas mentes estejam associadas, realizações verdadeiramente extraordinárias. O poder é a força com a qual o homem consegue êxito em qualquer empreendimento, e esse poder, em quantidade ilimitada, pode ser alcançado por qualquer grupo de pessoas de ambos os sexos que tenham o dom de saber como integrar a sua personalidade e os seus interesses pessoais imediatos, por meio da fusão ou associação das suas mentes, num espírito de perfeita harmonia.

Observe-se, procurando tirar proveito disso, a frequência com que a palavra "harmonia" aparece nesta introdução! Onde não existe a perfeita harmonia não pode haver desenvolvimento de associação mental. As unidades mentais de um indivíduo jamais se fundirão com as unidades mentais de outro indivíduo senão depois que as duas mentes forem despertadas e aquecidas pelo espírito da perfeita harmonia de propósitos. Desde o instante em que duas mentes trilham estradas diferentes de interesse, as unidades mentais de cada indivíduo operam separadamente, desintegrando-se o terceiro elemento, conhecido como Master Mind, que nasceu e cresceu dessa aliança amistosa ou harmoniosa.

Estudemos agora alguns homens bem conhecidos, que acumularam grande poder e também grandes fortunas por meio da aplicação da química mental.

Comecemos por três homens, célebres pelas realizações que conseguiram nos seus respectivos campos de ação, econômico, comercial e profissional.

São eles Henry Ford, Thomas Alva Edison e Harvey S. Firestone.

Dos três, Henry Ford é o mais poderoso, quanto ao poder econômico e financeiro, Muitos que o têm estudado julgam-no o homem mais poderoso dos que já viveram. Tanto quanto se sabe, é ele o único homem que existe, ou já existiu, em todos os tempos, com poder suficiente para frustrar o truste do dinheiro nos Estados Unidos. Ford juntou milhões de dólares com muita facilidade, como uma criança enche seu baldezinho de areia quando brinca na praia. Os que estão bem-informados a esse respeito dizem que se ele tivesse necessidade poderia enviar pedidos de dinheiro, reunir 1 bilhão de dólares e fazer uso dele dentro de uma semana. Ninguém, dentre os que conhecem as realizações de Ford, pode duvidar disso. Todos os que o conhecem sabem muito bem que ele o faria com a mesma facilidade com que a média dos homens paga o aluguel de casa todos os meses. Podia obter aquela soma colossal, se tivesse necessidade, por meio da aplicação inteligente dos princípios sobre os quais é baseado este curso.

Quando os automóveis Ford ainda estavam no processo de aperfeiçoamento, em 1927, ele recebeu, segundo se sabe, encomendas de mais de 375 mil carros, com pagamento adiantado em dinheiro. Calculando-se o preço de 600 dólares por automóvel, isso importaria em 225 milhões de dólares. Ele recebeu essa quantia nababesca antes de entregar um só carro, a tal ponto chega a confiança na sua habilidade.

Edison era, como todos sabem, filósofo, cientista e inventor. Foi talvez o mais profundo estudante da bíblia, mas um estudante da bíblia da natureza, e não das miríades de bíblias feitas pelo homem. Tinha um conhecimento tão profundo da natureza que chegou a dominar e combinar, para o bem da humanidade, mais leis naturais do que qualquer outro homem no mundo inteiro. Foi ele quem conseguiu juntar uma ponta de agulha e uma peça de cera, de tal modo que a vibração da voz humana pode ser gravada e reproduzida nas modernas vitrolas.

(Do mesmo modo que conseguiu gravar e reproduzir a voz humana em discos, Edison talvez ainda realizasse a captação e interpretação corretas das vibrações do pensamento que palpitam no éter do universo.)

Foi ele quem primeiro dominou a centelha, transformando-a em luz para o uso do homem, por meio da lâmpada elétrica.

Foi Edison quem deu ao mundo o cinema. Esses são apenas alguns dos seus feitos notáveis, "milagres" modernos que realizou, não por meio de truques, sob qualquer pretenso poder sobre-humano, mas sim no meio da luz clara da ciência. Esses "milagres" ultrapassam a todos os narrados nos livros de ficção.

Firestone é o espírito que movimenta a grande indústria de pneumáticos Firestone, em Akron, Ohio. Suas realizações industriais são muito conhecidas em toda parte onde haja automóveis, para que seja necessário fazer aqui qualquer comentário especial a respeito.

Esses três homens começaram sua vida comercial e profissional sem nenhum capital, e com muito pouco tempo de escola, isto é, com muito pouco do que se chama habitualmente "educação".

Os três são hoje muito bem-educados, muito ricos e poderosíssimos. Pesquisemos agora a fonte, a origem da sua opulência e do seu poder. Desse modo não cuidaremos apenas do efeito; o verdadeiro filósofo deseja compreender a "causa" de um dado efeito.

Sabe-se geralmente que Ford, Edison e Firestone são amigos há longos anos, e que, antigamente, tinham por hábito ir para o campo uma vez por ano, para um período de descanso, meditação e recuperação.

Mas não se sabe bem — talvez nem eles próprios o saibam — que há entre os três um laço de harmonia que os levou a uma fusão de espírito que é a fonte real de todo poder.

Essa mente que surgiu do contato dos três homens facilitou-lhes uma combinação de forças e fontes de conhecimento, com os quais a maioria dos homens não está ainda familiarizada.

Se o leitor duvida do princípio ou dos efeitos aqui descritos, deve lembrar-se de que mais da metade da teoria aqui abordada já é fato conhecido. Por exemplo, é mais que sabido que esses três homens gozam de grande poder e que são riquíssimos; que começaram sem capital e com muito pouco estudo, e que tinham contato mental periódico uns com os outros, que foram sempre amigos, vivendo em harmonia, e que as suas realizações são tão notáveis a ponto de ser impossível compará-las com as de outros homens nos seus respectivos campos de atividade.

Esses "efeitos" são conhecidos praticamente por qualquer menino de escola no mundo civilizado; assim não pode haver mais discussão a esse respeito.

No que se refere à "causa" das realizações de Ford, Edison e Firestone, podemos estar certos de uma coisa: elas não foram, de maneira alguma, conseguidas à custa de truques, de embustes, meios sobrenaturais, "revelações" ou qualquer outra forma de lei que não fosse natural. Esses homens não são prestidigitadores. Trabalham com as leis naturais, leis que, na maioria, são bem conhecidas de todos os economistas e líderes no campo da ciência, excetuando, possivelmente, a lei em que se baseia a química mental. Essa não está ainda suficientemente desenvolvida para ser classificada pelos homens de ciência no seu catálogo de leis conhecidas.

Um Master Mind pode ser criado por qualquer grupo de pessoas que desejem coordenar as suas mentes num espírito de perfeita harmonia. O grupo pode ser composto de qualquer número a partir de dois. Os melhores resultados são conseguidos quando se fundem seis ou sete mentes.

Já se sugeriu que Jesus Cristo descobriu a maneira de empregar o princípio da química mental e que os seus milagres nasceram do poder que ele desenvolveu através da fusão dos espíritos dos seus 12 apóstolos. Acentuou-se que, quando um dos discípulos (Judas Iscariotes) traiu o mestre, a associação mental desintegrou-se imediatamente, e Jesus enfrentou a catástrofe suprema da sua vida.

Quando duas ou mais pessoas se harmonizam em espírito e produzem o efeito conhecido por Master Mind, cada componente do grupo se torna investido de poder de entrar em contato e adquirir conhecimentos através do subconsciente de todos os outros membros. Esse poder se torna logo patente, tendo por efeito estimular a mente a um grau superior de vibração, evidenciando-se assim na forma de uma imaginação mais viva e a consciência de que parece ser um sexto sentido. É através desse sexto sentido que as novas ideias surgem na mente. Essas ideias assumem a natureza e a forma do assunto predominante no espírito do indivíduo. Se todo o grupo se reuniu com o propósito de discutir um dado assunto, as ideias relativas a esse assunto aparecerão no espírito de todos os presentes, como se uma influência externa as tivesse ditado. Os espíritos dos que participam dessa associação mental tornam-se magnetos, atraindo ideias

Os homens deixam de nos interessar quando descobrimos suas limitações. O único pecado é a limitação. Logo que se descobrem as limitações de um homem, ele está abandonado.

Emerson

e pensamentos de uma natureza superiormente organizada e prática; de onde, ninguém sabe.

Pode-se comparar o processo de fusão mental com o ato do indivíduo que liga muitas baterias elétricas a um simples fio transmissor: assim, toda a força passa apenas por aí. Cada bateria aumenta o poder que passa por essa linha, por meio do acréscimo da quantidade de energia que conduz. O mesmo acontece no caso da associação mental para formar o Master Mind. Cada espírito, por meio do princípio da química mental, estimula todos os outros espíritos que compõem o grupo e, assim, a energia se torna tão intensa a ponto de penetrar a energia universal que se chama éter, a qual, por sua vez, toca em cada átomo do universo inteiro.

O moderno aparelho de rádio substancia, em grande parte, a teoria aqui exposta. É preciso construir poderosas estações transmissoras a fim de que a vibração do som possa ser controlada e, assim, captada pela energia muito mais vibrátil do éter, sendo finalmente conduzida em todas as direções. Uma associação mental composta de muitos espíritos, de maneira a produzir uma forte energia vibradora, constitui quase que a reprodução exata de uma estação de *broadcasting*.

Não há orador que não tenha sentido a influência da química mental, pois é fato bem conhecido que num auditório, logo que os espíritos entram *en rapport*, há um aumento de entusiasmo na mente do orador, que muitas vezes se dá a arroubos de oratória que causam surpresa a ele próprio.

Geralmente, os primeiros cinco ou dez minutos de qualquer discurso são dedicados a "aquecer" o auditório, isto é, ao processo por meio do qual a mente do orador e a dos assistentes se fundem num espírito de perfeita harmonia.

Todos os oradores sabem o que acontece quando esse estado de perfeita harmonia não se verifica numa parte do auditório.

Os fenômenos de aparência sobrenatural que ocorrem nas reuniões espíritas são o resultado da reação que os espíritos dos assistentes produzem uns sobre os outros. Esses fenômenos se verificam depois de dez ou 20 minutos, pelo simples motivo de que esse é o tempo exigido pelas mentes para se tornarem fundidas, associadas ou harmonizadas.

As "mensagens" recebidas pelos membros das reuniões espíritas emanam, provavelmente, de duas fontes, a saber:

Dos vastos reservatórios do subconsciente de qualquer dos membros do grupo ou do reservatório universal do éter, nos quais, é mais do que provável, toda vibração do pensamento é conservada.

Não há lei natural ou raciocínio humano que vá em apoio da teoria das comunicações com pessoas que já morreram.

Como é sabido, qualquer indivíduo pode explorar as reservas de conhecimentos do espírito de outra pessoa mediante o princípio da química mental, e parece razoável supor que essa força pode ser estendida e entrar em contato com quaisquer vibrações que se encontrem no éter.

A teoria segundo a qual todas as vibrações superiores e mais refinadas, como as que nascem do pensamento, são conservadas no éter origina-se do fato bem conhecido de que nem a matéria, nem a energia (os dois elementos conhecidos do universo) podem ser criadas ou destruídas. É razoável supor que todas as vibrações transmitidas de maneira a poderem ser captadas e absorvidas no éter prosseguirão eternamente. As vibrações mais baixas, que não se misturam ou que não entram em contato com o éter, têm, provavelmente, uma vida natural e morrem.

Todos os chamados gênios provavelmente adquiriram sua reputação porque, por mera chance ou de outra maneira, formaram alianças com outros espíritos que lhes facilitaram emitir suas próprias vibrações mentais para um ponto onde pudessem entrar em contato com o grande templo do Conhecimento, registrado no éter do universo. Todos os grandes gênios, tanto quanto é possível deduzir dos fatos colhidos, eram pessoas de elevada sexualidade. O fato de ser o contato sexual o maior estimulante conhecido vem em apoio da teoria aqui apresentada. Investigando a fonte do poder econômico, tal como é manifestada pelas realizações de vários homens no domínio dos negócios, estudemos o caso do Grupo de Chicago, conhecido por "Big Six" (Seis Grandes), constituídos por William Wrigley Jr., proprietário do negócio de gomas de mascar que traz o seu nome e cuja renda individual se diz ser de mais de 15 milhões de dólares; John R.

Ninguém pode se tornar uma força na comunidade em que vive, nem conseguir triunfo duradouro em qualquer empreendimento valioso, antes de se tornar bastante grande para culpar-se pelos seus próprios erros e fracassos.

Thompson, dono de uma rede de restaurantes com o seu nome; Lasker, dono da Agência de Publicidade Lord & Thomas; MacCullogh, proprietário da Parmalee Express Company, a maior companhia de transportes da América, e, finalmente, Ritchie e Hertz, donos dos automóveis de praça conhecidos por Yellow Taxicab.

Um relatório financeiro, digno de toda confiança, calculou a renda anual desses seis homens em mais de 25 milhões de dólares, ou seja, uma média de 4 milhões de dólares para cada um por ano.

Uma análise do grupo formado por esses seis homens revela o fato de que nenhum deles teve qualquer vantagem de educação, que todos começaram sem capital ou amplos créditos, que as suas realizações financeiras têm sido devidas aos seus próprios planos e não a um capricho qualquer da roda da fortuna.

Há muitos anos esses homens formaram uma aliança, reunindo-se em períodos fixos, com o objetivo de prestar assistência uns aos outros com ideias e sugestões nos seus vários ramos de negócios.

De todo o grupo, Hertz e Ritchie eram os únicos ligados por sociedade comercial. As reuniões eram efetuadas unicamente com o propósito de cooperação e de assistência mútua, com ideias e sugestões e, ocasionalmente, endosso de notas e outras garantias para auxiliar qualquer membro do grupo que estivesse diante de alguma emergência.

Diz-se que, presentemente, cada um dos componentes do grupo Big Six é muitas vezes milionário. Em regra, não merece comentário especial ou elogio um homem que nada fez além de acumular alguns milhões de dólares. Entretanto, relacionado com o sucesso financeiro desse grupo, há algo que é bem digno de comentário, estudo e análise e até mesmo de emulação. Esse "algo" é o fato de terem eles aprendido como coordenar as suas mentes, fundindo-as num espírito de perfeita harmonia, criando assim um Master Mind que forneceu a cada um dos componentes do grupo um meio de abrir portas que estão fechadas para a maioria da raça humana.

A United States Steel Corporation é uma das mais fortes e poderosas organizações industriais do mundo. A ideia que fez surgir essa gigantesca organização industrial nasceu na mente de Elbert H. Gary, advogado mais ou menos sem importância, nascido e criado numa cidadezinha de Illinois, perto de Chicago.

Gary cercou-se de um grupo de homens cujas mentes estavam fundidas num espírito de perfeita harmonia e, assim, conseguiu criar a associação mental, Master Mind, que é o espírito propulsor da grande United States Steel Corporation.

Onde quer que se investigue, em toda parte onde se encontrem êxitos notáveis no comércio, nas finanças, na indústria ou em qualquer profissão, pode-se ter a certeza de que a vitória foi conseguida por alguns indivíduos que aplicaram o princípio da química mental, criando assim um Master Mind. Esses triunfos notáveis muitas vezes se apresentam como sendo o trabalho de um só homem, mas, a uma pesquisa cuidadosa, encontrar-se-ão outros indivíduos cujas mentes foram coordenadas. Devemos estar lembrados de que duas ou mais pessoas podem operar o princípio da química mental e, assim, criar um Master Mind.

O poder humano é o conhecimento organizado que se expressa por meio de esforços inteligentes.

Não se pode dizer que um esforço é organizado senão quando os indivíduos nele empenhados coordenam os seus conhecimentos e energias num espírito de perfeita harmonia. A falta dessa harmoniosa coordenação de esforços é praticamente a causa principal de todos os fracassos comerciais.

Uma vez realizamos uma interessante experiência, em colaboração com os alunos de um grande colégio americano. Pediu-se a cada aluno para escrever um ligeiro ensaio sobre o seguinte tema: "Como e por que Henry Ford se tornou opulento."

A maioria dos alunos arranjou relatórios financeiros e balanços do ativo de Ford e empregou esses dados como base para a estimativa sobre sua riqueza.

Incluídos nessas "fontes de riqueza de Ford" estavam o dinheiro em bancos, as matérias-primas e os produtos acabados em estoque, os imóveis e prédios, calculando-se de 10% a 20% sobre o valor dos bens materiais.

Um dos alunos desse grupo, composto de várias centenas de rapazes, respondeu da seguinte maneira:

> Os bens de Henry Ford consistem, principalmente, em dois itens, a saber: 1) capital, trabalho, matérias-primas e produtos acabados; 2) o conhecimento adquirido pela experiência do próprio Henry Ford, com a cooperação de uma organização bem-treinada, que sabe como aplicar esse conhecimento com as melhores vantagens, dentro do ponto de vista de Ford. É difícil calcular, com possibilidade de correção, mesmo aproximada, o número de dólares e de centavos que constitui o valor de qualquer dessas duas espécies de ativo, mas, em minha opinião, os seus valores relativos são os seguintes:
>
> Conhecimento organizado da Empresa Ford: 75%.
>
> Valor em dinheiro e bens materiais de toda natureza, incluindo matéria-prima e produtos acabados: 25%.

É nossa opinião que o rapaz que assinava esse relatório não poderia tê-lo compilado sem a assistência de outros espíritos mais analíticos e experimentados.

Inquestionavelmente, o maior ativo de Henry Ford é o seu cérebro. Em seguida, virão os cérebros do seu círculo imediato de auxiliares, pois é através da sua coordenação que foram acumulados os bens que ele controla.

Se fossem destruídas todas as fábricas de Ford e todas as suas máquinas, todos os átomos de matéria-prima, todos os automóveis já terminados e todos os seus depósitos nos bancos, ele seria ainda assim o homem mais poderoso da Terra, no que se refere a poder econômico. Os cérebros que realizaram as empresas Ford podiam duplicá-la novamente, em pouco tempo. Há sempre capital, em quantidade ilimitada, à disposição de cérebros como o de Ford.

Ford é o homem mais poderoso do mundo, do ponto de vista econômico, porque possui, tanto quanto sabemos, em grau mais elevado que qualquer outro homem, no mundo inteiro, a concepção prática do princípio do conhecimento organizado.

Apesar do grande poder e do êxito financeiro de Ford, sabe-se que ele errou várias vezes na aplicação dos princípios por meio dos quais conseguiu seu enorme poder. Quase não há dúvida de que os métodos de cooperação mental de Ford foram muitas vezes "crus"; mas, possivelmente, isso ocorreu nos primeiros tempos de sua atividade, antes que ele adquirisse a experiência que naturalmente chegaria com a maturidade.

Não pode, porém, haver a menor dúvida de que a aplicação do princípio da química mental por Ford, pelo menos no princípio, foi o resultado de uma aliança acidental com outros espíritos, particularmente com Edison. É mais do que provável que a notável visão de Ford, no que se refere às leis da natureza, tenha começado como resultado da aliança amistosa com sua esposa, muito antes do seu encontro com Edison ou Firestone. Muitas vezes acontece que um homem não descobre que a fonte real do seu êxito reside em sua esposa, como resultado da aplicação do princípio do Master Mind. A senhora Ford é uma mulher extremamente inteligente e temos razões para crer que foi o seu espírito fundido com o do marido que deu a ele o primeiro impulso em direção ao poder.

Isso pode ser mencionado sem nenhum desdouro para Ford, pois nos primeiros tempos da sua atividade ele teve que combater poderosos inimigos, como a ignorância e a falta de cultura, em grau muito maior que Edison ou Firestone, ambos dotados naturalmente de aptidões felizes para adquirir e aplicar os conhecimentos. Ford teve que se elevar por seu próprio esforço, acima das suas condições de nascimento.

Em um período extraordinariamente curto, Ford dominou três dos mais pertinazes inimigos da humanidade e transformou-os em ativo para a fundação do seu triunfo.

Esses inimigos são: a ignorância, a falta de cultura e a pobreza.

Qualquer homem capaz de dominar essas três forças selvagens e empregá-las com proveito merece ser objeto de estudo de todas as pessoas menos afortunadas nesse domínio.

Estamos numa era de poder industrial. A fonte de todo esse poder é o esforço organizado. A direção das empresas industriais não somente organiza eficientemente os operários, como também, em muitos casos, a fusão de indústrias tem afetado o problema de tal maneira que tais combinações (como no caso da United States Steel Corporation) têm acumulado, praticamente, um poder ilimitado.

Dificilmente se pode passar a vista sobre os acontecimentos do dia sem ter notícia de qualquer associação comercial, industrial ou financeira agindo sob uma direção única, tendo grandes lucros e criando assim enorme poder.

NUNCA, NA HISTÓRIA DO MUNDO, HOUVE TANTA ABUNDÂNCIA DE OPORTUNIDADES DE GANHAR DINHEIRO PARA AQUELES QUE ESTÃO CHEIOS DE BOA VONTADE PARA PRESTAR SERVIÇOS.

Um dia, é um grupo de bancos; no outro, uma rede de estradas de ferro; logo a seguir, uma combinação de indústrias de aço, fundindo-se com o objetivo de desenvolver força, por meio de um esforço altamente coordenado e organizado.

O conhecimento de natureza geral, desorganizado, não é *poder*, é apenas poder em potencial — material do qual poderá desenvolver-se o poder real. Qualquer biblioteca moderna contém um fichário desorganizado de todos os conhecimentos de valor, dos quais a presente civilização é herdeira, mas esses conhecimentos não são poder, porque não são organizados.

Todas as formas de energia e todas as espécies de vida animal ou vegetal, para sobreviverem, precisam ser organizadas. Os fósseis dos imensos animais pré-históricos apresentam evidências positivas de que não organização significa aniquilamento.

O elétron — a menor partícula da matéria —, bem como a maior estrela no universo, e todas as coisas materiais que se acham entre esses dois extremos, oferecem uma prova positiva de que a primeira lei da natureza é a organização feliz daquele que reconhece a importância dessa lei e se esforça por familiarizar-se com os vários modos pelos quais ela pode ser aplicada vantajosamente.

O astuto homem de negócios não somente reconhece a importância da lei do esforço organizado, como também faz dessa lei a urdidura e a trama do seu poder.

Mesmo sem qualquer conhecimento sobre o princípio da química mental, sem mesmo saber de sua existência, muitos homens acumularam grande poder simplesmente organizando o conhecimento que possuíam. A maioria de todos os que descobriram o princípio da química mental e desenvolveram esse princípio no que chamamos de Master Mind conseguiu isso por mero acaso; muitas vezes, não reconheciam a natureza real da sua descoberta, nem compreendiam a origem da sua força.

É nossa opinião que podem ser contadas a dedo as pessoas que, presentemente, empregam, de maneira consciente, o princípio da química mental para conseguir poder através de fusão de espírito.

Se esse cálculo for certo, mesmo aproximadamente, o leitor verá sem demora que é insignificante o risco de que o campo da prática da química mental venha a saturar-se.

É fato conhecido por todos que uma das mais difíceis tarefas que cabem a qualquer homem de negócios consiste em induzir os seus associados à coordenação de esforços, num espírito de perfeita harmonia. Induzir à cooperação contínua um grupo de operários, em qualquer empreendimento, é coisa quase impossível. Apenas os líderes mais eficientes podem conseguir esse objetivo tão desejável, mas os dirigentes dessa espécie surgem raramente no campo da indústria, do comércio ou das finanças, e quando isso acontece, o mundo ouve falar num Henry Ford, Thomas A. Edison, John D. Rockefeller, E. H. Harriman ou James J. Hill.

Poder e triunfo são sinônimos, praticamente. Um emana do outro; assim sendo, qualquer pessoa que saiba aplicar o poder, com habilidade, por meio da harmoniosa coordenação de esforços, entre vários indivíduos, pode conseguir êxito em qualquer empreendimento razoável, possível de ser levado a cabo de modo feliz.

Ninguém pense, porém, que uma feliz associação mental, um Master Mind, possa surgir imediatamente, como um cogumelo, logo que se verifica a coordenação de mentes que pretendem unir-se num espírito de perfeita harmonia!

A harmonia, no sentido real da palavra, é tão rara entre um grupo de pessoas como é o verdadeiro cristianismo entre indivíduos que se dizem cristãos.

A harmonia é o núcleo em torno do qual deve ser desenvolvido o estado de espírito conhecido por associação mental perfeita ou Master Mind. Sem esse elemento de harmonia não pode haver a associação mental completa, ou o Master Mind. Trata-se de uma verdade que não precisa ser repetida.

Woodrow Wilson tinha em mente a ideia de criar um Master Mind quando cuidou de reunir um grupo de homens representando as nações civilizadas do mundo, ao propor a criação da Liga das Nações. A concepção de Wilson foi a ideia mais humanitária que já surgiu no cérebro do homem, pois parte de um princípio que envolve suficiente poder para estabelecer uma fraternidade humana na Terra. A Liga das Nações, ou qualquer fusão de mentes internacionais, num espírito de harmonia, pode vir a ser uma realidade.

A época em que tal unidade mental possa ter lugar depende em grande medida do tempo requerido pelas grandes universidades e instituições de ensino *não sectárias* para suplantar a ignorância e a superstição por meio da compreensão e da ciência.

A psicologia das reuniões de reavivamento*

A antiga tradição religiosa conhecida pelo nome de "Reavivamento" oferece uma oportunidade favorável para se estudar o princípio da química mental denominado Master Mind.

Observe-se que a música desempenha não pequena parte na harmonia essencial à fusão de um grupo de espíritos em tais cerimônias. Sem música, as comemorações não teriam nenhuma importância.

Durante o serviço religioso o oficiante não encontra dificuldades em criar harmonia entre os espíritos dos seus devotos, mas é também sabido por todos que esse estado perdura apenas enquanto ele está presente; em seguida, a associação mental, provisoriamente criada, se desintegra.

Despertando a emoção dos presentes, o oficiante não tem dificuldade em conseguir a harmonia necessária para a criação do Master Mind. O próprio ar se torna carregado de uma influência positiva e agradável que transforma inteiramente a química mental de todos os espíritos ali reunidos. Os adeptos dessa religião chamam a isso "espírito do Senhor".

Por meio de experiências que levamos a efeito com um grupo de pesquisadores, cientistas e leigos (que não sabiam coisa alguma sobre a natureza dessa experiência), conseguimos criar o mesmo estado de espírito e a mesma atmosfera positiva sem chamar a isso de "espírito do Senhor".

Em muitas ocasiões, temos presenciado a criação da mesma atmosfera positiva entre grupos de vendedores, de ambos os sexos, sem entretanto chamar a isso "espírito do Senhor".

---

*No original: *revival*. *Reavivamento*, segundo Laudelino Freire (*Grande e novíssimo dicionário da língua portuguesa*), é o "ato ou efeito de avivar novamente". As reuniões de reavivamento são movimentos típicos e frequentes nos meios protestantes, em que um "reavivalista" (nos Estados Unidos, chamam-nos *revivalist* — é o nome que se dá aos predicantes evangélicos especializados nesse tipo de trabalho) se dirige com grande ardor religioso às multidões que tais movimentos atraem, despertando interesse para a religião nos indiferentes e *avivamento* da fé nos crentes negligentes. (*N. do T.*)

Tivemos ocasião de prestar auxílio na direção de um curso para os vendedores de Harrison Parker, fundador da Cooperative Society de Chicago, e empregando o mesmo princípio de química mental que os religiosos chamam de "espírito do Senhor" transformamos a natureza de 3 mil homens e mulheres (todos sem experiência na profissão), os quais venderam mais de 10 milhões em títulos, em menos de nove meses, realizando um lucro de mais de 1 milhão de dólares.

Constatou-se que a média das pessoas que entravam para essa escola alcançava o zênite da sua carreira de vendedores em de uma semana, depois do que precisavam revitalizar o cérebro em reuniões com outros grupos de vendedores. Essas reuniões eram conduzidas mais ou menos da mesma maneira que as modernas reuniões de reavivamento, com encenação quase idêntica, incluindo música e oradores potentes que exortavam os vendedores de todas as maneiras, como fazem os oficiantes das reuniões religiosas. Chame-se a isso religião, psicologia, química mental ou o que se quiser (tudo se baseia no mesmo princípio), mas o fato é que, onde quer que um grupo de mentes entre em contato, num espírito de *perfeita* harmonia, cada mente do grupo logo se torna suprida e reforçada por uma evidente energia chamada Master Mind.

Tanto quanto sabemos, essa energia ainda não classificada pode ser o espírito do Senhor, mas a verdade é que opera com a mesma eficiência, ainda que chamada por outro nome.

O cérebro humano e o sistema nervoso constituem uma peça de um maquinário intrincado, que poucos entendem. Quando controlada e dirigida de maneira adequada, essa peça da máquina pode ser levada a realizar maravilhas, mas, quando não é controlada, pratica ações fantásticas, como se pode ver entre as paredes de um asilo de loucos.

O cérebro humano tem ligação direta com o contínuo influxo de energia, do qual o homem tira o poder de pensar. O cérebro recebe essa energia, mistura-a com a energia criada pelos alimentos que nutrem o corpo e a distribui em cada porção deste último, com o auxílio do sangue e do sistema nervoso, e ela se torna assim o que chamamos vida.

De que fonte emana essa energia externa ninguém parece saber; tudo o que sabemos a respeito é que é necessário tê-la para se viver. Parece razoável supor que essa energia não seja outra senão a que chamamos éter, e que entra no corpo com o oxigênio quando respiramos.

O INDIVÍDUO ESTÁ MEIO VENCIDO DESDE QUE COMEÇA A TER PENA DE SI MESMO, OU A PROCURAR UMA DESCULPA PARA OS SEUS DEFEITOS.

Todo corpo humano normal possui um laboratório de primeira ordem e um estoque de produtos químicos suficiente para executar os processos de triturar, assimilar e misturar de maneira adequada o alimento que ingere, antes de distribuí-lo pelas partes onde ele é mais necessário para formar o corpo.

Têm sido feitos inúmeros testes com homens e animais a fim de se provar que a energia conhecida com o nome de mente desempenha importante parte nessa operação química da composição e transformação dos alimentos nas substâncias necessárias para formação e conservação do corpo.

Sabe-se que os aborrecimentos, as emoções ou os temores interferem no processo digestivo e, em casos extremos, detêm inteiramente esse processo, ocasionando doenças e até mesmo a morte. É claro, portanto, que o espírito tem parte na química da digestão e da distribuição dos alimentos.

Várias autoridades eminentes acreditam, embora isso nunca tenha sido cientificamente provado, que a energia conhecida como "mente" ou pensamento pode ser contaminada por unidades negativas ou "insociáveis", a tal ponto que todo o sistema nervoso é atirado para fora da ordem do trabalho, a digestão fica seriamente afetada, manifestando-se várias formas de doença. Entre as causas de tais perturbações mentais, as principais são as dificuldades financeiras e os amores contrariados.

Um ambiente negativo como o que se cria em famílias nas quais um dos membros está sempre "aperreando" interferirá na química mental de tal modo que o indivíduo perderá a ambição e gradativamente mergulhará na apatia. É por isso que um velho ditado diz que a mulher faz o homem ou o destrói. E há nisso muita verdade. Uma das nossas próximas lições tem um capítulo inteiro dirigido às esposas.

Qualquer aluno do ensino médio sabe que certas combinações alimentares, quando ingeridas, provocam indigestão, dores violentas e até mesmo a morte. A boa saúde depende, pelo menos em parte, de uma combinação alimentar "harmoniosa". Mas a harmonia da combinação alimentar não é suficiente para assegurar a boa saúde; é preciso haver harmonia também entre as unidades de energia conhecidas por mente ou pensamento.

A harmonia parece ser uma das leis da natureza sem a qual não pode haver energia organizada, ou vida, de qualquer forma.

A saúde do corpo, bem como a saúde mental, é inteiramente construída na base do princípio da harmonia. A energia conhecida por vida começa a desintegrar-se e a morte se aproxima logo que os órgãos do corpo deixam de trabalhar em harmonia, e no momento em que esta cessa, na fonte de qualquer energia organizada, as unidades dessa energia são arremessadas num estado caótico de desordem e o poder se torna neutro ou passivo.

A harmonia é também o núcleo do qual o princípio da química mental, conhecido por Master Mind, desenvolve o seu poder. Destruindo essa harmonia, ter-se-á destruído o poder que emana do esforço coordenado de um grupo de indivíduos.

Essa verdade tem sido afirmada, reafirmada e apresentada de todas as maneiras nesta obra como uma lição infindável porque, a menos que o estudante fixe bem esse princípio, aprendendo como aplicá-lo, ela seria absolutamente inútil.

O triunfo na vida, ou o que quer que chamemos de triunfo, é, sobretudo, uma questão de adaptação ao ambiente, de maneira tal que haja harmonia entre o ambiente e o indivíduo. O palácio de um rei se torna uma choça de camponês quando não existe harmonia entre as suas paredes. Inversamente, a choça de um camponês pode proporcionar mais felicidade do que a mansão de um rico se a harmonia reinar na primeira e faltar na segunda.

Sem perfeita harmonia a ciência da astronomia seria tão inútil como "os ossos de um santo", pois as estrelas e os planetas chocar-se-iam uns contra os outros e tudo estaria em estado de caos e desordem.

Sem a lei da harmonia, de uma semente qualquer poderia nascer uma árvore heterogênea que fosse ao mesmo tempo carvalho, álamo ou cedro.

Sem a lei da harmonia o sangue depositaria a qualidade de alimentos que servem para o desenvolvimento das unhas no couro cabeludo, onde só o cabelo deve crescer, e dessa maneira desenvolver-se-ia qualquer formação córnea.

Sem a lei da harmonia não pode haver organização de conhecimento, e assim poder-se-ia perguntar: há conhecimento organizado, exceto a harmonia dos fatos e verdades das leis naturais?

No momento em que a discórdia começa a bater à porta de frente do conhecimento, a harmonia vai saindo pela porta dos fundos, por assim dizer, quer se aplique isso a uma sociedade comercial ou ao movimento ordenado dos planetas.

Se o leitor julgar que exageramos a importância da *harmonia*, lembre-se de que a falta dela é o primeiro e muitas vezes o único motivo de fracasso.

Não pode haver música, nem poesia, nem eloquência dignas de louvor sem a presença da harmonia.

A boa arquitetura é, sobretudo, uma questão de harmonia. Sem harmonia, uma casa nada mais é que uma massa de materiais de construção mais ou menos monstruosa.

A direção eficiente dos negócios alicerça-se na existência da harmonia.

Toda pessoa bem-vestida, homem ou mulher, é um exemplo de harmonia.

Com todas essas ilustrações da parte importante desempenhada pela harmonia nos trabalhos quotidianos de todo mundo — digo mais, de todo o universo —, como poderá qualquer pessoa inteligente esquecer esse fato, quando se trata de alcançar o seu objetivo definitivo na vida? Assim, não pode haver objetivo definitivo para aquele que não fizer da harmonia a pedra angular da sua fundação.

O corpo humano é uma organização complexa de órgãos, glândulas, vasos sanguíneos, nervos, células nervosas, músculos etc. A energia mental que estimula a ação e coordena os esforços das partes componentes do corpo é também uma pluralidade de energias, que variam e se transformam. Desde o nascimento até a morte, há entre as forças uma luta contínua que muitas vezes assume as características de um verdadeiro combate. Por exemplo, a luta que dura toda a vida, entre as forças motivadoras e os desejos da mente humana, que têm lugar entre os impulsos do certo e do errado, tão conhecida de todos.

Todo ser humano possui pelo menos duas forças mentais distintas ou personalidades, e até mesmo seis personalidades já foram descobertas numa só pessoa. Uma das mais delicadas missões do homem consiste em harmonizar as suas forças mentais de tal modo que possam ser organizadas e dirigidas para a ordenada consecução de um dado objetivo. Sem esse elemento de harmonia nenhum indivíduo pode se tornar consciencioso.

Não admira que os dirigentes das empresas comerciais e industriais, bem como os líderes, tanto no campo da política como em outros domínios, deparem com tantas dificuldades em organizar, sem atritos, grupos de pessoas

DEVEMOS PROCURAR SEMPRE O CONSELHO DAQUELES QUE NOS DIGAM A VERDADE RELATIVO A NÓS MESMOS, AINDA QUE A VERDADE NOS DOA. MEROS LOUVORES NÃO CONDUZEM AO APERFEIÇOAMENTO NECESSÁRIO.

para a realização de um determinado objetivo. Cada ser humano possui dentro de si mesmo forças difíceis de harmonizar, mesmo quando o indivíduo se acha colocado no ambiente mais favorável à harmonia. Se a química mental de uma só pessoa é tal que as unidades da sua mente não podem ser facilmente harmonizadas, imagine-se como deve ser difícil harmonizar um grupo de espíritos de modo que todos funcionem como um só, de maneira ordenada, por meio do que se chama de Master Mind.

O líder que se desenvolve com êxito e dirige as energias de um Master Mind deve possuir tato, paciência, persistência, autoconfiança, conhecimento íntimo da química mental e habilidade para adaptar-se (num estado de perfeita harmonia e equilíbrio) às circunstâncias que se transformam rapidamente, sem demonstrar qualquer sinal de aborrecimento.

Quantos poderão corresponder a tais exigências?

O verdadeiro líder precisa ser dotado da habilidade de mudar a "cor" da sua mente, como o camaleão muda a cor da pele, para atender a todas as circunstâncias que surgirem relacionadas com a sua liderança. Além disso, deve possuir a habilidade para passar de uma atitude para outra, sem demonstrar o mais leve sinal de cólera ou falta de autocontrole. O líder perfeito deve compreender as 15 Leis do Triunfo e estar apto para pôr em prática qualquer combinação dessas leis, sempre que a ocasião exigir.

Sem essa habilidade nenhum líder conseguirá ser poderoso e, sem poder, nenhum líder pode subsistir por muito tempo.

O SIGNIFICADO DA PALAVRA EDUCAÇÃO

Desde muito tempo que se estabeleceu uma concepção errada da palavra "educar". Os dicionários não têm contribuído para eliminar esse mal-entendido, pois continuam definindo "educar" como o ato de disseminar conhecimento.

A palavra educar tem as suas raízes no vocábulo latino *educo*, que significa desenvolver-se de dentro, projetar-se, crescer por meio da lei da prática.

A natureza odeia a preguiça em todas as suas formas. Dá vida contínua apenas aos elementos que estão em atividade. Amarre um braço ou outra parte do corpo tornando-o inativo e dentro em pouco a parte imobilizada se tornará atrofiada, ficando sem vida. Ao contrário, faça de um dos braços um uso maior do que o habitual, como acontece no caso do ferreiro que maneja um pesado martelo o dia inteiro, e esse braço se tornará mais vigoroso, mais forte e muito mais musculoso.

O poder nasce do *conhecimento organizado*, mas não se deve esquecer que é por meio da aplicação e do emprego que dele se faz.

Um homem pode ser uma enciclopédia ambulante, sem possuir nenhuma força. O conhecimento não se torna poder senão à medida que é organizado, classificado e posto em ação. Alguns dos homens mais bem-educados do mundo possuem menos conhecimento geral do que alguns dos que são conhecidos como ignorantes. A diferença é que os primeiros puseram em prática os seus conhecimentos, enquanto os últimos não fizeram nenhuma aplicação do que sabiam.

A pessoa "educada" é aquela que sabe como adquirir tudo o de que necessita para alcançar o seu objetivo principal na vida, sem violar os direitos dos seus semelhantes. Poderá ser uma surpresa para muitos homens "instruídos" saberem que estão muito longe de ser considerados "educados". Será também uma grande surpresa para muitos que julgam ressentir-se de uma grande falta de "instrução" ter a certeza de que são homens "bem-educados".

O advogado que consegue mais êxito na sua carreira não é, necessariamente, o que sabe de memória o maior número de artigos dos códigos. Ao contrário, o melhor advogado é aquele que sabe onde encontrar um princípio de lei, e mais uma variedade de opiniões apoiando o princípio que se adapta às necessidades imediatas de um determinado caso.

Em outras palavras, o melhor advogado é o que sabe onde encontrar a lei que deseja quando tiver necessidade.

Esse princípio se aplica, com igual força, aos assuntos industriais e comerciais.

Henry Ford teve muito pouco tempo de estudo, entretanto foi um dos homens mais "bem-educados" do mundo, porque adquiriu a habilidade de combinar as leis econômicas com as leis naturais, alcançando assim o poder que lhe permitiu tirar o que precisava do material da natureza.

Durante a Guerra Mundial, Ford moveu uma ação contra o jornal *Chicago Tribune*, acusando-o de haver publicado um artigo com alusões ofensivas à sua pessoa, uma das quais dizia que ele era um pacifista ignorante etc.

Quando a ação chegou ao tribunal, os advogados do *Tribune* pretenderam provar por meio do próprio Ford o que havia sido escrito contra ele. Ford foi obrigado a apresentar-se no tribunal. Os advogados disseram que ele realmente era um ignorante, e com esse objetivo o interrogaram sobre todos os assuntos.

Uma das perguntas formuladas pelos advogados foi a seguinte:

— Quantos soldados a Inglaterra mandou para vencer a rebelião das Colônias, em 1776?

Com ar de desprezo, sem se alterar, Ford respondeu:

— Não sei exatamente o número enviado, mas ouvi dizer que foi enviado um número muito maior do que o dos que voltaram.

Uma gargalhada geral contagiou o juiz, o júri, os espectadores e até mesmo o advogado frustrado.

A série de perguntas prosseguiu por uma hora ou mais, e Ford manteve-se perfeitamente calmo durante todo o tempo. Finalmente, cansado das brincadeiras dos "astutos" advogados, a uma pergunta particularmente insultuosa Ford levantou-se e, apontando com o dedo para o advogado que o interrogava, replicou:

— Se eu pretendesse responder à pergunta idiota que o senhor acaba de fazer, ou a qualquer outra das que já fizeram, permitam-me lembrar-lhes que sobre a minha mesa de trabalho tenho uma série de botões elétricos, e, colocando um dedo sobre um determinado botão, chamaria homens que poderiam me dar uma resposta correta a todas as perguntas que me foram feitas, e a todas que os senhores não têm inteligência para formular, nem teriam para responder. Agora, tenham a bondade de me dizer: por que eu iria encher minha cabeça com uma série de detalhes inúteis a fim de responder a todas as perguntas idiotas que me fizerem, quando tenho em torno de mim homens capazes, que podem me apresentar todos os fatos de que necessito a um simples chamado meu?

Esse trecho foi reconstruído com o auxílio da memória, mas relata substancialmente a resposta de Ford.

Houve um silêncio no tribunal. O promotor ficou de queixo caído e arregalou os olhos, surpreso; o juiz endireitou-se em sua cadeira e olhou fixo para Ford; muitos jurados como que despertaram e olharam em torno de si, como se tivessem presenciado uma explosão, o que não deixa de ser verdade, num certo sentido. Um pároco eminente, que estava presente, disse mais tarde que a cena lhe fizera lembrar aquela em que Jesus Cristo compareceu diante de Pilatos, exatamente depois de haver dado a sua famosa resposta à pergunta: "O que é a verdade?"

Assim também a resposta de Ford derrubou o que o interrogara.

Até então, o advogado se divertira bastante à custa de Ford, segundo imaginava, exibindo assim com habilidade os seus conhecimentos em comparação com o que julgava ser a ignorância de Ford a tantos assuntos.

Mas a última resposta o deixou mesmo sem graça.

Provou ao mesmo tempo, a todos que tinham inteligência para compreender, que a verdadeira educação significa desenvolvimento de espírito, e não uma mera coleção e classificação de conhecimentos.

Muito provavelmente, Ford não poderia citar o nome de todas as capitais dos estados americanos, mas podia haver reunido, como de fato reuniu, o "capital" com o qual pôs em movimento muitas rodas, em todos os estados da União.

Educação — não nos esqueçamos disso — consiste em poder obter tudo o que é necessário para atender às próprias necessidades, sem violar os direitos alheios. Ford se ajusta maravilhosamente a essa definição, conforme tentamos mostrar narrando esse incidente relacionado com a simples filosofia do conhecido milionário.

Há muitos homens "instruídos" que poderiam desnortear Ford, teoricamente, com um labirinto de perguntas a que ele não saberia responder. Mas ele poderia voltar-se para o campo da indústria ou o das finanças e travar uma batalha na qual venceria em poucos minutos os seus adversários, apesar de todos os seus conhecimentos e de toda a sua instrução.

Ford não poderia, num laboratório químico, separar os dois elementos componentes da água, oxigênio e hidrogênio, e depois refazer a combinação atômica, mas sabe perfeitamente como cercar-se de homens competentes no assunto, que podem realizar isso todas as vezes que ele queira. O homem que sabe fazer uso inteligente dos conhecimentos dos outros

QUANDO PERDER SEU SENSO DE HUMOR, EMPREGUE-SE COMO ASCENSORISTA, POIS ASSIM SUA VIDA SERÁ SEMPRE UMA SÉRIE DE "ALTOS" E "BAIXOS".

é mais educado do que aquele que, tendo conhecimentos, não sabe como empregá-los.

O diretor de um conhecido colégio americano herdou uma grande porção de terra, reputada por todos como muito pobre. As terras não tinham madeiras de valor comercial, nem minerais, nem qualquer outro produto vendável, tornando-se assim apenas uma fonte de despesas para o conhecido educador, pois ele tinha que pagar impostos territoriais. O Estado construiu uma estrada que cortava suas terras. Um homem ignorante que passava no seu carro por essa estrada observou que as terras se achavam situadas no alto de uma montanha, de onde se descortinava uma vista soberba, em todas as direções. Esse homem "ignorante" também observou que as terras estavam cobertas por algumas árvores frondosas. Comprou logo 20 hectares da terra considerada "ordinária", à razão de 10 dólares o hectare. Perto da estrada, construiu uma casa, onde instalou uma grande sala para refeições. Instalou ao lado uma bomba de gasolina, construiu mais 12 casas pequenas ao longo da estrada e começou a alugá-las aos turistas à razão de 3 dólares por noite cada uma. O restaurante, as casinhas e o posto de gasolina lhe deram uma renda de 15 mil dólares no primeiro ano. No ano seguinte, ampliou o plano e mandou construir mais 50 casas de madeira, com três quartos cada uma, que depois alugava para veraneio às pessoas das cidades mais próximas, cobrando nada menos que 150 dólares por estação.

Os materiais de construção nada lhe custaram, pois ele retirou das próprias terras compradas ao diretor do colégio que as julgara inteiramente sem valor.

Além disso, a aparência única, fora do comum, dos bangalôs, servia como propaganda do plano, pois muitos chegaram a considerar uma verdadeira infelicidade que ele fosse forçado a construir casas com materiais tão rudimentares. A menos de 8 quilômetros de distância desse local o mesmo homem comprou uma fazenda velha de 60 hectares, à razão de 25 dólares o hectare, preço que o vendedor achou bastante elevado.

Construindo uma barragem de 30 metros de comprimento, o comprador da velha fazenda transformou um córrego num lago que cobria 6 hectares, povoou-o com peixes e depois vendeu a fazenda em lotes às pessoas que desejavam possuir um bom local para veranear junto a um lago. O lucro obtido nessa operação foi de mais de 25 mil dólares, e o tempo gasto foi apenas um verão.

Entretanto, esse homem de tanta visão e imaginação não era "educado" no significado habitual do termo.

Não esqueçamos o fato de que é por meio desses exemplos simples da prática do conhecimento organizado que o indivíduo pode se tornar educado e poderoso.

Falando sobre a transação que acabamos de descrever, o diretor do colégio que vendera 20 hectares de terras sem valor por 500 dólares disse o seguinte:

— Pensemos um pouco sobre isto: um homem que quase todos nós chamaríamos de ignorante combinou essa ignorância com 20 hectares de terra sem valor e conseguiu assim ganhar em um ano mais do que eu ganho em cinco, com a aplicação do que se chama habitualmente "educação".

Há uma oportunidade, ou, antes, dezenas de oportunidades, no mundo inteiro, para se pôr em prática a ideia aqui referida.

De agora em diante, sempre que encontrar terras como a que foi descrita nesta lição, vale a pena observá-las, e talvez elas ofereçam um local apropriado para se desenvolver uma empresa igualmente lucrativa. Isso se aplica particularmente às localidades onde há poucas praias propícias ao banho, pois naturalmente as pessoas gostam de encontrar tais vantagens.

O automóvel foi a causa de que se construísse nos Estados Unidos um importante sistema rodoviário. Em cada uma dessas estradas há um local apropriado para uma *Cabin City** para turistas, que pode se transformar numa verdadeira mina, bastando para isso que a pessoa que explora a oportunidade tenha imaginação e confiança em si mesma.

Por toda parte existem oportunidades para ganhar dinheiro. Este curso tem por objetivo ajudar os seus leitores a ver tais oportunidades, e ensinar-lhes a maneira de tirar delas o maior proveito.

---

*Hotel à beira da estrada. (*N. da E.*)

OS QUE PODEM LUCRAR MAIS COM O CURSO SOBRE A FILOSOFIA DA LEI DO TRIUNFO

Os diretores de estradas de ferro: que precisam de melhor espírito de cooperação entre os seus funcionários e o público a que servem.

Os operários: que desejam aumentar seus salários e oferecer seus serviços com melhores vantagens.

Os vendedores: para se tornarem mestres no seu campo de atividade. A filosofia da Lei do Triunfo abrange todas as leis de vendas conhecidas, e trata de muitas características não incluídas nos outros cursos.

Os gerentes de estabelecimentos industriais: que compreendem o valor de maior harmonia entre os empregados.

Os empregados das estradas de ferro: que desejam estabelecer recordes de eficiência, que os conduzirão a posições de maior responsabilidade, com maior salário.

Os comerciantes: que desejam ampliar seus negócios, adquirindo novos fregueses. A filosofia da Lei do Triunfo ajudará qualquer comerciante a aumentar os seus negócios, ensinando-lhe como fazer um propagandista de cada freguês que procure o seu estabelecimento.

Os agentes de automóveis: que desejam aumentar a capacidade dos seus vendedores. Uma grande parte do curso sobre a Lei do Triunfo foi tirada da vida e da experiência de um dos maiores vendedores de automóveis que se conhece, o qual se tornou assim um excelente auxiliar para o chefe de vendas que dirige os esforços dos demais vendedores.

Os corretores de seguros de vida: para conseguir novos seguros e aumentar os já existentes. Em Ohio, um agente de seguros vendeu uma apólice de 50 mil dólares. Essa venda foi o resultado de uma única leitura da lição "Tirando proveito dos fracassos". O mesmo corretor de seguros tornou-se um dos vultos mais destacados do corpo de funcionários da New York Life Insurance Company, em consequência do seu treinamento nas 15 Leis do Triunfo!

Os professores: que desejam alcançar o máximo na sua carreira, ou que procuram uma oportunidade para conseguir um meio de ingressar numa carreira mais proveitosa.

Os estudantes: tanto das escolas superiores como de ensino médio, que ainda não se decidiram quanto à carreira que vão abraçar. O curso da Lei do Triunfo inclui um serviço completo de análise pessoal, que ajuda o leitor interessado a escolher o trabalho para o qual está mais indicado.

Os banqueiros: que desejam estender os seus negócios por meio de métodos mais corteses e melhores para servir aos seus clientes.

Os funcionários dos bancos: que ambicionam estar preparados para desempenhar funções de direção bancária, ou em qualquer campo industrial ou comercial.

Os médicos e dentistas: que desejam ampliar a sua clientela sem violar a ética profissional, por meio de anúncios diretos. Um médico eminente já disse que o curso da Lei do Triunfo vale mil dólares por ano para qualquer médico ou dentista a quem a ética profissional proíba fazer propaganda direta.

Os corretores: que querem desenvolver novas ideias no domínio comercial e industrial. O princípio descrito nesta primeira lição foi considerado como sendo a origem de uma pequena fortuna para um homem que o aplicou como base para as vendas de imóveis.

Os vendedores de imóveis: para ampliar por novos métodos as suas vendas. A introdução contém a descrição de um plano de venda inteiramente novo no ramo e que proporciona a fortuna a todos os que o põem em prática. Esse plano pode ser empregado em toda parte e por homens que nunca se dedicaram ao gênero.

Os fazendeiros: que desejam descobrir novos métodos de vender seus produtos, de modo a alcançar maiores lucros, e que têm terras para vender em lotes, conforme referimos na última parte desta introdução. Milhares de fazendeiros têm "minas de ouro" nas terras que possuem, que não são boas para o plantio e que podem ser usadas para estações de veraneio e diversões, em bases bem tentadoras.

Os estenógrafos e contadores: que estiverem em busca de um plano prático para conseguir a promoção a postos mais elevados e de melhor salário. O curso da Lei do Triunfo é o melhor que já se escreveu, até hoje, sobre a questão da "colocação" dos serviços pessoais.

Os impressores: que querem fazer mais negócios e conseguir uma produção maior como resultado de melhor cooperação entre os seus empregados.

Os trabalhadores diaristas: que ambicionam alcançar melhores situações em serviços de maior responsabilidade e, por conseguinte, mais lucrativos.

UM OBJETIVO NA VIDA É A ÚNICA FORTUNA VALIOSA QUE SE ENCONTRA; NÃO SE DEVE PROCURÁ-LO EM TERRAS ESTRANHAS, MAS DENTRO DO CORAÇÃO.

ROBERT LOUIS STEVENSON

Os advogados: que desejam ampliar sua clientela empregando métodos dignos, de acordo com a ética, atrairão de modo favorável a atenção de muitas pessoas que necessitam dos seus serviços.

Os diretores de empresas comerciais: para expandir seus negócios, ou diminuir as despesas, como resultado de maior cooperação entre os seus empregados.

Os proprietários de lavanderias: que desejam ampliar seus negócios ensinando aos seus empregados o melhor meio de servir aos clientes, com mais eficiência e amabilidade.

Os agentes gerais de companhias de seguros: para conseguir maiores e mais eficientes organizações de venda.

Os gerentes de lojas associadas: que desejarem um volume maior de negócios como resultado de esforços individuais dos vendedores.

As pessoas casadas: que são infelizes, e, portanto, fracassadas, em virtude da falta de harmonia e cooperação no lar.

A todos os que compõem esta lista, a filosofia da Lei do Triunfo oferece um auxílio *definitivo* e *rápido*.

RESUMO DA PRIMEIRA LIÇÃO

O objetivo deste resumo é ajudar o leitor a dominar a ideia central em torno da qual gira toda a primeira lição. Essa ideia é representada pelo termo Master Mind, que descrevemos detalhadamente.

Todas as ideias novas e, especialmente, as de natureza abstrata só encontram guarida na mente humana depois de repetidas à saciedade. Trata-se de uma verdade conhecida, mas que vale a pena acentuar mais uma vez, neste resumo, no que se refere ao princípio descrito com o nome de Master Mind.

Pode-se criar um Master Mind por meio de uma aliança amistosa, num espírito de harmonia, entre duas mentes ou mais.

É oportuno declarar que de toda aliança mental, seja ou não num espírito de harmonia, nasce uma outra mente, que afeta todos os participantes da aliança em questão. Jamais aconteceu que duas ou mais mentes se reunissem sem criar, pelo contato, uma terceira, mas acontece também que nem sempre dessa reunião resulta a criação de um Master Mind.

Muitas vezes, ao contrário, surge uma terceira mente negativa, que é exatamente o oposto do Master Mind.

Conforme tivemos ocasião de declarar várias vezes no decorrer da lição, há certas mentes que não podem, de modo algum, fundir-se num espírito de verdadeira harmonia. Esse princípio encontra uma analogia na química, o que facilitará ao leitor uma apreensão mais clara do princípio aqui referido.

Por exemplo, a fórmula química H_2O (significando a combinação de dois átomos de hidrogênio com um átomo de oxigênio) transforma esses dois elementos em água. Um átomo de oxigênio e um átomo de hidrogênio não produzirão água; além disso, eles não se podem associar em harmonia!

Existem muitos elementos conhecidos que, quando combinados, são imediatamente transformados de substâncias inócuas em venenos mortais. Ou, de outra maneira, muitos elementos conhecidos como venenosos são neutralizados ou se tornam inofensivos quando combinados com certos outros.

De modo idêntico ao que se verifica na combinação de determinados elementos, com transformação radical da sua natureza, a combinação de certas mentes transforma sua natureza anterior, produzindo num certo grau o que se chama de Master Mind, ou o seu oposto, que é altamente destrutivo.

Qualquer homem que ache que a sogra tem um gênio incompatível com o seu experimenta uma aplicação negativa do princípio conhecido por Master Mind. Por uma razão especial, ainda desconhecida dos pesquisadores no campo do comportamento mental, a maioria das sogras parece afetar os genros de uma maneira altamente negativa, e o contato mental entre sogras e genros produz uma influência grandemente antagônica, em vez de criar um Master Mind.

Esse fato é mais do que conhecido, dispensando, portanto, mais comentários.

Algumas mentes não podem ser harmonizadas e fundidas num Master Mind, fato esse que nunca deve estar ausente da lembrança de qualquer dirigente. É uma das responsabilidades do líder agrupar seus homens de tal modo que aqueles colocados nos pontos mais estratégicos sejam indivíduos cujas mentes *podem ser* e *serão* fundidas num espírito de perfeita harmonia e amizade.

A habilidade para realizar tal agrupamento é um dos requisitos principais da liderança. Na segunda lição deste curso o leitor descobrirá que essa habilidade foi a fonte principal tanto do poder como da fortuna de Andrew Carnegie.

Sem possuir conhecimento algum sobre os fins técnicos do comércio do aço, Carnegie soube combinar e agrupar homens capazes, criando um Master Mind e fundando assim a mais próspera indústria de aço da sua época.

A origem do êxito colossal de Henry Ford pode ser encontrada na mera aplicação do mesmo princípio. Conquanto dotado da maior confiança em si mesmo que um homem pode ter, Ford não dependeu apenas de si para alcançar os conhecimentos necessários ao próspero desenvolvimento da sua indústria.

Como Carnegie, ele se cercou de homens que lhe deram os conhecimentos que não tinha nem podia ter.

Além disso, Ford escolheu homens que se podiam harmonizar num esforço coletivo.

As mais eficientes alianças que já deram em resultado a criação de um Master Mind foram as que nasceram da fusão de mentes de homens e mulheres. A razão disso reside no fato de que as mentes masculinas e femininas se fundem mais harmoniosamente do que as mentes de um único sexo. Além disso, o estímulo do contato sexual entra muitas vezes na criação do Master Mind entre um homem e uma mulher.

É fato bem sabido que o elemento masculino das espécies é mais ativo e mais alerta para "a caça", qualquer que seja o objeto dessa, quando inspirado e solicitado pelo elemento feminino.

Essa característica humana começa a se manifestar no macho já na puberdade, e continua por toda a vida. Pode-se observar isso principalmente nos esportes, quando os rapazes estão jogando diante de uma assistência feminina.

Retirem-se as moças e essa "coqueluche" que nos Estados Unidos é chamada de futebol se tornará um jogo sem importância. Qualquer rapaz

Quem não pode realizar grandes coisas deve lembrar-se de que pode mostrar-se grande nas pequenas coisas que realizar.

se lançará no jogo com esforços sobre-humanos, sabendo que a sua amada está ali para "torcer".

É igualmente certo que os rapazes se lançarão em busca da fortuna, com o mesmo entusiasmo, quando inspirados e solicitados pela mulher querida, especialmente se essa sabe como estimular a mente do rapaz, por meio da Lei do Master Mind.

Por outro lado, a mesma mulher pode, por meio de uma aplicação negativa dessa lei — quando é impertinente, ciumenta, egoísta, violenta e vaidosa —, arrastar o rapaz a uma derrota certa!

O falecido Elbert Hubbard compreendeu tão bem o princípio aqui descrito que, ao descobrir que a incompatibilidade de gênio que havia entre ele e sua primeira esposa o levaria a um fracasso certo, preferiu enfrentar a opinião pública divorciando-se e casando com a mulher que era a principal fonte das suas inspirações, segundo ele mesmo declarou.

Nem todos os homens teriam a coragem precisa para desafiar a opinião pública como Hubbard, mas quem ousará afirmar que ele não agiu no melhor interesse de todos os relacionados com o caso?

O objetivo principal de todo homem é triunfar!

A estrada para o triunfo pode estar, como geralmente acontece, obstruída por muitas influências que precisam ser removidas antes que o alvo possa ser alcançado. Um dos maiores dentre esses obstáculos é uma aliança infeliz entre mentes que não se harmonizam. Em tais casos, a aliança deve ser rompida, caso contrário terminará numa derrota, num fracasso completo.

O homem que domina os seis medos básicos, um dos quais é o medo da crítica, não hesitará em tomar o rumo que lhe parece mais conveniente. Não ficará cingido a limites marcados por alianças antagônicas, seja qual for a sua natureza.

É infinitamente melhor enfrentar a crítica do que se deixar levar ao fracasso, conservando uma aliança desarmoniosa, seja ela comercial ou social.

Usando de toda a franqueza, estamos aqui justificando o divórcio quando as condições do matrimônio são tais que a harmonia se torna impossível. Não quer isso dizer, porém, que a falta de harmonia não possa ser removida por outros meios que não o divórcio; contam-se muitos exemplos em que a paz pôde ser restabelecida com o desaparecimento do antagonismo, sem necessidade de se recorrer à medida extrema da quebra dos laços conjugais pelo divórcio.

Conquanto seja verdade que algumas mentes não se fundirão num espírito de harmonia, e não podem ser forçadas ou induzidas a tal coisa, devido à química natural dos cérebros, individualmente nunca devemos estar muito prontos para culpar a outra parte, lançando-lhe toda a responsabilidade pela falta de harmonia. Lembremo-nos de que a perturbação pode estar no nosso próprio cérebro.

Lembremo-nos, também, de que uma mente que não se pode harmonizar com uma pessoa ou algumas pessoas pode harmonizar-se perfeitamente com outros tipos de mentes. A descoberta dessa verdade deu em resultado mudanças radicais nos métodos dos empregadores para com os empregados; há pouco tempo, era coisa comum um chefe despedir um empregado apenas porque esse não atendia perfeitamente às necessidades do cargo que lhe era confiado. Hoje, o patrão inteligente procura estudar os seus auxiliares. Um que fracassa aqui poderá ser de grande utilidade ali. Contam-se casos de fracassos transformados em êxito completo.

O leitor que seguir este curso precisa ter certeza de que compreendeu perfeitamente o princípio do Master Mind antes de prosseguir nas outras lições. A razão de tal exigência é o fato de que, praticamente, todo o curso está intimamente associado com a lei da operação mental.

Aquele dentre os leitores que não estiver inteiramente certo de ter compreendido a lei procure fazer uma leitura mais detalhada e cuidadosa.

Pode estar certo de que não se arrependerá do tempo que perder empregando esforços para compreender bem a Lei do Master Mind, pois será regiamente recompensado. Logo que estiver perfeitamente esclarecido, novos horizontes se abrirão à sua frente, com um mundo de oportunidades.

Conquanto não pretenda ser uma lição à parte do curso, a introdução contém dados suficientes para facilitar ao leitor, que já tem talento para a profissão, a vir a ser um chefe de vendas.

Qualquer estabelecimento no gênero pode tornar efetivo o emprego da Lei do Master Mind organizando os seus vendedores em grupos de dois ou mais que se aliarão num espírito de amistosa cooperação, e aplicarão a lei, tal como foi sugerido nesta lição.

Um agente de conhecida marca de automóvel, que tem a seu serviço 12 vendedores, os dividiu em seis grupos de dois homens, com o objetivo de aplicar a Lei do Master Mind, e o resultado foi que todos estabeleceram novos recordes de vendas.

Essa mesma organização criou o One A Week Club (Clube um carro por semana), o que significa que cada membro do clube conseguiu vender, em média, um carro por semana, desde a sua organização.

Os resultados desse esforço surpreenderam a todos.

Todos os membros do clube receberam uma lista incluindo 100 possíveis compradores de automóveis. Cada vendedor enviava um cartão-postal por semana a um desses dez possíveis fregueses e realizava pelos menos dez visitas por dia.

Os postais descreviam pelo menos uma das vantagens do automóvel que o vendedor oferecia, ao mesmo tempo em que pedia uma entrevista.

As entrevistas aumentaram, e, em razão direta, as vendas.

O agente que chefiava esses vendedores ofereceu um prêmio em dinheiro ao vendedor que alcançasse o direito de se tornar membro do clube, cobrindo a média estabelecida.

O plano injetou nova vitalidade em toda a organização. Além disso, os seus resultados são os mais promissores.

Plano semelhante podia ser adotado com eficiência pelas agências de seguros de vida. Qualquer inspetor pode duplicar ou mesmo triplicar o volume dos seus negócios com o mesmo número de vendedores, empregando o plano aqui descrito, quase sem nenhuma modificação. Apenas o clube se chamaria Policy A Week Club (Clube uma apólice por semana), isto é, cada membro se comprometeria a vender uma apólice por semana.

O leitor que seguir este curso e compreender bem a segunda lição, apreendendo a maneira de aplicar os seus fundamentos, estará capacitado para empregar com a maior eficiência possível o plano descrito.

Não sugerimos aqui nem pretendemos que qualquer leitor empreenda a aplicação dos princípios da lição, que é meramente uma introdução, antes de ter lido pelo menos as cinco primeiras lições.

As 15 Leis do Triunfo	Henry Ford	Benjamim Franklin	George Washington	Theodore Roosevelt	Abraham Lincoln	Woodrow Wilson	William H. Taft	Napoleão Bonaparte	Calvin Coolidge	Jesse James	Você ao começar o curso	Você depois do curso
1. Objetivo principal definido	100	100	100	100	100	100	100	100	100	0		
2. Confiança em si mesmo	100	80	90	100	75	80	50	100	60	75		
3. Hábito de economizar	100	100	75	50	20	40	30	40	100	0		
4. Iniciativa e liderança	100	60	100	100	60	90	20	100	25	90		
5. Imaginação	90	90	80	80	70	80	65	90	50	60		
6. Entusiasmo	75	80	90	100	60	90	50	80	50	80		
7. Autocontrole	100	90	50	75	95	75	80	40	100	50		
8. Hábito de fazer mais do que é pago para fazer	100	100	100	100	100	100	100	100	100	0		
9. Uma personalidade agradável	50	90	80	80	80	75	90	100	40	50		
10. Pensar com segurança	90	80	75	60	90	80	80	90	70	20		
11. Concentração	100	100	100	100	100	100	100	100	100	75		
12. Cooperação	75	100	100	50	90	40	100	50	60	50		
13. Tirar proveito dos fracassos	100	90	75	60	80	60	60	40	40	0		
14. Tolerância	90	100	80	75	100	70	100	10	75	0		
15. Praticar a regra de ouro	100	100	100	100	100	100	100	0	100	0		
Média geral	91	90	86	82	81	70	75	70	71	37		

Um vencedor nunca abandona a luta, e aquele que a abandona jamais vencerá.

Estude a tabela da página 86 e compare as médias dos grandes homens aí citadas com as suas nas duas últimas colunas.

Os dez homens analisados no quadro são bem conhecidos em todo o mundo. Oito deles são considerados personalidades que triunfaram na vida, ao passo que dois são, de modo geral, considerados fracassados. Os fracassados são Jesse James e Napoleão Bonaparte. Foram analisados por comparação. Observem-se cuidadosamente os pontos nos quais esses dois homens receberam nota 0, e descobrir-se-á o motivo do fracasso Uma nota 0 em qualquer das 15 Leis do Triunfo é suficiente para causar uma derrota, mesmo que em outras leis a média seja alta. Repare-se que todos os grandes homens tiveram nota 100 no objetivo principal definido. Trata-se, assim, de um pré-requisito para o triunfo, em todos os casos, sem exceção. Se o leitor deseja realizar uma interessante experiência, substitua os dez nomes acima por dez nomes de pessoas que conhece, cinco que tenham vencido na vida e cinco que tenham fracassado, tire a média de cada uma delas e também de si mesmo, tendo o cuidado de ver realmente quais são as suas fraquezas.

O objetivo principal da introdução é apresentar alguns dos princípios sobre os quais se baseia o curso. Esses princípios são mais detalhadamente descritos e o aluno aprenderá como aplicá-los de uma maneira muito mais definitiva nas lições seguintes.

Os membros da organização de vendas de automóveis a que nos referimos neste resumo reúnem-se uma vez por semana para um almoço, no qual discutem os meios de aplicar os princípios do curso. Isso dá a cada homem oportunidade para tirar lucro das ideias de todos os membros da organização.

Duas mesas são postas para esse almoço. Numa se sentam todos os que alcançaram o direito de se tornar membros do clube. Na segunda, que não é servida em porcelana, como a primeira, sentam-se os outros, os que não conseguiram o direito de fazer parte do clube, os quais, não é preciso dizer, tornam-se alvo de advertências dos outros, que estão na mesa principal

É possível realizar uma série quase infinita de variedades de adaptação desse plano, tanto no campo das vendas de automóveis como de outros produtos.

A justificação para seu emprego é que vale a pena!

Vale a pena não somente para o líder ou gerente da organização, como também para cada membro do corpo de vendedores.

Esse plano foi descrito rapidamente com o propósito de demonstrar ao leitor do curso a maneira de fazer a aplicação prática dos princípios nele traçados.

O teste final de qualquer teoria, regra ou princípio é a certeza de que dá resultados verdadeiros. A Lei do Master Mind provou ser verdadeira porque dá resultados.

Se o leitor compreendeu bem a lei, está pronto para prosseguir, passando para a segunda lição, na qual será ainda mais profundamente iniciado na aplicação dos princípios descritos na introdução

SEUS SEIS INIMIGOS MAIS PERIGOSOS

UMA VISITA DO AUTOR DEPOIS DA LIÇÃO

Na figura, o leitor tem oportunidade de estudar os seus seis piores inimigos.

OS SEIS ESPECTROS SÃO CHAMADOS: MEDO DA POBREZA, MEDO DA MORTE, MEDO DA DOENÇA, MEDO DE PERDER O AMOR DE ALGUÉM, MEDO DA VELHICE E MEDO DA CRÍTICA.

Nada têm de bonitos. O artista que os desenhou, entretanto, não os pintou tão feios como realmente são. Se tivesse feito isso, ninguém lhe daria crédito.

Enquanto estiver lendo a descrição desses horríveis caracteres, o leitor deve analisar-se para ver qual deles lhe causa mais danos.

> Toda pessoa neste mundo tem medo de alguma coisa. A maioria dos medos é hereditária. Nesta parte, o leitor pode estudar os seis medos básicos que mais danos nos causam. Os medos precisam ser dominados para que se consiga vencer em qualquer empreendimento sério na vida. O leitor deve procurar descobrir quantos dos seis medos básicos o estão estorvando; porém, mais importante ainda, é preciso decidir como vencer esses inimigos.

O propósito deste estudo é ajudar os leitores do curso a afastar esses inimigos mortais. Observe-se que os seis inimigos estão atrás da pessoa, de modo que ela não pode vê-los facilmente.

Todo ser humano é limitado até certo ponto por um ou mais desses medos invisíveis. O primeiro passo a dar para a eliminação de tão perigosos inimigos é descobrir onde, como e de que maneira os adquirimos.

Eles conseguem instalar-se em nós por meio de duas formas de hereditariedade. Uma é conhecida por herança física, à qual Darwin dedicou vários estudos. A outra se denomina herança social; por meio dela os terrores, as superstições e as crenças dos homens que viveram durante as eras de ignorância passaram de uma geração para outra.

Estudemos, primeiro, a parte que a hereditariedade física desempenha na criação dos medos básicos. Antes de tudo, veremos que a natureza foi uma mãe cruel. Da mais baixa à mais alta forma de vida, permitiu que o mais forte dominasse o mais fraco.

O peixe apresa os vermes e insetos e os come. Os pássaros apresam os peixes. Formas mais elevadas apresam os pássaros e assim por diante, até chegarmos ao homem. E o homem exerce a sua função de domínio sobre todas as outras formas animais e até sobre os seus semelhantes.

A história completa da evolução é uma cadeia indissolúvel de provas de crueldade e de destruição dos mais fracos pelos mais fortes. Não admira que as formas mais fracas da vida animal tenham aprendido a temer as mais fortes. A consciência do medo existe em todo animal.

Dessa maneira, grande parte do instinto do medo nos vem através da herança física. Examinemos agora a herança social e vejamos a parte que ela desempenha. O termo herança social refere-se a tudo o que nos é ensinado, tudo o que aprendemos ou colhemos da observação e das experiências sobre outros seres vivos.

Pondo de lado quaisquer preconceitos ou opiniões que já se tenham formado, pelo menos temporariamente, é possível saber a verdade sobre os seis piores inimigos, começando pelo medo da pobreza.

É preciso coragem para dizer a verdade sobre a história desse inimigo da humanidade e uma coragem ainda maior para ouvi-la. O medo da pobreza nasce do hábito que o homem adquiriu de exercer o seu poderio sobre os seus semelhantes, economicamente. Os animais que têm instinto, mas não o poder de pensar, também procuram dominar uns aos outros fisicamente. Com o seu senso superior de intuição e a sua mais poderosa arma, o pensamento, o homem não devora os seus semelhantes fisicamente. Sente mais prazer em devorá-los financeiramente.

O homem é a tal ponto agressor a esse respeito que quase todos os Estados e nações se viram forçados a estabelecer leis, dezenas delas, para proteger os fracos contra os fortes. Todas as leis são uma demonstração da natureza do homem para procurar dominar aqueles, dentre os seus semelhantes, que são mais fracos economicamente.

O segundo dos seis medos básicos que atormentam o homem é o medo da velhice. Esse medo tem duas causas principais: primeiro, a ideia de que a velhice possa trazer a pobreza; segundo, os falsos ensinamentos sectários que falam em inferno, em um mundo de fogo depois desta vida, levando as pessoas a temerem a aproximação da velhice, por suporem que depois dela vem um outro mundo, talvez mais terrível ainda...

O terceiro dos seis medos básicos é o medo da doença.

Esse medo nasce tanto da herança física como social. Do nascimento até a morte, há uma luta eterna, dentro de cada corpo humano, entre um grupo de células conhecido como construtor do corpo, e outro, que é destruidor, ou seja, os germes das doenças. A semente do medo nasce no corpo como um resultado do plano cruel da natureza, permitindo as formas mais fortes das células exercerem pressão sobre as mais fracas. A herança social desempenha sua parte por meio da falta de asseio e de noções de higiene, e também por meio da Lei da Sugestão, astutamente preparada pelos que se aproveitam das doenças.

O quarto dos seis medos básicos é o medo de perder o amor de alguém. Esse medo enche os tribunais de casos de divórcio e de crimes passionais e outras formas cruéis de vingança. É uma tradição transmitida pela herança social desde a época pré-histórica, quando os homens raptavam as mulheres pela força bruta. O método foi modificado até certo ponto, mas perdura ainda. Hoje, o homem rouba a esposa de outro, não pela força bruta, mas seduzindo-a com presentes luxuosos, passeios e belas casas.

O homem está melhorando: hoje seduz, outrora forçava.

O quinto dos seis medos básicos é o medo da crítica. É difícil determinar exatamente onde e como o homem adquiriu esse medo. Mas é certo que o adquiriu. Não é, contudo, por causa dele que o homem se tornou careca. A calva é uma consequência de chapéus apertados, que impedem a circulação desde a raiz dos cabelos. As mulheres raramente ficam calvas, porque usam chapéus frouxos. O medo da crítica, porém, faz os homens tirarem os chapéus e conservarem os cabelos.

Os fabricantes de roupas não perderam tempo em se aproveitar desse terror básico da humanidade. Em todas as estações, as modas se transformaram, porque os fabricantes de roupas sabem que poucas pessoas terão coragem para usar as roupas da estação passada. Se o leitor duvidar disso, tente sair com um chapéu de abas estreitas quando as abas largas estão em moda. Ou, então, tente a leitora passear, no dia de ano-novo, com o seu chapéu do ano passado. Hão de observar como se sentirão mal, unicamente devido ao inimigo imortal, o medo da crítica.

O sexto e último dos seis medos básicos é o mais tremendo de todos. Chama-se medo da morte! Por dezenas de milhares de anos o homem tem perguntado e até hoje fica sem resposta: de onde viemos? Para onde vamos? Os mais astuciosos não demoraram em oferecer soluções para a eterna questão: de onde vim e para onde vou depois da morte?

— Venha à minha tenda — diz um chefe religioso — e irá para o céu depois da morte.

O céu passou a ser descrito como um lugar maravilhoso, cujas ruas são pavimentadas de ouro e pedras preciosas.

— Se não vier a mim, irá diretamente para o inferno — diz outro.

O inferno é então pintado como um lugar de fogo abrasador, onde a pobre vítima sofrerá tormentos eternos.

Não admira que a humanidade tenha medo da morte.

Olhemos novamente para a gravura no início deste capítulo e determinemos, se for possível, qual dos seis medos básicos nos está causando mais danos. Um inimigo descoberto é um inimigo meio vencido.

Graças às escolas e aos colégios o homem vai descobrindo pouco a pouco os seis inimigos. A arma mais eficiente para o combate a todos eles é o conhecimento organizado. Ignorância e medo são irmãos gêmeos.

Destruam-se a ignorância e a superstição e os seis medos básicos desaparecerão da natureza humana dentro de uma geração. Em cada biblioteca pública pode ser encontrado o remédio para os seis inimigos da humanidade, bastando para isso saber escolher os livros.

Comecemos por ler *The Science of Power*, de Benjamin Kidd, e destruiremos sem demora os seis terríveis inimigos. Em seguida, leia-se o ensaio de Emerson, *Compensation*. Então, selecionem-se alguns bons livros sobre autossugestão, procurando ao mesmo tempo adquirir conhecimentos sobre o princípio por meio do qual as nossas crenças de hoje se tornam amanhã realidades. *Mind in the Making*, de Robinson, dará ao leitor um excelente início para a compreensão da sua mente.

Por meio da herança social chegaram até nós a ignorância e a superstição das eras antigas. Mas estamos vivendo numa era moderna. Por toda parte podemos ver que qualquer efeito tem uma causa natural. Comecemos agora a estudar os efeitos pelas suas causas, e em breve nos libertaremos do peso dos seis medos básicos.

Comecemos estudando homens que acumularam grandes fortunas e descubramos a causa das suas realizações. Henry Ford fornece um exemplo excelente. Dentro do curto período de 25 anos venceu a pobreza e tornou-se o homem mais poderoso do mundo. Na sua obra nada há que seja efeito do acaso ou da sorte. Essa obra é o resultado do cuidado com que ele observou certos princípios, que estão igualmente à disposição do leitor.

Henry Ford não se deixou intimidar pelos seis medos básicos; não tenha o leitor dúvida sobre isso.

Se achar que está muito afastado de Ford para estudá-lo devidamente, comece por escolher duas pessoas que lhe estejam mais próximas, uma representando a sua ideia de fracasso e outra correspondendo à sua ideia de triunfo. Procure descobrir o que fez de um desses indivíduos um fracassado e, do outro, um triunfante. Consiga fatos reais e, no processo de reuni-los, terá aprendido muita coisa sobre causa e efeito.

Tudo o que existe — desde a forma animal mais inferior, que vive na terra, ou nos mares, até o homem — é efeito do processo evolutivo da natureza. A evolução é uma transformação organizada, na qual nenhum milagre tem parte.

Não somente as formas e as cores dos animais mudam, de acordo com um processo, de uma geração para outra, como também a mente humana está sujeita às mesmas transformações. E nisso está a nossa esperança de melhoria. Temos o poder de forçar a nossa mente por meio do processo de rápida transformação. Basta um mês de autossugestão, dirigida com propriedade, para que se possa calcar aos pés qualquer dos seis medos básicos. Em 12 meses de persistente esforço poder-se-á dominar toda a horda, de maneira a não oferecer mais nenhum perigo.

Assim, o leitor reunirá amanhã em sua mente os pensamentos dominantes que tiver hoje. Plantará nela a semente da determinação meio vencida. Procure conservar essa intenção e, aos poucos, afaste os seis inimigos, que já então existem apenas em sua mente.

O homem que é poderoso nada teme, nem mesmo a Deus. O homem poderoso ama a Deus, mas nunca O teme! O poder duradouro jamais nasce do medo. Qualquer poder que tenha o medo por base está condenado a criar e a se desintegrar. Compreendamos bem essa grande verdade e nunca incidiremos na infelicidade de procurar conquistar poder inspirado no medo de outras pessoas, que talvez nos devam uma obediência temporária.

> O homem é de corpo e alma formado para grandes
> Feitos; para, nas asas da mais ousada fantasia,
> Voar infatigavelmente, transformando, impávido,
> Em paz, os mais cruéis sofrimentos, e experimentando
> Os prazeres do espírito e dos sentidos;

Ou, então, é formado para a abjeção e a desgraça,
Para rastejar no grilhão dos terrores,
Estremecendo a cada som, apagando com o
Sensualismo a chama do amor natural, abençoando
A hora em que a gélida mão da morte
Lhe imporá o selo fatal,
E temendo ao mesmo tempo a cura, conquanto odiando o mal.
O primeiro é o homem como há de ser um dia,
O segundo, o homem tal como o tornou o mal.

*Shelley**

*Man is of soul and body formed deeds/ Of high resolve; on fancy's boldest wing/ To soar unwearied, fearlessly to turn/ The keenest pangs to peacefulness, and taste/ The joys which mingled sense and spirit yield;/ Or he is formed for abjectness and woe,/ To grovel on the dunghill of his fears,/ To shrink at every sound, to quench the flame/ Of natural love in sensualism, to know/ That hour as blest when on his worthless days/ The frozen hand of death shall set its seal,/ Yet fear the cure, though hating the disease./ The one is man that shall hereafter be,/ The other, man as vice has made him now.

A CALÚNIA É UM DOS MALES MAIS DESTRUIDORES DO MUNDO. FERE CORAÇÕES E ARRUÍNA REPUTAÇÕES COM UMA CRUELDADE INAUDITA.

SEGUNDA LIÇÃO

UM OBJETIVO PRINCIPAL DEFINIDO

QUERER É PODER!

Iniciamos um curso de filosofia que, pela primeira vez na história do mundo, foi organizado com base em fatores conhecidos, que têm sido e serão sempre empregados por aqueles que triunfam na vida.

O estilo literário foi aqui completamente subordinado ao objetivo de descrever os princípios e as leis incluídos neste curso, de modo que pudessem ser rápida e facilmente assimiláveis por indivíduos de todas as classes.

Alguns dos princípios descritos no curso são conhecidos de todos os que estão agora empenhados na sua leitura. Outros, porém, são apresentados pela primeira vez.

Não devemos esquecer, da primeira à última lição, que o valor desta filosofia repousa, inteiramente, no estímulo do pensamento que produzirá no espírito do leitor e não apenas nas próprias lições.

Ou, por outras palavras, este curso foi organizado como um estimulante mental, que levará o leitor a organizar e dirigir, para um fim definido, todas as suas forças mentais, aparelhando assim o estupendo poder que a maioria das pessoas desperdiça em ideias vagas, absurdas e sem objetivo.

A unidade de propósito é essencial para o triunfo, seja qual for a ideia que se fizer sobre a definição do termo "triunfo". Entretanto, essa unidade de propósito pode, como geralmente acontece, exigir que o pensamento se estenda sobre vários assuntos relacionados com ela.

Fiz uma vez uma longa viagem para ver Jack Dempsey treinar para uma luta séria. Observei que o conhecido pugilista não fazia apenas um tipo de exercício, mas, ao contrário, praticava vários. O saco de areia o auxiliava a desenvolver a força de certos músculos e também treinava a vista na rapidez. Os halteres serviam para treinar um outro grupo de músculos. A corrida desenvolvia os músculos das pernas e coxas. Uma alimentação racional, bem calculada, lhe dava o suficiente para o desenvolvimento muscular sem acúmulo de gorduras. Hábitos adequados de sono, diversões e descanso lhe davam ainda outros requisitos necessários para a vitória.

O leitor deste curso está — ou deveria estar — empenhado numa série de exercícios para triunfar na batalha da vida. Para isso, para conseguir a vitória, há muitos fatores que merecem grande atenção. Um espírito bem organizado, alerta e enérgico é o resultado de vários estímulos, todos descritos detalhadamente no decorrer destas lições.

É preciso não esquecer, portanto, que o espírito requer, para seu desenvolvimento, uma variedade de exercícios — tal como acontece com o físico —, e para alcançar seu completo desenvolvimento, exige muitas formas de exercício sistemático.

Os cavalos são exercitados para determinadas marchas pelos treinadores, que os fazem saltar sobre obstáculos, desenvolvendo assim a marcha desejada por meio do hábito e das repetições. O espírito humano precisa ser treinado de uma maneira idêntica, por meio de uma variedade de estímulos que inspirem o pensamento.

O leitor observará, antes de se aprofundar nesta filosofia, que a simples leitura das lições produzirá na sua mente uma onda de pensamentos sobre uma vasta série de assuntos. Por esse motivo é aconselhável que faça a leitura munido de um caderno de notas e de um lápis e adote o costume de anotar os pensamentos e ideias que lhe forem surgindo na mente.

Aceitando essa sugestão, o leitor, depois de ter lido o curso duas ou três vezes, terá adquirido uma série de ideias suficientes para transformar inteiramente o seu plano de vida.

Seguindo esse costume, inteirar-se-á, muito cedo, de que o cérebro se torna uma espécie de magneto, e que atrairá ideias úteis que pairam no "leve ar", para empregar a expressão de eminente cientista que fez experiências com esse princípio durante muitos anos.

O leitor cometerá uma grande injustiça para consigo mesmo se empreender este estudo com a ideia, por mais leve que seja, de que não precisa mais conhecimentos de que os que possui no momento. Na verdade, homem algum é tão versado sobre um determinado assunto a ponto de poder considerar-se como a última palavra nele.

A MELHOR ROSEIRA NÃO É A QUE TEM MENOS ESPINHOS, MAS A QUE PRODUZ AS ROSAS MAIS DELICADAS.
HENRY VAN DYKE

Na longa e dura tarefa de eliminar um pouco a minha própria ignorância e abrir caminho para algumas das úteis verdades da vida, vi muitas vezes, em imaginação, o Grande Marcador que permanece no portão de entrada da vida e que escreve "Pobre tolo" na testa dos que se acreditam sábios e "Pobre pecador" na testa dos que se julgam santos.

Isso, traduzido em linguagem mais simples, significa que nenhum de nós sabe muito e, pela própria natureza do nosso ser, jamais poderemos saber tanto quanto necessitamos, a fim de viver uma vida sã e ser feliz durante toda a existência.

A humildade é um mensageiro do triunfo!

Antes de nos tornarmos humildes em nossos próprios corações, não estaremos aptos para tirar grande proveito das experiências e pensamentos alheios.

Essa linguagem soa como uma prédica de moral, dirão. E que tem isso?

Mesmo as "prédicas", secas e vazias de interesse, como são o mais das vezes, podem ser benéficas quando servem para refletir as sombras do nosso ser real, de modo que possamos ter uma ideia da nossa pequenez e da nossa superficialidade.

Triunfo, na vida, tem sido amplamente pregado aos nossos homens ilustres.

O melhor local para estudar o homem é na nossa própria mente, fazendo uma análise completa de nós mesmos. Quando conseguirmos nos conhecer perfeitamente (se é que conseguiremos isso), saberemos também muito sobre os outros.

Para conhecer os outros, não como parecem ser, mas como realmente são, precisamos estudá-los nos seguintes aspectos:

1. A posição do corpo e o modo de caminhar.
2. O tom da voz, sua qualidade, seu volume.
3. Os olhos, se evitam as pessoas ou se as encaram.
4. O emprego das palavras, sua tendência, natureza e qualidade.

Através dessas janelas abertas podemos "entrar na alma de um homem" e ter uma visão do que ele é realmente.

Avançando mais um passo, se quisermos conhecer os homens, devemos estudá-los:

- Quando irritados.
- Quando estão amando.
- Quando têm questões de dinheiro.
- Quando estão comendo (a sós e sem saber que estão sendo observados).
- Quando escrevem.
- Quando estão em dificuldades.
- Quando alegres e triunfantes.
- Quando abatidos e derrotados.
- Quando enfrentam uma catástrofe.
- Quando procuram "causar uma boa impressão" aos outros.
- Quando informados sobre a desgraça alheia.
- Quando informados da boa sorte de outros.
- Quando perdem em qualquer espécie de esporte.
- Quando vencem num jogo esportivo.
- Quando a sós, numa atitude de meditação.

Antes de se poder conhecer qualquer homem, tal como é realmente, é preciso observá-lo em todos os seus estados de espírito, o que equivale virtualmente a dizer que não se tem o direito de julgar os outros apenas pelas aparências. As aparências valem, não há dúvida, mas enganam muito.

Este curso foi organizado de maneira a tornar os seus leitores capazes de fazer um balanço de si próprios e de outras pessoas por outros métodos que não os julgamentos precipitados. Aquele que conseguir dominar esta filosofia estará apto para enxergar através da crosta exterior dos adornos pessoais, das roupas, da chamada cultura e coisas semelhantes, e penetrar profundamente no coração dos que o cercam. É uma promessa grandiosa, que não seria formulada se não nos tivéssemos certificado, em anos de experiência e análise, de que tal promessa pode ser feita.

Sem ter, pelo menos, um ligeiro conhecimento da Lei da Compensação, tal como é descrita por Emerson, nenhuma pessoa pode se considerar "educada".

Algumas pessoas que examinaram os manuscritos deste curso admiraram-se de que não o tivéssemos denominado "Curso sobre a arte de vender". A isso responderemos que a palavra "venda" está geralmente associada com negócios de mercadorias, ou serviços, e isso tornaria circunscrita e limitada a verdadeira natureza da obra.

É verdade que se trata de um curso da "Arte de vender", contanto que se dê um significado mais amplo a essa expressão.

Esta filosofia visa tornar possível, aos que a dominarem, "negociar" com êxito o seu caminho na vida, encontrando o mínimo possível de resistência e atrito. Assim, tal curso deve ajudar o leitor a organizar e empregar na prática muitas verdades que são abandonadas pela maioria das pessoas, que marcham pela vida adiante como criaturas medíocres.

Nem todas as pessoas são constituídas de maneira a desejar conhecer as verdades sobre as questões que afetam essencialmente a vida. Uma das maiores surpresas que tivemos, no decorrer das nossas atividades de pesquisas, foi observar como são poucos aqueles que querem ouvir a verdade, quando esta mostra as suas fraquezas.

Preferimos as ilusões à realidade!

As novas verdades, quando aceitas, são tomadas com o proverbial grão de sal.

Alguns dentre nós exigem mais que uma mera pitada; querem quantidade muito maior, capaz de temperar as novas ideias, que assim se tornam sem utilidade.

Por conseguinte, a introdução deste curso, tal como a presente lição, trata de assuntos que se destinam a preparar o caminho para novas ideias, de maneira que nenhuma delas possa causar choque no cérebro do leitor.

A ideia que desejamos "transmitir" foi muito bem-exposta pelo editor do *American Magazine*, em editorial que transcrevemos.

> Recentemente, por uma noite chuvosa, Carl Lomen, o rei das arenas do Alasca, narrou-me uma história real. Conservei-a no meu repertório desde então. E agora a passo adiante.

Um certo esquimó da Groenlândia, contou-me Lomen, foi empregado numa das expedições ao polo Norte há alguns anos. Depois, como recompensa aos fiéis serviços que prestou, levaram-no a Nova York, para uma rápida visita. Por tudo quanto viu e ouviu, verdadeiros milagres de som e de visão, sentiu uma profunda admiração. Ao regressar à sua terra natal, deu notícia de edifícios que se erguiam até os céus; de bondes, que descreveu como casas que se movimentavam em trilhos, habitados por pessoas; de pontes colossais, de luzes artificiais e todas as outras coisas que existem nas grandes metrópoles.

A gente da sua aldeia o olhava friamente, sem lhe dar atenção. Daí por diante passou a ser conhecido pelo apelido de "Sagdluk", que quer dizer "Mentiroso", e esse nome ignominioso foi o seu, até morrer. Muito antes da sua morte, o seu verdadeiro nome estava completamente esquecido.

Quando Knud Rasmussen fez a viagem da Groenlândia ao Alasca, acompanhava-o um esquimó chamado Mitek (Pato Selvagem). Mitek visitou Copenhague e Nova York, onde viu muitas coisas que não conhecia e ficou grandemente impressionado. Mais tarde, de volta à sua terra natal, lembrou-se da tragédia de Sagdluk, e achou que não seria prudente contar a verdade. Em vez disso, contaria histórias que o seu povo pudesse compreender, e salvou assim sua reputação.

Contou como o dr. Rasmussen mantinha um caiaque nas margens de um grande rio, o Hudson, e como todas as manhãs saíam à caça. Patos, gansos e lontras existiam em grande quantidade, e eles se divertiam imensamente com essas viagens.

Mitek, aos olhos dos seus conterrâneos, é um homem honesto. Seus vizinhos o tratam com todo o respeito.

A estrada daqueles que narram verdades é sempre muito árdua. Sócrates bebendo cicuta, Cristo crucificado, Estêvão apedrejado, Giordano Bruno queimado vivo, Galileu forçado pelo terror a retirar as verdades que anunciara... Que longa estrada cruenta atravessa as páginas da história!

Alguma coisa na natureza humana nos faz sentir o choque das ideias novas.

Não gostamos de ser perturbados nas nossas crenças e preconceitos que quase nos foram legados com os móveis da família. Na maturidade, muitos dentre nós atingimos um estado de hibernação, e vivemos alimentados pela gordura de antigos fetiches. Se uma nova ideia invade o nosso covil, levantamo-nos, rugindo, do nosso sono de inverno.

Os esquimós pelo menos tinham alguma desculpa. Não podiam conceber os quadros fantásticos descritos por Sagdluk. A sua vida simples foi sempre circunscrita pela noite do Ártico.

Mas não há uma razão justa para que a média dos homens feche sempre o espírito "às ideias novas". Nada há de mais trágico — ou mais comum — do que a inércia mental. Para cada dez homens que são fisicamente preguiçosos existem dez mil que são mentalmente estagnados. E um espírito estagnado é campo propício para o medo.

Um velho fazendeiro de Vermont costumava sempre terminar as suas preces com o seguinte apelo: "Meu Deus, dai-me um espírito aberto." Se muita gente seguisse o seu exemplo, poderia salvar-se das desvantagens dos preconceitos. E que lugar agradável para viver seria então o mundo!

Todas as pessoas devem ter empenho em reunir novas ideias de fontes estranhas ao ambiente em que vivem e trabalham diariamente.

Se não procura novas ideias, o espírito se torna acanhado, estagnado, estreito e fechado. O fazendeiro deve visitar a cidade frequentemente, andar entre fisionomias estranhas e altos edifícios. Voltará à sua fazenda com o espírito rejuvenescido, com mais coragem e um entusiasmo maior.

O homem da cidade, sempre que seja possível, deve fazer uma viagem ao campo e banhar o espírito com novos aspectos, diferentes dos que o rodeiam na labuta diária.

Todos necessitam de uma mudança de ambiente mental, em períodos regulares, da mesma maneira que é essencial a variedade na alimentação.

O espírito se torna mais alerta, mais elástico e mais pronto para trabalhar com rapidez e eficiência depois de ter sido banhado com novas ideias, fora do campo das nossas atividades quotidianas.

Enquanto seguir este curso, o leitor porá de lado, de vez em quando, o ambiente mental em que cumpre o seu trabalho quotidiano, entrando num campo inteiramente novo de ideias, algumas das quais até então desconhecidas.

Chegará, assim, ao fim do curso com uma nova provisão de ideias, que o tornarão mais eficiente, mais entusiasta e mais corajoso, seja qual for o seu gênero de trabalho.

Não devemos ter medo das novas ideias! Elas podem significar a diferença entre o triunfo e o fracasso.

Algumas das ideias apresentadas neste curso não exigem novas explicações ou provas da sua veracidade, pois são bem conhecidas de todos. Outras aqui apresentadas, porém, são novas, e por esse simples motivo muitos dos que se iniciaram nesta filosofia hesitaram em aceitá-las como verdadeiras.

Todos os princípios descritos aqui foram cuidadosamente experimentados por nos, e a maioria deles foi estudada por dezenas de cientistas e outras pessoas, capazes de fazer a distinção entre a mera teoria e a prática.

Por essa razão, todos os princípios aqui expostos são praticáveis, contanto que se saiba aplicá-los. Entretanto, não pedimos a nenhum dos nossos leitores que aceite qualquer das ideias apresentadas antes de se ter convencido primeiro, por meio de experiências e análises, da realidade do princípio em questão.

O que pedimos ao leitor, por lhe ser prejudicial, é que ele evite formar opiniões sem ter por base fatos definidos, o que nos faz lembrar a célebre advertência de Herbert Spencer:

> Há um princípio que é uma barreira contra todas as informações, que é prova contra todos os argumentos e que não pode deixar de manter um homem em eterna ignorância. Esse princípio é a condenação apressada, antes do exame.

Convém ter sempre em mente essas palavras ao estudar a Lei do Master Mind descrita nas nossas lições. Essa lei envolve um princípio inteiramente novo de operação mental e, por esse motivo somente, será difícil para muitos leitores aceitá-la como verdadeira antes de experimentá-la.

Quando se considerar, porém, o fato de que a Lei do Master Mind é, segundo se acredita, a base real da maioria das realizações dos que são considerados gênios, essa lei passará a merecer mais do que um julgamento precipitado.

Muitos cientistas que nos deram a sua opinião sobre essa lei julgam que ela é, praticamente, a base de todos os acontecimentos importantes resultantes dos esforços de um grupo ou corporação.

Alexander Graham Bell asseverou acreditar que a Lei do Master Mind, como é descrita nesta filosofia, não somente é verdadeira, como também todas as instituições superiores de ensino dentro em pouco passariam a ensiná-la como parte indispensável dos cursos de psicologia.

Charles P. Steinmetz declarou que fizera experiências com a lei em questão, chegando à mesma conclusão enunciada nas lições, muito antes de haver falado com o autor dos livros sobre esse assunto.

NÃO EXISTE O QUE SE CHAMA "ALGUMA COISA EM TROCA DE NADA". AFINAL DE CONTAS, NÃO SE OBTÉM SENÃO O QUE SE PAGA EXATAMENTE, QUER SE COMPREM AUTOMÓVEIS OU PÃO.

Lutner Burbank e John Burroughs fizeram declarações semelhantes!

Edison nunca foi interrogado a respeito, mas outras declarações suas dão a entender que ele endossaria a lei como uma possibilidade, se não de fato uma realidade.

O dr. Elmer Gates aprovou a lei numa conversa que teve conosco há mais de 15 anos. O dr. Gates é um cientista de primeira ordem, ao lado de Edison, Steinmetz e Bell.

Falamos com uma vintena de inteligentes homens de negócios, que, conquanto não fossem cientistas, afirmaram acreditar na veracidade desses princípios. Assim, quase não têm desculpas aqueles que, menos habilitados para julgar, formam opiniões sobre um assunto como esse, sem antes fazer investigações sérias e sistemáticas.

Agora, consintam os leitores que lhes apresente um ligeiro esboço desta lição e do proveito que poderão tirar dela.

Tendo me preparado para praticar essa lei, apresentarei a introdução como uma "narrativa do meu caso". A evidência que vem em apoio desse caso será apresentada nas 16 lições que compõem o curso.

Os fatos que formam o curso foram reunidos durante mais de 25 anos de experiência comercial e profissional, e a única razão que me leva a empregar o pronome pessoal é que narro aqui uma *experiência de primeira mão.*

Antes de ser publicado este curso de leitura sobre a Lei do Triunfo os seus originais foram submetidos a duas importantes universidades, das quais se solicitava que os manuscritos fossem lidos por professores competentes com a finalidade de corrigir ou eliminar as declarações que parecessem sem base, do ponto de vista econômico.

O pedido foi atendido e os originais, cuidadosamente examinados. Nenhuma só modificação foi proposta, além de duas ou três simples trocas de palavras.

Um dos professores expressou-se, em parte, da seguinte maneira:

— É de lastimar que todas as moças e rapazes que entram para as escolas superiores não estejam exercitados, de maneira eficiente, nas 15 leis que constituem o seu curso de leitura sobre a Lei do Triunfo, e que uma grande universidade como esta, a que tenho a honra de pertencer, bem como todas as outras, não incluam esse curso como parte do seu currículo.

Visto que o curso foi apresentado como um mapa ou uma "planta" que guiará o leitor para alcançar o alvo que procura atingir e que se chama "triunfo", não será oportuno definir aqui o que é *triunfo*?

> *Triunfo é o desenvolvimento do poder com o qual se obtém tudo o que se deseja na vida, sem interferir nos direitos dos outros.*

Frisarei, com certa insistência, a palavra "poder", pois ela está sempre inseparavelmente relacionada com o triunfo. Vivemos num mundo e numa era de intensa concorrência, e por toda parte está em vigor a lei da sobrevivência do mais apto. Por tudo isso, todos aqueles que pretendem alcançar um triunfo duradouro têm que atingir o seu alvo por meio do poder.

Que é poder?

Poder é a energia ou esforço organizado. Este curso é com razão chamado o curso da Lei do Triunfo porque ensina a maneira de organizar *fatos*, *conhecimentos* e as faculdades da mente numa unidade de poder.

O curso da Lei do Triunfo nos faz uma promessa definitiva:

> *Dominando-o e aplicando-o, poderemos obter tudo o que quisermos, contanto que esteja "dentro dos limites da razão".*

Esta qualificação leva em conta a educação, a cultura ou a ignorância da pessoa, a sua resistência física, o seu temperamento e todas as outras qualidades mencionadas nas nossas 16 lições como sendo os fatores mais essenciais para a obtenção do triunfo.

Todos aqueles que têm alcançado triunfos extraordinários, sem exceção, os têm conseguido, quer consciente quer inconscientemente, por meio do auxílio de todos, ou pelo menos de alguns dos 15 fatores principais, dos quais o curso constitui uma compilação. Quem tiver dúvidas sobre isso siga as 16 lições e em seguida empreenda a análise acurada de homens como Carnegie, Rockefeller, Hill, Harriman, Ford e outros do mesmo valor, que acumularam grandes fortunas, e verá que todos eles conhecem e aplicam o princípio do *esforço organizado*, que se destaca como um fio de ouro através de todo o nosso curso.

Aquele que for capaz de perder uma corrida sem culpar os outros da sua derrota tem perspectivas de êxitos na estrada da vida.

Há cerca de 20 anos tive oportunidade de entrevistar Andrew Carnegie a fim de escrever um artigo sobre ele. Durante a entrevista, perguntei-lhe a que atribuía seu *triunfo*. Carnegie disse então:

— Meu jovem amigo, antes de responder à sua pergunta gostaria de ouvir a definição dessa palavra *triunfo*.

Depois de esperar algum tempo, vendo que eu estava um tanto atrapalhado pela sua pergunta, continuou:

— Por triunfo, com certeza, quer se referir à minha riqueza, não é?

Afirmei-lhe que o dinheiro era o termo pelo qual a maioria das pessoas costumava medir o êxito alcançado. Andrew Carnegie disse então:

— Muito bem, se deseja saber como adquiri a minha fortuna, se é a isso que chama triunfo, responderei à sua pergunta dizendo que aqui na nossa empresa temos um "Master Mind" formado com mais de 20 homens, que constitui o meu pessoal, isto é, diretores, gerentes, contadores, químicos e outras pessoas especializadas. Pessoa alguma dentre as que compõem o grupo possui, em particular, essa mente a que acabo de me referir, mas a soma desses espíritos, coordenada num espírito de harmoniosa cooperação, constitui a força que realizou a minha fortuna. Nesse grupo não há duas mentes iguais, mas cada componente desempenha a sua parte, e melhor do que ninguém, no mundo.

Caiu então no meu espírito a semente que deu origem a este curso que só mais tarde germinou. Essa entrevista marcou o início de anos de pesquisa, que conduziram finalmente à descoberta do princípio de psicologia descrito na introdução com o nome de Master Mind.

Ouvi tudo o que disse Andrew Carnegie, mas precisei de muitos anos de contato com o mundo comercial para poder assimilar tudo o que ele asseverava, e aprender com clareza o princípio que serve de base a tudo isso, que não é nem mais nem menos do que o princípio do *esforço organizado*, sobre o qual repousa todo o curso da Lei do Triunfo.

O grupo de auxiliares de Andrew Carnegie constituiu um Master Mind, e essa mente era tão bem-organizada, tão bem-coordenada, tão poderosa que podia acumular os milhões de dólares de Carnegie em qualquer gênero de empresa comercial ou industrial. A escolha da indústria do aço foi inteiramente acidental no que se refere à acumulação da riqueza de Carnegie. A sua fortuna teria sido realizada ainda mesmo que o Master Mind tivesse explorado a indústria do carvão, ou outro qualquer gênero de negócio, pela simples razão de que essa mente se apoiava no *poder*, que o leitor poderá ter quando tiver organizado as faculdades do seu espírito e entrar em aliança com outros espíritos bem-organizados, para a obtenção de um objetivo definido na vida.

Uma análise cuidadosa de vários dos antigos sócios comerciais de Carnegie, levada a efeito depois do início do curso, provou, de modo irrefutável, não somente que existe uma lei tal como a que é chamada Master Mind, como também que a referida lei foi a principal fonte dos êxitos de Andrew Carnegie.

Talvez nenhum dos associados de Carnegie o tenha conhecido melhor que Charles M. Schwab, o qual declarou, com muita justiça, que na personalidade de Andrew Carnegie há "algo de sutil" que lhe tornou possível atingir tais alturas.

Ele disse:

— Nunca conheci ninguém dotado de tanta imaginação, de uma inteligência tão viva e de tamanho instinto de compreensão. Tinha-se a impressão de que ele fazia experiência com os pensamentos da gente, e fazia uma reserva de tudo o que se tinha realizado ou pudesse realizar ainda. Parecia apreender as palavras antes mesmo de serem pronunciadas. O seu jogo mental era fascinante, e o seu hábito de observação dava-lhe uma reserva de conhecimentos sobre inúmeros assuntos.

"Mas sua qualidade mais notável, tão rica que mais parecia um dom, era o poder de inspirar outros homens. Irradiava confiança. Quem quer que tivesse dúvidas sobre qualquer coisa podia discutir o assunto com Carnegie. Num instante, ele convencia a pessoa da razão ou do erro em que estivesse. Essa qualidade de atrair os outros, em seguida estimulá-los, brotava de sua própria força.

"Os resultados da sua direção eram notáveis. Nunca antes, na história da indústria, penso eu, existiu um homem que, sem entender do negócio, nos seus detalhes, sem pretensões a ser um técnico em assuntos de aço e máquinas, estivesse apto para estabelecer tão importante empresa.

A habilidade de Andrew Carnegie para inspirar e estimular os outros baseava-se em algo mais profundo do que qualquer faculdade de julgamento.

Nessa última frase, Schwab expressou um pensamento que corrobora a teoria do Master Mind, à qual atribuímos a principal fonte do poder de Carnegie.

Schwab confirmou também a afirmativa de que Andrew Carnegie teria triunfado em qualquer outro negócio que empreendesse, do mesmo modo que conseguiu triunfar na indústria do aço. É óbvio que esse triunfo foi devido à compreensão entre a sua mente e a dos seus associados, e não a um mero conhecimento da indústria em questão.

Esse pensamento deve ser muito confortador para os que não conseguiram ainda atingir um sucesso marcado, pois demonstra que o triunfo é apenas uma questão de aplicação correta das leis e dos princípios que estão ao dispor de todos; e essas leis, não nos esqueçamos disso, estão inteiramente descritas e estudadas nas 16 lições do curso que estamos seguindo.

Andrew Carnegie aprendeu como aplicar a Lei do Master Mind. Isso lhe permitiu organizar as suas faculdades mentais e as dos outros homens, e coordenar esse todo atrás de um *objetivo principal definido*.

Todo estrategista, seja no campo do comércio, da guerra, da indústria ou de outras atividades, compreende perfeitamente o valor de um esforço organizado. Todo estrategista militar compreende o valor de espalhar a semente de dissensões nas fileiras dos adversários, porque tal coisa irá quebrar o poder da coordenação, que é o sustentáculo das forças oponentes. Durante a Guerra Mundial muito se falou sobre os efeitos da propaganda, e não parece exagero dizer-se que as forças desorganizadoras da propaganda foram muito mais destruidoras que os canhões e explosivos empregados na conflagração.

Um dos pontos decisivos da Guerra Mundial foi quando os aliados colocaram seus exércitos sob a direção do general Foch. Militares bem-informados dizem que foi essa medida que causou a desgraça dos exércitos adversários.

Qualquer ponte de estrada de ferro moderna é um excelente exemplo do valor do esforço organizado, porque demonstra de modo simples e muito claro como milhares de toneladas de peso podem ser transportadas sobre um número relativamente reduzido de barras de aço e vigas. É que todo esse material da ponte está de tal forma disposto que o peso se distribui igualmente sobre toda ela.

Um homem tinha sete filhos, que estavam sempre discutindo uns com os outros. Um dia o pai chamou os filhos e disse-lhes que desejava dar a todos uma demonstração do que significava aquela falta de harmonia. Preparou um feixe com sete estacas, cuidadosamente amarradas. Mandou que cada filho, separadamente, tentasse partir o feixe. Cada um experimentou e nada conseguiu. O pai desfez então o feixe, entregou uma estaca a cada um dos filhos e pediu que quebrassem as estacas com o joelho. O velho disse então o seguinte:

— Quando vocês, meus filhos, trabalham juntos, num espírito de perfeita harmonia, lembram o feixe de estacas, e nenhum pode ser derrotado; mas quando brigam uns com os outros, qualquer um pode ser facilmente vencido.

Nessa história há uma valiosa lição que pode ser aplicada ao povo de qualquer comunidade, aos empregados e empregadores em qualquer organização de trabalho ou ao Estado ou nação em que se vive.

O *esforço organizado* pode ser transformado em poder, que pode ser também um poder perigoso, se não for guiado com inteligência. É por essa razão, principalmente, que as 16 lições do curso são dedicadas, em grande parte, à descrição dos modos de dirigir o poder do esforço organizado, a fim de que ele conduza ao triunfo, a essa espécie de triunfo que é baseado na justiça e na verdade e que conduz, por fim, à felicidade.

Uma das maiores tragédias da época presente de lutas e de loucuras financeiras é o fato de que apenas poucas pessoas se empenham nos esforços que mais lhes agradam. Um dos objetivos do nosso curso é ajudar cada leitor a descobrir o seu lugar apropriado no mundo do trabalho, onde a prosperidade material e a felicidade podem ser encontradas em abundância.

O curso inteiro destina-se a ser um estímulo que facilitará o conhecimento das suas forças ocultas tais quais elas são, e despertará nele a ambição, a visão e a determinação, que o levarão a adiantar-se e a reclamar o que lhe pertence por direito.

Há menos de 30 anos, na casa onde trabalhara Henry Ford, havia outro homem que fazia o mesmo trabalho que ele. Dizia-se que esse homem era

Uma boa enciclopédia contém a maior parte dos fatos conhecidos do mundo, mas esses fatos são tão inúteis como os bancos de areia, antes de serem organizados em termos de ação.

realmente um operário mais competente do que o próprio Ford naquela espécie de trabalho. Hoje, o nosso homem tem ainda o mesmo emprego, ao passo que Ford é o homem mais rico do mundo.

Que diferença tão notável existiria entre esses dois homens para que se verificasse tão grande diversidade de fortuna entre eles? É que Ford compreendeu e aplicou o princípio do esforço organizado, ao passo que o outro não cuidou disso.

Na pequena cidade de Shelby, Ohio, onde essas linhas são escritas, pela primeira vez na história, esse princípio do esforço organizado está sendo aplicado com o propósito de se realizar uma aliança bem estreita entre as igrejas e as casas comerciais de uma comunidade.

Os párocos e os homens de negócios formaram uma aliança, da qual resultou que as igrejas e os comerciantes se apoiam mutuamente. E, em consequência, tanto as casas comerciais como as igrejas adquiriram tamanha força que é quase impossível algum dos seus empregados ou membros fracassar. Os outros não permitirão tal coisa.

É isso um exemplo do que pode acontecer quando grupos de homens formam uma aliança com o fim de colocar o poder combinado de uma coletividade em apoio de cada unidade individual. A aliança trouxe à cidade de Shelby vantagens morais e materiais de que gozam poucas cidades americanas.

Para que possamos ter uma visão mais concreta de como esse princípio do esforço organizado pode se tornar poderoso, paremos por um momento e deixemos a nossa imaginação traçar um quadro do que resultaria se todas as igrejas, jornais e clubes, inclusive clubes femininos e outras organizações cívicas da mesma natureza, em todas as cidades americanas, formassem uma aliança com o objetivo de fundir o seu poder e empregá-lo em benefício dos membros dessas organizações.

Os resultados seriam simplesmente espantosos!

Conhecem-se três poderes principais no mundo do esforço organizado: as igrejas, as escolas e a imprensa. Imaginemos o que poderia acontecer facilmente se essas três grandes forças formadoras da opinião pública entrassem em aliança com o propósito de fazer surgir qualquer transformação necessária na conduta humana. Poderiam, no decorrer de uma única geração, modificar a atual ética dos negócios, a tal ponto que seria um verdadeiro suicídio comercial alguém tentar fazer uma transação sob outro qualquer *standard* que não fosse a Regra de Ouro. Tal aliança poderia produzir influência suficiente para transformar, numa única geração, as tendências comerciais, sociais e morais de todo o mundo civilizado; teria poder suficiente para *forçar* no espírito das gerações vindouras qualquer ideal desejado.

Poder é o *esforço* organizado, como já tivemos ocasião de dizer.

O triunfo é baseado no poder.

Para que se possa fazer uma ideia perfeita do que significa o termo "esforço organizado" apresentamos várias ilustrações ou exemplos, e para acentuar ainda mais essa verdade repetiremos que a acumulação de grandes riquezas e a conquista de uma situação privilegiada na vida constituem o que ordinariamente chamamos triunfo e são baseadas na facilidade de apreensão e na habilidade para assimilar e aplicar os princípios fundamentais das 16 lições deste curso.

Ele está em completa harmonia com os princípios de economia e da psicologia aplicada. Observar-se-á que as lições que dependem, para sua aplicação prática, de algum conhecimento de psicologia foram acrescidas de uma explicação mais ampla dos princípios psicológicos que visam torná-las mais acessíveis.

Antes de serem dados à publicidade, os manuscritos do nosso curso foram submetidos a banqueiros e comerciantes americanos, por conseguinte homens de espírito eminentemente prático, capazes de analisá-los e criticá-los. Um dos mais conhecidos banqueiros de Nova York devolveu os originais com os seguintes comentários:

> Sou formado pela Universidade de Yale, mas acredite que estaria disposto a trocar tudo que o meu título me deu pelo que me trouxe o curso sobre a Lei do Triunfo, caso tivesse tido o privilégio de o incluir nos meus estudos, quando era aluno de Yale.
>
> Minha esposa e minha filha leram também os manuscritos. Minha esposa chamou o curso de "teclado da vida", pois julga ela que todos os que

> aprendem a maneira de aplicá-lo podem executar uma sinfonia perfeita, em qualquer cargo que exerçam, da mesma forma que um pianista executa qualquer música, uma vez que aprendeu a dominar o teclado do piano e sabe música a fundo.

Não há no mundo duas pessoas exatamente iguais, e, por esse motivo, aqueles que o seguem não podem esperar atingir com o estudo desse curso o mesmo ponto de vista. Cada leitor que o dominar bem tirará do seu conteúdo o que lhe for necessário para desenvolver uma personalidade completa.

Estude o leitor a si mesmo: faça uma autoanálise. Veja o meu livro *Como fazer fortuna (pense e fique rico).*

Se responder a todas aquelas perguntas, com sinceridade, ficará sabendo mais sobre si mesmo do que a maioria das pessoas. Estude as perguntas com cuidado, volte a elas uma vez por semana, durante vários meses, e ficará atônito com a quantidade adicional de conhecimentos de grande valor que adquiriu com a resposta exata a todas as perguntas. Se não tiver certeza absoluta acerca de algumas delas, procure o conselho daqueles que o conhecem bem, especialmente de pessoas que não tenham motivos para lisonjeá-lo e o vejam como é realmente.

Este curso tem por objetivo ajudar o leitor a descobrir quais são os seus talentos naturais, auxiliando-o a organizar, coordenar e pôr em prática o conhecimento conseguido por meio da experiência. Durante mais de 20 anos reunimos, classificamos e organizamos o material que agora oferecemos ao leitor. No decorrer dos últimos 14 anos analisamos mais de 16 mil pessoas, e todos os fatos vitais reunidos nessas análises foram cuidadosamente organizados por nós e são agora aqui apresentados. Essas análises trouxeram à luz muitos fatos interessantes que contribuíram para tornar praticável o nosso curso. Constatei, por exemplo, que 95% de todas as pessoas analisadas eram fracassadas e apenas 5% triunfantes. (Pela palavra "fracasso" entenda-se que as pessoas em questão não conseguiram encontrar felicidade ou as necessidades ordinárias da vida sem uma luta quase intolerável.) Talvez fosse essa a proporção de fracassos e triunfos se a população do mundo inteiro fosse cuidadosamente examinada. A mera luta pela existência é terrível entre as pessoas que não aprenderam a organizar e dirigir seus talentos naturais, enquanto a obtenção dessas necessidades e, ainda mais, de muitas coisas

NA VIDA, NENHUMA SITUAÇÃO PODE SER SEGURA E NENHUMA REALIZAÇÃO, PERMANENTE, A MENOS QUE SEJAM BASEADAS NA JUSTIÇA E NA VERDADE.

consideradas como luxo, é relativamente muito fácil entre as que aprenderam o princípio do *esforço organizado*.

Um dos fatos mais surpreendentes revelados por essas 16 mil análises foi a descoberta de que 95% das pessoas classificadas como fracassadas estavam em tal classe porque não tinham um objetivo definido na vida, enquanto os outros 5% eram constituídos por indivíduos que triunfaram não somente porque os seus propósitos eram definidos, como também porque tinham planos definidos para a consecução do seu objetivo.

Outro fato importante revelado por essas análises foi que 95% dos que são classificados como fracassos se ocupavam em trabalhos que não eram do seu agrado, ao passo que os restantes 5% de elementos apontados como "triunfadores" trabalhavam no que mais lhes agradava. É de duvidar que uma pessoa se torne um fracasso quando empenhada num trabalho que lhe interessa realmente. Outro fator vital mostrado por essas análises foi que os 5% de pessoas que triunfaram tinham o hábito sistemático de economizar dinheiro, enquanto os 95% que fracassaram não economizavam nada. Vale a pena refletir sobre o fato.

Um dos principais objetivos do nosso curso é auxiliar o leitor a realizar o trabalho da sua escolha de uma maneira que lhe garanta as maiores recompensas, tanto em dinheiro como em felicidade.

UM OBJETIVO PRINCIPAL DEFINIDO

A tônica de toda essa lição pode ser encontrada na palavra "definido".

É terrível saber que 95% da população do mundo seguem pela vida adiante sem um objetivo, sem a menor concepção do trabalho para o qual se adaptam melhor e sem ter mesmo qualquer noção da necessidade disso que se chama *objetivo definido*, pelo qual lutar.

Há uma razão psicológica, bem como outra de ordem econômica, para a seleção de um objetivo principal definido na vida. Em primeiro lugar, dediquemos nossa atenção ao lado psicológico da questão. É fato bem-estabelecido na psicologia que os atos das pessoas estão sempre em harmonia com os pensamentos que lhes dominam o cérebro.

Qualquer objetivo principal definido deliberadamente fixado na mente e nela conservado, tendo-se a determinação de realizá-lo, acaba por saturar todo o subconsciente até influenciar automaticamente a ação física do corpo, para a consecução do referido propósito.

Assim, o objetivo principal na vida deve ser escolhido com um grande cuidado e, depois de escolhido, deverá ser escrito e colocado num lugar onde se possa vê-lo pelo menos uma vez por dia. Isso tem por efeito psicológico impressionar o subconsciente da pessoa de tal maneira que ela aceita esse propósito como um lema, um projeto, uma "planta" que finalmente dominará as suas atividades na vida e a guiará, passo a passo, para a consecução desse objetivo.

O princípio de psicologia por meio do qual se pode conseguir impressionar o subconsciente com o objetivo principal chama-se "autossugestão" ou sugestão que o indivíduo faz repetidamente a si próprio. Trata-se de um grau de auto-hipnotismo, mas não se deve ter medo disso, pois foi esse mesmo princípio que fez com que Napoleão subisse da sua situação de um pobre filho da Córsega à ditadura da França. Foi com o auxílio desse princípio que Thomas Alva Edison conseguiu ser o maior inventor do mundo e foi também por meio dele que Lincoln conseguiu pôr uma ponte no grande abismo que mediava entre o lugar do seu nascimento, uma modesta casa das montanhas do Kentucky, e a presidência da maior nação do mundo. Foi ainda esse princípio que fez Theodore Roosevelt tornar-se um dos líderes mais agressivos que já atingiram a presidência dos Estados Unidos.

Não devemos ter medo do princípio da autossugestão, enquanto estivermos certos de que o objetivo pelo qual lutamos nos trará felicidade de natureza duradoura. Adquiramos a certeza de que o nosso propósito definido é construtivo, que a sua realização não trará dificuldades nem miséria para outras pessoas, que nos dará paz e prosperidade, e, em seguida, apliquemos até o limite que conhecermos do princípio da autossugestão para a rápida consecução do nosso propósito.

Na esquina da rua que avistamos da sala onde escrevemos há um homem que permanece todos os dias no mesmo local, vendendo amendoim torrado. Está sempre ocupado. Quando não está atendendo os fregueses, se ocupa em torrar e empacotar os amendoins. Trata-se de um dos 95% de pessoas que não possuem um *objetivo definido* na vida. Está vendendo amendoim torrado não porque ache que esse trabalho é melhor que outro qualquer que pudesse fazer, mas porque nunca se deu o trabalho de pensar sobre um propósito definido, que lhe poderia trazer maiores lucros. Vende amendoim torrado porque voga ao sabor da corrente da vida, e a sua tragédia é que a mesma soma de esforços que emprega nesse negócio, se fosse dirigida em outro sentido, lhe daria lucros muito maiores.

Relacionada com o trabalho desse homem há ainda outra tragédia: o fato de que ele faz uso do princípio de autossugestão, mas o emprega com desvantagem para si próprio. Não há dúvida de que se fosse possível fotografar os seus pensamentos, nada haveria nesse retrato senão um torrador de amendoim, alguns saquinhos de papel e uma multidão comprando amendoim torrado. Esse homem poderia abandonar tal negócio se tivesse visão e ambição, primeiro, para imaginar-se exercendo um emprego mais lucrativo, e, em seguida, a perseverança para manter tal quadro diante do espírito até influenciá-lo a dar os passos necessários para entrar num negócio mais vantajoso. Põe nesse trabalho um esforço que seria suficiente para lhe dar um lucro substancial, se esse esforço fosse dirigido no sentido de algum objetivo principal definido que lhe proporcionaria maiores rendimentos.

Um dos maiores escritores e oradores dos Estados Unidos, meu amigo íntimo, descobriu há dez anos as possibilidades do princípio da autossugestão e começou imediatamente a pô-lo em prática. Traçou um plano para a sua aplicação, e esse plano veio a ser de grande eficiência. Naquela época, porém, não era escritor nem orador.

Todas as noites, antes de adormecer, fechava os olhos e via em imaginação uma longa mesa de reuniões, em torno da qual se reuniam alguns homens eminentes, cujas características desejava absorver na sua própria personalidade. Esses homens eram Lincoln, Napoleão, Washington, Emerson e Elbert Hubbard. Começava então a conversar com essas figuras imaginárias, mais ou menos da seguinte maneira:

> *Lincoln*: Desejo construir no meu próprio caráter as virtudes da paciência, da justiça para com todo o gênero humano e o agudo senso de humor, que foram as suas principais características. Preciso dessas qualidades e não ficarei satisfeito enquanto não as conseguir.
>
> *Washington*: Quero fazer nascer no meu caráter as qualidades de patriotismo, dedicação, desprendimento e direção, que foram as suas notáveis características.

NÃO DIGA AO MUNDO O QUE É CAPAZ DE FAZER: PROVE-O!

Emerson: Desejo formar no meu caráter as qualidades de visão e habilidade para interpretar as leis da natureza, inscritas nas paredes das prisões, nas árvores em desenvolvimento e na face das criancinhas, que foram as suas mais notáveis características.
Napoleão: Desejo despertar no meu caráter as qualidades que tanto o distinguiram: autoconfiança, habilidade estratégica para dominar obstáculos, a faculdade de se aproveitar dos erros e de fazer nascer uma força de cada derrota.
Hubbard: Quero desenvolver a capacidade para igualar e mesmo para ultrapassar sua capacidade para se expressar com clareza, concisão e energia.

Todas as noites, durante meses seguidos, esse homem viu as mesmas figuras sentadas em torno da sua mesa imaginária, até que finalmente conseguiu imprimir no subconsciente essas qualidades, de maneira tão clara que começou a desenvolver-se nele uma personalidade que era um composto de todas as personalidades invocadas.

O subconsciente pode ser comparado a um magneto, e quando está vitalizado e inteiramente saturado com qualquer propósito definido, tem uma tendência decidida para atrair tudo o que é necessário para a realização desse propósito. As coisas semelhantes se atraem e pode-se ter a prova dessa lei em cada folha de grama, em cada árvore em crescimento. A bolota do carvalho, lançada ao solo, tira dele e do ar o material necessário para transformar-se numa árvore frondosa. Não há árvore que seja metade carvalho, metade cedro. Todo grão de trigo semeado tira do solo e do ar os elementos necessários para fazer crescer uma haste de trigo.

Os homens estão sujeitos à mesma lei da atração. Se formos a qualquer casa de pensão modesta da cidade em que habitamos, veremos associados indivíduos de iguais tendências. Por outro lado, se visitarmos meios mais prósperos, encontraremos sempre associados aqueles que têm inclinações idênticas. Os homens que triunfam na vida procuram a companhia de outros que também triunfaram, enquanto aqueles que estão em dificuldades procuram sempre companheiros na mesma situação. Diz o adágio: "Mal de muitos, consolo é."

A água não procura seu equilíbrio com certeza maior do que o homem procura a companhia dos que estão em condições financeiras e mentais iguais às suas. Um professor da Universidade de Yale e um camponês analfabeto nada têm em comum. Sentir-se-ão infelizes se forem obrigados a estar juntos durante muito tempo. Os homens que nada têm de comum entre si se misturam tanto como a água e o azeite.

Tudo isso conduz à seguinte afirmativa:

Inevitavelmente, atrairemos as pessoas que se harmonizam com a nossa própria filosofia de vida. Sendo isso verdadeiro, ninguém pode deixar de reconhecer o que há em vitalizarmos a nossa mente com um *objetivo principal definido*, que atrairá para nós pessoas que serão de grande valor para as nossas realizações, e nunca um obstáculo. Suponha o leitor que o seu *objetivo definido* esteja muito acima da sua atual situação. Que fazer? É um direito seu, é seu dever ter elevadas aspirações na vida. Deve a si mesmo e à comunidade em que vive estabelecer um alto nível de vida.

Há muita evidência para justificar a crença de que coisa alguma dentro dos limites da razão é impossível de ser atingida por uma pessoa cujo *objetivo principal definido* tenha sido bem-desenvolvido. Há alguns anos, Louis Victor Eytinge foi condenado à prisão perpétua na penitenciária do Arizona. Nessa época, era o que se podia chamar um "homem mau", conforme ele mesmo confessava. Além disso, muitos acreditavam que dentro de um ano ele morreria, vitimado pela tuberculose.

Eytinge tinha mais do que ninguém motivos para se sentir desanimado. A aversão que lhe votava o público era intensa e ele não possuía um só amigo neste mundo, ninguém que o visitasse, levando-lhe uma palavra de conforto ou de encorajamento. Então, na sua mente, aconteceu qualquer coisa que lhe fez voltar a saúde debelando a "peste branca", e que, finalmente, lhe abriu as grades da prisão, restituindo-lhe a liberdade.

O que se teria passado?

Exatamente o seguinte: ele decidiu consigo mesmo vencer a tuberculose e recuperar a saúde. Trata-se de um *objetivo principal definido*. Em menos de um ano, depois de haver tomado tal deliberação, tinha vencido. Ampliou então o *objetivo principal* resolvendo fazer de tudo para conquistar sua liberdade. Dentro em pouco as paredes da prisão desapareceram em torno dele.

Não há ambiente desagradável que seja bastante forte para deter um homem ou mulher que saibam como aplicar o princípio da autossugestão na criação de um *objetivo principal definido*. Uma pessoa assim dotada pode quebrar os grilhões da pobreza, destruir os germes mais mortíferos, ascender da situação mais humilde ao poder e ao apogeu.

Todos os grandes líderes baseiam sua liderança num *objetivo principal definido*. Seguidores se sentem bem sendo assim quando notam que o seu líder é uma pessoa que tem um *objetivo definido*, que tem a coragem de apoiar esse propósito com ação. Mesmo um cavalo teimoso sabe que condutor está manejando as suas rédeas, e se rende ao cavaleiro. Quando um homem com um *objetivo definido* atravessa uma multidão, todos lhe abrem caminho, mas quando um homem hesita e mostra por suas ações que não está muito certo da trilha que quer seguir, a multidão se recusará a atender e não cederá um centímetro de terreno.

Em parte alguma a falta de um *objetivo principal definido* se torna mais gritante ou mais prejudicial do que nas relações entre pai e filho. Os filhos sentem com muita acuidade a atitude vacilante dos pais e tiram vantagem disso com muita liberdade. O mesmo se dá em todos os domínios da vida — o homem com um *objetivo principal definido* impõe respeito e atenção em todas as ocasiões.

Isso, quanto ao que se refere ao ponto de vista psicológico de um *propósito definido*. Vejamos agora o lado econômico da questão.

Se um navio perde o leme no meio do oceano e começa a girar em torno de si mesmo, gastará todo o combustível sem chegar ao seu destino, apesar de gastar energia suficiente para atingi-lo e dele voltar várias vezes.

O homem que trabalha sem um *propósito definido*, que não é apoiado por um plano definitivo para sua execução, se assemelha ao navio que perdeu o leme. Trabalho árduo e boas intenções não são suficientes para conduzir um homem ao triunfo, pois, como pode um homem estar certo que alcançou um êxito sem ter antes estabelecido no espírito algum objetivo definido que deseje?

Toda casa bem-construída teve a sua origem num *propósito definido* e, ainda mais, num plano definido, na forma de uma série de plantas. Imaginemos o que aconteceria se alguém tentasse construir um prédio ao acaso, sem um plano. Os operários atrapalhariam uns aos outros, o material de construção seria empilhado sobre o lote de terreno, antes de construídos os alicerces, e todo o pessoal empregado teria uma noção diversa de como a casa deveria ser construída. O resultado seria um verdadeiro caos e mal-entendidos de toda sorte. Além disso, o custo da obra se tornaria verdadeiramente exorbitante.

Entretanto, já nos demos o trabalho de refletir sobre o fato de que a maioria das pessoas, ao terminar os estudos, arranja logo um emprego qualquer, sem a menor concepção de qualquer coisa que, mesmo de longe, se pareça com um *propósito definido* ou um plano traçado? Em vista do fato de ter a ciência proporcionado meios e processos racionais para analisar o caráter e determinar o trabalho para o qual o indivíduo se adapta melhor, não parece trágico, hoje, que 95% da população adulta do mundo sejam constituídos de pessoas fracassadas, por não terem encontrado seu lugar no mundo do trabalho?

Se o *triunfo* depende de poder, se o poder é o *esforço organizado* e se o primeiro passo na direção da organização é um propósito definido, é então muito fácil ver a razão pela qual esse propósito é essencial!

Enquanto não escolhe um *propósito definido* na vida, o homem dissipa energias e dispersa pensamentos sobre diversos assuntos e em variadas direções, que não conduzem ao poder, mas à indecisão e à fraqueza.

Com a ajuda de uma pequena lente podemos aprender uma grande lição sobre o valor do *esforço organizado*. Com a lente podemos focalizar os raios do sol sobre um ponto definido, de maneira tão forte que o seu calor poderá abrir um buraco numa tábua; sem a lente (que representa o *propósito definido*) os mesmos raios de sol podem incidir sobre a mesma tábua durante 1 milhão de anos sem queimá-la.

Mil pilhas, quando adequadamente organizadas e ligadas entre si por meio de fios, produzirão energia bastante para movimentar uma peça grande de máquina durante várias horas, mas se tomarmos essas pilhas separadamente, nenhuma delas terá energia suficiente para produzir na máquina qualquer espécie de movimento. As nossas faculdades mentais podem ser comparadas a essas pilhas. Depois que o leitor organizar as suas faculdades mentais de acordo com o plano fixado nas 16 lições do curso de leitura sobre a Lei do Triunfo, dirigindo-as no sentido de alcançar um *objetivo definido* na vida, poderá tirar vantagem do princípio de cooperação do qual nasce o poder que se chama esforço organizado.

Andrew Carnegie dava o seguinte conselho: "Coloque todos os ovos numa cesta e vigie-a, para que ninguém vá de encontro a ela." Com isso,

A MELHOR COMPENSAÇÃO POR UMA COISA QUE REALIZAMOS É A CAPACIDADE QUE ADQUIRIMOS PARA FAZER AINDA MAIS.

queria dizer, naturalmente, que não devemos desperdiçar qualquer das nossas energias empenhando-nos em coisas sem importância. Carnegie foi um grande economista e sabia que a maioria dos homens agiria no sentido de fazer alguma coisa bem feita.

Logo que surgiu o plano para o curso, lembro-me que levei os originais a um professor da Universidade do Texas, e, animado de grande entusiasmo, lhe sugeri que havia descoberto um princípio que seria de grande auxílio para mim em todos os discursos que pronunciasse para o futuro, pois estava mais bem-preparado para organizar e dirigir as minhas ideias.

Ele olhou durante alguns minutos o esboço dos 15 pontos e logo voltou-se para mim, dizendo:

— Sim, a sua descoberta vai ajudá-lo a fazer melhores discursos, mas não se limitará a isso: contribuirá também para torná-lo um escritor mais eficiente. Nos seus escritos anteriores, notei certa tendência para dispersar as suas ideias. Por exemplo, se tinha de descrever uma bela montanha, a distância, costumava fazer digressões, chamando a atenção do leitor para uma moita de flores silvestres, para um regato murmurante ou para o canto dos pássaros, desviando-se aqui e ali, fazendo verdadeiros zigue-zagues, antes de chegar à descrição da montanha. No futuro encontrará muito menos dificuldades para descrever um objeto, seja falando ou escrevendo, porque os seus 15 pontos representam a base da organização.

Uma vez, um homem sem pernas encontrou um cego. Aquele aleijado era um homem de visão, pois propôs ao cego que formassem ambos uma aliança que poderia ser de grande utilidade para os dois. "Subirei às suas costas", disse o aleijado, "e andarei com as suas pernas, ao passo que você fará uso dos meus olhos. Assim andaremos muito mais rapidamente."

Do esforço conjunto resulta o poder maior que se pode alcançar. Eis um ponto que vale a pena ser repetido, porque se constitui uma das partes mais importantes da base deste curso de leitura. As maiores fortunas do mundo foram acumuladas por meio do uso do princípio do esforço conjunto. O que um homem pode realizar sozinho, durante uma vida inteira, por mais bem-organizado que seja, é muito pouco, mas o que se pode conseguir por meio de aliança com outros é na verdade ilimitado.

O Master Mind ao qual Carnegie se referiu quando o entrevistamos foi formado por mais de 20 mentes. Aquele grupo era composto de homens de todos os temperamentos e tendências. Cada homem tinha de desempenhar uma determinada parte somente. Havia entre eles uma perfeita compreensão e distribuição de trabalho; a tarefa de Carnegie consistia em manter a harmonia no grupo, e ele a desempenhou maravilhosamente.

Se o leitor conhece bem futebol, sabe naturalmente que o time vencedor é aquele que melhor coordena os esforços dos seus jogadores. O que vence é o trabalho do time. O mesmo acontece no grande jogo da vida.

Na sua luta em busca do triunfo, o leitor deve ter sempre em mente a necessidade de saber o que quer, qual é precisamente o seu propósito definido e o valor do princípio do esforço organizado para a obtenção do que constitui esse propósito.

De uma vaga maneira, quase todas as pessoas têm um propósito, isto é, o desejo de ganhar dinheiro. Mas isso não é propósito definido, no sentido em que o termo é empregado nesta lição. Antes de o nosso propósito poder ser considerado definido, mesmo que esse objetivo seja a acumulação de dinheiro, precisamos chegar a uma decisão quanto ao método preciso por meio do qual pretendemos acumular dinheiro. Não basta dizer que se ganhará dinheiro empenhando-se em qualquer espécie de negócio. É preciso escolher o gênero de negócio. Deve-se também decidir o ponto onde ele será localizado, bem como as normas em que deve ser conduzido.

Respondendo à pergunta: "Qual é o seu propósito definido na vida?", que aparece no questionário que empregamos para analisar mais de 16 mil pessoas, muitos disseram o seguinte:

— Meu propósito definido na vida é ser tão útil quanto possível ao mundo e ganhar o suficiente para viver bem.

Esta resposta tem tanto de definida como de exata tem a concepção de uma rã sobre o tamanho do universo!

O objetivo desta lição não é o de informar o leitor sobre qual deve ser a sua ocupação na vida, pois isso só pode ser feito depois de uma análise detalhada da pessoa. O seu objetivo é impressionar o espírito do leitor com uma concepção clara do valor do propósito definido e da compreensão do princípio do esforço organizado, como meio de conseguir o poder necessário para materializar esse propósito.

Qualquer pessoa pode "começar", mas apenas os ousados "terminarão".

Uma cuidadosa observação sobre a filosofia prática de mais de 100 homens e mulheres que alcançaram grande êxito na vida em suas respectivas atividades mostrou o fato de que se tratava sempre de pessoas de pronta decisão.

O hábito de trabalhar com um objetivo principal definido criará o hábito da pronta decisão, que será de grande auxílio para o leitor em tudo o que empreender.

Além disso, o hábito de trabalhar com um objetivo definido o ajudará a concentrar toda a atenção numa determinada missão, até realizá-la.

A concentração do esforço e o hábito de trabalhar com um propósito — eis os dois fatores essenciais para o triunfo, e que estão sempre juntos. Um faz nascer o outro.

Os mais prósperos homens de negócios são pessoas de pronta decisão que trabalham sempre com um propósito principal, como finalidade na vida.

Apresentamos alguns exemplos frisantes:

Woolworth escolheu como objetivo principal definido a tarefa de rodear a América com a sua cadeia de Five and Ten Cent Stores e concentrou todo o seu espírito nessa missão, até que a realizou e que "ela o fez também".

Wrigley concentrou a sua mente na produção e venda de pequenos pacotes de *chewing gum* (chicletes) e transformou essa ideia em milhões de dólares.

Edison concentrou-se na tarefa de harmonizar as leis da natureza, conseguiu com o seu esforço mais invenções do que qualquer outro homem no mundo inteiro e tornou-se multimilionário.

Henry L. Doherty concentrou-se na instalação de fábricas de utilidade pública e adquiriu também milhões.

Ingersoll concentrou o seu espírito na fabricação de relógios práticos e baratos, e a ideia lhe deu uma fortuna.

Statler concentrou-se no estabelecimento de pensões familiares, tornando-se tão rico quanto útil a milhares de pessoas que procuraram os seus serviços.

Edwin C. Barnes concentrou-se na venda dos ditafones* de Edison e retirou-se do negócio ainda muito jovem, com mais dinheiro do que necessitava.

Woodrow Wilson concentrou o seu pensamento na Casa Branca, durante 25 anos, e passou a ser o seu principal ocupante graças ao conhecimento que possuía sobre a importância de se ter um objetivo principal definido.

Abraham Lincoln concentrou-se na tarefa de libertar os escravos nos Estados Unidos e tornou-se o maior presidente norte-americano.

Martin W. Littleton ouviu um discurso que o encheu do desejo de tornar-se um grande advogado; concentrou o seu pensamento nesse objetivo e é hoje, como todos sabem, o mais próspero advogado dos Estados Unidos, ganhando por uma só causa nada menos do que 50 mil dólares.

Rockefeller concentrou-se nos negócios de petróleo e tornou-se o homem mais rico da sua geração.

Ford concentrou-se na construção de automóveis e se tornou o homem mais rico e poderoso que já existiu.

Andrew Carnegie concentrou-se na indústria do aço e, graças aos seus esforços, fez uma grande fortuna e o seu nome foi inscrito nas bibliotecas públicas de toda a América do Norte.

Gillette concentrou-se na fabricação de lâminas de barbear, que se espalharam pelo mundo inteiro e o fizeram tornar-se multimilionário.

George Eastman concentrou-se na invenção da Kodak, fez com que a ideia lhe rendesse uma fortuna e, ao mesmo tempo, proporcionou prazer ao mundo todo.

Russel Conwell concentrou a sua mente na realização de uma conferência, "Minas de Diamantes", e fez com que essa ideia lhe rendesse 6 milhões de dólares.

Helen Keller, surda, muda e cega, concentrou o seu espírito na tarefa de aprender a falar e conseguiu realizar o seu objetivo principal definido.

John H. Patterson concentrou-se na invenção das máquinas registradoras e tornou-se rico, ao mesmo tempo que fazia os outros se tornarem "cuidadosos".

O kaiser Guilherme II, da Alemanha, concentrou-se em fazer a guerra e desencadeou-a em grandes proporções; é esse um fato que nunca se deve esquecer.

Fleischmann concentrou-se na fabricação de pequenas caixas de fermento, que invadiram o mundo inteiro.

---

*Espécie de gravador onde se gravam fonograficamente cartas ditadas ou qualquer outro texto oral, para que sejam posteriormente transcritos, datilografados ou digitados. (*N. da E.*)

Marshall Field concentrou-se em estabelecer a maior loja de departamentos do mundo, e o seu sonho se tornou uma realidade.

Philip Armour concentrou-se no negócio de frigoríficos, estabeleceu uma grande indústria e fez também uma grande fortuna.

Milhões de pessoas concentram todos os dias o espírito na pobreza e no fracasso, obtendo ambos em abundância.

Os irmãos Wright concentraram os seus esforços na construção de aviões, e dominaram os ares.

Pullman concentrou o seu pensamento em vagões dormitórios, e a ideia tornou-o rico, e milhares de pessoas passaram a viajar com conforto.

E assim se pode ver que todos os que são bem-sucedidos nos seus negócios trabalham com um objetivo principal definido, para cuja realização fazem todos os esforços.

Deve haver no mundo qualquer coisa que o leitor pode fazer melhor do que qualquer outra pessoa. Procure até encontrar essa linha de esforço e transforme-a no seu objetivo principal definido. Organize então todas as suas forças e se lance ao trabalho com a certeza de que está caminhando para o triunfo. Na sua procura da tarefa para a qual está mais bem-indicado é vantajoso ter sempre em mente que conseguirá maior êxito empenhando-se no trabalho que for mais do seu agrado, pois é fato demais conhecido que o homem geralmente triunfa com mais facilidade num campo de esforços em que se lança de corpo, alma e coração.

Voltemos, para maior clareza, aos princípios psicológicos que servem de base a esta lição, pois será para o leitor um prejuízo sensível deixar de apreender a verdadeira razão que tem para estabelecer um objetivo definido no seu pensamento. Esses princípios são os seguintes:

Primeiro: Todo movimento voluntário do corpo humano é causado, controlado e dirigido pelo pensamento, por meio do trabalho mental.

Segundo: A presença de qualquer pensamento ou ideia na consciência tende a produzir um sentimento associado e a solicitar a transformação desse sentimento numa ação muscular adequada, que está em perfeita harmonia com a natureza do pensamento.

Por exemplo, se pensamos em piscar e não há no nosso cérebro qualquer influência contrária ou pensamento para deter a ação a tempo, o nervo motor conduzirá o nosso pensamento à sede do governo, no cérebro, e a ação muscular adequada tem lugar imediatamente.

Afirmemos o princípio de outro ângulo: escolha uma pessoa, por exemplo, um propósito definido para a sua vida e prepare a sua mente para levá-lo avante. Desde o momento em que fizer a escolha, esse propósito se torna o pensamento dominante na sua consciência, e ela estará constantemente alerta para os fatos, informações e conhecimentos com os quais poderá conseguir o referido propósito. Desde o momento em que estabelecer no seu pensamento um propósito definido, sua mente começará tanto conscientemente como inconscientemente a reunir e armazenar o material com que alcançará o seu propósito.

O desejo é o fator que determina qual será o nosso propósito definido na vida. Ninguém poderá escolher um desejo dominante para nós, mas, uma vez que o escolhamos, ele se tornará o nosso objetivo principal definido e ocupará um posto na nossa mente, até que seja satisfeito pela transformação em realidade, a menos que não permitamos que o mesmo seja posto de lado, pelos desejos em conflito.

Para acentuar o princípio que estou me esforçando para tornar o mais claro possível, acredito que não seja fora de propósito sugerir que, para estar certo de uma realização bem-sucedida, o objetivo principal na vida deve ser apoiado por um desejo ardente de realizá-lo. Já observei que as moças e os rapazes que entram para o colégio à própria custa, trabalhando para isso, progridem mais do que aqueles cujos estudos são custeados pelos outros. O segredo disso pode ser encontrado no fato de que os que querem realmente abrir o seu caminho na vida são abençoados por um desejo ardente de se educarem, e tal desejo, se o seu objetivo está dentro dos limites da razão, se realizará, certamente.

A ciência estabeleceu, sem deixar margem para dúvida, que por meio do princípio da autossugestão qualquer desejo profundamente amadurecido satura inteiramente o corpo e o espírito, que transforma num poderoso magneto, o qual atrairá o objeto do desejo, se estiver dentro dos limites da razão. Para o esclarecimento dos que podem ter interpretado devidamente o sentido dessa afirmativa, me esforçarei em enunciar o princípio de outra maneira. Por exemplo, o simples desejo de possuir um automóvel não fará com que ele venha rodando ao nosso encontro, mas se houver um desejo ardente de possuir o automóvel, esse desejo conduzirá à ação apropriada por meio da qual ele será adquirido.

CADA LINHA QUE UM HOMEM ESCREVE, CADA ATO QUE PRATICA E CADA PALAVRA QUE PRONUNCIA SERVEM COMO PROVA INDISCUTÍVEL DA NATUREZA DO QUE ESTÁ ARRAIGADO NO SEU CORAÇÃO, COMO UMA CONFISSÃO QUE ELE NÃO PODE NEGAR.

O mero desejo de ser livre nunca libertará um homem que está dentro de uma prisão se não houver força suficiente para lhe dar o direito à liberdade.

Eis os passos que conduzem do *desejo* à realização: primeiro, o *desejo ardente*; em seguida, a cristalização desse desejo num *propósito definido*, e, finalmente, a ação adequada para conseguir o propósito. Lembre-se o leitor de que esses três passos são sempre necessários para garantir o triunfo.

Uma ocasião conheci uma jovem muito pobre que tinha o desejo ardente de casar-se com um homem rico, e finalmente conseguiu o que queria, mas não sem ter antes transformado esse desejo no desenvolvimento de uma personalidade muito atraente, que, por sua vez, atraiu o marido desejado.

Tive uma vez um *desejo ardente* de ter facilidade para analisar caracteres com exatidão, e esse desejo era tão persistente e tão profundamente fixo que me levou a dez anos de pesquisas e estudos de personalidades de homens e mulheres.

George S. Parker fabricou uma das melhores canetas-tinteiro do mundo, e, conquanto empreendesse seu negócio na pequena cidade de Jenesville, no estado de Wisconsin, conseguiu espalhar o produto por todo o globo; sua caneta é hoje vendida em todos os países civilizados. Há mais de 20 anos Parker fixou no seu espírito um objetivo definido, isto é, produzir um tipo de caneta-tinteiro que fosse o melhor de todos. Apoiou esse propósito num *desejo ardente* de realizá-lo; hoje, podemos usar uma caneta que nos satisfaz inteiramente, e isso constitui um grande triunfo para Parker.

Todos nós somos construtores, e como os que constroem casas, empregando para isso madeira, tijolos e aço, devemos traçar uma série de planos, de acordo com os quais modelaremos o edifício do nosso triunfo. Estamos vivendo numa época maravilhosa, em que os materiais com que se constrói o êxito são abundantes e baratos. Temos à nossa disposição, nos arquivos das bibliotecas públicas, os resultados cuidadosamente compilados de mil anos de pesquisas, sobre todos os possíveis campos de esforço que uma pessoa quiser seguir. Se alguém deseja se tornar pregador, terá à mão toda a história dos conhecimentos adquiridos por aqueles que o precederam nesse campo de atividade; aquele que deseja ser um mecânico tem à sua disposição toda a história das invenções de máquinas, da descoberta e uso dos metais e ligas metálicas na natureza. Se deseja ser advogado, tem ao seu dispor a história dos processos legais. Nos Estados Unidos, por exemplo, o Departamento da Agricultura, em Washington, põe à disposição de todas as pessoas que querem se dedicar à agricultura os ensinamentos necessários para isso.

O mundo jamais esteve tão repleto de oportunidades como agora. Por toda parte aumenta a procura de serviços de pessoas mais eficientes: datilógrafos, estenógrafos, pregadores, funcionários de bancos etc.

Esta lição não estará completa enquanto o leitor não tiver escolhido o seu *objetivo definido*, que deve ser em seguida redigido e colocado num lugar onde ele possa vê-lo, todas as manhãs, ao levantar-se, e à noite, quando se recolher.

Não deve haver protelação. Mas... para que pregar isso agora? Somos nós que modelamos e formamos o nosso próprio objetivo definido na vida. Assim, para que demorar, quando já sabemos de tudo isso?

Um propósito definido é algo que o leitor deve criar por si mesmo, que ninguém criará para ele e que não surgirá espontaneamente. Que irá fazer a esse respeito? Quando e como agirá?

Assim, deve começar agora mesmo a analisar os seus desejos, ver qual dentre eles é o desejo dominante e organizar a sua mente no sentido de realizá-lo. A nossa terceira lição lhe mostrará o próximo passo a dar e a maneira como deve proceder. Coisa alguma, neste curso de leitura, é deixada ao acaso. Cada passo é explicado claramente. A tarefa do leitor consiste apenas em seguir as direções até chegar ao seu destino, que é representado pelo *objetivo principal definido*. O leitor deve tornar claro esse objetivo, apoiá-lo com uma persistência que não reconheça a palavra "impossível".

Depois que tiver escolhido o seu objetivo definido, tenha bem em mente o fato de que *as suas aspirações não são elevadas demais.*

Também não deve esquecer a verdade estabelecida: nada conseguirá quem nada tenta. Se o nosso objetivo na vida é vago, nossas realizações também o serão, e podemos acrescentar: serão bem escassas. É preciso saber o que se quer, quando e como se espera alcançar o que se quer. Os professores e estudantes de psicologia conhecem tão bem essa fórmula como conhecem a fórmula QQPC, isto é, "quê, quando, por que e como".

Esta lição deve ser lida quatro vezes, com intervalos de uma semana.

À quarta leitura, o leitor verá muita coisa que lhe escapou à primeira.

O êxito em dominar o curso e em fazer com que ele produza benefícios depende em grande parte, ou talvez inteiramente, da maneira de seguir todas as instruções nele contidas.

Não tente o leitor estabelecer regras pessoais para o estudo. Siga as que são dadas nas lições, pois são o resultado de anos de experiência e meditação. Se deseja fazer experiências, espere até dominar o curso e a maneira sugerida por nós. Estará então em condições de fazer uma experiência com mais possibilidades de êxito. Até lá, contente-se em seguir as lições. Você se tornará, esperamos, tanto professor como estudante, depois de haver seguido o curso até o ponto de dominá-lo inteiramente.

Se seguir as instruções dadas aqui como guia dos que fazem o curso, não há possibilidades de fracasso.

INSTRUÇÕES PARA A APLICAÇÃO DOS PRINCÍPIOS DA SEGUNDA LIÇÃO

Por meio da primeira lição o leitor se familiarizou com o princípio de psicologia conhecido por Master Mind.

Está agora pronto para usar esse princípio como um meio de transformar em realidade o seu objetivo principal definido. Decerto já lhe ocorreu pensar na inutilidade que seria para qualquer pessoa possuir um objetivo principal definido na vida e não contar com os meios práticos de torná-lo realidade.

O primeiro passo deve ser a escolha do objetivo principal. O passo seguinte consiste em redigir de maneira clara e concisa esse objetivo. Em seguida, deverá ser feita uma declaração por escrito, descrevendo-se o plano ou planos por meio dos quais se pretende atingir o que se tem em mente.

O passo seguinte e final consiste na formação de uma aliança com uma ou mais pessoas, que cooperarão conosco na condução desses planos e na transformação do objetivo principal em realidade.

O propósito dessa aliança é empregar a Lei do Master Mind, em apoio aos nossos planos. Devemos fazer essa aliança apenas com pessoas que se interessem sinceramente por nós. Tratando-se de pessoa casada, o esposo ou a esposa deve estar entre os membros da aliança, contanto que existam no

"SIM, ELE TRIUNFOU, MAS... QUASE FRACASSOU!" ASSIM ACONTECEU COM ROBERT FULTON, ABRAHAM LINCOLN E QUASE TODOS OS HOMENS QUE SÃO APONTADOS COMO TRIUNFADORES. HOMEM ALGUM JÁ CONSEGUIU GRANDE ÊXITO NA VIDA SEM ESTAR, UMA VEZ OU OUTRA, PENDENDO À BEIRA DO ABISMO DO FRACASSO.

casal condições normais de confiança e simpatia. Outros membros da aliança poderão ser os pais, os irmãos e as irmãs ou alguns amigos mais íntimos.

Se se trata de uma pessoa solteira, o seu amado ou amada — caso exista — deve ser um dos membros da aliança. Isso não é uma brincadeira: o leitor que seguir o curso está estudando uma das leis mais poderosas da mente humana, e atenderá melhor aos seus próprios interesses se seguir séria e cuidadosamente todas as regras aqui estabelecidas, mesmo que não esteja seguro do ponto a que elas o conduzirão.

Todos os que se juntarem à pessoa para a formação da aliança no propósito de ajudá-la a construir um Master Mind devem assinar, juntamente com o interessado, a declaração sobre o objetivo principal definido. Cada membro da aliança deve estar inteiramente de acordo com aquele com quem se alia e simpatizar muito com ele. Cada qual receberá uma cópia da declaração do objetivo principal definido. Mas é preciso ser cuidadoso na escolha, pois o mundo está cheio de pessoas céticas e será para nós de grande proveito não permitir nunca que tais pessoas se aproximem demasiadamente de nós, zombando das nossas ideias e ambições. O que necessitamos é de auxílio e estímulo afetuoso, e não de zombarias e dúvidas.

Se é uma pessoa crente, encontrará vantagem em fazer do seu *propósito definido* o objeto das suas preces, uma vez por dia ou mais, se for necessário. Acreditando-se na existência de Deus, que pode ajudar, e que efetivamente ajuda, todos aqueles que buscam realizar um trabalho construtivo no mundo, podem ficar certos de que têm o direito de dirigir-lhe também o seu pedido para que os auxilie nessa cruzada para a realização do que encerra tudo o que há de real para si na vida.

Se os que foram convidados para entrar na aliança acreditam no poder das preces, não nos esqueçamos de lhes pedir também que incluam o objetivo da aliança nas suas orações cotidianas.

Chegamos agora a uma das regras mais essenciais do curso: o leitor deve conseguir que um ou todos os membros do grupo a que se aliou declarem, em termos francos e positivos, que estão certos de que ele poderá realizar e realizará o seu principal objetivo definido. Essa afirmativa ou declaração pode ser repetida pelo menos uma vez por dia.

Todos esses passos devem ser seguidos com persistência, animados pela fé inabalável de que conduzirão a pessoa até onde ela deseja chegar. Não basta seguir esses planos apenas durante alguns dias ou semanas e, em seguida, interrompê-los. O processo deve ser seguido até que a pessoa alcance o seu objetivo definido, seja qual for o tempo necessário para isso.

De vez em quando poderá ser preciso mudar os planos adotados para a realização de um objetivo principal definido. Façam-se essas modificações sem hesitação. Nenhuma criatura humana é dotada de capacidade de previsão suficiente para formular planos que não precisem de mudanças e adaptações.

Se qualquer um dos membros da nossa aliança perder a fé na lei conhecida por Master Mind, cuidemos imediatamente de remover esse elemento e substituí-lo.

Andrew Carnegie declarou-me que teve necessidade de fazer várias alterações no seu Master Mind. Na verdade, declarou-me que todos os membros que reuniu para a primeira aliança foram afastados aos poucos e substituídos por outras pessoas que se adaptassem com mais entusiasmo e lealdade ao espírito e objetivo da aliança.

Ninguém pode triunfar estando cercado de sócios desleais e invejosos, seja qual for o alvo visado por seu objetivo principal definido. O triunfo tem por componentes a lealdade, a fé, a sinceridade, a cooperação e outras forças positivas com as quais o indivíduo precisa sobrecarregar seu ambiente.

Muitos dos nossos leitores desejarão formar alianças com aqueles com os quais estão associados profissionalmente, com o objetivo de obter um número maior de êxitos nas suas respectivas profissões ou em seus negócios. Em tais casos, as mesmas regras estabelecidas aqui precisam ser seguidas. O objetivo principal definido de alguém pode ser de natureza tal que lhe traga benefícios, individualmente, ou à sua profissão ou negócio em que se empenhe. A Lei do Master Mind operará de maneira idêntica em ambos os casos. Se fracassar, temporária ou definitivamente, na aplicação dessa lei, a razão disso é *que qualquer membro da aliança não entrou para ela com fé, lealdade ou sinceridade de propósito.*

A FALTA DE UMA VISÃO AMPLA TEM LEVADO MUITOS HOMENS A FAZER UMA SÓ COISA DURANTE TODA A VIDA.

Vale a pena ler duas vezes esse trecho em itálico.

Assim, o nosso objetivo principal deve se tornar a nossa mania, a nossa preocupação máxima. Devemos cuidar dele continuamente, dormir com ele no pensamento, viver, em suma, tendo-o diante de nós.

Qualquer coisa que desejarmos poderemos obter, se a desejarmos com intensidade suficiente e se tivermos persistência, naturalmente se o objeto desse desejo estiver dentro dos limites da razão e se acreditarmos que já estamos de posse dele. Há, porém, uma grande diferença entre desejar simplesmente alguma coisa e acreditar que a obteremos realmente. A falta de compreensão dessa diferença tem sido causa de fracasso para milhões de pessoas. Os realizadores são aqueles que "acreditam", em todos os setores da vida. Aqueles que acreditam que podem alcançar o seu objetivo principal definido não reconhecem a palavra "impossível". Nem se importam com as derrotas temporárias, pois sabem que estão caminhando para o triunfo, e se um plano fracassa, logo o substituem por outro.

Todas as realizações notáveis encontram sempre obstáculos antes de se tornarem uma realidade. Edison fez mais de 10 mil experiências, antes de conseguir realizar o seu primeiro disco de fonógrafo, que tinha gravadas as seguintes palavras: "Mary tinha um cordeirinho."

Há uma palavra que, juntamente com essa lição, nunca deve sair do pensamento do leitor. Essa palavra é *persistência*.

O leitor está agora de posse do "Abre-te, Sésamo" para as suas realizações. Basta abrir a porta do templo do conhecimento e entrar. Mas deve ir a ele. Ele não virá ao seu encontro. Se essas leis forem novas para os leitores que seguem o nosso curso, a ida ao templo não será fácil no começo. Eles tropeçarão, a princípio, mas devem prosseguir. Em breve chegarão ao alto da montanha que procuram atingir e contemplarão nos vales, embaixo, o rico estado do Saber, que constituirá a sua recompensa pela fé e pelos esforços que empregaram.

Tudo tem um preço. Não é possível conseguir "alguma coisa em troca de nada". Nas suas experiências com a Lei do Triunfo, o leitor está lidando com a natureza, na sua forma mais elevada e mais nobre. A natureza não pode ser defraudada ou enganada. Ela nos dará o objeto pelo qual lutamos, mas só depois de havermos pagado o seu preço com um esforço contínuo, persistente, obstinado!

Que se poderia dizer mais sobre o assunto?

O leitor já sabe o que fazer, quando, como e por que deve fazer. Se assimilar a lição seguinte, *Confiança em si mesmo*, terá então fé suficiente para seguir todas as instruções dadas para seu governo na presente lição.

Senhor dos destinos humanos eu sou!
Fama, amor e fortuna aos meus pés esperam.
Ando por cidades e campos; atravesso
Desertos e mares remotos; passo por
Choupanas, mercados e palácios; tarde ou cedo
Bato espontaneamente, uma vez, em cada porta!
Se estais dormindo, despertai; se estais em festins, levantai-vos
Antes da minha saída. É a hora do destino,
E os que me seguem alcançam todos os estados
Que os mortais desejam, e vencem todos os inimigos,
Exceto a morte; mas os que duvidam ou hesitam,
Condenados ao fracasso, penúria e aflição,
Procuram-me em vão e imploram debalde.
Eu respondo: não! E não volto nunca mais!

*Ingalls**

*Master of human destinies am I!/ Fame, love, and fortune on my footsteps wait/ Cities and fields I walk; I penetrate/ Deserts and seas remote, and passing by/ Hovel and mart and palace—soon or late/ I knock, unbidden, once at every gate!/ If sleeping, wake—if feasting, rise before/ I turn away. It is the hour of fate,/ And they who follow me reach every state/ Mortals desire, and conquer every foe/ Save deaths but those who doubt or hesitate,/ Condemned to failure, penury, and woe,/ Seek me in vain and uselessly implore./ I answer not, and I return no more!

NO MEIO DE TODOS OS MISTÉRIOS QUE NOS CERCAM, NADA É MAIS CERTO QUE ESTARMOS NA PRESENÇA DE UMA ENERGIA INFINITA E ETERNA, DA QUAL TODAS AS COISAS PROCEDEM.

HERBERT SPENCER

TERCEIRA LIÇÃO

CONFIANÇA EM SI MESMO

QUERER É PODER!

Antes de entrar em contato com os princípios fundamentais sobre os quais repousa esta lição será útil para o leitor não esquecer o fato de que tais princípios são práticos, que são o produto de 25 anos de pesquisas e que tiveram a aprovação dos mais eminentes cientistas do mundo, os quais submeteram à experiência todos os princípios aqui expostos.

O ceticismo é um inimigo mortal do progresso e do desenvolvimento individual. O leitor poderia muito bem, ao chegar a esta lição, pôr de lado o livro e pensar que este curso foi escrito por algum teórico de cabelos compridos, que nunca fez experiência com os princípios sobre os quais baseia os seus ensinamentos.

Por certo, a nossa era não comporta o ceticismo, pois nela foi descoberto e dominado um número maior de leis da natureza do que em toda a história da raça humana. No período de três décadas testemunhamos o domínio dos ares; exploramos o oceano; suprimimos as distâncias; dominamos o raio; fizemos com que a eletricidade movesse as rodas da indústria; temos hoje comunicações instantâneas entre as nações do mundo. Na verdade, a era presente é de luz, de desenvolvimento, de descobertas, e, contudo, mal tocamos na superfície do saber. Entretanto, quando abrirmos a porta que leva ao poder secreto que está armazenado dentro de nós, adquiriremos conhecimentos que farão empalidecer todas as outras descobertas do passado e do presente.

O pensamento é a forma de energia mais altamente organizada que conhecemos, e a presente era é de experiência e pesquisa, que certamente nos levarão a uma compreensão cada vez maior dessa força misteriosa que se chama pensamento e que repousa dentro de nós. Já conhecemos bastante sobre a mente humana para saber que um homem pode libertar-se dos efeitos dos medos acumulados durante mil gerações com o auxílio do princípio de autossugestão. Já descobrimos que esse medo é a razão principal da pobreza, do fracasso e da miséria que se apresentam sob milhares de formas. Já descobrimos também que o homem que domina o medo pode triunfar em qualquer empreendimento, sejam quais forem os esforços reunidos para derrotá-lo.

O desenvolvimento da confiança em si mesmo ou autoconfiança começa com a eliminação desse demônio que se chama medo, o qual segreda nos ouvidos das pessoas: "Não podes fazer isso. Tens medo de experimentar. Temes a opinião pública. Tens medo de fracassar. Tens medo de não possuir habilidade."

O demônio do medo, porém, anda esgueirando-se. A ciência encontrou uma arma para empregar na batalha contra esse velho inimigo do progresso.

Os seis medos básicos da humanidade

Toda pessoa herda a influência dos seis medos básicos. Sob esses medos principais podem ser agrupados os menores. Os seis medos básicos ou grandes medos são aqui enumerados e descritas as suas fontes.

São eles os seguintes:

a) Medo da pobreza.
b) Medo da velhice.
c) Medo da crítica.
d) Medo de perder o amor de alguém.
e) Medo da doença.
f) Medo da morte.

O leitor deve estudar a lista, descobrir os medos que o perseguem e a maneira de classificá-los.

Todo ser humano, quando chega à idade do discernimento, é subjugado até certo ponto por um ou mais dos seis medos básicos. Como primeiro passo para a eliminação desses seis males examinemos as fontes de onde os herdamos.

LEMBREMOS QUE QUANDO MARCAMOS UM ENCONTRO COM ALGUÉM ASSUMIMOS A RESPONSABILIDADE DE SER PONTUAIS, E NÃO TEMOS O DIREITO DE NOS ATRASAR UM MINUTO SEQUER.

Hereditariedade física e social

Todo homem é, quer física, quer mentalmente, o resultado de duas formas de hereditariedade: hereditariedade física e hereditariedade social.

Por meio da lei da hereditariedade física o homem evoluiu pouco a pouco da ameba (a forma animal unicelular), através de estágios de desenvolvimento correspondentes a todas as formas animais conhecidas atualmente na Terra, inclusive aquelas que se sabe terem existido e que foram extintas.

Cada geração pela qual o homem passou acrescentou à sua natureza algo das suas características, hábitos e aparência física. A herança física do homem é uma coleção heterogênea de vários hábitos e formas físicas.

Parece quase que não há nenhuma dúvida de que, conquanto os seis medos básicos não possam ser adquiridos por hereditariedade física (uma vez que são estados de espírito e, assim sendo, impossíveis de transmitir por essa forma de hereditariedade), é contudo evidente que a hereditariedade física lhes proporciona uma instalação mais favorável.

Por exemplo, é fato bem conhecido que o processo de evolução física tem base sobre a morte, a destruição, a dor e a crueldade; que os elementos do solo encontram, na sua ascensão, através da evolução, um meio de transporte que é fundado na morte de uma forma de vida, a fim de que outra forma mais elevada possa subsistir. Toda vegetação, para poder viver, nutre-se dos elementos do solo e do ar, assim como todas as formas animais, para viver, devoram as formas mais fracas ou outra espécie qualquer de vegetação!

As células de toda planta, bem como as dos animais, são dotadas de um elevado grau de inteligência.

Indubitavelmente, as células do peixe aprenderam, depois de duras experiências, que o grupo de células animais conhecido por *fish-hawk* é verdadeiramente temível.

Pelo fato de que muitas formas animais (inclusive o homem) vivem de devorar os animais menores e mais fracos, a "inteligência celular" desses animais que entram no homem e se tornam parte dele traz consigo o medo nascido da experiência que teve de ser comida viva.

Essa teoria pode parecer aos leitores um tanto fantástica e, na verdade, pode não ser exata, mas é pelo menos uma teoria lógica, quanto mais não seja. Não fazemos dela o ponto principal nem insistimos que seja responsável por qualquer dos seis medos básicos para cuja origem há uma explicação muito melhor e que passaremos a examinar, começando com uma descrição da hereditariedade social.

A parte mais importante da formação do homem chega até ele por meio da hereditariedade social. Esse termo corresponde aos métodos pelos quais uma geração se impõe sobre o espírito das gerações sob o seu controle imediato, legando-lhe superstições, crenças, lendas e ideias que, por sua vez, já foram herdadas da geração anterior.

Por hereditariedade social deve-se entender uma das fontes, ou todas as fontes por meio das quais se adquire conhecimento, tais como a instrução religiosa ou de outra natureza, a leitura, a conversação, as narrativas de histórias e todas as maneiras de inspiração do pensamento provindo do que se chama geralmente "experiência pessoal".

Mediante o processo da lei da hereditariedade social qualquer pessoa que dirija o espírito de uma criança pode, com um ensinamento intensivo, fixar nele determinada ideia, falsa ou verdadeira, de tal maneira que a criança a aceita como uma verdade e a torna parte integrante da sua personalidade, como qualquer célula ou órgão do seu corpo.

É por meio da lei da hereditariedade social que os doutrinadores fixam na mente da criança dogmas, credos e cerimônias religiosas, por demais numerosos para serem descritos aqui, até que a mente infantil os aceite, assimilando-os de modo decisivo, como parte de uma crença inabalável.

O espírito da criança que ainda não alcançou a idade do discernimento durante um período que abrange, em média, os dois primeiros anos de vida, é plástico, aberto, claro e livre. Qualquer ideia implantada nesse cérebro por alguém que desfrute a confiança da criança germinará e crescerá, por assim dizer, de tal maneira que nunca poderá ser extirpada por mais oposta à lógica e à razão que tal ideia possa parecer.

Muitos religiosos afirmam que podem implantar tão profundamente os tentáculos da sua doutrina na mente de uma criança que nunca mais haverá lugar naquela mente para outra religião, quer seja como um todo ou uma parte. A afirmativa não é de todo destituída de verdade.

Com essa explicação da maneira pela qual a herança social opera, o leitor estará pronto para examinar as fontes de onde herdamos os seis medos básicos. Além disso, qualquer leitor do curso, exceto os que ainda não cresceram bastante para examinar as verdades que "pisam sobre os calos" das suas superstições, pode verificar a veracidade do princípio da herança social, tal como é aplicado aqui aos seis medos básicos, sem precisar sair, para isso, do campo das suas experiências pessoais.

Felizmente, o conjunto de evidências apresentado nesta lição é de tal natureza que todos aqueles que procuram sinceramente a verdade podem verificar por si mesmos se as provas são ou não verdadeiras.

No momento, pelo menos, o leitor deve pôr de lado os seus preconceitos e ideias preconcebidas (em qualquer momento pode apanhá-las novamente, como sabe) enquanto estudamos a origem e a natureza dos seis piores inimigos do homem, os seis medos básicos, a começar por:

O MEDO DA POBREZA

É preciso ter coragem para dizer a verdade sobre a história desse inimigo da humanidade e uma coragem ainda maior para ouvi-la: o medo da pobreza nasce da tendência inata no homem para dominar os seus semelhantes economicamente. Quase todas as formas inferiores do reino animal têm instinto, mas parecem não ter o poder de raciocínio e de pensamento. Assim, lançam-se umas sobre as outras, fisicamente.

O homem, com o seu senso superior de intuição, pensamento e raciocínio, não devora os seus semelhantes fisicamente, prefere devorá-los economicamente!

De todas as eras passadas, sobre as quais sabemos alguma coisa, a era em que vivemos parece ser a de maior adoração do dinheiro. O homem que não pode apresentar uma boa conta bancária é considerado inferior à poeira da terra. Nada há que proporcione mais sofrimento e humilhação do que a pobreza. Não é de admirar que o homem a tema. Depois de uma longa série de experiências com os seus semelhantes, o homem aprendeu por certo que esses semelhantes nem sempre podem merecer confiança, quando estão em jogo questões de dinheiro ou de qualquer outra forma de propriedade.

Muitos casamentos se fazem (e muitas vezes se desfazem) na mera base da riqueza de uma das partes contratantes. Não é de admirar que os advogados tenham sempre tanto trabalho com casos de divórcio.

A palavra "sociedade" podia muito bem começar com a cifra dólar, em vez de *S*, pois está inseparavelmente associada ao dinheiro. O homem deseja tão ardentemente a riqueza que procura adquiri-la de qualquer maneira, por meios legais, se possível, e por outros métodos, se não puder adquiri-la legalmente.

O medo da pobreza é uma coisa terrível.

Um homem pode cometer assassinato, roubo, estupro e todas as outras formas de violação dos direitos alheios e ainda gozar de alto conceito entre os seus concidadãos, contanto que não perca a sua fortuna. Portanto, a pobreza é quase um crime, um pecado imperdoável.

Não é de admirar que o homem a tema.

Em todos os códigos do mundo se encontra a prova de que o medo da pobreza é um dos medos básicos da humanidade, pois em todos esses livros existem várias leis destinadas a proteger os fracos contra os fortes. Perder tempo em demonstrar que o medo da pobreza é um dos que couberam em herança ao homem, ou que esse medo tem origem na tendência do homem para defraudar o seu semelhante, seria o mesmo que perder tempo em provar que três vezes dois são seis. É claro que nenhum homem teria medo se tivesse base para confiar nos outros homens, pois existe alimento, abrigo e vestuário suficientes para as necessidades de cada pessoa, e todos desfrutariam dessas dádivas se não fosse o hábito que o homem tem de querer para si mais do que o necessário.

O segundo dos seis medos básicos é:

O MEDO DA VELHICE

Esse medo provém, principalmente, de duas fontes: primeiro, a ideia de que a velhice trará consigo a pobreza. Segundo, e é essa a sua fonte mais comum, origina-se dos falsos e cruéis ensinamentos sectários, onde se fala no fogo e enxofre do inferno, em purgatório e outros espantalhos que os homens aprenderam a temer, temendo, por conseguinte, a velhice como sendo a aproximação de um outro mundo, talvez muito mais terrível do que este em que vivemos e que, conforme sabemos, já é bastante mau.

EM CADA ALMA FOI DEPOSITADA A SEMENTE DE UM GRANDE FUTURO, MAS A SEMENTE NUNCA GERMINARÁ, MUITO MENOS ATINGIRÁ A MATURIDADE, SE NÃO SE TORNAR ÚTIL E NÃO DESENVOLVER PRÁTICA.

No medo básico da velhice o homem tem duas razões muito justas de apreensão: a primeira se origina da desconfiança de que os seus semelhantes possam se apoderar dos bens que ele possui; a segunda é motivada pelas terríveis representações do mundo futuro, profundamente fixadas na mente humana, por meio da lei da hereditariedade social, muito antes da idade do discernimento.

Poderá alguém admirar-se de que o homem tema a aproximação da velhice?

O terceiro dos seis medos básicos é:

O medo da crítica

A forma exata como o homem adquiriu esse medo é difícil, se não impossível, de determinar com precisão; uma coisa porém é certa: ele sente esse receio em grau elevado.

Alguns acreditam que esse medo fez o seu aparecimento no espírito humano mais ou menos na época em que surgiu a política. Outros acham que a sua origem remonta à fundação do primeiro "clube feminino". Outra escola de humoristas atribui a origem desse medo à Bíblia Sagrada, cujas páginas estão cheias das mais violentas e corrosivas formas de crítica. Se essa última pretensão for correta, e os que acreditam literalmente em tudo o que encontram na Bíblia não estão enganados, então é Deus o responsável pelo medo inerente que o homem tem do criticismo, pois foi Deus a causa de que a Bíblia fosse escrita.

O autor deste curso, não sendo humorista nem "profeta", mas uma pessoa comum, se sente inclinado a atribuir a origem do medo da crítica àquela qualidade transmitida ao homem pela natureza, e que o leva não somente a tomar os bens do seu semelhante, como também a justificar tal ação criticando o caráter do outro.

O medo da crítica se apresenta de muitas formas, das quais a maioria é de natureza insignificante, trivial, chegando até mesmo a parecer puerilidade.

Os homens calvos, por exemplo, são calvos unicamente devido ao medo da crítica. Ficam carecas em consequência do uso de chapéus apertados, que impedem a circulação natural na raiz do cabelo. Os homens usam chapéus não porque deles necessitem para o seu conforto, mas somente porque todo mundo usa; aquele que não usasse poderia atrair a crítica.

As mulheres dificilmente ficam calvas, ou seus cabelos rareiam, pois usam chapéus bem frouxos, que se destinam a ser mero ornamento.

Não se deve porém depreender daí que o sexo "frágil" esteja isento do medo da crítica no que se refere a chapéus; peça-se por exemplo a uma mulher que saia com um chapéu fora de moda...

Os fabricantes de roupas de toda espécie não demoraram em capitalizar esse medo básico da crítica, que persegue a humanidade inteira. Em cada estação mudam a moda e os "estilos", conforme todos observam. Quem dita a moda? Certamente, não é o consumidor, e sim o fabricante. Por que razão eles mudam os estilos com tanta frequência? Evidentemente, com o intuito de vender mais...

Pela mesma razão, os fabricantes de automóveis (com raríssimas exceções) apresentam todos os anos novos modelos.

O fabricante de roupas sabe muito bem como o homem se sente mal usando uma roupa fora da moda ou que "todo mundo já está usando".

Não é verdade? A nossa própria experiência não nos mostra isso?

Descrevemos a maneira como a humanidade se comporta sob a influência do medo da crítica no que se refere às coisas insignificantes. Examinemos agora o comportamento humano em face desse medo, em assuntos mais importantes. Tomemos por exemplo qualquer pessoa que tenha chegado à idade da maturidade mental (35 a 45 anos, como média geral). Se pudéssemos ler no espírito dessa pessoa, verificaríamos uma descrença muito acentuada e uma rebelião contra a maioria das fábulas ensinadas pelos mentores religiosos.

O medo da crítica é poderoso!

Houve um tempo, que não vai muito longe, em que a palavra descrente significava ruína para qualquer pessoa a que fosse aplicada. Parece, portanto, que o medo da crítica tem amplas razões para existir.

O quarto medo básico é:

Feliz daquele que aprende a diferença que há entre uma derrota temporária e um fracasso; mais feliz ainda será se aprender que a semente do triunfo está adormecida em cada derrota que experimenta.

O medo de perder o amor de alguém

A fonte que deu origem a esse medo pode ser descrita em poucas palavras, pois é mais que evidente que ela nasceu do costume adquirido pelo homem de roubar a mulher do próximo ou, pelo menos, dar-se a liberdades com ela às ocultas do "senhor" e "dono" legítimo. Todos os homens são por natureza polígamos. Essa verdade será sem dúvida contestada pelos que já são idosos demais para ter uma vida sexualmente ativa, de maneira normal, ou que tenham por uma razão qualquer perdido o conteúdo de certas glândulas que são responsáveis pela tendência do homem para a pluralidade do sexo oposto.

Quase não há mais dúvidas de que o ciúme e todas as outras formas semelhantes de demência precoce mais ou menos branda originam-se do medo básico de perder o amor de alguém.

De todos os "loucos sãos" estudados por nós, o caso de um homem que tinha ciúmes de uma mulher foi o mais estranho, o mais singular. Tivemos apenas uma experiência desse gênero, mas aprendemos com ela o bastante para nos autorizar a declarar que o medo de perder o amor de alguém é um dos mais lastimáveis ou talvez o mais lastimável dos seis medos básicos. E parece razoável acrescentar que tal medo produz mais devastações no espírito de um homem do que qualquer dos outros medos básicos, pois, muitas vezes, conduz o indivíduo às formas mais violentas de loucura permanente.

O quinto medo básico é:

O medo da doença

Esse medo tem a sua origem em grande parte nas mesmas fontes de que derivam os medos da pobreza e da velhice.

O medo da doença está sempre intimamente associado com esses dois últimos medos, pois também conduz à fronteira do mundo de horrores que o homem não conhece, mas do qual ouve falar, em histórias assustadoras.

O autor tem fortes razões para desconfiar de que os indivíduos empenhados na venda de métodos para a conservação da saúde muito têm contribuído para conservar bem vivo, no espírito humano, esse medo da doença.

Desde as épocas mais remotas o mundo tem conhecido as mais diversas formas terapêuticas. Se um indivíduo ganha a vida com essa profissão, é mais que lógico que empregará todos os meios para persuadir o público de que os seus serviços são necessários. Assim, é muito natural que a humanidade herdasse o medo da doença.

O sexto e último medo básico é:

O MEDO DA MORTE

Para muitos esse é o pior de todos, e o motivo é claro para qualquer estudante de psicologia.

Os terríveis tormentos do medo da morte podem ser atribuídos diretamente ao fanatismo religioso, a fonte mais responsável por esse medo do que todas as outras reunidas.

Os "pagãos" não têm tanto medo da morte como os civilizados, especialmente os que estão sob a influência teológica.

Por centenas de milhões de anos o homem vem perguntando, e até hoje sem resposta:

— De onde vim? Para onde vou depois da morte?

Os indivíduos mais capazes e astuciosos, como os mais honestos e crédulos, não têm demorado em dar uma resposta a estas perguntas. De fato, a faculdade de responder a elas passou a ser uma dessas profissões "doutas", conquanto, na realidade, seja necessário muito pouco conhecimento para se exercer tal ofício.

Vejamos agora a principal origem do medo da morte.

— Vinde à minha tenda, abraçai a minha fé, aceitai os meus dogmas (pagai os meus salários) e eu vos darei uma passagem que vos levará diretamente ao céu depois da morte — diz um chefe de seita religiosa. — Permanecei fora da minha tenda — diz o mesmo chefe — e ireis diretamente para o inferno, onde sereis atirados no fogo eterno.

Conquanto, na verdade, o diretor espiritual escolhido não tenha poder para providenciar esse "salvo-conduto" para o céu, nem também para, na falta dele, mandar um infeliz para o inferno, esta última possibilidade parece tão terrível que se fixa no espírito do indivíduo e cria esse medo dos medos, o terror da morte.

Na verdade, nenhum homem sabe ou soube jamais como são o céu e o inferno, nem mesmo se tais lugares existem, e essa falta de um conhecimento decisivo abre as portas do espírito humano ao charlatão, que entra e controla inteiramente o pensamento com as mais variadas formas de magia, truques, fraudes etc.

A verdade é a seguinte, nem mais nem menos: ninguém sabe nem soube jamais de onde viemos ou para onde vamos depois da morte. Qualquer pessoa que adiante soluções para tais enigmas está iludindo a si mesma, ou é um impostor consciente, que vive como parasita, abusando da credulidade humana.

Diga-se de passagem, entretanto, em favor de tais pessoas, que a maioria delas não somente acredita que o céu existe como também que os seus credos e fórmulas darão a todos os que abraçarem tais doutrinas livre acesso a ele.

Essa crença pode ser resumida numa palavra: credulidade.

Os religiosos afirmam geralmente, de modo peremptório, que a nossa civilização deve a sua existência ao trabalho realizado pelas igrejas. Não acreditamos muito na veracidade de tal afirmativa. Não é verdade, não pode ser verdade que a civilização tenha nascido dos esforços da Igreja e dos credos organizados, se tomarmos a palavra civilização como significando as leis naturais e as muitas invenções herdadas pela época atual.

Se os teólogos pretendem ter tido a sua parte em todas as descobertas feitas pela humanidade, formulamos aqui o nosso protesto.

Não basta declarar que a hereditariedade social é o método pelo qual o homem reúne todo o conhecimento que lhe chega por meio dos cinco sentidos. É preciso acentuar também a maneira pela qual age a herança social, nas suas diferentes aplicações, para dar assim ao leitor maior compreensão da lei.

Comecemos por algumas das formas mais inferiores da vida animal e examinemos a maneira pela qual elas são afetadas pela lei da hereditariedade social.

Pouco depois de começar a examinar as principais fontes de onde o homem tira os conhecimentos que fazem dele um ser superior descobri, há cerca de 30 anos, um ninho de galinhola, localizado de tal maneira que a fêmea podia ser vista de uma distância considerável quando estava no ninho. Com o auxílio de um binóculo, observei o pássaro atentamente, até o dia em que os filhotes romperam a casca dos ovos. Desejando ver o que aconteceria, aproximei-me do ninho. O pássaro permaneceu perto, até que cheguei a uma distância de 3 a 4 metros; então, arrepiou as penas, estendeu uma perna sob a asa, fingindo estar ferida. Conhecendo um pouco os ardis dos pássaros quando têm filhotes, não a segui, e, pelo contrário, dirigi-me ao ninho para observar os pequenos. Sem o menor sinal de medo, todos me olharam movendo a cabecinha para um lado e outro. Aproximei-me ainda mais e apanhei um deles. Ainda sem mostrar sinais de medo, o pássaro ficou na palma da minha mão. Coloquei-o novamente no ninho e afastei-me, a fim de dar à mãe ocasião para voltar.

Não tive de esperar muito. O pássaro começou a trilhar cautelosamente o seu caminho, até que, chegando perto do ninho, endireitou a asa, andou o mais rapidamente possível, produzindo uma espécie de som semelhante ao que emite uma galinha quando encontra um pouco de comida e começa a chamar os pintinhos.

Reuniu os filhotes em torno de si e continuou a bater as asas e arrepiar as penas. Era como se estivesse dando aos filhotes a primeira lição de defesa própria.

Vocês são uns tolos, parecia dizer, deviam envergonhar-se pelo fato de terem estado na palma da mão de um homem. Admiro-me de que ele não os tivesse levado e comido vivos. A próxima vez que virem um homem caminhando na direção de vocês, tratem de fugir. Saltem para o chão, escondam-se, até que o inimigo tenha desaparecido.

Atentos, os filhotes pareciam ouvir a lição com grande interesse. Depois a mãe pareceu acalmar-se e tentei aproximar-me novamente do ninho. Quando estava a uns 6 metros de distância, a galinhola repetiu a farsa e saiu saltitando como se estivesse trôpega; olhei para o ninho, mas os filhotes já não estavam nele. Tinham aprendido depressa a evitar o inimigo, graças ao seu instinto.

Quando eu era criança, consegui uma vez pegar um corvo e domesticá-lo. O pássaro depressa se habituou ao ambiente doméstico e aprendeu a fazer várias coisas que denotavam bastante inteligência. Quando cresceu o suficiente para poder voar à vontade, foi-lhe dada a liberdade de ir para onde entendesse. Muitas vezes passava horas inteiras fora de casa, mas voltava antes do escurecer.

Um dia, alguns corvos selvagens entraram em luta com um mocho num campo nas proximidades da casa. Logo que o pássaro ouviu o crocitar dos seus irmãos selvagens, voou para o telhado e, em grande agitação, voejava de um lado para outro. Finalmente, bateu as asas em direção ao local da batalha. Acompanhei-o, curioso para ver o que iria acontecer. Pouco depois, deparei com o meu corvo pousado no galho mais baixo de uma árvore; dois corvos selvagens estavam um pouco mais acima, crocitando e voejando agitados, como pais que estivessem ralhando com um filho que não se comportasse bem.

Quando me aproximei, os dois corvos selvagens voaram. Um deles descreveu vários círculos em torno da árvore, soltando gritos que deviam significar palavras irritadas, dirigidas ao corvo domesticado, que não tinha querido acompanhá-los.

O meu corvo voltou à noite, como costumava, mas não se aproximou muito da casa. Pousou num galho de macieira, e lá, na sua linguagem, dizia, naturalmente consigo mesmo, que decidira voltar à vida livre. Alguns dias depois, desaparecia, para nunca mais voltar.

A hereditariedade social roubara-me assim o corvo de estimação. O meu único consolo foi a ideia de que ele tivera a delicadeza de voltar para avisar que ia embora. Muitos trabalhadores de fazendas vão embora sem fazer nem mesmo isso.

É fato bem conhecido que as raposas pegam todas as espécies de galináceos e animais pequenos, respeitando apenas os gambás. Não é preciso dizer a razão pela qual o gambá goza de tal imunidade. Uma raposa pode pegar um gambá uma vez, mas nunca repetirá a façanha. Por esse motivo, uma pele de gambá pregada num galinheiro afasta dele as raposas, exceto as novas e inexperientes.

O cheiro do gambá, uma vez sentido, é coisa que nunca mais se esquece. Nenhum outro mau cheiro lhe pode ser comparado, mesmo de longe. Todas as pessoas bem-informadas a esse respeito sabem que raposas e gambás nunca se abrigam na mesma cova.

Uma rã pode ser fisgada num anzol com um pedacinho de pano vermelho ou qualquer outro objeto da mesma cor servindo de isca. Isto é, a rã pode ser apanhada dessa maneira somente se for fisgada logo da primeira vez que avançar para a isca, mas, se escapar, nunca mais cometerá o mesmo erro. De uma feita, gastei horas seguidas tentando fisgar uma rã que deixara escapar. Mas, nesse tempo, eu não compreendia que o princípio da hereditariedade social é capaz de, por meio de uma única lição sobre esse princípio, ensinar até mesmo a uma humilde rã que deve evitar morder pedacinhos de tecido vermelho.

Tive um cão *airedale* que me causou inúmeros aborrecimentos pelo hábito que adquiriu de chegar sempre em casa com um pintinho na boca. Cada vez que isso acontecia, o pintinho era retirado da boca do cão, o qual era rigorosamente castigado, mas sem nenhum resultado, pois ele continuava a devastar os galinheiros.

Com o objetivo de poupar o animal — e aproveitando também a ocasião para fazer uma experiência com a lei de hereditariedade social —, mandei-o para a fazenda vizinha, onde havia uma galinha com pintinhos bem novos. A galinha foi posta no celeiro juntamente com o cachorro. Ficando só, ele dirigiu-se vagarosamente para a galinha, farejou para ver se era da sua qualidade preferida, e atirou-se a ela. A ave, que estava atenta, preparou-lhe uma recepção como ele nunca tivera: bater de asas, bicadas vigorosas etc. O primeiro *round* foi decididamente ganho pela galinha. Mas uma galinha gorda — pensava o cachorro — não poderia libertar-se das suas patas com tanta facilidade. Portanto, retrocedeu um pouco e em seguida atacou novamente: dessa vez a galinha saltou sobre as suas costas, arranhando-o e dando-lhe fortes bicadas. O cachorro recuou para o seu canto, como se estivesse ouvindo a campainha para dar por terminado mais um *round,* até que ele se refizesse. Mas a sua adversária não perdeu tempo em deliberações, pois parecia conhecer o valor da ofensiva.

Enquanto perseguia o pobre *airedale,* de um canto para outro, cacarejava zangada, dando a impressão de uma mãe que tivesse sido levada a defender os filhos pequeninos de um ataque de crianças mais crescidas.

O cachorro era um fraco. Depois de correr de um canto para o outro do celeiro, durante cerca de dois minutos, estendeu-se no chão, procurando defender da melhor maneira que pôde os olhos com as patas, pois a galinha parecia principalmente interessada em atingi-los.

O dono da galinha entrou então no celeiro e salvou-a, ou, falando com mais acerto, salvou o cão, que de maneira alguma parecia desaprová-lo.

Não é estranho que temamos mais aquilo que nunca acontece? Destruímos nossa iniciativa, com medo da derrota, quando, na realidade, a derrota é o mais útil tônico e deve ser aceita como tal.

No dia seguinte puseram um pinto no celeiro com o cachorro. Logo que este o viu, pôs a cauda entre as pernas e correu para um canto. Nunca mais tentou apanhar um pinto. Uma lição sobre a hereditariedade social, por meio do sentido do tato, foi suficiente para ensinar-lhe que, conquanto caçar pintos fosse uma coisa divertida, poderia, também, trazer-lhe muitos dissabores.

Todos esses exemplos, com exceção do primeiro, descrevem o processo de adquirir conhecimento por meio da experiência direta. Observe-se a diferença acentuada que há entre conhecimento adquirido pela experiência direta e conhecimento alcançado por meio da educação dos jovens pelos mais velhos, como no caso da galinhola e seus filhotes.

As lições impressionantes são as que os jovens recebem por meio de métodos emocionais. Quando a galinhola estendeu a asa como se estivesse ferida e trôpega, e fez ouvir aqueles piados aflitivos, implantou nos seus filhotes o terror do homem, de uma maneira que eles jamais esqueceriam.

O termo "hereditariedade social", tal como é empregado de acordo com esta lição, está particularmente relacionado com os processos por meio dos quais se implanta no espírito da criança uma ideia, um dogma, um credo, uma religião ou sistema de moral, por intermédio dos pais ou dos que têm autoridade sobre ela, antes de atingir a idade do raciocínio e de poder refletir à sua maneira sobre tal ensinamento.

Existem miríades de formas de medo, mas nenhuma é tão funesta como o medo da pobreza e o da velhice. Fazemos dos nossos corpos escravos porque temos medo desses dois males e, assim, procuramos juntar dinheiro para a velhice. Essa forma de medo tem tanta força sobre nós que submetemos o nosso corpo a um esforço desmedido e nos acontecem justamente as coisas que procuramos evitar.

Observe-se um homem, ao entrar na casa dos 40 anos, a idade da maturidade mental. Que tragédia! Entretanto, é aos 40 anos que o homem começa a assimilar os ensinamentos da natureza, tal como aparecem nas florestas e na fisionomia das criaturas humanas. Porém, o demônio do medo nos impele com tanta violência que nos torna cegos e nos perdemos no emaranhado dos desejos que estão em conflito. Perdemos de vista o princípio do esforço organizado, e, em vez de conservar as forças da natureza, que nos rodeiam e nos podem levar a grande altura, as desdenhamos e elas se tornam, assim, forças destruidoras.

Entre as forças da natureza, talvez não haja uma tão proveitosa para o desenvolvimento do homem como o princípio da autossugestão, porém a ignorância dessa força leva a maioria dos homens a aplicá-la de tal modo que ela passa a operar como um obstáculo, e não como um auxílio.

Enumeremos alguns fatos que demonstram a maneira como se faz má aplicação dessa grande força da natureza.

Um homem que fica decepcionado com um amigo que lhe foi falso passa a concluir (por meio do princípio da autossugestão) que nenhum homem lhe merece mais confiança. Esses pensamentos se fixam de tal modo no seu subconsciente que ditam inteiramente a sua atitude para com os outros. Voltemos agora ao que foi dito na segunda lição, sobre os pensamentos dominantes no cérebro humano e que atraem aqueles cujas ideias são iguais.

Apliquemos a Lei da Atração e, em breve, veremos por que o descrente atrai o descrente.

Apresentemos mais um exemplo.

Um homem vê sempre apenas o que há de melhor naqueles com os quais entra em contato. Se os seus amigos se mostram indiferentes, ele não dá a menor importância a isso, pois decidiu consigo mesmo encher o espírito com pensamentos otimistas, entusiastas e cheios de fé nas outras pessoas. Se alguém lhe fala com aspereza, responde com delicadeza. Por meio da mesma eterna Lei da Atração chama para si a atenção de pessoas cujo teor de vida e pensamentos se harmonizam com os seus.

Traçamos mais um exemplo do mesmo princípio.

Temos aqui um homem bem-educado e que possui a habilidade de prestar alguns serviços de que o mundo necessita. Ouviu dizer uma vez que a modéstia é uma grande virtude e que se colocar na frente, no palco da vida, é egoísmo. Silenciosamente, dirigiu-se para o pano de fundo, enquanto os outros atores da grande comédia da vida passaram ousadamente para a frente. Colocara-se atrás porque temia o que "os outros poderiam dizer". O medo

Seu trabalho e o meu são muito parecidos; estou ajudando as leis da natureza na criação de espécimes vegetais mais perfeitos, ao passo que o senhor emprega as mesmas leis, por meio da "filosofia da Lei do Triunfo", para criar espécimes mais perfeitos de pensadores.
Luther Burbank

da opinião pública fê-lo conservar-se na retaguarda, e pouco se fala dele no mundo. A sua instrução é inútil, porque ele receia dar a conhecer ao mundo que a possui. Sugere constantemente a si mesmo (empregando o poder da autossugestão com prejuízo próprio) que deve ficar atrás, porque assim não será criticado, como se a crítica lhe causasse algum dano ou pudesse derrotar seu propósito.

Eis aqui outro homem, filho de pais muito pobres. Desde que chegou à idade do raciocínio, teve consciência da sua pobreza. Ouvia falar de pobreza. Sentiu-se agarrado pela mão gélida da pobreza e ficou tão impressionado que fixou no espírito a sua situação como uma coisa a que *tinha de se submeter*. Quase inconscientemente, convenceu-se de que seria sempre pobre, até que essa ideia se tornou o pensamento dominante do seu cérebro. Esse homem se assemelha a um cavalo arreado, que se acostumou aos arreios, esquecendo que possui força suficiente para libertar-se deles. A autossugestão o está relegando rapidamente para a retaguarda do cenário da vida. Finalmente, se tornou um covarde. A ambição se foi. A oportunidade não mais apareceu no seu caminho, ou, se apareceu, ele não soube vê-la. *Aceitou o seu destino!* É fato bem-estabelecido que as faculdades mentais, como os membros corporais, se atrofiam e mirram quando não se faz uso delas. A confiança em si mesmo não faz exceção à regra. Desenvolve-se quando usada e desaparece quando não exercitada.

Uma das principais desvantagens da riqueza herdada é o fato de sempre produzir a inatividade e a perda de autoconfiança. Há alguns anos, a sra. E. B. McLean, de Washington, deu à luz um menino. Essa criança, segundo se dizia, teria uma herança de 100 milhões de dólares. Quando era levada a passeio, cercavam-na enfermeiras, amas, auxiliares, detetives e outros funcionários, cujo dever era velar para que nada a perturbasse. Com o passar dos anos, não diminuiu a severa vigilância. A criança não podia vestir-se, tinha empregados para tudo, empregados que velavam por ela enquanto dormia e enquanto estava acordada. Não tinha permissão para fazer coisa alguma que pudesse ser feita pelos outros. Chegou assim o menino aos 10 anos de idade. Um dia, brincando no pátio, observou que tinham deixado o portão aberto. Ele, que nunca havia ultrapassado sozinho aquele portão, sentiu naturalmente o desejo de fazê-lo e, aproveitando um momento em que os empregados estavam distraídos, saiu correndo e quis atravessar a rua, mas foi atropelado e morto por um automóvel.

Via sempre pelos olhos dos que o serviam, de maneira que não teve cautela em atravessar a rua, julgando talvez que ainda estivessem olhando por ele.

Há 20 anos fui secretário de um homem que tinha dois filhos, dos quais um foi para a Universidade de Virgínia e o outro para um colégio em Nova York. Todos os meses, uma das minhas atribuições era enviar um cheque de 100 dólares a cada um dos rapazes. Esses 100 dólares constituíam apenas "um dinheirinho de bolso", que eles gastariam da maneira que quisessem. Muitas vezes pensei com amargura na crueldade do destino, que me fizera nascer na pobreza e, olhando para o futuro, via já aqueles rapazes colocados em elevadas posições, ao passo que eu nunca seria mais do que um simples secretário.

No fim de algum tempo os rapazes voltaram para casa trazendo um anel de doutor. O pai era um homem muito rico, dono de bancos, estradas de ferro, minas e outras propriedades de grande valor. Os dois rapazes teriam assim ótimas colocações nos negócios do pai.

Mas um período de 20 anos pode trazer surpresas cruéis àqueles que não aprenderam a lutar. Talvez o melhor meio de declarar essa verdade fosse o seguinte: *o tempo dá aos que nunca tiveram de lutar para prejudicarem terrivelmente a si próprios*. Seja como for, quando regressaram, os dois rapazes traziam algo mais que o diploma de doutor. Regressaram com problemas com bebida — *problemas que desenvolveram porque, graças aqueles 100 dólares mensais, não precisavam lutar.*

É uma história longa e triste, cujos detalhes não interessam decerto aos leitores, mas é curioso conhecer o epílogo. Quando eu escrevia esta lição, os meus olhos depararam com um jornal publicado na cidade onde residem esses rapazes. O pai faliu e sua riquíssima residência, onde os filhos nasceram, foi vendida em leilão. Um dos filhos morreu de *delirium tremens* e o outro está num asilo de loucos.

Nem todos os filhos de homens ricos se tornam tão infelizes, mas, seja como for, permanece o fato de que a inatividade sempre conduz à atrofia, e essa, por sua vez, gera a falta de ambição e de confiança em si mesmo. Sem essas qualidades essenciais, um homem será carregado durante toda a vida nas asas da incerteza, da mesma maneira que uma folha seca é levada ao sabor dos ventos contrários.

Longe de ser uma desvantagem, a luta pela vida é uma vantagem decisiva, pois serve para desenvolver todas as qualidades que se acham adormecidas no indivíduo e que sem ela jamais despertariam. Muitos homens só encontraram o seu lugar no mundo porque tiveram de lutar pela vida. A falta de conhecimento das vantagens que resultam dessa luta tem levado muitos pais a dizerem: "Tive de lutar muito quando moço, mas procurarei fazer com que meus filhos encontrem todas as facilidades." Pobres criaturas insensatas! As "facilidades" se transformam geralmente em desvantagens. Há neste mundo coisas muito piores do que uma pessoa ser obrigada a trabalhar, no princípio da vida. A indolência forçada é muito pior do que o trabalho forçado. Sendo forçado a trabalhar e a desempenhar o seu trabalho da melhor maneira, o indivíduo adquire temperança, autocontrole, força de vontade e inúmeras outras virtudes que os ociosos jamais conhecerão.

A falta de necessidade de lutar não somente conduz à ausência de ambição e de força de vontade como também, o que é ainda pior, cria, no espírito do indivíduo, um estado de letargia, que gera a falta de confiança em si mesmo. A pessoa que abandonou a luta porque o esforço já não é necessário aplica o princípio de autossugestão, aplica-o porém para minar o seu próprio poder de autoconfiança. Assim, o indivíduo nessas condições cai num tal estado de espírito que agirá como uma pessoa que é forçada a fazer isso ou aquilo.

O cérebro humano, que me seja permitida a repetição, pode ser comparado a uma bateria elétrica. Pode ser positivo ou negativo. A confiança em si próprio ou autoconfiança é a qualidade por meio da qual o cérebro recebe nova carga e se torna positivo.

Apliquemos esse raciocínio à profissão de vendedor e vejamos a parte que a autoconfiança desempenha nesse importante campo de esforços. Um dos mais eficientes agentes de publicidade dos Estados Unidos começou a vida como redator de jornal.

NINGUÉM PODE SE TORNAR UM GRANDE CONDUTOR DE HOMENS SE NÃO TIVER NO CORAÇÃO O LEITE DA BONDADE HUMANA E SE NÃO DIRIGIR ANTES PELA SUGESTÃO E PELA BONDADE DO QUE PELA FORÇA.

Será de grande interesse e proveito para o leitor analisar o método por meio do qual ele conquistou o título de "o maior agente de publicidade do mundo".

Era um rapaz tímido, de natureza mais ou menos retraída, uma dessas pessoas que julgam que é melhor ocupar um dos últimos lugares no cenário da vida.

Uma noite, ele ouviu uma conferência sobre o assunto da nossa lição, a *Confiança em si mesmo*, e essa conferência o impressionou a tal ponto que o rapaz foi para casa com a firme determinação de se transformar.

No dia seguinte, apresentou-se ao gerente do jornal onde trabalhava e pediu-lhe um lugar de agente de publicidade; o seu pedido foi aceito e ele passou a trabalhar na base de comissões. Todos os seus companheiros de trabalho esperavam vê-lo fracassar, pois esse gênero de negócio exige grande atividade.

O rapaz dirigiu-se à sua mesa de trabalho e organizou uma lista com os nomes de comerciantes que pretendia visitar. Naturalmente, os leitores estão pensando que ele organizou a lista com os nomes dos comerciantes que julgava encomendariam anúncios com mais facilidade, mas fez justamente o contrário. Pôs na lista apenas os nomes daqueles que os outros agentes de publicidade tinham visitado inutilmente. A sua lista consistia somente de 12 nomes. Antes de iniciar as visitas, dirigiu-se a um jardim público e leu os nomes mais de 100 vezes, repetindo sempre: "O senhor me encomendará anúncios antes do fim do mês."

Começou então a fazer as visitas. No primeiro dia, encerrou a sua atividade com três dos 12 "fregueses impossíveis". Durante o restante da semana conseguiu anúncios de mais dois. No fim do mês, havia feito negócio com os 12 comerciantes, com exceção de um. No mês seguinte não conseguiu anúncios, pois visitou apenas o comerciante que faltava. Todas as manhãs, ao abrir-se o escritório deste último, ia falar-lhe e recebia invariavelmente um "não". O comerciante sabia que não ia encomendar anúncios, mas o jovem teimava. Ao fim de um mês de respostas negativas disse-lhe o comerciante:

— Veja, meu amigo, o senhor perdeu um mês inteiro procurando me convencer a pôr anúncios no seu jornal; agora eu desejaria saber o motivo que o fez perder esse precioso tempo.

— Nada disso — respondeu o rapaz. — Tenho frequentado um curso no qual o senhor é o professor. Agora conheço todos os argumentos que um comerciante pode apresentar para recusar anúncios. Além disso, adquiri mais autoconfiança.

— Nesse caso — retorquiu o comerciante —, devo também confessar que estive tomando lições com o senhor. Recebi assim lições de persistência, que para mim valem ouro, e para demonstrar-lhe a minha gratidão vou pagar-lhe as "aulas", autorizando um anúncio no seu jornal.

Foi dessa maneira que nasceu a publicidade mais lucrativa do *Philadelphia North American*. Esse fato marcou também o início da transformação de um rapaz tímido num milionário.

Esse rapaz venceu porque carregou deliberadamente o seu espírito com a autoconfiança suficiente para torná-lo irresistível. Quando começou a redigir aquela lista de 12 nomes, fez algo que 99% das criaturas não fazem — selecionou os nomes dos que sabia serem difíceis de encomendar anúncios, pois que da resistência que encontrasse resultaria para ele força e autoconfiança. Foi uma das poucas pessoas que compreenderam que todos os rios, e *alguns homens*, são sinuosos porque seguem a linha da menor resistência.

Farei aqui uma digressão, e interrompo a linha do meu pensamento por um instante, enquanto dou um conselho às esposas. Lembremos que essas linhas se destinam exclusivamente a elas, e, assim sendo, não espero que os maridos também leiam o que vai escrito aqui.

Tendo analisado mais de 16 mil pessoas, a maioria das quais casadas, aprendi alguma coisa que pode ser valiosa para as esposas. Transmitirei o meu pensamento nas seguintes palavras:

As senhoras podem fazer com que os seus esposos saiam para o trabalho cotidiano, seja ele qual for, com uma sensação de autoconfiança que os conduzirá vitoriosamente através de todas as dificuldades que encontrarem durante o dia, e os fará voltar sorridentes e felizes ao lar à noite.

Um dos meus velhos conhecidos casou-se com uma mulher que tinha dentes postiços. Um dia, a dentadura dela caiu no chão, partindo-se.

O marido pegou os dois pedaços e começou a examiná-los com tamanho interesse que a esposa lhe disse:

— Você está tão interessado nisso que poderia fazer uma igual, se quisesse.

Esse homem era um agricultor cujas ambições nunca tinham ido além da cancela do seu sítio, até o dia em que sua esposa lhe fez tal observação. A esposa ergueu-se e, pondo-lhe a mão no ombro, o animou a experimentar a profissão de dentista. Insistiu carinhosamente com ele, até que o convenceu. Esse agricultor é hoje um dos maiores dentistas do estado de Virgínia. Conheço-o bem, pois é meu pai.

Ninguém pode prever as possibilidades de realizações que estão ao dispor de um homem que é apoiado pelo conselho da esposa, pois é fato conhecido que uma mulher pode despertar num homem capacidade para realizações sobre-humanas. É dever da leitora encorajar seu esposo e solicitar-lhe realizações sempre mais importantes, até que ele encontre seu lugar na sociedade.

A esposa, mais do que qualquer outra pessoa, pode induzir um homem a empregar um esforço maior. Deve fazê-lo acreditar que nada, dentro da razão, está além das suas possibilidades, e terá prestado um auxílio inestimável para vencer a batalha da vida.

Um dos homens que mais triunfo tem alcançado no seu campo de trabalho na América acha que todo o seu sucesso é devido à sua esposa. Quando se casaram, ela escreveu um credo, que ele assinou e colocou sobre a sua secretária. Eis uma cópia do credo:

> Creio em mim mesmo. Creio nos que trabalham comigo. Creio no chefe. Creio nos meus amigos. Creio em minha família. Creio que Deus me emprestará tudo o que eu necessito para triunfar, contanto que eu me esforce para alcançá-lo por meios lícitos e honestos. Creio nas orações e nunca fecharei os meus olhos para dormir sem pedir antes a divina orientação, a fim de ser paciente com os outros e tolerante com os que não acreditam como eu acredito. Creio que o triunfo é o resultado do esforço inteligente e não depende de sorte, de magia, de amigos duvidosos, de companheiros ou do meu chefe. Creio que tirarei da vida exatamente o que nela colocar, e, assim sendo, serei cauteloso quanto a tratar os outros, como quero que eles sejam comigo. Não caluniarei aqueles de quem não gosto. Não diminuirei o meu trabalho por ver que outros o fazem. Prestarei o melhor serviço de que for capaz, porque jurei a mim mesmo triunfar na vida e sei que o triunfo é

Se deseja uma coisa bem-feita, peça a uma pessoa ocupada para fazê-la. A gente ocupada geralmente é mais cuidadosa e atenta no que faz.

sempre o resultado do esforço consciente e eficaz. Finalmente, perdoarei os que me ofendem, porque compreendo que algumas vezes ofendo os outros e necessito do seu perdão.

Assinado: ____________

A mulher que redigiu esse credo era uma psicóloga de primeira ordem. Guiado e influenciado por tal esposa, qualquer homem poderia conseguir triunfos notáveis.

Analise o leitor esse credo e veja como o pronome pessoal foi empregado. Começa por uma afirmação de autoconfiança, que é perfeitamente adequada. Nenhum homem podia tornar seu esse credo sem desenvolver uma atitude positiva, que atrairia para si pessoas que o ajudariam na luta pelo triunfo.

Seria um esplêndido credo a ser adotado por qualquer vendedor. Se o leitor o adotasse, as suas chances de triunfo não ficariam diminuídas. Porém, não basta adotá-lo. É preciso lê-lo até aprendê-lo de cor. Leia-o ao menos uma vez por dia, até que o mesmo faça parte da sua organização mental. Conserve uma cópia diante de si, para que se lembre, a todo momento, de que jurou pô-lo em prática. Agindo assim, fará um emprego eficiente do princípio da autossugestão como meio de desenvolver a confiança em si mesmo. Não dê importância ao que os outros possam dizer sobre o seu procedimento. Lembre-se que seu objetivo é triunfar, e esse credo, se for aprendido e aplicado, muito o ajudará.

Aprendemos, na segunda lição, que qualquer ideia fixada firmemente no subconsciente torna-se automaticamente uma "planta", um "projeto", que é empregado por um poder invisível, no sentido de se conseguir o objetivo citado no plano.

Aprendemos, também, que o princípio por meio do qual se pode fixar na mente uma ideia que escolhemos chama-se autossugestão, o que significa simplesmente uma sugestão feita por nós mesmos à nossa mente. Era esse princípio de autossugestão que Emerson tinha em mente quando escreveu: "Nada nos pode trazer paz senão nós mesmos."

O leitor pode muito bem lembrar-se de que *Nada lhe trará sucesso senão você mesmo.* Naturalmente, necessitará da cooperação de outros, se pretende alcançar um triunfo permanente, mas não conseguirá essa cooperação antes de vitalizar a sua mente com uma atitude positiva de autoconfiança.

Talvez o leitor se admire de ver alguns homens atingirem posições elevadas, ao passo que outros que o cercam, que são mais bem-educados e parecem muito mais capazes, não prosperam. Assim sendo, escolha duas pessoas dos dois tipos a que aludimos, faça um estudo acurado de ambas e logo se tornará clara a razão do triunfo de um ou o fracasso do outro. Verá que o que triunfou acredita em si mesmo e sabe apoiar essa crença com uma atividade tão ousada e dinâmica que faz com que os outros percebam que ele acredita em si mesmo. Observará, também, que essa autoconfiança é contagiosa, impulsiva, persuasiva e atrai os outros.

Verá, também, que o que não prospera demonstra claramente, pela sua própria fisionomia, pela posição do corpo, pela falta de decisão com que caminha, pela vacilação com que fala, que não tem confiança em si mesmo. Ninguém prestará atenção a uma pessoa que não confia em si própria.

Aquele que não confia em si mesmo não atrai os outros, porque sua mente é uma força negativa, que antes repele do que atrai.

Em nenhum outro campo de atividade a confiança em si desempenha papel tão importante como na profissão de vendedor, e o leitor não precisa ser um analista de caráter para determinar, logo à primeira vista, se um vendedor possui ou não essa virtude. Caso a tenha, os indícios da sua influência serão bem claros em toda a sua pessoa. Inspirará confiança em si e no que vende, logo às primeiras palavras que pronunciar.

Chegamos agora no ponto em que o leitor está pronto para se apossar do princípio da autossugestão e fazer uso direto dele, transformando-se numa pessoa decidida, dinâmica e que resolve por si mesma. Deve o leitor copiar a fórmula seguinte, assiná-la e aprendê-la de cor.

FÓRMULA DA CONFIANÇA EM SI MESMO

1ª) Sei que possuo a habilidade necessária para realizar o meu objetivo definido e, portanto, exijo de mim mesmo uma ação persistente, agressiva e contínua para a realização desse objetivo.

2ª) Compreendo que os pensamentos dominantes no meu espírito chegarão a produzir-se em atividade física e pouco a pouco se transformarão em realidade; por isso, concentrarei a minha mente, durante 30 minutos, diariamente, na missão de pensar sobre a espécie de pessoa que desejo ser, criando assim um retrato mental que será depois transformado na realidade por meio da prática.

3ª) Sei que por meio do princípio da autossugestão qualquer desejo que conserve com persistência no pensamento encontrará, oportunamente, uma expressão através de qualquer meio prático de realização; assim, dedicarei dez minutos, diariamente, a exigir de mim mesmo o desenvolvimento dos fatores citados nas 16 lições deste curso de leitura sobre a Lei do Triunfo.

4ª) Redigi com bastante clareza uma descrição do meu objetivo definido na vida para os cinco anos vindouros. Estabeleci um preço para o meu trabalho, para cada um desses cinco anos; um preço que pretendo merecer e receber por meio da estrita aplicação do princípio de trabalho eficiente e satisfatório que prestarei adiantadamente.

5ª) Compreendo perfeitamente que nenhuma riqueza ou posição pode ser duradoura, a menos que seja construída sobre a verdade e a justiça, por isso não tomarei parte em nenhuma transação que não beneficie a todos os que nela entrarem. Triunfarei, atraindo para mim as forças que desejo empregar e a cooperação de outras pessoas. Induzirei os outros a me serem úteis, prestando-lhes serviços primeiro. Eliminarei o ódio, a inveja, o ciúme, o egoísmo e o cinismo, desenvolvendo o amor por toda a humanidade, pois sei que uma atitude negativa para com os outros não me trará êxito. Farei com que os outros acreditem em mim, porque acreditarei também neles e em mim próprio.

Assinarei essa fórmula, aprenderei de cor o seu conteúdo e a recitarei em voz alta, uma vez por dia, com a confiança plena de que ela influenciará pouco a pouco a minha vida de maneira a me tornar um profissional eficiente e feliz no meu campo de esforços.

Antes de assinar essa fórmula, certifique-se de que tem intenção de seguir todas as suas instruções. Atrás dessa fórmula há uma lei que nenhum homem sabe explicar. Os psicólogos se referem a ela chamando-a de autossugestão, e nada mais adiantam, porém o leitor deve ter sempre em mente um ponto acerca do qual não há nenhuma incerteza, isto é, o fato de que essa lei, seja qual for, age realmente.

Outro ponto que não deve ser esquecido é o fato de que, do mesmo modo que a eletricidade impulsiona as rodas da indústria, serve à humanidade, de mil outras maneiras, ou destrói a vida, quando é erroneamente aplicada, também o princípio da autossugestão poderá conduzir-nos a um pináculo de paz e prosperidade, ou nos atirará num vale de miséria e pobreza, conforme a aplicação que dele fizermos. Se enchermos o nosso espírito de dúvidas e descrença na nossa capacidade de realização, então o princípio da autossugestão adquire esse espírito de descrença e fixa no nosso subconsciente, como pensamentos dominantes, tais ideias, conduzindo-nos, aos poucos, para o redemoinho do *fracasso*. Mas se enchermos o nosso espírito com uma radiosa autoconfiança, o princípio da autossugestão apodera-se dessa crença, transforma-a no pensamento dominante e nos auxilia a dominar os obstáculos que aparecem em nosso caminho, até que alcancemos o cume da montanha do triunfo.

A FORÇA DO HÁBITO

Tendo eu próprio experimentado todas as dificuldades que se apresentam na trilha dos que não possuem a devida compreensão para fazer a aplicação prática do grande princípio da autossugestão, permita-me o leitor que o conduza por um atalho à origem do hábito, com o auxílio do qual se pode facilmente aplicar o princípio a que aludimos, em qualquer direção e para qualquer propósito.

O hábito nasce do ambiente, do fato de se fazer as mesmas coisas, ter os mesmos pensamentos ou repetir as mesmas palavras, infinitamente. O hábito pode ser comparado às estrias dos discos de LPs, enquanto a mente humana é semelhante à agulha que segue as estrias. Quando um hábito qualquer foi bem-adquirido pela repetição do pensamento ou ação, o espírito tem uma tendência a ligar-se ao hábito e seguir o seu curso tão de perto como a agulha do toca-discos segue as estrias do LP.

Cria-se o hábito dirigindo repetidamente um ou todos os cinco sentidos: visão, olfato, tato, gosto e audição, em determinado sentido. É por meio desse princípio de repetição que se forma o hábito. É por meio do mesmo princípio que o desejo de bebidas alcoólicas se transforma em hábito.

Depois de estar bem-estabelecido, o hábito controlará e dirigirá automaticamente as atividades do nosso corpo. E o pensamento pode ser transformado num poderoso fator para o desenvolvimento da autoconfiança. O pensamento é o seguinte: *Voluntariamente, e pela força, se necessário, dirijamos os nossos esforços e pensamentos ao longo de uma desejada linha, até que tenhamos estabelecido o hábito que se apoderará de nós e continuará a dirigir todos os nossos esforços, voluntariamente, de acordo com a linha traçada.*

O objetivo que se tem em mira, redigindo e repetindo a fórmula de autoconfiança, é formar o hábito de acreditar em si mesmo, tornando o pensamento dominante da nossa mente, até que esse pensamento se tenha firmado completamente no subconsciente.

Aprendemos a escrever dirigindo repetidamente os músculos do braço e da mão, até conseguirmos traçar certas linhas conhecidas por letras. Finalmente, chegamos a escrever com facilidade e rapidez, pois escrever tornou-se para nós um hábito.

O princípio do hábito se apodera das faculdades mentais da mesma maneira que influencia os músculos do corpo, o que se poderá provar facilmente aprendendo e aplicando a lição sobre confiança em si mesmo. Qualquer coisa que o leitor repita a si mesmo, várias vezes, ou qualquer desejo que estabeleça profundamente na sua mente pela declaração repetida, procurará finalmente expressar-se por meio de esforços físicos francamente exteriores. O princípio do hábito é a verdadeira base sobre a qual repousa esta lição, e se o leitor compreender e seguir as direções aqui traçadas, em breve saberá mais sobre a lei do hábito do que poderia aprender através de mil lições iguais.

O leitor tem apenas uma leve ideia das possibilidades que dormem dentro dele, esperando apenas serem despertadas, e nunca poderá ter melhor concepção dessas possibilidades antes de haver desenvolvido a autoconfiança em grau suficiente para elevá-la a um plano superior às influências vulgares do ambiente em que vive.

O cérebro humano é uma misteriosa e maravilhosa peça de máquina, fato esse que me veio à mente outra vez quando há alguns meses reli os *Ensaios* de Emerson, principalmente o ensaio sobre as Leis Espirituais. Aconteceu uma coisa estranha. Vi nesse ensaio, que já lera dezenas de vezes, o que nunca

UM LAR É UMA COISA QUE NÃO SE COMPRA. PODE-SE COMPRAR UMA CASA, MAS SÓ UMA MULHER PODE FAZER DELA UM LAR.

notara antes. Vi mais, nessa leitura, do que tinha visto nas anteriores, porque a minha mente, dessa vez, estava preparada para interpretar melhor.

A mente humana está constantemente desabrochando, como as pétalas de uma flor, até chegar ao seu máximo de desenvolvimento. Qual é esse máximo, onde termina, se termina ou não, são coisas que ainda permanecem sem resposta, mas o grau de desdobramento parece variar com a natureza do indivíduo e o grau de trabalho mental. Uma mente que é forçada a pensamentos analíticos, diariamente, parece conservar-se sempre em desenvolvimento, e adquirir também maior poder de compreensão.

Em Louisville, Kentucky, reside um certo sr. Lee Cook, um homem que não tem as pernas e é forçado a locomover-se numa cadeira de rodas. Conquanto aleijado de nascença, Lee Cook é proprietário de uma grande fábrica e milionário, devido exclusivamente aos seus esforços. Provou que um homem, mesmo aleijado, pode muito bem vencer na vida, se tiver confiança em si mesmo.

Em Nova York, na Quinta Avenida, pode-se ver um homem forte, ainda jovem, sem pernas, locomovendo-se num carrinho e estendendo a mão à caridade pública. A sua inteligência talvez seja normal, como a da média dos homens.

Esse jovem podia fazer o mesmo que o milionário Cook, de Louisville, se tivesse força de vontade e autoconfiança.

Henry Ford tem mais dinheiro do que necessitará empregar algum dia. Entretanto, antes era um modesto operário, de educação insuficiente e sem nenhum capital. Dezenas de outros homens, alguns muito mais instruídos, trabalhavam no mesmo local que ele. Ford libertou-se da ideia da pobreza, desenvolveu a confiança em si mesmo, pensou no triunfo e conseguiu alcançá-lo. Todos os que trabalhavam ao seu lado poderiam ter feito o mesmo, se tivessem pensado assim.

Milo C. Jones, de Wisconsin, foi atacado de forte paralisia há alguns anos. Ficou inteiramente impossibilitado de fazer qualquer movimento, mas seu cérebro permaneceu intacto e, assim, começou a funcionar com intensidade, provavelmente pela primeira vez na sua vida. Preso ao leito,

Jones fez com que o seu cérebro criasse um propósito definido. O propósito era de natureza bastante humilde e prosaica, mas, seja como for, era um propósito, algo que ele jamais conhecera.

Esse objetivo era fabricar salsichas. Reunindo a sua família em torno do leito, falou sobre o plano e começou a dar ordens para a sua execução. Nada tendo para ajudá-lo senão a mente sã e a absoluta confiança em si mesmo, Milo C. Jones espalhou o nome e a reputação das Little Pig Sausage por todos os Estados Unidos, e acumulou grande fortuna. E tudo isso ele realizou depois de paralítico, inválido e incapaz de trabalhar materialmente.

Quando o *pensamento* prevalece, o poder pode ser encontrado.

Henry Ford ganhou milhões de dólares e continua a ganhar milhões porque acreditou em si mesmo; transformou essa confiança num objetivo definido e o apoiou com um plano decisivo.

Os seus companheiros de trabalho, durante a sua mocidade, nada viam além do envelope de salário, todas as semanas, e foi tudo o que obtiveram da vida. Nada exigiram de extraordinário de si mesmos. Se o leitor deseja alcançar mais, certifique-se, primeiro, de que exige mais de si próprio, e observe que tal exigência uma pessoa só pode fazer de si mesma.

Vem a propósito citar um poema muito conhecido, cujo autor expressou uma grande verdade:

Se pensais em ser vencido, sereis;
Se pensais que não ousais, não ousareis;
Se quereis vencer, mas desanimais,
Provavelmente não vencereis.
Se pensais em perder, perdereis,
Pois é coisa sabida
Que o triunfo começa com um simples desejo
Num mero estado de espírito.

Se pensais que sois pária, sereis.
É preciso pensar em elevar-se para tal conseguir;
É preciso estar certo de si mesmo
Para um prêmio poder alcançar.

O ÚNICO HOMEM QUE NUNCA COMETE ERROS É AQUELE QUE NUNCA FAZ COISA ALGUMA. NÃO TENHA MEDO DE ERRAR, POIS APRENDERÁ A NÃO COMETER DUAS VEZES O MESMO ERRO.

ROOSEVELT

A batalha da vida nem sempre é vencida
pelo mais forte ou pelo mais ágil.
Tarde ou cedo aquele que vence
é o que pensa que pode vencer.*

O leitor não encontrará nenhum inconveniente em aprender de cor esse poema e empregá-lo como parte do seu material para o desenvolvimento da autoconfiança.

Há sempre em nós "algo de sutil" que, sendo despertado por uma influência externa apropriada, nos conduzirá ao auge das realizações de uma maneira que nunca sonhamos. Assim como um grande violinista pode pegar o seu instrumento e fazê-lo produzir a mais bela e arrebatadora música, assim também uma influência exterior pode penetrar em nossa mente, levar-nos avante num determinado campo de atividade e executar assim a gloriosa sinfonia do êxito. Pessoa alguma pode conhecer as forças ocultas que vivem dentro de si. O leitor mesmo não conhece sua capacidade de realização e jamais a conhecerá, se não entrar em contato com um estímulo particular, que o impelirá a uma ação maior, e lhe ampliará a visão, desenvolvendo a sua força de autoconfiança e contagiando-o com um desejo mais profundo de realizar.

Não é desarrazoado esperar que qualquer declaração, qualquer ideia ou palavra estimulante do nosso curso sobre a Lei do Triunfo sirva como incentivo que remodelará o destino do leitor, dando nova direção ao seu pensamento e energia ao longo de uma estrada que o conduzirá, finalmente, ao seu objetivo principal. Parece estranho, mas é uma verdade, que os pontos mais decisivos da vida apareçam, muitas vezes, nos momentos

*If you think you are beaten, you are;/ If you think you dare not, you don't;/ If you like to win, but you think you can't/ It is almost certain you won't./ If you think you'll lose you've lost,/ For out of the world we find/ Success begins with a fellow's will—/ It's all in the state of mind./ If you think you are outclassed, you are—/ You've got to think high to rise./ You've got to be sure of yourself before/ You can ever win a prize./ Life's battles don't always go/ To the stronger or faster man;/ But soon or late the man who wins/ Is the man who thinks he can.

mais inesperados e da maneira mais diversa. Narrarei aqui um exemplo típico de como algumas dessas experiências que parecem insignificantes têm, muitas vezes, uma importância capital em nossa vida. O caso que vou narrar demonstra também que um homem pode chegar a grandes realizações quando tem compreensão plena do valor da confiança em si mesmo. O incidente a que me refiro teve lugar em Chicago, quando lá estive realizando análises de caráter. Um dia, apresentou-se no meu escritório um maltrapilho que me pediu uma entrevista. Ergui os olhos do trabalho e ele falou sem demora:

— Vim ver aquele que escreveu este livro. — E tirou do bolso um livrinho intitulado *Autoconfiança*, que eu escrevera há vários anos. — Foi decerto a mão da Providência que pôs no meu bolso este livro ontem à noite — prosseguiu o homem —, quando eu já estava disposto a abandonar a vida, atirando-me no lago Michigan. Já havia chegado à conclusão de que nada mais tinha a esperar da vida, dos homens, ou até mesmo de Deus. Este livro, porém, me deu uma nova maneira de pensar; despertou a coragem e a confiança que me sustentaram durante a noite. Compreendi que se pudesse falar com o autor, ele poderia me ajudar. Agora, eis-me aqui; gostaria de saber o que o senhor poderia fazer por um homem como eu.

Enquanto ele falava, estudei-o da cabeça aos pés e confesso que fiquei desolado, pois não acreditei que fosse possível fazer coisa alguma por ele. Mas não queria dizer-lhe isso.

Aquele homem tinha os olhos embaçados; as rugas do desânimo sulcavam-lhe a fisionomia. A posição do corpo, a barba de dez dias, a maneira nervosa de expressar-se, tudo nele indicava o indivíduo desesperado. Contudo, pedi-lhe que se sentasse e me contasse a sua história. Disse-lhe que fosse absolutamente franco, e me dissesse, sem nada omitir, as causas que o haviam levado àquela situação. Prometi-lhe que depois de ouvir tudo lhe diria se era possível prestar-lhe alguma assistência. O homem narrou a sua história, com todos os detalhes. Os fatos podem ser resumidos da seguinte maneira:

Empregara ele toda a sua fortuna numa fábrica; quando rebentou a guerra de 1914, foi-lhe impossível arranjar matérias-primas para o funcionamento da indústria e, finalmente, foi à falência. A perda da fortuna abateu-o profundamente e ele ficou tão perturbado que abandonou a esposa e os filhos e se tornou um desclassificado. De degrau em degrau, chegou ao estado em que estava então. Agora, pensava em suicídio.

Terminada a narrativa, disse-lhe eu o seguinte:

— Ouvi o seu caso com o maior interesse e desejava poder fazer alguma coisa em seu favor; infelizmente, porém, nada há a fazer.

O homem tornou-se de uma palidez mortal, recostou-se à cadeira, baixou a cabeça com ar de resignação. Esperei alguns segundos e falei:

— Conquanto nada possa fazer pelo senhor, vou apresentá-lo a uma pessoa, aqui neste edifício. Se esse homem estiver de acordo, poderá ajudá-lo a reconquistar a fortuna e a endireitar a vida.

Mal acabara de pronunciar essas palavras, o homem pulou da cadeira, pegou-me as mãos e exclamou:

— Leve-me logo a esse homem, pelo amor de Deus!

Era curioso observar que ele falasse no nome de Deus. Depreendia-se daí que havia no seu espírito um raio de esperança. Conduzi-o ao laboratório onde realizava os meus testes de análise de caráter; parei diante de uma cortina, que afastei, e deixei que o homem visse a sua própria imagem, refletida num grande espelho. Apontei para o espelho, dizendo:

— Aqui está o homem ao qual eu queria apresentá-lo. É a única pessoa, no mundo inteiro, que pode reconstruir a sua vida, e se não se sentar e travar melhor conhecimento com ele, sairá daqui pronto para atirar-se no lago Michigan, como disse, porque o senhor de nada valerá para si mesmo ou para o mundo enquanto não se conhecer melhor.

O homem parou diante do espelho, passou as mãos pela barba crescida, estudou-se da cabeça aos pés durante alguns minutos, depois recuou, baixou a cabeça e começou a chorar. Eu sabia que a lição fora violenta. Assim, levei-o até o elevador e ele saiu. Não esperava vê-lo outra vez, e duvidei de que aquela lição tivesse sido suficiente para levá-lo a reconquistar o seu posto no mundo, pois ele fora muito longe para poder se salvar. Pareceu-me não somente decaído, mas quase morto.

Alguns dias depois, encontrei-o na rua. A transformação por que passara fora tão grande que quase não o reconheci. Caminhava com passo firme, a cabeça erguida. Perdera aquela aparência de abatimento e de velhice. Estava de roupa nova da cabeça aos pés. Dava a impressão de prosperidade, e se sentia próspero. Deteve-se, e contou-me o que havia acontecido para produzir aquela rápida transformação:

— Estava a caminho do seu escritório — disse-me ele —, para lhe levar boas notícias. Naquele mesmo dia em que o procurei, apesar da minha aparência de maltrapilho, consegui empregar-me com um salário de 3 mil dólares por ano. *Pense nisso, meu amigo, 3 mil dólares por ano!* E o meu empregador adiantou-me dinheiro suficiente para comprar roupa nova e para enviar à minha família; eis-me, mais uma vez, na estrada do triunfo. Parece-me um sonho quando penso que há uma semana eu tinha perdido a esperança, a fé e a coragem, e já pensava mesmo no suicídio. Ia dizer-lhe que um dia desses, quando menos esperar, irei fazer-lhe uma visita, já como triunfador. Levarei comigo um cheque assinado, com a quantia em branco, e o senhor poderá então escrever a quantia que desejar, pois me salvou apresentando-me a *mim* mesmo, apresentou-me a um *eu* queeu nunca tivera ocasião de ver. Mostrou-me o meu verdadeiro *eu*.

Quando aquele homem se despediu e desapareceu nas ruas movimentadas de Chicago, vi, pela primeira vez em minha vida, a força, o poder e as possibilidades que jazem adormecidas na mente daquele que nunca descobriu o valor da confiança em si mesmo. Concluí então que poderia também ficar defronte daquele espelho e apontar com um dedo acusador para mim mesmo por não ter descoberto a lição que ministrara a outro. O livro que o leitor tem agora em mãos é uma evidência de que o meu objetivo principal está sendo levado a efeito.

O homem cuja história acabo de narrar é hoje presidente de uma das mais importantes e prósperas empresas do Estados Unidos, e os seus negócios se estendem ao Canadá e ao México.

Pouco depois desse incidente que acabei de narrar entrou no meu escritório uma mulher, solicitando uma análise pessoal. Era professora numa escola pública de Chicago. Dei-lhe um questionário e pedi que o preenchesse todo, sem nada omitir. Começou a escrever, mas alguns minutos depois aproximou-se da minha mesa e disse:

— Não posso preencher esse questionário.

Perguntei-lhe a razão e ela respondeu:

— Para lhe ser inteiramente franca, uma dessas perguntas fez-me refletir; sei agora o que está errado em mim, de maneira que acho desnecessário pagar-lhe uma análise de caráter.

Despediu-se, e durante dois anos não ouvi mais falar no seu nome. Foi para Nova York, tornou-se redatora de anúncios de uma das maiores

O AMOR, A BELEZA, A ALEGRIA E A DEVOÇÃO ESTÃO SEMPRE CONSTRUINDO, DERRUBANDO E RECONSTRUINDO OS ALICERCES DE CADA ALMA.

agências do país e a sua renda, na época em que me escreveu, era de 10 mil dólares por ano.

Essa senhora enviou-me um cheque para o pagamento da análise, pois compreendia que eu lhe havia prestado serviços, ainda que não da maneira como faço habitualmente.

É impossível prever que um incidente, tão insignificante em aparência, possa transformar-se num ponto decisivo na vida de uma pessoa.

Um dos defeitos irreparáveis da raça humana é a ignorância de que existe um método definido por meio do qual a autoconfiança pode ser desenvolvida em qualquer pessoa de inteligência média. Que perda inestimável representa para a civilização o fato de que os jovens não sejam instruídos nesse método de desenvolver a confiança em si mesmos antes de completarem sua vida escolar, pois ninguém que não tem confiança em si mesmo está realmente educado, no sentido exato do termo.

Oh! que glória e satisfação deverá sentir o homem ou a mulher que afastar a cortina do *medo* que pende sobre a raça humana e deixar que a luz da autoconfiança brilhe com todo o seu fulgor.

Onde quer que o medo domine, nenhuma realização de vulto é possível. Foi esse fato que levou um grande filósofo a definir o medo da seguinte forma:

> O medo é o calabouço no qual o espírito se refugia, procurando esconder-se. O medo gera a superstição, e a superstição é o punhal com que a hipocrisia assassina a alma.

Na frente da máquina com a qual estou escrevendo coloquei um letreiro com as seguintes palavras, em maiúsculas:

> Dia a dia, por todos os modos, vou obtendo mais êxito.

Um pessimista que leu essas palavras perguntou-me se eu acreditava realmente naquela "história", e eu respondi:

— Naturalmente.

Esse letreiro me ajudou a sair das minas de carvão, onde eu era um simples operário, e encontrar uma situação em que podia auxiliar 100 mil pessoas em cujas mentes eu estabelecia o mesmo pensamento positivo inscrito naquele letreiro; por isso, eu acreditava nele.

O meu interlocutor disse o seguinte:

— Bem, afinal de contas pode ser que exista alguma coisa nessa espécie de filosofia, pois sempre pensei que seria um fracasso, e o meu medo se tem realizado.

Basta um simples pensamento para condenar uma pessoa ao fracasso ou à miséria, ou elevá-la aos píncaros do êxito. Se exigirmos de nós mesmos o triunfo, e apoiarmos essa decisão com uma ação inteligente, poderemos estar certos de que venceremos. Não nos esqueçamos, porém, de que há uma diferença entre *querer triunfar* e ter apenas um vago desejo de triunfar. Devemos descobrir qual é essa diferença e tirar dela as vantagens possíveis.

Lembremos do que diz a Bíblia (livro de São Mateus) sobre os que têm fé como um grão de mostarda. Quando cuidar de desenvolver a confiança em si mesmo, o leitor deverá ir animado da mesma fé ou mais. Não se importe com "o que os outros dirão", pois sabe muito bem que os outros não lhe darão nenhum auxílio na subida da montanha da vida nem para a obtenção do seu objetivo principal. Temos dentro de nós mesmos todo o poder que necessitamos para obter o que desejamos ou necessitamos neste mundo, e o melhor meio de contar com esse poder é confiar em nós mesmos.

O homem deve conhecer a si mesmo.

Este tem sido o conselho dado pelos filósofos em todas as épocas. Quando o leitor se conhecer de fato, verá que não é nenhuma tolice ter bem à vista, na sua mesa de trabalho, um letreiro com estas palavras: "Dia a dia, por todos os meios, vou alcançando mais êxito", com a devida vênia dos franceses, que tornaram esse lema popular. Não tenho medo de colocar tal letreiro sobre a minha secretária, e, devo acentuar, também não tenho medo de acreditar que isso me influenciará tanto que me tornarei um homem decidido e ousado.

Há mais de 20 anos recebi a minha primeira lição de autoconfiança. Uma noite, sentado junto a uma lareira, escutei uma conversa entre dois homens idosos sobre o capital e o trabalho. Sem ser convidado, entrei na conversa e disse alguma coisa sobre os empregadores e empregados que solucionavam as suas diferenças baseados na Regra de Ouro. Minhas observações atraíram a atenção de um dos homens, que se voltou para mim com um olhar de surpresa e disse:

— O senhor, que é um rapaz inteligente, por que não procura instruir-se mais, a fim de dar a conhecer ao mundo as suas ideias?

Essa observação caiu em terreno fértil, embora fosse aquela a primeira vez que alguém me dizia que eu era inteligente, ou que podia realizar qualquer coisa na vida. Fiquei refletindo e, quanto mais longe me levavam as reflexões, mais certeza adquiria da possibilidade daquela realização.

Sugestões como aquela são, muitas vezes, poderosas, e não são as menos deliberadas e espontâneas. Volte o leitor à fórmula da confiança em si mesmo e aprenda-a de cor, pois ela o levará à "usina elétrica" da sua própria mente, onde encontrará uma força que o ajudará a vencer qualquer obstáculo no caminho do triunfo.

Os outros só acreditam em nós quando veem que temos autoconfiança. Então se adaptam aos nossos pensamentos e nos julgarão da maneira que nos julgamos. A lei da telepatia se encarregará disso. Estamos constantemente "irradiando" o que pensamos de nós mesmos, e se não tivermos autoconfiança, os outros captarão as vibrações dos nossos pensamentos como lhes pertencendo. Logo que compreender a lei da telepatia o leitor saberá por que a confiança em si mesmo é a segunda das 15 leis do nosso curso.

Deve, porém, ter o cuidado de aprender a distinguir a confiança em si mesmo, que é baseada no conhecimento real do que sabemos e podemos fazer, e o egoísmo, que é fundado apenas no que poderíamos saber fazer. Devemos aprender a distinguir a diferença entre esses dois termos, ou do contrário, nos tornaremos ridículos e importunos às pessoas cultas e de compreensão. A confiança em si mesmo é algo que nunca deve ser proclamado ou anunciado, exceto por meio da realização de feitos construtivos.

Se tivermos confiança em nós mesmos, em torno de nós, todos reconhecerão isso. Deixemos que os outros façam a descoberta. Eles se sentirão orgulhosos da sua perspicácia, e nós estaremos livres de ser considerados egoístas. A oportunidade forma afinidades mais rapidamente por meio da autossugestão do que por meio do egoísmo. Não nos esqueçamos disso, e deixemos que a nossa autoconfiança se expresse apenas por meio de um trabalho construtivo, realizado discretamente.

A confiança em si mesmo é o produto do conhecimento. Precisamos conhecer a nós mesmos, saber até que ponto vai esse conhecimento e a maneira como vamos empregá-lo. Toda ostentação é inútil, porque qualquer pessoa instruída, depois de nos ouvir uns três minutos, nos julgará tal qual somos.

Se o leitor seguir essa advertência, as últimas páginas desta lição serão decisivas para a sua vida.

Creiamos em nós mesmos, mas não digamos ao mundo o que podemos fazer. O que é preciso é demonstrá-lo.

Está agora o leitor preparado para a quarta lição, que o auxiliará no próximo degrau da escada do triunfo.

O MARCADOR QUE ESTÁ NO PORTÃO DE ENTRADA DA VIDA ESCREVE "POBRE LOUCO" NA TESTA DO SÁBIO E "POBRE PECADOR" NA TESTA DO SANTO.

O supremo mistério do universo é a vida! Viemos para cá sem o nosso consentimento, de onde, não sabemos! Partimos sem o nosso consentimento, para onde não sabemos!

Vivemos eternamente procurando soluções para o grande enigma da VIDA para que propósito? Com que fim?

Que fomos postos na Terra por uma razão definida é o que nenhum pensador põe mais em dúvida. Não será possível que o poder que nos colocou na Terra saiba o que fazer conosco, quando ultrapassamos a Grande

Divisa? Não seria de bom aviso confiar que o Criador que nos pôs na Terra, deve ter bastante inteligência para saber o que fazer conosco, depois da nossa morte? Ou devemos desenvolver a inteligência e a habilidade necessárias para controlar a vida futura à nossa vontade? Não será possível que possamos cooperar com o Criador de maneira inteligente, procurando seguir uma justa norma de conduta na Terra ajudando-nos uns aos outros e fazendo todo o bem possível durante a vida, entregando o futuro Àquele que provavelmente sabe melhor que nós o que nos convém!

Descontentamento

A figura que ilustra esta parte contém uma verdadeira lição.

Do nascimento até a morte, o espírito está sempre desejando o que não possui.

A criança, sentada no chão com os seus brinquedos, se vê outra criança com um brinquedo novo, procura imediatamente tomá-lo.

As meninas acreditam que os trajes de suas mães lhes ficam muito bem, e procuram imitá-los.

Os meninos já crescidos, quando veem um homem que é proprietário de ferrovias, bancos ou casas de negócio, dizem consigo mesmos: "Que sortudo! Como poderei tomar dele tudo isso?"

F. W. Woolworth, o proprietário das Five and Ten Cent Stores, uma vez, do alto do Metropolitan Building, em Nova York, exclamou: "Que maravilha! Construirei um mais alto." A grande realização da sua vida foi o Woolworth Building. Esse edifício permanece como um símbolo atual da tendência do homem para suplantar o trabalho de outro.

O pequeno jornaleiro, de boca aberta, contempla e inveja o comerciante quando salta do automóvel na esquina e entra no escritório. "Como eu seria feliz", diz o menino, "se tivesse um automóvel". E o comerciante, sentado diante da sua secretária, no escritório, pensa na felicidade que teria se pudesse acrescentar mais 1 milhão de dólares à sua conta-corrente no banco, já tão grande.

A grama é sempre mais gostosa do outro lado da cerca, diz o burrico, enquanto espicha o pescoço para ver se consegue alcançá-la.

Ponha-se um grupo de meninos num pomar de macieiras e todos eles abandonarão as deliciosas maçãs caídas no chão, procurando, de preferência, o fruto que está no galho mais alto da árvore. Sobem na macieira, enfrentando todo perigo, quando poderiam comer maçãs melhores sem tanto trabalho.

O homem casado admira mulheres bonitas e bem-vestidas que passam nas ruas, e desejaria que sua esposa fosse tão bela. Talvez ela seja muito mais bonita, mas ele não lhe reconhece a beleza, porque o homem tem sempre tendência para penetrar na seara alheia.

A felicidade está sempre nos rondando; está sempre à vista, mas fora do alcance. A vida nunca é completa, seja o que for que se possua ou possa possuir. Uma necessidade sempre traz outra.

Por exemplo, uma senhora compra um belo chapéu. Precisa de um vestido para combinar. O vestido, por sua vez, exige sapatos novos e outros acessórios, somando tudo isso uma quantia que está muito além dos meios do marido.

O homem suspira por um lar — uma pequena casa de campo, na orla de um bosque. Manda construí-la, mas ela não está completa: precisa de um jardim, de um pomar e de uma alameda ensaibrada. Mas tudo isso exige ainda um automóvel com a respectiva garagem.

Todos esses pequenos retoques foram acrescentados, mas não basta. A casa é pequena demais; é preciso uma maior, com mais quartos.

O cupê Ford precisa ceder o lugar a um sedã Cadillac, a fim de que haja lugar bastante para levar amigos para jogar tênis ou fazer excursões pelo campo.

E assim até o infinito!

Por fim, o homem se desilude e começa a compreender que a felicidade e o contentamento não existem neste mundo. Começa, então, a buscar a palavra de passe que lhe abrirá a porta de um mundo desconhecido. Por certo, deve haver felicidade no outro lado da Grande Divisa. No seu desespero, o coração já fatigado se volta todo para a religião, em busca de esperança e coragem.

Mas as dificuldades não acabaram; estão apenas começando.

— Venha à nossa tenda e aceite o nosso credo — diz uma seita —, e irá direto para o céu depois da morte.

O pobre homem hesita, olha e ouve. Então escuta o apelo de outro credo, cujo chefe afirma:

— Saia do outro campo, do contrário irá diretamente para o inferno! Eles não fazem mais do que espargir água benta na sua cabeça, ao passo que nós o guiamos em todo o caminho, dando-lhe salvo-conduto para a Terra da Promissão.

No meio das afirmações e das contestações sectárias, o homem fica indeciso, sem saber qual das seitas oferece a passagem mais garantida, até que a esperança se desfaz.

> Eu mesmo, quando jovem, frequentei
> Doutores e santos e ouvi grandes argumentos
> Sobre isso e aquilo, mas esses argumentos sempre saíam
> Pela mesma porta por onde eu entrara.

Sempre buscando e nunca encontrando — assim poderia ser definida a luta do homem pela felicidade e pelo prazer. Ele experimenta todas as religiões, e por fim reúne-se à "Grande Igreja" que o mundo chama dos "Condenados". Sua mente se torna um eterno ponto de interrogação, procurando aqui, ali e acolá uma resposta para as perguntas: de onde viemos?, para onde iremos?

A vida é uma eterna pergunta, que nunca tem resposta!

O que mais desejamos está sempre na distância embrionária do futuro. Nosso poder de aquisição está sempre uma década ou mais atrás do nosso poder de DESEJAR.

E se conseguimos o que desejamos, já não o queremos mais.

Feliz é a jovem que compreende essa grande verdade e conserva o homem que a ama sempre imaginando, sempre na defensiva, com medo de perdê-la.

Nosso autor favorito é um herói, e um gênio até o dia em que o encontramos e descobrimos a triste verdade — que, afinal de contas, ele é apenas um homem.

> Quantas vezes devemos aprender esta lição? Os homens deixam de nos interessar quando descobrimos as suas limitações. O único pecado é a limitação. Logo que se descobrem as limitações de um homem, ele está liquidado.
>
> Emerson

Como são bonitas as montanhas a distância! Mas no momento em que nos aproximamos, vemos que tudo aquilo não passa de uma triste coleção de rochas, terra e arbustos.

Beleza, felicidade e prazer são estados de espírito. Não podem ser desfrutados senão vistos de longe. O mais belo quadro de Rembrandt se torna uma série de borrões quando o olhamos muito de perto.

Se destruirmos os sonhos no coração de um homem, o teremos destruído também.

O homem está perdido desde o momento em que deixou de acariciar a esperança de uma realização futura. O homem é feito de tal maneira que a felicidade mais duradoura é aquela que ele sente quando procura um objetivo ainda distante. "O melhor da festa é esperar por ela", diz o adágio. O que temos à mão não nos satisfaz. A única satisfação duradoura é a que sente aquele que conserva bem viva, no coração, a esperança de um futuro acontecimento. Quando a esperança morre, grava no coração humano a palavra "fim".

A maior inconsistência da vida é o fato de que a maioria das coisas em que acreditamos não é verdade. Russell Conwell é o autor da conferência mais popular que já se realizou em língua inglesa. Chamou-a "Minas de Diamantes". A ideia central dessa conferência é a afirmação de que ninguém precisa procurar muito distante as oportunidades, pois elas podem sempre ser encontradas perto de nós. Talvez! Mas quantos acreditarão nisso?

A oportunidade pode ser encontrada em qualquer parte quando a procuramos realmente! Para a maioria dos homens, é melhor olhar do outro lado da cerca. Quão fútil é insistir com um indivíduo para que tente a sua sorte na sua pequena cidade natal, quando a sua natureza exige que ele procure uma oportunidade em outro lugar!

Não se preocupe o leitor se "do outro lado da cerca a relva parece mais verde". A natureza quis que assim fosse. É assim que ela nos atrai e nos dá forças para a luta pela vida.

Os milagres modernos

Algumas pessoas duvidam da autenticidade da Bíblia, pois julgam que, se se podiam realizar milagres há mais de 2 mil anos, antes do alvorecer da ciência, quando o mundo ainda estava mergulhado nas trevas da ignorância e da superstição, muito mais fácil seria realizá-los hoje.

Li partes da Bíblia cuidadosamente, várias vezes, e estou firmemente convencido de que ela nada contém, sobre os "milagres", que não tenha sido mais do que igualado, durante os últimos 70 anos, à luz da ciência. Além disso, os milagres de hoje são sujeitos à análise e à prova. Qualquer criança de inteligência mediana, que conte mais de 12 anos, pode compreender os "milagres" modernos, e, por isso, trato aqui dessas modernas revelações pela fé.

A FÉ, O MAIOR DE TODOS OS MILAGRES

Vivemos numa era de maravilhas, uma era de milagres explicáveis, dentre os quais citarei os que mais me impressionaram.

Vimos o milagre realizado por Edison quando, depois de várias tentativas frustradas, arrebatou à natureza o segredo por meio do qual a voz humana pôde ser registrada num disco de cera, e perfeitamente reproduzida. Esse milagre, Edison realizou-o pela fé. Não tinha precedentes para guiá-lo. Tanto quanto se conhece pela história da civilização, ninguém antes dele realizara esse milagre.

Um dos fatos mais estranhos acerca desse "milagre" é que Edison começou a experiência com um princípio muito rudimentar, tendo sido mais tarde revelado o aparelho por meio do qual foi descoberto o segredo da máquina falante. Esse princípio era a vibração, e o aparelho, era um tubo de cera girando num cilindro, que entrava em contato com a ponta de uma agulha. Coisa alguma, senão a fé, podia ter tornado Edison capaz de iniciar a sua experiência tão perto da fonte do segredo que procurava, e apenas a fé poderia ter lhe dado a persistência para levar avante a experiência, apesar de mil fracassos.

Foi a fé que habilitou Edison a concentrar o seu espírito na tarefa que o levou, depois de inúmeras tentativas fracassadas, a criar a lâmpada incandescente, com a qual domou a energia conhecida por eletricidade, e que hoje ilumina o mundo inteiro.

Foi a fé que levou Edison a continuar suas experiências com o fonógrafo até realizar o "milagre" que imaginou.

Foi a fé que sustentou os irmãos Wright durante árduos anos de experiências antes de conquistarem o ar e criarem a máquina que venceu, tanto em rapidez como em resistência, os pássaros mais velozes.

Foi a fé que guiou Lee De Forest através de anos de luta aparentemente infrutífera, até que conseguiu aperfeiçoar o aparelho com que o homem envia hoje o som da voz em torno do mundo, em um segundo, por meio de uma forma de energia desconhecida dos homens, no tempo em que foi escrita a Bíblia.

Foi a fé que levou Cristóvão Colombo a navegar em mares desconhecidos, à procura de uma terra que, tanto quanto sabia, não existia senão na sua imaginação. Considerando-se a fragilidade dos navios que empregou para tão difícil viagem, a sua fé deve ter sido decerto dessa espécie que torna possível ao homem ver atingido o objetivo dos seus esforços antes mesmo de tê-los iniciado.

Foi a fé que inspirou Copérnico para a descoberta dessa parte do universo que olhos humanos nunca haviam enxergado, e isso numa época em que tais revelações podiam significar a destruição daqueles que as faziam pelos seus contemporâneos, que acreditavam apenas na existência das estrelas que podiam ser vistas a olho nu.

Foi a fé que revelou a Joseph Smith as provas fragmentárias de uma civilização que precedeu à dos índios no continente americano; essa descoberta ele a fez pelo menos 100 anos antes que essas revelações, nas Américas do Norte e do Sul, tivessem sido realmente trazidas à luz. As revelações de Joseph Smith foram a causa de sua morte, às mãos de um bando, cujos chefes se sentiam ofendidos com essa revelação moderna de "milagres", o que vem demonstrar a pertinácia com que a humanidade tem combatido a todos os que focalizam a luz da compreensão sobre o princípio da fé.

Foi a fé que tornou possível à Regra de Ouro de Nash transformar um fracasso comercial num brilhante exemplo de triunfo por meio do simples processo de lidar com os seus sócios e com o público a quem servia, na base da Regra de Ouro preconizada por Cristo, há quase 2 mil anos. Artur Nash voltou-se para o princípio da fé depois de ter visto fracassar todos os outros princípios experimentados pelos negociantes modernos. Continuando a seguir o mesmo princípio até o fim da sua vida, fez uma grande fortuna, sem falar no grande e proveitoso exemplo que legou ao mundo.

Foi a fé numa causa que tornou Gandhi apto para fundir num só espírito uma massa composta de mais de 200 milhões de hindus. Toda essa massa obedecia cegamente a Gandhi, e era capaz de ir até o suicídio, se ele ordenasse. Porque possuía um espírito capaz de sustentar a fé, ele exercia o seu poder passivamente. Nenhuma outra influência, senão a fé, podia ter realizado tal milagre. Gandhi provou que a fé pode realizar o que não pode conseguir um exército bem-treinado, dinheiro e materiais de guerra.

Foi a fé que libertou o espírito de Einstein, e revelou-lhe os princípios matemáticos de que o mundo nem sequer suspeitava. Nenhum espírito preso por limitações poderia ter feito tal "milagre".

Foi a fé que sustentou George Washington e o levou à vitória conquanto lutasse contra forças físicas muito superiores às suas; tinha uma espécie de fé que nascera do seu amor pela liberdade do povo.

O princípio profundo conhecido por fé está à disposição de todos no mundo.

Quando a nossa vida é cheia de limitações, de misérias e necessidades, é porque não chegamos à compreensão de que no nosso próprio espírito há um laboratório com todo o aparelhamento para engendrar a energia da fé.

Julgando-se as possibilidades do futuro pelas realizações do passado, os "milagres" ainda a revelar são em número infinitamente superior ao dos que foram revelados no passado. Ainda não foi revelado qual será o nosso destino.

Vivemos numa era de revelações.

Aqueles que creem que o poder da revelação passou com a superstição e a ignorância que prevaleceram há algumas centenas de anos têm muito pouca compreensão da história moderna.

Homens como Watt, Whitney, Bell, Howe, Steinmetz, Morse, Edison, os irmãos Wright, Lee De Forest, Henry Ford, Simon Lake, Artur Nash, Einstein e Gandhi são miraculosos. Ampliaram o horizonte mental do homem e descobriram mundos novos. Nossos dias são dias de milagre; vivemos na era da fé.

O mundo passa por uma experiência que exige muitas formas de ajustamento das relações humanas. Os verdadeiros dirigentes, durante esse período, são os que tiveram grande capacidade de fé. Não há lugar, no programa do futuro imediato, para os vacilantes ou para os que acreditam que os milagres pertencem às eras passadas, quando tudo vivia imerso em mistérios impenetráveis. Os milagres do futuro serão revelados pela ciência. As pesquisas levadas a efeito, no campo da ciência, já fizeram revelações incomparáveis a quaisquer que tenham sido feitas no passado. O mundo transformado, resultante do colapso econômico americano de 1929, proporcionou grandes oportunidades para todos os que estão preparados para fazer uso prático desses milagres recentemente descobertos.

O ÚNICO FAVOR DURADOURO QUE UM PAI PODE PRESTAR A UM FILHO É AJUDÁ-LO A "FAZER-SE POR SI".

Quarta Lição

O HÁBITO DA ECONOMIA

Querer é poder!

O homem é uma combinação de carne, ossos, sangue, cabelos e células nervosas. É com esse material de construção que ele modela, por meio da lei do hábito, a sua personalidade.

Aconselhar alguém a fazer economia sem lhe ensinar a maneira de economizar é o mesmo que desenhar um cavalo e escrever embaixo: "Isto é um cavalo." Todo mundo sabe que economizar dinheiro é uma das coisas essenciais para o triunfo, mas a grande pergunta que se faz a maioria dos que não economizam é a seguinte:

— Como poderei fazer isso?

A economia é apenas uma questão de hábito. Assim, é natural que a presente lição comece por uma ligeira análise da lei do hábito.

É verdade que o homem, por meio dessa lei, forma a sua personalidade. Por meio da repetição, qualquer ato cumprido por nós, algumas vezes, se torna um hábito, e a mente parece então não ser mais do que uma massa de forças estimuladoras originando-se dos nossos hábitos diários.

Uma vez fixado na mente, o hábito impele voluntariamente o indivíduo à ação. Por exemplo, siga alguém um caminho todos os dias, quando se dirigir ao trabalho, ou a outro lugar que visite com frequência, e dentro em pouco o hábito estará formado. A mente da pessoa a levará automaticamente por aquele caminho sem que aí intervenha o pensamento. Ainda mais se sair com a intenção de seguir em outra direção e não tiver sempre em mente a ideia de mudar de caminho, o hábito a conduzirá pelo caminho de todos os dias.

Os oradores chegaram à conclusão de que o fato de contar repetidas vezes uma história baseada em pura ficção faz entrar em ação a lei do hábito, e logo esquecem se a história é verdadeira ou não.

AS BARREIRAS DE LIMITAÇÃO CONSTRUÍDAS PELO HÁBITO

Milhões de pessoas atravessam a vida na pobreza por terem feito um emprego destruidor da lei do hábito. Por não compreenderem essa lei, nem também a da atração, por meio da qual as coisas semelhantes se atraem, aqueles que permanecem na pobreza raramente se convencem de que a sua situação é uma consequência lógica dos seus próprios atos.

Se fixarmos na mente a ideia de que a nossa capacidade de ganhar dinheiro se limita a uma certa quantia, nunca chegaremos a ganhar mais do que isso, aceitaremos a limitação e, muito em breve, nos sentiremos mergulhados no medo da pobreza; as oportunidades não nos baterão mais à porta; a nossa sentença foi lavrada, a nossa sorte, decidida.

A formação do hábito da economia não significa a limitação da faculdade de ganhar dinheiro; significa justamente o contrário, isto é, que se aplicará a lei de modo a não somente conservar o que se ganha, de maneira sistemática, como também a colocar na nossa frente oportunidades maiores, dando-nos visão, confiança em nós mesmos, imaginação, entusiasmo, iniciativa e autonomia para aumentar a nossa capacidade de ganhar dinheiro.

Em outras palavras, quando o leitor compreender realmente a lei do hábito, terá assegurado o seu triunfo no grande jogo de ganhar dinheiro.

Deve proceder da seguinte maneira:

Primeiro, por meio da lei do objetivo principal definido organize na mente uma descrição perfeita e definida do que quer, inclusive a quantia que pretende ganhar. O subconsciente se apodera então do quadro traçado e o emprega como uma "planta" para modelar os pensamentos e as ações em planos práticos, para a consecução do objetivo principal ou propósito definido. Por meio da lei do hábito a pessoa fixa na mente o propósito do seu objetivo definido, da maneira descrita na segunda lição, até que ele fique implantado de modo firme e permanente. Esse processo destruirá a consciência da pobreza, que será substituída pela consciência da prosperidade. Começa então a exigir prosperidade, a esperá-la e a preparar-se para recebê-la e usá-la sabiamente, abrindo assim o caminho para o estabelecimento do hábito da economia.

Segundo, tendo dessa maneira aumentado a capacidade de ganhar dinheiro, fará novo uso da lei, estabelecendo, por meio de uma declaração escrita, o seu objetivo principal definido, para pôr de lado uma determinada quantia.

Assim, quando o salário aumentar, a economia crescerá na mesma proporção.

Exigindo de si um aumento da capacidade para ganhar dinheiro e, por outro lado, separando sistematicamente uma quantia certa do seu ganho, dentro em pouco chegará à eliminação de todas as limitações imaginárias do seu espírito e terá aberto o caminho para a independência financeira.

Nada mais fácil de conseguir.

Fazendo a aplicação da lei em sentido contrário, deixando que o medo da pobreza se apodere da nossa mente, cedo teremos reduzido nossa capacidade de ganhar dinheiro, a ponto de não podermos ganhar sequer o suficiente para fazer frente às nossas próprias necessidades.

Os editores de jornais podiam criar um verdadeiro pânico, em uma semana, bastando para isso encher as suas colunas de notícias acerca de falências comerciais, a despeito da pequena proporção de casos desse gênero.

As "ondas de crimes" são em grande parte produto do sensacionalismo jornalístico. Um simples assassinato, quando explorado pelos jornais, por meio de títulos escandalosos, basta para iniciar uma "onda" regular de crimes análogos em várias localidades. Depois que os jornais publicaram histórias de aplicação de injeções misteriosas, casos idênticos apareceram em várias localidades dos Estados Unidos.

Todos nós somos vítimas dos nossos hábitos, seja qual for a nossa situação na vida. Qualquer ideia deliberadamente fixada na mente, ou qualquer ideia que permitamos se fixe na nossa mente como resultado da sugestão do ambiente, da influência de associados etc., nos levará certamente a praticar atos de acordo.

Forme alguém o hábito de pensar e falar em prosperidade e abundância e muito em breve evidências materiais começarão a manifestar-se sob a forma de novas oportunidades, mais amplas e inesperadas.

As coisas iguais se atraem. Se um comerciante se habitua a falar e a pensar que os negócios não vão bem, as coisas irão mal, de fato. Um pessimista, se o deixarmos exercer sua influência durante muito tempo, pode destruir o trabalho de meia dúzia de homens competentes, e conseguirá isso implantando nos espíritos a ideia da pobreza e do fracasso.

SOMOS MAGNETOS HUMANOS E ESTAMOS CONSTANTEMENTE ATRAINDO PARA NÓS AS PESSOAS CUJAS CARACTERÍSTICAS SE HARMONIZAM COM AS NOSSAS.

Não devemos querer ser esse tipo de pessoa.

Um dos banqueiros mais prósperos do estado de Illinois afixou o seguinte letreiro no seu escritório:

> Aqui só se fala em prosperidade. Quem souber de casos infelizes é favor guardá-los para si, pois não temos interesse em conhecê-los.

Nenhuma firma comercial deseja contratar os serviços de um pessimista, e todos os que compreendem a lei da atração e a lei do hábito evitarão um pessimista como evitam um larápio qualquer, pois sabem muito bem que os indivíduos pessimistas destroem tudo em torno de si.

Em dezenas de milhares de lares o tópico geral da conversa é a pobreza, e por isso a maioria desses lares não obtém mais do que isso. Pensam em pobreza, e aceitam a pobreza como o seu quinhão na vida. Julgam que, pelo fato de os seus antecessores terem sido pobres, eles permanecerão pobres também.

A consciência da pobreza é formada em consequência do hábito de pensar na pobreza e ter medo dela.

A ESCRAVIDÃO DAS DÍVIDAS

A dívida é um senhor impiedoso, um inimigo fatal do hábito da economia.

A pobreza, por si só, é suficiente para matar a ambição e destruir a autoconfiança e a esperança, mas acrescente-se a ela a responsabilidade das dívidas e toda e qualquer vítima desses dois cruéis senhores estará inevitavelmente condenada ao fracasso.

Sob o peso das dívidas, nenhum homem é capaz de realizar o seu melhor trabalho, ou de expressar-se em termos que infundam respeito, de criar ou levar avante um objetivo definido na vida. O homem que se deixa escravizar pelas dívidas é tão desamparado como o escravo limitado pela ignorância ou preso aos grilhões.

Um amigo íntimo meu, cujos vencimentos são de mil dólares por mês, é casado com uma senhora que gosta da vida de sociedade e de exibições, gastando para isso 20 mil dólares por ano, quando o rendimento do casal é apenas de 12 mil. Um débito de 8 mil dólares é o que meu amigo tem como certo. Os filhos são gastadores, tendo aprendido esse hábito com a mãe. São duas moças e um rapaz, estão em idade de frequentar a escola superior, mas não podem fazê-lo devido à situação econômica do pai. O resultado é o mal-entendido entre pais e filhos, e uma vida familiar insuportável.

É terrível pensar em atravessar a vida como uma vítima, acorrentada inteiramente aos outros por dívidas. A acumulação de dívidas é um hábito. Começa-se de modo modesto, até que as dívidas vão assumindo proporções enormes, pouco a pouco dominando inteiramente o indivíduo.

Milhares de jovens casais iniciam a vida conjugal sob o peso de dívidas desnecessárias, e nunca mais conseguem libertar-se delas. Passada a lua de mel e a novidade do casamento, o casal começa a sentir os embaraços financeiros. Finalmente, os esposos ficam insatisfeitos um com o outro, e produzem-se desentendimentos sérios, que quase sempre terminam em divórcio.

Um homem escravizado pelas dívidas não encontra tempo nem gosto para formar um ideal, implanta limitações no seu espírito, condena-se a viver agrilhoado ao medo e à dúvida, aos quais nunca escapa.

Para evitar a infelicidade das dívidas é pouco todo sacrifício que se faça.

Pensemos no que devemos a nós mesmos e aos que dependem de nós e tomemos a resolução de nunca dever a ninguém.

É esse o conselho dado por um dos homens que maiores êxitos tem alcançado e cujas primeiras oportunidades foram destruídas pelas dívidas. Esse homem conseguiu compreender a tempo o caminho errado que seguia, eliminou o hábito de comprar o que não necessitava e libertou-se da escravidão das dívidas.

A maioria dos homens que se habituam a dever não tem a felicidade de compreender o seu erro a tempo de libertar-se dessa prisão, pois a dívida é qualquer coisa semelhante à areia movediça, que vai levando o indivíduo cada vez mais para o fundo.

O temor da pobreza é um dos mais devastadores dos seis medos básicos descritos na terceira lição. O homem que se endivida irremediavelmente é uma vítima do medo da pobreza, perde a ambição e a confiança em si mesmo, mergulhando pouco a pouco na apatia.

Há duas classes de dívidas, e tão diferentes em natureza que merecem ser descritas aqui:

QUEM DISSE QUE "ISSO NÃO ERA POSSÍVEL"? E QUE GRANDES REALIZAÇÕES TERÁ ESSA PESSOA A SEU CRÉDITO PARA EMPREGAR TÃO FACILMENTE A PALAVRA "IMPOSSÍVEL"?

1. As dívidas decorrentes de coisas supérfluas, e que se tornam um peso morto.
2. As dívidas feitas no decorrer de uma transação comercial ou profissional, que representam mercadorias ou trabalho e que podem ser convertidas em ativo.

A primeira classe de dívidas é a que deve ser evitada de toda maneira. A segunda pode ser tolerada, uma vez que o devedor seja prudente e não se permita ir além de limites razoáveis. Desde o momento em que o indivíduo vai além desses limites, entra no campo da especulação, a qual, antes, devora as suas vítimas do que as enriquece.

Em geral, todas as pessoas que gastam mais do que podem são tentadas a especular com a esperança de que podem liquidar, com uma simples volta da roda da fortuna, por assim dizer, todo o débito. A roda da fortuna, porém, costuma parar quando não deve, e, longe de estarem livres de dívidas, os especuladores quase sempre se tornam escravos delas.

O medo da pobreza destrói a força de vontade das pessoas endividadas, que ficam assim incapacitadas de restaurar a fortuna perdida e, o que é pior, perdem toda a ambição de libertar-se da escravidão das dívidas.

Quase não se passa um dia em que a gente não tenha uma oportunidade para ler nos jornais notícias de suicídios motivados por dívidas e preocupações financeiras. Essa causa motiva mais suicídios por ano do que todas as outras juntas. E isso é um leve indício da crueldade do medo da pobreza.

Durante a Guerra Mundial, milhões de homens se enfrentaram nas trincheiras, sem vacilar, embora soubessem que a morte os rondava bem de perto. Entretanto, diante do medo da pobreza, os homens se tornam servis, desesperam, perdem a razão e se suicidam.

A pessoa que não tem dívidas pode afastar a pobreza e conseguir grandes sucessos financeiros, mas para aquele que tem dívidas as realizações são apenas possibilidades remotas, e nunca uma probabilidade.

O medo da pobreza é um estado de espírito destruidor, negativo. Além disso, tem tendência para atrair disposições de espírito semelhantes. Por exemplo, o medo da pobreza pode atrair o da doença, e os dois, o da velhice, de maneira que a vítima, que já é uma presa da pobreza, adoece e envelhece antes do tempo.

Milhões de pessoas têm encontrado a morte prematura em consequência desse cruel estado de espírito.

Há menos de 12 anos conheci um rapaz que exercia um cargo de responsabilidade no National City Bank of New York. Gastando mais do que podia, contraiu inúmeras dívidas. Esse hábito destruidor transpareceu em breve no trabalho e o rapaz foi imediatamente dispensado.

Conseguiu outro emprego, com menor salário, porém os seus credores o atrapalhavam tanto que ele resolveu pedir demissão e mudar-se para outra cidade, onde esperava escapar a essa perseguição, e onde pretendia ficar até juntar dinheiro suficiente para pagar todas as dívidas. Os credores, porém, parecem dotados de um faro especial para seguir os devedores e, assim, logo descobriram o rapaz. E o seu novo patrão, inteirado da situação, preferiu dispensá-lo.

Durante dois meses ele procurou em vão um emprego. Uma noite de inverno, subiu a um dos edifícios mais altos da Broadway e se atirou ao solo, morrendo instantaneamente. As dívidas reclamaram mais uma vítima.

Como dominar o medo da pobreza

Para se ver livre do medo da pobreza o indivíduo que tem dívidas precisa tomar duas decisões. Primeiro, abandonar o hábito de comprar a crédito e, em seguida, liquidar pouco a pouco os débitos já contraídos.

Livres da preocupação das dívidas, estaremos prontos para reformar os nossos hábitos mentais e redirigir a nossa marcha para a prosperidade. Devemos adotar como parte do nosso objetivo principal definido o hábito de economizar uma parte certa do nosso rendimento, mesmo que essa economia seja apenas de dez centavos por dia. Muito cedo o hábito se instalará em nossa mente, e sentiremos alegria em economizar.

Qualquer hábito pode ser abandonado e substituído por outro, mais desejável. O hábito de gastar deve ser substituído pelo de economizar, isso contribuirá para que se alcance independência financeira.

Não basta porém libertar-se de um hábito indesejável, pois hábitos assim têm acentuada tendência para reaparecer, a menos que sejam substituídos por outros, de natureza diferente.

A perda de um hábito qualquer deixa um vazio na mente, e esse vazio precisa ser preenchido com outra forma de hábito, do contrário o velho ocupante retornará e reclamará o seu posto.

No decorrer deste curso descrevemos muitas fórmulas psicológicas que pedimos ao leitor para aprender de cor e pôr em prática. Uma dessas fórmulas é encontrada na terceira lição, sendo o seu objetivo desenvolver a autoconfiança.

Tais fórmulas podem ser assimiladas e transformadas numa parte do maquinismo mental, por meio da lei do hábito, caso sejam seguidas as instruções para a prática, que acompanham cada uma delas.

Imaginemos que o leitor esteja lutando para conseguir a sua independência financeira. Poupar dinheiro não é difícil, depois de dominado o medo da pobreza e desenvolvendo-se, no seu lugar, o hábito da economia.

Ficaria seriamente desapontado se soubesse ter dado a qualquer dos meus leitores, nesta lição, ou em qualquer outra, a impressão de que o triunfo só pode ser medido em termos de dólares.

Entretanto, o dinheiro representa importante fator para o triunfo, sendo assim necessário dar-lhe o devido valor, em qualquer sistema filosófico que se destine a auxiliar a humanidade a se tornar útil, feliz e próspera.

A verdade fria, cruel e terrível é que, nesta idade de materialismo, o homem que não se entrincheira atrás da força do dinheiro vale tanto quanto a poeira que pode ser levada ao sabor de qualquer vento.

O gênio pode oferecer muitas compensações aos que o possuem, mas permanece o fato de que, sem dinheiro para lhe dar expressão, o gênio é uma glória vazia, sem vida.

O homem pobre está à mercê do que tem dinheiro.

É isso um fato, seja qual for a habilidade que se possua, a educação que se tenha ou o talento natural de que se seja dotado.

Não há meio de escapar ao fato de que a maioria das pessoas nos julgará em grande parte pela conta-corrente que tivermos no banco, quem quer que sejamos. Ao encontrar um estranho, a primeira pergunta que ocorre à maioria das pessoas é a seguinte: "Será rico? Quanto possui?" Se a pessoa tem dinheiro, é bem-recebida em todos os lares e casas comerciais, e as oportunidades não lhe faltarão. Todas as atenções lhe são prestadas; é um príncipe e, como tal, tem direito às melhores coisas da Terra.

Mas se é uma pessoa malvestida, com as solas dos sapatos gastas, a roupa amarrotada, o colarinho sujo e demonstra claramente sinais de pobreza, ai dele, porque a multidão lhe pisará nos pés e lançará no seu rosto a fumaça do desrespeito.

Essas afirmativas não são muito agradáveis, mas possuem uma virtude: exprimem a verdade!

A tendência para julgar as pessoas pelo dinheiro que possuem, ou pelo poder de controlar o dinheiro, não é confinada apenas a uma classe da sociedade. Todos nós temos um pouquinho dela, quer reconheçamos ou não o fato.

Thomas Alva Edison é um dos inventores mais conhecidos e respeitados do mundo. Entretanto, não há exagero em afirmar que teria continuado a ser um desconhecido, uma personagem obscura, se não tivesse seguido o hábito de fazer as suas economias de dinheiro, e demonstrado habilidade nesse terreno.

Henry Ford nunca teria conseguido uma primeira base, com a sua "carruagem sem cavalos", se não tivesse desenvolvido desde cedo na vida o hábito da economia. Além disso, se Ford não tivesse posto algum dinheiro de lado, e se tivesse se deixado empolgar pelo poder, teria sido tragado pelos competidores ou pelos que ambicionavam tomar-lhe o negócio há muitos anos.

Muitas vezes, acontece que um homem trilhe por muito tempo a estrada do triunfo, e, à primeira queda, nunca mais se levanta, apenas porque não possui dinheiro para as horas de emergência. O número de falências por ano, devido à falta de capital-reserva para as emergências, é realmente assombroso. Essa causa motiva mais falências comerciais do que todas as outras combinadas.

Os fundos de reserva são essenciais para a operação eficiente de qualquer negócio.

Do mesmo modo, as economias são essenciais para o triunfo individual. Sem fundos de economia, o indivíduo sofre por dois lados: primeiro, pela incapacidade de agarrar as oportunidades que aparecem apenas para as pessoas que possuem algum capital, e, em seguida, pelos embaraços que surgem, numa emergência que exige dinheiro.

Pode-se dizer, também, que o indivíduo sofre ainda por um terceiro lado, quando não desenvolve o hábito da economia: ressente-se da falta de outras qualidades essenciais para o triunfo e que se originam da prática da economia.

Os centavos que a gente costuma jogar fora, se fossem sistematicamente economizados e adequadamente empregados, poderiam conduzir à independência financeira.

O MEIO MAIS FÁCIL DE O SEU DINHEIRO AUMENTAR

Economizando 5 dólares (US$ 5,00) por mês (17 centavos por dia)			
ECONOMIA	JUROS	ECONOMIA E JUROS	RETIRADA
1º ano US$ 60,00	US$ 4,30	US$ 64,30	US$ 61,30
2º ano US$ 120,00	US$ 16,55	US$ 136,00	US$ 125,00
3º ano US$ 180,00	US$ 36,30	US$ 216,30	US$ 191,55
4º ano US$ 240,00	US$ 64,00	US$ 304,00	US$ 260,20
5º ano US$ 300,00	US$ 101,00	US$ 401,00	US$ 338,13
6º ano US$ 360,00	US$ 140,00	US$ 500,00*	US$ 414,75*
7º ano US$ 420,00	US$ 197,10	US$ 617,10	US$ 495,43
8º ano US$ 480,00	US$ 257,05	US$ 737,05	US$ 578,32
9º ano US$ 540,00	US$ 324,95	US$ 864,95	US$ 687,15
10º ano US$ 600,00	US$ 400,00	US$ 1.000,00	US$ 1.000,00

Economizando 10 dólares (US$ 10,00) por mês (33 centavos por dia)			
ECONOMIA	JUROS	ECONOMIA E JUROS	RETIRADA
1º ano US$ 120,00	US$ 8,60	US$ 128,60	US$ 122,60
2º ano US$ 240,00	US$ 33,11	US$ 273,11	US$ 250,00
3º ano US$ 360,00	US$ 72,60	US$ 432,60	US$ 383,10
4º ano US$ 480,00	US$ 128,00	US$ 608,00	US$ 520,40
5º ano US$ 600,00	US$ 202,00	US$ 802,00	US$ 676,25
6º ano US$ 720,00	US$ 280,00	US$ 1.000,00*	US$ 829,50*
7º ano US$ 840,00	US$ 394,20	US$ 1.234,20	US$ 990,85
8º ano US$ 960,00	US$ 514,10	US$ 1.474,10	US$ 1.156,64
9º ano US$ 1.080,00	US$ 649,90	US$ 1.729,90	US$ 1.374,30
10º ano US$ 1.200,00	US$ 800,00	US$ 2.000,00	US$ 2.000,00

Economizando 25 dólares (US$ 25,00) por mês (83 centavos por dia)			
ECONOMIA	JUROS	ECONOMIA E JUROS	RETIRADA
1º ano US$ 300,00	US$ 21,50	US$ 321,50	US$ 306,50
2º ano US$ 600,00	US$ 82,75	US$ 682,75	US$ 625,00
3º ano US$ 900,00	US$ 181,50	US$ 1.081,50	US$ 957,75
4º ano US$ 1.200,00	US$ 320,00	US$ 1.520,00	US$ 1.301,00
5º ano US$ 1.500,00	US$ 505,00	US$ 2.005,00	US$ 1.690,63
6º ano US$ 1.800,00	US$ 700,00	US$ 2.500,00*	US$ 2.073,75*
7º ano US$ 2.100,00	US$ 985,50	US$ 3.085,50	US$ 2.477,13
8º ano US$ 2.400,00	US$ 1.285,25	US$ 3.685,25	US$ 2.891,60
9º ano US$ 2.700,00	US$ 1.624,75	US$ 4.324,75	US$ 3.435,75
10º ano US$ 3.000,00	US$ 2.000,00	US$ 5.000,00	US$ 5.000,00

Economizando 50 dólares (US$ 50,00) por mês (1 dólar e 66 centavos por dia)			
ECONOMIA	JUROS	ECONOMIA E JUROS	RETIRADA
1º ano US$ 600,00	US$ 43,00	US$ 643,00	US$ 613,00
2º ano US$ 1.200,00	US$ 165,50	US$ 1.365.50	US$ 1.250,00
3º ano US$ 1.800,00	US$ 363,00	US$ 2.163,00	US$ 1.915,50
4º ano US$ 2.400,00	US$ 640,00	US$ 3.040,00	US$ 2.602,00
5º ano US$ 3.000,00	US$ 1.010,00	US$ 4.010,00	US$ 3.381,25
6º ano US$ 3.600,00	US$ 1.400,00	US$ 5.000,00*	US$ 4.147,50
7º ano US$ 4.200,00	US$ 1.971,00	US$ 6.171,00	US$ 4.954,25
8º ano US$ 4.800,00	US$ 2.570,50	US$ 7.370,50	US$ 5.783,20
9º ano US$ 5.400,00	US$ 3.249,50	US$ 8.649,50	US$ 6.871,50
10º ano US$ 6.000,00	US$ 4.000,00	US$ 10.000,00	US$ 10.000,00

A faculdade de ganhar dinheiro e o economizar constituem uma ciência, mas as regras por meio das quais o dinheiro é acumulado são tão simples que qualquer pessoa pode segui-las. O principal requisito para isso é a força de vontade para subordinar o presente ao futuro, eliminando as despesas desnecessárias com coisas de luxo.

Um jovem que recebia apenas 20 dólares por semana, como chofer de um grande banqueiro de Nova York, foi aconselhado por seu patrão a tomar nota de cada centavo que gastasse por semana. No fim da primeira semana, apresentou a seguinte nota de despesas:

---

*Esta tabela foi cedida ao autor por uma das muitas empresas de cadernetas de poupança existentes nos Estados Unidos para incentivo da economia, chamadas Saving Banks ou Building and Loan Associations. (*N. do T.*)

Cigarros	75 centavos
Chicletes	30 centavos
Refrescos	1 dólar e 80 centavos
Charutos	1 dólar e 50 centavos
Cinemas	1 dólar
Barba, inclusive gorjeta	1 dólar e 60 centavos
Jornais, diários e dominicais	22 centavos
Engraxate	30 centavos
Total de despesas miúdas	7 dólares e 47 centavos
Casa e comida	12 dólares
Dinheiro em mão	53 centavos
Total	20 dólares

Tais números contam uma história trágica, que pode muito bem ser aplicada a milhares de outras pessoas jovens. De 20 dólares, economiza apenas 53 centavos. Gasta 7 dólares e 47 centavos com coisas que poderiam ser bastante reduzidas e algumas até mesmo eliminadas. Na verdade, com exceção da barba e do lustro dos sapatos, ele poderia economizar todo o restante dos 7 dólares e 47 centavos.

Na tabela organizada pela Associação de Empréstimos e Construções (Building and Loan Association) pode-se ver o que representa uma economia de 7 dólares e 47 centavos por semana. Suponhamos que aquele rapaz guardasse 25 dólares por mês. No fim de dez anos, com os juros, teria nada menos de 5 mil dólares.*

*Com relação ao Brasil, levando em conta dados estatísticos referentes ao ano de 1962, devidamente transpostos para a moeda norte-americana, a fim de melhor comparação com o texto, temos que a renda *per capita* de um cidadão médio do estado de São Paulo é de 547 dólares. No Nordeste, o valor é de 120 dólares.

Em termos básicos, a renda brasileira *per capita* era de, em média, 332 dólares. Por família média brasileira, a renda-casal é de 664 dólares. As famílias constituídas de casal e um filho têm 996 dólares de renda básica.

Quanto ao equilíbrio orçamentário doméstico no Brasil, os cálculos dessa época demonstraram que, em média, cada família gasta cerca de 85% a 93% do faturamento mensal. A poupança teórica deveria ser, portanto, a diferença para 100%. Mas não o é: a mentalidade inerente às épocas inflacionárias, grandemente decorrente da publicidade de produtos comerciais vendidos a prestações convidativas, faz com que atualmente a poupança seja praticamente de 0%. Soma-se a isso o clima psicológico criado pela desvalorização crescente da moeda, pois todo mundo passa a encarar o dinheiro como "nada valendo", pelo que seria imprudente (antieconômico) não empregá-lo, isto é, comprar utilidades domésticas. (*N. da E.*)

Cada fracasso, cada adversidade, cada sofrimento podem ser uma bênção disfarçada, pois abranda a parte animal da nossa natureza.

O jovem em questão tinha 21 anos de idade no momento em que realizou o balanço das suas despesas. Aos 31 anos, poderia dispor de uma quantia substancial, num banco, tendo economizado 25 dólares por mês, e essa economia lhe teria dado muitas oportunidades que o conduziriam à independência financeira.

Alguns indivíduos de visão estreita, pseudofilósofos, vivem dizendo que ninguém pode ficar rico economizando apenas alguns dólares por semana. Isso pode conter uma boa dose de verdade, mas o outro lado do caso é que a economia, mesmo de uma pequena quantia, coloca o indivíduo em situação tal que, muitas vezes, lhe dá vantagens comerciais que podem encaminhá-lo rapidamente para a independência financeira.

A tabela da Associação de Empréstimos e Construções, de Nova York, mostra que uma economia mensal de 5 dólares, durante dez anos, proporciona uma soma bem razoável. Seria interessante para o leitor copiar essa soma, pregá-la no espelho no qual se mira todas as manhãs e todas as noites, pois isso lhe incutirá a ideia da economia. A tabela deve ser reproduzida em letras grandes e colocada nas paredes de todas as escolas públicas do mundo, onde possa servir de constante lembrete às crianças sobre o valor do hábito da economia.

Há alguns anos, antes de dar grande importância ao hábito de economia, fiz um balanço do dinheiro que gastava facilmente. A quantia foi tão alarmante que me levou a escrever esta lição e a acrescentar o Hábito da Economia às 15 Leis do Triunfo.

Do balanço que realizei, constatei o seguinte:

4 mil dólares herdados, empregados num negócio de peças de automóveis, de sociedade com um amigo, que perdeu o dinheiro dentro de um ano.

3.600 dólares, dinheiro extra, ganho com artigos escritos para jornais e revistas, todo ele gasto inutilmente.

30 mil dólares, ganhos com o treinamento de 3 mil vendedores, com o auxílio da filosofia da Lei do Triunfo. Esse dinheiro foi empregado numa revista, que não teve êxito por falta de capital-reserva.

3.400 dólares, dinheiro extra, ganho com discursos e conferências públicas, todo gasto à medida que ia entrando.

6 mil dólares, quantia que podia ter sido economizada durante o período de 10 anos dos salários regulares, na base de 50 dólares mensais.

47 mil dólares.

Se essa quantia tivesse sido economizada e empregada nas Associações de Empréstimos e Construções, ou em outro negócio que rendesse juros compostos, ascenderia à soma de 94 mil dólares.

Não sou vítima de nenhum dos hábitos mais comuns de dissipação, como jogos, bebidas e excessos de diversões. É quase incrível que um homem com hábitos de vida razoáveis e moderados tivesse gasto, infrutiferamente, 47 mil dólares em pouco mais de dez anos. Mas isso pode acontecer.

Uma reserva de capital de 94 mil dólares, rendendo juros compostos, é o suficiente para dar a qualquer homem a independência financeira de que necessita.

Lembro-me de uma ocasião em que o presidente de uma grande corporação me enviou um cheque de 500 dólares, por um discurso que pronunciei num banquete oferecido aos empregados dele, e lembro-me ainda do que me veio à mente, quando abri a carta com o cheque. Eu pretendia comprar um automóvel novo e aquela quantia dava exatamente para pagar a primeira prestação. Em 30 segundos eu havia, assim, gasto todo o dinheiro que recebera.

Talvez muitas pessoas já tenham passado pela mesma experiência. Quase todos pensam mais na maneira de gastar, negligenciando completamente o hábito da economia, e qualquer ideia que frequenta a mente humana, sendo sempre bem-recebida, volta a ela muitas vezes.

Na verdade, o hábito da economia pode ser tão fascinante como o hábito de gastar, mas isso somente depois de se tornar um hábito bem arraigado e sistemático. Gostamos de fazer o que é sempre repetido, ou, por outras palavras, conforme descobriram os cientistas, somos vítimas dos nossos hábitos.

O hábito da economia requer mais força de caráter do que a que desenvolve a maioria das pessoas, porque economizar significa, também, negar a si mesmo diversões e prazeres de vários gêneros.

Por essa razão, o indivíduo que desenvolve o hábito da economia adquire, ao mesmo tempo, muitos dos outros hábitos que conduzem ao triunfo; especialmente autocontrole, confiança em si mesmo, coragem, equilíbrio e a libertação do medo.

Quanto uma pessoa pode economizar

A primeira pergunta que surge é a seguinte: "Quanto poderá um indivíduo economizar?" A resposta não pode ser dada em poucas palavras, pois a quantia que alguém pode economizar depende de muitas condições, das quais algumas podem ser controladas, ao passo que outras não dependem da sua vontade.

Falando de modo geral, um homem que trabalha na base de vencimentos fixos pode dividir a sua renda da seguinte maneira:

Economias	20%
Habitação, alimentação e vestuário	50%
Educação	10%
Diversões	10%
Seguro de vida	10%
	100%

A tabela seguinte, contudo, indica a distribuição aproximada que a média dos homens faz do seu rendimento:

Economias	0%
Habitação, alimentação e vestuário	60%
Educação	0%
Diversões	35%
Seguro de vida	5%
	100%

No item Diversões estão incluídas, naturalmente, muitas despesas que realmente não divertem, tais como as quantias gastas com bebidas alcoólicas, jantares festivos e outras coisas semelhantes que, na realidade, podem servir para minar a saúde e destruir o caráter.

UMA ANÁLISE CUIDADOSA SOBRE 178 HOMENS CONHECIDOS COMO TRIUNFADORES REVELOU O FATO DE QUE TODOS ELES FRACASSARAM ALGUMAS VEZES ANTES DE TRIUNFAR.

Um analista experimentado já declarou que seria capaz de dizer, de forma muito precisa, examinando o orçamento mensal de um homem, que espécie de vida ele leva; além disso, tirará o máximo de informações do item Diversões. Assim, é esse um assunto que exige um cuidado igual àquele com que o guarda de uma estufa segue as oscilações do termômetro que controla a vida de suas plantas.

Todos os que fazem orçamentos de despesas incluem, muitas vezes, um item intitulado "distrações", que, na sua maioria, desfalcam tanto a bolsa como a saúde.

Estamos vivendo numa época em que as "distrações" ocupam um lugar de grande destaque na maioria dos orçamentos. Dezenas de milhares de pessoas que não ganham mais de 50 dólares por semana gastam mais de um terço do ordenado no que chamam "diversões" na forma de bebidas com um rótulo duvidoso e que custam de 6 a 12 dólares. Essas pessoas insensatas não somente gastam o dinheiro que podia constituir uma boa economia, mas, ainda, o que é pior, estão destruindo o caráter e a saúde.

Nada, nesta lição, se destina a ser uma prédica de moral ou de outro qualquer assunto. Apresentamos aqui fatos que, em grande parte, constituem o material com que se constrói o triunfo.

Seja como for, é esse um lugar apropriado para narrar alguns fatos que dizem respeito diretamente a essa questão de alcançar o triunfo, e que não podem ser omitidos, sob pena de enfraquecer todo o curso, em geral, e esta lição, em particular.

Não sou um reformador nem um pregador de moral, pois esse campo de esforços pertence já a pessoas competentes. O que declaramos aqui, porém, é parte necessária de um curso de filosofia, cujo objetivo é assinalar uma estrada garantida ao longo da qual se pode rumar em busca de realizações honestas.

Durante o ano de 1926, estive associado com o falecido Don E. Mellett, que era então o diretor do *Canton Daily News* (Ohio). O sr. Mellett interessava-se pela filosofia da Lei do Triunfo porque ela oferecia, conforme ele acreditava, sadios conselhos aos jovens de ambos os sexos que realmente desejassem triunfar na vida. Nas colunas do seu jornal, o sr. Mellett levava então a efeito uma tenaz campanha contra certas forças subterrâneas de Canton. Com o auxílio de detetives e investigadores, alguns dos quais enviados pelo governador de Ohio, Mellett e eu reunimos dados reais sobre os meios que a maioria das pessoas de Canton empregava então para viver.

Em julho de 1926, Mellett foi assassinado traiçoeiramente e quatro homens, entre os quais um ex-membro da polícia de Canton, estão ainda cumprindo pena de prisão perpétua na penitenciária do estado de Ohio, por crime de morte.

Durante uma série de investigações criminais, todos os relatórios eram levados ao nosso escritório, e os dados aqui descritos são absolutamente verídicos.

Um dos funcionários de uma grande indústria, cujo ordenado era de 6 mil dólares por ano, pagava a um contrabandista de bebidas uma média de 300 dólares por mês. Essas bebidas eram consumidas nas festas que ele costumava dar, nas quais sua esposa tomava parte e que muitas vezes se realizavam na sua própria residência.

Um funcionário de banco, cujo salário era de 150 dólares por mês, gastava em média 75 dólares mensais com bebidas, e como o seu ordenado não fosse dos mais compensadores, caminhava inexoravelmente para a ruína.

O superintendente de um grande estabelecimento industrial, ganhando 5 mil dólares por ano, e que poderia economizar uma média de 125 dólares mensais, nada poupava e a sua conta com bebidas ia a 150 dólares por mês, mais ou menos.

Um policial, cujo ordenado era de 160 dólares mensais, gastava mais de 400 dólares por mês em jantares numa hospedaria próxima da cidade. A maneira como ele conseguia a diferença, entre a sua renda legítima e as despesas que fazia, não é de modo algum para creditar a um policial.

Um empregado de banco, cuja renda, pelo que se pode deduzir de declarações anteriores sobre renda, era de cerca de 8 mil dólares por ano, gastava por mês, com bebidas, mais de 500 dólares, isso durante os três meses em que as suas atividades foram controladas pelos investigadores de Mellett.

Um rapaz que trabalhava em uma loja conhecida, ganhando 20 dólares por semana, gastava uma média semanal de 35 dólares com bebidas. Pensa-se que roubasse a diferença ao seu empregador.

TODOS OS VENDEDORES DEVEM SE LEMBRAR DE QUE NINGUÉM DESEJA COMPRAR UMA COISA DE QUE OS OUTROS ESTÃO TENTANDO "SE VER LIVRES".

Um vendedor de apólices de seguros de vida, cujos vencimentos não se puderam calcular bem, pois trabalhava na base de comissões, gastava em média 200 dólares mensais no fornecedor de bebidas. Não apresentava nota alguma de economias e presumiu-se que não possuía nenhuma, o que foi confirmado, pois dentro em pouco a companhia o denunciou e fez prender como suspeito de apropriação indébita de fundos. Sem dúvida, gastava o dinheiro que devia entregar à companhia. Hoje, esse rapaz cumpre pena na penitenciária do estado de Ohio.

Um rapazola que frequentava ainda o ensino médio despendia uma soma elevada com bebidas. Quanto era, realmente, não foi possível apurar, visto não ter sido registrado pelo fornecedor. Mais tarde os pais desse jovem tiveram de prendê-lo, para "salvá-lo de si próprio". Apurou-se então que roubava as economias de sua mãe, tendo tirado mais de 300 dólares desse dinheiro.

Realizei uma série de conferências em 41 escolas de ensino médio, uma vez por mês, durante todo o ano letivo. Os diretores dessas escolas declararam me que menos de 2% dos alunos demonstravam tendência para economizar dinheiro, e um exame feito por meio de um questionário preparado para tal fim revelou o fato de que apenas 5% dos estudantes, de um total de 11 mil, em idade de escola de ensino médio, acreditavam que o hábito da economia fosse essencial para o triunfo.

Não admira que os ricos estejam ficando mais ricos e os pobres cada vez mais pobres.

Chame-se a isso afirmação socialista, se se quiser, mas os fatos vêm em apoio da sua exatidão. Não é difícil qualquer pessoa enriquecer num país de gastadores como os Estados Unidos, onde todo mundo gasta os centavos que lhe vêm às mãos.

Há muitos anos, quando não se espalhara ainda a mania de gastar que assola hoje todo o país, F. W. Woolworth imaginou um meio muito prático de apanhar os níqueis e pratas que milhares de pessoas costumam desperdiçar. Esse sistema rendeu-lhe mais de 100 milhões de dólares em poucos anos.

Woolworth morreu, mas perdura o seu sistema de economizar e as suas lojas se tornaram cada vez maiores.

As Five and Ten Cent Stores têm sempre as fachadas pintadas de vermelho vivo, brilhante. É uma cor simbólica, pois o vermelho denota perigo. Cada uma dessas lojas é um monumento provando com exatidão que um dos defeitos principais da geração atual é o *hábito de gastar*.

Todos nós somos vítimas desse hábito!

Infelizmente, quase todos nós somos criados por pais que não possuem a menor noção da psicologia de tal hábito. Inconsciente da falta que comete, a maioria dos pais auxilia o desenvolvimento do hábito de gastar, tolerando as despesas e esquecendo-se completamente de iniciar os filhos na prática da economia.

Os hábitos da primeira infância nos acompanham sempre por toda a vida.

Feliz é a criança cujos pais têm a visão e a compreensão do hábito da economia, como construtor de caráter, e o implantam desde cedo no espírito de seus filhos.

É um exercício que produz excelentes resultados.

Dê-se a qualquer homem 100 dólares com os quais ele não conte. Que fará ele? Começará logo por cogitar sobre o modo de gastar o dinheiro. Uma infinidade de coisas de que não precisa lhe surgirão imediatamente no cérebro, mas podemos apostar, sem medo de errar, que não lhe passará pela cabeça — a menos que tenha o hábito da economia — a ideia de abrir com essa quantia uma conta-corrente ou uma poupança num banco. Antes de anoitecer, já terá gasto os 100 dólares, ou pelo menos decidido o destino de toda a soma, acrescentando assim mais combustível à chama já brilhante do hábito de gastar.

Somos dirigidos por nossos hábitos.

Para abrir uma conta-corrente ou poupança num banco e passar a depositar nela, regularmente, parte do rendimento de que se dispõe, é necessário ter grande força de caráter, determinação e energia.

Há uma regra por meio da qual todo homem pode determinar, mesmo com antecedência, se desfrutará ou não de independência financeira, coisa tão desejada por todos, e essa regra nada tem a ver com o rendimento da pessoa.

Essa regra é a seguinte: se alguém seguir sistematicamente o hábito de economizar uma percentagem certa de todo o dinheiro que ganha ou recebe

DEVEMOS PENSAR MUITO ANTES DE FALAR, POIS AS NOSSAS PALAVRAS PLANTARÃO A SEMENTE DO TRIUNFO OU DO FRACASSO NO ESPÍRITO DE ALGUÉM.

de outra maneira, pode estar certo de que alcançará uma situação financeira independente. Porém, se nada economiza, pode ter certeza de que jamais adquirirá independência financeira, seja qual for a renda de que possa dispor.

A única exceção a tal regra é apresentada pela pessoa que não economiza, mas herda uma fortuna tão grande que não pode gastá-la toda, ou que recebe a herança em usufruto. Mas são possibilidades raras, e talvez o leitor não espere que lhe aconteça esse milagre...

Privo da intimidade de muitas centenas de pessoas, nos Estados Unidos e em alguns outros países. Há quase 20 anos que venho observando esses amigos e conheço assim, por experiência, como vivem, por que motivo alguns deles fracassaram, enquanto outros triunfaram, e também as razões para esses fracassos e triunfos.

Essa lista de conhecidos inclui homens que controlam centenas de milhões de dólares, e de fato possuem milhões já adquiridos. Inclui também homens que tiveram milhões, e que hoje não possuem um níquel.

Com o objetivo de demonstrar ao leitor deste curso a maneira como a lei do hábito se torna uma espécie de pivô para o triunfo ou o fracasso, e a razão exata pela qual nenhum homem adquire independência financeira sem desenvolver antes o hábito da economia sistemática, descreveremos aqui a maneira como vivem alguns desses conhecidos.

Começaremos pela história completa de um homem que, segundo as suas próprias palavras, conseguiu ganhar 1 milhão de dólares em publicidade, e agora nada possui. Essa história verídica apareceu no *American Magazine* e será transcrita aqui, por gentileza dos editores da revista.

A narrativa é absolutamente verídica e foi incluída como parte da presente lição porque o seu autor, W. C. Freeman, quis tornar públicos os seus erros, na esperança de que outros possam evitá-los.

"GANHEI 1 MILHÃO DE DÓLARES E HOJE NÃO POSSUO 1 CENTAVO!"

Conquanto seja difícil e mesmo humilhante confessar em público uma falta notável, que transtornou por completo a minha vida, resolvi fazer essa confissão pelo bem que daí pode advir para outros.

Farei uma confissão completa da maneira como deixei escorrer pelos dedos todo o dinheiro que ganhei, quantia que se aproximava de 1 milhão de dólares. Consegui esse dinheiro com o meu trabalho no campo da publicidade, tendo também alguns milhares de dólares que economizara até os 25 anos de idade, como professor, no campo, e escrevendo artigos para jornais do interior.

Pode ser que 1 milhão não pareça muito dinheiro, nestes dias de milhões e até mesmo bilhões; mas, seja como for, é uma grande quantia. Se alguém tem alguma dúvida a esse respeito, tente contar 1 milhão. Por mim, procurei ter uma ideia, uma dessas noites, do tempo que gastaria para isso. Concluí que podia contar uma média de 100 por minuto. E nessa base precisaria de 20 dias, de oito horas cada um, e mais seis horas e 40 minutos. Como veem, a tarefa é difícil...

Devo dizer, logo de início, que não me arrependo nem por um minuto de haver gasto 90% do dinheiro que ganhei. Desejar a volta desses 90% me daria a impressão de que teria querido negar, à minha família e aos amigos, inúmeros prazeres.

Lastimo apenas ter gasto todo o meu dinheiro, e mais algum. Se eu tivesse hoje os 10% que podia ter facilmente economizado, teria 100 mil dólares empregados de maneira útil, e não teria dívidas. Se tivesse esse dinheiro, me sentiria rico. E não tenho dúvidas quanto a isso, pois nunca ambicionei acumular dinheiro com o fim de vê-lo empilhado.

As aulas e as correspondências para jornais me trouxeram alguns cuidados e responsabilidades, que enfrentei de maneira otimista.

Casei-me aos 21 anos, com absoluta aprovação das duas famílias, as quais acreditavam piamente na doutrina pregada por Henry Ward Beecher, de que "os casamentos de jovens são os bons".

Exatamente um mês depois do meu casamento meu pai morreu, em circunstâncias trágicas: foi asfixiado pelo gás. Fora educador durante toda a vida — e um dos melhores educadores —, mas não juntara dinheiro.

Com o seu desaparecimento, compreendemos que devíamos permanecer unidos e prosseguir de qualquer maneira. Minha esposa e eu ficamos morando com minha mãe e minha única irmã.

Minha mãe, que era uma mulher de inteligência excepcional (ajudara meu pai na escola até a época do meu nascimento), resolveu tomar como pensionistas um casal conhecido, velhos amigos da família. Minha mãe era perita na arte culinária e os seus quitutes eram famosos nas redondezas. Mais tarde, duas senhoras conhecidas vieram também morar conosco, de modo que a nossa renda aumentou.

Minha irmã tomou a seu cargo uma classe de jardim de infância que funcionava no salão de nossa casa. Minha esposa contribuía, por sua parte, costurando e consertando toda a roupa da casa.

Vivemos, assim dias, felizes. Ninguém em casa era desperdiçado ou tinha tendências para a extravagância, exceto eu próprio, que sempre tivera certa inclinação para ser um tanto liberal em matéria de dinheiro.

Quando nasceu o meu primeiro filho, um menino, todos pensamos que as portas do céu se haviam aberto para nós. Os pais de minha mulher, que nutriam o mais sincero interesse por nós e estavam sempre prontos para nos auxiliar, sentiram-se igualmente felizes com o nascimento do primeiro neto. Meu cunhado, muito mais velho do que minha mulher, e solteirão, não podia a princípio compreender a alegria de todos nós, porém, mesmo ele, dentro em pouco começou a rodear o pequeno e a lhe fazer agrados. A que ponto um bebê transforma uma casa!

Intercalo tais detalhes na minha história apenas para acentuar a maneira como vivemos naqueles primeiros tempos. Eu não tinha oportunidade para gastar muito, e, contudo, sentia-me tão feliz como nunca me havia sentido.

O mais estranho em tudo isso é que a experiência daqueles dias não me ensinou o valor do dinheiro. Se houve algum dia uma pessoa que tivesse tido uma lição prática para guiá-lo no futuro, essa pessoa, decerto, fui eu.

Mas deixem-me contar-lhes de que maneira me afetou essa experiência prematura. O nascimento de meu filho trouxe-me inspiração para ganhar mais do que ganhava ensinando e escrevendo artigos para jornais. Não queria dar à minha mulher, à minha mãe e à minha irmã a impressão de que continuariam indefinidamente a contribuir para manter a casa. Por que deveria um homem como eu, forte e sadio como sempre fui, e com certa capacidade para ganhar dinheiro, contentar-se sendo um simples raio da roda, em vez de ser a roda inteira? Por que não proveria inteiramente às necessidades da família?

Seguindo o meu desejo de ganhar mais, dediquei-me ao comércio de livros, além do trabalho habitual. Finalmente, abandonei o ensino e concentrei-me nas duas outras atividades.

O meu negócio de livros levou-me um dia a Bridgeton (Nova Jersey). Foi ali que comecei realmente a ganhar dinheiro. Precisava estar sempre fora de casa, mas o sacrifício era bem-compensado, pois os lucros eram animadores. Ganhei em algumas semanas o dinheiro necessário para enviar à família uma quantia maior do que a que lhe fornecera durante um ano inteiro com o trabalho na escola e os artigos para jornais. Depois de firmar-me na zona de Bridgeton, interessei-me por um jornal daquela cidade, o *Morning Star*. Pareceu-me que o editor do jornal precisava de um auxiliar. Procurei-o e disse-lhe isso. Ele me respondeu:

— Por Deus, rapaz, como poderei contratá-lo se não ganho o bastante para viver?

— É justamente por isso que o procuro — disse-lhe eu. — Creio que juntos poderemos transformar o *Star*, fazer dele um jornal triunfante. Vou dizer-lhe o que pretendo fazer: trabalharei para o senhor durante uma semana, à razão de 1 dólar por dia. No fim da semana, se tiver feito bons negócios, o senhor passará a me dar 3 dólares por dia, e se as coisas continuarem bem, na terceira semana, me pagará 6 dólares,e assim por diante, até que o jornal renda o bastante para que o senhor possa me pagar 50 dólares semanalmente.

O editor concordou com a minha proposta. Ao fim de dois meses eu recebia 50 dólares por semana, o que, naquela época, era considerado um grande salário. Compreendi, então, que começava a ganhar dinheiro, mas, se desejava tanto o dinheiro, era apenas para dar conforto à minha família. Cinquenta dólares por semana representavam quatro vezes mais do que eu ganhava antes.

Meu trabalho no *Star* abrangia a redação de editoriais, reportagens, redação e negócios de anúncios — que davam muito resultado —, revisão de provas e cobranças. Trabalhava sem parar durante toda a semana, mas não me sentia fatigado, pois era forte e, além disso, o trabalho me interessava. Fazia também correspondências para o *New York Sun*, o *Philadelphia Record* e o *Trenton Times*, de Nova Jersey, o que me dava uma média de 150 dólares mensais, pois se tratava de uma boa região para jornais.

O *Star* deu-me uma lição que moldou finalmente o curso da minha vida. Compreendi que ganharia muito mais como agente de publicidade do que escrevendo para jornais. Os anúncios constituem um negócio lucrativo.

Consegui um anúncio no *Star*, sobre a indústria de ostras em Nova Jersey. Esse anúncio rendeu 3 mil dólares, e o diretor dividiu o dinheiro comigo. Eu nunca tinha visto uma soma tão grande. Mil e quinhentos dólares! Vinte e cinco por cento mais do que ganhei em dois anos na escola e em outros trabalhos.

Mas economizei esse dinheiro, ou ao menos uma parcela dele? Não. Que uso fiz dele? Com esse dinheiro, eu poderia proporcionar tantos prazeres à minha esposa, ao meu filhinho, à minha mãe e à minha irmã, que o gastei mais facilmente do que o ganhara.

Mas não teria sido o mesmo que jogar o dinheiro fora, num dia de chuva?

Meu trabalho em Bridgeton atraiu a atenção de Sam Hudson, correspondente do *Philadelphia Record* em Nova Jersey. Hudson era dessa espécie de jornalistas cujo maior prazer na vida consiste em auxiliar os outros.

Disse-me ele que eu devia procurar me colocar numa grande cidade. E prometeu que arranjaria para mim um emprego na Filadélfia. E cumpriu a promessa. Mudei-me com minha mulher e meu filho para

Germantown. Ali fui encarregado da seção de publicidade do semanário *Germantown Gazette*.

A princípio, não ganhei tanto como em Bridgeton, pois tive de abandonar as correspondências para jornais. Essa seção estava a cargo de outros correspondentes. Mas dentro em pouco eu ganhava 25% a mais. A *Gazette* precisou triplicar o seu tamanho, para incluir todos os anúncios, e eu recebi um aumento substancial no meu salário.

Além disso, passei a fazer a crônica social do *Philadelphia Press*, edição de domingo. Bradford Merrill, redator-chefe desse jornal, hoje diretor de um dos mais importantes jornais de Nova York, designou-me uma vasta área de ação. Eu tinha de fazer reportagens todas as noites, exceto aos sábados. Pagavam-me 5 dólares a coluna. Mas eu fazia uma média de sete colunas, todos os domingos, que me proporcionavam 35 dólares extras.

Era mais dinheiro para gastar, e o gastei. Não tinha a menor noção sobre a maneira de fazer um orçamento de despesas. O dinheiro entrava e saía. Eu não tinha tempo — ou pensava que não tinha — para vigiar as minhas despesas.

Um ano depois, fui convidado para fazer parte da seção de publicidade do *Philadelphia Press*, o que era uma grande oportunidade para um rapaz. Eu adquirira grande prática sob a direção de William L. McLean, então proprietário do *Philadelphia Evening Bulletin*. Conservava ainda o meu lugar de cronista social — de maneira que ganhava mais ou menos o mesmo que em Germantown.

Porém o meu trabalho não tardou a despertar a atenção de James Elverson, editor do antigo *Saturday Night and Golden Days*, que acabara justamente de adquirir o *Philadelphia Inquirer*. Ofereceram-me a gerência do serviço de publicidade, que aceitei.

Isso significava um grande aumento no meu salário. E logo depois minha família aumentou, com o nascimento de uma filha. Pude então fazer o que desejava, desde o nascimento de meu primeiro filho. Reuni novamente a família — minha mulher, as duas crianças, minha mãe e minha irmã. Finalmente podia libertar minha mãe de todo cuidado e responsabilidade, e não desejava que ela os tivesse nunca mais enquanto vivesse. Ela morreu aos 88 anos de idade, 25 anos depois da morte de meu pai. Nunca esquecerei as últimas palavras que me disse:

— Você, Will, nunca me causou a menor preocupação, e fosse eu uma rainha, nunca poderia ter me dado mais do que me deu.

Então eu ganhava quatro vezes mais do que meu pai ganhara como inspetor das escolas públicas da nossa cidade natal, Phillipsburg, em Nova Jersey.

Entretanto, o dinheiro saía do meu bolso com a mesma facilidade com que entrava. As despesas aumentavam a cada aumento de salário, o que é, suponho, o hábito de muita gente. Não havia razão para gastar menos do que ganhava. O resultado é que em breve vi-me empilhando dívidas e, desde então, nunca mais deixei de dever. Havia de pagar em qualquer tempo, pensava. E nunca me ocorreu — a não ser 25 anos mais tarde — que as dívidas acabariam por me trazer grandes cuidados e infelicidade, que poderia perder amigos e crédito.

Numa coisa, contudo, devo fazer-me justiça: gastava demais, porém nunca me descuidei do meu trabalho. Sempre procurava mais trabalho para fazer, e sempre o encontrava. Passava muito pouco tempo em casa. Ia jantar em casa todas as noites, brincava com as crianças até a hora de irem para a cama, voltava ao escritório e continuava a trabalhar.

Assim se passaram anos. Nasceu-me outra filha. As crianças cresceram. Agora eu desejava que cada uma de minhas filhas tivesse um pônei e um carro, e queria também dar a meu filho um cavalo. Achei depois que a família precisava de um cupê ou de um carro aberto. Comprei tudo isso, instalei a indispensável cocheira, que custava um quarto da minha renda anual.

Descobri o golfe. Tinha 41 anos de idade. Ia jogar como ia para o trabalho. Punha no jogo todo o meu interesse e acabei por aprender a jogar bem. Meu filho e minha filha mais velha costumavam jogar comigo e em breve se tornaram peritos.

Minha filha precisava sempre passar o inverno no Sul e o verão nas Adirondacks. Mas, em vez de mandá-la com a mãe, sozinha, eu achava que os outros dois deviam ir também. Durante o inverno, iam todos para Pinehurst, na Carolina do Norte, e o verão era passado em vilegiaturas caras, como nas Adirondacks, ou em New Hampshire.

Tudo isso custava muito caro. Com o golfe, no qual eram exímios, os dois mais velhos gastavam muito. Nós três entramos em competições e chegamos a ganhar 80 prêmios. Mas um dia me dei o trabalho de calcular o quanto me haviam custado esses prêmios. Descobri que cada troféu custara 250 dólares, ou seja, um total de 45 mil dólares, em 15 anos, ou, ainda, 3 mil dólares por ano. Era ridículo.

Sempre gostei de receber em casa. As pessoas de Montclair pensavam que eu era milionário. Frequentemente convidava homens de negócios para uma partida de golfe no clube e em seguida levava-os para jantar em minha casa. Eles ficariam satisfeitos com um jantar caseiro, mas eu mandava servir pratos complicados. Esses jantares custavam caríssimo e eram sempre acompanhados pela música de um quarteto negro que eu contratava. A minha sala de jantar, onde se sentavam confortavelmente 20 pessoas, estava sempre cheia.

Tudo isso era muito agradável, e eu ficava contente em obsequiar. Na verdade, me sentia feliz. Nunca me detive um momento para pensar na rapidez com que se empilhavam as dívidas. Mas um dia elas começaram a me preocupar. Como as minhas despesas no clube eram excessivas, os diretores, todos meus amigos e que alimentavam interesse por mim, chamaram-me a atenção para isso e aconselharam-me a controlar os meus gastos.

Isso foi para mim uma sacudidela. Comecei a pensar seriamente em desfazer-me dos cavalos e carros, com grande sacrifício, naturalmente.

Mudei-me para a cidade, mas não deixei nenhuma conta por pagar em Montclair. Pedi dinheiro emprestado para pagá-las. Eu encontrava sempre facilidade para conseguir o dinheiro de que precisava, apesar das minhas notórias dificuldades financeiras.

Eis aqui dois fatos impressionantes da minha experiência, durante os meus 40 anos tão cheios de sensações: além de gastar loucamente, eu emprestava dinheiro com a mesma facilidade. Antes de me mudar para a cidade, punha eu em ordem a minha secretária, rasgava uns papéis, quando dei com um maço de contas a cobrar. Representavam um total de 40 mil dólares. Era dinheiro que eu tinha dado a outros. Rasguei os papéis, compreendendo que se tivesse aquele dinheiro nas mãos não deveria 1 dólar sequer.

Um comerciante muito próspero, a quem eu obsequiara várias vezes e que também retribuiu as minhas atenções, disse-me um dia:

— Billy, vou deixar de sair com você. Você está gastando demais comigo. Não posso retribuir as suas gentilezas.

E tais palavras eram ditas por um homem que ganhava mais do que eu! Isso deveria me abalar, mas não. Continuei gastando da mesma maneira, pensando apenas que estava me divertindo, sem dar nenhuma importância ao futuro. Esse comerciante a que me refiro é hoje vice-presidente de uma das maiores instituições financeiras de Nova York e possui muitos milhões de dólares.

Devia ter seguido o seu conselho.

No outono de 1908, depois da minha desastrosa experiência de seis meses em outro ramo de negócios, em seguida à minha demissão da organização Hearst, voltei à publicidade jornalística, como gerente do *New York Evening Mail*. Conhecera na Filadélfia o seu proprietário e diretor, Henry L. Stoddard, que era então correspondente político.

Conquanto preocupado com as dívidas, fiz o melhor trabalho da minha vida no *Evening Mail*, e nos cinco anos que ali trabalhei ganhei tanto dinheiro como nunca havia ganhado antes.

O sr. Stoddard era muito generoso, e pagava-me frequentemente quantias especiais por trabalhos que considerava extraordinários. Durante esse período eu vivia tão cheio de dívidas que, para conservar as coisas num certo andamento, mas sem restringir de modo algum as despesas, pedia emprestado a um para pagar a outro. Cinquenta e cinco mil dólares que ganhei com trabalhos extras para o *New York Evening Mail* bastariam para pagar todas as dívidas e pôr ainda um pouco de lado. Mas tudo foi gasto com tanta facilidade, como se eu não tivesse a menor preocupação financeira.

Em 1915 empreendi trabalhar em publicidade por conta própria. Dessa data até 1922 tive os maiores lucros. Ganhava então como nunca havia ganhado em toda a minha vida. Gastava porém com a mesma rapidez e, finalmente, os amigos cansaram de me conceder empréstimos.

Se eu tivesse demonstrado a mais leve tendência para controlar as minhas despesas, todos esses bons amigos estariam dispostos a me emprestar o dinheiro de que necessitasse, pois se esforçavam para que eu readquirisse o equilíbrio financeiro.

Porém, a *débâcle* dos meus negócios sobreveio há cinco anos. Dois amigos que me permaneciam fiéis diziam que eu precisava de uma lição drástica. E deram-me essa lição. Fui forçado à falência, o que quase me matou. Tinha a impressão de que todos os que me conheciam me apontavam, ridicularizando-me. Era uma loucura. Embora houvesse muito comentário, nem todos me olhavam com hostilidade. Para um homem que conseguira alcançar o máximo de prestígio na sua profissão e que ganhara tanto dinheiro era extremamente doloroso encontrar-se em tal situação.

Orgulhoso e de extrema sensibilidade, a desgraça me abalou de tal modo que decidi ir para a Flórida, onde tive uma excelente oportunidade. A Flórida se me apresentava como o El Dorado. Pensei que me fosse possível ganhar bastante dinheiro em pouco tempo e logo poder regressar a Nova York, tendo readquirido não somente o prestígio, como também ganho o bastante para pagar todas as dívidas. Durante algum tempo julguei ter realizado essa ambição, porém fui atingido pelo grande colapso nas vendas de imóveis, sofrido por todo o país. Assim, estava de volta a Nova York, onde tivera tão grande prestígio, onde ganhara rios de dinheiro e tivera centenas de amigos.

Foi uma estranha experiência.

Uma coisa porém é certa: aproveitei a lição. Estou certo de que surgirão oportunidades no meu caminho e que a minha capacidade para ganhar dinheiro será restaurada. E, então, sei que poderei viver tão bem como sempre vivi, mas com 40% do meu rendimento. Dividirei os outros 60% em duas partes, deixando 30% para pagar os meus credores e os outros 30% para seguros e economias.

Se me deixasse abater pelos meus erros do passado ou se enchesse o espírito de preocupações, não seria capaz de empreender a luta para me redimir.

SOU MUITO GRATO ÀS ADVERSIDADES QUE APARECERAM NA MINHA VIDA, POIS ELAS ME ENSINARAM A TOLERÂNCIA, A SIMPATIA, O AUTOCONTROLE, A PERSEVERANÇA E ALGUMAS OUTRAS VIRTUDES QUE, SEM ESSAS ADVERSIDADES, EU JAMAIS CONHECERIA.

Além disso, seria um ingrato para com o Criador, que me dotou de uma saúde admirável. Poderá haver maior felicidade do que essa?

Seria também ingrato à memória de meus pais, que me educaram em todos os preceitos da moral. Deixaria de ter o incentivo e o apoio que tenho encontrado, em grande medida, em centenas de homens de negócios e bons amigos, que me auxiliaram a construir uma excelente reputação no meu campo profissional.

Essas lembranças são o sol que ilumina a minha vida, e farei uso delas como meio para preparar futuras realizações.

Com bastante saúde, uma fé sem desfalecimentos, uma energia inquebrantável, um otimismo incessante e uma confiança ilimitada em que é possível a um homem vencer a sua luta, mesmo que só bastante tarde na vida venha a compreender a espécie de tática que deve empregar, pode haver outra razão que nos detenha a não ser a morte?

A história do sr. Freeman poderia ser a de milhares de outros homens, que nada economizam, com a exceção única de que nem sempre os seus rendimentos atingem a tão grande soma. A maneira de viver, o modo de gastar dinheiro e as razões para gastar, tal como foram descritas nessa história, demonstram a maneira como trabalha o cérebro dos gastadores.

Uma compilação de estatísticas sobre o rendimento e as despesas de 16 mil famílias, cujo chefes foram analisados por nós, revelou alguns fatos que serão de grande auxílio para quem quer que deseje fazer um orçamento de renda e despesa, numa base prática, que seja segura e econômica.

A média da renda, nesses casos, oscilou entre 100 e 200 dólares por mês. Um orçamento dentro dessas duas quantias deveria ser o seguinte:

Uma família de duas pessoas cuja renda seja de 100 dólares por mês deveria economizar de 10 a 12 dólares mensalmente. O custo de residência não deve ir além de 25 a 30 dólares por mês. A despesa com a alimentação deve ser calculada entre 25 e 30 dólares, o vestuário, entre 15 e 20 dólares. Diversões e despesas imprevistas, de 8 a 10 dólares por mês.

Uma família cuja renda é de 100 dólares por mês, se tivesse um aumento de renda de 125 dólares mensais, poderia economizar 20 dólares.

FELIZ É A PESSOA QUE APRENDEU QUE O MELHOR MEIO DE "RECEBER" É "DAR" PRIMEIRO.

Uma família de duas pessoas, cuja renda se eleva a 150 dólares por mês, deve distribuir as suas despesas da seguinte maneira: Economia: 25 dólares. Residência: 35 a 40 dólares. Alimentação: 35 a 40 dólares. Vestuário: 20 a 30 dólares. Diversões: 15 a 20 dólares.

Com um salário de 200 dólares, o orçamento deveria ser o seguinte: Economia: 50 dólares. Residência: 40 a 50 dólares. Alimentação: 35 a 45 dólares. Vestuário: 30 a 35 dólares. Diversões: 15 a 20 dólares.

Uma família de duas pessoas, com uma renda de 300 dólares mensais, poderia dividir suas despesas da seguinte maneira: Economia: 55 a 65 dólares. Residência: 45 a 60 dólares. Alimentação: 45 a 60 dólares. Vestuário: 35 a 45 dólares. Diversão e educaçao: 50 a 75 dólares.

Alguns poderiam arguir que uma família de duas pessoas, com uma renda de 300 dólares por mês, poderia viver de maneira tão módica quanto uma que tem renda de 100 ou 125 dólares. Entretanto, ısso não é exato, porque uma pessoa que tem habilidade para ganhar 300 dólares deve estar necessariamente associada com gente de melhor representação e vida social mais intensa.

Um homem solteiro que ganha 100, 150 ou 300 dólares poderia economizar consideravelmente mais do que um homem com encargo de família, ganhando salário igual. Em regra, um homem solteiro, que não tem ninguém a seu encargo, que não tenha dívidas, pode viver com um orçamento de 50 dólares para casa e alimentação, não ir além de 30 dólares para o vestuário e gastar apenas 10 dólares com diversões. Essas quantias podem ser ligeiramente aumentadas, no caso dos que recebem de 150 a 300 dólares.

Um rapaz que vive fora de casa e cuja renda por semana é de 20 dólares pode economizar 5 dólares. O restante deverá incluir casa, alimentação e vestuário.

Uma moça vivendo fora do lar, com a mesma renda, necessita naturalmente de uma quantia um pouco maior, pois a indumentária feminina custa sempre mais caro que a masculina, e, além disso, é forçoso que uma mulher cuide mais da sua aparência que um homem.

Uma família de três pessoas economizaria menos do que uma família composta de duas apenas, pois maiores são os seus encargos. Com raras

JULGO-ME FELIZ POR TER NASCIDO POBRE E NÃO TER VINDO AO MUNDO SUJEITO AOS CAPRICHOS DE PAIS RICOS.

exceções, entretanto, como nos casos de famílias que têm dívidas a saldar, qualquer família poderá economizar pelo menos 5% de sua renda bruta.

É um costume muito comum hoje entre as famílias do mundo inteiro comprar automóveis a prestação, pagando cotas mensais excessivas para as suas finanças. O mais das vezes, as famílias querem comprar carros de luxo, quando as suas posses não lhes permitem senão comprar um carro mais modesto. Um homem que ganha apenas o suficiente para comprar um carro Ford não deve pretender um Studebaker. Precisa contentar-se com o carro mais modesto. Muitos homens solteiros gastam tudo o que ganham com automóveis de luxo. Esse costume é fatal tanto para o triunfo como para a independência financeira, que pode ser considerada como parte do triunfo em milhares de casos.

As vendas a prestação tornaram-se tão comuns, é tão fácil comprar hoje tudo o que se deseja, que a tendência para gastar além das possibilidades aumenta de maneira assustadora. Essa tendência precisa ser controlada por todos aqueles que ambicionam alcançar independência financeira.

Isso é coisa que está ao alcance de toda e qualquer pessoa que deseje tentar.

Um outro mal, que é ao mesmo tempo uma bênção, é o fato de serem os Estados Unidos um país muito próspero. Ganha-se dinheiro com grande facilidade, e, por isso mesmo, quando não se tem cuidado, ele se vai com maior facilidade ainda. Desde o começo da Guerra Mundial tem havido uma procura sempre crescente de artigos manufaturados nos Estados Unidos, e essa prosperidade tem contribuído para desenvolver a falta de cuidado nos gastos.

Não há virtude alguma em querer "igualar o passo com o do vizinho", quando isso significa sacrifício do hábito de economizar uma quantia determinada do rendimento. Afinal de contas, é muito melhor ser considerado, às vezes, um pouco atrasado do que passar toda a juventude e a idade madura sem economizar, e chegar à velhice sem ter adquirido o hábito da economia sistemática.

É melhor fazer sacrifícios na mocidade do que ser obrigado a fazê-los mais tarde, como acontece com todos os que se descuidaram de desenvolver o hábito da economia.

Tem sido provado, numerosas vezes, que as pessoas que adquiriram o hábito de economia têm sempre preferência para os cargos de responsabilidade, assim, a economia não somente traz grandes vantagens do ponto de vista do trabalho preferido, não somente proporciona um aumento na conta-corrente ou na poupança, como também aumenta da nossa capacidade para ganhar dinheiro. Qualquer comerciante preferirá empregar uma pessoa econômica, não somente porque a pessoa faz economia, mas também pelas características que apresenta como indivíduo mais eficiente.

Há muitas firmas que adotam o sistema de não admitir como empregados pessoas que não economizem.

Todas as empresas comerciais, sem exceção, deviam adotar o mesmo costume, exigindo dos seus empregados o hábito de economizar. Isso seria uma felicidade para milhares de pessoas, que assim teriam força de vontade suficiente para desenvolver esse hábito desejável.

Henry Ford foi ainda mais longe, talvez mesmo com mais expediente, induzindo seus empregados não somente à economia, mas a gastar o que gastam de modo sábio, vivendo de maneira sadia e econômica. O homem que leva os seus empregados ao hábito da economia é um filantropo prático.

Nada existe tão humilhante, que acarrete tanto sofrimento e angústia, como a pobreza na velhice, quando o trabalho do indivíduo já não tem aceitação e ele é forçado a voltar-se para os parentes ou para as instituições de caridade.

Conviria que um sistema de orçamento fosse mantido por todas as pessoas, tanto casadas como solteiras, mas nenhum orçamento dará resultado se a pessoa que experimenta não tiver coragem para cortar despesas com itens tais como vida social e diversões. Se uma pessoa é tão pouco dotada de força de vontade a ponto de se julgar obrigada a "acompanhar o passo" dos ricos que formam a sua roda social e cujo rendimento é muito maior, ou que gastam loucamente tudo o que ganham, então nenhum sistema de orçamento adiantará coisa alguma.

Formar o hábito de economia significa que, pelo menos até certo ponto, a pessoa precisa isolar-se de todos, exceto de um grupo de amigos sinceros que não exigem obséquios especiais.

Confessar que nos falta coragem para cortar despesas, de modo a poder economizar dinheiro, mesmo que seja uma quantia pequena, equivale a confessar que nos falta a espécie de caráter que conduz ao triunfo.

OPORTUNIDADES QUE SURGEM PARA OS QUE ECONOMIZAM DINHEIRO

Há alguns anos foi para a Filadélfia, procedente de um distrito agrícola da Pensilvânia, um homem que foi trabalhar numa tipografia. Um dos seus companheiros possuía algumas ações de uma companhia de empréstimos e construções e tinha o hábito de economizar 5 dólares por semana, por meio dessa companhia. Esse rapaz, influenciado pelo companheiro, abriu uma caderneta na referida firma. No fim de três anos havia economizado 900 dólares. A tipografia, contudo, entrou em dificuldades e estava a ponto de falir. O rapaz salvou-a com os 900 dólares que havia economizado em pequenas parcelas, e, em troca desse auxílio, passou a ser sócio na casa.

Estabelecendo assim um sistema de economias, ajudou a tipografia a pagar todas as dívidas e hoje as suas ações na casa lhe dão um lucro de cerca de 25 mil dólares por ano.

Essa oportunidade nunca lhe teria surgido, ou pelo menos ele nunca poderia tê-la aproveitado, se não tivesse adquirido o hábito de economizar.

Quando o automóvel Ford estava ainda em processo de aperfeiçoamento, no início da sua existência, Henry Ford necessitou de capital para promover a fabricação e a venda dos seus carros. Procurou alguns amigos que tinham economizado alguns milhares de dólares, entre os quais o senador Couzens. Esses amigos o apoiaram, emprestando-lhe alguns milhares de dólares, e, mais tarde, receberam milhões de lucro.

Quando Woolworth iniciou o seu plano de criar as Five and Ten Cent Stores, não tinha capital, mas voltou-se para amigos que tinham economizado da maneira mais rigorosa e com grandes sacrifícios. Esses amigos lhe forneceram algum dinheiro e receberam mais tarde centenas de milhares de dólares.

Van Heusen concebeu a ideia de fabricar um colarinho que não tivesse os inconvenientes do colarinho duro, mas que não fosse também inteiramente mole. Sua ideia era ótima, mas ele não possuía capital; não tinha 1 centavo para levá-la avante. Voltou-se para amigos que tinham algumas centenas de dólares, e os colarinhos Van Heusen enriqueceram a todos.

O AMOR E A JUSTIÇA SÃO OS VERDADEIROS ÁRBITROS DE TODAS AS CONTENDAS.

Os fundadores do estabelecimento El Produto Cigar tinham pouco capital: o único dinheiro que possuíam era o pouco que haviam economizado como fabricantes de charutos. Tinham uma boa ideia, e sabiam fazer um ótimo charuto, mas a sua ideia teria morrido ao nascer se eles não tivessem aquelas parcas economias. Com elas lançaram a marca de charuto e alguns anos depois venderam o estabelecimento à American Tobacco Company, por 8 milhões de dólares.

Assim, podemos estar certos de que todas as grandes fortunas tiveram o seu início num hábito bem-desenvolvido de fazer economia.

John D. Rockefeller era um guarda-livros comum. Concebeu a ideia de desenvolver a indústria do petróleo, que ainda não havia merecido atenção. Necessitava de capital para isso, e como tinha o hábito de economizar, provando assim que podia zelar pelo capital alheio, não encontrou dificuldades para conseguir emprestado o dinheiro de que precisava.

Pode-se declarar, com toda certeza, que a base real da fortuna de Rockefeller está no hábito que ele desenvolveu na época em que trabalhava como guarda-livros, ganhando 40 dólares por mês.

John J. Hill era um rapaz pobre, que trabalhava como telegrafista, com um salário de 30 dólares por mês. Concebeu a ideia do Great Northern Railway, sistema de estradas de ferro perfeito, mas a ideia estava além das suas possibilidades financeiras. Contudo, havia adquirido o hábito de economizar um pouco do seu insignificante salário, e isso lhe tornou possível realizar uma viagem até Chicago, onde conseguiu interessar alguns capitalistas para o financiamento do seu plano. O fato de ter feito economias de tão pouco dinheiro foi o bastante para que todos confiassem nele como um homem capaz de zelar pelo dinheiro alheio.

Muitos comerciantes não confiam o capital a um homem, a não ser que ele demonstre habilidade para cuidar do seu próprio dinheiro e aplicá-lo sabiamente. O teste, embora difícil, para aqueles que não desenvolveram o hábito da economia, é contudo muito prático.

Um rapaz que trabalhava numa impressora em Chicago quis um dia abrir uma tipografia e negociar por conta própria. Dirigiu-se ao gerente de uma fábrica de tipos e comunicou-lhe o seu desejo, dizendo-lhe que precisava de um crédito para adquirir uma impressora, alguns tipos e um pequeno equipamento.

A primeira coisa que o gerente lhe perguntou foi se possuía alguma economia.

Possuía, sim. Do seu salário de 30 dólares por semana, economizava metade, e isso havia quatro anos. Conseguiu o crédito pedido. Mais tarde, obteve uma extensão de crédito e tornou-se o proprietário de uma das mais importantes impressoras de Chicago. Chama-se George B. Williams, e é muito conhecido do autor deste curso.

Muitos anos depois do caso que acabo de narrar, tornei-me amigo de Williams, e no fim da Grande Guerra, em 1918, procurei-o pedindo-lhe um empréstimo de alguns milhares de dólares, a fim de editar o *Golden Rule Magazine*. Ele me perguntou imediatamente se eu tinha o hábito de economizar. Apesar de todas as minhas economias terem sido gastas na guerra, o mero fato de ter o hábito de economizar me garantiu a concessão de um crédito de mais de 30 mil dólares.

Em cada esquina aparecem oportunidades, mas aparecem apenas para os que têm dinheiro preparado ou podem dispor de dinheiro, porque adquiriram o hábito de economizar e desenvolveram as outras características que acompanham esse hábito, e que constituem o que geralmente se denomina caráter.

O falecido J. P. Morgan disse uma vez que emprestaria mais facilmente 1 milhão a um homem de caráter íntegro que tivesse o hábito de economizar, do que mil dólares a um indivíduo sem caráter, que fosse irresponsável.

De modo geral, é essa a atitude de todas as pessoas para com os homens que sabem economizar dinheiro.

Acontece muitas vezes que pequenas economias não superiores a 200 ou 300 dólares são suficientes para pôr o indivíduo no caminho da independência financeira. Há alguns anos, um jovem inventor conseguiu realizar um artigo doméstico único no seu gênero, e muito prático. Mas o rapaz estava numa grande dificuldade, como quase sempre acontece aos inventores: não tinha dinheiro para lançar no mercado a sua invenção. Além disso, não adquirira o hábito de economizar e não podia, portanto, fazer um empréstimo num banco.

Seu companheiro de quarto, um jovem mecânico, tinha 200 dólares de economias. Foi em auxílio do outro com essa pequena quantia, e fabricaram rapidamente um número de artigos suficiente para dar um bom impulso ao negócio. Venderam depressa a primeira série fabricada e logo mais outra, acumulando assim mil dólares, graças às economias do mecânico. Com essa quantia, e algum crédito que conseguiram, compraram as máquinas necessárias para a fabricação do produto.

Seis anos depois o jovem mecânico vendeu a sua parte no negócio, por 250 mil dólares. Assim, se não fosse o seu hábito de economizar, o inventor nunca teria conseguido ganhar tanto dinheiro, pois não adquirira o hábito sistemático da economia.

Casos como esse podem ser multiplicados milhares de vezes, com pequenas variantes de detalhes, e constituem o início de muitas das grandes fortunas dos Estados Unidos, tanto as já acumuladas como as que se fazem presentemente.

Pode parecer cruel, triste, mas o fato é que quando não se tem dinheiro e não se desenvolveu o hábito da economia não se tem "sorte" e perde-se a oportunidade de ganhar dinheiro.

Nunca é demais repetir que o começo de todas as fortunas, grandes ou pequenas, está na formação do hábito da economia.

Conserve o leitor esse princípio firmemente gravado na mente e estará no caminho da independência financeira.

É bem triste ver um homem de idade avançada forçado a trabalhar arduamente, até os seus últimos dias, somente por se ter descuidado de desenvolver o hábito da economia. Entretanto, milhões de homens vivem assim, no mundo inteiro.

A liberdade é o que há de maior na vida.

Mas não pode existir liberdade verdadeira sem um grau razoável de independência financeira. É terrível ser forçado a permanecer em determinado lugar num trabalho que talvez não nos agrada, por um certo número de horas, todos os dias, durante toda a vida. De algum modo, é o mesmo que estar numa prisão, uma vez que a liberdade de ação está sempre limitada. Na verdade, não é melhor do que estar numa prisão, sob fiança; é até mesmo pior, em certo sentido, pois um prisioneiro pelo menos está livre da responsabilidade de prover a sua subsistência.

O único meio de escapar a esse trabalho forçado por toda a vida é adquirir o hábito de economizar dinheiro, e perseverar nele, sejam quais forem os sacrifícios necessários para isso. Não há outro caminho para milhões de pessoas, e assim, os que seguirem este curso, não podem deixar de compreender o seu grande alcance.

Nunca emprestes nem peças emprestado:
Com um empréstimo muitas vezes se perde um amigo,
Um empréstimo prejudica a economia.
Acima de tudo: sê fiel a ti mesmo,
E tão certo como a noite segue o dia,
Não serás infiel a nenhum homem.*

Shakespeare

*Neither a borrower, nor a/ lender be:/ For loan oft loses both itself/ and friend,/ And borrowing dulls the edge/ of husbandry./ This above all: to thine own/ self be true,/ And it must follow, as the/ night the day,/ Thou canst not then be false/ to any man.

QUANDO NÃO SOUBER O QUE FAZER, OU O CAMINHO A SEGUIR, SORRIA. ISSO FARÁ SEU ESPÍRITO DESCANSAR E LEVARÁ OS RAIOS DA FELICIDADE À SUA ALMA.

QUINTA LIÇÃO

INICIATIVA E LIDERANÇA

QUERER É PODER!

Antes de esta lição ser estudada a atenção do leitor é dirigida para o fato de que há uma perfeita coordenação de pensamento no decorrer de todo o curso; será observado que as 16 lições se harmonizam umas com as outras, de tal forma que constituem uma rede construída, elo a elo, com fatores que entram no desenvolvimento do poder por meio do esforço organizado.

Será observado também que os mesmos princípios de psicologia aplicada formam a base das 16 lições, embora se faça uma aplicação diferente de tais princípios em cada uma das lições.

Esta lição sobre a iniciativa e a liderança vem em seguida à lição sobre a confiança em si mesmo, porque, sem essa qualidade, ninguém pode se tornar um líder eficiente, ou tomar iniciativa em qualquer grande empreendimento.

Iniciativa e liderança são termos associados nesta lição, pois a liderança é essencial para a consecução do triunfo e a iniciativa é a verdadeira base sobre a qual é construída essa qualidade necessária que se chama liderança. A iniciativa é tão essencial ao triunfo como o eixo é essencial a uma roda de vagão.

O que é iniciativa?

É a qualidade excepcionalmente rara que incita ou, antes, impele a pessoa a fazer o que é preciso sem ser necessário que alguém lhe mande. Sobre a iniciativa, Elbert Hubbard expressou-se da seguinte maneira:

> O mundo concede os seus grandes prêmios, tanto em dinheiro como em honras, em troca de uma coisa apenas: a iniciativa.
>
> E o que é iniciativa? A iniciativa consiste em fazer o que é preciso, sem ser necessário que alguém nos mande.

Em seguida, vêm aqueles que fazem o que é preciso, bastando para isso que se lhes diga uma vez. Porém os que levam a mensagem adquirem honras elevadas, mas o pagamento nem sempre é proporcional.

Vêm depois os que não fazem o que é preciso senão quando a necessidade a isso os obriga. Esses recebem a indiferença e uma paga mesquinha.

Finalmente, ainda mais baixo na escala, temos o indivíduo que não faz nada direito, mesmo que alguém lhe mostre a maneira de fazer e o fique observando; está sempre desempregado, e é tratado com o desdém que merece, a menos que tenha um pai rico, e, nesse caso, o destino fica pacientemente à sua espera.

— A que classe pertenceis?

Visto que se espera do leitor deste curso que faça um exame de si mesmo, determinando assim qual dentre os 15 fatores do triunfo lhe é mais necessário, seria aconselhável e interessante começar esta análise respondendo à pergunta feita por Elbert Hubbards "A que classe pertenceis?"

Uma das peculiaridades da liderança é que essa qualidade nunca se encontra entre os que não adquiriram o hábito de tomar a iniciativa. A liderança é algo que devemos adquirir, pois não nasce espontaneamente. Se analisarmos cuidadosamente todos os líderes que conhecemos, veremos que todos eles não somente exerceram a iniciativa, como também se lançaram ao trabalho com um propósito definido. Vemos também que eram dotados de confiança em si mesmos.

Menciono esses fatos nesta lição porque será proveitoso observar que as pessoas que triunfaram fazem uso eficiente de todos os fatores incluídos nas 16 lições, e, principalmente, porque será proveitoso assimilar completamente o princípio do esforço organizado que o curso se propõe a estabelecer no espírito dos que o seguirem.

Parece oportuno declarar aqui que o curso da Lei do Triunfo não se destina a apresentar um "caminho mais curto" para o triunfo, nem pretende ser mera fórmula mecânica de que se poderá usar para alcançar resultados notáveis, sem esforço pessoal. O valor real do curso está no emprego que dele se fizer, e não no curso propriamente. O objetivo principal destas lições é ajudar a pessoa a desenvolver em si mesma as 15 qualidades estudadas nas 16 lições; e uma das mais importantes dessas qualidades, a iniciativa, é o assunto desta lição.

O ESPAÇO QUE UMA PESSOA OCUPA E A AUTORIDADE QUE EXERCE PODEM SER MEDIDOS COM EXATIDÃO MATEMÁTICA PELOS SERVIÇOS QUE PRESTAR.

Vamos agora aplicar o princípio sobre o qual se fundamenta a lição sobre a iniciativa e a liderança, descrevendo minuciosamente de que maneira ela auxiliou, com pleno êxito, a realização de uma transação comercial que a maioria das pessoas acharia difícil.

Em 1916 necessitei de 25 mil dólares para fundar um curso, mas não possuía tal soma, nem também os meios para consegui-la pelos canais comuns das instituições financeiras. Deveria lastimar minha sorte ou pensar que poderia conseguir tudo se tivesse algum parente rico, ou que um bom samaritano viesse em meu socorro para me emprestar o capital necessário?

Não fiz nada disso.

Fiz exatamente tudo o que aconselharei no decorrer do presente curso. Antes de tudo, transformei a obtenção desse capital no meu *objetivo principal definido*. Em seguida, tracei um plano completo para transformar o objetivo em realidade.

Apoiei-o com confiança em mim mesmo e instiguei-o com iniciativa, procurando pôr o plano em ação. Mas, antes de atingir o estágio de "ação", passaram-se mais de seis semanas de persistentes estudos, esforços e reflexões. Para ser seguro, todo plano precisa ser construído com material cuidadosamente escolhido.

Será observada aqui a aplicação do princípio do *esforço organizado*, cuja operação é possível ao indivíduo aliar ou associar vários interesses de modo que cada um desses interesses é grandemente reforçado e todos se apoiam uns aos outros, da mesma maneira que os elos de uma cadeia se ligam uns aos outros.

Eu precisava de um capital de 25 mil dólares para fundar um curso de anúncios e vendas. Duas coisas eram necessárias para a organização dessa escola: o capital de 25 mil dólares, que eu não tinha, e a habilitação, que eu possuía. Meu problema era aliar-me a um grupo de homens que me emprestassem os 25 mil dólares. Essa aliança deveria ser obtida por meio de um plano que beneficiasse a todos os interessados.

Depois de haver traçado o meu plano, fiquei satisfeito por achá-lo justo e verdadeiro, e fui apresentá-lo a uma conhecida e respeitada escola comercial, que encontrava então grande concorrência, e necessitava de um plano para fazer frente à mesma.

Meu plano foi apresentado mais ou menos com as seguintes palavras:

CONSIDERANDO que os senhores têm uma das escolas comerciais mais conceituadas da cidade;
CONSIDERANDO que necessitam de um plano com o qual possam fazer frente à atual concorrência no seu campo de atividade;
CONSIDERANDO que a boa reputação de que gozam já deu à sua escola o crédito de que ela precisa;
CONSIDERANDO que possuo um plano que os ajudará a enfrentar, com vantagens, a concorrência,
RESOLVI aliar-me aos senhores por meio do plano que vou apresentar. O meu plano lhes dará o que necessitam e ao mesmo tempo me propiciará algo de que preciso também.

Passei então a explicar o meu plano da seguinte maneira:

— Sou autor de um curso muito prático sobre anúncios e vendas. Organizei esse curso com a experiência adquirida no treinamento e na direção de vendedores e no planejamento e condução de campanhas de publicidade, que tiveram grande êxito. Tive, assim, oportunidade de verificar que o curso em questão é praticável e seguro.

"Se os senhores concordarem em empregar o seu crédito para auxiliar a venda do curso, eu o colocarei na sua escola como um dos ramos do seu currículo e tomarei inteiramente a meu cargo esse novo curso. Nenhuma outra escola de comércio desta cidade encontrará facilidade para lhes fazer competição, pois nenhuma delas dispõe de um curso como esse. A publicidade que fizerem desse trabalho servirá por sua vez para estimular a venda regular do curso no comércio. As despesas feitas com a publicidade podem ser debitadas à minha seção, advindo para os senhores a vantagem de que as outras seções ficarão livres de qualquer despesa com a publicidade.

"Suponho que os senhores desejarão saber o meu lucro nessa transação e, assim, vou esclarecê-los. Desejo que entrem comigo num acordo mediante o qual ficará estabelecido que quando o rendimento da minha seção igualar a quantia que tiverem gasto com a publicidade, o meu departamento e o meu

— O QUE MAIS O AJUDOU A VENCER OS OBSTÁCULOS DA VIDA? — PERGUNTOU ALGUÉM A UM GRANDE HOMEM.
— OS OUTROS OBSTÁCULOS — RESPONDEU ELE.

curso sobre vendas e anúncios se tornarão propriedade minha, e terei o privilégio de tornar esse grupo independente da escola e dirigi-lo sob o meu próprio nome."

O plano agradou e o contrato foi assinado.

É preciso ter sempre em mente que o meu objetivo definido, no caso, era conseguir os 25 mil dólares em troca dos quais eu não tinha nenhuma garantia a oferecer.

Em pouco menos de um ano o Business College havia pagado mais de 25 mil dólares com a publicidade e a colocação do meu curso e outras despesas decorrentes da instalação do novo ramo de estudo na escola, ao passo que o novo curso teve de lucro uma soma igual em matrículas. Essa soma foi entregue à escola, e pude então separar o meu curso, tudo dentro dos termos do contrato.

Na verdade, o novo curso não somente serviu para atrair estudantes de outros ramos de ensino da escola, como também a renda que arrecadou foi suficiente para colocá-lo em situação de financiar todas as suas despesas antes de findo um ano da sua fundação.

Já disse que o meu plano se baseava na equidade, que cuidava de beneficiar a todas as partes interessadas. O benefício que me coube foi o privilégio de poder empregar 25 mil dólares, e disso resultou o meu estabelecimento por conta própria, no fim do primeiro ano. Quanto à escola, foi beneficiada com um aumento no número de alunos e a organização de cursos regulares de comércio e finanças graças ao dinheiro gasto com a publicidade feita no seu nome.

Hoje, essa escola é uma das mais prósperas no seu gênero, e permanece como uma demonstração segura do valor do esforço aliado.

Esse caso foi narrado não somente porque demonstra o valor da iniciativa e da liderança, como também porque serve como introdução à lição seguinte, sobre a *imaginação*.

Existem por aí muitos planos por meio dos quais um desejado objetivo pode ser obtido, e muitas vezes acontece que os métodos mais usuais não são os melhores. O método normal, no caso narrado, seria o empréstimo por meio de um banco. Tal método, como se viu, no caso, seria impraticável, pois eu nada tinha para dar em garantia do empréstimo.

Um grande filósofo disse um dia: "A iniciativa é a chave que abre a porta da oportunidade."

Não me lembro agora do nome desse filósofo, mas não há dúvida de que era grande, pois essa afirmativa encerra uma verdade.

Delinearemos agora o plano que o leitor deve seguir para se tornar uma pessoa de iniciativa e um líder no seu campo de ação.

Primeiro: Deve perder o hábito da demora, e eliminá-lo do seu material construtivo. O hábito de deixar para amanhã o que poderia ter feito ontem é prejudicialíssimo, e nada poderemos realizar na vida antes de nos livrarmos dele.

O método por meio do qual se poderá eliminar esse hábito indesejável é baseado no princípio de psicologia muito conhecido e cientificamente provado denominado autossugestão, a que já nos referimos nas lições anteriores.

Copie o leitor a fórmula seguinte e coloque-a de maneira bem visível, no quarto, de modo a poder lê-la todas as manhãs e todas as noites:

INICIATIVA E LIDERANÇA

Tendo escolhido um objetivo principal definido, compreendo que é meu dever transformá-lo em realidade.

Assim, adquirirei o hábito de realizar todos os dias uma ação definida, que me fará dar um passo a mais para a consecução desse objetivo principal.

Sei que a demora é um inimigo mortal de todos os que querem se tornar líderes em qualquer empreendimento; e, assim, eliminarei esse hábito da minha vida do seguinte modo:

a) Fazendo todos os dias ao menos uma coisa definida que precisa ser feita sem que seja necessário alguém me dizer que devo fazê-la.
b) Olhando em volta de mim todos os dias, até encontrar uma coisa que possa fazer e que seja útil para os outros, e fazê-la sem esperar pagamento.
c) Falando pelo menos a uma pessoa, todos os dias, sobre a importância que tem o hábito de fazer o que deve ser feito sem necessidade de que alguém o ordene.

Posso verificar que os músculos do corpo se tornam fortes à proporção que são usados; assim, compreendo também que o hábito da iniciativa se torna fixo na proporção em que é exercitado. Quanto mais praticar esse hábito, mais decisivo ele se tornará.

Compreendo que o melhor meio para começar a desenvolver o hábito da iniciativa é empregá-lo nas pequenas coisas relacionadas com o meu trabalho diário, de modo que irei todos os dias para ele como se o meu único intento fosse desenvolver o hábito tão necessário da iniciativa.

Compreendo que pela prática do hábito de tomar a iniciativa em coisas relacionadas com a minha ocupação de todos os dias não somente desenvolverei esse hábito como também atrairei a atenção daqueles que darão mais valor ao trabalho, notando os meus esforços.

Assinado: ________________

Seja qual for a nossa ocupação, todos os dias nos encontramos diante de uma oportunidade para ser útil aos outros, independentemente dos nossos deveres habituais. Prestando um serviço adicional, sabemos naturalmente que não podemos esperar por pagamento. Prestamos esse serviço porque ele nos proporciona meios de exercitar, desenvolver e tornar mais forte o espírito de iniciativa que devemos possuir, a fim de alcançar uma posição de destaque no campo de atividade que escolhemos.

Os que trabalham apenas por dinheiro e que apenas recebem em pagamento são sempre malpagos, seja qual for o seu salário. O dinheiro é necessário, mas os grandes prêmios da vida não podem ser avaliados em cifras. Nenhuma quantia poderá substituir a felicidade, a alegria e o orgulho que pertencem à pessoa que realiza um melhor trabalho, seja de que gênero for. Toda pessoa normal gosta de fazer alguma coisa que está acima da média. A alegria de criar um trabalho de arte é algo que não pode ser substituído por dinheiro ou outra qualquer forma de posse material.

Tenho a meu serviço uma moça que abre, seleciona e responde grande parte da minha correspondência pessoal. Trabalha comigo há mais de três anos. Quando começou, seu trabalho consistia em copiar o que eu ditava. Seu salário era o mesmo que se paga comumente a uma datilógrafa. Um dia, ditei a frase seguinte:

Lembremo-nos de que nosso único limite é aquele que fixamos em nossa mente.

Quando me entregou o papel datilografado, disse-me o seguinte:

— Essa sua frase me deu uma ideia que será de valor para o senhor e para mim.

Respondi-lhe que estava satisfeito de que a frase lhe fosse útil e o caso não chegou a me impressionar, mas desde aquele dia observei que produzira uma profunda impressão no espírito da moça, que desde então começou a voltar ao meu escritório depois do jantar e a fazer serviços que não eram da sua obrigação, e que não devia esperar que lhe fossem pagos. Sem que ninguém mandasse, começou a colocar na minha mesa cartas que respondera por mim. Estudara o meu estilo e as cartas eram como se fossem escritas por mim, e, em alguns casos, superiores. Conservou esse hábito até que a minha secretária particular se demitiu. Quando comecei a procurar alguém para substituí-la, nada me pareceu mais natural do que convidar aquela moça para preencher a vaga. Antes que tivesse tempo de lhe dar o serviço, ela o *tomou com a sua iniciativa*. Minha correspondência pessoal, cartas pessoais, começaram a chegar com o nome de uma nova secretária, e essa secretária era ela. Por si mesma, depois de trabalhar várias horas sem receber extra, preparou-se para o melhor posto do meu pessoal.

Mas ainda não é tudo. Essa moça tornou-se tão eficiente que atraiu a atenção de outras pessoas, que lhe fizeram propostas para cargos bem-remunerados. Aumentei o seu salário várias vezes e hoje ela ganha quatro vezes mais do que ganhava ao entrar para o meu serviço como simples estenógrafa, e, digo com franqueza, não posso mais dispensá-la, pois ela se tornou uma auxiliar tão valiosa que nada posso fazer sem a sua colaboração.

Isto é *iniciativa*, transformada em termos práticos e compreensíveis. Faltaria aos meus deveres se deixasse de chamar a atenção do leitor para outra vantagem que a iniciativa trouxe para essa moça. Desenvolveu-se nela um espírito de entusiasmo que lhe dá uma felicidade que muitas estenógrafas desconhecem. Seu trabalho não é trabalho — é um grande e interessante jogo que disputa. Mesmo chegando ao escritório antes das outras estenógrafas e permanecendo ainda três longas horas depois de encerrado o expediente, o seu horário é mais curto que o dos outros, pois que o trabalho não se arrasta monótono para aqueles que se sentem felizes com ele.

Chegamos agora ao segundo passo do processo exato que se deve seguir para o desenvolvimento da iniciativa e liderança.

Naturalmente, o leitor compreende que o único meio de obter a felicidade é proporcioná-la aos outros. O mesmo se aplica ao desenvolvimento da iniciativa. Pode-se desenvolver melhor essa qualidade essencial quando se procura interessar os que nos cercam em fazer a mesma coisa. É fato bem conhecido que aprendemos aquilo que nos esforçamos por ensinar aos outros. Se alguém abraça determinado credo ou fé religiosa, a primeira coisa que faz é procurar conseguir prosélitos para a sua crença. E na proporção exata em que consegue impressionar os outros, impressiona a si mesmo.

No que se refere a vendas, é sabido que nenhum vendedor consegue êxito na profissão antes de saber "vender a si mesmo". Ou, por outras palavras, nenhum vendedor consegue triunfo na sua profissão antes de se ter convencido de que ele próprio compraria o produto que vende.

Qualquer declaração que uma pessoa repete muitas vezes com o objetivo de impressionar os outros acaba por impressionar a si próprio, seja ou não verdadeira essa afirmação.

Podemos compreender agora a vantagem que há em desenvolver o hábito de falar em iniciativa, em todas as ocasiões, a todos os instantes, e em praticá-la. Fazendo assim, o leitor se tornará uma pessoa decidida, capaz de dirigir os outros, pois é fato bem conhecido que as pessoas seguem mais prontamente, com mais vontade e interesse, o indivíduo que, por suas ações, demonstra ser dotado de iniciativa.

No lugar onde trabalhamos ou na comunidade em que vivemos, estamos em contato com outras pessoas. Procuremos nos empenhar em fazer de cada qual um entusiasta do desenvolvimento da iniciativa. Não nos será necessário aduzir razões para isso, nem também anunciar o que estamos fazendo. Prossigamos sempre, no mesmo trabalho. Intimamente, estamos convencidos de que agimos assim porque essa prática nos ajudará e ao mesmo tempo não prejudicará a ninguém.

Se quisermos experimentar isso, encontraremos tanto interesse como proveito escolhendo uma pessoa que saibamos ser conhecida por sua falta de iniciativa e procurando incutir-lhe a ideia.

Mas não devemos discutir o assunto somente uma vez; façamos a mesma coisa todas as vezes que tivermos oportunidade. Abordemos a questão de um ângulo diferente, de cada vez. Se realizarmos essa experiência com tato e energia, ao mesmo tempo, dentro em pouco observaremos uma transformação na pessoa que tentamos experimentar.

E observaremos alguma coisa muito mais importante, isto é, observaremos uma transformação em nós mesmos.

O leitor não deve deixar de tentar tal experiência.

Não se pode falar sobre iniciativa com outras pessoas sem desenvolver antes o desejo de praticá-la. Por meio da operação do princípio da autossugestão cada afirmativa que fizermos a outros fica registrada no nosso subconsciente e aí se fixa, seja verdadeira ou não.

Ouve-se muitas vezes: "Quem vive pela espada, pela espada morrerá."

Interpretada como deve ser, essa frase significa apenas que estamos constantemente atraindo para nós mesmos e estabelecendo no nosso caráter e em nossa personalidade as qualidades que nossa influência ajuda a criar nos outros. Se ajudamos o desenvolvimento do hábito da iniciativa, estamos por nossa vez adquirindo esse hábito. Se espalhamos as sementes do ódio, da inveja e do desânimo, os mesmos defeitos se desenvolverão em nós. Esse princípio por meio do qual o homem chega a assemelhar-se àqueles que mais admira é bem exposto em *The Great Stone Face*, de Hawthorne, novela que todos os pais deviam fazer os filhos lerem.

Chegamos agora ao terceiro passo na descrição do processo exato que se deve seguir para desenvolver o hábito da iniciativa e liderança.

Antes de prosseguir é preciso explicar o sentido exato do termo liderança, tal como é usado no nosso curso. Há dois gêneros de liderança, dos quais um é mortífero e destruidor, ao passo que o outro é vital e construtivo. A espécie prejudicial de liderança que não conduz ao triunfo e sim ao mais absoluto fracasso é a que é adotada pelos pseudolíderes que se impõem pela força. Não é necessário descrever aqui esse gênero de liderança ou acentuar os seus campos de ação, exceto a guerra, e nesse caso citaremos apenas um exemplo notável, que foi o de Napoleão Bonaparte.

Ele foi um líder, sobre isso não há a menor dúvida. Mas dirigiu os seus adeptos para a destruição. Tudo isso, porém, o leitor pode estudar na história da França, se tal é o seu desejo.

Assim, não é essa a espécie de liderança que aconselhamos no decorrer das lições sobre a Lei do Triunfo, embora reconheçamos que Napoleão possuía todas as qualidades necessárias para ser um grande líder, com exceção de uma: faltava-lhe, como objetivo definido, o espírito de assistência aos outros. O seu desejo de poder, adquirido por meio da liderança, era baseado apenas no engrandecimento da sua personalidade e fundado sobre a ambição pessoal, e não no desejo de elevar o povo francês a uma posição mais alta e mais nobre no conceito das nações.

A espécie de liderança recomendada neste curso de leitura é a que conduz à autodeterminação, à liberdade, ao desenvolvimento próprio, ao esclarecimento e à justiça. É a liderança que perdura. Por exemplo, e em contraste com a espécie de liderança que foi desempenhada por Napoleão, consideremos o grande norte-americano Abraham Lincoln. O objetivo da liderança era proporcionar ao povo dos Estados Unidos a justiça, a compreensão e a liberdade. Conquanto morresse como mártir por essa crença, o seu nome é recordado no mundo inteiro como simbolizando uma benevolência que nunca trará mais do que benefícios a todo o universo.

Tanto Lincoln como Napoleão dirigiram exércitos, mas os seus objetivos eram tão diferentes como a noite e o dia. Se julgássemos necessário dar aos leitores melhor compreensão dos princípios sobre os quais repousa este curso, poderíamos citar hoje exemplos muito semelhantes aos de Lincoln e Napoleão. Porém isso não é necessário. A habilidade do leitor para olhar em tomo de si e analisar os homens que ocupam as primeiras filas em todos os campos de ação é suficiente para lhe facilitar distinguir os homens que exercem liderança dos dois tipos aqui apontados. O seu julgamento o ajudará a decidir qual o tipo que prefere imitar.

Não fazemos nenhuma recomendação particular a esse respeito, pois o nosso intuito ao preparar o curso era unicamente expor os princípios fundamentais sobre os quais se baseia o poder, e não fazer prédicas sobre a conduta moral de quem quer que seja. Apresentamos as possibilidades construtivas e destrutivas, e o leitor pode se familiarizar com todas elas, mas deixamos inteiramente à sua discrição a escolha e aplicação dos princípios, certos de que a sua inteligência o levará a fazer uma boa escolha.

Os percalços da liderança

Em todo campo de esforço humano aquele que se destaca como primeiro tem de viver constantemente à luz da publicidade. Onde quer que se encontre a liderança, sob qualquer forma, a emulação e a inveja estarão sempre em campo.

Na arte, na literatura, na música e na indústria, a recompensa e o castigo da liderança são sempre os mesmos. A recompensa é o reconhecimento geral; o castigo é a negação e a calúnia.

Quando o trabalho de um homem se torna um padrão para todo mundo, se torna também um alvo para as arremetidas dos invejosos. Se o seu trabalho é apenas medíocre, ninguém se importará com ele, mas se conseguir realizar uma obra-prima, 1 milhão de faladores se preocupará com ele.

A inveja não projeta a sua língua viperina contra o artista medíocre. Ninguém procura ultrapassar ou caluniar um artista cuja obra não traz em si a marca do gênio.

Muito tempo depois de realizado um grande trabalho, ainda os invejosos e desapontados continuam a gritar que não é possível realizá-lo.

Vozes mesquinhas se ergueram contra o autor da "filosofia da Lei do Triunfo" antes mesmo de a tinta secar nos primeiros compêndios impressos. Penas envenenadas trabalharam contra a filosofia e o seu autor desde o momento em que foi impressa a primeira edição.

Vozes despeitadas, no domínio da arte, se elevaram contra Whistler, mas sem o atingir, muito tempo depois que o mundo o aclamara como um grande gênio artístico.

Multidões acorriam a Bayreuth para venerar o santuário musical de Wagner, ao passo que um pequeno grupo que ele destronara continuava a argumentar colericamente que Wagner não era músico.

Um grupo reduzido continuava a protestar que Fulton jamais construiria um barco a vapor, ao passo que a multidão afluía para as margens do rio a fim de ver o barco cortar as águas, serenamente.

Vozes bem mesquinhas gritaram que Ford não aguentaria mais um ano, mas, acima do ruído da sua tagarelice, Ford continuou silenciosamente a sua tarefa, e tornou-se o homem mais rico e poderoso do mundo.

O condutor é atacado justamente por ser um condutor, e o esforço para igualá-lo não é mais do que uma prova da sua liderança.

Não conseguindo igualá-lo ou superá-lo, o vulgo procura destruir ou depreciar o seu trabalho, porém não faz mais do que confirmar a superioridade daquele que se esforça por suplantar.

TRABALHO, SACRIFÍCIO E AUTOCONTROLE, EIS AS TRÊS PALAVRAS QUE DEVEM SER BEM-COMPREENDIDAS POR TODOS OS QUE DESEJAM TRIUNFAR EM ALGUMA COISA QUE SEJA DE UTILIDADE PARA O MUNDO.

Nada há de novo em tudo isso.

A inveja, o medo, a cobiça, a ambição e o desejo de elevar-se são tão velhos quanto o mundo e as paixões humanas.

E tudo isso de nada serve.

Se o líder é verdadeiramente líder, continuará a sê-lo.

O grande poeta, o grande pintor, o grande operário são sempre assaltados, mas conservam os seus louros através das épocas.

Tudo o que é grande e bom se torna conhecido por mais altos que sejam os clamores da inveja.

Um líder verdadeiro não pode ser diminuído pelas mentiras dos invejosos, porque todas as tentativas servem apenas para projetar a sua capacidade, e o líder de capacidade real sempre encontra adeptos em profusão.

As tentativas para destruir a verdadeira liderança são pura perda, pois tudo o que merece viver, vive.

Voltemos agora à discussão do terceiro passo do processo que se deve seguir para o desenvolvimento da *iniciativa* e da *liderança*. Esse terceiro passo exige uma revisão do princípio do *esforço organizado*, descrito nas lições precedentes.

Aprendemos já que numa realização de grande alcance nenhum homem pode conseguir resultados duradouros sem o auxílio e a cooperação de outros. Vimos também que quando duas ou mais pessoas se aliam em qualquer empreendimento, num espírito de compreensão e harmonia, cada pessoa que faz parte dessa aliança multiplica os seus poderes de realização. Em parte alguma esse princípio é mais evidente do que na indústria e no comércio, onde existe um perfeito trabalho conjunto entre empregador e empregados. Onde quer que haja trabalho conjunto, haverá prosperidade de ambos os lados.

Já se disse que cooperação é a palavra mais importante no idioma inglês. Essa palavra desempenha importante papel nos assuntos do lar, nas relações entre marido e mulher e entre pais e filhos. Tem igualmente importante papel nos assuntos do Estado. Tão importante é o princípio de cooperação que nenhum líder pode se tornar poderoso ou subsistir por muito tempo se não compreender esse princípio e não o aplicar.

A falta de cooperação já tem destruído mais firmas e empresas que todas as outras causas combinadas. Nos meus 25 anos de experiência comercial, presenciei a destruição de empresas comerciais de toda espécie, em consequência de discórdias e falta de aplicação do princípio da cooperação. No que se refere à lei, tenho testemunhado uma infinidade de casos de divórcio e desmoronamento de lares, em consequência da falta de cooperação entre marido e mulher. É mais que evidente, no estudo da história universal, que a falta de esforço cooperativo tem sido uma maldição para a raça humana em todas as eras. Voltando às páginas da história, encontraremos uma lição sobre cooperação que nos ficará impressa na memória, de maneira indelével.

Todos nós estamos pagando — e os nossos filhos e netos continuarão a pagar — o custo da mais extensiva e destruidora guerra que o mundo já conheceu, porque as nações não compreenderam que uma parte do mundo não pode sofrer sem que isso afete seriamente o mundo inteiro.*

A mesma regra se aplica à direção da indústria e do comércio nos nossos dias. Quando uma indústria se desorganiza e é dilacerada por greves e outras formas de desacordo, tanto o empregador quanto os empregados sofrem prejuízos irreparáveis. E o prejuízo não para aí: torna-se um fardo para o público, na forma de preços mais altos e escassez dos artigos necessários à vida.

Nos Estados Unidos, tão incertas se tornaram as relações entre empreiteiros, proprietários e operários que um proprietário não empreende a construção de um edifício sem acrescentar uma soma especial, para o caso de que surjam complicações trabalhistas. Desse custo adicional resulta um aumento no valor dos aluguéis, o que prejudica, por conseguinte, milhões de pessoas.

O mesmo mal assola o funcionamento das estradas de ferro, onde a falta de harmonia e cooperação entre a direção e os ferroviários forçou

---

*Quando o autor escreveu isso, o mundo ainda não estava mergulhado na catástrofe — a guerra de 1939 — cujos resultados são ainda imprevisíveis, mas cuja causa se pode descobrir claramente na falta de cooperação das nações, o que reduziu a frangalhos todos os tratados assinados depois da outra conflagração. (*N. do T.*)

um aumento nas tarifas de transporte de passageiros e cargas, resultando disso que o custo de vida aumentou em proporções assustadoras. Aqui, mais uma vez, a falta de cooperação entre alguns atinge milhões de pessoas.

Citamos esses fatos sem nenhuma intenção ou desejo de situar a responsabilidade por essa falta de cooperação, visto que o objetivo do nosso curso é ajudar os que o seguem a conhecer os fatos por si mesmos.

Pode-se afirmar, sem medo de errar, que o alto custo de vida, que se manifesta por toda parte, é resultado da falta de aplicação do princípio da liderança cooperativa. Os que desejam desacreditar o atual sistema de governo e direção industrial são livres de fazê-lo, mas em última análise se torna claro para todos, exceto para aqueles que não procuram a verdade, que os males do governo e da indústria nasceram da falta de cooperação.

Não se pode dizer também que todos os males do mundo se limitam aos negócios do Estado e da indústria. Observemos as igrejas e veremos os efeitos prejudiciais da falta de cooperação. Não citamos nenhuma igreja em particular, mas analisemos qualquer igreja ou grupo de igrejas onde prevaleça a falta de cooperação de esforços e teremos a evidência da desintegração, que limita o serviço que elas poderiam prestar. Por exemplo, tomemos uma pequena cidade, onde haja rivalidade entre igrejas, e vejamos o que acontece, principalmente quando se trata de cidades onde o número de igrejas é grande em relação ao de habitantes.

Por meio do esforço organizado e da cooperação, as igrejas do mundo poderiam ter influência bastante para tornar a guerra uma impossibilidade. Por meio do mesmo princípio do esforço cooperativo as igrejas e os líderes, no comércio e na indústria, poderiam eliminar muitos males e corrigir muitos abusos. Essas possibilidades são mencionadas aqui sem espírito de crítica, mas apenas como meio de ilustrar o poder da cooperação e de acentuar a nossa crença na força potencial das igrejas do mundo inteiro. Para que não haja possibilidade de uma interpretação errada das afirmativas que fazemos, repetiremos o que já temos dito tantas vezes, em particular, isto é, se não fosse a influência da igreja, os homens se entredevorariam como lobos, e estariam ainda no mesmo estágio das eras pré-históricas. Não é do trabalho das igrejas que me queixo: lastimo o *trabalho que poderiam ter feito e não fizeram*, por meio da liderança baseada no princípio de coordenação e de esforço cooperativo, princípio esse que poderia ter levado a nossa civilização mil anos além do ponto em que está hoje. Mas ainda não é tarde para o desenvolvimento dessa espécie de liderança.

A fim de que o leitor apreenda melhor o princípio fundamental do esforço cooperativo aconselhamos-lhe a leitura do livro *The Science of Power*, de Benjamin Kidd. Dentre dezenas de volumes de alguns dos maiores pensadores que tenho lido nos últimos 15 anos, nenhum me deu uma compreensão tão plena do esforço de cooperação.

Recomendando essa leitura, não é meu propósito endossar todas as ideias contidas nessa obra, pois ela apresenta algumas teorias com as quais não estou de acordo. Aqueles que lerem o livro devem fazê-lo com inteligência, tirando dele apenas o que lhes parecer de proveito para o alcance do seu objetivo principal definido.

Esse livro estimulará o pensamento, o que é o maior serviço que qualquer livro pode prestar. De fato, o principal objetivo desse curso de leitura sobre a Lei do Triunfo é estimular o pensamento deliberado, principalmente essa espécie de pensamento que é livre de preconceitos e que busca a verdade onde, como e quando quer que ela possa ser encontrada.

Durante a Guerra Mundial tive a felicidade de ouvir um grande oficial analisar a maneira como se faz um líder.

Essa análise foi dada aos cadetes do segundo campo de treinamento, em Fort Sheridan, pelo major C. A. Bach, oficial modesto e calmo que era instrutor do campo. Guardei uma cópia do seu discurso, pois julgo-o uma das mais belas lições que já se deu algum dia sobre o assunto.

O discurso do major Bach é tão judicioso, é tão evidente o proveito que terá para todos os que aspiram a uma posição de liderança, no seu campo de ação, seja um negociante, um chefe de seção, uma datilógrafa, um empregado de balcão ou o presidente de qualquer indústria, que resolvi incluí-lo como parte deste curso. Espero assim que, por intermédio desses livros, essa notável dissertação sobre a liderança cairá nas mãos de todo empregador ou empregado, bem como de todos aqueles que têm ambição e desejam adquirir ascendência em qualquer campo de esforços. Os princípios sobre os quais é baseado o discurso do major Bach se aplicam à liderança no comércio, nas indústria e nas finanças, com a mesma eficiência de que deram prova nos assuntos militares.

O major Bach disse o seguinte:

Dentro de algum tempo, cada um de vós dirigirá a vida de um certo número de homens. Terá sob a sua responsabilidade cidadãos leais, porém sem treinamento, os quais esperarão de vós instrução e comando. A vossa palavra será lei para eles. Todas as vossas observações serão lembradas, e as vossas maneiras imitadas, desde a roupa até a maneira de comandar.

Quando vos reunirdes à vossa unidade, encontrareis um corpo de homens de boa vontade que não exigirão de vós senão qualidades que lhes inspirem respeito, lealdade e obediência.

Estão inteiramente prontos e ansiosos para seguir-vos enquanto puderdes convencê-los de que possuis essas qualidades. Quando se convencerem de que as não possuis, podeis estar certos de que a vossa utilidade chegou a um fim.

No que se refere à sociedade, o mundo pode ser dividido em líderes e sequazes. Todas as profissões, bem como o mundo financeiro, têm os seus líderes. Em todas essas lideranças é difícil, se não impossível, separar do elemento de puro desinteresse o elemento egoísta de ganhos ou vantagens pessoais, e se não se fizer essa separação, qualquer espécie de liderança perde o seu valor.

É apenas no serviço militar, onde os homens consentem livremente em sacrificar a vida por uma fé, onde os homens consentem sofrer e morrer para corrigir ou evitar um mal, que podemos compreender o sentido de liderança, na sua acepção mais elevada e desinteressada. Assim, quando falo em liderança, quero dizer liderança militar.

Dentro de poucos dias muitos de vós serão comissionados como oficiais. Mas essas comissões não vos farão líderes. Passareis a ser simplesmente oficiais, mas ficareis em condições de vos tornardes líderes, se possuirdes os atributos necessários para isso. Mas precisareis comportar-vos bem, não somente em relação aos vossos superiores, como também aos que estão abaixo de vós.

Os soldados devem seguir, e seguirão, nas batalhas, os simples oficiais, mas a força que os impele não é o entusiasmo, e sim a disciplina. Esses soldados obedecerão à risca as ordens do oficial em comando; porém nada sabem sobre dedicação ao comandante, ou sobre o espírito de sacrifício e de entusiasmo que zomba do perigo e da segurança pessoal. Caminham porque são impelidos pela razão e pelo treinamento que receberam.

Os grandes feitos militares não são conseguidos por soldados passivos e indiferentes. Eles não vão muito longe, e param logo que encontram uma oportunidade. A liderança não somente exige como também recebe obediência, lealdade voluntária, sem hesitação ou desfalecimento.

Vós vos perguntareis: "Mas em que consiste então a liderança? Que devo fazer para tornar-me um líder? Quais são os atributos da liderança, como cultivá-los?"

A liderança é um composto de várias qualidades.* As qualidades mais importantes que compõem a liderança são: a confiança em si mesmo, a ascendência moral, o espírito de sacrifício, o sentimento de paternidade, o sentimento de justiça, a iniciativa, a decisão, a dignidade e a coragem.

A confiança em si mesmo resulta, primeiro, do conhecimento exato; em seguida, da capacidade para ministrar aos outros esses conhecimentos; finalmente, do sentimento de superioridade sobre os outros, que se segue naturalmente. Tudo isso dá firmeza a um oficial. Para conduzir, é preciso saber. Podeis algumas vezes enganar os vossos soldados, mas não podereis fazer isso sempre. Os soldados não têm confiança num oficial que não conheça inteiramente a sua profissão; ele precisa conhecê-la a fundo.

Assim, se dá mostras de não conhecer o seu ofício, torna-se uma pessoa vulgar para o soldado, que diz consigo mesmo: "Ora, ele sabe tanto quanto eu. E por conseguinte, passa por cima das ordens recebidas."

Nada há que substitua o conhecimento exato.

Deveis adquirir tanto conhecimento quanto possível, a fim de que estejais sempre prontos para responder as perguntas dos vossos soldados e até mesmo dos vossos colegas oficiais.

Um oficial precisa não somente saber, como também expressar o que sabe numa linguagem interessante e segura. Deve aprender a permanecer firme e falar desembaraçadamente.

Contaram-me que nos campos de treinamento da Inglaterra os oficiais estudantes têm o dever de fazer palestras de dez minutos sobre qualquer assunto que escolham. É essa uma excelente prática. Para falar claramente, é preciso pensar com clareza, e o pensamento claro e lógico expressa-se em ordens definidas, positivas.

A confiança em si mesmo é o resultado dos conhecimentos mais vastos do oficial, e a ascendência moral sobre o soldado é baseada na crença de que é ele o homem que serve. Para conquistar e manter essa ascendência, deveis ter autocontrole, vitalidade física, resistência e força moral. Deveis ter tanto autodomínio que, mesmo que numa batalha estejais apavorados, jamais mostrareis o menor indício de medo. Porque basta um movimento apressado, um tremor das mãos, uma mudança de expressão ou uma ordem apressada, logo retirada, para indicar a vossa condição mental, e isso refletirá em alto grau sobre os vossos homens.

Numa guarnição ou campo surgirão muitas ocasiões para pôr à prova a vossa têmpera e destruir a brandura da vossa disposição. Nesse caso, deveis

*Assim como o triunfo é composto pelas 15 leis que serviram para formar este curso de leitura. (*N. do A.*)

afastar-vos porque, sob o domínio da cólera, os homens, às vezes, fazem coisas de que invariavelmente se arrependem depois.

Um oficial nunca deve desculpar-se perante os seus homens; também um oficial nunca deve se tornar culpado de atos pelos quais o seu senso de justiça lhe diga que deve pedir desculpas.

Outro elemento para a conquista da ascendência moral é uma vitalidade e resistência física suficientes para suportar as provações às quais vós e os vossos homens estais sujeitos, e um espírito indomável, que não somente vos torne aptos para aceitá-las com alegria, como também para não lhes dar grande importância.

Subestimando as dificuldades, fazendo pouco-caso das provações, ajudareis a vossa vitalidade a construir, dentro da vossa organização, um espírito cujo valor, nos tempos de provações, será inestimável.

A força moral é o terceiro elemento para conquistar a ascendência moral. Para exercer a força moral precisareis ter uma vida limpa; é preciso ter uma mentalidade bastante forte para ver o que está direito, e querer o que está direito.

Sede um exemplo para os vossos homens.

Um oficial pode ser uma força benéfica ou uma força malévola. Não façais prédicas aos vossos homens, o que seria pior do que inútil. Vivei vós mesmos o gênero de vida que desejais vê-los levar e ficareis surpreendidos com o grande número que seguirá o vosso exemplo.

Um comandante leviano, blasfemo e vulgar, descuidado da sua aparência pessoal, refletirá, no seu regimento, esses mesmos defeitos. Lembrai-vos do que vos digo: o vosso regimento será um reflexo de vós mesmos.

O espírito de sacrifício é essencial para a liderança. Tereis de sacrificar-vos o tempo todo. Tereis de dar muito de vós, fisicamente, durante longas horas; o mais árduo trabalho e a maior responsabilidade são a partilha do comandante. É ele o primeiro a levantar-se pela manhã e o último a ir para a cama à noite. Trabalha enquanto os outros dormem.

Tereis de mostrar simpatia e compreensão pelas dificuldades dos homens sob as vossas ordens. Um deles teve a infelicidade de perder a mãe, outro perdeu tudo o que tinha, numa falência de banco? Talvez precisem de auxílio, porém, mais do que tudo, desejam simpatia. Não cometais o erro de afastar esses homens, dizendo que tendes também as vossas dificuldades, porque, de cada vez que o fizerdes, arrancareis uma pedra do alicerce da vossa casa.

Os vossos soldados são os alicerces, e o vosso edifício de liderança desmoronará ante os vossos olhos se não repousar seguramente sobre alicerces. Finalmente, dareis aos vossos homens os vossos parcos recursos financeiros.

Gastareis frequentemente do vosso bolso para conservar a saúde e o bem-estar dos vossos homens e assisti-los nas suas dificuldades. Geralmente, o vosso dinheiro será restituído, mas, frequentemente, havereis de perdê-lo.

Mesmo assim, porém, vale a pena perdê-lo. Quando digo que o sentimento paternal é essencial para a liderança, emprego o termo no melhor sentido. Não me refiro agora a essa forma de sentimento paterno que tira aos homens a iniciativa, a autoconfiança e o autorrespeito. Refiro-me ao paternalismo que se manifesta num cuidado atento pelo conforto e bem-estar dos que estão a vosso cargo.

Os soldados se parecem com as crianças. Deveis prover para que tenham abrigo, alimento e roupas, e da melhor maneira que puderdes. Deveis prover para que tenham alimento e cama, antes mesmo de pensardes nas vossas próprias necessidades. Deveis ser muito mais solícitos pelo seu conforto do que pelo vosso. Deveis cuidar da sua saúde, e conservar a sua força, não exigindo deles fadigas desnecessárias ou trabalho inútil.

Fazendo isso, estais insuflando vida no que, de outra maneira, seria uma simples máquina. Estais criando, na vossa organização, uma alma que vos responderá como se fosse um único homem. E isso *é* espírito.

E quando a vossa organização tiver tal espírito, podereis despertar uma manhã e descobrir o reverso da medalha. Por sua vez, os vossos soldados passarão a cuidar de vós, sem que seja necessária a menor sugestão da vossa parte; vereis que a vossa tenda é erguida sem demora, que a melhor cama é trazida para ela, que de qualquer fonte misteriosa apareceram dois ovos para a vossa ceia, quando ninguém mais os tem, que os vossos cavalos são tratados com um cuidado especial, que tereis adivinhados os vossos desejos, que cada homem está no seu posto. E, finalmente, vencestes.

O oficial não pode tratar a todos os homens da mesma maneira. Um castigo que um soldado receberia com um simples encolher de ombros é uma angústia mortal para outro. Um comandante de companhia, que por uma determinada ofensa tem um "castigo padrão" que se aplica a todos, ou é muito indolente ou muito estúpido para estudar a personalidade dos seus homens. Nesse caso, a sua justiça é certamente cega.

Estudai os vossos homens com o mesmo cuidado com que um cirurgião estuda um caso difícil. E quando estiverdes certos do diagnóstico, então aplicai o remédio. E lembrai-vos de que aplicais o remédio para efetuar uma cura, não apenas para fazer sofrer. Será talvez necessário cortar profundamente, mas quando estiverdes seguros quanto ao diagnóstico, não vos afasteis do vosso propósito, por qualquer simpatia mal-entendida pelo paciente.

Lado a lado com a justiça no castigo deve andar também a justiça no elogio. Assim, quando um dos vossos homens tiver realizado um trabalho digno de crédito, o oficial deve providenciar para que ele receba a justa recompensa. Nunca deve tentar arrebatar-lhe o feito e ganhar os elogios para si. Poderá fazer isso, mas, nesse caso, já não terá a lealdade e o respeito dos seus homens. Cedo ou tarde, os seus irmãos de armas, os oficiais, virão a saber do fato e o evitarão, como a um leproso. Na guerra há glória bastante para todos. Dai aos vossos homens o que eles merecerem. Aquele que toma sempre e nunca dá não é um líder, e sim um parasita.

Há ainda outra espécie de justiça: a que impede um oficial de abusar dos privilégios do seu posto. Quando exigirdes respeito dos vossos soldados, deveis ter consciência de que os tratais com igual respeito. Construí a coragem e o respeito próprios dos vossos homens. Nunca tenteis rebaixá-los.

Um oficial que se mostra insolente e insulta os seus soldados comporta-se como um covarde. Amarra um homem a uma árvore com as cordas da dis ciplina e bate-lhe no rosto, pois sabe que ele não pode reagir.

A consideração, a cortesia e o respeito mostrados pelos oficiais em relação aos soldados não é, de modo algum, incompatível com a disciplina. Fazem parte da disciplina. Sem iniciativa e decisão nenhum homem deve esperar ser um condutor de homens.

Nas manobras, vereis frequentemente, quando surge uma emergência, alguns homens darem calmamente ordens apressadas que mais tarde, a uma análise, se mostram não ser exatamente o que se deveria ter feito, mas andam muito perto disso. Vereis que outros, numa emergência, ficam desorientados; o seu cérebro recusa trabalhar: dão uma ordem apressada; retiram-na; dão logo outra, que retiram também; em suma, mostram todos os indícios de desorientação.

Olhando para um homem, podeis dizer: "Esse homem é um gênio. Não teve tempo para pensar nisso. Age por intuição." Nada disso. O gênio é apenas a capacidade de se aplicar sem esmorecimento num trabalho. O homem que está pronto é o homem que se preparou. Estudou de antemão as possíveis situações que podem surgir. Fez planos aproximados para fazer face a tais situações. E quando aparece uma emergência, está pronto para ir ao encontro dela. Deve ter apreensão mental suficiente para apreciar o problema que enfrenta e o poder de rápido raciocínio para determinar quais as mudanças necessárias para o plano já formulado. Deve ter, também, decisão para ordenar a sua execução, e manter essas ordens.

Qualquer ordem razoável, numa emergência, é melhor do que nenhuma ordem. A emergência surgiu. É preciso enfrentá-la. É melhor fazer alguma coisa, mesmo que seja errada, do que procurar em torno, procurando a solução acertada e acabar por nada fazer. E uma vez tomada a decisão, apegar-se a ela. Não vacilar. Os homens não têm confiança num oficial que não sabe como decidir.

Uma vez ou outra podereis ser chamados a enfrentar uma situação que nenhuma criatura humana podia prever: o treinamento mental que tiverdes adquirido vos tornará aptos para agir com prontidão e calma.

Deveis agir frequentemente sem esperar ordem das autoridades mais elevadas. O tempo não permitirá algumas vezes esperar por elas. É aqui que sobrevém a importância que há em estudar o trabalho dos oficiais vossos superiores. Se tendes compreensão da situação e podeis formar uma ideia do plano geral dos vossos superiores, essa capacidade, junto com o treinamento anterior, em casos de emergência, vos tornará aptos para dar as ordens necessárias, sem demora.

O elemento de dignidade pessoal é importante na liderança militar. Sede amigos dos vossos homens, mas não vos torneis íntimos com eles. Vossos homens devem respeitar-vos, e não temer-vos. Se os homens pretenderem ter muita familiaridade convosco, a culpa é vossa, não deles. São as vossas ações que os encorajam a isso. E, acima de tudo, não vos rebaixeis pedindo a sua amizade ou os seus favores. Eles vos desprezarão, se assim fizerdes. Se sois dignos da sua lealdade, respeito e devoção, decerto tereis tudo isso, sem precisar pedir. E se não sois, nada vos conquistará isso.

É extremamente difícil para um oficial mostrar dignidade quando está com um uniforme sujo, manchado e barba de três dias.

Podem surgir ocasiões em que, inevitavelmente, o vosso uniforme estará sujo e a vossa barba por fazer; mas, então, todos os vossos homens terão esse aspecto, que em tais ocasiões é perfeitamente justificado. De fato, seria um erro que o oficial se mostrasse então asseado: os soldados pensariam que ele não cumpria o seu dever. Porém, logo que tenha passado essa ocasião, dai o exemplo de asseio pessoal.

Agora mencionarei a *coragem*. A coragem moral é tão necessária como a coragem mental — essa espécie de coragem moral que nos torna aptos para manter sem hesitação uma determinada espécie de ação que o nosso raciocínio indicou como a mais adequada, para assegurar os resultados desejados.

Verificareis muitas vezes, especialmente na ação, que depois de ter dado as vossas ordens para que seja feita uma determinada coisa vos sentireis assaltados de dúvidas; encontrareis, ou pensareis encontrar, outros meios melhores para alcançar o objetivo procurado. Sereis fortemente tentados a substituir, por outras, as ordens dadas. Mas não deveis fazer isso, enquanto não se tiver tornado manifestamente claro que as primeiras ordens eram de todo erradas, porque, se o fizerdes, vos sentireis novamente assaltado de dúvidas quanto à eficiência das vossas segundas ordens.

De cada vez que mudardes de decisão sem uma razão evidente enfraqueceis a vossa autoridade e prejudicais a confiança dos vossos homens.

PODEMOS APRESENTAR DESCULPAS PARA OS DEFEITOS DOS OUTROS, MAS DEVEMOS JULGAR-NOS TAL QUAL SOMOS, SE QUISERMOS TENTAR A LIDERANÇA EM QUALQUER EMPREENDIMENTO.

Tende a coragem moral de manter as ordens dadas e fazer com que sejam efetuadas.

A coragem moral exige, ainda, que assumais a responsabilidade dos vossos próprios atos. Se os vossos subordinados cumprirem fielmente as vossas ordens e se o movimento que dirigistes resultar num fracasso, o fracasso é vosso, não deles. Se a medida tivesse sido bem-sucedida, a honra vos pertenceria. Aceitai a censura, em caso de resultado desastroso. Não procureis lançar a culpa a um subordinado, e fazer dele o bode expiatório, pois isso seria covardia. Além disso, precisareis de coragem moral para determinar a sorte dos que estão sob a vossa direção. Frequentemente recebereis pedidos de recomendação para promoções ou rebaixamentos de oficiais comissionados, ou não comissionados, sob o vosso comando imediato.

Tende sempre presente no espírito a ideia da vossa integridade pessoal e a do vosso dever para com o vosso país. Não vos deixeis afastar de um estrito senso de justiça por sentimentos de amizade pessoal. Se o vosso segundo-tenente for o vosso próprio irmão e o julgardes incapaz de manter esse posto, afastai-o. Se não o fizerdes, da vossa falta de coragem pode resultar a perda de vidas valiosas.

Se, por outro lado, for solicitada de vós uma informação acerca de um homem de quem não gostais, não deixeis de lhe fazer justiça, influenciado por qualquer motivo de aversão pessoal. Lembrai-vos de que o vosso objetivo é o bem geral, e não a satisfação de caprichos pessoais.

Estou certo de que possuis a coragem física. Não preciso dizer-vos quão necessária é ela. A coragem é mais do que bravura. A bravura é a intrepidez — a ausência do medo. Uma pessoa estúpida pode ser valente, porque não tem mentalidade capaz de calcular o perigo; não tem conhecimento bastante para ter medo.

A coragem é, portanto, essa firmeza de espírito, a espinha dorsal que, conquanto compreenda o perigo envolvido, prossegue com o seu empreendimento. A bravura é física; a coragem é mental e moral. Podeis sentir o corpo gelado, as mãos trêmulas, os joelhos vergando — sentir medo, em suma. Mas se prosseguis mesmo assim, se a despeito da fraqueza física continuais a conduzir os vossos homens contra o inimigo, é que tendes coragem. As manifestações físicas do medo desaparecerão. Podeis não experimentá-las mais de uma vez. Essa fraqueza é como o tremor que assalta o caçador, a primeira vez que atira num gamo. Não deveis ceder a ela.

Há alguns anos, durante um curso sobre demolições, a classe a que eu pertencia manipulava dinamite. O instrutor disse então o seguinte: "Devo preveni-los de que é perigoso o uso desses explosivos, e vocês devem ser cautelosos. Mas um homem só pode sofrer um acidente." Assim, eu vos previno agora. Se cederdes ao medo que indubitavelmente vos assaltará na primeira ação, se deixardes os vossos homens avançar, enquanto procurais um abrigo, numa cratera do solo, nunca mais tereis oportunidade para dirigir esses homens.

Deveis ser muito sensatos ao chamar os vossos homens para atos de coragem física ou de bravura. Nunca deveis pedir a um dos vossos soldados para empreender o que não seríeis capaz de empreender. Se o vosso senso comum vos diz que uma empresa é perigosa demais para vos aventurardes nela, pensai que o mesmo perigo existe também para o soldado. Sabeis que a vida de um simples soldado é tão preciosa como a vossa.

Algumas vezes, pode acontecer que qualquer dos vossos homens deva ser exposto a um perigo que não podeis partilhar. Por exemplo, uma mensagem tem de ser levada através de uma zona varrida de fogo. Pedis voluntários. Se os vossos homens vos conhecem, e sabem que sois "direito", nunca vos faltarão voluntários, pois eles saberão que pondes o vosso coração no trabalho, que dais ao vosso país o que tendes de melhor, que levaríeis vós mesmos a mensagem, se pudésseis. O vosso exemplo e entusiasmo os inspirarão.

E, finalmente, se aspirais à liderança, urge que estudeis os vossos homens.

Procurai conhecê-los a fundo. Alguns homens são inteiramente diferentes do que parecem exteriormente.

Grande parte do êxito do general Robert E. Lee, como líder, pode ser atribuída à sua capacidade de psicólogo. Ele conhecia muitos dos seus oponentes, desde os dias de West Point; sabia como trabalhavam os seus cérebros; julgava que fariam certas coisas, sob determinadas circunstâncias. Em quase todos os casos podia prever os seus movimentos e impedir que os pusessem em prática.

Nessa guerra não podeis conhecer de igual maneira os vossos oponentes. Mas conheceis os vossos homens. Podeis estudar cada um deles a ponto de determinar onde é que estão a sua força e a sua fraqueza, qual o homem que merece confiança até o último momento, e qual o que não inspira confiança.

Conhecei os vossos homens, conhecei a vossa profissão, conhecei a vós mesmos!*

---

*Isso é absolutamente verdadeiro, em toda e qualquer espécie de liderança. (*N. do A.*)

O HOMEM QUE PENSA COM EXATIDÃO JAMAIS JULGARÁ UMA PESSOA PELO QUE DELA DIZEM SEUS INIMIGOS.

Em qualquer literatura, não existe melhor descrição da liderança do que essa que apresentamos aqui. Aplique-a o leitor a si mesmo, ao seu negócio ou profissão, ao lugar onde trabalha, e há de ver como lhe servirá de guia.

O discurso do major Bach poderia ser dirigido a qualquer classe que recebe o diploma numa escola superior; poderia ser transformado em regulamento para todo homem que se vê colocado em situação de liderança, seja qual for o seu negócio ou profissão.

Na segunda lição você aprende o valor de um objetivo principal definido. Devemos acentuar aqui que esse objetivo deve ser ativo, não passivo. Um objetivo definido jamais passará de mero desejo se não nos tornarmos pessoas de iniciativa e não prosseguirmos de maneira agressiva e persistente, até que o nosso propósito tenha sido alcançado.

Sem persistência não se chegará a coisa alguma, eis um fato que nunca será demais repetir.

A diferença entre persistência e falta de persistência é a mesma que há entre desejar uma coisa e estar determinado a consegui-la.

Para tornar-se uma pessoa de iniciativa o leitor deve formar o hábito de seguir, de maneira *agressiva e persistente*, o seu objetivo principal definido, até consegui-lo, mesmo que para isso sejam necessários 20 anos. Ter um objetivo principal definido e não procurar incessantemente alcançá-lo é o mesmo que não ter objetivo.

Aqueles que seguirem este curso não tirarão dele todo o proveito que poderão tirar se não derem todos os dias um passo que os aproxime mais da realização do seu objetivo principal definido. Não devemos nos enganar, nem pretender nos enganar, acreditando que o nosso propósito na vida se materializará por si só, sem que nada façamos para isso.

Um dos mais importantes requisitos para a liderança é a força para tomar uma decisão rápida e firme.

Uma análise a que foram submetidas mais de 16 mil pessoas revelou o fato de que os líderes são sempre homens de pronta decisão, mesmo em assuntos de mínima importância, ao passo que os sequazes nunca são pessoas decididas.

É esse um fato que você não deve esquecer.

O adepto, em qualquer setor da vida, raramente é um homem que sabe o que quer. Vacila, demora, recusa-se a tomar uma decisão, mesmo nos assuntos mais simples, a não ser que seja levado por um chefe.

O fato de saber que a maioria das pessoas não pode, nem chegará rapidamente a uma decisão, é de grande auxílio para um líder que sabe o que quer e estabeleceu um plano para alcançar o que quer.

Será observado aqui a que ponto estão intimamente relacionadas as duas leis estudadas nesta e na segunda lição. O líder não somente trabalha com um objetivo principal definido, como também tem um plano muito claro para consegui-lo. A lei da confiança em si mesmo se torna parte importante no material de trabalho do líder.

A principal razão pela qual um sequaz nunca se decide é a falta de confiança em si mesmo. Todos os líderes fazem uso da lei de um *propósito definido*, da lei da *confiança em si mesmo* e da lei da *iniciativa* e *liderança*. E quando se trata de um verdadeiro líder, faz uso também da *imaginação* e do *autocontrole*, da *personalidade agradável*, da *exatidão de pensamento*, da *concentração* e da *tolerância*. Sem o emprego combinado de todas essas leis ninguém pode se tornar um líder verdadeiro. A omissão de qualquer dessas leis abalará proporcionalmente o poder do líder.

Um vendedor da La Salle Extension University procurou um dia um negociante de imóveis numa pequena cidade do Oeste americano, a fim de lhe propor a venda de um curso sobre comércio.

Quando o vendedor chegou ao escritório do freguês em perspectiva encontrou um cavalheiro que escrevia uma carta a máquina, pelo antigo sistema de dois dedos. O vendedor se apresentou e passou a dizer o que desejava, descrevendo com detalhes o curso que pretendia vender.

O comerciante o ouviu com aparente interesse.

Depois de esgotados os argumentos o vendedor hesitou, esperando por um "sim" ou "não" do comprador em perspectiva, e, pensando que talvez não tivesse feito a descrição com um colorido bem vivo, voltou rapidamente aos méritos do curso, que tornou a oferecer. Nenhuma resposta obteve.

Perguntou então:

— O senhor quer ou não o curso?

— Para lhe ser franco — respondeu afinal o outro —, ainda não decidi.

Não havia a menor dúvida de que era sincero, na verdade, tratava-se de uma dessas pessoas que têm dificuldade para tomar uma decisão.

Conhecedor inteligente da natureza humana, o vendedor levantou-se e apanhou o chapéu, pôs os livros na pasta e dispôs-se a sair. Mas, voltando-se novamente, disse:

— Vou tomar a liberdade de lhe dizer algumas coisas de que talvez o senhor não goste, mas que lhe serão de grande benefício. Passe os olhos pelo seu escritório. O chão está sujo, as paredes, empoeiradas, a sua máquina de escrever dá a impressão de ter sido contemporânea da arca de Noé; as suas calças estão surradas nos joelhos, o seu colarinho está sujo, o seu rosto, por barbear, e nos seus olhos há algo que me diz que o senhor está derrotado.

"Continue assim e fique maluco, se quiser, mas é por isso que estou tentando incutir-lhe algumas ideias que talvez lhe sejam úteis e aos que dependem do senhor.

"Posso imaginar a casa onde mora. Várias crianças malvestidas e talvez mal-alimentadas; uma mãe de vestido velho, fora de moda, em cujos olhos se nota o mesmo sentimento de derrota que se lê nos seus. Entretanto, quando se casou, sua esposa lhe tinha afeição sincera, mas o senhor não correspondeu ao que ela esperava.

"Lembre-se, por favor, de que não estou falando com um futuro aluno do curso que ofereço, porque já agora não o venderia, ainda mesmo que me pagasse adiantado, porque o senhor não teria a iniciativa suficiente para terminá-lo e eu não quero ter fracassos na nossa lista de alunos.

"Talvez essas minhas palavras tornem impossível eu vender-lhe algum dia qualquer coisa, mas garanto-lhe que lhe prestarão um grande benefício, pois farão algo que ninguém ainda fez pelo senhor: obrigarão a pensar.

"Agora quero ainda dizer-lhe, rapidamente, a razão pela qual o senhor é um derrotado, por que escreve cartas numa velha máquina, com dois dedos, num escritório desarrumado e numa cidade sem importância. A razão disso é que o senhor não tem a força necessária para tomar decisões.

"Durante toda a sua vida tem formado o hábito de fugir à responsabilidade de tomar decisões. Não se decide senão quando é forçado a isso.

"Se me tivesse dito que queria ou não o curso, eu teria simpatizado com o senhor, pois veria que foi a falta de meios que o levou a não comprá-lo. Mas, não, o senhor confessou que não sabia se o queria ou não."

HÁ ALGUMA COISA QUE NÃO ESTÁ CERTA NO HOMEM QUE, AO VOLTAR PARA CASA, DEPOIS DO TRABALHO DIÁRIO, NÃO É RECEBIDO CARINHOSAMENTE PELA ESPOSA E PELOS FILHOS.

Atônito na sua cadeira, de queixo caído e olhos esbugalhados, o agente de imóveis não fez a menor tentativa para responder a essas palavras agressivas.

Finalmente, o vendedor despediu-se e encaminhou-se para a porta.

Depois de ter fechado a porta e saído, voltou novamente e, sorrindo, sentou-se diante do negociante de imóveis, que estava perplexo ante o que ocorrera, e explicou os motivos da sua conduta:

— Não o censuro caso tenha ficado magoado com as minhas palavras. Na verdade, tenho esperanças de ter ofendido o senhor, mas agora me deixe dizer-lhe, de homem para homem, que o julgo um indivíduo inteligente e estou certo de que tem capacidade, mas adquiriu um hábito que o derrotou. Mas para tudo há remédio, exceto para a morte. O senhor pode estar temporariamente vencido, mas pode se reerguer. E eu sou bastante esportista para lhe dar a mão e fazê-lo dar um salto, se é que aceita as minhas desculpas por tudo o que lhe disse.

"Esta cidade não é meio para o senhor. Nada fará aqui, no negócio de imóveis, mesmo que tivesse um lugar de destaque na sua profissão. Assim, compre um terno novo e vamos para St. Louis, e eu o apresentarei a verdadeiros negociantes de imóveis, os quais lhe darão uma oportunidade para ganhar algum dinheiro e lhe ensinarão algumas coisas importantes sobre esse ramo de negócio, que serão de grande proveito para o senhor mais tarde.

"Se não tiver crédito suficiente para comprar a roupa, darei garantia pelo senhor em qualquer loja importante de St. Louis. Estou ansioso por auxiliá-lo e a minha oferta é baseada nos mais altos intuitos que podem animar um homem. Por mim, estou bem no meu campo de atividades, mas nem sempre foi assim. Passei pelo que o senhor está passando agora, e venci, como o senhor irá vencer também, se seguir o meu conselho. Vem ou não comigo?"

O negociante de imóveis tentou levantar-se, mas as suas pernas fraquejaram e ele tornou a sentar-se. Apesar de ser um homem forte, de tipo másculo, a emoção o dominou.

Fez uma segunda tentativa, ergueu-se, apertou a mão do seu interlocutor, agradeceu-lhe a bondade e disse que seguiria o seu conselho, mas faria à sua maneira. Pediu um formulário, preencheu-o, inscrevendo-se no curso

Nenhum homem pode pensar com acerto antes de aprender a distinguir os fatos dos meros boatos e informações.

comercial, fez o primeiro pagamento em pratas e níqueis e disse ao outro que ainda ouviria falar nele.

Três anos depois, esse comerciante de imóveis tinha uma organização de 60 vendedores e era um dos mais prósperos desse ramo na cidade de St. Louis. O autor do curso sobre a Lei do Triunfo (que era diretor de publicidade da La Salle Extension University, na época em que se deu o incidente) esteve no escritório desse negociante várias vezes e observou-o durante um período de 15 anos. Hoje ele é um homem inteiramente diferente daquele que foi entrevistado há 15 anos pelo vendedor da La Salle, e a causa dessa transformação é a mesma que transformará o leitor deste curso: o poder de decisão, essencial para a liderança.

Esse comerciante de imóveis é hoje um líder no seu campo de atividade. Dirige os esforços de outros vendedores, ajudando-os a se tornarem mais eficientes. Essa mudança na sua maneira de agir transformou em êxito uma derrota temporária. Assim, agora, cada novo vendedor que vai trabalhar para ele é chamado ao seu escritório particular, antes de ser admitido, e ouve do chefe a história da sua transformação, textualmente, tal como se deu quando o vendedor da La Salle o entrevistou naquele escritório desarrumado de uma pequena cidade.

Há 18 anos passados fiz a minha primeira viagem à pequena cidade de Lumberport. Naquela época, os únicos meios de transporte de Clarksburgo, o centro mais próximo de Lumberport, eram a estrada de ferro Baltimore-Ohio e uma linha interurbana de bondes, chegando a 5 quilômetros da cidade; esses 5 quilômetros tinham de ser feitos a pé.

Ao chegar a Clarksburgo soube que o único trem para Lumberport já havia partido e eu não queria esperar até o outro dia. Assim, fiz a viagem de bonde, com a intenção de caminhar os 5 quilômetros. No meio do caminho, porém, começou a chover e os 5 quilômetros tiveram de ser feitos no meio de um lamaçal amarelado. Quando cheguei a Lumberport, tinha os sapatos e as calças inteiramente cobertos de lama, e a minha disposição de espírito não era das melhores.

A primeira pessoa que encontrei na cidade foi V. L. Hornor, então caixa do banco local. Perguntei-lhe, num tom de voz um tanto elevado, por que não dava um jeito para que a linha de bondes chegasse à cidade, a fim de que os seus amigos pudessem chegar a Lumberport sem necessidade de mergulhar na lama.

— Viu um rio de margens elevadas, no extremo da cidade? — perguntou-me ele.

Respondi que sim, tinha visto.

— Pois bem — continuou ele —, é essa a razão pela qual os bondes não entram na cidade. Uma ponte custaria 100 mil dólares, o que representa uma quantia maior do que a companhia pretende gastar. Vimos tentando há mais de dez anos a construção de uma linha que entre na cidade.

— Vêm tentando? — explodi. — E de que maneira têm tentado?

— Oferecemos tudo o que era possível: direito de passagem livre, desde a junção da linha até a cidade e livre uso das ruas, mas a ponte atrapalhou todos os cálculos. Eles não queriam gastar tal soma. Alegavam que não iriam empregar tanto dinheiro para tão pequeno lucro como teriam tratando-se de 5 quilômetros apenas.

Foi então que a filosofia da Lei do Triunfo veio em meu auxílio.

Perguntei a Hornor se queria dar um passeio comigo até o rio, a fim de ver o local que tanto aborrecimento me causara. Ele respondeu que o faria com prazer.

Quando chegamos ao rio, comecei a tomar nota de tudo o que via. Observei que os trilhos da estrada de ferro Baltimore-Ohio passavam nas margens do rio, de ambos os lados, que a estrada de rodagem atravessava o rio numa pequena ponte de madeira que ficava a pouca distância da via férrea, que tinha ali os seus trilhos de desvio.

Enquanto nos encontrávamos ali, um trem de carga bloqueou a passagem a vários grupos de pessoas que, de um lado e outro, esperavam uma oportunidade para atravessar. O trem bloqueou a passagem durante mais de 25 minutos.

Tendo em mente esse conjunto de circunstâncias, bastava um pouco de imaginação para ver que havia três partes interessadas na construção de uma ponte capaz de suportar o peso de um bonde.

Era claro que a estrada de ferro Baltimore-Ohio tinha interesse na construção dessa ponte, que viria remover aquela estrada de rodagem de perto dos seus trilhos, evitando assim acidentes no cruzamento, para não

DOMINAR AS 15 LEIS DO TRIUNFO EQUIVALE A COMPRAR UMA APÓLICE DE SEGURO CONTRA O FRACASSO.
SAMUEL GOMPERS

falar na economia de tempo e de despesas decorrentes da interrupção do tráfego para dar passagem aos transeuntes.

Era evidente também que o Conselho Municipal se interessava pela construção da ponte, que viria elevar bastante o nível da estrada local, tornando-a mais útil às pessoas. E, naturalmente, também a companhia de bondes estava interessada na ponte, mas não queria financiar sozinha as despesas com a construção.

Todos esses fatos me surgiram na mente, enquanto eu esperava a passagem de um trem de carga.

Surgiu-me então no espírito um objetivo principal definido, bem como um plano para a sua consecução. No dia seguinte, reuni uma comissão de cidadãos de Lumberport. Essa comissão era formada pelo prefeito, por conselheiros municipais e algumas personalidades de destaque da cidade. Fomos à presença do superintendente da estrada de ferro Baltimore-Ohio, em Grafton, e o convencemos de que valia a pena entrar com um terço do custo da ponte, para remover a estrada de rodagem dos trilhos da sua via férrea. Em seguida, fomos ao Conselho Municipal, que acolheu com entusiasmo a ideia de conseguir uma nova ponte pagando apenas um terço da sua construção. Prometeram pagar esse terço desde que arranjássemos os outros dois.

Fomos então procurar o presidente da companhia de tração elétrica, em Fairmont, que consentiu entrar com um terço.

Três semanas depois era assinado o contrato, entrando cada parte com um terço do custo para a construção da ponte. Dois meses depois as obras estavam em andamento e ao fim de três meses os bondes chegavam à cidade.

Esse incidente foi de grande significação para Lumberport, pois foi significativa a melhoria verificada no seu sistema de transportes.

Para mim teve também bastante importância, serviu para que eu ficasse conhecido como o "indivíduo que conseguia arranjar as coisas". Dessa transação resultaram para mim duas vantagens definidas: o diretor da companhia de bondes convidou-me para o cargo de seu secretário e foi por esse meio que, mais tarde, consegui o lugar de diretor de publicidade da La Salle Extension University.

Lumberport era e ainda é uma pequena cidade situada a grande distância de Chicago, mas a fama da iniciativa e liderança se espalha rapidamente.

Nessa transação combinaram-se quatro das 15 Leis do Triunfo, a saber:

> *Objetivo principal definido, confiança em si mesmo, imaginação* e *iniciativa e liderança.* A lei de produzir mais trabalho do que aquele que é pago entrou também aí, na verdade nada me era oferecido e eu não esperava nenhuma paga.

Para ser inteiramente franco, designei-me para o trabalho de conseguir a construção da ponte mais por uma espécie de desafio aos que diziam que isso não era possível do que levado por qualquer esperança de obter algum lucro.

A minha atitude insinuou a Hornor que eu seria capaz de conseguir aquilo e ele não se mostrou indiferente em me animar e me pôr à prova.

Talvez seja proveitoso para o leitor chamar aqui a sua atenção para o papel que a imaginação desempenhou nessa transação. Durante dez anos a população de Lumberport trabalhou em vão para conseguir uma linha de bondes na sua cidade. Mas não se deve concluir daí que a cidade não tivesse homens capazes, pois isso seria um erro. Na verdade, havia em Lumberport muitos homens de capacidade, mas cometiam o erro que todos nós cometemos, isto é, tentar resolver um problema por um único meio, quando havia de fato três fontes de que poderiam dispor.

Cem mil dólares eram uma quantia excessiva para que uma companhia pudesse despender na construção de uma ponte; porém, quando o custo foi distribuído entre três partes interessadas, a quantia que cada qual teria de despender se tornou razoável.

Poderia ser perguntado: por que nenhum dos homens da localidade pensou nessa solução?

Em primeiro lugar, estavam todos tão interessados no problema que não podiam ter dele uma perspectiva, uma visão clara que teria sugerido tal solução. É esse também um erro comum, e que os grandes líderes evitam. Em seguida, os cidadãos de Lumberport nunca haviam coordenado os seus

O TEMPO É A MÃO PODEROSA QUE EMBALA O BERÇO DO PROGRESSO ETERNO E O GUIA DA HUMANIDADE NO PERÍODO EM QUE O HOMEM NECESSITA DE PROTEÇÃO CONTRA SUA PRÓPRIA IGNORÂNCIA.

esforços ou trabalhado como um grupo organizado com o único objetivo de encontrar um meio de conseguir a instalação de uma linha de bondes na cidade. É este outro erro comumente cometido em todos os campos de atividade: deixar de trabalhar em uníssono, num espírito de inteira cooperação.

Eu, que era um estranho, tive menos dificuldades para conseguir a ação cooperativa do que qualquer um dos cidadãos de Lumberport. Muitas vezes, nas pequenas comunidades, há um espírito de egoísmo ou vaidade que leva cada indivíduo a pensar que as suas ideias devem prevalecer. É parte importante da responsabilidade do líder induzir as pessoas a subordinar as suas ideias e interesses ao bem da coletividade, e isso se aplica tanto aos assuntos cívicos como aos comerciais, sociais, políticos, financeiros ou industriais.

O triunfo, seja qual for a concepção que se possa ter sobre o termo, é quase sempre uma questão da habilidade para conseguir que os outros subordinem a sua individualidade e sigam um líder. O líder que tem personalidade e imaginação para induzir seus subordinados a aceitarem seus planos e a realizá-los fielmente é sempre um líder eficiente.

A próxima lição sobre imaginação levará o leitor ainda mais longe na arte da liderança. Na verdade, liderança e imaginação estão tão intimamente ligadas e são tão essenciais para o triunfo que uma não pode vencer sem o concurso da outra. Iniciativa é a força que impele o líder para a frente, mas a imaginação é o espírito que o guia, que lhe indica o caminho a tomar.

Foi a imaginação que tornou possível que eu analisasse o problema da ponte de Lumberport, o dividisse em três partes componentes e reunisse essas três partes num plano prático. Quase todos os problemas podem ser assim divididos em partes que são mais facilmente tratadas do que quando reunidas como um todo. Talvez uma das mais importantes vantagens da imaginação seja essa que torna possível separar qualquer problema em suas partes componentes, e reuni-las em combinações mais favoráveis.

Diz-se que todas as batalhas são vencidas ou perdidas não nas linhas de fogo depois que começam, mas atrás das linhas, por meio da verdadeira estratégia ou da falta dela.

O que é verdadeiro no que se refere às batalhas é igualmente certo em qualquer negócio e na maioria dos problemas que enfrentamos na vida. Vencemos ou perdemos de acordo com a natureza dos planos que construímos e realizamos, eis um fato que serve para acentuar o valor das leis da iniciativa e da liderança, da confiança em si mesmo, da imaginação e de um objetivo definido. *Com o emprego inteligente dessas quatro leis o indivíduo pode construir planos para qualquer propósito, planos que não podem ser derrotados por uma pessoa ou grupo de pessoas que não compreendam ou empreguem essas leis.*

Não há meio de escapar a essa grande verdade.

O esforço organizado é dirigido de acordo com um plano concebido, com o auxílio da imaginação, guiado por um objetivo principal definido e incentivado pela iniciativa e pela confiança em si mesmo. Essas quatro leis se combinam numa só e se tornam uma força nas mãos do líder. Sem o seu auxílio efetivo a liderança é impossível.

O leitor está agora pronto para passar à lição sobre imaginação. Leia-a tendo no pensamento tudo o que foi declarado aqui, e penetrará mais profundamente o seu sentido.

Quando a aurora da inteligência se espalhar sobre o horizonte do progresso humano e a ignorância e a superstição tiverem deixado as suas últimas pegadas nas areias do tempo, será anotado, no último capítulo do livro que registra os crimes dos homens, que o seu pecado mais grave foi a intolerância.

A intolerância mais cruel nasce dos preconceitos religiosos, raciais e econômicos e das diferenças de opinião. Por quanto tempo nós, pobres mortais, viveremos ainda sem compreender que é loucura procurar destruir um ou outro unicamente por diferença de crenças religiosas e tendências raciais?

Nossa vida na Terra é apenas um breve momento. Como a luz de uma vela, ardemos e brilhamos por um instante, e logo em seguida nos extinguimos. Por que não podemos aprender a viver esse momento de maneira que, ao chegar a caravana da morte, anunciando que a visita está finda, possamos dobrar as nossas tendas e partir para o grande mistério, sem medo e sem temor?

Espero não encontrar judeus nem pagãos, católicos nem protestantes, alemães, ingleses ou franceses quando atravessar a barreira para o outro

Aquele que for obrigado a dar expressão ao preconceito, ao ódio e à intolerância, não fale; escreva na areia da praia, bem perto das ondas.

lado. Espero encontrar lá apenas almas irmãs, sem distinção de credo, raça ou cor. Quero então ter terminado a luta contra a intolerância, a fim de descansar em paz por toda a eternidade.

Intolerância

Uma visita do autor depois da lição

O leitor terá visto, no desenho acima, uma caricatura que ilustra a inutilidade dos combates.

Dois gamos se empenharam em luta mortal, cada qual julgando que seria o vencedor. Ao lado, a fêmea espera pelo vencedor, sem pensar que dentro de alguns dias os esqueletos dos combatentes estariam expostos ao sol.

"Pobres animais insensatos", dirão. Talvez não o sejam muito mais do que a maioria dos homens, que se empenham em combates mortais com seus irmãos, levados unicamente pela competição. As principais formas de concorrência são as de natureza sexual, econômica e religiosa.

Há 20 anos um importante estabelecimento de educação fazia ótimos negócios e prestava relevantes serviços a milhares de estudantes. Os dois proprietários desse colégio casaram-se com duas moças, belas e inteligentes, duas pianistas dotadas de verdadeiro talento. Porém as duas esposas deram para discutir, cada qual querendo ser mais perfeita na sua arte, e o desacordo se estendeu aos maridos, que se tornaram inimigos acérrimos.

Agora, o esqueleto daquela escola, outrora tão próspera, jaz "exposto ao sol".

Na caricatura que ilustra essa parte, os dois gamos lutaram à vista da fêmea. Os dois homens se bateram também sob o mesmo impulso.

Num grande estabelecimento industrial dois rapazes se tornaram inimigos por ter um deles conseguido uma promoção a que o outro julgava ter direito. Por mais de cinco anos o trabalho secreto do ódio e da intolerância minou aqueles dois rapazes. Os homens que trabalhavam sob as suas ordens foram inoculados do mesmo espírito de desavença. E aos poucos o espírito de retaliação começou a se espalhar por toda a fábrica. Os homens estavam divididos em pequenos grupos. A produção começou a cair, sobrevieram as dificuldades financeiras e, finalmente, a falência da companhia.

Agora o "esqueleto" de um estabelecimento comercial que um dia foi muito próspero "branqueja exposto ao sol", e os dois rapazes, bem como milhares de operários, se viram forçados a começar vida nova, em outro campo.

Nas montanhas do estado de Virgínia viviam duas famílias de gente simples: a família Hatfield e a família McCoy.

Um dia, um porco da propriedade dos McCoy devastou uma plantação de milho dos Hatfield. Esses soltaram um cachorro contra o porco, e em represália os McCoy o mataram. Iniciou-se assim uma contenda que se prolonga há três gerações e que tem custado muitas vidas às duas famílias.

Num bairro elegante da Filadélfia duas famílias de ricaços construíram as suas residências.

Na frente de cada casa está escrita a palavra "intolerância". Um dos ricaços rodeou a sua casa com elevada grade de aço. O outro, não querendo ser suplantado, mandou construir uma grade duas vezes mais alta.

Um comprou um automóvel novo e o outro comprou logo dois carros de uma vez. Um remodelou a casa, fazendo um pórtico em estilo colonial. O vizinho mandou logo fazer um novo pórtico e construir uma garagem em estilo espanhol. A grande mansão, no alto da colina, deu uma recepção e uma grande fila de automóveis particulares, pertencentes a pessoas que nada tinham a perder com a competição entre os dois vizinhos, encheu a rua. Seguiu-se então uma série de recepções naquela rua de milionários, cada qual querendo ofuscar ao outro.

O milionário vai para o escritório num luxuoso Rolls Royce, guiado pelo chofer, tendo ao lado um ajudante, ambos de uniforme completo.

Por que motivo ele vai ao escritório? Para ganhar dinheiro, naturalmente. Por que deseja mais dinheiro, se já possui milhões de dólares? Porque somente assim conseguirá igualar os vizinhos.

Onde quer que encontremos dois homens em luta, podemos atribuir a causa do combate a um dos três motivos principais da intolerância: diferença de opinião em matéria de religião, competição econômica ou concorrência sexual.

Da próxima vez que observarmos dois homens empenhados em qualquer hostilidade fechemos os olhos e havemos de vê-los tal e qual aqueles dois animais que lutaram até a morte e que se acham representados na caricatura que ilustra essa parte do livro. De um lado, pode-se ver o objeto da luta: um saco de dinheiro, um símbolo religioso ou uma mulher.

Lembre-se o leitor de que o propósito dessa divagação é dizer-lhe a verdade sobre a natureza humana, com o objetivo de levá-lo a pensar. Não procuro a glória nem elogios e, possivelmente, nada lucrarei com o assunto.

Andrew Carnegie e Henry C. Frick foram os dois homens que mais fizeram para estabelecer a indústria do aço. Ambos ganharam milhões de dólares. Um dia a intolerância econômica se interpôs entre os dois. Para mostrar a Frick o quanto valia, Andrew Carnegie mandou construir um arranha-céu, ao qual lhe deu o nome. Em represália, Frick mandou levantar um prédio ainda mais alto, que chamou edifício Frick.

Esses dois homens combateram uma luta de extermínio. Carnegie talvez tenha perdido a cabeça num grau maior do que deu a perceber ao mundo. E o que Frick perdeu somente ele e Deus poderão saber.

Os homens da indústria do aço agem hoje de maneira diversa. Em vez de combaterem, reúnem as diretorias, e o resultado é que cada um deles se torna uma unidade forte e solidificada da indústria do aço. Os magnatas do aço compreendem hoje a diferença que há entre as palavras concorrência e cooperação, diferença que todos nós deveríamos compreender também.

Na Inglaterra, os proprietários de minas e os diretores das uniões trabalhistas entraram em combate. Se outros homens mais calmos não interviessem para separar os combatentes, o esqueleto do Império Britânico estaria há muito exposto ao sol. Um ano de luta aberta entre sindicatos e proprietários significaria o aniquilamento do Império Britânico. E as outras nações do mundo se apoderariam da máquina econômica controlada hoje pela Grã-Bretanha.

Os líderes da indústria e do unionismo americano não devem esquecer isso.

Quinze fatores se combinam para a obtenção do triunfo. Um deles é a tolerância, e os outros 14 serão muitas vezes mencionados nesta série de lições.

A intolerância acorrenta o homem com os grilhões da ignorância e cobre-lhe os olhos com as vendas do medo e da superstição, fecha o livro da ciência e escreve na sua capa: "Não o tornes a abrir."

Ser tolerante não é um dever, e sim um privilégio.

Ao ler esse trecho lembre-se o leitor que semear a intolerância é a única função de muitos homens. Todas as guerras e greves, bem como as outras formas de sofrimento humano, trazem proveito para alguns. Se isso não fosse verdade, não existiriam as guerras, as greves e outras formas de hostilidade.

Nos Estados Unidos existe hoje um bem-organizado sistema de propaganda, cujo objetivo é fomentar greves e hostilidades entre os proprietários das indústrias e os trabalhadores. Olhemos novamente para a gravura sobre a intolerância e veremos o que acontece a todos os que se batem nos desacordos trabalhistas. Vejamos que em breve os "esqueletos" dos operários — e nunca os dos líderes da indústria ou das uniões trabalhistas — ficarão expostos ao sol depois da luta.

Assim, quando sentirmos que estamos próximos de combater alguém, lembremo-nos de que é muito mais proveitoso dar um aperto de mãos, vibrante, sincero, que não deixará "esqueletos expostos ao sol".

> O amor é o único clarão que resplandece na noite escura da vida. É a estrela matutina e vespertina. Brilha sobre o berço de um recém-nascido, espalha os seus raios sobre a tranquilidade do túmulo. É o criador da arte, inspirador do poeta, do patriota e do filósofo. É o ar e a luz de todos os corações, o construtor de todos os lares, é quem ateia a chama da afeição em todos os corações. Foi o primeiro sonho de imortalidade. O amor enche o mundo de harmonia, pois a música é a sua voz. O amor é mágico, é o poder encantado que transforma em alegria coisas sem valor, que faz heróis com a argila comum. É o perfume dessa maravilhosa flor — o coração —, e sem essa divina chama, esse sublime enlevo, somos menos do que os irracionais; porém com ela a Terra se torna um céu e nós nos tornamos deuses. *Ingersoll.*

Cultivemos o amor do próximo e nunca desejemos travar com os nossos irmãos um combate inútil. O amor faz de cada homem o guarda de seu irmão.

> O amor é realmente a luz do céu;
> Centelha daquele fogo imortal
> De que os anjos partilham graças a Alá
> Para erguer da terra os nossos desejos.
> A devoção eleva a nossa mente,
> Mas o próprio céu desce no amor;
> Sentimento nascido de Deus
> Para fazer desaparecer todos os pensamentos maus;
> Um raio emanado Daquele que formou o todo;
> Uma glória que circunda a alma.*
>
> *Byron*

A necessidade de uma nova espécie de liderança

A longa depressão econômica que teve início em 1929 foi proveitosa para a América como uma lição de moral que a livrou de uma multidão de males e preparou o terreno para um novo grupo de condutores e uma nova espécie de liderança.

O tipo de liderança que a América se vangloriava de possuir antes da Depressão faltou ao povo na sua hora de maior emergência. Em nenhum campo de esforços, pode-se dizer, essa crise focalizou um líder verdadeiro, um homem possuidor das qualidades essenciais que constituem a liderança. Tais qualidades são aqui enumeradas como um guia para os que aspiram a ser líderes no futuro.

As 20 qualidades essenciais para os líderes

Os homens sem fibra não terão parte na liderança do futuro. Terão sido suplantados por não terem mostrado as qualidades de um verdadeiro líder,

*Love, indeed, is light from heaven;/ A spark of that immortal fire/ With angels shared, by Allah given,/ To lift from earth our low desire./ Devotion wafts the mind above,/ But heaven itself descends in love;/ A feeling from the Godhead caught,/ To wean from self each sordid thought;/ A ray of Him who form'd the whole;/ A glory circling round the soul.

NUNCA LHE DERAM OPORTUNIDADES? MAS JÁ PENSOU EM CRIÁ-LAS POR SI PRÓPRIO?

numa época em que todo o país sentia os horrores da crise resultante de uma direção ineficiente. Os líderes do futuro têm de possuir as seguintes qualidades:

1. Domínio completo dos seis medos básicos da humanidade.
2. Tendência para subordinar os interesses pessoais ao bem dos seus adeptos.
3. Unidade de propósito, representada por um programa definido de direção que se harmonize com as necessidades da época.
4. Compreensão e aplicação do princípio do Master Mind, por meio do qual o poder é alcançado mediante a coordenação de esforços, num espírito de perfeita harmonia .
5. Confiança em si mesmo, na sua mais alta forma.
6. Habilidade para tomar decisões rápidas e mantê-las com firmeza.
7. Imaginação suficiente para prever as necessidades da época e criar planos para a sua solução.
8. Iniciativa, na sua forma mais profunda.
9. Entusiasmo e habilidade para transmiti-lo.
10. Autocontrole, na sua mais elevada forma.
11. Boa vontade para dar mais trabalho do que o que é pago.
12. Uma personalidade agradável e magnética.
13. Capacidade de pensar com exatidão.
14. Capacidade de cooperar com os outros num espírito de harmonia.
15. Persistência para concentrar pensamentos e esforços sobre uma determinada missão, até vê-la realizada.
16. Capacidade para tirar proveito dos erros e fracassos.
17. Tolerância na sua forma mais elevada.
18. Temperança, em todas as suas formas.
19. Honestidade de intenção e de ato.
20. Estrita aderência à Regra de Ouro, como base de relações com os outros.

Pode parecer exagerada essa lista dos requisitos necessários aos líderes, porém o tempo demonstrará que os que subsistirem possuirão todas essas qualidades e farão delas um uso eficiente. Um exame da lista revelará o fato de que os líderes do futuro serão compelidos a evitar os erros da liderança

A VIDA NÃO É UMA TAÇA PARA SER ESVAZIADA, É UMA MEDIDA PARA SER CHEIA.

HADLEY

do passado dos quais o principal tem sido a exploração dos adeptos por parte dos seus líderes.

Sábio é o aspirante à liderança que, no futuro, compreenda desde cedo que nenhuma empresa ou profissão alcançará êxito se for conduzida sem a consciência de que os dirigentes e os dirigidos são sócios e, como tal, têm direito a partilhar dos mesmos benefícios e lucros.

Os negócios que terão êxito, no futuro, são aqueles que forem dirigidos de acordo com uma política cooperativa, e os chefes se considerarão, então, antes como servidores do público do que como indivíduos com o privilégio de explorar o povo para proveito próprio.

Os políticos do futuro se tornarão servos da Constituição, não somente em teoria, mas na prática. A autoridade que não reconhecer essa necessidade e se queixar será imediatamente afastada. Os privilégios desaparecerão. No futuro, o governo será conduzido numa base de negócio, e os empregados públicos darão um dia de trabalho pelo salário correspondente, como se faz em qualquer estabelecimento comercial. Além disso, os funcionários serão escolhidos de acordo com o seu mérito do que pelas recomendações de políticos.

Antes de passar à próxima lição será útil para o leitor fazer um estudo de si mesmo e determinar a sua média nas 20 qualidades necessárias a um líder. A autoanálise é sempre benéfica, contanto que seja exata. Todas as qualidades essenciais para a liderança podem ser cultivadas por qualquer pessoa que faça um esforço justo para aplicar a filosofia da Lei do Triunfo.

Se o leitor desejar certificar-se de que a autoanálise é exata, marque a sua média em cada uma das 20 qualidades, e em seguida peça a duas pessoas que o conheçam intimamente para dar a sua opinião justa e sincera.

Um método simples para tirar essa média seria o seguinte:

Enumere as 20 qualidades numa folha de papel. Em seguida, as notas ótimo, bom, mau, conforme a opinião da própria pessoa. *Ótimo* qualifica uma média de 5%; *bom* indica a média de 2,5% e *mau*, finalmente, significa um 0%. Ponha essas cifras na lista, somando-as em seguida. Se o total der menos de 75%, é que a pessoa não está ainda qualificada para se tornar um líder na sua profissão. A lista revelará os pontos fracos, mas conhecendo essa filosofia a pessoa pode conseguir tudo o que for necessário para eliminar essas fraquezas e vencer suas deficiências.

Essa autoanálise deve ser feita antes de se passar à próxima lição, pois isso ajudará a tirar mais proveito de todas as outras que se seguirem. Lembre-se o leitor, ao fazer a análise, que o seu objetivo é ver-se tal como é.

CHAMO DE PREGUIÇOSO O HOMEM QUE PODIA ESTAR MAIS BEM-EMPREGADO.

SÓCRATES

SEXTA LIÇÃO

IMAGINAÇÃO

QUERER É PODER!

A imaginação é a oficina do espírito humano, onde as velhas ideias e os fatos estabelecidos podem ser reunidos em novas combinações e empregados de nova maneira. Os dicionários modernos definem imaginação:

> Ato do intelecto construtivo para agrupar o material do conhecimento e das ideias em sistemas novos, originais e racionais; faculdade construtora ou criadora, abrangendo imaginação poética, artística, filosófica, científica ou ética.
>
> O poder de representação da mente: a formação das ideias mentais, ou representação mental dos objetos ou ideias, particularmente dos objetos do sentido de percepção e do raciocínio matemático, e também a reprodução e combinação — habitualmente com modificações mais ou menos irracionais, ou anormais — das imagens ou ideias de memória, ou fatos evocados da experiência.

A imaginação tem sido chamada de poder criador da alma, mas isso é um tanto abstrato e profundo, do ponto de vista deste curso de leitura, que é empregado pelo leitor apenas como um meio de conseguir vantagens materiais ou econômicas.

Se o leitor dominou inteiramente as lições precedentes, sabe que os materiais com os quais constrói o seu *objetivo principal definido* foram reunidos e combinados na sua imaginação. Sabe, também, que a confiança em si mesmo, a iniciativa e a liderança precisam ser criadas na imaginação, antes de se tornarem uma realidade, pois é na oficina mental que se põe em prática o princípio de autossugestão para criar as qualidades necessárias.

Esta lição podia ser chamada de eixo do nosso curso de leitura, pois todas as outras não somente conduzem a ela como, também, fazem uso

O HOMEM QUE CALUNIA O SEU SEMELHANTE DÁ INADVERTIDAMENTE UMA IDEIA DA VERDADEIRA NATUREZA DE SUA ALMA.

do princípio que lhe serve de base, da mesma forma que todas as linhas telefônicas se ligam ao quadro geral como a sua principal fonte de energia. Nunca teremos um objetivo principal definido na vida, autoconfiança, iniciativa e liderança se não criarmos, primeiro, essas qualidades na imaginação, vendo-nos já de posse delas.

Da mesma forma que o carvalho nasce do germe que existe na semente e o pássaro se desenvolve do germe que dorme no ovo, assim também as nossas realizações nascem de planos organizados que criamos na imaginação.

Primeiro, vem o pensamento; em seguida, a sua organização em ideias e planos; e, finalmente, a transformação desses planos em realidade. O começo, como vemos, está na imaginação.

A imaginação tanto é interpretativa como criadora. Pode examinar fatos, conceitos e ideias, e pode formar com eles novas combinações e planos.

Através da sua capacidade interpretativa a imaginação tem uma força que geralmente não lhe é atribuída: o poder de registrar vibrações e ondas de pensamento, postas em movimento por forças exteriores, do mesmo modo que o aparelho de rádio capta as vibrações do som. O princípio por meio do qual funciona essa capacidade interpretativa da imaginação chama-se telepatia, isto é, a comunicação do pensamento de um cérebro a outro, em grandes ou curtas distâncias, sem o auxílio de instrumentos físicos ou mecânicos, da maneira explicada na introdução deste curso.

A telepatia é um fator importante para o leitor que se prepara para fazer uso efetivo da imaginação, porque essa capacidade telepática da imaginação está sempre captando ondas e vibrações de pensamento de toda espécie. Os chamados "estalos" ou "inspirações", que levam o indivíduo a formar uma opinião ou tomar uma decisão no decorrer de um ato que não está em harmonia com a lógica e a razão, são usualmente o resultado de ondas de pensamentos registradas na imaginação.

Os modernos aparelhos de rádio vieram demonstrar que os elementos do éter são tão sensíveis e vivos que todas as espécies de ondas sonoras estão constantemente correndo no espaço com a velocidade de relâmpagos. Basta compreender o rádio moderno para compreender também o princípio da telepatia. Tão bem-estabelecido foi esse princípio, por meio das pesquisas psicológicas, que possuímos fartas provas de que duas mentes que se acham adequadamente sintonizadas e em harmonia podem enviar e receber pensamentos a longas distâncias, sem o auxílio de qualquer instrumento mecânico. Raramente acontece que duas mentes se harmonizem tão bem, a ponto de registrar, dessa maneira, correntes ininterruptas de pensamentos, mas há evidências suficientes para estabelecer o fato de que já têm sido captadas partes do pensamento organizado.

A fim de que se possa compreender a que ponto são intimamente entrelaçados os 15 fatores sobre os quais é baseado este curso de leitura, consideremos, por exemplo, o que acontece quando um vendedor perde a confiança em si mesmo e nas suas mercadorias e vai visitar um freguês em perspectiva. Quer ele tenha ou não consciência do fato, a sua imaginação "apreende" imediatamente a falta de confiança no espírito do vendedor. Os seus pensamentos conspiram contra os seus esforços. Isso explicará, de outro ângulo, por que motivo a autoconfiança é um dos mais importantes fatores que entram na grande luta pelo triunfo.

O princípio da telepatia e a Lei da Atração explicam muitos fracassos. Se a mente tem tendência para atrair do éter as vibrações de pensamentos que se harmonizam com os pensamentos dominantes de outra mente, podemos facilmente compreender por que razão uma mente negativa, que mergulha no fracasso e não possui a força vitalizadora da confiança em si mesma, deixa de atrair uma mente positiva dominada por ideias de triunfo.

Talvez essas explicações sejam um tanto abstratas para o leitor que nunca fez nenhum estudo particular do processo de funcionamento mental, mas parece-nos necessário incluí-las aqui como um meio de habilitá-lo a dominar a lição e empregá-la na prática. A imaginação é frequentemente considerada como sendo apenas algo indefinido, que não se pode descrever e que nada faz além de criar ficções. É essa descrença geral nos poderes da imaginação que vem tornar necessárias essas referências, mais ou menos arbitrárias, a um dos mais importantes assuntos do curso. Não somente essa questão de imaginação é um importante fator no curso como também é um assunto dos mais interessantes, conforme o leitor observará quando começar a ver de que maneira ela afeta tudo o que diz respeito à consecução do seu objetivo principal definido.

Compreendemos a importância da imaginação quando refletimos que é ela a única coisa do mundo sobre a qual temos controle absoluto. Podemos ser privados da riqueza, dos bens materiais, defraudados por todos os meios, mas nenhum homem nos poderá impedir de controlar e usar a nossa imaginação como melhor nos aprouver.

O poema mais inspirado que já se escreveu algum dia foi composto por Leigh Hunt, no tempo em que ele estava num cárcere da Inglaterra, para onde fora injustamente enviado, em virtude das suas avançadas opiniões políticas. Esse poema, intitulado *Abou Ben Adhem*, é transcrito aqui por ensinar que uma das maiores coisas que um homem pode realizar, na imaginação, é perdoar aos que cometem uma injustiça para com ele:

> Abou Ben Adhem (que a sua tribo aumente!)
> Despertou em uma noite de profundo sonho de paz
> E viu à luz do luar que entrava no quarto,
> Tornando-o magnífico como um lírio desabrochado,
> Um anjo que escrevia num livro de ouro.
> A grande paz que Ben Adhem sentia o tornou ousado,
> E ele falou à visão:
> "Que escreves tu aí?" O anjo ergueu a cabeça
> E com um olhar de doçura e concórdia
> Respondeu: "Escrevo os nomes dos que amam o Senhor."
> "É o meu nome um deles?", perguntou Abou. "Não, não",
> respondeu o anjo. Abou falou mais baixo,
> Mas ainda alegremente: "Rogo-te então, anota o meu nome,
> Como o de alguém que ama os seus semelhantes."
> O anjo escreveu e desapareceu. À noite seguinte,
> Voltou ainda, com uma grande luz,
> E mostrou os nomes dos que Deus abençoara.
> Entre esses nomes era o de Ben Adhem o primeiro!*

---

*Abou Ben Adhem (may his tribe increase)/ Awoke one night from a deep dream of peace,/ And saw within the moonlight of his room,/ Making it rich and like a lily in bloom,/ An angel writing in a book of gold,/ Exceeding peace had made Ben Adhem bold,/ And to the presence in the room he said:/ "What writest thou?" — the vision raised its head,/ And, with a look made of all sweet accord,/ Answered, "The names of those who love the Lord"/ "And is mine one?" said Abou. "Nay, not so,"/ Replied the angel — Abou spoke more low,/ But cheerily still; and said, "I pray thee, then,/ Write me as one that loves his fellow men"./ The angel wrote, and

A própria civilização deve sua existência a homens como Leigh Hunt, em cuja fértil imaginação têm sido traçados os mais elevados e mais nobres padrões das relações humanas. *Abou Ben Adhem* é um poema que nunca morrerá, graças ao homem que traçou na sua *imaginação* a esperança de um ideal construtivo.

A maior dificuldade que o mundo atual enfrenta é a falta de compreensão do poder da *imaginação*, pois se conhecêssemos essa grande força poderíamos usá-la como uma arma com a qual seriam eliminadas a pobreza, a miséria, a injustiça e a perseguição, e isso poderia ser feito no decurso de uma geração apenas. É essa uma afirmativa mais que verdadeira, e ninguém melhor que nós compreende quão inútil seria ela se o princípio sobre o qual é fundada não fosse explicado nos termos mais práticos, e que são usados todos os dias. Assim, passemos a descrever o seu significado.

Para tornar clara essa descrição devemos aceitar como uma realidade o princípio da telepatia através de cuja operação todos os pensamentos que emitimos se registram na mente de outras pessoas. Não precisamos perder tempo para provar que a telepatia é uma realidade, pois esta lição sobre imaginação não pode ter o menor valor para o leitor que não estiver suficientemente informado para compreender e aceitar a telepatia como um princípio estabelecido. Consideramos os nossos leitores como indivíduos que aceitam e compreendem esse princípio.

Muitas vezes temos ouvido falar em "psicologia da multidão", que nada mais é que uma ideia forte e dominadora criada na mente de uma ou mais pessoas por meio do princípio da telepatia. Tão forte é o poder da "psicologia da multidão" que dois homens lutando no meio da rua muitas vezes provocam o início de uma contenda entre os assistentes, sem que os mesmos saibam sequer por que ou com quem estão lutando.

No Dia do Armistício, em 1918, tive provas abundantes para demonstrar a realidade do princípio da telepatia, em escala tal como jamais o mundo presenciara. Lembro-me perfeitamente da impressão que me causou aquele dia memorável. Tão forte foi essa impressão que acordei às 3 horas da madrugada como se alguém me sacudisse com violência. Sentei-me na

---

vanished. The next night/ It came again, with a great wakening light,/ And showed the names whom love of God had blessed,/ And, lo! Ben Adhem's name led all the rest!

cama e senti que alguma coisa de extraordinário havia acontecido, e tão estranho e irresistível foi o efeito de tal sensação que me levantei, me vesti e saí pelas ruas de Chicago, onde deparei com milhares de outras pessoas que haviam sentido a mesma impressão. Todos perguntavam: "O que aconteceu?"

Acontecera o seguinte:

Milhões de homens tinham recebido instruções para cessar-fogo e a sua alegria conjunta pusera em movimento uma onda de pensamento que se alastrou por todo o mundo e se fez sentir em todos os cérebros normais, capazes de registrar tal onda. Talvez nunca, na história do mundo, tantos milhões de pessoas *tenham pensado a mesma coisa, da mesma maneira, ao mesmo tempo*. Por uma vez na história *todas* as pessoas sentiram alguma coisa em comum, e o efeito desse pensamento harmonizado foi a "psicologia da multidão", que se alastrou por todo o mundo. Acerca dessa afirmativa será útil lembrar o que já foi dito sobre o Master Mind, formado por meio da harmonia de pensamento de duas ou mais pessoas.

Façamos uma aplicação mais prática desse princípio demonstrando como ele pode ser empregado para formar ou destruir as relações harmoniosas de trabalho em qualquer negócio ou indústria. O leitor pode não ter ficado convencido de que foi a harmonia de pensamento de milhões de soldados que se registrou nas mentes, no mundo inteiro, e motivou o estado de "psicologia da multidão" que se evidenciou em toda parte a 11 de novembro de 1918. Mas não é preciso provar que uma pessoa malsatisfeita sempre perturba todos aqueles com os quais entra em contato. É fato bem conhecido que uma pessoa nessas condições, em qualquer local de trabalho, pode destruir toda uma organização. Não está longe o tempo em que nem operários nem empregadores tolerarão um resmungão típico num local de trabalho, visto que o seu estado de espírito se registra na mente dos outros, dando em resultado suspeitas, desconfianças e falta de harmonia. Aproxima-se o tempo em que os operários passarão a não tolerar um companheiro dessa espécie, da mesma maneira que evitariam uma serpente venenosa.

Apliquemos o princípio em sentido inverso: ponha-se num grupo de operários uma pessoa de mentalidade positiva, do tipo otimista, que se empenha em semear a harmonia no local em que trabalha, e a sua influência se refletirá em todos os seus companheiros.

HÁ GRANDE DIFERENÇA ENTRE UMA PESSOA QUE LEVA UMA MENSAGEM FELIZ E UMA QUE CONDUZ A TRISTEZA.

Se cada empreendimento é "a projeção da sombra de um homem", conforme declarou Emerson, é claro que o homem deve refletir confiança, entusiasmo sadio e harmonia para que essas qualidades possam, por sua vez, ser refletidas em todos os que auxiliam no seu trabalho.

Prosseguindo com a aplicação do poder da *imaginação*, na consecução do triunfo, citaremos alguns dos mais modernos e recentes exemplos do seu emprego na acumulação de bens materiais e no aperfeiçoamento de algumas das principais invenções do mundo.

Antes disso, porém, é preciso ter em mente que "nada há de novo sob o sol". A vida humana pode ser comparada a um grande caleidoscópio diante do qual as cenas, os fatos e as substâncias materiais estão sempre mudando e se transformando, e tudo o que podemos fazer é tomar esses fatos e substâncias e dispô-los em novas combinações.

O processo por meio do qual isso é feito chama-se *imaginação*.

Já declaramos que a *imaginação* tanto é interpretativa como criadora. Pode receber ideias ou impressões e com elas formar novas combinações.

Como primeiro exemplo do poder da *imaginação* nas realizações comerciais dos nossos dias apresentaremos Clarence Saunders, que organizou o sistema Piggly-Wiggly para as mercearias.

Saunders era empregado num modesto armazém retalhista. Um dia esperava na fila, com uma bandeja na mão, aguardando a sua vez de receber o almoço num restaurante self-service. Até então, nunca demonstrara ter qualquer habilidade especial, mas enquanto permanecia naquela fileira de gente que esperava passou-se em sua mente algo que pôs a sua imaginação a trabalhar. Assim, com o auxílio da imaginação, transformou o sistema que via naquela cafeteria e (sem nada criar de novo e apenas empregando de nova maneira uma antiga ideia) estabeleceu-o numa mercearia. Num instante, o plano de Clarence Saunders estendeu-se a uma rede de mercearias. Estava criado o sistema Piggly-Wiggly, e de balconista de mercearia, ganhando 20 dólares por semana, Saunders passou a ser o proprietário multimilionário de uma rede de mercearias.

Onde, nessa transação, vemos o mais leve indício de um fator que não possa ser realizado também por nós?

Analisemos a transação enfrentando-a com as lições anteriores e veremos como Clarence Saunders formou um *propósito definido*. Apoiou esse propósito com uma autoconfiança suficiente para o levar a tomar a iniciativa de transformá-lo numa realidade. Sua imaginação foi a oficina na qual os três fatores, *propósito definido, confiança em si mesmo* e *iniciativa*, foram reunidos e preparados para o ímpeto do primeiro passo a dar na organização do plano Piggly-Wiggly.

É assim que as grandes ideias são transformadas em realidade.

Inventando a lâmpada elétrica, Edison não fez mais do que juntar dois princípios antigos e bem conhecidos e associá-los em nova combinação. Edison, bem como todas as pessoas entendidas em assuntos de eletricidade, sabia que a luz podia ser reproduzida pelo aquecimento de um pequeno fio, com eletricidade, mas a dificuldade era realizar isso sem queimar o arame, dividindo-o em duas partes. Nas suas experiências e pesquisas, Edison empregou arames e fios de toda espécie, esperando encontrar alguma substância que pudesse suportar o tremendo calor ao qual tinha de ser submetida, antes de se produzir a luz.

Sua invenção estava meio realizada, mas não teve nenhum valor prático enquanto ele não conseguiu o elo que faltava e que supriria a outra metade. Depois de mil experiências e muitas combinações de ideias antigas, Edison encontrou finalmente o elo que faltava. Nos seus estudos de física aprendera, como todos os outros estudantes alunos dessa matéria, que não pode haver combustão sem a presença do oxigênio. Naturalmente, sabia que a dificuldade com que lutava estava na falta de um método por meio do qual fosse possível controlar o calor. Quando lhe ocorreu que não podia haver combustão onde não havia oxigênio, Edison colocou o pequeno fio da sua lâmpada elétrica dentro de um globo de vidro, excluiu todo o oxigênio, e eis que a poderosa luz incandescente era uma realidade.

Todos os dias, ao anoitecer, basta apertarmos um pequeno botão na parede e eis a nossa casa iluminada. Essa realização teria deixado atônitos os povos há quatro gerações. Entretanto, não há nela mistério algum. Graças à imaginação de Edison, ao apertar esse botão na parede não fazemos mais do que juntar dois princípios que sempre existiram desde o começo do mundo.

Todos os que conheceram intimamente Andrew Carnegie sabiam que ele não possuía nenhuma habilidade fora do comum, exceto num sentido:

a sua capacidade para selecionar os homens que podiam cooperar, e cooperariam, num espírito de harmonia, para a realização dos seus desejos. Mas de que habilidade adicional não necessitaria para a acumulação dos seus milhões de dólares?

Qualquer homem que compreenda o princípio do esforço organizado, como Carnegie compreendeu, e que conheça bastante os homens para ter facilidade em selecionar exatamente os tipos de que precisa para a execução de uma dada missão, pode realizar tudo o que Carnegie realizou.

Andrew Carnegie foi um homem de imaginação. Primeiro, criou um objetivo principal definido e, em seguida, cercou-se de homens que possuíam a instrução, a visão e a capacidade necessárias para a transformação desse propósito em realidade. Carnegie nem sempre criou os seus planos para alcançar um propósito definido. Tratava, primeiro, de saber o que queria, e, depois, procurava os homens capazes de criar os planos por meio dos quais podia realizar o seu intento. Isso não era apenas imaginação, era gênio, na sua mais elevada forma.

Mas é preciso esclarecer que os homens como Andrew Carnegie não são os únicos capazes de fazer uso prático da imaginação. Esse grande poder está à disposição tanto dos homens que se iniciaram num negócio ou profissão como também dos que já "venceram".

Uma manhã o carro particular de Charles M. Schwab parou na frente das indústrias Bethlehem Steel, de sua propriedade. Schwab saltou do automóvel e foi recebido por um jovem estenógrafo, que lhe disse estar ali porque desejava que todos os telegramas e cartas que seu chefe precisasse enviar fossem expedidos prontamente. Ninguém lhe dissera que devia estar a postos, mas ele era dotado de imaginação suficiente para compreender que fazendo assim em nada prejudicaria as suas possibilidades de melhoria. Desde aquele dia o rapaz foi indicado para a promoção, pois fizera algo que dezenas de outros empregados da Bethlehem poderiam ter feito, mas não fizeram. Ele se tornou diretor de uma das principais firmas de produtos farmacêuticos que se conhecem e teve tudo o que o mundo pode proporcionar.

Há alguns anos recebi uma carta de um rapaz que acabara de se diplomar numa escola de comércio e desejava um emprego no meu escritório. Nessa carta, vinha inclusa uma nota de 10 dólares, nova, que parecia nunca ter sido dobrada. O teor da carta era o seguinte:

A RAZÃO POR QUE A MAIORIA DAS PESSOAS NÃO GOSTA DE OUVIR CONTAR A DESGRAÇA ALHEIA É QUE ELAS JÁ ESTÃO SATURADAS COM AS SUAS DIFICULDADES.

Tendo recebido recentemente o diploma de contador, numa das nossas principais escolas de comércio, venho pedir-lhe uma colocação no seu escritório, pois compreendo o valor que representa, para um rapaz no início da carreira comercial, o privilégio de trabalhar sob a direção de um homem como o senhor.

Se a nota que remeto aqui junto for suficiente para compensar o tempo que o senhor perderá dando-me instruções para a primeira semana de trabalho, rogo-lhe que aceite. Trabalharei o primeiro mês gratuitamente, e o senhor estabelecerá em seguida o meu salário, de acordo com a minha capacidade de trabalho.

Desejo esse emprego como jamais desejei coisa alguma, em toda a vida, e estou disposto a fazer o que for possível para obtê-lo.

Muito cordialmente etc.

Esse rapaz conseguiu uma chance no meu escritório. A sua imaginação lhe deu a oportunidade que pretendia e, antes de terminado o primeiro mês de trabalho, o presidente de uma grande companhia de seguros de vida, que tivera conhecimento do caso, fez dele o seu secretário particular, com excelente salário. Mais tarde ele se tornou diretor de uma das maiores companhia de seguros do mundo.

Há alguns anos um jovem escreveu a Thomas A. Edison, pedindo-lhe um emprego. Por uma razão qualquer Edison não respondeu. Isso não desanimou o rapaz, que estava certo de que não somente receberia resposta de Edison como também, o que é mais importante, conseguiria a colocação desejada. Morava muito distante de West Orange, Nova Jersey, onde estão localizadas as indústrias Edison, e não tinha dinheiro suficiente para pagar a passagem de trem. Mas tinha *imaginação*. Foi a West Orange, num carro de carga, conseguiu ser recebido pelo inventor, contou o seu caso pessoalmente e obteve o lugar que procurava.

Reside hoje em Bradentown, Flórida. Retirou-se da atividade comercial, tendo ganhado o dinheiro necessário para viver bem. O seu nome, caso o leitor deseje comprovar as minhas afirmativas, é Edwin C. Barnes.

Fazendo uso da imaginação, Barnes viu a vantagem que obteria aproximando-se de um homem como Edison. Viu que isso lhe daria uma oportunidade para estudar Edison e, ao mesmo tempo, o poria em contato com os amigos deste último, que se contavam entre as pessoas mais influentes do mundo.

São apenas alguns casos nos quais observei pessoalmente como certos homens têm atingido posições elevadas e acumulado riquezas unicamente por meio do emprego prático da imaginação.

Theodore Roosevelt gravou o seu nome para sempre, nos anais do tempo, com um simples ato, durante a sua passagem pela presidência dos Estados Unidos, e depois que o mundo tiver esquecido tudo o que ele fez, como presidente, uma realização, pelo menos, o fará passar à história como um homem de *imaginação*: foi ele quem iniciou a construção do canal de Panamá.

Todos os presidentes dos Estados Unidos, desde Washington até Roosevelt, podiam ter iniciado e terminado a obra, mas para um empreendimento de tamanha envergadura era preciso não somente imaginação, como também coragem e ousadia.

Roosevelt tinha imaginação e coragem, e hoje o canal é uma realidade.

Aos 40 anos, idade em que a maioria das pessoas começa a pensar que é tarde demais para tentar algo novo, James J. Hill era um simples telegrafista, com salário de 30 dólares por mês. Não tinha capital, não possuía amigos influentes que tivessem dinheiro, mas tinha uma coisa mais poderosa do que amigos e capital: era dotado de imaginação.

Com os olhos do espírito, viu um grande sistema ferroviário que penetraria o Noroeste, ainda inculto, e uniria os oceanos Atlântico e Pacífico. Tão vívida foi a sua imaginação que conseguiu fazer com que outros vissem a vantagem de tal sistema. Mas o resto da história é hoje do domínio público e qualquer menino de escola o conhece. Acentuarei contudo nela um ponto que quase não é mencionado: o Great Railway System de Hill tornou-se uma realidade, primeiro, na sua imaginação. A estrada de ferro foi construída com trilhos de aço e dormentes de madeira, tal como todas as estradas de ferro do mundo, e esses materiais foram conseguidos com o capital arranjado da mesma maneira que o capital de todas as vias férreas, mas para encontrar o verdadeiro motivo do triunfo de James Hill precisamos voltar àquela pequena estação telegráfica onde ele trabalhava ganhando 30 dólares por mês e descobrir todos os pensamentos que ele organizou na imaginação.

Que imenso poder é a imaginação, oficina da alma, onde os pensamentos são transformados em estradas de ferro, arranha-céus, fábricas e todas as outras formas de riqueza material!

Acredito que os pensamentos são coisas;
Que são dotados de corpo, que respiram e têm asas;
E nós os transmitimos para encher
O mundo com bons ou maus resultados;
Que o que chamamos de nosso pensamento secreto
Chega rápido ao ponto mais remoto da Terra,
Deixando bênçãos ou maldições,
Como trilhas por onde andasse.
Construímos nosso futuro, pensamento a pensamento,
Para o bem e para o mal.
Pensamento é apenas um outro nome que se dá ao destino;
Escolhe então o teu destino, e espera,
Pois o amor atrai amor e o ódio atrai o ódio.*

Se a nossa imaginação é o espelho da nossa alma, temos então o direito de ficar diante desse espelho e ver-nos como bem entendermos. Temos o direito de ver refletidas no espelho mágico a propriedade que pretendemos possuir, a fábrica que aspiramos dirigir, o banco que almejamos presidir, a situação que desejamos desfrutar na vida. Nossa imaginação nos pertence. Façamos uso dela. Quanto mais a empregarmos, com mais eficiência ela nos servirá.

Na extremidade oriental da grande ponte do Brooklyn, em Nova York, vivia um pobre velho que tinha ali a sua barraca de sapateiro. Quando os engenheiros começaram a enterrar estacas e a marcar o lugar onde seria construída a grande ponte, o pobre homem balançou a cabeça, dizendo: "Não é possível fazer isso!"

*I hold it true that thoughts are things;/ They're endowed with bodies and breath and wings;/ And that we send them forth to fill/ The world with good results or ill./ That which we call our secret thought/ Speeds forth to earth's remotest spot,/ Leaving its blessings or its woes,/ Like tracks behind as it goes./ We build our future, thought by thought,/ For good or ill, yet know it not,/ Yet so the universe was wrought./ Thought is another name for fate;/ Choose, then, thy destiny and wait,/ For love brings love and hate brings hate.

Depois, da sua pequena barraca, ele olhava e balançava ainda a cabeça, perguntando a si mesmo: "Como foi que eles fizeram isso?"

Viu a ponte erguer-se diante dos seus olhos, mas faltava-lhe a imaginação para analisar o que via. O engenheiro que planejou a obra viu-a como uma realidade, quando não se removera ainda uma única pá de terra para cavar os alicerces. A ponte se tornou uma realidade na sua imaginação porque ele fez uso dela para realizar novas combinações com ideias antigas.

Por meio de experiências recentes, no domínio da eletricidade, uma das maiores instituições de educação da América do Norte descobriu a maneira de fazer "dormir" as flores e acordá-las depois com "luz solar" elétrica. Essa descoberta tornou possível o cultivo de vegetais e flores sem o auxílio do calor do sol. Dentro de mais alguns anos o habitante das cidades poderá desenvolver uma cultura de vegetais no quintal da sua casa bastando-lhe para isso alguns caixotes com terra e um pouco de luz elétrica.

Essa nova descoberta, mais um pouco de imaginação e as descobertas de Luther Burbank no campo da horticultura e o homem da cidade não somente realizará o milagre de ter hortaliças durante o ano inteiro, no seu quintal, como também as terá maiores e melhores do que as que o horticultor moderno cultiva em plena luz do sol.

Numa das cidades do litoral da Califórnia toda a terra própria para ser transformada em lotes de construção foi demarcada e empregada. De um lado da cidade havia algumas colinas íngremes imprestáveis para construções, e do outro lado não se podia construir também, pois o terreno era tão baixo que estava sempre coberto de água.

Um dia chegou àquela cidade um homem de imaginação. Os homens de imaginação sempre têm agudeza de espírito, e esse a que nos referimos não fazia exceção à regra. No mesmo dia em que chegou, viu uma possibilidade de ganhar dinheiro no negócio de imóveis. Conseguiu uma opção para as colinas que ninguém queria, por serem muito íngremes. Arranjou outra opção para o terreno abandonado por ser baixo demais, e obteve tudo isso a preço reduzido, pois supunha-se que aqueles terrenos nada valessem.

Com algumas toneladas de explosivos, reduziu a lama aquelas colinas íngremes, com o auxílio de tratores e niveladoras, transformou todo o terreno em belos lotes; em carroças puxadas por mulas, fez conduzir o excesso de lama para o terreno baixo, elevando-o acima do nível da água e transformando-o assim em esplêndidos lotes.

VIM AO MUNDO; SEI QUE NENHUMA INFLUÊNCIA TIVE NA MINHA VINDA E QUE NENHUMA INFLUÊNCIA TEREI NA MINHA PARTIDA. PORTANTO, NÃO ME PREOCUPAREI, POIS AS PREOCUPAÇÕES DE NADA ADIANTAM.

Fez uma fortuna substancial, e como?

Removendo um pouco de lama de um lugar onde não era necessária para outro, que tinha necessidade dela, tudo isso por meio da imaginação.

O povo daquela pequena cidade passou a considerar esse homem como um gênio, e de fato ele o era, porém a mesma espécie de gênio que qualquer habitante teria sido, se tivesse feito uso da imaginação.

No domínio da química é possível misturar duas ou mais substâncias em tais proporções que o simples fato de misturá-las dá a cada uma deles uma tremenda quantidade de energia que sozinhas elas não possuem. É igualmente possível misturar certas substâncias químicas em proporções tais que todas as substâncias da combinação venham a assumir uma natureza inteiramente diversa, como no caso de H_2O, que é uma mistura de duas partes de hidrogênio e uma de oxigênio, e produz a água.

Não é a química o único campo onde uma combinação de várias substâncias pode ser feita de tal modo que cada uma assume um valor maior, ou o resultado é um produto inteiramente diferente, em natureza, dos seus componentes. O homem que arrasou aquelas inúteis colinas de lama e pedras e removeu o excesso de onde não era necessário para a parte que tinha necessidade dele deu à lama e às pedras um valor que não possuíam antes.

Uma tonelada de minério de ferro vale relativamente pouco. Acrescente-se porém carvão, manganês, enxofre, fósforo, em proporções adequadas, e terá transformado tudo em aço, cujo valor é muito maior. Acrescentem-se ainda outras substâncias, em proporções justas, inclusive um pouco de trabalho especializado, e a mesma tonelada de aço se transformará em molas de relógio, que valem uma pequena fortuna. Mas em todos esses processos de transformação o ingrediente de maior valor é o que não tem forma material, isto é, a imaginação.

Vemos uma grande pilha de tijolos e pedras, cimento, madeira, pregos e vidros. Esse amontoado de coisas é até desagradável à vista. Porém, misture-se tudo isso e mais a imaginação de um arquiteto, acrescente-se o trabalho de operários hábeis e teremos uma residência maravilhosa, digna de um rei.

À margem de uma das grandes rodovias que ligam Nova York à Filadélfia via-se um velho celeiro desmantelado, que não valia nem mesmo 50 dólares.

Com um pouco de madeira, cimento e mais imaginação, aquele velho celeiro foi transformado num belo posto de abastecimento para automóveis, que rende uma pequena fortuna ao homem que o imaginou.

Do outro lado da rua em que fica o meu escritório há uma pequena tipografia que mal dá para a subsistência do seu proprietário e do empregado. Menos de 12 quarteirões além está situada uma das melhores tipografias do mundo, moderníssima, cujo proprietário passa a maior parte do tempo viajando e ganha cada vez mais dinheiro. Há 22 anos esses dois impressores eram sócios.

O proprietário da grande impressora teve a feliz ideia de se associar a um homem que tinha imaginação. Esse homem de imaginação é um redator de anúncios e fornece à impressora de que é sócio mais trabalho do que ela pode dar conta simplesmente analisando os negócios dos seus fregueses, criando anúncios atraentes e característicos e suprindo o material impresso necessário para esse trabalho especial. Essa casa recebe preços elevadíssimos pelos trabalhos que imprime, pois imaginação e produtos gráficos são coisas que nem sempre andam juntas.

Em Chicago foi erguido o nível de certo bulevar, o que veio prejudicar sensivelmente uma fileira de belas residências, visto que o passeio do outro lado ficou à altura do segundo andar dessas casas. Enquanto os seus proprietários se lastimavam, um homem de imaginação dirigiu-se ao local, estudou o assunto, comprou as casas por quase nada, transformou o segundo andar das casas em escritórios e hoje ganha folgadamente uma boa renda.

Ao ler estas linhas não se esqueça o leitor do que foi declarado no começo desta lição, especialmente o fato de que o maior lucro que se pode tirar da imaginação é reorganizar velhas ideias em novas combinações.

Se fizermos uso adequado da nossa imaginação, ela nos ajudará a converter os fracassos e erros em bens de grande e inestimável valor; fará com que o leitor descubra a verdade conhecida apenas dos que fazem uso da imaginação, isto é, que os maiores reveses e desgraças muitas vezes abrem as portas para oportunidades maravilhosas.

Um dos mais finos e bem-pagos artistas da gravura, nos Estados Unidos, antigamente foi um carteiro. Um dia teve a "sorte" de ser apanhado por um bonde, que lhe cortou uma perna. A companhia pagou-lhe uma indenização de 5 mil dólares. Com essa soma ele entrou para uma escola, a fim de aprender gravação. O trabalho das suas mãos e mais a imaginação rendem-lhe agora muito mais do que ele poderia ganhar como carteiro. Descobriu que tinha imaginação quando precisou dar nova direção aos seus esforços, em consequência do acidente que lhe custou uma perna.

O leitor jamais conhecerá a sua capacidade de realização antes de apreender a maneira de aliar os seus esforços com a *imaginação*. O trabalho das nossas mãos, sem imaginação, nos dará apenas um pequeno lucro; porém, quando dirigido de maneira adequada pela imaginação, podemos conquistar toda a riqueza de que precisamos.

Existem dois meios de tirar lucro da imaginação, a saber: desenvolvendo essa qualidade na própria mente, ou mediante a associação com alguém que já a tenha desenvolvido. Andrew Carnegie empregou os dois meios: não somente fez uso da sua fértil *imaginação*, como também reuniu em torno de si um grupo de homens igualmente dotados dessa qualidade essencial, pois a realização do seu propósito *definido* na vida exigia especialistas cuja *imaginação corresse* em várias direções. No grupo de homens que constituíam o Master Mind de Andrew Carnegie encontravam-se homens cuja imaginação se limitava ao campo da química. Havia outros de imaginação confinada às finanças. Outros ainda limitavam-se à questão das vendas. Entre esses últimos encontrava-se Charles M. Schwab, que é apontado como tendo sido o mais eficiente dos vendedores de Carnegie.

Assim, se o leitor sentir que a sua *imaginação* é inadequada, deverá formar uma aliança com alguém cuja imaginação seja suficientemente desenvolvida para suprir a sua deficiência. Existem várias formas de aliança. Por exemplo, há a aliança pelo casamento, a aliança comercial, a aliança com amigos e a que existe entre empregados e empregadores. Nem todos os homens são dotados da capacidade para atender da melhor forma aos seus interesses como chefe, e os que não têm tal capacidade podem lucrar associando-se a homens de *imaginação*, que tenham essa habilidade.

Diz-se que Andrew Carnegie fez mais milionários entre os seus empregados do que outro qualquer empregador no campo da indústria do aço

Entre eles estava Charles M. Schwab, que demonstrou todo o fulgor da sua *imaginação* aproximando-se de Carnegie. Não é uma infelicidade ser empregado. Ao contrário, muitas vezes fica provado que essa situação é a mais vantajosa numa associação, uma vez que nem todos os homens têm capacidade de direção.

Talvez não exista outro campo de esforços em que a *imaginação* desempenhe um papel tão importante como no domínio das vendas. O vendedor capaz vê o mérito dos artigos que vende ou do serviço que presta na sua *imaginação*, e se não fizer isso não conseguirá vender coisa alguma.

Há alguns anos foi efetuada uma transação que é apontada como a mais notável que registra a história de vendas de tal natureza. O objeto dessa venda não foi qualquer mercadoria, mas a liberdade de um homem que estava preso na penitenciária de Ohio, e o desenvolvimento de um sistema de reformatório, prisão que promete uma transformação radical nos métodos de tratar os infortunados que se tornam culpados perante a lei.

Para que se possa apreciar a maneira como a *imaginação* desempenha um papel principal no domínio das vendas, analisarei a transação a que me refiro pedindo desculpas pelas referências pessoais, que não podem ser evitadas sem diminuir muito o valor do exemplo.

Há alguns anos fui convidado para falar perante os detentos da penitenciária de Ohio. Quando apareci na plataforma, vi entre os detentos um homem que conhecera como próspero comerciante havia mais de dez anos. Esse homem era B., cujo perdão mais tarde consegui, e a história dessa libertação ocupou as primeiras páginas de quase todos os jornais dos Estados Unidos.

Depois de pronunciar o meu discurso, procurei falar com B., e soube que havia sido condenado a 20 anos por crime de falsificação. Depois que ele me narrou todo o seu caso, eu lhe disse:

— Eu o tirarei daqui em menos de 60 dias.

Com um sorriso forçado ele respondeu:

— Admiro o seu espírito, mas estranho as suas palavras. Não sabe então que pelo menos 20 homens influentes já experimentaram conseguir a minha liberdade, por todos os meios de que dispunham, e tudo em vão? *Isso não é possível!*

Penso que foi a sua última frase: "*Isso não é possível!*", que soou aos meus ouvidos como um desafio para demonstrar-lhe que o que eu pretendia fazer

Congratulo-me com aquele que soube triunfar; mas se não for capaz de esquecer a que ponto triunfou, eu o lastimarei.

era possível. Voltei a Nova York e pedi a minha esposa que preparasse as nossas malas para uma estada, por tempo indeterminado, na cidade de Columbus, onde está localizada a penitenciária de Ohio.

Tinha um *propósito definido.* Esse propósito era tirar B. da penitenciária. Não pensava apenas em libertá-lo, mas também num meio de conseguir essa liberdade de forma a livrá-lo da "pecha" de criminoso e de dar crédito também a todos os que concorressem para a sua libertação.

Nunca tive um momento de dúvida quanto a conseguir o que pretendia, pois um "vendedor que vacila não vende nunca". Minha esposa e eu fomos para Columbus e nos instalamos como se fôssemos passar ali muito tempo.

No dia seguinte, visitei o governador de Ohio e expliquei-lhe o fim da minha visita com as seguintes palavras:

> Venho à sua presença, sr. governador, a fim de pedir-lhe a liberdade do sr. *B.*, que está na penitenciária de Ohio. Tenho sérias razões para fazer-lhe esse pedido e espero que lhe dará liberdade imediatamente. Contudo, vim disposto a demorar-me em Columbus o tempo necessário para conseguir o meu intento.
>
> O prisioneiro B. iniciou um sistema de instrução por correspondência, na penitenciária de Ohio, como deve ser já do seu conhecimento. B. influenciou 1.729, dentre os 2.518 prisioneiros da penitenciária, a seguirem cursos de instrução. Conseguiu angariar livros e material escolar para esses cursos, sem que tal coisa custasse 1 centavo aos cofres públicos do estado. O diretor e o capelão da penitenciária disseram-me que ele cumpre fielmente os regulamentos da prisão. Decerto, um indivíduo que é capaz de influenciar tão grande número de pessoas a dirigir os seus esforços no sentido de aperfeiçoamento moral não pode ser muito mau.
>
> Venho pedir-lhe para libertar B. porque desejo colocá-lo na direção de uma escola para detentos, que dará aos 160 mil prisioneiros de outras penitenciárias dos Estados Unidos uma *chance* para também lucrarem com a sua influência. Estou preparado para assumir inteira responsabilidade pela sua conduta depois da libertação.
>
> Eis o meu caso, senhor governador, mas, antes de ter a sua resposta, quero que saiba que não sou tão ingênuo a ponto de não compreender que os seus inimigos políticos irão criticar o seu gesto, caso o liberte. De fato, se o puser em liberdade, perderá muitos votos, caso queira ser reeleito.

Com os punhos cerrados, em tom firme, o governador Vic Donahey respondeu:

> Se é isso que pretende de B., eu o libertaria, ainda mesmo que tivesse de perder 5 mil votos. Entretanto, antes de assinar o decreto, quero que procure a Clemency Board e consiga uma recomendação favorável. Quero também que arranje uma recomendação do capelão e do diretor da penitenciária. O senhor sabe muito bem que um governador está sujeito ao tribunal da opinião pública, e esses senhores a que me refiro são representantes dele.

Fora efetuada a transação, e em cinco minutos apenas!

No dia seguinte, voltei à presença do governador, acompanhado do capelão, e notifiquei-lhe que a Clemency Board, bem como o diretor e o capelão, apoiavam o pedido de libertação. Três dias depois o decreto de perdão foi assinado e B. ultrapassou os grandes portões de ferro da penitenciária. Era um homem livre.

Citei todos esses detalhes para demonstrar aos leitores que não houve dificuldade alguma na transação. O trabalho para a libertação fora preparado nos bastidores, antes mesmo que eu entrasse em cena. O próprio B. havia preparado o terreno com a sua boa conduta e os serviços que prestara a 1.729 prisioneiros. Quando criou o primeiro sistema de instrução que se conhece para detentos, forjou também a chave que lhe abriria as portas da prisão.

Mas por que teriam fracassado os outros, que pediram a sua libertação?

Fracassaram apenas por não terem feito uso da imaginação.

Talvez tivessem pedido a liberdade de B. alegando que a sua família era ilustre e ele próprio um indivíduo educado, diplomado por uma escola superior, e não um criminoso vulgar. Não apresentaram ao governador um motivo suficiente para justificar a concessão do perdão, e se não fosse isso teriam libertado B. muito antes da minha interferência.

Antes de apresentar-me ao governador, repassei todos os fatos e, na imaginação, vi-me no lugar daquela autoridade. Assim, procurei decidir qual a razão que me tocaria com mais força, se eu estivesse realmente no seu lugar.

Quando pedi o perdão de B., eu o fiz em nome de 160 mil infelizes, homens e mulheres, que estão nas penitenciárias dos Estados Unidos, e que poderiam também desfrutar os benefícios dos cursos por correspondência que B. havia criado. Nada disse sobre a sua ilustre família, nem também sobre a amizade que nos ligara outrora. Não disse que ele era um homem de merecimento. Todas essas alegações poderiam servir de justos motivos para a sua libertação, mas todas me pareceram insignificantes em confronto com a razão principal, a verdadeira razão, que seria o auxílio a 160 mil detentos, os quais lucrariam com aquele sistema escolar logo que B. fosse libertado.

Quando o governador de Ohio concedeu a liberdade a B., não tive a menor dúvida de que a pessoa deste último era de importância secundária quanto à sua decisão. Sem dúvida, o governador viu ali um benefício possível, não para B., sozinho, mas para 160 mil detentos que necessitariam da sua influência.

Isso foi imaginação!

E foi também transação. Depois de terminado o caso, conversando com um dos indivíduos que haviam mostrado maior diligência, durante um ano, na tentativa de conseguir a liberdade de B., ele me perguntou:

— Mas como foi que conseguiu isso?

— Foi a tarefa que já realizei com mais facilidade em toda a minha vida. A maior parte do trabalho já estava feita, antes da minha entrada em cena. Na verdade, quem conseguiu tudo isso não fui eu, e sim o próprio B.

O homem olhou para mim espantado. Não compreendera o fato que me esforço por deixar bem claro, aqui, isto é, todas as missões difíceis são realizadas facilmente, quando nos aproximamos delas pelo ângulo certo. Para a libertação de B. contribuíram dois fatores importantes: primeiro, o fato de ter ele fornecido material para uma excelente ficha, antes que eu tentasse conseguir o seu perdão; segundo, o fato de que antes de me apresentar ao governador de Ohio eu me tivesse convencido de que tinha o direito de pedir a libertação do prisioneiro, e de que não encontraria a menor dificuldade para apresentar o caso de maneira eficiente.

Volte o leitor ao que foi declarado no princípio desta lição, acerca da telepatia, e aplique-o ao nosso caso. O governador podia dizer, muito antes de iniciada a minha missão, que eu estava convencido de que apresentava uma causa justa. Se o meu cérebro não transmitisse ao seu este pensamento, o indício de autoconfiança que transparecia nos meus olhos e o tom firme da minha voz tornariam patente a minha crença nos méritos do caso que eu apresentava.

Mais uma vez peço desculpas por essas referências pessoais, na minha narrativa, mas se assim agi é que toda a América conhece essa história. Abro mão de qualquer honra que possa merecer a minha diminuta participação no acontecimento, pois não fiz mais do que empregar a imaginação, como um local de reunião de todos os fatores que deram em resultado a transação. Nada fiz senão o que teria feito qualquer vendedor dotado de imaginação.

É preciso ter coragem para empregar o pronome pessoal de maneira tão livre como fiz nesta narrativa, mas a justificativa está no valor da aplicação do princípio da imaginação a um caso geralmente conhecido.

Não me lembro de ter presenciado jamais um incidente no qual tivessem entrado, de maneira tão eficiente, os 15 fatores que constituem o presente curso.

É apenas mais um elo na longa rede de evidências, que vem provar, para minha inteira satisfação, que o poder da imaginação é um dos mais importantes fatores em qualquer venda ou transação. Há uma infinidade de meios de tentar a solução de qualquer problema, porém um, apenas, é o melhor meio. Procuremos o melhor meio e o problema será resolvido com facilidade. Não importam as boas qualidades de uma mercadoria. Há uma infinidade de modos errados de oferecê-la. Mas a imaginação auxiliará sempre a encontrar o meio certo.

Assim, na sua procura de um meio certo de oferecer mercadorias ou trabalho, lembre-se o leitor de uma característica da humanidade:

Os homens nos concederão os favores que pedirmos em benefício de uma terceira pessoa mesmo que não nos concedam favores que pedimos para nós mesmos.

Confrontemos essa afirmativa com o caso narrado acima: veremos que não pedi a libertação de B. como um favor a mim mesmo, ou ao próprio B., e sim como sendo uma vantagem para 160 mil detentos das penitenciárias dos Estados Unidos.

Os vendedores dotados de imaginação sempre oferecem os seus produtos empregando uma terminologia que torna logo patente as suas vantagens para os fregueses. Acontece raramente que alguém compre uma mercadoria ou preste qualquer favor apenas com o fim de ser agradável ao que oferece a mercadoria ou pede o favor. É característico da natureza humana procurar cada qual o seu interesse. É esse um fato indiscutível.

Falando com toda a franqueza, *os homens são egoístas*!

Compreender a verdade é compreender a maneira de apresentar o caso: quer estejamos pedindo a liberdade de um homem ou oferecendo algum produto. Na nossa própria *imaginação* devemos planejar a apresentação do nosso caso de modo que as maiores e mais atraentes vantagens pareçam bem claras ao comprador.

Isso é imaginação!

Uma vez um fazendeiro mudou-se para a cidade, levando consigo um cão pastor bem-treinado. Verificou sem demora que o cachorro estava desambientado na cidade e, assim, resolveu "livrar-se" dele. Levou o animal ao campo e bateu à porta de uma fazenda. Um homem de muletas veio abri-la.

— O senhor não gostaria de comprar um excelente cão pastor? Possuo um e estou louco para me ver livre dele.

O homem de muletas replicou:

— Não! — e fechou a porta.

O dono do cachorro bateu em mais meia dúzia de fazendas. Fazia a mesma pergunta e recebia invariavelmente a mesma resposta. Convenceu-se de que ninguém queria o cachorro e voltou à cidade. Nessa mesma noite contava ele a sua desgraça a um homem de *imaginação.*

— Vou vender o cachorro para o senhor — disse o homem imaginoso.

O dono concordou. Na manhã seguinte o outro levou o animal para o campo e parou na primeira fazenda que encontrou, isto é, a mesma em que o dono do cachorro estivera na véspera. O mesmo homem de muletas veio abrir-lhe a porta.

O homem de *imaginação* saudou-o da seguinte maneira.

— Vejo que o senhor é vítima do reumatismo. O que precisa é de um bom cachorro para pastorear o seu gado. Tenho aqui um que foi treinado para trazer ao curral as vacas, afugentar os animais selvagens, pastorear as ovelhas e prestar outros serviços úteis. Vendo-lhe o cão por 100 dólares.

— Muito bem — disse o homem das muletas. — Ficarei com ele!

Isso também foi a *imaginação*!

Ninguém compraria um cão do qual o dono estava ansioso por "se livrar", mas quase todos gostariam de possuir um cão que ajudasse a pastorear o gado.

O cão era o mesmo que o homem de muletas se recusara a comprar na véspera, porém o vendedor já não era o mesmo homem que estava louco por se desfazer do animal.

Lembre-se o leitor do que foi dito sobre a Lei da Atração. Se olharmos apenas para os fracassos, não atrairemos senão fracassos.

Seja qual for o nosso meio de vida, há sempre nele lugar para a imaginação.

As cataratas do Niágara eram apenas uma grande massa d'água até que um homem de imaginação as dominou e converteu aquela energia desperdiçada em corrente elétrica que agora impele as rodas da indústria. Antes de aparecer esse homem de imaginação milhares de pessoas viram as grandes cataratas, ouviram o seu estrondo, mas nenhuma dessas pessoas teve a imaginação necessária para aproveitar aquela força.

O primeiro Rotary Club do mundo nasceu na fértil imaginação de Paul Harris, o qual viu nesse filho do seu cérebro um meio eficiente de arranjar clientes e estender a sua prática de advocacia. A ética da profissão proíbe os anúncios, na maneira habitual, mas a imaginação de Harris descobriu um meio de ampliar a sua prática sem infringir a ética profissional.

Se o vento da fortuna sopra temporariamente contra nós, lembremo-nos de que podemos dominá-lo e fazer com que nos leve em busca do nosso objetivo principal definido. Basta para isso fazer uso da imaginação. O papagaio do êxito se ergue contra o vento, não com ele!

O dr. Frank Crane era um pregador de "terceira ordem", lutando sempre com dificuldades. Finalmente, os paupérrimos ordenados do clero o obrigaram a fazer uso da imaginação. Agora, ele ganha mais de 100 mil dólares por ano, escrevendo ensaios, e trabalha apenas uma hora por dia.

Bud Fisher ganhava apenas o suficiente para a sua subsistência; passou a ganhar, porém, 75 mil dólares por ano, divertindo o público com os seus desenhos animados de Mutt e Jeff.

Woolworth era um empregado mal-pago numa casa retalhista. Ganhava pouco, porque os seus chefes nunca descobriram que ele tinha imaginação. Mais tarde Woolworth construiu o edifício mais alto do mundo, espalhou o seu sistema de lojas pelos Estados Unidos inteiros e por todo o mundo, unicamente por meio da imaginação.

Analisando esses exemplos, pode-se ver que um acurado estudo da natureza humana desempenhou importante papel nas realizações mencionadas. Para poder tirar lucro da imaginação o leitor deve ter profunda visão dos motivos que levam um homem a realizar ou não uma determinada ação. Se a sua imaginação o levar a compreender com que rapidez as pessoas concedem favores, quando esses apelam para o seu interesse próprio, poderá conseguir tudo o que procura.

Há pouco tempo o autor deste curso testemunhou uma transação muito inteligente feita por sua esposa em relação ao seu filhinho. O pequeno batia com a colher sobre a mesa da biblioteca. Quando sua mãe estendeu a mão para a colher, a criança recusou-se a dá-la. Mas como é uma mulher de imaginação, ela ofereceu ao filho um bombom vermelho. Imediatamente ele deixou cair a colher e centralizou sua atenção naquele objeto mais interessante.

Temos aqui imaginação e também uma transação. A mãe conseguiu o seu objetivo sem empregar a força.

Uma vez, andava eu de automóvel em companhia de um amigo. Ele dirigia o veículo com excessiva velocidade. Imediatamente aproximou-se um policial numa motocicleta e disse ao meu amigo que ele estava preso por excesso de velocidade.

— Lamento tê-lo feito correr com semelhante chuva — falou o outro, sorrindo amavelmente para o policial —, mas o meu amigo, aqui, precisa apanhar o trem das 10 horas, por isso me excedi, indo a 60 quilômetros por hora.

— Não, não, estava apenas a 40 quilômetros — replicou o guarda —, mas como foi delicado e confessa que se excedeu, deixo passar esta vez, contanto que para o futuro tenha mais cuidado.

Também aqui entrou em jogo a imaginação. Mesmo um guarda ouvirá as nossas razões, se agirmos de maneira justa, mas ai do motorista que tenta insistir com o agente, querendo convencê-lo de que o velocímetro estava desregulado.

Há apenas uma forma de imaginação contra a qual julgo do meu dever prevenir os leitores. É essa forma de imaginação que leva alguns a pensarem que podem conseguir alguma coisa em troca de nada, ou que podem abrir caminho à força no mundo sem respeitar os direitos alheios. Nas instituições penais dos Estados Unidos há mais de 160 mil prisioneiros e quase todos foram condenados por terem imaginado que podiam ganhar no jogo da vida sem observar os direitos dos outros.

Há na penitenciária de Ohio um prisioneiro que já cumpriu mais de 35 anos de pena por falsificação, e a maior quantia que conseguiu com essa aplicação errada da imaginação reduzia-se a 12 dólares.

Há algumas pessoas que dirigem a sua imaginação para a tentativa inútil de mostrar o que acontece quando um "corpo imóvel entra em contato com uma força irresistível", mas tipos dessa espécie pertencem aos hospitais de psicopatas.

Há ainda outra forma errada de aplicar a imaginação, isto é, quando um rapaz ou uma moça sabe mais acerca da vida do que o próprio pai. Porém essa forma é sujeita a modificar-se com o tempo. Meus filhos já me ensinaram o que meu pai tentou em vão me ensinar, quando eu tinha a idade deles.

O tempo e a imaginação (que é muitas vezes um produto do tempo) nos ensinam muito, porém a coisa mais importante que aprendemos com eles é a seguinte:

Todos os homens se parecem uns com os outros, de muitas maneiras.

O vendedor que desejar saber o que pensa o seu freguês deve estudar a si mesmo e ver o que pensaria se estivesse no lugar dele.

Estude o leitor a si próprio, descubra os motivos que o influenciarão para fazer certas coisas e os que o impedirão de realizar outras e terá dado um grande passo à frente na obra de aperfeiçoamento de si mesmo e no emprego exato da sua *imaginação.*

O maior auxiliar do detetive é a *imaginação.* A primeira pergunta que ele formula, quando chamado a desvendar um crime, é a seguinte: "Qual a causa do crime?" Se pode localizar o motivo, é mais fácil descobrir o autor.

Uma vez, um homem que perdeu um cavalo pôs um anúncio oferecendo uma recompensa de 5 dólares a quem o encontrasse. Vários dias depois um rapaz que todos supunham ser um débil mental trouxe o animal e reclamou a gratificação. O proprietário teve curiosidade de saber como o rapaz encontrara o cavalo. "Como descobriu onde estava o animal?", perguntou ao rapazola, que respondeu: "Procurei apenas imaginar para onde eu teria ido se fosse um cavalo, e para lá me dirigi." Para um débil mental, não estava má a resposta. Alguns que não são considerados débeis mentais passam toda a vida sem dar uma demonstração tão evidente de *imaginação* como fez esse rapaz.

Se desejarmos saber o que os outros farão, empreguemos a *imaginação*, nos coloquemos no seu lugar e vejamos o que teríamos feito então. Isso é *imaginação.*

Todos nós precisamos ser um pouco sonhadores. Todo empreendimento necessita de um sonhador, bem como todas as indústrias e profissões. Mas o sonhador deve também ser um realizador ou então formar uma aliança com alguém que possa traduzir, e de fato traduza, os seus sonhos em realidade.

A maior nação do mundo foi concebida, dada ao mundo e nutrida, na infância, em consequência da imaginação de homens, que combinaram os seus sonhos com ação.

A nossa mente é capaz de criar muitas combinações novas e úteis, com ideias antigas, porém a coisa mais importante que ela pode criar é um *objetivo principal definido*, que nos dará o que mais desejarmos.

Nosso *objetivo principal definido* pode ser rapidamente traduzido em realidade, depois de o havermos embalado no berço da *imaginação*. Se o leitor tiver seguido com toda a fé as instruções estabelecidas na segunda lição, estará agora na estrada que conduz ao triunfo, porque sabe o que quer e tem um plano para obter tudo o que desejar.

A batalha para a consecução do triunfo está meio vencida logo que o indivíduo sabe perfeitamente o que quer, e está quase terminada quando ele sabe o que quer e está disposto a obtê-lo por qualquer preço.

A escolha de um *objetivo principal definido* exige o uso de *imaginação* e de decisão. O poder de decisão aumenta com a prática. A pronta determinação força a criar um objetivo principal definido e torna mais poderosa a capacidade para chegar a decisões em outros assuntos.

As adversidades e as derrotas temporárias são em geral "males que vêm para o bem", pois forçam o indivíduo a fazer uso da imaginação e decisão. É por isso que um homem sempre luta com mais ardor quando sabe que tem atrás de si uma parede, e que não há caminho para uma retirada. Chega logo à decisão de lutar, em vez de fugir.

A imaginação nunca é tão ativa como quando o indivíduo se encontra diante de alguma emergência que exige pronta decisão e ação definitiva.

Nesses momentos de emergência os homens chegam a decisões, constroem planos, fazem uso da imaginação, de tal maneira que passam a ser vistos como gênios. Muitos gênios têm nascido assim, da necessidade de dar um estímulo fora do comum à imaginação, em consequência de qualquer experiência que exija pensamento rápido e pronta decisão.

É fato bem conhecido que a única maneira de fazer com que um jovem amimado venha a se tornar uma pessoa útil é obrigá-lo a se manter por si próprio. Isso o força a empregar tanto a imaginação como a decisão, o que ele nunca faria se não tivesse necessidade.

NÃO SE PODEM SEMEAR CARDOS E COLHER ROSAS; A NATUREZA NÃO AGE DESSA MANEIRA, E SIM POR MEIO DE CAUSA E EFEITO.

O reverendo P. W. Welshimer, pastor de uma igreja em Canton, no estado de Ohio, ali se fixou há mais de 25 anos. Ordinariamente, nenhum pastor permanece por tanto tempo à frente de uma igreja, e o reverendo Welshimer não seria uma exceção à regra se não tivesse feito uso da imaginação nos seus deveres de pastor.

A igreja dirigida pelo reverendo Welshimer tem uma escola dominical de mais de 5 mil membros, o maior número já alcançado por qualquer igreja nos Estados Unidos.

Nenhum pastor protestante, a não ser que tivesse empregado as leis da *iniciativa, liderança*, um *objetivo principal definido, autoconfiança* e *imaginação,* poderia ter permanecido durante todo esse tempo à frente de uma igreja, com pleno consentimento dos seus paroquianos e construindo, além disso, uma escola dominical.

Resolvemos estudar os métodos empregados pelo reverendo Welshimer e descrevê-los aqui para proveito dos leitores da filosofia da Lei do Triunfo.

É fato conhecido que nas igrejas as rivalidades, muitas vezes, geram descontentamentos que tornam indispensável a remoção de pastores. O reverendo Welshimer conseguiu vencer esse obstáculo simplesmente aplicando a lei da imaginação. Logo que um novo membro se filia à igreja, ele lhe designa uma tarefa — uma tarefa decisiva, que se ajuste ao seu temperamento, educação, tanto quanto possível, e para empregar as palavras do próprio ministro, "cada membro está sempre tão ocupado, trabalhando pela igreja, que não há tempo para choques ou desavenças".

Não é má política para ser aplicada no comércio, na indústria ou em outro qualquer campo de atividade. O velho ditado "mãos vazias são instrumentos para o mal" encerra muita verdade.

Dê-se a um homem um trabalho qualquer, que lhe cause prazer, permaneça ele sempre ocupado, e não terá nenhuma possibilidade de degenerar numa força desorganizadora.

Quando acontecia de que qualquer membro da escola dominical faltasse duas vezes seguidas às reuniões, designava-se logo um comitê para saber o motivo da ausência. Há um lugar nas várias "comissões" para cada membro da igreja. Desse modo o reverendo Welshimer delega aos próprios membros da sua igreja a responsabilidade de controlar os faltosos e conservá-los interessados nos negócios da igreja. É um organizador do tipo mais elevado. Seus esforços despertaram a atenção de homens de negócios de todo o país, e por várias vezes já lhe ofereceram cargos, com excelentes salários, em bancos, indústrias de aço, estabelecimentos comerciais etc., pois todos reconhecem na sua pessoa um líder real.

No porão da sua igreja o reverendo Welshimer instalou uma tipografia de primeira ordem, onde imprime um pequeno semanário que é distribuído a todos os seus paroquianos. A feitura e a distribuição do jornal constituem outra fonte de trabalho que conserva os membros da igreja sempre ocupados, pois cada um tem aí um interesse qualquer. O jornal é dedicado exclusivamente aos assuntos da igreja, em conjunto, e dos membros individualmente. É lido por todos os membros, da primeira à última linha, pois há sempre uma *chance* de que o nome do leitor esteja incluído nas notícias locais.

A igreja dispõe ainda de um coro muito bem-treinado e uma orquestra que honraria qualquer grande teatro. Ali, o reverendo Welshimer atende a um duplo propósito, fornecendo uma distração a todos e, ao mesmo tempo, conservando sempre ocupados os membros que têm mais "temperamento" e que compõem a orquestra e que assim, entregues à ocupação que mais lhes agrada, não encontram tempo para intrigas ou dúvidas.

O falecido dr. Harper, reitor da Universidade de Chicago, foi um dos administradores escolares mais eficientes da sua época. Tinha um poder especial para levantar fundos, em grandes quantias. Foi ele quem convenceu John D. Rockefeller de que devia contribuir com milhões de dólares para apoiar a sua universidade.

Pode ser útil, para os que seguem este curso, conhecer a técnica do dr. Harper, o qual foi um líder de primeira ordem. Além disso, ouvi dele mesmo que sua liderança nunca foi uma questão de *chance* ou sorte, e sim o resultado de um processo cuidadosamente planejado.

O incidente seguinte servirá para demonstrar como o dr. Harper fez uso da imaginação para conseguir grandes somas para a sua universidade:

Necessitava ele de 1 milhão de dólares extras para a construção de um novo edifício. Passando em revista os homens de fortuna de Chicago, que podiam concorrer com uma soma maior, decidiu-se por dois deles, ambos muitas vezes milionários e, por sinal, inimigos acérrimos.

Naquela época, um deles era o presidente do Chicago Street Railway System. Ao meio-dia, quando a maior parte dos funcionários, e mesmo a secretária particular do presidente, deviam ter saído para o almoço, o dr. Harper penetrou despreocupadamente no escritório da pretendida "vítima", que ficou surpresa com a sua presença, sem qualquer anúncio prévio.

— Meu nome é Harper — disse o doutor —, e sou reitor da Universidade de Chicago. Perdoe-me a intrusão, mas não encontrei ninguém aí fora que me anunciasse e, por isso, tomei a liberdade de entrar.

"Tenho pensado muito no senhor e no seu sistema de bondes. É um sistema maravilhoso e compreendo que empregou grandes somas para sua realização. Nunca me lembro do senhor sem que me ocorra à mente que mais cedo ou mais tarde passará à eternidade, e, depois de desaparecido, nada ficará como um monumento para lembrar o seu nome, porque o seu dinheiro logo passará a outras mãos, e o dinheiro perde a identidade com muita rapidez nesse caso.

"Muitas vezes tenho pensado em lhe oferecer uma oportunidade para perpetuar o seu nome permitindo-lhe que construísse um novo edifício nos terrenos da universidade e que receberia o seu nome. Devia ter lhe falado há mais tempo, porém um dos membros do nosso conselho executivo deseja que essa honra caiba ao sr. X (o inimigo figadal do sujeito). Pessoalmente, entretanto, tenho sido favorável ao seu nome e ainda continuo a dar preferência ao senhor, e se conseguir a sua permissão, procurarei afastar qualquer oposição ao seu nome.

"Não vim para lhe pedir que tome qualquer decisão imediatamente; como passasse por aqui, porém, julguei propício o momento para lhe falar. Pense sobre o caso, e se desejar falar-me novamente, pode chamar-me pelo telefone, que estarei ao seu dispor.

"Até outro dia. Sinto-me muito feliz por ter tido essa oportunidade para conhecê-lo."

Fez um cumprimento, sem dar ao outro uma oportunidade para dizer sim ou não. Na verdade o diretor da companhia não teve quase tempo de falar. O dr. Harper foi quem falou principalmente. E era esse o seu plano. Foi ali apenas plantar a semente, acreditando que ela germinaria e cresceria em tempo oportuno.

Sua crença não era sem fundamento. Mal teve tempo de chegar ao seu gabinete na universidade quando o telefone tocou. Era o entrevistado de há pouco na linha. Pediu um encontro com o dr. Harper, o que lhe foi prontamente concedido. Os dois se encontraram na manhã seguinte, no gabinete do reitor da universidade, e um cheque de 1 milhão de dólares foi colocado na mão do dr. Harper.

Apesar de sua pequena estatura e da sua aparência insignificante, todos dizem do dr. Harper que "ele tinha uma maneira de ser que lhe tornava possível tudo o que queria".

E qual seria essa maneira?

Nada mais, nada menos do que sua compreensão do poder da imaginação. Suponhamos que ele tivesse ido ao gabinete daquele milionário e pedido uma audiência. Perderia tempo, teria de anunciar o motivo da sua visita e daria ao outro o tempo necessário para formular uma boa desculpa e dizer "Não".

Suponhamos também que ele houvesse iniciado a conversa no seguinte teor:

— A universidade está necessitadíssima de fundos. Eu vim até aqui pedir o seu auxílio. O senhor tem ganhado muito dinheiro e deve fazer alguma coisa em benefício da comunidade onde enriqueceu. (O que talvez fosse verdade.) Se nos der 1 milhão de dólares, poremos o seu nome no novo edifício que desejamos construir.

Qual poderia ter sido o resultado?

Em primeiro lugar, não havia motivo algum que pudesse apelar para os sentimentos do milionário. Embora fosse verdade "que ele devia fazer alguma coisa em benefício da comunidade da qual tirara uma fortuna", provavelmente não iria admitir tal fato. Em seguida, teria tido a vantagem de estar do lado ofensivo da proposta, em vez do defensivo.

Mas o dr. Harper, treinado em fazer uso da imaginação, estudou todos os meios de abordar o caso. Primeiro, colocou o homem na defensiva, informando-o de que não tinha absoluta certeza de conseguir o assentimento de todo o conselho executivo para aceitar o dinheiro e pôr o seu nome no novo edifício. Em seguida, despertou-lhe um intenso desejo de dar o seu nome ao edifício, bastando para isso falar-lhe da possibilidade de que ao seu inimigo fosse concedida essa honra. Além disso (e isso não foi acidental), o dr. Harper fez um apelo veemente a uma das mais comuns entre as fraquezas humanas: mostrou àquele homem um meio de perpetuar o seu nome.

Tudo isso exigia uma aplicação prática da Lei da Imaginação.

O dr. Harper era um vendedor eficiente. Quando pedia dinheiro a alguém, sempre preparava o caminho para o triunfo, plantando na mente da pessoa a quem pedia uma sólida razão para atender ao seu pedido, uma razão que assegurasse vantagens práticas, como uma recompensa pela doação. Muitas vezes isso seria obtido na forma de vantagens comerciais. Outras vezes o apelo dizia respeito à necessidade de perpetuar um nome numa obra que inspirasse respeito e lembrança às gerações futuras. Mas o pedido de dinheiro para a universidade era sempre feito de acordo com um plano cuidadosamente traçado, modelado e aperfeiçoado com o uso da imaginação.

Quando a filosofia da Lei do Triunfo estava ainda em estado embrionário, muito antes de ser organizada num curso sistemático de instrução e transformada em compêndios, o autor realizou uma série de conferências sobre o assunto numa pequena cidade do estado de Illinois.

Um dos membros da assistência era um jovem vendedor de seguros de vida que abraçara esse ramo de atividade havia muito pouco tempo. Depois de ouvir o que eu dissera sobre imaginação, começou a aplicar, nos seus problemas de venda de seguros, tudo quanto ia ouvindo. Durante uma das conferências falou-se qualquer coisa sobre o valor do esforço aliado, por meio do qual os homens podem conseguir maiores resultados mediante um esforço cooperativo, um acordo de trabalho, dentro do qual cada um defenda os interesses dos outros.

Aproveitando a sugestão, esse rapaz formulou imediatamente um plano por meio do qual conseguiu a cooperação de um grupo de homens do comércio que não estavam, de modo algum, ligados ao seu ramo de atividade.

Dirigindo-se à principal mercearia da cidade, entrou num acordo com o proprietário. Mediante esse acordo, devia oferecer uma apólice de mil dólares a cada freguês que comprasse mais de 50 dólares por mês. Passou então a fazer propaganda do acordo, contribuindo assim para aumentar o número de fregueses. Além disso, o dono da mercearia afixou no seu estabelecimento um grande cartaz, o que constituiu também uma boa propaganda.

Em seguida, o jovem agente de seguros dirigiu-se ao principal posto de gasolina e propôs um contrato semelhante com o proprietário, a fim de que todos os seus fregueses fossem contemplados com as vantagens do seguro de vida.

TODOS NÓS GOSTAMOS DE ELOGIOS, E MUITOS ATÉ DE LISONJAS, MAS A QUESTÃO É SABER SE TAIS TENDÊNCIAS SERVEM PARA CONSTRUIR CARÁTER, PODER E INDIVIDUALIDADE.

Depois, dirigiu-se ao principal restaurante da cidade e fez com o proprietário um arranjo idêntico. A seguir, tal aliança provou ser de grande lucro para o proprietário, o qual logo iniciou uma campanha de publicidade. Dizia nos seus anúncios que a comida do seu restaurante era tão saudável e tão boa que todos os que ali faziam as suas refeições estavam aptos para ter uma longa vida. Portanto, ele seguraria em mil dólares a vida de cada freguês.

O jovem agente de seguros fez ainda um acordo com um construtor e negociante de imóveis da localidade, para segurar a vida de cada pessoa que lhe comprasse uma propriedade, numa quantia suficiente para pagar o balanço devido sobre a propriedade, caso o comprador morresse antes de terminados os pagamentos.

O rapaz em questão é hoje agente-geral de uma das maiores companhias de seguros de vida dos Estados Unidos, com sede numa grande cidade de Ohio, e o seu rendimento atual atinge uma média de mais de 25 mil dólares por ano.

O ponto decisivo da sua vida sobreveio quando ele aprendeu a fazer uso da imaginação de forma prática.

Não há patente desse plano, que pode ser duplicado à vontade por outros agentes de seguros que conheçam o valor da imaginação. Mesmo agora, se eu estivesse empenhado no negócio de seguros de vida, faria uso desse plano aliando-me a um grupo de distribuidores de automóveis, em várias cidades, tornando-lhes assim possível vender mais automóveis e ao mesmo tempo contribuindo para a venda de grandes somas de seguros pelos esforços desses distribuidores.

O sucesso financeiro não é difícil de conseguir depois que o indivíduo aprende a fazer uso da imaginação criadora. Quem quer que tenha iniciativa, liderança em grau suficiente e, ainda, a imaginação necessária, poderá fazer uma fortuna até mesmo maior do que a dos proprietários das Five and Ten Cent Stores, bastando para isso desenvolver um sistema de vendas dos mesmos artigos que são vendidos agora naquelas lojas, e com o auxílio de máquinas de venda automática. Isso economizará uma fortuna em salários de empregados, seguros contra roubos e, em suma, facilitará de várias maneiras o funcionamento da loja. Esse sistema pode ser dirigido com tanto êxito como as refeições com o auxílio das máquinas.

A semente da ideia foi lançada. Resta agora aproveitá-la.

Quem quer que seja dotado de espírito inventivo pode fazer uma fortuna e salvar milhares de vidas todos os anos com o aperfeiçoamento de um "controle automático" para os cruzamentos de estradas de ferro com estradas de rodagem, reduzindo assim o número de acidentes de automóveis.

Esse sistema, depois de completo, funcionará mais ou menos da seguinte maneira: 100 metros antes de atingir o cruzamento da linha férrea o automóvel atravessará uma plataforma mais ou menos à maneira de plataforma de uma grande balança para pesar objetos de grande volume; o peso do automóvel fará baixar uma porta e soar uma campainha. Isso forçará o automóvel a diminuir a marcha. Decorrido um minuto, a porta se erguerá novamente, e o carro poderá continuar o seu caminho. Nesse ínterim, terá havido muito tempo para se observar o desvio, em ambas as direções, e certificar-se de que nenhum trem se aproxima. A imaginação, com um pouco de habilidade mecânica, dará ao motorista essa necessária salvaguarda e tornará rico o homem que aperfeiçoar tal sistema.

Um inventor que compreenda o valor da imaginação e tenha certa prática de operação de rádio pode fazer uma fortuna aperfeiçoando um sistema de alarme contra assaltos. Esse alarme fará um sinal à sede da polícia; ao mesmo tempo, apagará as luzes e fará soar uma campainha no lugar prestes a ser assaltado. E isso pode ser feito com o auxílio de um aparelho semelhante ao que se emprega atualmente para transmissões. Qualquer fazendeiro que tenha bastante *imaginação* para criar um plano e fazer uso de uma lista de todos os automóveis registrados no seu estado pode, facilmente, conseguir uma clientela de motoristas, que irão à sua fazenda e comprarão toda a produção, bem como os frangos que criar, poupando dessa maneira as despesas com o transporte dos produtos para a cidade. Fazendo um contrato por estação, com cada motorista, saberá exatamente a quantidade de produto que deve fornecer. A vantagem do motorista que entrar nesse acordo consiste em obter os produtos diretamente da fazenda por um preço menos elevado do que se os adquirisse na cidade.

O proprietário de um posto de gasolina à margem de uma rodovia pode fazer uso de forma eficiente da *imaginação* montando ao lado do posto um pequeno quiosque para lanches e pondo cartazes na estrada, em todas as direções, chamando a atenção para os "sanduíches da casa". Assim atrairá muito mais fregueses. Os motoristas farão uma parada para o lanche e a maioria comprará gasolina antes de prosseguir viagem.

São sugestões simples e possíveis de pôr em prática, sem nenhuma complicação. Contudo, é exatamente essa espécie de uso da imaginação que faz os êxitos financeiros.

O plano Piggly-Wiggly, que ganhou milhões de dólares para seu inventor, era uma ideia muito simples que qualquer pessoa podia ter adotado. Entretanto, foi necessária uma dose considerável de imaginação para pôr em prática essa ideia.

A imaginação é o mais importante fator que entra na arte de vender. O vendedor eficiente é aquele que faz sempre um emprego sistemático da imaginação. O comerciante de destaque sempre se serve da imaginação para encontrar as ideias que o fazem realizar excelentes negócios.

A imaginação pode ser usada com eficiência na venda de miudezas, como gravatas, meias, camisas, artigos de malha etc. Vejamos agora como é possível fazer isso.

Uma vez, entrei numa das mais conhecidas camisarias da Filadélfia, com a ideia de comprar algumas gravatas e camisas.

Quando me aproximei do balcão, adiantou-se um jovem balconista, que me perguntou:

— Deseja alguma coisa, cavalheiro?

Fosse eu um empregado do balcão e não teria feito semelhante pergunta. O simples fato de ter me aproximado da seção de gravatas era suficiente para mostrar ao rapaz que eu desejava examiná-las.

Peguei umas três gravatas, examinei-as ligeiramente e conservei na mão, por algum tempo, uma azul-clara, que me agradou mais. Finalmente, deixei-a também em cima do balcão e comecei a examinar o sortimento exposto.

O rapaz teve então uma ideia. Pegou uma gravata de um amarelo berrante, fez um laço com ela, e perguntou:

— Não está linda?

Ora, eu detesto gravatas amarelas, e o balconista não me causou a menor impressão, sugerindo que aquela gravata amarela era linda. No seu lugar, eu teria mostrado, antes, uma azul, pois eu já havia revelado uma preferência decidida por essa cor. Saberia o que o freguês preferia observando as gravatas que ele pegara e examinara. Uma pessoa não se demora junto a um balcão examinando uma mercadoria que não lhe agrada. Se tiver oportunidade, qualquer freguês dará ao vendedor perspicaz uma ideia da qualidade do artigo que deve insistir em elogiar, a fim de efetuar a venda.

Em seguida, me dirigi ao balcão de camisas. Um vendedor mais velho veio ao meu encontro.

— Há algo em que eu possa servi-lo hoje?

Bem, pensei, se tiver de ser servido aqui em alguma coisa, há de ser hoje, pois talvez nunca mais volte a este estabelecimento. Mas disse-lhe que desejava ver camisas e descrevi o tipo e a cor que desejava.

O vendedor quase me ofendeu quando me respondeu, dizendo:

— Sinto muito, cavalheiro, mas esse estilo não está em moda na presente estação, por isso, não o expomos.

Retorqui que sabia muito bem que o estilo não estava em moda naquela estação, e era essa uma das razões por que pretendia usá-lo, esperando encontrá-lo em estoque.

Se há alguma coisa que irrite um homem — especialmente um homem que sempre sabe exatamente o que quer e o diz logo que entra numa loja — é ouvir de um vendedor as palavras que ouvi daquele.

Isso é um insulto à inteligência de um homem, ou para o que ele pensa ser a sua inteligência, e, na maioria dos casos, é fatal ao negócio. Se eu fosse um balconista de loja, pensaria o que me agradasse quanto ao gosto do freguês, mas nunca teria tanta falta de tato e de diplomacia a ponto de lhe dizer que ele não sabia o que queria. Procuraria, com muito jeito, mostrar-lhe um artigo que julgasse mais parecido com a mercadoria pedida, se o que ele desejava não estivesse no estoque.

Um dos escritores mais famosos e mais bem-pagos do mundo construiu fama e fortuna com a simples descoberta de que é mais lucrativo escrever sobre o que as pessoas já sabem e com que estão de acordo. A mesma regra pode ser aplicada à venda de mercadorias.

Finalmente, o velho balconista trouxe algumas caixas de camisas e começou a mostrar-me umas que nada tinham de parecido com o tipo que eu pedira. Disse-lhe que nenhuma delas me servia, e, quando já ia saindo, ele me perguntou se desejaria ver bonitos suspensórios.

Imaginem! Para começar, nunca usei suspensórios, e, além disso, não lhe dei nenhum indício de que estava interessado em tal artigo.

É muito justo que um vendedor procure interessar o freguês por artigos que ele não pediu, mas é preciso muito tato, e o vendedor só deve oferecer alguma mercadoria quando tiver razões para crer que o freguês a deseje.

Saí do estabelecimento sem ter comprado coisa alguma e com um certo ressentimento por ter sido tão mal julgado quanto ao meu gosto em estilos e cores.

Mais adiante na rua entrei numa pequena loja, com um empregado apenas, e que tinha camisas e gravatas expostas na vitrina.

Fui tratado de maneira completamente diversa.

O homem que estava atrás do balcão não formulou perguntas estereotipadas ou desnecessárias. Olhou-me quando passei pela porta, mediu-me com muita exatidão e recebeu-me com um agradável "Bom dia, cavalheiro".

Perguntou então:

— Que devo mostrar antes: gravatas ou camisas?

Disse que preferia ver primeiro as camisas. Ele olhou logo para a camisa que eu vestia, então perguntou qual o tamanho, e começou a mostrar-me camisas justamente do tipo e da cor que eu procurava, sem que eu dissesse mais uma palavra. Mostrou-me seis estilos diferentes e ficou atento para ver o que eu pegava primeiro. Examinei todas as camisas, e em seguida tornei a colocá-las sobre o balcão, mas o vendedor observava que eu me detivera mais tempo examinando uma delas. Logo que a deixei sobre o balcão, o homem começou a explicar como ela era feita. Depois dirigiu-se ao balcão das gravatas. Voltou com três muito bonitas, azuis, justamente do tipo que eu procurava, deu um laço em cada uma, por sua vez, na frente da camisa, chamando a minha atenção para a perfeita harmonia entre as cores das gravatas e a camisa.

Não demorei cinco minutos, comprei três camisas e três gravatas e saí certo de que voltaria àquela pequena loja logo que tivesse necessidade de tais artigos.

Soube mais tarde que o proprietário do estabelecimento em questão paga 500 dólares por mês de aluguel e consegue um bom rendimento vendendo exclusivamente camisas, gravatas e colarinhos. Assim, se não tivesse um conhecimento perfeito da natureza humana e não aplicasse esse conhecimento tratando de maneira afável a todos os seus fregueses, teria ido inevitavelmente à falência, pagando aquele aluguel tão exorbitante. Tenho observado várias vezes senhoras quando experimentam chapéus, e fico pasmo vendo como os vendedores não adivinham logo o que vai na mente da freguesa pela simples maneira como ela examina o chapéu apresentado.

Uma senhora entra numa loja e diz que quer ver alguns chapéus. O vendedor ou vendedora traz vários tipos e a freguesa começa a experimentá-los. Se um chapéu lhe agrada, mesmo ligeiramente, ela o conservará alguns segundos, ou alguns minutos, mas, se não gostar, procurará tirá-lo logo que a vendedora a deixe em paz.

Finalmente, quando a compradora vê um chapéu que lhe agrada, logo começará a demonstrar o fato com gestos que nenhum vendedor hábil deixará de entender, arrumando o cabelo para que melhor se adapte ao chapéu, ou procurando colocá-lo da maneira que melhor lhe assente, olhando no espelho de modo a vê-lo por trás, dando assim várias demonstrações de agrado.

Observando cuidadosamente os gostos da freguesa, uma vendedora inteligente pode, muitas vezes, vender-lhe três ou quatro chapéus de uma só vez, bastando para isso mostrar-lhe os artigos que lhe agradam e concentrando-se na sua venda.

A mesma regra se aplica à venda de outros artigos. O freguês indicará, se for cuidadosamente observado, tudo o que deseja, e se o vendedor seguir a sugestão, raramente ele sairá do estabelecimento sem ter feito uma compra qualquer.

Parece-me uma estimativa bastante justa dizer que 75% dos fregueses que saem das lojas sem nada comprar assim procedem exclusivamente devido à falta de tato do empregado ao mostrar as mercadorias.

No outono passado entrei numa chapelaria, pois queria comprar um chapéu de feltro. Era uma tarde atarefada de sábado, e fui atendido por um jovem "extra" que ainda não aprendera a julgar as pessoas com um simples olhar. O rapaz foi, não sei por que razão, buscar um chapéu Derby, que me entregou, ou tentou me entregar. Pensei que ele estivesse troçando e recusei pegar o chapéu, e, para responder a sua pilhéria, perguntei-lhe:

— Você também conta histórias para fazer as crianças dormirem?

O rapaz olhou para mim surpreendido, sem compreender a insinuação.

Se eu não tivesse observado o jovem com mais cuidado do que ele me observara, vendo sem demora que era inexperiente na arte de vender, teria

CHARLES CHAPLIN GANHOU 1 MILHÃO DE DÓLARES COM UM ANDAR CÔMICO, CALÇAS GRANDES DEMAIS, FAZENDO, EM SUMA, ALGO DIFERENTE. APROVEITE A SUGESTÃO E FAÇA ALGUMA COISA ORIGINAL, QUE DESENVOLVA SUA PERSONALIDADE.

ficado altamente insultado, pois não há coisa que eu odeie mais que um chapéu Derby, sobretudo marrom.

Um dos vendedores mais antigos viu que eu ia saindo sem comprar coisa alguma, adiantou-se, tomou o chapéu das mãos do rapaz e com um sorriso que tinha por objetivo atrair-me, disse-lhe:

— Que diabo você está mostrando ao cavalheiro?

Assim, o vendedor que me reconheceu imediatamente como um cavalheiro, vendeu-me o primeiro chapéu que trouxe.

O freguês, geralmente, se sente grato quando um vendedor perde algum tempo estudando a sua personalidade e apresenta a mercadoria que se lhe ajusta.

Entrei uma vez num dos maiores magazines de roupas para homens em Nova York, há alguns anos. Pedi um terno, descrevendo exatamente o que pretendia comprar, mas não mencionei o preço. O jovem que me atendeu disse não acreditar que no estabelecimento houvesse uma roupa como a que eu desejava. Mas aconteceu que eu visse exposta uma que era justamente o tipo que eu desejava. Chamei a atenção do funcionário, que, sorrindo, perguntou:

— Aquela ali? Mas custa muito caro!

A resposta me divertiu, mas ao mesmo tempo me aborreceu; assim perguntei ao rapaz por que não me julgava capaz de comprar uma roupa que custasse um pouco mais caro. Com certa dificuldade ele tentou responder a minha pergunta. Mas as suas explicações foram tão desajeitadas quanto havia sido estranha a sua primeira observação. Ia sair, resmungando, muito aborrecido. Antes, porém, de alcançar a porta, outro vendedor correu ao meu encontro, pois notara o meu aborrecimento.

Com rara habilidade esse funcionário embargou-me os passos, começou a conversar delicadamente e me persuadiu a voltar. Resultado: comprei o terno que atraíra o meu olhar e mais dois outros, que não pretendia comprar.

Eis a diferença entre um verdadeiro vendedor e outro, que afasta os fregueses. Mais tarde apresentei dois dos meus amigos a esse vendedor, que realizou vantajosas vendas com ambos.

Uma ocasião, eu passeava pelo Michigan Boulevard, em Chicago, quando meus olhos foram atraídos por um belo terno cinza, exposto numa vitrine. Eu não tinha a menor intenção de comprá-lo, mas tive curiosidade de saber o preço. Abri a porta e, sem entrar na loja, introduzindo apenas a cabeça, perguntei ao primeiro vendedor quanto custava.

Seguiu-se então uma das manobras mais inteligentes que já vi em matéria de vendas. O vendedor sabia muito bem que não poderia me vender o terno sem que eu entrasse no seu estabelecimento, e disse então:

— Cavalheiro, faça o favor de entrar. Vou ver o preço do que o senhor deseja.

Decerto sabia o preço, mas empregou esse meio para afastar de mim a ideia de que estava tentando me vender a roupa. Naturalmente, tive de ser tão polido quanto ele:

— Pois não! — respondi, e entrei na loja.

— Faça o favor de me acompanhar. Por aqui. Terá sem demora a informação que deseja — disse o vendedor.

Em menos de dois minutos encontrei-me diante de um reservado, onde vi um terno pronto para ser experimentado. Era uma roupa exatamente igual à que estava na vitrina.

Tendo já vestido o paletó, que se ajustava perfeitamente ao meu corpo (graças aos olhos experimentados do vendedor), a minha atenção foi despertada pela excelência do material empregado na confecção do terno. Passei a mão pelas mangas, conforme vira fazer o vendedor, e tive a certeza de que vestia uma roupa benfeita. Nessa altura, perguntei novamente o preço do terno, e quando soube que custava 50 dólares fiquei agradavelmente surpreso pois tudo me levava a crer que fosse muito mais alto. Confesso, entretanto, que quando vi a roupa na vitrina calculei que custasse uns 35 dólares, e duvido que tivesse pagado esse preço, se não houvesse caído nas mãos de um homem que sabia como mostrar as vantagens do terno. Se o primeiro paletó que experimentei estivesse grande ou pequeno demais, penso que não teria efetuado a compra, apesar do fato de que as roupas feitas podem ser ajustadas ao corpo do freguês nas próprias oficinas dos estabelecimentos.

Comprei aquela roupa "sob o impulso do momento", como diria um psicólogo, e não sou o único homem que compra alguma coisa levado pela mesma espécie de impulso. Um simples deslize da parte do vendedor e ele teria deixado de realizar a venda. Se, quando perguntei o preço, à porta da loja, ele tivesse respondido "50 dólares", eu teria agradecido a informação e seguido o meu caminho, sem olhar mais para a roupa.

O resultado é que no fim daquela mesma estação comprei mais dois ternos ao mesmo vendedor, e se residisse em Chicago é provável que continuasse a ser seu freguês, pois ele sempre soube me mostrar ternos de acordo com a minha personalidade.

A Casa Marshall Field, de Chicago, cobra mais caro pelas suas mercadorias do que qualquer outro estabelecimento do mesmo gênero nos Estados Unidos. Contudo, mesmo sabendo que pagam preços mais altos nessa casa, as pessoas sentem-se mais satisfeitas do que se comprassem em outro estabelecimento, a preços mais baixos.

Por quê? Ora, há várias razões para isso, e entre elas o fato de que qualquer coisa comprada na Casa Field e que não satisfaça de todo o comprador pode ser devolvida e trocada por outra mercadoria ou o dinheiro da compra pode ser restituído, caso o freguês prefira. Assim, cada artigo vendido por essa casa leva em si uma garantia.

Uma outra razão por que as pessoas preferem pagar mais na Casa Field é que os artigos são exibidos e apresentados de maneira mais vantajosa do que em qualquer outro estabelecimento. As vitrinas dessa loja são verdadeiras obras de arte. As mercadorias são dispostas de maneira muito harmoniosa. Em suma, todo o ambiente cria uma atmosfera que atrai e agrada. E tudo isso não é mais do que fruto da imaginação.

Outra razão por que a Casa Field pode cobrar mais pelas suas mercadorias e ainda assim vender mais é o cuidado com que escolhe os seus empregados e a maneira de dirigi-los. É difícil encontrar ali um empregado que não seja uma pessoa de distinção ou que se possa não querer para vizinho. Não são poucos os homens que se têm enamorado de funcionárias da Marshall Field e casado com elas, formando lares felicíssimos.

Os pacotes da Casa Marshall Field são feitos de maneira mais artística que nas outras lojas, o que constitui ainda outra razão para que o povo lhe dê preferência, mesmo pagando preços mais altos.

Já que falamos na maneira de acondicionar mercadorias, narro aqui o que aconteceu a um amigo meu, e que servirá sobretudo para demonstrar quanto vale a *imaginação* na maneira de acondicionar uma mercadoria qualquer.

Aquele que receia reconhecer o auxílio que alguém lhe prestou, em qualquer ocasião, é tão pequeno que a oportunidade pode passar por ele sem o ver.

Meu amigo possuía uma cigarreira de prata muito bonita e que muito estimava, pois fora um presente da esposa.

Como a usasse constantemente, estava bastante arranhada e amassada em vários lugares, e a mola de fechar estava completamente estragada. Diante disso, o meu amigo resolveu mandar consertá-la na Joalheria Caldwell, de Filadélfia. Deixou lá a cigarreira e pediu que a mandassem levar ao seu escritório logo que estivesse pronta.

Duas semanas depois, parou à porta do prédio uma camioneta da Joalheria Caldwell, e dela saltou um empregado bem-uniformizado, que entrou no escritório do meu amigo, a quem entregou um pacote, feito de maneira artística e atado com uma fita dourada.

Era o dia do seu aniversário, e, como esquecera que havia deixado a cigarreira para consertar, ao ver aquele artístico pacote o meu amigo imaginou logo que se tratava de um presente que lhe mandavam.

A sua secretária e outros funcionários do escritório reuniram-se em torno dele, curiosos de vê-lo abrir o embrulho. Meu amigo desatou a fita dourada e tirou o papel. Dentro, havia ainda outro pacote em papel muito delicado, trazendo a marca registrada da joalheria. Removido o papel, todos soltaram um "Oh!" de admiração ao ver uma linda caixa. Aberta a caixa, viu-se, muito bem-acondicionada, a cigarreira que o meu amigo reconheceu como sendo a que mandara consertar, e que nem parecia a mesma graças à imaginação do gerente da Caldwell.

Tudo estava consertado, tudo polido; não se via o menor arranhão.

Simultaneamente, um prolongado grito de admiração partiu de todos os presentes, inclusive do meu amigo.

E a conta?, perguntarão. Era elevada, sem dúvida, mas ninguém se lembrou de achar caro. De fato, tudo o que entrou nessa transação, desde a maneira artística de fazer o embrulho, o delicado papel, os selos dourados, a fita que o atava, a entrega feita por um rapaz bem-uniformizado, num carro novo, tudo isso era baseado numa psicologia cuidadosamente calculada para preparar as bases para um preço elevado.

De modo geral, as pessoas não se queixam de preços elevados, contanto que o "serviço" e o acondicionamento das mercadorias preparem o caminho para a apresentação de uma conta elevada. O que não agrada — e isso é justo — são os preços altos e serviço malfeito.

Na minha opinião, o caso da cigarreira do meu amigo encerra uma grande lição para qualquer vendedor.

Os artigos que se vendem podem realmente corresponder ao preço pedido, mas se não estudarmos cuidadosamente a questão de apresentá-los de maneira vantajosa e acondicioná-los de maneira artística podemos ser acusados de cobrar preços exorbitantes.

Na Broad Street, na Filadélfia, há uma casa de frutas na qual os fregueses são recebidos à porta por um homem de uniforme. Esse homem não faz mais do que abrir a porta, mas o faz com um sorriso (mesmo que seja um sorriso cuidadosamente estudado e ensaiado) que dá ao freguês a impressão de ser bem-recebido, mesmo antes de entrar. Essa casa se especializou em organizar cestas de frutas. Do lado de fora há um grande quadro-negro com uma lista das datas de partida de todos os navios que deixam Nova York. Esse negociante é o fornecedor de todos os que desejam enviar presentes de frutas, a bordo dos navios, às pessoas amigas que partem. Assim, uma noiva, esposa ou amiga muito cara que vai partir em viagem recebe a bordo uma cesta de frutas, artisticamente disposta. Naturalmente, aquele que a envia não está procurando alguma coisa "barata" ou mesmo "em conta".

Ora, o comerciante de frutas já estudou tudo isso. Cobra de 10 a 25 dólares por uma cesta que se poderia muito bem comprar na loja da esquina, a um quarteirão de distância, por um preço que não vai além de 3 a 7 dólares. Apenas nessas casas as cestas não são artisticamente arrumadas e, assim, não se paga o luxo!

A casa de frutas a que nos referimos é uma loja pequena, e, contudo, o proprietário paga 15 mil dólares de aluguel por ano, e ganha mais dinheiro do que 50 casas do mesmo ramo juntas, e isso apenas porque sabe apresentar e entregar a mercadoria, apelando para a vaidade dos fregueses. Temos aqui mais uma prova do valor da imaginação.

O povo norte-americano — e não somente os ricos — é o mais extravagante do mundo em matéria de despesas, mas costuma "exigir distinção" em exterioridades tais como o acondicionamento das mercadorias, a entrega, coisas que não acrescentam valor real aos artigos comprados. O negociante que compreende isso e que aprendeu a maneira de empregar a imaginação no seu negócio pode dessa maneira colher ricos frutos.

Aqueles que perdem a cabeça com facilidade são fanfarrões, e quando desafiados, sempre recuam.

E é o que muitos fazem.

O vendedor que compreende a psicologia de uma apresentação adequada, de um acondicionamento e empacotamento artístico, e que sabe exibir os seus artigos de acordo com os caprichos e as características dos fregueses, pode fazer uma mercadoria simples alcançar grandes preços, e, o que é mais importante ainda, pode conservar a preferência dos fregueses com mais facilidade do que se vendesse os mesmos artigos sem levar em conta essas pequenas coisas, que, entretanto, são tão importantes.

Num restaurante "barato", onde o café é servido em xícaras grossas e os talheres são pouco limpos e encardidos, um sanduíche de presunto é apenas um sanduíche de presunto; mas, na casa em frente, onde o café é servido em xícaras finas e as mesas são cobertas com toalhas limpas, servidas por garçons e garçonetes bem-vestidos, um sanduíche de presunto, muito menor, custará 25 centavos, fora a gorjeta. A diferença aí é apenas da aparência; o presunto vem do mesmo produtor e o pão, do mesmo padeiro. A diferença no preço é muito considerável, mas a diferença na mercadoria não é uma diferença de qualidade ou quantidade, e sim de "atmosfera" ou de aparência.

As pessoas gostam de comprar exterioridades.

Não há exagero em afirmar que um mestre de psicologia de vendas, entrando numa loja comum, onde o estoque tenha, digamos, um valor de 50 mil dólares, com uma pequena despesa adicional poderia elevar esse estoque a 60 ou 75 mil dólares, bastando-lhe para isso exibir as mercadorias de maneira adequada, vestindo melhor os empregados e contratando algumas pessoas hábeis em fazer embrulhos e acondicionar as mercadorias.

Uma camisa de homem numa caixa apropriada para o tamanho, envolta em papel fino e atada com uma fita, pode ser vendida por 1 dólar a mais do que a mesma camisa acondicionada sem esses cuidados. Estou convencido de que isso é uma verdade e o tenho provado à saciedade, para ainda tornar a repeti-la, a fim de convencer certos comerciantes céticos que não estudaram os efeitos de uma apresentação adequada de mercadorias.

Tenho provado diversas vezes que a camisa mais fina não pode ser vendida nem mesmo por metade do seu valor se for retirada da caixa e posta no balcão de vendas misturada com outras mais baratas. Tais exemplos

STATLER TORNOU-SE O HOTELEIRO MAIS PRÓSPERO DO MUNDO. COMO? SIMPLESMENTE SERVINDO BEM OS SEUS HÓSPEDES A PREÇOS MÓDICOS.

provam que as pessoas não sabem o que compram, que vão mais pela aparência do que pela análise verdadeira da mercadoria que compram.

Isso é fácil de ver sobretudo nas vendas de automóveis. O povo americano quer e exige estilo na aparência dos automóveis. Aliás, tal coisa não se dá apenas com o povo dos Estados Unidos, mas do mundo inteiro. O que está sob a capota do carro, do motor, do diferencial, da mecânica interna não interessa, contanto que o automóvel seja de linhas elegantes.

Henry Ford precisou de 20 anos de experiência para aprender a verdade da afirmativa que fazemos aqui e, mesmo então, apesar de toda a sua habilidade analítica, só reconheceu esse fato quando forçado a isso por seus competidores. Se não fosse verdade que as pessoas compram "aparência" mais do que "realidade", Ford nunca teria criado os novos modelos. Conquanto o automóvel sirva aqui como o mais perfeito exemplo que um psicólogo pode apresentar dessa tendência geral para comprar "aparência", deve-se admitir que, no exemplo citado, o valor real do carro é um fato indiscutível.

AS GRANDES REALIZAÇÕES SÃO SEMPRE FRUTO DE GRANDES SACRIFÍCIOS, E NUNCA O RESULTADO DO EGOÍSMO.

SÉTIMA LIÇÃO

O ENTUSIASMO

QUERER É PODER!

O entusiasmo é um estado de espírito que inspira e incita o indivíduo à ação para cumprir uma determinada tarefa. Mais ainda, o entusiasmo é contagiante e afeta de maneira vital não somente o entusiasta, como também os que entram em contato com ele.

O entusiasmo é, em relação a um ser humano, o mesmo que é o vapor para uma locomotiva — a força motora básica que impele a ação. Os grandes condutores de homens são os que sabem despertar entusiasmo nos seus seguidores. O entusiasmo é o fator mais importante que entra na profissão de vendedor; é também um fator vital na arte da oratória.

Para compreender a diferença que há entre uma pessoa entusiasmada e uma sem entusiasmo, comparemos Billy Sunday com a média dos homens da sua profissão. O mais belo sermão do mundo cairá em ouvidos surdos se não for apoiado pelo entusiasmo do pregador.

DE QUE MANEIRA O ENTUSIASMO NOS AFETA

Ponha o leitor entusiasmo no seu trabalho e já não o achará difícil ou monótono. O entusiasmo dá tanta energia ao corpo inteiro que em certos casos se podem até mesmo dispensar as horas habituais de sono. Além disso, nos dá força para realizar uma quantidade de trabalho duas vezes maior do que o que se faz habitualmente, em determinado período, e isso sem se sentir o menor sinal de fadiga.

Há muitos anos tenho por hábito escrever à noite a maior parte dos meus artigos e dos meus livros. Uma noite em que trabalhava com grande entusiasmo, escrevendo a máquina, ergui por um momento a vista do trabalho, olhei pela janela do escritório, em Nova York, e avistei ao longe a torre do Metropolitan; despertou-me a atenção um estranho reflexo do

DEI UMA VEZ 1 CENTAVO A UM MENDIGO, SUGERINDO-LHE QUE ADQUIRISSE UM EXEMPLAR DA *MENSAGEM A GARCIA*, DE ELBERT HUBBARD.

luar sobre a torre. Era uma sombra prateada, como eu nunca vira antes. Observando melhor, porém, vi que era o dia que vinha nascendo e aquele clarão era produzido pelo sol que surgia, não pela lua. Eu trabalhara toda a noite e tão absorvido estava pelo trabalho que o tempo passara sem que eu desse por isso. No dia seguinte, continuei a trabalhar e entrei pela noite, sem parar, exceto para fazer uma ligeira refeição.

Pois bem, com duas noites e um dia sem dormir, alimentando-me pouco, não senti o menor sinal de fadiga. Isso não teria sido possível se o meu corpo não estivesse carregado da energia produzida pelo entusiasmo despertado pelo trabalho em que me ocupava.

Entusiasmo não é apenas uma força de expressão, é também uma força vital que podemos dominar e empregar com verdadeiro proveito. Sem o entusiasmo, somos como baterias sem eletricidade.

O entusiasmo é a força vital com que recarregamos o nosso corpo e desenvolvemos uma personalidade dinâmica. Algumas pessoas são dotadas de um entusiasmo natural, ao passo que outras precisam adquiri-lo. O processo para o seu desenvolvimento é muito simples. Começa-se por fazer o trabalho ou prestar o serviço que mais nos agrade. Se a nossa situação é tal que não podemos conseguir o trabalho da nossa predileção, podemos seguir outra linha, de maneira muito eficiente, adotando um objetivo principal definido e imaginando-nos no futuro ocupados nesse trabalho.

A falta de capital e muitas outras circunstâncias sobre as quais não temos controle imediato podem nos obrigar a um trabalho que não seja do nosso agrado, mas ninguém pode evitar que determinemos na nossa mente qual será o nosso objetivo principal definido na vida, como também ninguém pode nos impedir de planejar os meios de transformar esse objetivo numa realidade e de pôr entusiasmo nos nossos planos.

A felicidade — o objetivo de todo esforço humano — é um estado de espírito que pode ser conservado apenas por meio da esperança de uma realização futura. A felicidade está sempre no futuro, nunca no passado. A pessoa feliz é a que sonha atingir realizações que não foram ainda alcançadas. A casa que pretendemos comprar, o dinheiro que pretendemos ganhar e colocar num banco, a viagem que tencionamos realizar quando dispusermos dos meios para isso, a situação que aspiramos ocupar na vida e a própria preparação para isso — eis as coisas que produzem felicidade. Assim também o nosso objetivo principal definido é formado de todas essas coisas, e é isso que pode fazer nascer em nós o entusiasmo, seja qual for a nossa situação na vida.

Há mais de 20 anos, eu me entusiasmei por uma ideia. Quando essa ideia se formou na minha mente, eu não estava preparado para dar o primeiro passo no sentido da sua transformação em realidade. Alimentei-a porém no espírito, entusiasmei-me por ela, olhei para o futuro e, na imaginação, vi a época em que estaria preparado para torná-la uma realidade.

Essa ideia era a seguinte: eu desejava editar uma revista, baseada na Regra de Ouro, por meio da qual me fosse possível incentivar as pessoas a serem animosas e justas na maneira de tratar umas às outras.

Finalmente encontrei a minha *chance* e, no Dia do Armistício, em 1918, escrevi o primeiro editorial para a revista que seria a materialização de uma esperança que acariciei na mente durante uma dezena de anos.

Com grande entusiasmo coloquei no editorial as emoções que vinha desenvolvendo no coração por um período de mais de 20 anos. Meu sonho se tornou uma realidade. Finalmente, eu era editor de uma revista.

Como afirmei, o editorial foi escrito com *entusiasmo*. Li-o para um conhecido, e o fiz com *entusiasmo*, e terminei o artigo com as seguintes palavras:

> Por fim, o meu sonho de 21 anos está prestes a se realizar. É preciso muito dinheiro, bem sei, para editar uma revista, e não tenho a menor ideia sobre a maneira de conseguir esse fator essencial, mas isso não me preocupa, absolutamente, pois sei que o *conseguirei, em qualquer parte*!

Quando escrevi estas linhas, o fiz com fé e *entusiasmo*.

Mal acabava de ler o editorial quando o homem que me escutava — a primeira e única pessoa para quem o li — exclamou:

— Posso dizer-lhe como conseguirá o dinheiro, pois eu vou lhe fornecer.

E forneceu-o, realmente.

Sim, o *entusiasmo* é uma força vital, tão vital, na verdade, que nenhum homem que não o tenha suficientemente desenvolvido pode sequer aproximar-se do seu poder de realização.

Antes de prosseguir, porém, desejo acentuar que todos nós podemos desenvolver *entusiasmo*, num *objetivo principal* na vida, não interessando que estejamos ou não em condições de conseguir esse objetivo. Podemos estar bem longe da realização do nosso *objetivo principal definido*, mas se alimentarmos o fogo do *entusiasmo* em nosso coração, e o conservarmos bem vivo, por maiores que pareçam, os obstáculos que encontrarmos no caminho desaparecerão, como que pela força de uma magia, e logo nos encontraremos senhores de um poder que não julgávamos possuir.

De que maneira o nosso entusiasmo afeta as outras pessoas

Chegamos agora a um dos assuntos mais importantes do nosso curso: a sugestão.

Nas lições anteriores discutimos a autossugestão, que é a sugestão que o indivíduo faz a si mesmo. Vimos, na terceira lição, a parte importante desempenhada pela autossugestão.

A sugestão é o princípio por meio do qual as nossas palavras, os nossos atos e até mesmo o nosso estado de espírito influenciam as outras pessoas. Para que se possa compreender o grande poder da sugestão falemos sobre a lição inicial desta parte, na qual descrevemos o princípio da telepatia. Se o leitor compreende e aceita o princípio da telepatia — a comunicação do pensamento de uma mente a outra, sem o auxílio de qualquer sinal, símbolo ou som — como uma realidade, compreende também por que motivo o entusiasmo é contagiante e por que exerce influência sobre todos os que estão no seu raio de ação.

Quando a nossa mente vibra em alta intensidade, sob o estímulo do entusiasmo, a vibração se registra nas mentes dentro de determinado raio e, especialmente, nos espíritos com os quais entramos em contato. Quando um orador sente que o auditório está *en rapport* com ele, não faz mais do que reconhecer o fato de que o seu entusiasmo influenciou os assistentes, a ponto de todas as mentes vibrarem em harmonia com a sua.

Quando o vendedor sente que chegou o momento psicológico de fechar um negócio, não faz mais do que compreender o efeito do seu entusiasmo, que influencia a mente do freguês e a põe em harmonia com a sua.

A sugestão constitui uma parte tão essencial desta lição e de todo o curso que passaremos agora a descrever os três meios pelos quais ela sempre opera, isto é, o que dizemos, o que fazemos e o que pensamos.

Quando uma pessoa está entusiasmada com os artigos que vende, os serviços que oferece ou o discurso que pronuncia, o seu estado de espírito se torna claro para todos os que a ouvem, pelo tom da sua voz. De qualquer maneira, é o tom em que se faz uma declaração, mais do que a própria declaração, que leva em si o poder de convicção. Nunca uma mera combinação de palavras poderá tomar o lugar da crença profunda numa afirmativa expressada com ardente entusiasmo. As palavras são simples sons desvitalizados, a não ser que venham coloridas com o sentimento que nasce do entusiasmo.

Aqui as palavras impressas são impotentes para expressar a diferença que há entre as palavras que caem friamente dos lábios, sem o fogo do entusiasmo, e as palavras que brotam do coração, que parecem querer explodir com a ansiedade de bem expressar-se. A diferença existe, porém.

Assim, o que dizemos e a maneira como o fazemos podem implicar um sentimento exatamente oposto ao que pretendemos expressar. Isso ocorre muitas vezes com os vendedores que apresentam os seus argumentos em palavras que parecem muito lógicas, mas que não possuem o colorido que só pode ser fornecido pelo entusiasmo que nasce da sinceridade e da confiança nos artigos que procuram vender. As palavras dizem uma coisa, mas o tom da voz sugere algo completamente diferente; por conseguinte, não conseguem vender coisa alguma.

O que dizemos é um fator importante na operação do princípio da sugestão, mas não um fator tão importante quanto a ação. Os nossos atos valerão mais do que as nossas palavras, e se as duas coisas não se harmonizam, sobrevêm sérios contratempos.

Se alguém prega a Regra de Ouro como uma justa norma de conduta e não pratica o que prega, falará a ouvidos surdos.

O sermão mais eficiente que alguém pode pregar sobre a Regra de Ouro é o que se prega por sugestão, quando se aplica essa regra nas relações para com os semelhantes.

Se um vendedor de automóveis Ford vai procurar um freguês em perspectiva guiando um Buick ou um carro de qualquer outra marca, nenhum dos argumentos que apresentar produzirá o menor efeito. Uma vez, dirigi-me aos escritórios da Ditaphone Company, para ver um ditafone. O vendedor encarregado da seção apresentou um argumento lógico sobre

UMA DAS COISAS MAIS VALIOSAS QUE ALGUÉM PODE APRENDER NA VIDA É A ARTE DE PÔR EM PRÁTICA OS CONHECIMENTOS E AS EXPERIÊNCIAS DOS OUTROS.

os méritos da máquina, enquanto o estenógrafo, ao seu lado, traduzia o que taquigrafara num bloco de papel. Os seus argumentos, comparando a máquina com o antigo processo de ditar para um estenógrafo, não me causaram a menor impressão, porque os seus atos não estavam em harmonia com as suas palavras.

Os nossos pensamentos constituem a parte mais importante dos três meios de aplicar o princípio da sugestão, pois controlam o tom da voz e, até certo ponto, as nossas ações. Se nossos pensamentos, atos e palavras estiverem ritmados, nos encontraremos em condições de influenciar a todos com quem entrarmos em contato, inclinando-os mais ou menos para o nosso modo de pensar.

Passemos agora a analisar a sugestão, mostrando ao leitor a maneira exata de aplicar o princípio sobre o qual ela opera. Como já vimos, a sugestão difere da autossugestão apenas numa coisa, isto é: nós a empregamos consciente ou inconscientemente quando influenciamos os outros, ao passo que a autossugestão é empregada como um meio de influenciar a nós mesmos.

A fim de podermos influenciar alguém por meio da sugestão, a mente dessa pessoa deve estar em condições de neutralidade, isto é, deve estar aberta e receptiva ao nosso método de sugestão. É exatamente aqui que fracassam quase sempre os vendedores: tentam fazer a venda antes de neutralizar a mente do freguês. Trata-se de um ponto tão essencial nesta lição que resolvemos insistir sobre ele, até ter a certeza de que o leitor compreendeu perfeitamente o princípio aqui descrito.

Quando dizemos que um vendedor precisa neutralizar a mente do cliente em perspectiva queremos dizer que este deve estar confiante. É preciso estabelecer a confiança. Contudo, é lógico que não é possível estabelecer uma regra para despertar a confiança ou neutralizar a mente de uma pessoa. Aqui a engenhosidade do vendedor precisa suprir o que não pode ser estabelecido como regra.

Conheço um corretor de seguros de vida que vende apenas grandes apólices, de 100 mil dólares para cima. Antes de procurar vender uma apólice esse vendedor se familiariza com a história do cliente em perspectiva, em todos os seus detalhes: a sua educação, condição financeira, excentricidades, se tiver alguma, preferências religiosas e outros dados muito numerosos para serem citados aqui. Armado com essas informações, consegue uma apresentação, sob condições que lhe permitam conhecer o cliente em perspectiva tanto do ponto de vista social como comercial. Nas duas primeiras visitas não se fala sobre seguros e muitas vezes não se aborda o assunto antes de ter um conhecimento perfeito da pessoa.

Durante todo esse tempo, porém, não desperdiça esforços. Tira proveito dessas visitas amistosas para neutralizar a mente do cliente: isto é, inspira-lhe tal confiança que, quando chega o momento de falar do seguro de vida, sabe que as suas palavras cairão em ouvidos desejosos de escutar.

Há alguns anos, o autor deste curso escreveu o livro *How to Sell Your Services* (A maneira de vender serviços pessoais). Justamente antes de enviar o manuscrito ao editor, ocorreu ao autor solicitar, de alguns homens de destaque dos Estados Unidos, cartas de apoio ao trabalho e que seriam incluídas no livro. O editor estava à espera do manuscrito e, assim, o autor redigiu às pressas uma carta, da qual tirou várias cópias que enviou a oito ou dez homens eminentes. Nessas cartas esboçava, em rápidas palavras, o seu desejo, mas não obteve resposta de nenhuma delas. O fato é que deixara de observar dois importantes requisitos para o sucesso: escrevera às pressas e, portanto, não conseguira injetar nelas o espírito de entusiasmo. Ao mesmo tempo não se expressara, na carta, de maneira a neutralizar a mente daqueles a quem era dirigida; fracassou por não ter preparado o caminho para a aplicação do princípio da sugestão.

Descoberto o erro, o autor escreveu outra carta, dessa vez baseada na aplicação estrita do princípio da sugestão, e ela não somente mereceu as respostas de todos a quem era dirigida, como também várias dessas respostas eram verdadeiras obras-primas e serviram — o que ia além da expectativa do autor — de valioso complemento ao livro. As duas cartas são transcritas aqui, a fim de que os leitores estabeleçam comparação entre elas, para mostrar também de que maneira se deve usar o princípio da sugestão ao escrever uma carta, e que parte importante representa aqui o entusiasmo:

Prezado sr. Ford,

Tendo terminado os originais de um novo livro, intitulado *How to Sell Your Services*, espero vender várias centenas de milhares de exemplares dessa obra, e estou certo de que todos aqueles que o adquirirem ficarão muito satisfeitos com a oportunidade de receber também uma carta sua, sobre os melhores meios de oferecer serviços pessoais.

Teria, assim, a bondade de dispender alguns minutos do seu tempo para escrever algumas palavras, que serão publicadas no livro? Seria para mim um imenso favor e estou certo de que seria apreciadíssimo pelos leitores do livro.

Agradeço antecipadamente qualquer consideração que me dispensar e subscrevo-me, atenciosamente...

Excelentíssimo sr. Thomas R. Marshall, vice-presidente dos Estados Unidos, Washington, D.C.

Caro sr. Marshall:

Desejaria aproveitar uma oportunidade para enviar uma mensagem de encorajamento e, possivelmente, algumas palavras de conselho a várias centenas de milhares de homens que não conseguiram vencer na vida com o mesmo êxito que o senhor alcançou. Estou em vias de terminar o manuscrito de um livro intitulado *How to Sell Your Services*. O ponto principal nesse livro *é* que o serviço prestado é a causa e o envelope de pagamento, o efeito; e que o último varia na proporção do primeiro.

O meu livro ficaria incompleto sem algumas palavras de conselho de certos homens que, como o senhor, souberam atingir invejáveis postos no mundo. Assim, se quiser me dar a honra de escrever a sua opinião sobre os pontos mais essenciais a serem despertados na mente de todos aqueles que procuram oferecer serviços pessoais, transmitirei a sua mensagem nas páginas do meu livro, o que garantirá o seu acesso às mãos daqueles que lutam para conseguir e assegurar um lugar no mundo, causando-lhes assim um grande bem.

Naturalmente o senhor é um homem muito ocupado, mas tomo a liberdade de lembrar-lhe que bastará chamar a sua secretária, ditar-lhe uma breve carta, e terá enviado uma importante mensagem a meio milhão de pessoas. A despesa que fará com isso não ultrapassará o selo de 2 centavos que a carta levará, mas, avaliando-se do ponto de vista do bem que resultará para outros menos felizes do que o senhor, pode significar a diferença

Um cuidadoso exame de todas as nossas experiências passadas pode revelar o fato surpreendente de que tudo o que nos aconteceu foi para o nosso bem.

entre triunfo e fracasso para mais de uma pessoa merecedora, que lerá a sua mensagem, acreditará nela e por ela se deixará guiar.

Muito cordialmente,...

Analisemos agora as duas cartas e vejamos por que razão uma fracassou e a outra venceu. A análise das cartas deverá começar por uma das mais importantes bases da profissão de vendedor, isto é, o motivo. Na primeira carta, é evidente que o motivo é apenas de interesse pessoal. Declara-se nela exatamente o que se quer, mas a redação não deixa dúvida sobre a razão do pedido, ou quanto à pessoa que pretende beneficiar. Estudemos a frase seguinte, do segundo parágrafo: "Seria para mim um imenso favor..." Ora, isso pode parecer uma característica particular, mas a verdade é que a maioria das pessoas não gosta de fazer favores só para agradar aos outros. Se pedirmos a qualquer pessoa para prestar um serviço que nos beneficie, sem lhe trazer qualquer compensação, essa pessoa não demonstrará muito entusiasmo em nos atender. Poderá recusar, se encontrar um motivo plausível. Mas se pedirmos um favor que venha beneficiar uma terceira pessoa, mesmo que tal favor tenha de ser prestado por nosso intermédio, se for de natureza a trazer crédito para a pessoa que o faz, tudo indica que ela se prestará a isso, de boa vontade.

Vemos essa psicologia demonstrada por um homem que dá 1 centavo a um mendigo na rua, ou talvez se recuse dar a esmola entretanto, dá de boa vontade milhares de dólares para um indivíduo que se empenha numa obra de caridade, e que pede em nome dos outros.

Mas a sugestão mais prejudicial de todas está contida no último e mais importante parágrafo da carta: "Agradeço antecipadamente *qualquer consideração que me prestar*." Essa frase sugere fortemente que o autor da carta espera uma recusa. Indica claramente falta de *entusiasmo*. Prepara o caminho para uma recusa. Não há uma só palavra, em toda essa carta, que mostre ao destinatário uma razão satisfatória para atender ao pedido. Por outro lado, ele vê claramente que o objeto da carta é conseguir, da sua parte, algumas palavras de recomendação que auxiliem a venda do livro. O mais importante argumento na transação, na verdade o único argumento proveitoso em relação com o pedido, ficou perdido porque não foi apresentado e estabelecido como motivo real que se tinha para fazê-lo. Esse argumento foi apenas mencionado de passagem na frase: "[...] estou certo de que todos aqueles que o adquirirem ficarão muito satisfeitos com essa oportunidade de receber também uma carta sua, sobre os melhores meios de oferecer serviços pessoais".

O parágrafo inicial viola um importante princípio na transação, porque sugere claramente que o motivo da carta é conseguir uma vantagem para o autor, e não deixa nenhuma sugestão de qualquer compensação para a pessoa que recebe a carta. Em vez de neutralizar a mente do destinatário, como devia acontecer, tem o efeito oposto: faz com que ele feche a mente a todos os outros argumentos apresentados depois; produz nele um estado de espírito que lhe torna fácil dizer não. Isso me faz lembrar um vendedor — ou melhor, um indivíduo que pretendia sê-lo — que uma vez me procurou, pedindo que eu fizesse uma assinatura do *Saturday Evening Post.* Ao entregar-me um exemplar da revista, foi logo sugerindo a resposta que eu deveria dar à seguinte pergunta:

— Quer fazer uma assinatura do *Post* para me ajudar?

É claro que recusei, e foi ele próprio quem facilitou a recusa. Não havia *entusiasmo* nas suas palavras; na sua fisionomia estava estampado o desânimo. Necessitava da comissão que ganharia com a minha assinatura, sobre isso eu não tinha a menor dúvida, mas nada sugeriu que apelasse para um motivo que me interessasse e, assim, perdeu uma oportunidade. Mas a perda dessa oportunidade não foi a parte mais triste da sua desventura. O pior é que a mesma atitude o estava levando a perder todos os outros negócios que poderia realizar, se mudasse a maneira de abordar o freguês.

Algumas semanas depois, fui procurado por outro agente de assinaturas. Era uma senhora que oferecia uma série de seis revistas, uma das quais era o *Saturday Evening Post*, mas seu modo de abordar o assunto era inteiramente diferente. Passou os olhos pela minha mesa de trabalho, sobre a qual viu várias revistas, depois olhou para as estantes, e exclamou com entusiasmo:

— Muito bem! Estou vendo que o senhor é um amante de boas revistas e bons livros.

As primeiras impressões valem muito, realmente. Vista-se de modo a parecer com a pessoa que pretende ser na vida, mas não exagere.

Orgulhosamente, confessei-me culpado disso. Observe-se a palavra *orgulhosamente*, pois é de grande importância nesse caso. Deixei de lado o manuscrito que lia ao ver entrar aquela senhora, notei logo que se tratava de uma mulher inteligente. A maneira como cheguei a essa conclusão deixo ao leitor o trabalho de descobrir. O ponto importante aqui é que deixei de lado o que fazia e dei comigo a desejar ouvir o que ela teria para me dizer.

Com algumas palavras, um sorriso atraente e mais um tom de genuíno *entusiasmo*, ela neutralizou bastante a minha mente a ponto de fazer com que eu quisesse ouvi-la. Com as primeiras palavras que pronunciou, executou a tarefa mais difícil, pois eu pretendia continuar em atitude de trabalho, para que ela compreendesse que estava me importunando e que não devia demorar.

Sendo um estudioso dessa questão de vendas e de sugestão, fiquei observando cuidadosamente para ver qual seria o seu próximo movimento. Tinha ela um pacote de revistas sob o braço.

Esperei que fosse mostrar-me as revistas e pedir-me que as comprasse, mas não. Os leitores estão lembrados de que ela vendia realmente uma série de seis revistas. Não estava somente tentando vender.

Dirigiu-se à minha estante, tirou o volume dos *Ensaios*, de Emerson, e durante os dez minutos seguintes falamos sobre o trabalho desse autor relativo à compensação, tudo isso de modo tão interessante que esqueci as revistas que ela trazia. (Neutralizara um pouco mais a minha mente.)

A propósito, deu-me sobre as obras de Emerson um número de ideias novas suficiente para fornecer matéria para um editorial.

Perguntou, então, quais as revistas que eu recebia regularmente, e ouvindo a minha resposta sorriu e começou a desfazer o pacote que trazia. E foi colocando as revistas sobre a mesa. Analisou-as uma a uma, e foi explicando as razões por que eu devia assinar todas elas. O *Saturday Evening Post* me daria os melhores trabalhos de ficção; o *Literary Digest*, as notícias do mundo inteiro numa forma condensada, era exatamente o que precisava um homem ocupado como eu; o *American Magazine* me daria as mais recentes biografias dos homens que estavam à frente da indústria e do comércio e assim por diante, até correr toda a lista.

Mas eu não estava correspondendo aos seus argumentos tão bem como ela desejaria. Assim, delicadamente, fez-me a seguinte sugestão:

— Um homem da sua posição deve estar sempre muito *b*em-informado, pois se não o estiver dará demonstrações disso no seu trabalho!

Falou a verdade! A sua observação tanto foi um elogio como uma gentil repreensão. Fiquei um pouco desconcertado, vendo que ela não encontrara entre as revistas que eu assinava seis importantes revistas. (Justamente as que oferecia.)

Perguntei então quanto custaria uma assinatura das seis revistas. Ela deu então os últimos retoques às preliminares de uma transação benfeita: "O custo? O senhor pagará menos pelas seis revistas do que recebe por página datilografada do trabalho que fazia quando entrei aqui."

Mais uma vez dizia a verdade. E como teria calculado tão bem o que eu ganhava com o meu trabalho? O fato é que ela não calculou nada: sabia. Procurou me sondar, delicadamente, acerca do meu trabalho (o que de maneira alguma me aborreceu). Mostrou-se tão interessada pelo que eu escrevia naquele momento que me levou a falar sobre isso. Nas observações que fiz então, *confessei* que recebia 250 dólares por 15 páginas datilografadas; sim, estou certo de que fui bastante descuidado para admitir que o meu trabalho era bem-pago.

Talvez ela me tenha induzido a fazer tal afirmativa. De qualquer forma, a informação foi valiosa para ela, que soube fazer um uso adequado no momento exato, no momento psicológico. Pelo que sei, era parte do seu plano observar cuidadosamente tudo o que via e ouvia, com o objetivo de descobrir exatamente qual a minha fraqueza e o que eu mais gostava de discutir. Alguns vendedores gastam tempo para fazer isso; outros não o fazem. Ela era um "dos que sabiam fazer".

Sim, ela conseguiu que eu assinasse as seis revistas; levou também os meus 12 dólares. Mas não foi esse o único lucro que tirou da sua engenhosa sugestão e do seu entusiasmo. Teve permissão para falar com outras pessoas no meu escritório, e, ao sair, levou mais cinco assinaturas.

Durante a visita, em momento algum, deixou transparecer que lhe fazíamos um favor realizando a assinatura. Pelo contrário, muito claramente

MUITOS DOS QUE NAUFRAGARAM NO OCEANO DA VIDA ESTARIAM AGORA SALVOS SE TIVESSEM TIDO UMA ESTRELA QUE OS GUIASSE. FLUTUARAM, PORÉM, AO SABOR DA CORRENTE.

deu-nos a impressão de que nos prestava um grande favor. Tudo isso foi uma engenhosa sugestão.

Antes de prosseguir, porém, devo dizer que ao começar a conversar comigo a vendedora o fez de um modo que me levou a falar com entusiasmo. Havia duas razões para isso. Uma delas era a própria vendedora; a outra é o fato de ter ela conduzido a conversação de tal maneira que cheguei a falar sobre o meu trabalho. Sem dúvida, não estou sugerindo ao leitor que ria do meu descuido, ou que depreenda do incidente que essa vendedora tão cheia de tato me tivesse realmente levado a falar do meu próprio trabalho, com o fim de neutralizar a minha mente, de modo que eu a escutasse. Contudo, se o leitor for bastante inteligente para tirar do seu método uma lição, não tenho nenhum meio de impedi-lo de o fazer.

Conforme declarei, coloquei entusiasmo na conversa. Talvez tivesse sido contagiado pelo espírito de entusiasmo da própria vendedora logo que ela entrou no escritório e começou a falar. Sim, tenho certeza de que foi isso, e posso afirmar que o seu entusiasmo não era acidental. Ela treinara a si própria, a fim de, ao chegar ao escritório do cliente em perspectiva, procurar qualquer coisa sobre que expressar entusiasmo, fosse sobre um objeto qualquer ou sobre a sua conversação.

Não devemos esquecer que sugestão e entusiasmo andam de mãos dadas.

Lembro-me como se tivesse sido ontem da sensação que me invadiu quando aquele pretenso vendedor apresentou-me o *Evening Post*, rogando-me que fizesse uma assinatura "para ajudá-lo".

As suas palavras eram frias, sem vida, faltava-lhes o entusiasmo. Registraram uma impressão no meu espírito, mas uma impressão de frieza. Desejei que o homem saísse sem demora. Não sou homem que antipatize facilmente com os outros, mas o tom de voz do vendedor, o seu ar, todo ele, tudo indicava que viera pedir um favor, e não oferecer um.

A sugestão é um dos mais sutis e poderosos princípios de psicologia. Nós a empregamos em tudo o que fazemos, dizemos e pensamos, e, compreendendo a diferença que há entre uma sugestão positiva e uma negativa, podemos empregá-la de tal maneira que ela nos trará triunfos, e não derrotas.

A ciência estabeleceu o fato de que por meio do emprego negativo da sugestão é possível até mesmo extinguir a vida. Há alguns anos, na França, um criminoso foi condenado à morte; antes, porém, da sua execução, realizaram com ele uma experiência que veio provar concludentemente que por meio do princípio da sugestão a morte pode ser produzida. O criminoso foi conduzido à guilhotina, em seguida, vendaram-lhe os olhos, e a sua cabeça foi posta sob uma lâmina. Deixaram então cair sobre o seu pescoço uma tábua afiada, que produzia um choque semelhante ao de uma lâmina. Em seguida, derramaram-lhe vagarosamente água sobre o pescoço. A água correndo-lhe pela espinha abaixo, lentamente, imitava um jorro de sangue quente. Dentro de sete minutos os médicos constataram a morte do condenado. A sua imaginação, influenciada pela sugestão, transformara a tábua afiada na lâmina da guilhotina, e o seu coração deixou de bater.

Na pequena cidade onde nasci e me criei vivia uma senhora idosa, a qual dizia sempre que receava morrer de câncer. Durante a sua infância, vira uma mulher que tinha câncer e a impressão se fixou tanto no seu espírito que ela começou depois a procurar os sintomas da moléstia. À menor dor que sentisse, ficava logo convencida de que era o primeiro sintoma da doença, que finalmente se manifestava. Eu mesmo a vi muitas vezes pôr a mão no peito e exclamar: "Estou certa de que tenho um câncer aqui. Posso senti-lo." Quando se queixava dessa moléstia imaginária, punha sempre a mão sobre o seio esquerdo, onde julgava estivesse localizado o mal.

Durante mais de 20 anos esteve convencida disso.

Há algumas semanas essa senhora morreu, *com um câncer no seio esquerdo*! Se a sugestão pode transformar uma tábua na lâmina de uma guilhotina, e as células do corpo em parasitas dos quais se desenvolve uma câncer, imaginemos o que fará, no sentido de destruir germes, se for dirigida com propriedade? A sugestão é a lei por meio da qual os que curam mentalmente parecem às vezes produzir milagres. Eu mesmo testemunhei a remoção de verrugas, em 40 minutos, somente por meio da sugestão.

Assim, o leitor pode ser mandado para a cama com uma doença imaginária, da pior espécie, em duas horas, apenas por meio da sugestão. Se, andando pela rua, encontrar três ou quatro pessoas nas quais confie e todas disserem que lhe acham com um ar de doente, estou certo de que procurará sem demora um médico. Isso me faz lembrar um fato que se passou comigo e um agente de seguros de vida. Eu tinha preenchido o formulário para uma apólice, mas não decidira ainda se seria um seguro de 10 ou de 20 mil dólares. Nesse ínterim, o agente mandou-me ao médico da companhia, a fim de fazer o exame clínico. No dia seguinte, fui convidado para novo exame. Da segunda vez, o exame foi mais detido e o médico parecia preocupado. Voltei ao terceiro dia, e dessa vez encontrei dois médicos reunidos para uma conferência. Realizaram o exame mais completo possível. Nunca me haviam examinado daquela forma e eu nunca tinha ouvido falar em exames assim.

No dia seguinte, o agente me procurou e disse-me o seguinte:

— Não desejo alarmá-lo, mas os médicos que o examinaram não estão de acordo quanto ao seu estado. O senhor ainda não decidiu se quer fazer um seguro de 10 ou 20 mil dólares, e assim não acho direito dar-lhe um laudo sobre o seu exame antes de o senhor se decidir, assim, poderia pensar que estou insistindo por um seguro maior.

— Bem, já decidi fazer o seguro de 20 mil dólares — respondi. De fato, já estava decidido.

Decidira no momento mesmo em que o agente me deixou a sugestão que talvez eu tivesse uma fraqueza orgânica que me impedisse de fazer o seguro que pretendia.

— Muito bem — disse o agente —, agora que já decidiu, julgo meu dever dizer-lhe que dois médicos acharam que o senhor tem propensão para a tuberculose, enquanto outros dois discordaram.

O truque surtira efeito. A sugestão inteligente fizera-me atravessar a cerca da indecisão, e estávamos todos satisfeitos.

De onde veio o *entusiasmo*?, perguntará o leitor. Que ele veio é um fato, mas se quer saber quem o trouxe à cena pergunte ao agente de seguros de vida e aos quatro médicos seus "cúmplices", pois não tenho dúvida de que deram uma boa gargalhada à minha custa. O truque foi benfeito. De qualquer modo, eu desejava fazer o seguro.

Naturalmente, se o leitor é agente de seguros de vida, não vai aplicar tal ideia no primeiro cliente indeciso que encontrar. Estou certo de que não fará tal coisa!

Há alguns meses recebi uma das propagandas mais eficientes que já vi. Era um folheto no qual um inteligente vendedor de seguros de automóveis fizera reimprimir recortes de todos os jornais do país mostrando que nada menos que 60 veículos tinham sido roubados num só dia. Na última página liam-se as seguintes palavras, altamente sugestivas:

"Seu carro poderá ser o próximo. Já está segurado?"

No pé da página havia o nome e o endereço do corretor e também o seu telefone. Antes de terminar as duas primeiras páginas do folheto telefonei ao agente para me informar sobre taxas. Ele me procurou imediatamente, e o restante da história não é preciso contar.

Voltemos agora às duas cartas e vamos analisar a segunda, a que trouxe os resultados desejados. Estudemos cuidadosamente o primeiro parágrafo e observaremos que se faz aí uma pergunta que só pode ser respondida de uma forma. Compare o leitor esse parágrafo inicial com o da primeira carta e pergunte a si mesmo qual dos dois o impressionaria melhor. Esse parágrafo é redigido como se tivesse de servir a um duplo propósito; primeiro, neutralizar a mente do destinatário de modo que ele leia o restante da carta com a mente aberta; em seguida, formula uma pergunta que só pode ser respondida de um modo, com o propósito de conduzir o destinatário a um ponto de vista que se harmoniza com a natureza do favor pedido nos parágrafos subsequentes.

Na segunda lição do curso o leitor observou que Andrew Carnegie se recusou a responder à pergunta do autor quando este lhe perguntou a que atribuía o seu triunfo. Perguntou-lhe por sua vez o que entendia por *triunfo*. Fez isso com o intuito de evitar um mal-entendido. O primeiro parágrafo da carta que analisamos é redigido de maneira a declarar logo o objetivo e ao mesmo tempo, praticamente, força o leitor a aceitar tal objetivo como sendo verdadeiro e razoável.

Qualquer pessoa que respondesse com uma negativa à pergunta formulada nesse parágrafo da carta poderia ser acusada de egoísta, e nenhum homem que se preza gostará de atrair a si tal acusação. Assim como o lavrador revolve primeiro o terreno e em seguida fertiliza-o e prepara-o para receber a semente, assim também o parágrafo a que nos referimos fertilizou a mente do destinatário, preparando-a para receber a semente que devia ser lançada por meio da sugestão sutil contida naquelas palavras.

Estudemos cuidadosamente o segundo parágrafo e observaremos que contém uma declaração que o destinatário não pode pôr em dúvida nem negar. Não lhe dá nenhuma margem para argumento, porque é, evidentemente, baseada numa verdade. Conduz o destinatário ao segundo passo da jornada psicológica que leva diretamente ao pedido cuidadosamente encoberto no terceiro parágrafo. Notaremos, porém, que esse parágrafo começa fazendo ao destinatário um cumprimento que não deve de modo algum desgostá-lo. "Assim, se quiser dar-me a honra de escrever a sua opinião sobre os pontos mais essenciais a serem despertados na mente de todos aqueles que procuram oferecer serviços pessoais" etc. Estudemos as palavras dessa frase, a maneira como foi apresentada, e veremos que dificilmente aparece como um pedido, e nada há aí para sugerir que o autor da carta está pedindo um favor que o beneficie pessoalmente. Quando muito, sugere que pede um favor para os outros.

Estudemos agora o parágrafo final e vejamos como ele encerra com jeito a sugestão de que se o destinatário se recusar a atender ao pedido coloca-se na situação desagradável dos que não se importam com a situação dos menos felizes, nem mesmo para gastar em seu benefício um selo de 2 centavos.

Do começo ao fim a carta leva a sua mais forte impressão, por mera sugestão, contudo essa sugestão é tão cuidadosamente encoberta que não aparece claramente senão depois de realizada uma análise completa de toda a carta.

Toda a construção é de tal maneira que o leitor não pode pôr de lado essa carta sem ceder ao pedido, pois então teria de ajustar contas com a sua consciência. Tal efeito é intensificado pela última frase do último parágrafo, principalmente as últimas palavras: "que lerá a sua mensagem, acreditará nela e por ela se deixará guiar."

Essa carta domina inteiramente o destinatário, torna a sua consciência aliada do autor, cerca-o, como faria o caçador com uma lebre, levando-a para um ninho cuidadosamente preparado.

A melhor prova de que essa análise é correta é o fato de que a carta provocou respostas de todos aqueles a quem foi enviada, a despeito de que todos os homens em questão pertenciam ao tipo de homem de negócios que geralmente se supõe muito ocupado para responder a uma carta desta natureza. Mas o autor não somente conseguiu a resposta da carta, como também os destinatários a responderam pessoalmente, com exceção de Theodore Roosevelt, que o fez por intermédio de um secretário.

O ORGULHO É UMA ESPÉCIE DE NEVOEIRO QUE ENVOLVE O VERDADEIRO CARÁTER DE UM HOMEM, A TAL PONTO QUE ELE PRÓPRIO NÃO O CONHECE. ENFRAQUECE SUA HABILIDADE NATURAL E REFORÇA TODAS AS INCONSISTÊNCIAS.

John Wanamaker e Frank Vanderlip escreveram as duas mais belas cartas que já li, verdadeiras obras-primas que poderiam muito bem ter adornado as páginas de um volume de maior valor do que aquele a que se destinavam. Andrew Carnegie escreveu também uma carta que merece ser estudada por todos os que têm serviços pessoais a oferecer. William Jennings Bryan escreveu uma bonita carta e o falecido lorde Northcliffe também fez o mesmo. Nenhum desses homens escreveu meramente para me ser agradável, com exceção de quatro, nenhum deles me conhecia. *Não escreveram para me agradar, e sim para agradar a si próprios e prestar um serviço valioso*. Talvez a construção da carta tivesse tido aí alguma influência, mas não quero acentuar aqui senão um fato: todos os homens que mencionei, como quase todos desse tipo, são geralmente as pessoas mais cheias de boa vontade para servir aos outros, desde que nos aproximemos deles de maneira apropriada.

Desejo aproveitar essa oportunidade para declarar que todos os homens realmente grandes que tenho tido o prazer de conhecer são sempre os mais delicados e mais prontos para prestar serviços que beneficiem os outros. Talvez seja por isso que são *realmente* grandes homens.

A mente humana é uma maravilhosa peça de engrenagem.

Uma das suas mais notáveis características reside no fato de que todas as impressões que a alcançam, ou por meio da *sugestão* ou da autossugestão, são classificadas juntas, em grupos que se harmonizam em natureza. As impressões negativas são todas armazenadas numa parte do cérebro, enquanto as impressões positivas ficam dispostas em outra parte. Logo que uma dessas impressões (ou experiências passadas) é chamada à mente, por meio do princípio da memória, há uma tendência para chamar todas as outras impressões de natureza semelhante, do mesmo modo que quando levantamos o elo de uma corrente todos os outros elos são erguidos também. Assim, qualquer coisa que produza um sentimento de dúvida na mente de alguém é suficiente para lhe trazer à lembrança todas as experiências que lhe causaram dúvida. Por exemplo, se um homem recebe um pedido de um estranho para descontar um cheque, imediatamente se lembra de haver descontado cheques que não eram verdadeiros, ou de ter ouvido contar casos assim. Por meio da lei da associação todas as emoções semelhantes, experiências e impressões que chegam à mente se enfileiram e, assim, a lembrança de uma traz a tendência para despertar a memória de todas as outras.

Despertar um sentimento de desconfiança no espírito de alguém é provocar uma tendência para trazer à superfície todas as suas experiências nas quais a dúvida teve parte. Por essa razão, os vendedores bem-sucedidos procuram afastar da discussão os assuntos que possam despertar na mente do comprador a "cadeia de impressões de dúvida" que ele pode ter armazenado no cérebro, em consequência de experiências anteriores. O vendedor bem-sucedido aprende sem demora que se livrar de um competidor ou de um artigo de concorrência pode dar em resultado trazer à mente do comprador certas emoções negativas, que nascem de experiências anteriores e que podem tornar impossível ao vendedor neutralizar a mente do freguês.

Esse princípio se aplica e controla todas as impressões sensoriais alojadas no cérebro humano. Tomemos, por exemplo, a sensação do medo: no momento em que permitimos que uma simples emoção, relacionada com o medo, atinja a nossa mente, lembramos de todas as experiências semelhantes. Um sentimento de coragem não pode dominar enquanto perdurar um sentimento de medo. Um sentimento tem de dominar o outro. São companheiros que não se suportam, porque não se harmonizam em natureza. As coisas iguais se atraem. Cada pensamento armazenado no cérebro tem uma tendência para provocar pensamentos de natureza semelhante. Vemos assim que essas sensações, pensamentos e emoções oriundos de experiências passadas, que despertam na consciência, contam com o apoio de um exército regular, de igual natureza, o qual permaneceu pronto para entrar em ação.

Ponhamos deliberadamente em nossa mente, por meio do princípio da autossugestão, a ambição de vencer por meio do auxílio do *objetivo principal definido*, e observemos quão rapidamente toda a nossa habilidade latente ou não desenvolvida nas experiências passadas será estimulada e estará pronta para agir em nosso favor. Fixemos, por exemplo, na mente de uma criança, por meio do princípio da sugestão, a ambição de tornar-se

NÃO É DIGNO DE NOTA O FATO DE NENHUM JORNAL JAMAIS TER PUBLICADO NOTÍCIAS DE FARRAS E BEBEDEIRAS ENVOLVENDO OS NOMES DE HOMENS VERDADEIRAMENTE GRANDES, COMO, POR EXEMPLO, EDISON, FORD, ROCKEFELLER ETC.?

um grande advogado, médico, engenheiro, comerciante etc. Fixemos profundamente essa sugestão, repetindo-a sempre, e ela começará a dirigir os passos do menino no sentido de procurar o objetivo dessa ambição.

Para implantar "profundamente" a *sugestão*, ponha-se nela bastante *entusiasmo*, pois o entusiasmo é o fertilizador que garantirá o seu rápido crescimento, bem como a sua permanência.

Quando aquele senhor tão bondoso fixou na minha mente a sugestão de que eu era um "rapaz inteligente" e que podia vencer na vida se me educasse, não foi tanto o que ele disse, como a maneira de dizer, que me causou uma impressão profunda e definitiva. Foi o seu gesto de pôr as mãos sobre os meus ombros, o seu olhar de confiança, que fizeram a sugestão implantar-se de maneira tão profunda no meu subconsciente que nunca mais tive um momento de paz enquanto não dei os primeiros passos no sentido de realizá-la.

É esse um ponto que quero frisar com toda a minha força. *Não é tanto o que se diz, como o* tom e a maneira *de dizer, que produzem uma impressão duradoura.*

Segue-se naturalmente que a sinceridade de intenções, a honestidade e a correção devem servir de apoio a tudo o que dizemos se quisermos causar uma impressão duradoura e favorável.

Para que se consiga êxito vendendo aos outros é preciso, primeiro, *vender a si mesmo.*

Não faz muito tempo, fui procurado por um agente do governo do México, o qual desejava os meus serviços de redator publicitário daquela época. Esse agente falou-me mais ou menos nos seguintes termos.

> Considerando que o senhor goza de excelente reputação como um expoente da filosofia da Regra de Ouro, e considerando que é conhecido em todo o país como uma pessoa independente, que não se acha ligada a qualquer partido político no momento, consentiria em ir ao México estudar os assuntos econômicos e políticos do país e, no regresso aos Estados Unidos, escrever uma série de artigos para os jornais americanos, recomendando ao

povo da América o imediato reconhecimento do México pelo governo dos Estados Unidos? etc.

Por esse trabalho me foi oferecido mais dinheiro do que poderei ganhar, talvez, em toda a minha vida, mas recusei a incumbência, simplesmente porque o convite não me impressionou de modo algum, e por uma razão que não deixará de impressionar a todos os que compreendem que se torna necessário, a todos os que exercem influência sobre os outros: permanecer em paz com a sua consciência.

Eu não podia escrever de maneira convincente sobre a causa do México pela simples razão de que não acreditava em tal causa e, assim, não me era possível pôr entusiasmo nos meus artigos para torná-los mais eficientes, mesmo que estivesse disposto a prostituir o meu talento e molhar a minha pena numa tinta que eu sabia ser de lodo.

Não me esforcei em dar mais explicações sobre a minha filosofia nesse caso, pois todos os que têm conhecimento de autossugestão dispensam essas explicações, e os que não possuem tais conhecimentos não entenderiam nem desejariam entender.

Nenhum homem pode conseguir se exprimir por meio de palavras ou atos que não estejam em harmonia com a sua crença, e se assim o fizer, terá de pagar com a perda da sua capacidade para influenciar os outros.

Seria bom para o leitor ler em voz alta o parágrafo precedente. Vale a pena acentuá-lo com a repetição, pois a falta de observação do princípio sobre o qual ele é baseado constitui o penhasco de encontro ao qual se vai quebrar e fazer em pedaços, muitas vezes, um *objetivo principal definido.*

Não creio que se possa conseguir êxito na vida tentando enganar alguém, sobre qualquer coisa, mas sei que não posso tentar enganar a mim mesmo. Fazer isso seria destruir o poder da minha pena e tornar ineficientes as minhas palavras. É apenas quando escrevo com o fogo do entusiasmo ardendo em meu coração que os meus artigos causam boa impressão aos outros; é apenas quando coloco fé nas palavras que pronuncio que levo os meus ouvintes a aceitarem a minha mensagem.

Além de ler em voz alta o parágrafo referido, procure o leitor memorizá-lo. Ainda mais: escreva-o e ponha-o num lugar onde possa vê-lo todos os dias, a fim de ter uma advertência quotidiana de um princípio que, mais do que isso, é uma lei, tão imutável como a lei da gravidade, e sem o qual nunca poderemos ser uma força no nosso campo de atividade.

Muitas vezes eu próprio tenho a impressão de que acreditar firmemente nesse princípio poderia significar a miséria.

Muitas vezes os meus amigos me têm aconselhado a abandonar essa filosofia para ganhar vantagem aqui e ali, mas sempre me oponho tenazmente a qualquer desvio, pois prefiro a minha tranquilidade ao ganho material que me viesse forçar a transigir com a minha consciência.

Por mais estranho que isso pareça, as minhas deliberações e conclusões, quanto a recusar-me a sufocar a minha consciência, eram baseadas no que se chama geralmente de "honestidade". Recusando-me a escrever sobre uma coisa em que não acreditava, fui levado apenas por uma questão de honra e da minha consciência. Pode-se dizer que agi antes em defesa do meu interesse pessoal do que no desejo de ser justo com os outros, conquanto nunca tivesse, tanto quanto posso analisar-me, o desejo de ser injusto para com quem quer que seja.

Transigindo com falsidade, nenhum vendedor pode se tornar eficiente. Se assim fizer, as suas palavras não servirão ao seu propósito, pois como não vêm do íntimo do coração, não podem ter vida nem conter um entusiasmo genuíno.

Pediria também ao leitor que lesse esse parágrafo, pois ele abrange uma lei importante que deve ser compreendida e aplicada por todos os que desejam se tornar pessoas de influência em qualquer empreendimento.

Pedindo isso ao leitor, com o intuito de acentuar mais as minhas palavras, não estou procurando tomar demasiada liberdade. Julgo-o uma pessoa de critério e inteligência. Contudo, sei que é provável que passe por todas essas leis essenciais sem se impressionar com elas a ponto de torná-las parte integrante da sua filosofia quotidiana. Conheço a sua fraqueza porque conheço também a minha. Precisei de 25 anos de altos e baixos para impressionar o meu espírito com essas verdades básicas de modo que elas pudessem exercer influência sobre mim. Fiz experiências com todas elas, de forma que posso agora falar não somente como quem acredita, mas também com conhecimento de causa.

Que se entende por "essas verdades"?

SE JULGA QUE A SUA VIDA TEM SIDO DIFÍCIL, LEIA *ERGUENDO-SE DA ESCRAVIDÃO*, DE BOOKER T. WASHINGTON, E VERÁ COMO TEM SIDO FELIZ.

A fim de que não haja mal-entendido sobre o que quero dizer e a fim de que essas palavras de advertência não tenham um sentido abstrato, declararei que pelas verdades a que me refiro quero explicar o seguinte:

Não é possível sugerir a alguém, por palavras ou atos, uma coisa em que não se acredita.

Certifique-se o leitor de que isso é uma grande verdade.

O motivo pelo qual não podemos conseguir isso é o seguinte: transigindo com a nossa consciência, dentro em pouco não a teremos mais, pois ela deixa de nos guiar da mesma maneira que um despertador deixa de funcionar se não lhe damos corda.

Não tenhamos dúvida de que essa é outra grande verdade.

— E como conseguiu o autor se tornar uma autoridade em assunto tão essencial? — perguntará o leitor.

Ele responderá:

— Tornei-me uma autoridade porque fiz experiências com esse princípio, até chegar a saber perfeitamente de que maneira ele age.

— Mas — perguntará o leitor —, como poderei saber se está falando a verdade?

A isso responderei apenas que o leitor só saberá depois de experimentar por si mesmo observando os que aplicam com fé esse princípio e os que não o aplicam.

Se a prova que apresento não for suficiente, consulte então qualquer pessoa que conhece e que tenha tentado obter alguma coisa sem aplicar esse princípio; se essa pessoa não quiser ou não puder dizer a verdade, descubra-a analisando-a.

Há apenas uma coisa no mundo que dá ao homem uma força real e permanente: é o caráter. Não devemos porém esquecer que reputação não é caráter. Reputação é o que se julga que as pessoas são; caráter é o que a pessoa é realmente. Assim, se o leitor quiser se tornar uma pessoa de grande influência, procure ter caráter.

O caráter é a pedra filosofal por meio da qual os metais inferiores da nossa vida podem ser transformados em ouro puro. Sem caráter, nada teremos, nada valeremos e nada poderemos ser. Caráter é algo que não se pode mendigar, roubar ou comprar. Só se pode conseguir caráter construindo-o com as nossas próprias ideias e ações.

Com o auxílio da sugestão, qualquer pessoa pode construir um caráter sólido, qualquer que tenha sido o seu passado. Parece-me apropriado nesta lição acentuar o fato de que todos os que têm caráter têm também entusiasmo e personalidade suficiente para atrair outras pessoas de caráter.

Agora indicaremos a maneira como o leitor deve proceder para desenvolver o entusiasmo, se é que já não possui essa qualidade rara.

Primeiro: Leia as demais lições deste curso, pois nelas estão outras instruções que devem ser coordenadas com as que damos aqui.

Segundo: Escreva, se ainda não o fez, o seu objetivo principal definido, bem claramente, numa linguagem simples, bem como o plano por meio do qual pretende transformar esse objetivo em realidade.

Terceiro: Leia todas as noites, antes de se deitar, o seu objetivo principal definido, e ao lê-lo imagine-se já de posse dele. Faça-o com fé absoluta na sua capacidade para transformar em realidade esse objetivo. Leia alto, com todo o entusiasmo possível, acentuando cada palavra. Repita essa leitura até que uma voz interior lhe diga que o seu propósito será alcançado. Algumas vezes sentirá os efeitos dessa voz que vem do íntimo logo à primeira leitura; outras vezes, porém, terá de ler inúmeras vezes antes de conseguir percebê-la.

Se preferir, poderá ler o objetivo principal definido como se fosse uma oração.

O restante desta lição é destinado àqueles que ainda não descobriram o poder da fé e que pouco ou nada sabem sobre o princípio da autossugestão. A todos os que se acham nessa classe, recomendo a leitura do evangelho de São Mateus (sétimo e oitavo versículos, capítulo 7, e vigésimo versículo, capítulo 17).

A fé é um dos maiores fatores do bem. A essa força maravilhosa devem-se os milagres mais extraordinários. A fé proporciona paz a todos que a abraçam. Envolve um princípio de tão grande alcance que é impossível dizer quais são as suas limitações ou se ela as tem.

Ao descrever o seu objetivo principal, o leitor deve fazer uma declaração das qualidades que pretende desenvolver, a situação que pretende atingir; ao ler essa descrição, todas as noites, faça-o com fé e tenha a certeza de que tudo se transformará em realidade. Assim, pode estar seguro de que não perderá a sugestão contida nesta lição.

Para vencer na vida, precisamos agir. Não basta apenas saber. É preciso saber e pôr em prática.

O entusiasmo é o impulso que leva a mente humana a pôr em ação os seus conhecimentos.

Billy Sunday é um dos pregadores que maior êxito têm alcançado nos Estados Unidos. Com o objetivo de estudar a sua técnica e aprender os seus métodos de psicologia o autor deste curso teve ocasião de acompanhar o reverendo Sunday em três das suas campanhas.

O seu êxito é baseado principalmente no entusiasmo.

Fazendo uso da lei da sugestão, Billy Sunday transmite o seu espírito de entusiasmo à mente dos seus seguidores, influenciando-os decisivamente. Prega os seus sermões fazendo uso da mesma espécie de estratégia empregada por muitos vendedores.

O entusiasmo é tão essencial a um vendedor como a água ao peixe. Todos os vendedores hábeis que triunfam conhecem a psicologia do entusiasmo e usam-na de vários modos, como meio prático de ajudar os seus colegas a produzirem mais.

Praticamente todas as organizações de vendas realizam reuniões de tempos em tempos, com o fim de revitalizar a mente dos seus vendedores, injetando-lhes o espírito de entusiasmo, o que é mais fácil fazer por meio da psicologia de grupo.

As reuniões de vendedores poderiam ser chamadas com mais propriedade de reuniões de "reavivamento", porque a sua finalidade é fazer reviver o interesse e despertar entusiasmo, que facilitarão o vendedor a reiniciar a luta com a ambição e a energia renovadas.

Durante sua administração como gerente das vendas da Companhia Nacional de Máquinas Registradoras, Hugh Chalmers (que mais tarde se tornou famoso na indústria de automóveis) teve de enfrentar uma situação muito embaraçosa, correndo até mesmo o risco de perder o emprego, bem como milhares de vendedores que trabalhavam sob sua direção.

A companhia encontrava-se em dificuldades financeiras. Esse fato chegou ao conhecimento dos vendedores e o resultado foi que eles perderam o entusiasmo e as vendas começaram a cair vertiginosamente. A situação tornou-se tão alarmante que foi necessário convocar uma reunião geral da organização de vendas. Essa reunião deveria ter lugar na fábrica da companhia em Dayton, Ohio. Os vendedores foram então convocados, de todas as partes do país.

O sr. Chalmers presidiu a reunião. Pediu a vários dos seus melhores vendedores que se aproximassem e que relatassem o que se passava no seu campo de atividade, e por que as vendas haviam decrescido tanto. Todos os vendedores contaram uma história das mais tristes: a situação comercial era má, o dinheiro, escasso, o povo só queria fazer compras depois da campanha presidencial etc. Quando o quinto vendedor começou a enumerar as suas dificuldades, a explicar por que não mantinha a sua cota de vendas, o sr. Chalmers ergueu-se de um salto, exclamando:

— Pare! — E virando-se para os presentes, acrescentou: — A reunião está suspensa por 10 minutos, enquanto engraxo os sapatos.

Voltou-se então para um menino negro que estava sentado próximo e mandou-lhe que engraxasse os seus sapatos ali mesmo.

Os vendedores, como era natural, ficaram estupefatos! Muitos pensaram que o sr. Chalmers enlouquecera repentinamente. Começaram a cochichar uns com os outros. Enquanto isso, o menino engraxou um sapato, depois outro, demorando bastante, e fazendo um trabalho esmerado.

Terminado o trabalho, o sr. Chalmers deu 10 centavos ao menino e começou o seu discurso:

— Quero que os senhores olhem para este menino. Tem permissão para engraxar os sapatos de todo o pessoal da nossa fábrica e dos escritórios. O seu antecessor era um menino branco, consideravelmente mais velho do que ele; apesar de a companhia pagar a ele um salário de 5 dólares por semana, não consegue ganhar o bastante para viver, nesta fábrica, onde há milhares de empregados.

"Esse menino não somente consegue viver bem, sem receber coisa alguma da companhia, como também está *fazendo economias, e tudo isso trabalhando sob as mesmas condições, na mesma fábrica e para as mesmas pessoas.*

"Agora, quero lhes fazer uma pergunta: por que o menino branco não conseguiu ganhar o suficiente? Seria culpa dele ou dos fregueses?"

A *una voce*, todos os presentes responderam:

— Foi culpa do rapaz, naturalmente!

— Muito bem — disse Chalmers. — Os senhores estão no mesmo caso. Quero dizer, estão vendendo máquinas registradoras no mesmo território, ao mesmo povo, com as mesmas condições comerciais de há um ano. Entretanto, não estão produzindo tanto quanto produziam. Agora, de quem é a culpa? Dos senhores ou dos fregueses?

Ainda dessa vez a resposta veio em coro:

— A culpa é nossa, naturalmente!

— Sinto-me satisfeito — continuou o sr. Chalmers —, vendo que os senhores reconhecem que têm a culpa, e agora desejo dizer-lhes em que consiste a sua dificuldade. Os senhores ouviram rumores de que a companhia não está em boas condições financeiras, e isso destruiu a tal ponto o seu entusiasmo que já não fazem os mesmos esforços que faziam anteriormente. Mas se voltarem às suas atividades, fazendo-me a promessa de enviar cinco pedidos cada um durante o próximo mês, a companhia já não estará em dificuldades, pois esse número de pedidos extras salvará a situação. Se empenharão em fazer isso?

Todos disseram que sim, e cumpriram a promessa.

Esse fato entrou para a história da National Cash Register Company.

Na verdade, sabe-se que essa tática do sr. Chalmers fez voltar a maré nos negócios da companhia, com um lucro de milhões de dólares.

O entusiasmo não conhece derrotas! O gerente de vendas que sabe enviar um exército de vendedores entusiasmados pode estabelecer os preços, e, o que é ainda mais importante, aumentar em todos os que dirige a capacidade para ganhar dinheiro; desse modo, o seu entusiasmo beneficia não somente a ele como também centenas de outras pessoas.

O entusiasmo nunca é uma questão de chance. Há certos estímulos que produzem o entusiasmo. Desses, os mais importantes são os seguintes:

1. Fazer o trabalho que mais o agradar.
2. Viver num ambiente onde se entra em contato com pessoas entusiasmadas e otimistas.
3. Ter sucesso financeiro.
4. Saúde.

5. Domínio completo das 15 Leis do Triunfo e a sua aplicação no trabalho.
6. A consciência de ter prestado serviços a outros de qualquer maneira prática.
7. Vestir-se bem, de acordo com as necessidades do trabalho.

Todas essas fontes de estímulo se explicam por si mesmas, exceto a última. Pouca gente compreende a importância da psicologia do vestuário, e por essa razão a descreveremos aqui detalhadamente. O vestuário constitui uma questão importantíssima e todos deveriam tê-la sempre em ordem, a fim de sentirem confiança em si, esperança e entusiasmo.

A PSICOLOGIA DO VESTUÁRIO

A 11 de novembro de 1918, quando chegaram afinal boas notícias do teatro da guerra, as minhas posses eram quase as mesmas de quando vim ao mundo.

A guerra destruíra todos os meus negócios e eu era forçado a começar tudo de novo. Meu guarda-roupa consistia então em três ternos velhos e dois uniformes de que eu não precisava mais.

Sabendo muito bem que as pessoas em geral julgam um homem pela sua maneira de se vestir, fui logo procurar o meu alfaiate.

Felizmente ele me conhecia há muitos anos e, assim, não me julgou pela roupa que eu vestia então. Se o tivesse feito, creio que teria "naufragado".

Eu tinha no bolso, por única fortuna, menos de 1 dólar, trocado, e contudo consegui crédito para três ternos dos mais caros que já tive. Pedi também que as roupas fossem feitas sem demora.

Os três ternos custaram 375 dólares.

Felizmente eu tinha crédito junto ao meu alfaiate, e ele não me perguntou quando eu pagaria aquelas roupas tão caras. Sabia que eu podia pagar, e pagaria num tempo determinado, mas estaria convencido disso? Era essa a ideia que me passava pela cabeça e eu tinha esperança de que a pergunta não fosse feita.

Em seguida, comprei em outra casa três ternos mais baratos e um enxoval completo: as melhores camisas, colarinhos, gravatas e roupas brancas.

Em menos de 24 horas estava livre da guerra e com um débito de 675 dólares.

TUDO O QUE SE PRECISA COMO CAPITAL, PARA ALCANÇAR O TRIUNFO, É UMA MENTE SÃ NUM CORPO SÃO, E UM VERDADEIRO DESEJO DE SER ÚTIL AO MAIOR NÚMERO POSSÍVEL DE PESSOAS.

No dia seguinte recebi os três ternos mais baratos que havia comprado. Imediatamente vesti um deles, coloquei um lenço de seda no bolso do paletó e, tendo por única fortuna 50 dólares, que pedira emprestados, saí passeando pelo Michigan Boulevard, em Chicago, sentindo-me tão rico como Rockefeller.

Cada artigo de vestuário que eu usava, então, era da melhor qualidade. O fato de que não estivessem pagos só interessava a mim, ao meu alfaiate e ao outro comerciante onde comprara as roupas.

Todas as manhãs eu me vestia bem e começava a passear pela mesma rua, precisamente à mesma hora. Acontece que era justamente à hora em que um rico editor costumava passar, quando ia almoçar.

Comecei a cumprimentá-lo todas as manhãs, e, às vezes, parava para conversar com ele alguns minutos.

No fim de uma semana resolvi fazer que não o via ao passar por ele, a fim de experimentar se passaria por mim sem falar.

Observando-o com o canto dos olhos, fui passando adiante, quando ele me fez parar na calçada, pôs a mão no meu ombro e, olhando para mim da cabeça aos pés, exclamou:

— Para um homem que acaba de deixar o uniforme o senhor me parece muito próspero. Posso saber quem fez os seus ternos?

— Pois não — respondi. — Esse terno foi feito especialmente para mim pela casa Wilkie & Sellery.

Ele quis saber em que eu me ocupava. Aquele ar de prosperidade que eu mostrava, vestindo todos os dias um terno diferente, atraiu a sua curiosidade. E era justamente isso que eu queria.

Batendo as cinzas do Havana que fumava, respondi:

— Oh! Estou organizando uma nova revista que pretendo editar.

— Uma nova revista? — perguntou ele. — E como se chama?

— Ela se chamará *Hill's Golden Rule* — respondi.

— Não se esqueça — tornou o meu amigo editor — que me encarrego de impressão e distribuição de revistas. Talvez lhe possa ser útil.

Chegava o momento esperado. E era justamente o que eu tinha em vista quando comprei os ternos.

Contudo, vale a pena acentuar que essa conversa nunca teria tido lugar se o editor tivesse me visto na rua com uma roupa surrada, mostrando indícios de pobreza em todo o meu aspecto.

Um ar de prosperidade sempre atrai a atenção e, ainda mais, uma "atenção favorável", pois o desejo fundamental em todo coração humano é prosperar.

Meu novo amigo convidou-me a almoçar com ele, no seu clube. Antes de serem servidos o café e os charutos, já ele me falara sobre o contrato para a impressão e distribuição da revista. E eu "consentira" que ele fornecesse o capital, sem cobrar nenhum juro.

Naturalmente, para lançar uma nova revista, é necessário um capital considerável, que é sempre difícil obter, mesmo oferecendo as melhores garantias. O capital necessário para o lançamento da *Hill's Golden Rule*, que o leitor deve conhecer, ia além de 30 mil dólares, e todos os centavos desses 30 mil dólares foram conseguidos principalmente devido à psicologia do vestuário.

A muitas pessoas pode parecer absurdo que um homem em péssimas condições financeiras começasse logo por fazer uma dívida de 675 dólares somente em roupas, mas a psicologia que aí se encontra a justifica plenamente.

A aparência de prosperidade não somente causa uma impressão favorável àqueles a quem se precisa pedir favores, como também tem um efeito sobre a própria pessoa.

Quanto a mim, eu não somente sabia que o fato de estar bem-vestido impressiona favoravelmente os outros, como também sabia que isso produziria um estado de confiança em mim mesmo, sem o qual eu não poderia reconquistar a fortuna perdida.

A primeira lição que recebi sobre a psicologia do vestuário me foi dada por meu amigo Edwin C. Barnes, sócio de Thomas A. Edison. Barnes divertiu bastante o pessoal dos escritórios de Edison quando há 20 anos dirigiu-se a West Orange num trem de carga (pois não podia conseguir dinheiro suficiente para pagar a passagem) e anunciou que ia entrar em sociedade com o sr. Edison.

Todo mundo riu do rapaz, exceto o próprio Edison, que viu no queixo largo e no rosto determinado do jovem Barnes algo que os outros não viram.

HÁ UMA RECOMPENSA PARA CADA VIRTUDE, ASSIM COMO HÁ UM CASTIGO APROPRIADO PARA CADA PECADO; TANTO O CASTIGO COMO A RECOMPENSA SÃO EFEITOS SOBRE OS QUAIS O HOMEM NÃO TEM NENHUM CONTROLE.

Conquanto naquele momento ele tivesse mais o aspecto de um vagabundo do que o de um futuro sócio do maior inventor do mundo.

Barnes começou varrendo o chão dos escritórios de Edison.

O que ele desejava era apenas uma chance para entrar na organização de Edison.

Daí em diante, tornou-se um exemplo digno de ser imitado por outros jovens que desejam colocar-se na vida.

Barnes está hoje afastado da vida comercial, apesar de ser relativamente jovem, e passa a maior parte do seu tempo em duas belas casas, uma em Bradentown (Flórida) e a outra em Damariscotta (Maine). É multimilionário e feliz.

Travei conhecimento com ele durante os primeiros tempos da sua associação com Edison.

Naquela época, Barnes possuía o maior e o mais caro guarda-roupa de que já ouvi falar. Tinha 31 ternos e nunca vestia a mesma roupa dois dias seguidos. Além disso, as suas roupas eram caríssimas. Usava meias de 6 dólares e as suas camisas e gravatas eram de qualidade finíssima. Quanto às gravatas, eram feitas especialmente para ele, custando de 5 a 7 dólares cada.

Um dia, por troça, pedi-lhe que me desse alguns dos seus ternos velhos.

Ele me respondeu que não tinha uma única roupa da qual não precisasse.

Deu-me, sobre a psicologia do vestuário, uma lição que sempre relembrarei com vantagens.

— Não tenho 31 ternos apenas pela impressão que isso poderia causar aos outros, tenho-os pela impressão que causam a mim mesmo — disse-me ele.

E passou a relembrar o dia em que se apresentou na fábrica de Edison pedindo um emprego.

— Precisei — disse-me ele — fazer duas vezes a volta do edifício até conseguir coragem para me apresentar, pois sabia que tinha mais o aspecto de um vagabundo do que de um empregado aceitável.

Barnes é apontado como o vendedor de maior capacidade que já trabalhou com o inventor de West Orange. Toda a sua fortuna foi conseguida graças à sua capacidade como vendedor, porém ele costuma dizer que nunca teria conseguido riqueza e fama se não tivesse compreendido a psicologia do vestuário.

Durante a minha vida conheci muitos vendedores. Eu próprio tenho treinado mais de 3 mil, homens e mulheres, e já observei que todos os grandes vendedores, sem exceção, compreendem e empregam essa psicologia.

Tenho visto alguns vendedores bem-vestidos que não conseguem recordes em vendas, mas ainda estou por ver um homem malvestido que se tornasse um "astro" nesse campo de atividades.

Estudei durante muito tempo a psicologia das boas roupas, e tenho observado os seus efeitos sobre as pessoas, nas diferentes camadas da sociedade; assim, estou plenamente convencido de que há uma íntima relação entre as roupas e o triunfo.

Pessoalmente, não vejo necessidade de ter 31 ternos, mas se a minha personalidade exigisse um guarda-roupa tão importante, eu tudo faria para obtê-lo, fosse qual fosse o custo.

Para andar bem-vestido um homem precisa ter pelo menos dez ternos. Deve ter uma roupa diferente para cada dia da semana, um sobretudo, um smoking para *soirées*, um fraque para solenidades durante o dia.

O guarda-roupa de verão deve consistir em quatro roupas leves, pelo menos, um paletó claro, calças de flanela escura. Se é uma pessoa que joga golfe, deve ter uma roupa própria para esse esporte.

Isso, naturalmente, quando se trata de um homem que está um ou dois pontos acima da classe média. O homem que se contenta com a mediocridade precisa de pouca roupa.

Pode ser verdade, como disse um poeta conhecido, que "a roupa não faz o homem", mas ninguém pode negar que o fato de andar bem-vestido contribui bastante para o triunfo.

O banco em que fazemos empréstimos está sempre pronto para nos fornecer dinheiro, mesmo que não precisemos, desde que mostremos um ar próspero. Assim, quando se vai a um banco fazer um empréstimo, nunca se deve ir malvestido ou mostrando indícios de pobreza, pois, nesse caso, nada se conseguirá. Para o bem dos leitores que possam objetar quanto à ideia de lançar mão desse truque de roupas como meio de alcançar o triunfo, cabe-nos aqui explicar que, em geral, todos os homens que triunfam conseguem isso por meio de qualquer estímulo que os impele a maiores esforços.

Pode ser chocante para os membros dos Alcoólicos Anônimos o fato de que James Whitcomb Riley escreveu os seus melhores poemas sob a influência do álcool. Mas é a pura verdade. O seu estímulo era a bebida. A propósito, o autor deseja esclarecer aqui que não está recomendando o uso de bebidas alcoólicas ou de narcóticos, como estímulo, em caso algum, pois os entorpecentes e as bebidas destroem o corpo e a alma dos que fazem uso deles. Mas, voltando a Riley, sob o influxo do álcool ele se tornava imaginoso, entusiasmado, uma pessoa completamente diferente, segundo o testemunho dos seus amigos íntimos.

Foi com o auxílio da psicologia das boas roupas que Edwin Barnes conseguiu dar a si mesmo o impulso que resultou em realizações notáveis.

Já tem acontecido que alguns homens chegassem ao auge das realizações quando influenciados pelo amor de uma mulher. Relacione o leitor esse fato com a breve sugestão feita sobre o assunto, na introdução, e, se for uma pessoa que conhece os homens, encontrará facilidade para terminar a discussão dessa fase particular do estímulo do entusiasmo sem que sejam necessários novos comentários da minha parte, que não seriam apropriados aos espíritos mais jovens que poderão assimilar também essa filosofia.

Todos os tipos perigosos e suspeitos, os ladrões de estrada, os que se empenham em falsificações etc., sempre usam entorpecentes, cocaína, morfina etc. antes de entrar em ação. Mesmo aí há uma lição mostrando que em geral todos os homens necessitam de um estímulo artificial e provisório para os impelir a esforços maiores do que os que são necessários em geral no curso ordinário da vida.

As pessoas que triunfam sempre descobrem os meios que lhes parecem mais bem-adaptados às suas necessidades e que podem produzir um estímulo capaz de elevá-los ao auge dos empreendimentos.

Sabe-se que um conhecido escritor de grande êxito costuma escrever ao som de uma orquestra formada de lindas moças, magnificamente vestidas, numa sala artisticamente decorada, de acordo com o seu gosto, sob luzes de cores suaves, e a orquestra tocando as suas músicas prediletas.

— Sob a influência de tal ambiente — são essas as suas próprias palavras —, fico bêbedo de entusiasmo, e é então que produzo o meu melhor trabalho. Vêm-me as ideias com tanta facilidade como se fossem ditadas por um poder invisível e desconhecido.

Esse mesmo autor inspira-se tanto na música como nas artes plásticas. Todas as semanas tira pelo menos uma hora para visitar os museus e admirar as obras dos grandes mestres.

Edgard Allan Poe, segundo se diz, escreveu *O corvo* quando estava intoxicado. Oscar Wilde escreveu os seus poemas sob uma forma de estímulo que não pode ser descrita com propriedade num curso como este.

Henry Ford (é essa uma opinião que admitimos ser apenas nossa) teve o seu verdadeiro início na vida graças ao amor da sua encantadora companheira. Foi ela quem o inspirou, quem lhe deu fé em si mesmo de modo a poder enfrentar e vencer adversidades que teriam arruinado qualquer homem comum.

Esses incidentes são citados aqui como prova de que os homens que conseguiram altas realizações têm sempre, por acaso ou por desígnio próprio, descoberto meios de estimular a si próprios, elevando-se a um alto grau de entusiasmo.

Associe o leitor o que dizemos aqui ao que foi declarado sobre a Lei do Master Mind, na introdução, e terá uma concepção inteiramente nova do *modus operandi* por meio do qual essa lei pode ser aplicada. Terá igualmente uma compreensão diversa do verdadeiro propósito do "esforço aliado num espírito de perfeita harmonia" e que constitui o melhor meio para fazer uso da lei em questão.

Nesta altura parece-me oportuno chamar a atenção do leitor para a maneira como se combinam as lições deste curso. Observará que cada lição trata do seu assunto particular e ao mesmo tempo faz uma recapitulação que facilita ao leitor melhor compreensão das lições anteriores.

O que foi dito nesta lição, por exemplo, facilita a compreensão do verdadeiro objetivo da Lei do Master Mind, que é, principalmente, estimular todas as mentes que se aliam para a constituição de um Master Mind.

Inúmeras vezes o autor deste curso teve ocasião de conversar com homens em cujos rostos se liam todos os indícios de preocupação; logo depois os via erguer os ombros, tomar um ar decidido, ao mesmo tempo que um sorriso lhes abrandava a fisionomia, e voltavam aos seus negócios com essa espécie de entusiasmo que não conhece derrota.

A transformação se efetuava no momento em que era estabelecida a harmonia de propósito.

Uma pessoa que vai para o trabalho de todos os dias com um espírito de desânimo, sem entusiasmo, está destinada ao fracasso. Nada pode salvá-la se não mudar de atitude e não aprender a estimular seu espírito e seu corpo para elevar-se ao auge das realizações.

O autor não quis encerrar este assunto sem ter exposto de diferentes maneiras o princípio aqui descrito, a fim de que ele seja perfeitamente compreendido e seguido pelos leitores de ambos os sexos, de naturezas diferentes, inteligências e experiências diversas.

Lembro mais uma vez ao leitor que o seu objetivo na vida é triunfar.

Com o estímulo dessa filosofia, e com o auxílio das ideias que nela colherá, com a cooperação pessoal do autor, que lhe poderá dar uma noção completa das suas qualidades mais notáveis, o leitor poderá criar um plano definitivo que o conduzirá a grandes realizações. Contudo, não há plano que possa dar bons resultados sem o auxílio de qualquer influência que nos leve, num espírito de entusiasmo, a fazer esforços maiores do que os desenvolvidos nos afazeres quotidianos.

Agora o leitor está pronto para iniciar a lição sobre o autocontrole, na qual observará um ponto vital relacionado com esta lição, da mesma maneira que ela, por sua vez, tem uma relação direta com as lições sobre *Objetivo principal definido*, *Confiança em si mesmo*, *Iniciativa* e *Liderança* e *Imaginação*.

A próxima lição tratará da lei que serve como fiel da balança a toda essa filosofia.

Os Sete Cavaleiros fatais

Uma visita do autor depois da lição

A figura a seguir apresenta os Sete Cavaleiros fatídicos.

Desde o nascimento até a morte todo ser humano precisa combater esses inimigos. O nosso triunfo na vida será medido, em grande parte, pelo modo de dirigir o combate a esses terríveis cavaleiros.

> O pior inimigo do homem é aquele que se esconde no seu cérebro.
>
> Se pudéssemos nos ver como os outros nos veem, os inimigos que a nossa personalidade abriga poderiam ser descobertos e eliminados.
>
> Os sete inimigos enumerados aqui são os mais comuns, e conseguem arremessar milhões de homens e mulheres no fracasso, sem nunca serem

OS SETE CAVALEIROS NA ORDEM EM QUE APARECEM CHAMAM-SE: INTOLERÂNCIA, AVAREZA, VINGANÇA, EGOÍSMO, SUSPEITA, CIÚME E "?".

descobertos. Analise-se o leitor cuidadosamente e veja a quantos, dentre os Sete Cavaleiros, está dando abrigo.

Olhando para a figura o leitor dirá, naturalmente, que se trata de pura imaginação. É verdade que o desenho é imaginário, mas os sete terríveis cavaleiros são reais.

Se tais inimigos cavalgassem livremente, em cavalos reais, não seriam tão perigosos, pois poderiam ser cercados e postos fora de combate. Mas andam sem ser vistos, na mente humana, e o fazem de maneira tão silenciosa e sutil que a maioria das pessoas nem se apercebe da sua presença.

Faça o leitor um exame de consciência e veja a quantos dentre os inimigos está dando abrigo.

Bem à frente vem o mais perigoso e o mais comum desses cavaleiros. O leitor poderá considerar-se feliz se descobrir esse inimigo e proteger-se dele. Esse cruel guerreiro, a *Intolerância*, tem matado mais pessoas, destruído mais amizades, causado mais miséria, sofrimentos e guerras do que todos os outros seis males que aparecem na ilustração.

Antes de dominar a *Intolerância* o leitor nunca poderá ser um indivíduo capaz de pensar com exatidão. Esse inimigo da humanidade fecha a mente humana, faz retroceder a razão, a lógica e os fatos. Se o leitor odeia aqueles cujo credo é diferente do seu, pode estar certo de que o mais perigoso dos Sete Cavaleiros Fatais cavalga ainda no seu espírito.

Em seguida, na figura, vemos a *Vingança* e a *Avareza*.

Esses dois males sempre andam lado a lado. Encontrando-se um, pode-se ter a certeza de que o outro está perto. A *Avareza* deforma de tal maneira o cérebro do indivíduo que ele desejaria poder construir um muro em torno da terra e conservar o resto da humanidade do lado de fora. É o inimigo que leva o homem a acumular milhões de que não necessita e que nunca poderá gastar. É o inimigo que faz com que um homem tire até a última gota de sangue do seu semelhante.

E graças à *Vingança*, que anda sempre ao lado da *Avareza*, o infeliz que abriga no cérebro esses gêmeos cruéis não se satisfaz em arrebatar os bens materiais dos seus semelhantes, quer destruir também a sua reputação.

A vingança é uma espada nua
Que não tem punho nem guarda.
Saberás usar essa espada de Deus?
Pegá-la com firmeza?
Quanto mais apertares a lâmina,
Mais o golpe será mortal.
Na tua própria mão fará um talho profundo,
É o teu sangue que avermelha o aço,
E depois de desfechado o golpe,
Quando a lâmina das tuas mãos cair,
Em vez do coração do inimigo,
É o teu que lhe servirá de bainha.*

Se o leitor quiser saber a que ponto são mortíferas a *Inveja* e a *Avareza*, estude a história de todos os homem que pretenderam dominar o mundo.

Se não quiser, porém, empreender tão ambicioso programa de pesquisa, estude então as pessoas que o cercam, as que tentaram ou tentam

*Revenge is a naked sword— / It has neither hilt nor guard./ Would'st thou wield this brand of the Lord:/ Is thy grasp then firm and hard?/ But the closer thy clutch of the blade,/ The deadlier blow thou would'st deal,/ Deeper wound in thy hand is made—/ It is thy blood reddens the steel./ And when thou hast dealt the blow—/ When the blade from thy hand has flown—/ Instead of the heart of the foe/ Thou may'st find it sheathed in thine own.

"fazer seus ninhos" à custa dos outros. A *Avareza* e a *Vingança* se postam nas encruzilhadas da vida e atiram na miséria e no fracasso inúmeras pessoas que poderiam trilhar a estrada do triunfo. Assim, deve ser um dos objetivos do leitor não permitir que eles o assaltem, quando se aproximar de uma dessas encruzilhadas.

Tanto os indivíduos como as nações declinam rapidamente logo que a *Avareza* e a *Inveja* se instalam na mente dos que dominam.

Portanto, o leitor deve observar-se bem, a fim de ter a certeza de que esses dois inimigos terríveis não estão cavalgando no seu cérebro.

Voltemos agora a atenção para dois outros gêmeos da destruição: o *Egoísmo* e a *Suspeita*. Observemos que também eles andam lado a lado. Não há esperança de triunfo para a pessoa que sofre de amor-próprio demasiado ou de falta da confiança nos outros.

Uma vez foi calculado que o maior clube do mundo, o *It Can't be Done Club* (Clube do Isso não é Possível), afirma que existem aproximadamente 99 milhões de membros somente nos Estados Unidos.

Se não temos confiança nas outras pessoas, não temos também em nós, a semente do triunfo. A *Suspeita* é um germe prolífico. Se consegue germinar, multiplica-se rapidamente, até não deixar mais lugar para a *Confiança*.

Sem fé, nenhum homem poderá desfrutar um triunfo permanente.

Por toda a Bíblia, como um clarão, passa o apelo à fé. Antes que a civilização se perdesse numa corrida louca pelo dinheiro, os homens compreendiam o poder da fé.

"Porque na verdade vos digo, se tiverdes fé, podeis dizer a uma montanha 'Transporta-te para além', e ela se transportará. Com fé, nada vos será impossível."

O autor dessa passagem da Bíblia compreendeu uma grande lei que hoje raras pessoas compreendem. Acreditemos nos outros, se quisermos que os outros acreditem em nós. Destruamos a suspeita, do contrário ela nos destruirá. Se quisermos adquirir poder, cultivemos a fé na humanidade. Onde existe a *Suspeita*, nasce o egoísmo. Vamos nos interessar pelos outros e ficaremos logo tão absorvidos que não teremos tempo para ceder ao egoísmo. Se observarmos os que empregam a cada momento o pronome Eu, descobriremos, sem demora, que não têm confiança nos outros.

O homem que pode esquecer a si mesmo, quando empenhado em servir os outros, jamais é vítima da *Suspeita*. Estudemos os que nos cercam e veremos que aqueles que nutrem *Suspeita* e *Egoísmo* raramente conseguem êxito na vida.

E enquanto analisar os outros, aproveite o leitor a ocasião para analisar-se também, e certificar-se de que não está sendo prejudicado pelo *Egoísmo* e pela *Suspeita,*

Na retaguarda desse grupo de Cavaleiros Fatais vemos ainda o *Ciúme* e um outro, cujo nome foi omitido de propósito.

Cada leitor deste curso deve fazer um exame de consciência e dar ao sétimo inimigo o nome que achar mais conveniente.

Alguns o chamarão *Desonestidade*. Outros o chamarão *Protelação*. Alguns terão a coragem de chamá-lo *Desejo Sexual Descontrolado*. Ponha o leitor o nome que quiser, mas não deixe de nomeá-los.

Talvez a sua imaginação dê um nome adequado a esse companheiro do *Ciúme*. Encontrará, talvez, mais facilidade para dar um nome a esse cavaleiro, se souber que ele representa uma forma de loucura conhecida como demência precoce.

Verá que o *Ciúme* vem logo depois da *Suspeita*. Alguns dos que nos leem dirão que *Ciúme* e *Suspeita* deviam viajar lado a lado, pois um sempre conduz o outro.

O *Ciúme* é a forma mais comum de insanidade. Atinge tanto os homens como as mulheres; algumas vezes tem uma causa justa, porém a maioria das vezes é injustificado.

Esse cavaleiro fatídico é um dos que proporcionam mais casos de divórcio!

Dá um trabalho incessante às agências de detetives particulares.

Concorre também, muito, para assassinatos. Desfaz lares; faz viúvas e órfãos, atingindo boas esposas e crianças inocentes. As pessoas que têm no espírito esse terrível cavaleiro jamais sentem tranquilidade.

Um casal pode viver perfeitamente feliz, mesmo na pobreza, se não for vítima desse filho da loucura que é o *Ciúme*. Examine-se o leitor cuidadosamente, e se encontrar no seu espírito o mais leve indício dessa moléstia, comece imediatamente a combatê-la.

UM CHEFE NÃO CONTROLA O TRABALHO DE UM EMPREGADO; É O PRÓPRIO EMPREGADO QUE O DEVE CONTROLAR, POIS É ISSO QUE FAZ ALGUÉM TRIUNFAR OU FRACASSAR.

N. H.

"Desejava saber onde ela está e o que está fazendo, agora que não estou ao seu lado...", começa o ciumento a perguntar a si mesmo.

"Desejava saber se ele procura outra mulher quando não está junto de mim...", pensa a mulher ciumenta.

Quando começarem a ocorrer essas ideias no espírito, consulte imediatamente um psicólogo, pois é mais que provável que estejam sofrendo de uma forma branda de loucura.

Dominemos o ciúme antes que ele nos domine.

Terminada esta leitura, reflita o leitor sobre tudo que leu.

A princípio poderá dizer: "Isso não se aplica a mim." E pode ter razão — *uma pessoa, em cada 10 milhões, pode dizer isso com razão!*

Mas não procure o leitor enganar-se. Talvez você faça parte das vítimas. O objetivo deste capítulo é ajudá-lo a ver em que classe se encontra. Se é uma vítima da miséria, do fracasso e da pobreza, em qualquer das suas formas, não tenha dúvida de que descobrirá, instalado no seu cérebro, um desses inimigos mortais.

Não se engane! Aqueles que têm tudo o que querem, inclusive felicidade e boa saúde, já afastaram do seu caminho esses sete cavaleiros.

Dentro de um mês, quando tiver tempo, analise cuidadosamente, outra vez, voltando a esta parte do livro. Leia-a novamente e isso poderá levá-lo a descobrir os *fatos* que o emanciparão de uma horda de inimigos cruéis, que talvez vivam agora no seu cérebro, sem o seu conhecimento.

O HOMEM QUE SABE O QUE QUER TEM MEIO CAMINHO ANDADO PARA CONSEGUIR O SEU OBJETIVO.

OITAVA LIÇÃO

AUTOCONTROLE

QUERER É PODER!

Na lição anterior aprendemos o valor do entusiasmo. Aprendemos, também a maneira de criar o entusiasmo e de transmitir sua influência aos outros por meio do princípio da sugestão.

Passemos agora a estudar o *autocontrole*, isto é, o controle de si mesmo, por meio do qual podemos dirigir o nosso entusiasmo para fins construtivos. Sem autocontrole, o entusiasmo se assemelha à luz do raio: pode atingir um ponto qualquer, pode destruir vidas e propriedades.

O entusiasmo é a qualidade vital que desperta o indivíduo para a ação, ao passo que o autocontrole é o fiel da balança que dirige a ação, de modo que seja sempre construtora, e nunca destruidora.

Para ser uma pessoa "equilibrada" é preciso que se tenha entusiasmo e autocontrole em igualdade de condições. Um estudo pormenorizado que acabo de concluir entre 160 mil detentos das penitenciárias dos Estados Unidos revela o fato surpreendente de que 92% desses infelizes, homens e mulheres, estão na prisão porque lhes faltou o autocontrole necessário para dirigir as suas energias de modo construtivo.

O leitor deve ler novamente o parágrafo precedente, que contém uma verdade surpreendente!

É fato indiscutível que a maioria das infelicidades humanas se origina da falta de autocontrole. As Santas Escrituras estão cheias de advertências em apoio do autocontrole. Insistem até mesmo para que amemos os nossos inimigos e perdoemos as ofensas. A lei da não resistência passa por toda a Bíblia como um clarão.

Estudemos a vida de todos aqueles a quem o mundo chama de grandes homens e observemos como todos eles possuem essa qualidade essencial que é o autocontrole.

Por exemplo, estudemos as características de Abraham Lincoln. Nas suas horas mais difíceis, Lincoln exerceu a paciência, o equilíbrio e o autocontrole. Essas foram algumas das características que fizeram dele um grande homem. Lincoln encontrou deslealdade em alguns membros do seu Gabinete, mas pelo simples motivo de que essas deslealdades eram para com ele, pessoalmente, e porque os que se mostravam desleais tinham contudo qualidades que os tornavam úteis à pátria, Lincoln soube dominar-se e esquecer as suas falsidades.

Quantos homens seriam capazes de semelhante autocontrole?

Numa linguagem mais forte do que polida, Billy Sunday exclamou uma vez do púlpito:

— Há algo de infernal no homem que está sempre procurando humilhar os outros.

Com certeza, ao ouvir tal afirmativa, o demônio gritou:

— Amém, irmão!

Entretanto, o autocontrole se tornou um fator importante neste curso de leitura sobre a Lei do Triunfo, não somente porque a sua falta causa sérios danos aos que se tornam vítimas dela, como também porque aqueles que não o exercem perdem uma grande força, indispensável na luta pela consecução do objetivo principal definido.

Se o leitor se descuidar de exercer o autocontrole é provável que esteja prejudicando os outros; e pode ter certeza de que está prejudicando a si mesmo.

Durante a primeira parte da minha vida pública descobri a destruição que a falta de autocontrole ia causando em minha vida, e essa descoberta foi fruto de um incidente muito comum. (Penso que não preciso fazer aqui uma digressão para declarar que, em geral, as grandes verdades da vida estão envolvidas assim nos mais comuns e triviais acontecimentos da vida quotidiana.)

Essa descoberta proporcionou-me uma das lições mais importantes que já me foram ministradas. O caso passou-se mais ou menos da seguinte maneira:

Um dia, tive uma discussão com o porteiro do edifício onde tinha o meu escritório. Isso gerou entre nós um antagonismo violento. A fim de mostrar o seu desdém por mim, o porteiro costumava desligar a chave geral da eletricidade sempre que sabia que eu me encontrava sozinho, trabalhando no escritório. Fez isso várias vezes, até que um dia resolvi "reagir". Minha oportunidade surgiu num domingo. Estava eu no escritório, escrevendo uma conferência que devia pronunciar na noite seguinte. Mal me havia sentado à mesa quando a luz se apagou. Ergui-me precipitadamente e corri ao térreo, onde sabia que poderia encontrar o porteiro. Encontrei-o de fato, ocupado em pôr carvão no forno de aquecimento, assobiando, como se nada tivesse acontecido.

Sem nenhuma cerimônia gritei para ele, e durante cinco minutos invectivei-o com adjetivos que ardiam mais do que o fogo que ele alimentava naquele momento. Finalmente, não achei mais o que dizer. O homem endireitou-se, olhou por cima do ombro e em voz muito mansa, onde se notavam um autocontrole e equilíbrio perfeitos, com um sorriso que ia de uma orelha à outra, observou:

— O senhor está hoje um pouquinho exaltado, não é?

Essa observação cortava como um bisturi.

Imagine o leitor o que senti diante de um homem ignorante, que não sabia ler nem escrever, mas que, apesar dessa limitação, me havia derrotado num duelo que começava a ser travado com as armas da minha escolha.

Minha consciência começou a me acusar. Não somente eu via que estava sendo derrotado, como também, e, pior ainda, sabia que fora o agressor e não tinha razão, o que apenas servia para intensificar a minha humilhação.

A minha consciência me apontava com um dedo acusador e, além disso, fazia surgir no meu espírito ideias confusas. Fiquei sem saber o que fazer. Eu era um estudioso de psicologia avançada, um expoente da filosofia da Regra de Ouro, tendo um conhecimento razoável das obras de Shakespeare, Sócrates, Platão, Emerson e da Bíblia, ao passo que o meu antagonista era um homem que nada sabia de literatura ou de filosofia e que, apesar disso, me derrotara com poucas palavras.

Voltei ao escritório o mais depressa que pude. Não havia outra coisa a fazer. Quando comecei a pensar sobre o assunto, vi o meu erro, mas, como era natural, relutei em fazer o que julgava ser direito. Sabia que para recuperar a minha paz de espírito teria de pedir desculpas ao homem. Finalmente decidi ir ao térreo sofrer a humilhação que julgava inevitável. A decisão não foi tomada prontamente nem com tanta facilidade.

Ia descendo a escada devagar, mais devagar do que da primeira vez. Procurava um meio de entrar em contato com o porteiro, com o mínimo possível de humilhação.

Quando cheguei ao térreo, chamei o empregado. Calmamente, de maneira delicada, ele perguntou:

— Que há ainda?

Disse-lhe que voltava para pedir desculpas, pois compreendera que não tinha razão. O homem sorriu novamente, dizendo:

— Pelo amor de Deus, o senhor não precisa pedir desculpas. Ninguém ouviu o que disse, senão eu e essas quatro paredes. Não vou contar o fato a ninguém e espero que o senhor faça o mesmo. Assim, esqueçamos tudo.

Essa observação feriu-me ainda mais do que a primeira, pois não somente o porteiro demonstrou boa vontade em me perdoar, como também mostrou-se disposto a me ajudar a esquecer o incidente, a fim de que o mesmo não se tornasse conhecido e não me prejudicasse.

Aproximei-me dele e apertei-lhe a mão. Foi um aperto de mãos sincero, do fundo do coração. Voltei ao escritório. Estava contente por ter tido coragem suficiente para emendar o meu erro.

Porém a história não termina aí. Estamos apenas no começo. Depois desse incidente, tomei a resolução de nunca mais me colocar em situação tal que outro homem, fosse ele analfabeto ou intelectual, se achasse no direito de me humilhar em consequência da minha falta de controle.

Depois que tomei essa resolução, operou-se em mim uma mudança notável. Minha pena tornou-se mais poderosa. Comecei a fazer mais amigos e menos inimigos entre aqueles com quem entrava em contato. Aprendi que nenhum homem pode pretender dirigir os outros antes de saber dirigir a si mesmo. Adquiri então uma concepção perfeita da filosofia encerrada na frase seguinte: "Quando os deuses querem destruir um homem, primeiro o enlouquecem." Ao mesmo tempo, adquiri também uma compreensão maior da lei de não resistência e encontrei mais facilidade para interpretar várias passagens da Bíblia relacionadas com essa lei.

Esse incidente tornou-me possuidor de conhecimentos valiosos que muito me auxiliam e esclarecem em tudo o que faço, e pela vida adiante, quando os meus inimigos procuraram me destruir, foi para mim uma poderosa arma de defesa, que nunca falhou.

A falta de autocontrole é uma das fraquezas que mais prejudicam a média dos vendedores. Às vezes acontece que o cliente diz algo desagradável ao vendedor, e se este não é dotado de autocontrole responderá com violência, tornando-se então impossível realizar qualquer negócio.

Num dos grandes armazéns de Chicago presenciei uma vez um incidente que bem pode servir de exemplo para pôr em relevo a grande importância do autocontrole. Em frente ao balcão das reclamações via-se uma longa fila de senhoras fazendo as suas queixas, apontando os defeitos da loja. Algumas das senhoras estavam muito irritadas e até mesmo violentas; outras faziam queixas graves. Entretanto, a moça encarregada da seção ouvia tudo aquilo sem o menor sinal de aborrecimento. Com um sorriso nos lábios, enviava as queixosas às seções apropriadas. A sua atitude era tão graciosa, era tal o seu equilíbrio que fiquei encantado com ela.

Justamente atrás dessa funcionária havia outra moça, que tomava nota em pedaços de papel, que ia passando para a sua companheira à medida que as senhoras faziam as suas reclamações. Essas notas continham o resumo dos protestos, sem registrar contudo as palavras mais violentas.

A jovem funcionária sorridente era completamente surda! A sua auxiliar punha-a a par dos fatos por meio daquelas notas.

Fiquei tão impressionado com esse sistema que fui imediatamente procurar o gerente do estabelecimento, a fim de entrevistá-lo. Disse-me ele que havia escolhido uma moça surda para exercer aquele cargo tão difícil porque não era possível encontrar uma pessoa dotada de autocontrole suficiente para preenchê-lo.

Enquanto olhava aquela fileira de senhoras que reclamavam zangadas, tive oportunidade de ver o efeito agradável produzido pelo sorriso da jovem funcionária. Aquelas senhoras chegavam como lobos e saíam como cordeiros. Na verdade, a mansidão que mostravam ao sair era resultado do autocontrole da jovem, que as fazia sentirem-se envergonhadas da sua conduta.

Desde que presenciei aquela cena, sempre que começo a ficar irritado com observações desagradáveis penso no equilíbrio da jovem funcionária e julgo que todo mundo pode desenvolver o hábito de fechar os ouvidos às coisas desagradáveis que não se desejam ouvir. A vida é curta demais e temos muita coisa útil a fazer, de maneira que não se justifica a nossa preocupação em responder à altura todas as coisas desagradáveis que ouvimos.

Na prática da advocacia tenho por vezes observado um truque muito inteligente empregado pelos advogados sempre que desejam obter uma declaração de uma testemunha contrária, que responde a todas as perguntas com o proverbial "Não me lembro" ou "Não sei". Quando tudo falha, o advogado procura irritar a testemunha, e nesse estado de espírito é fácil fazer com que ela perca o autocontrole e faça declarações que não faria se conservasse a calma.

Muitas pessoas passam a vida inteira procurando tempestades e complicações. Em geral, as pessoas encontram o que procuram. Sempre que viajo de trem procuro observar os meus companheiros de viagem e cheguei já à conclusão de que 99% deles têm tão pouco domínio de si mesmos que provocam discussões sobre qualquer assunto que se ofereça. Mas há alguns homens — poucos — que se contentam em sentar-se no carro de fumar e escutar a conversa, sem reunir-se a ela e procurar arejar as suas ideias.

Uma vez eu viajava de Albany para Nova York quando no carro-restaurante travou-se uma conversa sobre Richard Croker, que era então o chefe de Tammany Hall. A discussão tornou-se alta e violenta. Todos estavam irritados, com exceção do homem que provocara a discussão e que parecia ter um vivo interesse nela. Mas permanecia calmo e parecia gozar intimamente com todas as coisas que se diziam ali sobre o "tigre" de Tammany Hall. Naturalmente, julguei que se tratava de um inimigo de Croker, mas eu me enganava.

Aquele homem era o próprio Richard Croker.

Tratava-se apenas de um dos seus truques habituais para descobrir o que as pessoas pensavam dele e quais os planos dos seus inimigos.

O que quer que tenha sido Richard Croker, era um homem que sabia se controlar. Talvez tenha sido por essa razão que, enquanto quis, foi chefe de Tammany Hall.

Os homens que sabem dominar-se geralmente tornam-se senhores de um cargo, seja ele qual for.

O leitor deveria ler novamente a última frase do parágrafo precedente, pois ela encerra uma sugestão muito sutil, que lhe pode ser de grande utilidade. Trata-se de um incidente comum, mas é justamente em tais situações que se ocultam as grandes verdades da vida, e se escondem justamente porque os incidentes são ordinários e comuns.

Há pouco tempo o autor deste curso foi com sua esposa a uma liquidação. Atraiu-lhes a atenção uma multidão de senhoras que se empurravam, cada qual querendo abrir caminho para chegar primeiro a um balcão onde se ofereciam roupas brancas. Uma mulher, que aparentava ter 45 anos, tanto empurrou que conseguiu ultrapassar uma outra que estava sendo atendida, e interpôs-se entre ela e a vendedora. Em tom de voz muito elevado, pediu para ser atendida sem demora. A vendedora, que sabia usar de diplomacia e compreendia bem a natureza humana, mostrava também possuir um autocontrole absoluto. Sorriu amavelmente para a intrusa, dizendo:

— Sim, senhorita, eu a atenderei sem demora.

A intrusa acalmou-se imediatamente.

Não sei se foi o "Sim, senhorita" ou o tom de voz delicado da vendedora que modificou a sua atitude; talvez ambas as coisas tivessem tido influência, mas o fato é que a vendedora teve a recompensa do seu autocontrole, pois vendeu três combinações e a "senhorita" lá se foi, feliz, sentindo-se muito mais jovem.

Peru assado é um prato muito comum, porém um, excessivamente aquecido, já foi, uma vez, a causa de um amigo meu, editor, perder uma encomenda no valor de 50 mil dólares. Um dia, depois do *Thanksgiving*,* procurei-o no seu escritório a fim de lhe apresentar um eminente autor russo que viera aos Estados Unidos com o objetivo de publicar um livro.

O russo falava mal o inglês, e, portanto, tinha dificuldade em se fazer entender. Durante a conversa, perguntou ao meu amigo qualquer coisa, que este tomou como uma observação pouco lisonjeira à sua capacidade como editor. Sem pensar, respondeu logo:

— A dificuldade com os senhores bolchevistas é o fato de considerarem com desconfiança o restante do mundo, devido à sua estreiteza de visão.

O meu amigo "bolchevista" tocou-me com o cotovelo e murmurou:

— Este seu amigo parece doente. Voltaremos depois, quando ele estiver melhor.

É escusado dizer que nunca mais voltou. Fez negócio com outra editora e mais tarde tive conhecimento de que o lucro obtido por essa casa foi de 10 mil dólares.

**Thanksgiving Day*. Nos Estados Unidos, dia designado especialmente, todos os anos, para ações de graças a Deus, por benefícios recebidos. Cai habitualmente na última quinta-feira de novembro. (*N. do T.*)

PREFIRO COMEÇAR DE BAIXO E IR SUBINDO A INICIAR DE CIMA E TER DE PERMANECER LÁ.

Dez mil dólares parecem um preço demasiado alto por um jantar com peru, mas foi o que o meu amigo perdeu. Depois apresentou-me desculpas, alegando que o peru que havia comido no jantar lhe provocara uma indigestão e, sentindo-se mal, perdera todo o autocontrole.

Uma das maiores redes de lojas associadas conhecidas adotou um método único, mas muito eficiente, para encontrar empregados que já tenham desenvolvido o hábito do controle pessoal, coisa indispensável a qualquer vendedor. Essa firma contratou os serviços de uma senhora muito inteligente, a qual visita as agências de empregos e seleciona elementos que demonstrem possuir autocontrole. O seu sistema consiste em fazer perguntas das mais próprias para exercitar a paciência alheia. Se as pessoas resistem ao teste, são logo convidadas para lugares vantajosos. Se fracassam, apenas desperdiçam uma boa oportunidade para subir, e nem ao menos dão por isso.

Não há dúvida de que todas as pessoas que se descuidam de exercer o controle pessoal desperdiçam oportunidades, inconscientemente.

Uma vez, na seção de luvas de um grande estabelecimento de roupas para homens, eu conversava com um jovem funcionário, encarregado daquela seção, o qual me disse que estava naquele emprego há quatro anos e que, devido à mentalidade estreita dos chefes, os seus serviços não eram apreciados devidamente. Portanto, estava procurando outra colocação. No meio da conversa entrou um cliente, pedindo para ver chapéus. O rapaz não deu nenhuma atenção ao pedido. Continuou calmamente a conversar, narrando-me detalhadamente as suas dificuldades e preocupações, conquanto o cliente já estivesse ficando impaciente. Por fim, o rapaz voltou-se para ele e disse:

— A seção de chapéus não é aqui.

O cliente perguntou onde ficava a seção e ele respondeu:

— Pergunte ao contínuo, ele o encaminhará.

Havia quatro anos que aquele rapaz tinha diante de si uma excelente oportunidade, mas não dava por isso. Podia ter feito um amigo em cada pessoa a quem atendia, e todos esses amigos poderiam tê-lo transformado num dos funcionários mais valiosos do estabelecimento. Todos teriam tido prazer em ir sempre fazer negócio com ele. Mas as respostas grosseiras a fregueses que pedem informações sempre constituíram um excelente meio de afastá-los.

Uma vez, em uma tarde chuvosa, uma senhora de idade entrou numa das grandes lojas de Pittsburgh e começou a andar de um lado para outro, com a atitude de quem não tinha intenção de comprar coisa alguma. A maioria dos vendedores não lhe deu maior importância, todos começaram a arrumar as mercadorias, como que para evitar que ela os incomodasse. Um dos rapazes, porém, aproximou-se dela e perguntou-lhe delicadamente em que poderia ser útil. A senhora respondeu-lhe que estava apenas esperando que a chuva passasse, não tinha intenção de comprar coisa alguma. O rapaz assegurou-lhe de que era bem-vinda, e travando conversação com ela mostrou-lhe que era sincero no que dizia. Quando a senhora se preparou para sair, ele a acompanhou e abriu o seu guarda-chuva. Ela pediu-lhe o cartão e foi embora.

O rapaz já havia esquecido completamente aquele incidente quando, um dia, o chefe da firma chamou-o ao seu escritório e mostrou-lhe uma carta que recebera de uma senhora, a qual desejava um vendedor para se dirigir à Escócia, a fim de fazer uma compra de móveis para uma mansão.

Aquela senhora era a mãe de Andrew Carnegie; era também a mesma senhora que o rapaz tratara com tanta cortesia havia vários meses.

Na carta, a sra. Carnegie designava o funcionário que desejava encarregar dessa missão: aquele rapaz. A encomenda envolvia uma soma enorme e o incidente trouxe ao rapaz uma excelente oportunidade para elevar-se, graças à sua polidez para com aquela senhora que entrara no estabelecimento sem intenção de comprar coisa alguma.

Da mesma maneira que as grandes leis fundamentais da vida estão sempre envolvidas nas experiências mais comuns de todos os dias, de modo que não nos apercebemos delas, assim também as oportunidades *verdadeiras*, muitas vezes, se escondem atrás de fatos que parecem sem importância.

Pergunte a dez pessoas por que não conseguiram maiores êxitos nos seus respectivos campos de esforços e pelo menos nove dentre elas dirão que as *oportunidades não apareceram no seu caminho*. Vamos um pouco adiante e examinemos essas nove pessoas, cuidadosamente, observando as suas ações, durante um único dia, e há *chance* de que encontraremos sinais evidentes de que todas elas estão desperdiçando as melhores oportunidades, todas as horas.

Um dia fui visitar um amigo que trabalhava para uma escola comercial realizando matrículas. Quando perguntei como iam os negócios, ele me respondeu:

— Muito mal. Trabalho muito, mas não estou ganhando o bastante para viver bem. Na verdade, não estou satisfeito na escola e penso em arranjar outra coisa, pois não vejo futuro aqui.

Aconteceu que eu me achava então em férias e ia passar dez dias como bem entendesse. Respondi à sua afirmativa de que não ganhava o suficiente, dizendo-lhe que faria com que o seu cargo rendesse 250 dólares por semana ou até mesmo mais do que isso. O meu amigo me olhou com espanto, pedindo-me que não brincasse com assunto tão sério. Quando se convenceu de que eu não estava brincando, aventurou-se a perguntar como eu iria realizar tal “milagre”.

Perguntei então se já ouvira falar em “esforço organizado”, ao que ele replicou:

— O que quer dizer por esforço organizado?

Respondi que me referia à direção dos seus esforços de maneira tal que ele pudesse conseguir a matrícula de cinco a dez alunos com o mesmo esforço que despendia para os resultados pouco satisfatórios que obtinha então. Asseverou-me que estava ansioso por uma demonstração, e eu lhe pedi que providenciasse para de que eu pudesse falar aos funcionários de um dos estabelecimentos comerciais locais. Ele arranjou as coisas, de maneira que pude fazer uma palestra, na qual tracei um plano por meio do qual os empregados podiam não somente aumentar a sua capacidade para ganhar mais dinheiro nos cargos que exerciam então, como também encontrariam uma oportunidade de se preparar para mais responsabilidades e melhores colocações. Em seguida a essa palestra — que naturalmente não tinha outra finalidade — o meu amigo conseguiu, facilmente, matricular oito funcionários nos cursos noturnos da sua escola.

Na noite seguinte, realizei uma conferência semelhante, diante dos funcionários da principal lavanderia da cidade, e logo surgiram mais três alunos, entre os quais duas moças que trabalhavam de maneira árdua nas máquinas de lavar.

Dois dias depois falei perante os empregados do banco local e o meu amigo matriculou mais quatro alunos, perfazendo um total de 15 alunos. E tudo isso em seis horas, inclusive o tempo gasto com as conferências e a matrícula.

A comissão do meu amigo nessa transação foi de mais de 400 dólares!

Todos esses locais de trabalho ficavam a 15 minutos de distância da escola, mas ele nunca pensara nisso. Nem mesmo lhe ocorrera a ideia de associar-se a um orador que pudesse ajudá-lo. O meu amigo é hoje proprietário de uma excelente escola comercial e informaram-me que o seu rendimento no ano passado foi de 10 mil dólares.

As oportunidades não aparecem no seu caminho? Talvez apareçam e o leitor não as veja. No futuro, passará a vê-las melhor, visto que para isso se prepara, com o curso sobre a Lei do Triunfo. O assunto da sexta lição deste curso é a *imaginação*, o principal fator que entrou na transação que acabo de narrar. A imaginação, um Plano Decisivo, a Confiança em Si Mesmo e a Ação foram os fatores principais que aí entraram. O leitor já sabe como usar cada um desses fatores, e antes de terminar a lição saberá dirigir todos eles por meio do *domínio de si mesmo* ou *autocontrole.*

Examinemos agora o significado da expressão *domínio de si mesmo* ou *autocontrole* tal como aparece neste curso. Para isso vamos descrever a conduta habitual de uma pessoa que possua essa qualidade. Uma pessoa com o *autocontrole* bastante desenvolvido não se deixa arrastar pelo ódio, inveja, ciúme, medo, vingança ou qualquer forma de emoção destrutiva. Uma pessoa com o *autocontrole* bem desenvolvido não cai em êxtase nem se entusiasma exageradamente por coisa ou pessoa alguma.

A violência, o egoísmo, a aprovação dos atos sem um exame acurado indicam a falta de *autocontrole*, numa das suas formas mais perigosas. A confiança em si mesmo é um dos fatores primordiais do triunfo, mas quando essa faculdade se desenvolve além do que é razoável, torna-se perigosíssima.

O sacrifício pessoal é uma qualidade recomendável, mas quando levado ao extremo também se torna uma forma perigosa da falta de *autocontrole.*

Temos para conosco o dever de não permitir que as emoções concentrem a nossa felicidade na conservação da felicidade de outrem. O amor é essencial à felicidade, mas a pessoa que ama tão profundamente a ponto de a sua felicidade depender inteiramente de outra pessoa assemelha-se ao

É MELHOR SERMOS GRANDES DEMAIS PARA O NOSSO EMPREGO DO QUE TER UM EMPREGO GRANDE DEMAIS PARA NÓS.

cordeiro que entra na cova do lobo e lhe pede para dormir ali, ou ao canário que persiste em brincar com o gato.

Uma pessoa que possui o *domínio de si mesma* não se deixará influenciar pelos cínicos e pelos pessimistas, nem permitirá que outros pensem por ela.

Uma pessoa que possui *domínio de si mesma* estimulará sua imaginação e seu entusiasmo até que eles produzam a ação, porém domina a ação em vez de consentir que ela a domine.

Uma pessoa que possui *domínio de si mesma* nunca, em nenhuma circunstância, calunia outra pessoa ou procura obter vingança por um motivo qualquer.

Uma pessoa que possui *domínio de si mesma* não odeia os que pensam de modo diferente; pelo contrário, se esforçará por compreender o motivo do desacordo e obter vantagens disso.

Vamos agora tratar de uma forma de falta de controle que é mais prejudicial do que todas as outras formas combinadas: o hábito de formar opinião antes de analisar os fatos. Não nos estenderemos aqui sobre o assunto, que é amplamente estudado na décima primeira lição, mas, tratando do *autocontrole*, não poderíamos deixar de fazer, pelo menos de passagem, uma referência a esse mal tão comum e do qual quase todos nós sofremos, até certo ponto.

Ninguém tem o direito de formar uma opinião que não seja baseada naquilo que se julga sinceramente verdade, ou então em alguma hipótese razoável; entretanto, se nos examinarmos cuidadosamente, verificaremos que costumamos formar opiniões na base do que desejamos ou não acreditar.

Outra grave manifestação da falta de autocontrole consiste no hábito do "gastar". Falo, naturalmente, sobre o hábito de gastar mais do que é necessário. Esse hábito, depois da Grande Guerra, assumiu proporções alarmantes. Um conhecido economista profetizou que mais três gerações transformariam os Estados Unidos do mais rico no mais pobre país do mundo se o hábito de economizar não passasse a fazer parte da educação nas escolas, e no lar. Por toda parte vemos pessoas comprando automóveis a prestação, em vez de comprarem casas. Nos últimos 20 anos, a mania do automóvel se propagou de tal modo que dezenas de milhares de pessoas empenharam o seu futuro somente para comprar um automóvel.

Um destacado cientista, que é também fino humorista, profetizou que se as coisas continuarem como vão, não somente os empréstimos bancários atingirão somas incríveis como também nascerão crianças que, em vez de pernas, terão rodas!

Estamos numa era de gastos e de velocidade, e o pensamento dominante na maioria dos espíritos é o de viver com mais velocidade que os nossos vizinhos. Não há muito tempo o diretor-geral de um estabelecimento que tem 600 empregados, homens e mulheres, ficou alarmado ante o número espantoso que vive acorrentado a agiotas e resolveu pôr um final em tal situação. Quando completou a investigação, viu que apenas 10% dos seus funcionários tinham economias, e, dos outros, 91% não possuíam dinheiro, 75% tinham dívidas, sendo que alguns estavam irremediavelmente perdidos financeiramente. Dos que tinham dívidas, nada menos de 210 possuíam automóvel. O homem é um animal imitador por excelência. Achamos difícil deixar de fazer o que vemos os outros fazerem. Se o nosso vizinho compra um Buick, devemos imitá-lo, e se não é possível arranjar o dinheiro para o Buick, precisamos comprar, pelo menos, um Ford. Enquanto isso, não pensamos no dia de amanhã.

Naturalmente, tal advertência não se aplica ao leitor!

Destina-se apenas aos que se estão acorrentando à pobreza, gastando mais do que ganham, e não ouviram dizer ainda que existem leis que precisam ser respeitadas por todos os que pretendem triunfar na vida.

O automóvel é uma das maravilhas do mundo moderno, mas, em muitos casos, é mais um luxo que uma necessidade. E dezenas de milhares de pessoas que estão agora "queimando gasolina", com todo o conforto, não pensam no dia de amanhã.

Para usar os transportes coletivos, quando tanta gente anda de automóvel, é preciso que se seja dotado de autocontrole em grande medida, mas todos aqueles que exercem o domínio de si mesmos têm a certeza de que chegará o dia em que muitos dos que agora dirigem automóveis passarão a andar de transporte público ou mesmo a pé.

Foi a tendência moderna para gastar tudo o que se ganha que levou Henry Ford a salvaguardar seus empregados com certas restrições, quando estabeleceu a sua famosa escala de salário mínimo, de 5 dólares.

Há 20 anos, se um menino queria um carrinho, fazia as rodas de madeira e sentia prazer em construí-lo. Hoje, o menino começa a chorar pelo carro, e consegue-o imediatamente.

Nas gerações atuais, a falta de autocontrole está sendo desenvolvida pelos próprios pais, que se tornaram vítimas do hábito das despesas supérfluas. Há três gerações, cada rapaz consertava os seus sapatos em casa. Hoje, o menino vai à sapataria da esquina, paga 75 centavos por um salto e meia sola; esse hábito não se limita de modo algum às classes ricas ou remediadas.

Repito — o hábito dos gastos excessivos está transformando os Estados Unidos numa nação de pobretões!

Tenho a certeza que o leitor está lutando para vencer na vida, do contrário não iria seguir um curso como este. Quero lembrar-lhe, mais uma vez, que mesmo as pequenas economias atrairão oportunidades que não poderão ser aproveitadas pelos que não as possuem. A quantia que se economiza não é tão importante como o fato de que se estabelece o hábito da economia, pois esse hábito caracteriza a pessoa como sendo alguém dotado de *autocontrole* numa das suas formas mais importantes.

A tendência moderna é para gastar tudo o que se ganha. Um homem que ganha 3 mil dólares por ano pode, se souber empregar bem as suas economias, conseguir mais mil dólares, mas resta saber se continuará a viver na base dos 3 mil dólares, colocando o restante num banco. Se não possuir o hábito da economia, gastará tudo. Que fará então com os mil dólares adicionais? Vende o seu velho carro e vai comprar um novo e caro, de modo que no ano seguinte estará mais pobre, com uma renda de 4 mil dólares, do que no ano anterior, quando tinha apenas 3 mil dólares.

Esse é o americano típico, "modelo moderno, legítimo século XX", e o leitor pode se dar por feliz se, depois de uma cuidadosa análise, concluir que não pertence a tal classe.

Entre o avarento que guarda cada centavo num pé de meia e o homem que gasta todos os centavos que ganha ou toma emprestado há uma "média feliz", e se quisermos viver seguros, livres e felizes, precisamos encontrar esse meio-termo e adotá-lo como parte do nosso programa de *autocontrole*.

A *autodisciplina* é o fator essencial no desenvolvimento do poder pessoal, pois torna fácil controlar o apetite e a tendência para gastar mais do

É MELHOR SER UM GRANDE HOMEM NUMA CIDADE PEQUENA DO QUE SER UM HOMEM INSIGNIFICANTE NUMA GRANDE CIDADE.

que se ganha, e o hábito de responder a tudo o que se ouve ofensivo, bem como outros hábitos destruidores que desperdiçam as nossas energias com esforços não produtivos, os quais assumem formas numerosas demais para serem descritas nesta lição.

Muito cedo, na minha vida pública, impressionou-me o fato de que tão grande número de pessoas dedique as suas melhores energias em destruir o que os homens capazes constroem. Por um capricho da roda da fortuna, um desses indivíduos demolidores apareceu um dia no meu caminho, tentando destruir a minha reputação.

A princípio estive inclinado a responder, mas quando me sentei à minha máquina de escrever, uma noite, ocorreu-me um pensamento que transformou completamente minha atitude para com aquele homem. Tirei o papel que já estava na máquina, coloquei outro, no qual expressei o meu pensamento nas seguintes palavras:

"Temos uma vantagem extraordinária sobre os que nos ofendem: temos o direito de perdoá-los, ao passo que eles não possuem tal vantagem."

Quando acabei de escrever estas linhas, compreendi que havia chegado a um ponto em que devia seguir uma orientação pela qual moldaria a minha atitude para com todos os que criticassem a minha obra ou tentassem destruir a minha reputação. Cheguei a essa decisão raciocinando mais ou menos do seguinte modo: havia duas maneiras de agir: eu podia gastar muito tempo e muita energia respondendo a todos que procuravam destruir a minha reputação ou podia dedicar toda essa energia ao meu trabalho, deixando que os resultados desse trabalho fossem a única resposta aos que criticassem os meus esforços ou procurassem saber os motivos deles. Decidi-me pela última hipótese, e adotei-a.

Pelos atos se conhece o homem!

Se os seus atos são construtivos, e ele está em paz consigo mesmo, não terá necessidade de parar para dar explicações, pois os atos falarão por si mesmos.

O mundo esquece cedo os demolidores. Não ergue monumentos e não concede honrarias senão aos construtores. Não esqueça o leitor esse fato, e assim mais facilmente poderá reconciliar-se com a política de recusar gastar as suas energias respondendo "na altura" aos que o ofendem.

Todos os que chegam a ser alguma coisa neste mundo mais cedo ou mais tarde atingem um ponto em que são forçados a resolver essa questão do ódio, e se desejarmos ter uma prova de que vale a pena exercer o *autocontrole* para nos abstermos de dissipar energias vitais em "represálias", estudemos a história de todos os que chegaram a situações elevadas na vida e vejamos o cuidado que puseram em refrear esse hábito destruidor.

É fato bem conhecido que nenhum homem jamais conseguiu atingir qualquer situação elevada na vida sem enfrentar antes séria oposição por parte dos invejosos e despeitados. O falecido presidente Warren G. Harding, o ex-presidente Woodrow Wilson e John H. Patterson, da National Cash Register Company, e dezenas de outros que eu podia mencionar foram vítimas dessa cruel tendência de certa espécie de indivíduos depravados que sentem prazer em destruir uma reputação. Porém esses homens não perderam tempo dando explicações ou "respondendo" aos inimigos. Eles exerceram o *autocontrole.*

Parece-me que esses ataques aos homens públicos — ataques cruéis, injustos e falsos, como são o mais das vezes — servem a um bom propósito. No meu caso, por exemplo, cheguei à conclusão de que foi de grande valor para mim uma série de artigos violentos que um jornalista escreveu contra mim e o meu trabalho. Durante quatro ou cinco anos não dei importância a esses ataques, porém eles atingiram uma tal audácia que resolvi pôr de lado a minha norma de conduta e "responder" ao meu antagonista. Sentei-me à minha máquina e comecei a escrever. Durante toda a minha carreira de escritor não tenho ideia de haver reunido, como naquele momento, tão grande e variada coleção de adjetivos ofensivos. Quanto mais escrevia, mais irritado ficava, até que escrevi tudo o que julguei que devia escrever. Quando terminei, algo de estranho se passou em mim — tive compaixão, tive pena, senti vontade de perdoar.

Inconscientemente, fiz um estudo psicanalítico de mim mesmo libertando, no teclado da minha máquina de escrever, as emoções recalcadas de ódio e ressentimento que, sem intenção, eu reunira no subconsciente durante vários anos.

Agora, sempre que começo a sentir-me irritado, desabafo "escrevendo coisas assim", e em seguida destruo o que escrevo ou guardo no meu arquivo, para consultar um dia, depois que o processo de evolução me tiver levado mais longe ainda no domínio da compreensão.

As emoções recalcadas, principalmente as emoções de ódio, se assemelham a uma bomba altamente explosiva, e apresentam um grande perigo, se não forem tratadas por uma pessoa experiente, com um cuidado igual àquele com que um perito manejaria a bomba. Contudo, uma bomba pode se tornar inofensiva, por exemplo, explodindo num campo aberto ou se for desintegrada por meio de um processo adequado. Assim também um sentimento de ódio ou de cólera pode ser transformado, se for expressado de uma maneira que se harmonize com o princípio da psicanálise.

Para conseguir o triunfo, no sentido mais amplo e verdadeiro, devemos conquistá-lo por meio do domínio de nós mesmos. Somente assim adquiriremos equilíbrio.

O homem é o produto de 1 milhão de anos, pelo menos, de transformações evolutivas. Desde gerações sem conta a natureza vem temperando e aprimorando o material que entrava na formação do homem. Pouco a pouco removeu nas gerações precedentes os instintos animais e as paixões baixas, até que produziu no homem o mais perfeito espécime animal que existe na Terra. Dotou-nos, através desse lento processo de evolução, com a razão, o equilíbrio e a medida para nos tornar capazes de controle e de fazer conosco o que desejamos.

Nenhum outro animal foi dotado de tanto domínio de si mesmo como o homem, ao qual a natureza deu o poder de usar a forma de energia mais altamente organizada que se conhece: o pensamento. Não é improvável que o pensamento seja o elo mais próximo entre as coisas materiais e o mundo da divindade.

Não somente temos o poder de pensar, como também, e o que é mais importante, temos o poder de controlar os nossos pensamentos e dirigi-los à vontade.

Eis que nos aproximamos agora da parte mais importante desta lição, que o leitor deve ler devagar, e meditando bastante. Aproximo-me com receio e quase tremendo dessa parte, pois nela enfrentamos um assunto que poucos homens saberão discutir com a necessária inteligência.

Repito: temos o poder de controlar os nossos pensamentos e dirigi-los de acordo com a nossa vontade.

PERGUNTE A QUALQUER SÁBIO O QUE ELE MAIS DESEJA, E É MAIS DO QUE PROVÁVEL QUE RESPONDERÁ: "MAIS CONHECIMENTO."

O nosso cérebro pode ser comparado com um dínamo, no sentido de que gera e põe em movimento essa energia misteriosa que se chama pensamento. Os estímulos que põem o cérebro em movimento podem ser de duas espécies: autossugestão e sugestão. Podemos selecionar o material que produzirá o nosso pensamento, e isso se chama autossugestão (ou sugestão a si mesmo). Podemos também permitir que outros escolham o material para os nossos pensamentos, e isso é sugestão.

É na verdade humilhante que a maioria dos pensamentos seja produzida por sugestões vindas de fora, de outros, e é ainda mais humilhante ter de admitir que a maioria dentre nós aceita tais sugestões, cegamente, sem examiná-las ou verificar a sua veracidade. Lemos os jornais todos os dias como se o que neles se escreve fosse baseado nos fatos. Deixamos nos levar pelos outros, como se tudo o que dizem fosse a expressão da verdade.

O pensamento é a única coisa neste mundo sobre a qual temos controle absoluto; entretanto, a não ser que o leitor seja uma exceção proverbial, isto é, um entre 10 mil, permitirá que outros penetrem na sagrada mansão do seu espírito e aí depositem, por meio da sugestão, temores, infelicidades, adversidades e ideias falsas.

Temos dentro de nós o poder de selecionar o material que constitui os pensamentos dominantes do nosso espírito, e o leitor pode ter absoluta certeza de que os pensamentos que dominam no seu cérebro são os que o levarão ao fracasso ou ao triunfo, de acordo com a sua natureza.

O fato de que o pensamento é a única coisa sobre a qual temos domínio absoluto é em si mesmo da mais profunda significação, pois sugere fortemente que é o pensamento que nos aproxima da divindade, no plano terrestre. Esse fato traz ainda em si outra sugestão muito impressionante: o pensamento é o nosso principal instrumento; com ele podemos modelar o nosso destino de acordo com a nossa vontade. Fazendo do pensamento o único poder sobre o qual temos controle absoluto, a Providência não deixaria, decerto, de associá-lo com esses potenciais, que, se forem compreendidos e desenvolvidos, muito ajudarão a imaginação.

O autocontrole é mera questão de controle do pensamento!

Rogamos ao leitor que leia em voz alta a afirmativa que acabamos de fazer: deve também meditar sobre isso, antes de continuar a leitura, pois sem dúvida alguma é essa a mais importante das frases deste curso, tomadas isoladamente.

É de presumir que o leitor esteja seguindo este curso porque se sente ansioso por encontrar a verdade e a compreensão suficientes para torná-lo apto a atingir uma situação elevada na vida.

Está em busca da chave mágica que lhe abrirá a porta das origens do poder: entretanto, tem nas mãos essa chave e pode fazer uso dela, desde que aprenda a controlar os seus pensamentos.

Fixe na mente, por meio do princípio da autossugestão, pensamentos construtivos, positivos, que se harmonizem com o seu objetivo principal definido e a mente transformará esses pensamentos em realidades, que lhe restituirá como o produto acabado.

Isso é controle do pensamento.

Quando escolhemos deliberadamente os pensamentos que dominam no nosso cérebro e nos recusamos firmemente a aceitar sugestões de fora, estamos exercendo autocontrole, na sua forma mais eficiente e elevada. O homem é o único capaz de fazer tal coisa.

De quantos milhões de anos precisou a natureza para produzir esse animal é o que ninguém sabe, mas o fato é que todos os que entendem de psicologia sabem que os pensamentos dominantes determinam os atos e a natureza do homem.

O processo por meio do qual podemos pensar com exatidão é assunto que reservamos para a décima primeira lição deste curso. O ponto que queremos esclarecer bem, nesta lição, é que o *pensamento*, exato ou não, é a forma mais elevada de funcionamento do cérebro humano, e nós não somos mais do que a soma dos nossos pensamentos mais preeminentes e dominantes.

Aquele que deseja se tornar um hábil vendedor de mercadorias ou de serviços pessoais deve exercer autocontrole suficiente para rebater todos os argumentos e sugestões contrários. A maioria dos vendedores, porém, tem tão pouco o *domínio de si mesmo* a ponto de ouvir o cliente em perspectiva dizer um "não" antes mesmo de falar. E não são poucos os que ouvem a palavra fatal antes de estarem em contato com o cliente. Possuem tão pouco autocontrole que sugerem a si próprios que vão ouvir um "não" quando procurarem vender as suas mercadorias.

Como é diferente a pessoa dotada de autocontrole! Não somente sugere a si mesma que o cliente lhe dirá "sim" como também se não ouvir logo o desejado sim persistirá na ofensiva até quebrar a resistência e conseguir a aquiescência. Se o cliente diz "não", o vendedor não o ouve. Se repete a negativa, uma, duas, três ou quatro vezes, não o escuta, pois sendo uma pessoa que tem autocontrole não permitirá que cheguem ao seu cérebro outras sugestões senão as que ele deseja que o influenciem.

O bom vendedor, quer procure vender mercadorias ou serviços pessoais, sermões, discursos ou conferências, sabe de que maneira controlar os seus pensamentos. Em vez de *aceitar cegamente as sugestões dos outros*, convence-os a aceitar *as suas sugestões*. Controlando-se e pondo no cérebro apenas pensamentos positivos, torna-se uma personalidade dominante, um grande vendedor.

O grande vendedor é aquele que toma a ofensiva, e nunca o lado defensivo do argumento, no caso de surgir uma discussão.

Rogamos ao leitor que leia outra vez o parágrafo precedente.

Se é um grande vendedor, sabe muito bem o que é preciso para conservar o cliente em perspectiva no lado defensivo e sabe também que será fatal para o negócio deixar que o outro o ponha na defensiva, e aí o conserve. O vendedor pode — e muitas vezes isso acontece — ficar em condições de se ver forçado a aceitar o lado defensivo da conversa durante algum tempo, mas, nesse caso, deve exercer um tal equilíbrio e autocontrole que lhe torne possível trocar de lugar com o cliente, sem que ele sinta que isso aconteceu, passando assim para a defensiva.

Isso exige grande capacidade e *autocontrole*!

Muitos vendedores se descuidam desse ponto, irritando-se e procurando rebater logo os argumentos do comprador, buscando mesmo levá-lo à submissão. Mas o vendedor que conhece o seu ofício permanece calmo e sereno e sempre acaba por vencer.

A palavra "vendedor" se aplica aqui a todas as pessoas que procuram convencer ou persuadir a outros por meio de argumentos lógicos ou apelando para os interesses pessoais. Todos nós somos vendedores, ou, pelo menos, devemos ser, seja qual for a espécie de serviço que prestamos ou a qualidade das mercadorias que oferecemos.

A habilidade para negociar com os outros, sem atritos e discussões, é uma qualidade destacada em todas as pessoas que triunfam. Observemos aqueles que nos estão mais próximos e procuremos ver a sua compreensão dessa arte das negociações inteligentes. Observemos também como triunfam os poucos que compreendem tão delicada arte, conquanto se trate às vezes de pessoas menos educadas do que aqueles com quem negociam.

Trata-se de uma vantagem que pode ser cultivada.

A arte das negociações coroadas de êxito nasce da paciência e do autocontrole. Observemos com que facilidade os vendedores bem-sucedidos exercem o *autocontrole* quando estão procurando convencer um freguês impaciente. O vendedor pode estar fervendo de indignação, mas nunca deixará transparecer tal coisa, quer na fisionomia, quer nas palavras.

É que já adquiriu a arte de negociar com inteligência.

Uma simples demonstração de desagrado, uma única palavra que denote impaciência muitas vezes destroem uma transação, e ninguém sabe mais disso do que um vendedor inteligente, o qual timbra em controlar os seus sentimentos e como recompensa marca ele próprio o seu salário e escolhe a sua própria situação.

Observar uma pessoa que já adquiriu a arte de negociar com inteligência é uma espécie de educação liberal. Observemos o orador público que já adquiriu essa arte; vejamos com que firmeza se dirige para a plataforma; notemos o tom firme da sua voz logo que começa a falar; estudemos a sua expressão fisionômica, ao vê-lo dominar o auditório com a força dos seus argumentos. É que aprendeu a negociar sem causar atritos.

Observemos agora o médico que adquiriu essa arte: como se move no quarto do paciente; como o saúda com um sorriso de confiança. O seu ar, o seu tom de voz, o ar de segurança que se nota na sua fisionomia, tudo indica que é uma pessoa que já adquiriu a arte de negociar com inteligência. E o paciente sente-se melhor logo que ele entra no quarto.

Observemos o chefe de uma turma de operários que já adquiriu essa arte, e vejamos como a sua presença estimula os homens a maior esforço, inspirando-lhes confiança e entusiasmo.

Observemos o advogado, já de posse dessa ciência, e notemos como infunde respeito e atenção ao tribunal, ao júri e aos seus colegas. Há, no tom da sua voz, na posição do seu corpo, na expressão da sua fisionomia, algo de particular que faz o oponente sofrer, em comparação. Não somente ele conhece o seu caso, como também convence aos juízes e jurados de que conhece tudo perfeitamente, e como recompensa ganha a questão e, além disso, muito dinheiro.

Tudo isso se baseia no *autocontrole*.

E o autocontrole é o resultado do controle do pensamento.

Ponhamos no espírito, deliberadamente, a espécie de pensamento que mais desejarmos e não deixemos que nele se instalem os pensamentos que outras pessoas desejam incutir em nós, por meio da sugestão, e assim nos tornaremos pessoas dotadas de autoconfiança e autocontrole.

Esse privilégio de estimular o espírito com sugestões e pensamentos escolhidos por nós mesmos é um poder que nos foi dado pela Divina Providência, e se exercermos esse santo direito nada há, dentro dos limites do possível, que esteja além de nós.

Se perdermos a calma, com ela perderemos os nossos argumentos, as nossas transações, e tudo em nós indicará uma pessoa que não se familiarizou com os fundamentos sobre os quais se baseia o autocontrole, e o principal desses fundamentos é o privilégio de escolher os pensamentos que dominam o nosso espírito.

Um dos meus alunos perguntou-me uma vez de que maneira um indivíduo possuído de intensa cólera poderia dominar os seus pensamentos.

— Da mesma maneira — respondi — que qualquer um de nós pode mudar a sua atitude e o modo de falar, numa discussão, na sua própria casa, ao ouvir tocar a campainha da porta. Controla-se porque deseja controlar-se.

Se o leitor já se encontrou numa situação assim, na necessidade de mudar rapidamente a sua expressão fisionômica, sabe facilmente de que maneira pode fazer isso, e sabe também que é possível porque quer.

Atrás de todas as realizações, de todo e qualquer autocontrole, atrás de todo controle, se esconde essa magia que se chama desejo.

Não há exagero em afirmar que somos limitados apenas pela intensidade dos nossos desejos.

Quando o nosso desejo é bastante forte, daremos a impressão de possuir poderes sobre-humanos de realização. Ninguém explicou ainda esse estranho fenômeno mental e talvez ninguém possa explicá-lo jamais; porém, se o leitor tiver dúvida sobre isso, faça uma experiência, a fim de convencer-se.

Embora outras pessoas possam, às vezes, opor-se às suas ambições, lembre-se que o desânimo vem mais frequentemente de nós mesmos.

Se estiver num prédio atingido por um grande incêndio e verificar que todas as portas e janelas estão fechadas, tudo indica que procurará forçar uma saída para livrar-se da morte, pois é seu desejo salvar a própria vida.

Se deseja adquirir a arte de negociar com inteligência, como é certamente o seu caso, se é que se convenceu da grande importância que isso tem para a consecução do seu objetivo principal definido, fará também o mesmo, contanto que o seu desejo seja realmente intenso.

Napoleão Bonaparte desejou ser imperador da França, e conseguiu. Lincoln quis libertar os escravos na América, e realizou o seu sonho. Os franceses desejaram "não desaparecer" no início da Guerra Mundial, e não desapareceram. Edison desejou produzir luz com a energia elétrica, e produziu-a, conquanto levasse muitos anos para conseguir isso. Theodore Roosevelt desejou unir os oceanos Pacífico e Atlântico, por meio do canal do Panamá, e realizou o seu desejo. Demóstenes quis ser um grande orador, e, apesar de um grave defeito vocal, transformou esse desejo em realidade. Helen Keller teve o desejo de falar, e, conquanto surda, cega e muda, falou perfeitamente. John Patterson quis dominar o comércio das máquinas registradoras, e conseguiu. Shakespeare desejou tornar-se um grande escritor, e, apesar de ser apenas um pobre ator ambulante, conseguiu o seu intento. Billy Sunday quis deixar de jogar beisebol para tornar-se um grande pregador, e conseguiu realizar o seu desejo. James J. Hill desejou tornar-se um grande empreendedor, e, conquanto fosse um mero telegrafista, transformou esse desejo em realidade.

Não diga o leitor: "Não é possível fazer isso", nem diga também que é diferente dessas pessoas e de milhares de outros indivíduos que têm conseguido feitos notáveis em todos os ramos de atividade. Se é diferente desses indivíduos, só pode ser num sentido: "o seu desejo de alcançar um determinado objetivo era mais intenso do que o do leitor."

Lance no pensamento a semente de um desejo construtivo, fazendo seu o seguinte credo e código de moral:

Desejo ser útil aos meus semelhantes durante a minha jornada terrestre. Para isso, adotei este credo, como uma norma que devo seguir nas minhas relações com os outros.

Educar a mim mesmo, de tal maneira que jamais encontre falta nos outros, mesmo que esteja em desacordo com eles ou que o seu trabalho seja inferior, enquanto compreender que estão sendo sinceros e fazendo o melhor que podem.

Respeitar a minha pátria, a minha profissão e a mim mesmo. Ser honesto e justo para com os meus semelhantes tanto quanto desejo que eles sejam para comigo. Ser um cidadão leal à pátria. Falar dela com orgulho e agir sempre como um defensor valoroso das suas tradições e do seu nome. Ser uma pessoa cujo nome merece respeito em toda parte.

Basear minhas expectativas de recompensa no fundamento sólido dos serviços prestados. Querer pagar o preço do triunfo com um esforço honesto. Olhar para o meu trabalho como uma oportunidade para ser aproveitada com alegria, e não como algo que se suporta com sacrifício.

Lembrar-me de que o triunfo dorme dentro de mim mesmo, no meu cérebro. Esperar por dificuldades e abrir meu caminho através delas.

Evitar a demora em todas as suas formas e nunca, em circunstância alguma, deixar para amanhã o que devo fazer hoje.

Finalmente, participar das alegrias da vida, de modo a ser cortês para com os meus semelhantes, leal para com os amigos e sincero para com Deus, que suaviza a minha jornada terrestre.

A energia que a maioria das pessoas desperdiça com a falta de autocontrole, se fosse organizada e empregada de maneira construtiva, supriria todas as necessidades e todos os confortos desejados.

O tempo que muitas pessoas gastam em falar da vida alheia, se fosse aproveitado de maneira útil, seria suficiente para que elas atingissem o seu objetivo principal, se é que têm algum.

Todas as pessoas que triunfam na vida são dotadas de autocontrole, em grande medida. Todos os que fracassam têm quase sempre colocação muito baixa, geralmente zero, nessa importante lei da conduta humana.

Estudemos a tabela de análises da introdução e observemos o grau de autocontrole de Jesse James e de Napoleão.

Estudemos todos os que nos são próximos e observaremos, com proveito real, que todos aqueles que triunfam possuem autocontrole, em grande medida, ao passo que aqueles que fracassam permitem que os seus pensamentos, as suas palavras e os seus atos se tornem desorientados.

As pessoas gostam de gastar o seu excesso de energia mascando chiclete. Wrigley Jr. descobriu isso e fez vários tipos de gomas de mascar.

Uma falta muito comum e prejudicial de ausência de controle é o hábito de falar demais. As pessoas prudentes, que sabem o que querem e estão empenhadas em consegui-lo, são muito cuidadosas com as suas palavras. Falar demais, descontroladamente, sem necessidade, é coisa que não traz proveito algum para quem quer que seja.

É sempre mais proveitoso ouvir do que falar. Aquele que sabe ouvir pode, uma vez ou outra, ter alguma informação que se acrescentará ao seu estoque de conhecimentos. Para ouvir bem é preciso que se tenha muito autocontrole, mas o resultado que se tira disso paga bem o esforço.

"Não deixar os outros falarem", eis uma forma comum de falta de controle, que não somente é descortesia, como também faz com que se percam muitas oportunidades valiosas para aprender alguma coisa com os outros.

Terminada esta lição, o leitor deve voltar à tabela de análises pessoais, na introdução, e tirar nova média de si mesmo na lei do autocontrole.

O autocontrole tem sido a característica marcante de todos os líderes vitoriosos que analisamos ao compilar o material para este curso. Luther Burbank declarou que, na sua opinião, o autocontrole é a mais importante das 15 Leis do Triunfo.

Durante tantos anos de paciente estudo e observações sobre os processos evolutivos da vida vegetal sentiu necessidade de exercer o domínio de si mesmo, apesar de tratar de uma forma de vida inanimada.

John Burroughs, o naturalista, disse mais ou menos a mesma coisa: que o autocontrole tinha quase que o primeiro lugar na lista das 15 Leis do Triunfo.

O homem que exerce completo domínio de si mesmo não pode sofrer uma derrota permanente, como tão bem disse Emerson em *Compensation*, uma vez que o motivo pelo qual os obstáculos e as dificuldades têm oportunidade para agir desaparece diante de um espírito determinado, de uma pessoa dotada de autocontrole.

Todos os homens bem-sucedidos que analisamos aqui (naturalmente os que enriqueceram à custa dos seus esforços) demonstraram de maneira positiva que o autocontrole foi um dos seus pontos de apoio, e cheguei à

É UMA CARACTERÍSTICA DA NATUREZA HUMANA, MAS É VERDADE: A MAIORIA DOS HOMENS QUE TRIUNFARAM NA VIDA TRABALHARÁ COM MAIS AFINCO PARA PRESTAR UM SERVIÇO ÚTIL DO QUE APENAS PARA GANHAR DINHEIRO.

conclusão de que ninguém pode esperar acumular uma grande riqueza e conservá-la sem exercer essa qualidade necessária.

Para fazer economia é preciso exercer muito autocontrole, e na sua forma mais elevada, conforme deixamos bem claro na quarta lição deste curso.

Agradecemos a Edward W. Bok a interessante narrativa que transcreveremos aqui e que é uma clara demonstração de que ele precisou exercer muito autocontrole para triunfar na vida e conquistar finalmente a fama de ser um dos maiores jornalistas da América.

"COMO ME CONVENCI DE QUE A POBREZA É A MAIS ÚTIL EXPERIÊNCIA QUE UM RAPAZ PODE TER"

Sou editor do *Ladie's Home Journal,* e como o público tem sido muito generoso na aceitação desse periódico, parte desse sucesso vem muito logicamente a mim.

Segue-se daí que muitos dos meus melhores leitores mantêm uma opinião que muitas vezes tenho desejado corrigir: vou afinal ceder à tentação. Meus correspondentes expressam tal convicção de maneira muito variada, porém o seguinte trecho de carta fornece uma boa amostra:

"Para o senhor, que não precisa fazer economia, é muito fácil pregá-la; é fácil nos dizer, por exemplo, que devemos viver com um rendimento de 800 dólares por ano, como é o de meu marido, quando nunca viveu com menos de milhares. Ao senhor, que nasceu tendo na boca a proverbial colher de prata, já ocorreu que os escritos teóricos são absolutamente vazios de sentido, em comparação com a luta de todos os dias, enfrentada pela maioria das pessoas, experiência que jamais conheceu?"

Experiência que jamais conheci!

Vejamos agora de que maneira os fatos concordam com essa afirmativa.

Se nasci ou não com a proverbial colher de prata na boca é o que não sei dizer. É verdade que quando nasci meus pais estavam bem; porém, quando eu tinha 6 anos, meu pai perdeu tudo o que possuía e foi obrigado a tentar novamente a vida, aos 45 anos, num país estranho!

Eu tinha a desvantagem de não saber uma só palavra de inglês. Fui para uma escola pública e aprendi o que pude. E não foi muito fácil. Os colegas de escola eram cruéis, como são quase todos os meninos. Os professores eram impacientes, como são todos os professores fatigados.

Meu pai não conseguia se arranjar na vida. Minha mãe, que sempre tivera empregados à sua disposição, teve de enfrentar os problemas domésticos, coisa que nunca aprendera, que jamais lhe haviam ensinado. E não havia dinheiro.

Assim, terminadas as horas de escola, meu irmão e eu íamos para casa, mas não para brincar. Íamos ajudar nossa mãe, que cada dia se tornava mais fraca, sob o peso de um encargo grande demais para ela. Durante anos tivemos de madrugar, nas manhãs de inverno, quando as camas nos pareciam tão quentes e tão agradáveis; íamos buscar os restos de carvão da véspera, e com o que podíamos arranjar fazíamos o fogo para aquecer o quarto. Em seguida púnhamos a mesa para um almoço escasso, íamos para a escola e, ao voltar, lavávamos a louça, varríamos a casa. Vivendo numa casa onde residiam três famílias, de três em três semanas tínhamos de limpar três lances de escadas, a soleira e ainda a calçada. Essa última parte da tarefa era a mais difícil, pois tínhamos de cumpri-la no domingo, com os meninos das imediações nos olhando, sem muita bondade, e ouvindo o eco da bola e da raquete, no quarteirão vizinho.

À noite, à hora em que os outros meninos sentavam-se junto à lâmpada, para estudar as lições, saíamos com uma cesta e íamos apanhar pedaços de pau e de carvão nas imediações, reunindo sobretudo os pedaços de carvão que caíam do abastecimento das casas ricas da vizinhança. Fixávamos o local na mente durante o dia, esperando que o carregador não tivesse tido o cuidado de apanhar esses pedaços.

Uma experiência que nunca conheci!

Aos 10 anos de idade consegui o meu primeiro emprego, que consistia em lavar as vidraças de uma barbearia; ganhava 50 centavos por semana. Duas semanas depois arranjei outro emprego: vendia pães e biscoitos no balcão de uma padaria, terminadas as horas de escola. Ganhava 1 dólar por semana.

Vendia assim pães frescos e deliciosos biscoitos ainda quentes, quando durante o dia mal tivera um pedaço de pão para comer. Nas manhãs de sábado fazia a entrega de um semanário aos assinantes e vendia os números restantes. Isso significava de 60 a 70 centavos por um dia de trabalho.

Eu morava então no Brooklin, em Nova York, e o principal meio de comunicação para Coney Island, naquela época, eram os carros de tração animal. Perto de nossa casa os carros paravam para que os cavalos bebessem água, os homens saltavam também para isso. Mas as senhoras quase nunca matavam a sede. Observando isso, tratei de arranjar um jarro com água na qual punha uma pedra de gelo, e, de copo na mão, subia em todos os carros, sábado à tarde, e vendia água gelada por 1 centavo o copo. Nos domingos, fazia o mesmo. E quando começou a concorrência, pois outros meninos descobriram que o negócio rendia, aos domingos, de 1 a 2 dólares, passei a fazer limonada, e ao preço de 2 centavos o copo conseguia fazer 5 dólares aos domingos.

Em seguida, tornei-me repórter, durante a noite, empregado de escritório durante o dia e ainda aprendia taquigrafia, à meia-noite.

A minha correspondente disse que sustenta com 800 dólares anuais sua família, composta de marido e filho, e acrescenta que eu nunca soube o que isso significava. Sustentei uma família de três pessoas com 6 dólares e 25 centavos por semana — ou seja, menos da metade da renda anual que ela tem. Quando meu irmão e eu, juntos, conseguimos fazer 800 dólares num ano, nos julgamos ricos!

Publico pela primeira vez esses detalhes da minha vida a fim de que o leitor possa saber, de primeira mão, que o diretor do *Ladie's Home Journal* não é um teórico sem nenhuma prática quando publica artigos pregando economia ou falando sobre a luta árdua daqueles que vivem com um rendimento insignificante. Conheço palmo a palmo a estrada da pobreza. E, tendo experimentado todos os sentimentos e todos os obstáculos que aparecem aos que trilham essa estrada, afirmo que considero feliz o jovem que passa pela mesma experiência.

Não me esqueço de nenhuma das asperezas dessa luta. Não trocaria hoje por nenhuma outra experiência os anos de luta árdua que tive de enfrentar na mocidade. Sei o que é ganhar pouco, não 1 dólar, mas 2 centavos. Sei, portanto, o quanto vale o dinheiro, e nunca poderia aprender melhor por outro meio. Não poderia ter tido uma educação mais segura do que essa para a minha vida de trabalho. Não poderia ter alcançado uma compreensão mais verdadeira do que significa passar o dia sem 1 centavo na mão, sem um pedaço de pão no armário, nenhuma acha de lenha para fazer fogo — sem nada ter para comer, e ter a fome de um menino de 10 anos, uma mãe fraca e desanimada!

Uma experiência que nunca conheci!

E, todavia, regozijo-me com essa experiência, e repito: considero feliz todo rapaz que está em situação de conhecê-la. Mas — e aí se apoia a minha crença de que a pobreza é uma grande felicidade para um rapaz — acredito na pobreza; é uma ótima condição para uma experiência, da qual se deve sair, e não permanecer nela indefinidamente. "Está tudo muito bem, dirão alguns, é muito fácil dizer, mas como sair da pobreza?" É o que ninguém pode dizer decisivamente a outrem. Ninguém me disse. Cada pessoa segue um caminho diferente. Quanto a mim, estava disposto a sair da pobreza, porque minha mãe não havia nascido nela, não podia permanecer na pobreza, porque a ela não pertencia. Foi esse o meu ponto de partida: eu tinha um propósito, que apoiei com esforço e vontade de trabalhar, de aceitar o trabalho que aparecesse no meu caminho, fosse ele qual fosse, contanto que encontrasse uma saída. Não escolhi. Peguei o que apareceu e procurei fazer tudo do melhor modo possível; quando não gostava do que fazia, procurava fazê-lo ainda melhor. Fui subindo degrau por degrau. Isso significava um grande esforço, mas do esforço e do trabalho nasceu a experiência, a construção, o desenvolvimento, a capacidade para compreender e simpatizar, a maior herança que pode caber a um jovem. E nada há como a pobreza para dar tudo isso.

Eis aí a razão da minha sólida crença na pobreza, como sendo a maior felicidade que um rapaz pode encontrar no caminho das experiências mais completas pelas quais poderá passar. Repito, porém: com a condição de não permanecer nela.

Antes de poder desenvolver o hábito do *autocontrole* o leitor precisa compreender o que significa realmente essa qualidade. Também precisa compreender as vantagens que o autocontrole proporciona aos que aprendem a exercê-lo.

NOSSAS DÚVIDAS SÃO TRAIDORAS: PELO MEDO DE TENTAR, NOS FAZEM MUITAS VEZES PERDER BENS QUE PODERÍAMOS CONQUISTAR SE NÃO FOSSE O RECEIO DE TENTAR.
SHAKESPEARE

Desenvolvendo o autocontrole, desenvolvemos também outras qualidades, que se acrescentarão ao nosso poder pessoal. Entre as outras leis que estão à disposição daqueles que possuem autocontrole, ou domínio de si mesmo, está a Lei da Represália.

Sabe o leitor o que significa uma represália?

No sentido em que empregamos o termo, significa "pagar na mesma moeda", e não apenas vingar-se, como em geral se pensa.

Se eu o ofendo, o leitor tomará uma represália na primeira oportunidade. Se lhe digo coisas injustas, pagará na mesma moeda ou talvez em proporção maior.

Por outro lado, se lhe faço um favor, retribuirá com um favor maior, se possível for.

Por meio do emprego inteligente e adequado dessa lei *posso conseguir que uma pessoa faça exatamente o que eu desejo*. Se quero que não goste de mim e que empregue a sua influência em me prejudicar, não me será difícil obter tal resultado infligindo-lhe a mesma espécie de tratamento que desejo me seja aplicado por meio da Lei da Represália.

Se aspiro ao respeito, à amizade e à cooperação de alguém, posso obtê-los dando-lhe a minha amizade e a minha cooperação.

Tenho certeza de que o leitor concordará comigo. Compare as minhas afirmativas com as suas experiências e verá como se harmonizam.

Quantas vezes terá ouvido observar: "Que magnífica personalidade!" Quantas vezes não tem encontrado pessoas cuja personalidade inveja?

O homem que nos atrai por meio de uma personalidade agradável está apenas fazendo uso da Lei da Atração Harmoniosa ou da Lei da Represália, mas as duas leis, depois de analisadas, significam que "as coisas semelhantes se atraem".

Se o leitor compreender a Lei da Represália, se a estudar e a usar de modo inteligente, será um vendedor eficiente e próspero. Depois que tiver dominado essa lei tão simples e aprendido a maneira de usá-la, nada mais terá a aprender sobre vendas.

O primeiro e provavelmente o mais importante passo a ser dado nesse sentido é cultivar um autocontrole absoluto. Precisamos nos habituar a receber, sem adotar represálias, castigos e penalidades de toda espécie.

Quando uma pessoa irritada começar a nos injuriar, com ou sem razão, não devemos esquecer que, se iniciarmos represálias iguais, nos colocaremos no mesmo nível mental daquele que nos ofende, ficando assim dominados por ele!

Por outro lado, se não nos irritarmos, se mantivermos a compostura e permanecermos calmos e serenos, conservaremos as nossas faculdades habituais de raciocínio. Surpreenderemos a outra pessoa. Responderemos com uma arma cujo manejo ela não conhece, e, por conseguinte, a dominaremos com facilidade.

As coisas iguais se atraem. Não há desmentido para essa afirmativa.

Falando em sentido figurado, cada pessoa com quem entramos em contato é um binóculo mental através do qual podemos ver um reflexo perfeito da nossa própria atitude mental.

Para exemplo da aplicação direta da Lei da Represália o autor citará aqui um fato que se passou recentemente com ele e seus dois filhos pequenos, James e Napoleon. Iam os três passear no parque, onde dariam comida aos pássaros e esquilos. Napoleon comprou um saquinho de amendoins e James, uma caixa de biscoitos. James quis experimentar os amendoins, e, sem pedir permissão ao irmão, foi colocando a mão no saquinho. Mas Napoleon reagiu e deu-lhe um soco.

O pai disse então a James:

— Ouça, meu filho, você não procurou obter os amendoins como devia. Vou mostrar-lhe como deveria ter feito.

Porém tudo acontecera com tanta rapidez que o pai não tinha a menor ideia do que iria sugerir a James. Deteve-se um instante e analisou o fato, encontrando o melhor meio de tirar uma lição de tudo aquilo.

Ligou então as experiências que tivera com a Lei da Represália e disse a James:

— Abra a caixa de biscoitos, ofereça alguns ao seu irmãozinho, e veja o que acontece.

Depois de alguma relutância, conseguiu convencê-lo. Passou-se então algo de notável, algo que proporcionou ao pai a maior lição que já tivera algum dia sobre transações. Antes de tocar nos biscoitos, Napoleon insistiu em pôr alguns amendoins no bolso de James. Obteve logo uma represália. Com uma experiência tão simples, o autor aprendeu mais do que em qualquer outra ocasião sobre a arte de dirigir. Incidentemente, os dois meninos estavam começando a aprender a fazer uso da Lei da Represália, o que lhes evitou muitas contendas físicas.

Nenhuma pessoa adulta já foi além de Napoleon e James no que concerne à Lei da Represália. Somos apenas crianças grandes, influenciadas pelo mesmo princípio. O hábito de pagar na mesma moeda é tão universalmente praticado que bem podemos chamá-lo de "hábito da Lei de Represália". Se alguém fala bem de nós, cresce nossa admiração por essa pessoa e "pagamos na mesma moeda".

Por meio do princípio da represália podemos converter inimigos em amigos leais. Se o leitor tiver algum inimigo do qual deseja fazer um amigo, pode provar essa afirmativa, caso esteja disposto a esquecer essa terrível mó de moinho que traz presa ao pescoço, e que se chama "orgulho" (teimosia). Adquira o hábito de falar bem do seu inimigo, sempre que for possível. Defenda-o de todos os modos que puder. A princípio ele ficará impassível, mas pouco a pouco tomará conhecimento do fato e "pagará na mesma moeda".

Em uma manhã de agosto de 1863 um jovem pastor protestante foi despertado subitamente, num quarto de hotel, em Lawrence, Kansas. O homem que o chamava era um guerrilheiro de Quantrill e exigia que ele descesse imediatamente ao térreo, para ser fuzilado. Por toda a fronteira, naquela manhã, se perpetravam assassinatos. Um bando de atacantes chegara cedo a Lawrence a fim de preparar o massacre.

O bandido que despertara o jovem pastor estava impaciente. E o pastor, logo que despertou inteiramente, ficou horrorizado com o quadro que avistou pela janela. Ao descer, o guerrilheiro pediu-lhe o relógio e o dinheiro, e quis saber se ele era abolicionista. O pastor estava trêmulo, mas compreendeu que ia morrer, e não queria morrer com uma mentira nos lábios. Assim, disse que era abolicionista e acrescentou a essa declaração qualquer coisa que mudou inteiramente o rumo dos acontecimentos.

O pastor e o guerrilheiro sentaram-se num sofá e conversaram, enquanto os habitantes de Lawrence eram massacrados em todos os lugares da cidade. Os atacantes já estavam prontos para partir e a conversa ainda prosseguia.

VALE A PENA LEMBRAR SEMPRE QUE O CLIENTE É O FATOR MAIS IMPORTANTE EM QUALQUER NEGÓCIO. SE VOCÊ NÃO PENSA ASSIM, TENTE IR ADIANTE SEM ELE, DURANTE ALGUM TEMPO.

Quando o bandido montou a cavalo para se reunir aos companheiros, estava absolutamente na defensiva. Entregou todos os valores que reunira e pediu desculpas ao pastor por tê-lo incomodado.

Muitos anos depois do massacre de Lawrence, o ministro vivia ainda. Que haveria na sua personalidade para levar aquele homem mau a sentar-se e conversar com ele? De que teriam falado?

— O senhor é um abolicionista? — perguntou o guerrilheiro.

— Sim, e o senhor devia se envergonhar do que está fazendo — respondeu o outro.

Isso conduziu diretamente a uma apreciação sobre moral. O guerrilheiro ficou confuso. O pastor era apenas um rapazinho, ao lado daquele rufião de fronteira, mas apelou para um sentimento de moral e o bandido sentiu o desejo de demonstrar que não era tão mau como parecia naquelas circunstâncias.

Depois de despertar o pastor com o intuito de matá-lo, por ser abolicionista, passou 20 minutos no banco das testemunhas, procurando um álibi. Finalmente começou a contar a sua história. Começou desde o tempo em que era um pequeno rebelde que não queria rezar; tornou-se então quase sentimental, lembrando que fora indo de mal a pior, até que ali estava, imiscuído naquele "mau negócio". E terminou dizendo:

— E agora, reverendo, não pense muito mal de mim.

O jovem pastor fizera uso da Lei da Represália, tivesse ou não consciência disso. Imaginemos o que teria acontecido se ele tivesse descido de revólver na mão, enfrentado a força física com a força física.

Não o fez, porém, e venceu o guerrilheiro porque lutou com uma força que este desconhecia.

Por que é que quando um homem começa a ganhar dinheiro todo mundo parece se aproximar da sua porta?

Perguntemos, por exemplo, a qualquer pessoa que saibamos desfrutar de uma boa situação financeira, e ela nos dirá que lhe aparecem frequentemente oportunidades para ganhar mais dinheiro.

"Ao que tem, será dado ainda mais, e ao que nada tem, lhe será ainda tirado."

UMA BOA GARGALHADA SINCERA VALE 10 MIL "SUSPIROS" E 1 MILHÃO DE "GEMIDOS", EM QUALQUER MERCADO DA TERRA.

Essa passagem da Bíblia sempre me pareceu ridícula, mas, agora que compreendo o seu verdadeiro significado, reconheço a verdade que ela encerra.

Sim, "ao que tem, será dado ainda mais". Se se tiver insucessos, falta de confiança em si mesmo, ódio ou falta de controle, tudo isso será aumentado. Mas, se se tiver êxitos, confiança em si mesmo, autocontrole, paciência, persistência e determinação, tais qualidades serão aumentadas.

Às vezes acontece que é preciso enfrentar a força com a força para suplantar o adversário, mas, depois que o tivermos vencido, é ótima ocasião para tomá-lo pela mão e mostrar-lhe melhores meios de resolver contendas.

As coisas iguais se atraem. Na Grande Guerra, a Alemanha banhou a sua espada no sangue humano numa perigosa arremetida de conquista. Como resultado, teve represálias de todo o mundo civilizado.

Está nas nossas mãos decidir o que desejamos que os outros façam e podemos conseguir isso por meio da Lei da Represália.

"A economia divina é automática e muito simples: recebemos apenas o que damos."

Como isso é verdadeiro! "Recebemos apenas o que damos!" O que nos vem às mãos não é o que desejamos, e sim o que damos.

Rogamos ao leitor que faça uso dessa lei não somente para alcançar lucros materiais, como também e melhor ainda para conseguir a felicidade e a boa vontade para com os homens.

É esse, afinal de contas, o único triunfo verdadeiro pelo qual lutamos.

RESUMO

Nesta lição aprendemos um grande princípio, provavelmente o mais importante dos grandes princípios da psicologia. Vimos que os nossos pensamentos e as nossas ações para com os outros se assemelham a um magneto, que atrai para nós pensamentos e ações iguais aos que criamos.

Aprendemos que as coisas iguais se atraem, seja um pensamento ou na expressão de um pensamento, por meio da ação física. Aprendemos, também, que a mente humana corresponde a qualquer impressão de pensamento

AQUELE QUE TRIUNFA NÃO DEVE ESQUECER QUE UMA VEZ, EM QUALQUER OCASIÃO, ALGUÉM LHE DEU UM AUXÍLIO OU UMA IDEIA QUE O ENCAMINHOU NA DIREÇÃO CERTA; DEVE LEMBRAR-SE TAMBÉM DE QUE TEM PARA COM A VIDA O DEVER DE AUXILIAR OUTRA PESSOA MENOS AFORTUNADA, DA MESMA MANEIRA QUE RECEBEU AUXÍLIO.

---

que recebe, e, ainda, que faz lembrar a terra, no sentido em que produz uma colheita de ação muscular que corresponde em espécie às impressões sensoriais nela semeadas. Vimos, além disso, que a bondade atrai a bondade e que a maldade e a injustiça são pagas na mesma moeda.

Aprendemos que as nossas ações para com os outros, boas ou más, nos são devolvidas, até mesmo em maior medida. Vimos que a inteligência humana responde a todas as impressões sensoriais que recebe; portanto, sabemos o que devemos fazer para influenciar qualquer ação que desejamos ver cumprida por outra pessoa. Aprendemos que é necessário eliminar o "orgulho" e a "teimosia" para que possamos fazer uso da Lei da Represália de maneira construtiva. Não aprendemos somente o que significa a Lei da Represália: vimos também de que maneira ela atua e o que faz; agora, só nos resta usar de maneira inteligente esse princípio tão importante.

O leitor está preparado para passar à nona lição, onde encontrará outras leis que se harmonizam perfeitamente com as que foram descritas na lição sobre o autocontrole.

O PRINCIPIANTE QUE QUISER APLICAR A MAIOR LEI DA PRÓXIMA LIÇÃO PRECISA TER AUTOCONTROLE EM GRANDE MEDIDA. O ASSUNTO DA LIÇÃO É O HÁBITO DE DAR MAIOR SOMA DE TRABALHO DO QUE AQUELE PELO QUAL SE É PAGO, PORÉM A EXPERIÊNCIA DEMONSTRARÁ QUE ESSE CONTROLE É MAIS DO QUE JUSTIFICADO PELOS RESULTADOS QUE SE ORIGINAM DE TAL DISCIPLINA.

Não há nada permanente, exceto a transformação. A vida lembra um grande caleidoscópio diante do qual o Tempo está sempre mudando, transformando e arranjando novamente o cenário e os artistas. Os novos amigos substituem constantemente os velhos amigos. Tudo está num estado de fluxo. Cada coração traz em si tanto a semente da infâmia como a da justiça. Cada ser humano tanto é um criminoso como um santo, dependendo do momento do seu modo de agir. Honestidade e desonestidade são,

SE TIVERMOS FÉ, COMO UM GRÃO DE MOSTARDA, PODEREMOS MANDAR UMA MONTANHA MUDAR DE LUGAR, E ELA MUDARÁ. E NADA SERÁ IMPOSSÍVEL PARA NÓS.

em grande parte, uma questão de pontos de vista individuais. O fraco e o forte, o rico e o pobre, o ignorante e o sapiente trocam de lugar continuamente. Se conhecermos a nós mesmos, conheceremos toda a raça humana. Há apenas uma realização verdadeira, e essa é a habilidade para PENSAR COM EXATIDÃO. Movemo-nos com a procissão, ou atrás dela, mas não podemos ficar parado. NADA é permanente, exceto a transformação!

A EVOLUÇÃO DOS TRANSPORTES

UMA VISITA DO AUTOR DEPOIS DA LIÇÃO

Na ilustração acima temos uma prova de que a lei da evolução está realizando progressos nos métodos de viajar. Lembre-se o leitor, ao analisar o desenho, que todas essas transformações tiveram lugar, primeiramente, no cérebro humano.

À esquerda, verá o primeiro sistema de transportes, bastante rudimentar. O homem *não estava satisfeito* com esse processo vagaroso. Essas três palavras, "não estava satisfeito", constituem o ponto de partida de todo o progresso. Medite o leitor sobre elas durante esta leitura.

O desenho representa, em seguida, a história dos transportes, passo a passo, quando o cérebro humano começou a se expandir. O homem deu um grande passo à frente quando descobriu que era possível atrelar um boi a um carro e assim libertar-se do trabalho de levar a carga. Isso foi de grande utilidade. Em seguida, o homem inventou a diligência como meio de transporte, o que foi um progresso tanto do ponto de vista da utilidade como do aspecto.

O homem "ainda não estava satisfeito", e essa insatisfação criou a primeira locomotiva, que também pode ser vista na ilustração.

Agora, todos esses métodos de viajar foram postos de lado, exceto em certas partes não civilizadas (ou sem comércio) do mundo. O homem puxando o carro, os animais também o puxando, as charretes e as primitivas locomotivas, tudo isso pertence a idades que já passaram.

À direita, vemos os atuais métodos de transporte; comparando-os com os do passado, podemos ter uma ideia perfeita da enorme expansão que se processou no cérebro humano. O homem se locomove agora muito mais rapidamente do que no passado. Do primeiro tipo de locomotiva, evoluiu uma poderosa máquina capaz de rebocar 100 vagões de carga, em vez do pequeno vagão puxado pelo tipo primitivo. Os automóveis que viajam numa velocidade de 120 quilômetros por hora são agora tão comuns como as carroças do passado; além disso, estão ao alcance de todos.

Ainda assim o homem não estava satisfeito. Viajar em terra era muito vagaroso. Ergueu os olhos para o céu, viu os pássaros voando bem alto e determinou-se a ultrapassá-los. Estude o leitor também a palavra "determinou-se", pois tudo o que o homem se determina fazer, faz mesmo! Dentro do curto período de 15 anos dominou os ares, e agora viaja em avião, numa média de 240 a 320 quilômetros por hora.

O homem não somente faz com que o ar o sustente e conduza numa vertiginosa rapidez, como também dominou o éter, fazendo-o conduzir a sua voz em todas as direções da Terra, numa fração de segundo.

Acabamos de descrever o *passado* e o *presente*.

No fundo do desenho podemos ver o próximo passo a ser dado pelo homem nos métodos de transporte: uma máquina que poderá voar, correr em terra e deslizar sobre a água, à vontade do homem.

O propósito desse estudo e do desenho que o ilustra é proporcionar estímulo para o *pensamento*.

Qualquer influência que leva o indivíduo a pensar faz também com que ele se torne mentalmente mais forte. Os estimulantes mentais são essenciais para o progresso. Desde os dias em que o homem puxava ele próprio o seu carro, até os nossos dias, em que domina os ares, todo e qualquer progresso realizado por um indivíduo é o resultado de uma influência que lhe estimulou a mente para uma ação mais vasta do que a habitual.

As duas grandes influências que fazem progredir a mente humana são a pressão da necessidade e o desejo de criar. Algumas mentes se desenvolvem somente depois de terem sofrido um fracasso, uma derrota ou outras formas de punição; outras fenecem e morrem sob as punições, porém se elevam a alturas incríveis quando encontram uma oportunidade para empregar a sua força de imaginação de maneira criadora.

Estudemos o desenho que representa a evolução dos transportes e observaremos um fato notável: toda a história dessa evolução não é mais do que a história do desenvolvimento e do progresso, que se originaram da *necessidade*. Todo o período descrito no desenho como sendo "o passado" foi um período que se desenvolveu sob a pressão da necessidade.

No período que chamamos de presente, a pressão foi uma combinação da necessidade e do desejo de criar. O período descrito como futuro, um forte desejo de criar será a única pressão que conduzirá a mente humana a alturas nunca sonhadas.

Há uma longa distância entre os dias em que o homem puxava ele próprio o seu carro e o presente, em que dominou as descargas elétricas das nuvens, fazendo-as mover mecanismos que realizam num minuto o trabalho que 10 mil homens podem fazer num dia. Mas se a distância é longa, o desenvolvimento do espírito humano foi igualmente grande, e esse desenvolvimento é suficiente para realizar o trabalho do mundo por meio de máquinas movidas pelas forças da natureza, e não pelos músculos do homem.

As transformações nos métodos de transporte criaram outros problemas a serem resolvidos pela inteligência humana. O automóvel levou o homem a construir estradas melhores e em maior número. O automóvel e a locomotiva moderna, combinados, criaram, porém, perigosos cruzamentos, que ceifam milhares de vidas por ano. O cérebro humano deve agora responder à pressão urgente da "necessidade" e enfrentar essa emergência.

Guarde o leitor esse estudo e conserve na memória a seguinte profecia: dentro de cinco anos todos os cruzamentos de estradas de ferro serão amplamente protegidos contra acidentes automobilísticos, e é o próprio automóvel que há de operar o sistema que o protegerá: será um sistema a toda prova e de inteira eficiência; funcionará quer o motorista esteja dormindo ou acordado, bêbedo ou sóbrio.

Daremos agora um ligeiro esboço do que é a imaginação humana, de que maneira trabalha, sob o estímulo do desejo de criar.

Alguns homens de imaginação, que talvez nunca tenham feito nada digno de nota, criarão um sistema de proteção nos cruzamentos ferroviários; esse sistema será operado pelo peso dos automóveis que passam. A distância adequada do cruzamento, uma plataforma semelhante à de uma grande balança cobrirá uma seção inteira da rodovia. Logo que o automóvel passar sobre a plataforma, o seu peso fará baixar uma porta, soar uma campainha e aparecer um sinal vermelho diante do motorista. A porta se erguerá num minuto, permitindo ao motorista a passagem sobre o trecho, forçando-o assim a parar, ver e ouvir.

Se o leitor tiver espírito imaginativo, poderá vir a ser o indivíduo que criará esse sistema e conquistará com ele a riqueza.

Para ser prático, o espírito imaginativo deve estar sempre alerta aos meios e modos de desviar, para fins úteis, o desperdício de força e de movimento. Os automóveis são em geral pesados demais em comparação com a carga que conduzem. Esse peso pode ser utilizado na criação do sistema de proteção nos cruzamentos de estradas.

Lembre-se o leitor de que o objetivo dessas linhas é dar apenas a semente da sugestão, e não o produto acabado de uma invenção pronta para ser posta em serviço. O valor que tem essa sugestão, para os leitores, reside na possibilidade do *pensamento* que lhe possam dedicar, portanto, desenvolvendo e expandindo a sua própria mente.

Estude-se o leitor e veja a qual das duas grandes solicitações para a ação responde sua mente: à solicitação da necessidade ou à solicitação do desejo de criar. Se tem filhos, estude-os, e veja a qual desses dois motivos são mais inclinados. Milhões de crianças têm a imaginação restrita e retardada pelos próprios pais, que deles afastam, tanto quanto possível, a solicitação da necessidade. Tornando tudo fácil a um filho, um pai poderá privar o mundo de um gênio. Não nos esqueçamos de que a maioria do progresso que o homem já conseguiu é o fruto de uma *necessidade* premente.

Não precisamos de provas de que os métodos de transporte têm sofrido um contínuo processo de evolução. Tão acentuada tem sido a transformação que um automóvel do tipo antigo provoca o riso nas ruas.

A lei da evolução está sempre em atividade, por toda parte, transformando, derrubando e reconstruindo todos os elementos materiais da Terra e por todo o universo. As cidades, as comunidades estão em constante transformação. Voltemos a um lugar onde vivemos há 20 anos e já não o reconheceremos, nem ao povo que o habita. Novas fisionomias apareceram e as antigas mudaram muito. Novos edifícios substituem os antigos. Tudo nos parecerá diferente, porque tudo sofreu transformações.

O espírito humano também sofre constantes transformações. Se isso não fosse verdade, nunca passaríamos da idade mental da criança. De sete em sete anos o cérebro de uma pessoa normal se torna mais desenvolvido. É durante essas transformações periódicas que os maus hábitos podem ser extirpados, e os bons hábitos, cultivados. Feliz daquele cuja mente está em contínuo processo de transformação ordenada.

A mente impelida pela necessidade ou pelo desejo de criar desenvolve-se mais rapidamente do que aquela que nunca é estimulada a uma ação mais vasta do que a que é necessária para a existência.

A faculdade de imaginação da mente humana é a maior peça de engrenagem que já se criou algum dia. Dela têm nascido todas as máquinas e todos os objetos feitos pelo homem.

Atrás das grandes indústrias, estradas de ferro, empresas bancárias e comerciais está a força todo-poderosa da imaginação!

Forcemos a nossa mente a pensar. Organizemos velhos ideais em novos planos. Todos os grandes empreendimentos comerciais e industriais que se podem citar são, em última análise, apenas a aplicação de uma combinação de planos e ideias já empregados de qualquer maneira.

Atrás do martelo que bate
E que trabalha o aço,
Atrás do barulho da oficina,
Sempre se encontrará o Pensamento;
O Pensamento que é sempre o Senhor

Do ferro, do vapor, do aço,
Que se eleva acima do desastre
E o esmaga com o seu tacão.

O escravo pode esfregar e bater,
Trabalhando com vigor,
Mas atrás dele está o Pensamento
Do homem esclarecido que sabe,
Pois em cada charrua ou espada
Deve ir o cérebro do trabalho,
O que lhe dá uma alma.

Atrás do barulho do motor,
Atrás dos sinos que tocam,
Atrás dos martelos que batem,
Atrás dos guindastes que sobem,
Há os olhos que os esquadrinham,
Alertas às lutas e esforços.
E a mente que os planeja...
E que se oculta no cérebro.

O poder do motor fervente,
A força das máquinas,
O esforço do trabalhador que sua,
Em tudo isso confiamos;
Mas atrás deles permanece o que planeja,
O Pensador que impele as coisas.
Atrás do trabalho está o Sonhador,
O que tornou o sonho em realidade.*

*Back of the beating hammer/ By which the steel is wrought,/ Back of the workshop's clamor/ The seeker may find the Thought;/ The thought that is ever Master/ Of iron and steam and steel,/ The rises above disaster/ And tramples it under heel./ The drudge may fret and tinker/ Or labor with lusty blows,/ But back of him stands the Thinker,/ The clear-eyed man who knows;/ For into each plow or saber,/ Each piece and part and whole,/ Must go the brains

AINDA ESTOU POR ENCONTRAR UM HOMEM QUE TENHA VENCIDO NA VIDA E QUE NÃO TIVESSE CORAGEM PARA ASSUMIR A RESPONSABILIDADE DOS PRÓPRIOS ERROS, MESMO SEM SER ACUSADO DELES.

Dentro de seis meses ou um ano, volte o leitor a este estudo, leia-o novamente, e observará como aproveitará muito mais do que na primeira leitura. O tempo dá à lei da evolução uma *chance* para expandir o seu espírito, de modo que poderá ver e compreender muito mais.

---

of labor,/ Which gives the work a soul./ Back of the motor's humming,/ Back of the bells that ring,/ Back of the hammer's drumming,/ Back of the cranes that swing,/ There is the Eye which scans them./ Watching through stress and strain,/ There is the Mind which plans them—/ Back of the brawn, the Brain./ Might of the roaring boiler,/ Force of the engine's thrust,/ Strength of the sweating toiler,/ Greatly in these we trust;/ But back of them stands the schemer,/ The Thinker who drives things through,/ Back of the job—the Dreamer/ Who's making the dream come true.

EXISTEM DEZ FRAQUEZAS CONTRA AS QUAIS TODOS NÓS DEVEMOS TOMAR CUIDADO. UMA DELAS É O HÁBITO DE TENTAR COLHER ANTES DE SEMEAR, E TODAS AS OUTRAS ACHAM-SE REUNIDAS NO HÁBITO DE ARRANJAR DESCULPAS PARA JUSTIFICAR CADA ERRO QUE COMETEMOS.

NONA LIÇÃO

O HÁBITO DE FAZER MAIS DO QUE A OBRIGAÇÃO

QUERER É PODER!

Pode parecer que nos afastamos do nosso assunto iniciando esta lição com uma dissertação sobre o amor, mas se o leitor se abstiver de dar a sua opinião até ter terminado a leitura, concordará que essa questão do amor não poderia ter sido omitida sem prejudicar grandemente o valor da lição.

A palavra amor é empregada aqui num sentido muito geral.

Há muitos objetos, motivos e pessoas que despertam em nós o sentimento do amor. Há trabalhos de que não gostamos, outros que nos agradam moderadamente e, sob certas condições, pode haver trabalhos que amamos realmente.

Os grandes artistas geralmente amam o seu trabalho. O trabalhador diário, por outro lado, em geral, não somente acha desagradável o seu trabalho, como pode até mesmo detestá-lo.

O trabalho que se faz unicamente com o fim de ganhar a vida raramente é amado. O mais das vezes é desagradável, ou até mesmo detestado.

Quando se ocupa num trabalho que lhe dá prazer, o homem pode trabalhar durante longas horas sem sentir cansaço. O trabalho que desperta ódio ou aborrecimento logo traz a fadiga.

A resistência do homem depende em grande parte da satisfação, insatisfação ou prazer que sente no que está fazendo.

Conforme o leitor terá observado, estamos aqui colocando as bases para a afirmação de uma das mais importantes leis dessa filosofia, isto é:

O homem é mais eficiente, mais rápido e obtém melhores êxitos quando empenhado num trabalho pelo qual sente amor ou que realiza em benefício de uma pessoa amada.

Sempre que o elemento amor entra em qualquer tarefa que realizamos, a qualidade do trabalho melhora imediatamente e aumenta a sua quantidade, sem que haja aumento correspondente de fadiga.

Há alguns anos um grupo de socialistas, ou, antes, "cooperativistas", organizou uma colônia no estado de Louisiana, comprando vários hectares de terra.

Começaram, então, a trabalhar por um ideal que julgavam lhes tornaria a vida mais feliz e despreocupada. Tratava-se de pôr em prática um sistema no qual cada pessoa seria encarregada do trabalho que mais lhe agradasse.

A ideia era não pagar salários. Cada pessoa teria o seu trabalho preferido, ou o trabalho para o qual se julgasse mais capacitado. Os produtos desse trabalho em conjunto se tornariam propriedade comum. Tinham uma fazenda, uma fábrica de laticínios, uma olaria, gado, criação de aves e, ainda, uma escola e uma tipografia, onde era impresso um jornal.

Um sueco que viera de Minnesota reuniu-se à empresa e, a seu pedido, colocaram-no na tipografia. Em breve queixou-se de que não gostava do trabalho, e puseram-no a trabalhar na fazenda, operando um trator. Dois dias desse trabalho foram suficientes para aborrecê-lo, e pediu nova transferência, e designaram-lhe um lugar na fábrica de laticínios. Mas não conseguiu lidar com as vacas, e dessa vez foi transferido para a lavanderia, onde permaneceu apenas um dia. De um a um, experimentou todos os trabalhos, mas não gostou de nenhum. Parecia não se adaptar a essa ideia de cooperativa, e estava a ponto de ir embora quando alguém lembrou que havia um trabalho que ele não experimentara ainda: era o trabalho na olaria. Deram-lhe um carrinho de mão, no qual ele carregava tijolos, que ia empilhando no pátio. Passou-se uma semana e não surgiu nenhuma queixa. Quando lhe perguntaram se gostava do trabalho, respondeu:

— Achei o trabalho que me agrada.

Preferira carregar tijolos a fazer qualquer outro trabalho! Mas se o trabalho se adaptava à sua natureza! Trabalhar sozinho, num ofício que não exigia nenhum esforço mental e nenhuma responsabilidade, era justamente o que desejava.

Quando acabou de carregar e empilhar todos os tijolos, foi embora, porque não tinha mais o que fazer.

— Acabou-se o trabalho que me agradava — disse ele —, agora volto de novo para Minnesota.

E voltou mesmo!

Quando um homem está empenhado num trabalho que o agrada, não sente dificuldade em fazer mais e melhor do que é sua obrigação, e por essa razão todos nós devemos a nós mesmos fazer o possível para encontrar o tipo de trabalho que mais nos agrada.

Tenho um motivo justo para dar esse conselho aos leitores deste curso, pois eu próprio agi dessa maneira e não tenho nenhuma razão para me arrepender.

Parece-me oportuno narrar aqui um caso pessoal, referindo-se tanto ao autor como à filosofia da Lei do Triunfo. O meu objetivo assim fazendo é demonstrar que o trabalho realizado por amor do próprio trabalho jamais ficou ou ficará perdido.

Toda esta lição é destinada a provar que realmente *vale a pena prestar mais serviços do que é nossa obrigação*. Mas esse esforço seria vazio e sem utilidade se o autor não tivesse ele próprio praticado tal regra, durante muito tempo, estando assim apto para provar a justeza do que assevera.

Por mais de um quarto de século tenho me dedicado ao trabalho do qual se desenvolveu essa filosofia, e sou absolutamente sincero quando repito o que já tenho declarado várias vezes no decorrer deste curso, isto é, que tenho sido amplamente recompensado pelo meu trabalho, com o prazer que sinto, à medida que prossigo, mesmo que nada mais receba.

O meu trabalho sobre essa filosofia forçou-me, há anos, a escolher entre lucros financeiros imediatos, que eu poderia ter conseguido dirigindo todos os meus esforços numa linha absolutamente comercial, e a remuneração que viria muitos anos depois, que tanto é representada pelos habituais *standards* financeiros como por outras formas de pagamento que só podem ser medidas em termos do conhecimento acumulado, o que nos torna possível sentir mais prazer na vida.

O homem que se empenha no trabalho que lhe agrada nem sempre conta, na sua escolha, com o apoio dos amigos mais íntimos e dos parentes.

Combatendo as sugestões negativas dos amigos e dos parentes, precisei lançar mão de grande parte das minhas energias durante os anos que passei ocupado em pesquisas, com o propósito de organizar, classificar e experimentar o material necessário para este curso.

Tais referências pessoais são feitas apenas com o objetivo de demonstrar aos leitores dessa filosofia que raramente, ou nunca, alguém pode esperar empenhar-se no seu trabalho predileto sem encontrar obstáculos de qualquer natureza. Geralmente os principais obstáculos no caminho daqueles que desejam se dedicar ao seu trabalho preferido são apresentados pelo fato de que nem sempre o trabalho pelo qual se sente mais amor é o mais lucrativo.

Entretanto, essa desvantagem, a única encontrada por quem quer que se dedique a um trabalho preferido, é geralmente compensada por dois grandes benefícios: primeiro, geralmente a pessoa encontra no trabalho a maior de todas as recompensas, uma felicidade sem preço, e, em seguida, a sua recompensa em dinheiro, quando comparada com o esforço de uma vida inteira, é sempre muito maior, pela simples razão de que o trabalho realizado com amor é, quase sempre, em quantidade maior e de melhor qualidade do que o trabalho que se faz unicamente por dinheiro.

A mais embaraçosa e — posso dizer sem nenhuma desonra — desastrosa oposição à minha escolha veio da parte de minha mulher. Isso talvez explique as minhas frequentes referências, no decorrer de todo este curso, ao fato de que uma esposa pode "ajudar" ou "destruir" um homem, conforme lhe dá ou retira a sua cooperação e estímulo no trabalho.

Minha esposa achava que eu devia aceitar um emprego com salário fixo, que garantisse uma renda regular por mês, porque eu havia demonstrado, nos poucos empregos que tivera, uma capacidade para ganhar de 6 a 10 mil dólares por ano, sem grande esforço de minha parte.

Por um lado, eu compreendia o ponto de vista de minha mulher, e simpatizava com ele, pois tínhamos filhos pequenos, que devíamos sustentar e educar, e um salário regular, mesmo que não fosse muito grande, parecia coisa indispensável.

Apesar desse argumento lógico, preferi não seguir o conselho de minha mulher. Vieram então em seu auxílio as forças combinadas da família dela e da minha, e todos, reunidos, acusaram-me de teimosia, e insistiam para que eu me dispusesse a aceitar um emprego com salário fixo.

Ocupar-se em estudar a humanidade — diziam eles — podia estar muito bem para alguém que dispusesse de tempo e meios para isso, mas para um homem casado, com filhos pequenos para sustentar e educar, tal coisa não era possível.

Não há pessoa mais perigosa — para si mesma e para os outros — do que aquela que julga sem conhecer os fatos.

Permaneci, contudo, inflexível. Tinha feito a minha escolha, e estava disposto a levá-la adiante.

A oposição não capitulou ante o meu ponto de vista, mas pouco a pouco, como era natural, diminuiu a pressão. Nesse ínterim, a certeza de que a minha escolha dera como resultado, pelo menos provisoriamente, uma situação difícil para a minha família, e a ideia de que os meus mais caros amigos e parentes não estavam de acordo comigo, concorreram grandemente para aumentar as minhas dificuldades.

Felizmente, nem todos os meus amigos julgavam que eu havia feito uma escolha desacertada.

Encontrei alguns amigos que acreditavam que eu havia feito uma escolha que acabaria por me levar ao topo da montanha das realizações. E não somente acreditavam nos meus planos, como também procuraram me dar conforto e coragem, no momento em que era tão impiedosamente vergastado pela adversidade e pela oposição dos parentes.

Desse pequeno grupo de amigos fiéis que me deram apoio, num momento em que isso se fazia mais preciso, talvez haja um que merece especial referência: é Edwin G. Barnes, sócio de Thomas Edison.

O sr. Barnes interessou-se pelo meu trabalho há quase 20 anos e a ele devo poder declarar aqui que, se não fosse a minha fé absoluta na verdade da filosofia da Lei do Triunfo, teria cedido à persuasão dos meus amigos e parentes e procurado um meio de amainar a tempestade, aceitando emprego com ordenado fixo.

Isso me teria poupado muitos aborrecimentos e uma infinidade de críticas, mas teria também destruído todas as esperanças da minha vida, e, finalmente, eu teria perdido também, com toda probabilidade, a melhor e mais desejável de todas as coisas, a felicidade, pois me senti sempre muito feliz no meu trabalho, até durante os períodos em que a remuneração que recebia por ele não podia ser medida senão por meio de um amontoado de dívidas, que não me era possível saldar no momento.

Talvez isso possa explicar, até certo ponto, por que foi tão acentuada a questão da escravização às dívidas, na quarta lição, sobre o hábito da economia.

Queríamos que essa lição ficasse profundamente gravada.

Edwin Barnes não somente acreditava na verdade da filosofia da Lei do Triunfo, como também os seus próprios êxitos financeiros e a sua associação com o maior inventor do mundo demonstravam que ele estava apto para falar com autoridade acerca das leis por meio das quais se pode obter o triunfo.

Comecei os meus trabalhos de pesquisa com a certeza de que seria bem-sucedido se procedesse com inteligência e um verdadeiro desejo de triunfar, e se seguisse certas regras de proceder (até então desconhecidas). Queria saber quais eram essas leis e como podiam ser aplicadas.

O sr. Barnes tinha a mesma crença. Além disso, estava em condições de saber que as extraordinárias realizações do seu grande sócio eram inteiramente o resultado de alguns princípios que mais tarde foram experimentados e incluídos nessa filosofia. A seu ver, seria possível acumular dinheiro, desfrutando paz de espírito e encontrando também felicidade, por meio da aplicação de leis invariáveis, que qualquer pessoa podia dominar e aplicar.

Essa era também a minha crença. Tal crença transformou-se agora não numa simples probabilidade, mas numa *realidade* comprovada, e espero que todos os leitores deste curso compreendam isso, depois de terem assimilado a leitura.

Rogamos ao leitor que tenha sempre em mente o fato de que durante todos esses anos não aplicava somente o princípio que faz o assunto desta lição: "O hábito de fazer mais do que a obrigação", como também ia muito mais longe, pois fazia então um trabalho pelo qual não esperava jamais receber pagamento.

Dessa forma, depois de anos de caos, adversidades e oposição, a obra ficou terminada e pronta para a publicação.

Durante algum tempo nada aconteceu.

Eu estava por assim dizer repousando antes do passo que deveria dar logo em seguida, isto é, entregar a obra ao público, que — eu tinha razões para acreditar — lhe daria boa acolhida.

"Deus escreve certo por linhas tortas."

Durante os primeiros anos da minha experiência essa máxima me parecia absolutamente vazia de sentido, mas hoje modifiquei tal opinião.

Fui então convidado para fazer uma conferência em Canton, Ohio. Fizera-se grande publicidade dessa conferência e havia razões para se esperar que eu teria um grande auditório. Contudo, certos *meetings* convocados por grupos comerciais competidores arrebataram grande parte do meu auditório, e à conferência compareceram apenas 13 pessoas.

Foi sempre minha opinião que um homem deve se esforçar por fazer o melhor possível, sem olhar a remuneração, as pessoas ou a classe a que serve. Naquele momento, qualquer coisa despertou em mim o sentimento de que a roda da fortuna se voltava contra mim; contudo, isso foi um incentivo para mim, e, se já falei alguma vez de maneira convincente, foi bem naquela noite.

No íntimo, porém, eu sentia que havia fracassado!

Somente no dia seguinte foi que eu soube que a minha palestra tinha obtido sucesso e que, naquele primeiro impulso, a filosofia da Lei do Triunfo dera um grande passo à frente.

Um dos meus 13 ouvintes era o falecido Don R. Mellett, o proprietário do *Canton Daily News*, e a quem já fiz ligeira referência na introdução.

Logo que acabei a conferência, saí pela porta dos fundos e fui diretamente para o hotel, sem querer falar com nenhum dos meus 13 ouvintes.

No dia seguinte recebi um convite de Mellett para ir ao seu escritório.

Como eu havia sido convidado, deixei que ele falasse primeiro. Mellett começou mais ou menos da seguinte maneira:

— Poderia me contar toda a história da sua vida, desde a infância até o momento presente?

Respondi-lhe que estava disposto a isso se ele quisesse perder bastante tempo para ouvir a narrativa, que não seria curta. Ele me disse que sim, e, antes que eu começasse, recomendou-me que não omitisse o lado desfavorável da história.

— O que desejo — disse ele —, é que conte tanto as vantagens como as desvantagens e me deixe ver na sua própria alma não do ponto de vista mais favorável, e sim de todos os ângulos.

Falei durante três horas, enquanto Mellett escutava atentamente! Nada ocultei. Falei-lhe sobre as minhas lutas, os meus erros, o meu impulso para ser desonesto quando a maré da fortuna voltava rapidamente contra mim e como o meu melhor discernimento prevaleceu, afinal, mas somente depois de se ter travado um combate prolongado entre mim e a minha consciência. Disse-lhe como concebera a ideia de organizar a filosofia da Lei do Triunfo, como colhera o material que entrara na elaboração dessa filosofia, falei-lhe das experiências que havia feito e que deram em resultado a eliminação de alguns dados e a conservação de outros.

Quando terminei, Mellett disse o seguinte:

— Quero lhe fazer algumas perguntas particulares e espero que responda com tanta franqueza como me contou a sua história. Ganhou dinheiro com os seus esforços? E, se não ganhou, sabe a razão disso?

— Não! — respondi eu. — Não acumulei mais do que experiências, conhecimentos e algumas dívidas, e a razão disso é facilmente explicável: a verdade é que estive tão ocupado durante todos esses anos, procurando eliminar um pouco da minha própria ignorância, de modo a poder colher e organizar os dados que entraram na filosofia da Lei do Triunfo, que não encontrei oportunidade nem inclinação para dirigir os meus esforços no sentido de ganhar dinheiro.

O ar sério de Don Mellett abrandou, para minha surpresa, com um sorriso, e ele pousou a mão no meu ombro, dizendo:

— Sabia a resposta, antes mesmo de ouvi-la, mas me admira que o se nhor soubesse disso. Provavelmente, sabe que não é o primeiro homem do mundo que teve de sacrificar a remuneração financeira imediata em benefício do acúmulo de conhecimentos, na verdade, a sua experiência tem sido a de todos os filósofos, desde Sócrates até os nossos dias.

Essas palavras soaram nos meus ouvidos como música.

Eu tinha feito ali uma das confissões mais difíceis da minha vida; desnudara a minha alma, confessando derrotas temporárias em quase todas as encruzilhadas por onde passara, nas minhas lutas, e tive de admitir que um representante da filosofia da Lei do Triunfo também experimentara derrotas temporárias!

Como isso parecia incoerente! Sentia-me estupidificado, humilhado, embaraçado, sentado ali, sob o olhar mais agudo e mais pesquisador que já vira.

O absurdo de tudo isso surgiu na minha mente como um relâmpago: *A filosofia do triunfo fora criada e propagada por um homem que era evidentemente um fracasso!*

A ideia me impressionou a tal ponto que a expressei em palavras.

— O quê? — exclamou Mellett. — Um fracasso? — Decerto — prosseguiu ele — conhece a diferença entre fracasso e derrota temporária. Um homem que cria uma única ideia não é um fracasso, e, muito menos, seria aquele que cria uma filosofia completa, que servirá para suavizar as decepções e diminuir as provações de futuras gerações.

Admirava-me de ser o objeto daquela entrevista. A minha primeira conjetura foi que Mellett desejava alguns fatos para servir de base a um ataque, no seu jornal, contra a filosofia da Lei do Triunfo. Talvez essa ideia se originasse de algumas das minhas experiências anteriores com jornalistas, alguns dos quais tinham sido meus antagonistas. De qualquer maneira, desde o início da entrevista eu decidira apresentar-lhe os fatos, sem embelezá-los, sucedesse o que sucedesse.

Antes de deixar o escritório de Mellett, tínhamos nos tornado sócios, tendo ficado combinado que ele se demitiria do cargo de editor do *Canton Daily News* e passaria a tomar a direção dos meus negócios, logo que se pudesse resolver isso.

Nesse ínterim, comecei a escrever uma série de editoriais, baseados na filosofia da Lei do Triunfo, e que eram publicados na edição de domingo do *Canton Daily News.*

Um desses editoriais — intitulado "Fracasso", e que aparece numa das lições deste curso — chamou a atenção do juiz Elbert Gary, então presidente do conselho-diretor da United States Steel Corporation. Disso resultou um entendimento entre Mellett e Gary, que, por sua vez, deu em resultado uma oferta deste último para adquirir o curso da Lei do Triunfo para uso dos empregados da Steel Corporation, da maneira que descrevemos na introdução.

A maré da fortuna começara a voltar em meu favor.

As sementes que eu vinha lançando durante tantos anos de luta, "fazendo mais do que a minha obrigação", começavam finalmente a germinar!

Conquanto o meu sócio tivesse sido assassinado antes de os nossos planos terem ido muito adiante e conquanto o juiz Elbert Gary tivesse morrido antes de ter sido refundida a filosofia da Lei do Triunfo, de acordo com as suas solicitações, "as penas de amor perdidas", naquela noite fatal em que falei para 13 pessoas apenas, em Canton, deram origem a uma série

Entre as coisas que pretende "cortar", nas suas resoluções para o ano-novo, inclua a palavra "impossível".

de acontecimentos que se moviam agora mais rapidamente, sem qualquer esforço ou pensamento da minha parte.

Não será abuso de confiança enumerar aqui alguns dos casos que vêm em abono da teoria de que nenhum trabalho que amamos ficará absolutamente perdido e que todos aqueles que dão mais e melhores serviços do que o salário que recebem cedo ou tarde terão a recompensa que, muitas vezes, vale muito mais do que o trabalho realizado.

Estando a presente lição pronta para ser entregue ao editor, algumas firmas conhecidas julgaram que seria vantajoso adquirir o curso para os seus empregados, ao passo que outras chegaram mesmo a entrar em acordo para comprá-lo. Entre essas firmas encontram-se as seguintes: Baltimore & Ohio Railroad Co., Indian Refining Company, Standard Oil Company, New York Life Insurance Company, The Postal Telegraph Commercial-Cable Company, The Pierce-Arrow Motor Car Company, The Cadillac Motor Car Company.

Além dessas, entraram em acordo semelhante mais 50 firmas da mesma importância. Também um clube recentemente organizado, no gênero da Associação Cristã de Moços, fez um acordo no sentido de empregar o curso como base do seu programa de educação, e de acordo com as estimativas feitas para distribuir mais de 100 mil exemplares nos dois próximos anos.

A Ralston University Press, de Meriden, Connecticut, fez um contrato para distribuir o curso a particulares, através de todos os Estados Unidos e de alguns países. Quantos exemplares serão distribuídos é o que não se pode calcular com segurança, mas, quando se considera o fato de que essa organização tem uma lista de endereços incluindo cerca de 800 mil pessoas que têm absoluta confiança no critério da Ralston University, parece razoável supor que essa distribuição colocará dezenas de milhares de exemplares nas mãos de pessoas ansiosas pelos conhecimentos contidos na filosofia da Lei do Triunfo.

Talvez isso seja desnecessário, mas desejo explicar que o meu único objetivo, narrando de que maneira a filosofia da Lei do Triunfo adquiriu o prestígio aqui descrito, é mostrar como a lei sobre a qual essa lição é baseada tem na verdade influência nos negócios práticos da vida.

Se eu tivesse podido evitar, nesta análise, o emprego do pronome pessoal, decerto que teria evitado.

Colocada essa base histórica relacionada com a Lei do Triunfo, em conjunto, e com a presente lição, em particular, o leitor estará mais bem-preparado para aceitar como válida a lei sobre a qual se funda a lição.

Há mais de 20 razões mostrando que se deve desenvolver o hábito de prestar mais serviço do que é nossa obrigação, conquanto a grande maioria das pessoas assim não proceda.

Entretanto, existem duas razões que transcendem em importância a todas as outras:

Primeiro: estabelecendo a reputação de ser uma pessoa que presta mais e melhores serviços do que é seu dever, ganharemos, em comparação com os que nos cercam e que assim não fazem, e o contraste será tão notável que haverá grande procura dos nossos serviços, seja qual for o nosso gênero de atividade.

Seria um insulto à inteligência do leitor oferecer aqui a prova da veracidade dessa afirmativa, pois ela é evidentemente válida. Quer o leitor seja um pregador, um advogado, um escritor ou professor, se tornará mais útil e conseguirá melhor salário se ficar conhecido como alguém que "faz mais do que a sua obrigação".

Em seguida, a razão mais importante que se tem para agir assim, a razão básica e fundamental, pode ser descrita nos seguintes termos: suponhamos que alguém desejasse desenvolver mais o braço direito e que fizesse isso atando o braço a um lado, com uma corda, tirando-lhe assim todo o uso, e deixando-o em longo repouso. Essa inação daria em resultado a força, ou traria uma atrofia e fraqueza, resultando disso, afinal, que a pessoa ficasse forçada a cortar o braço?

Sabemos que para conseguir ter o braço direito bastante forte o único meio é trabalhar com ele o mais *arduamente possível*. Observemos o braço de um ferreiro, se desejamos saber de que maneira um braço pode adquirir força. Da resistência nasce a força. O carvalho mais forte da floresta não é o que fica protegido pela sombra e abrigado do sol, e sim o que fica a descoberto, e que é forçado a lutar pela existência, contra os ventos e a chuva.

É por meio da operação de uma das leis invariáveis da natureza que a luta e a resistência desenvolvem a força, e o objetivo desta lição é mostrar ao leitor a maneira de dominar essa lei, de modo que ela o auxilie na sua luta pelo triunfo. O hábito de prestar mais e melhores serviços do que é nossa obrigação não somente nos torna mais prestimosos, como também desenvolve de maneira extraordinária nossa capacidade e contribui ainda para nos fazer adquirir uma reputação que será valiosíssima. Se formarmos esse hábito, nos tornaremos tão hábeis no nosso trabalho que poderemos exigir melhor remuneração do que aqueles que se descuidam disso.

Um empregado pode assim se tornar tão valioso a ponto de poder fixar ele próprio o seu salário, e nenhum empregador sensato procurará evitar isso. Se um empregador tiver a imprudência de tentar retirar de um empregado a compensação a que ele faz jus, esse empregado não ficará prejudicado por muito tempo, pois outros patrões descobrirão as suas qualidades excepcionais e lhe oferecerão emprego.

O fato de que a maioria das pessoas faz apenas o trabalho necessário para poder permanecer no emprego é uma vantagem para todos aqueles que prestam mais serviços do que a sua obrigação, pois todos os que assim agem, lucram, quando comparados com os outros. Trabalhando o menos possível, uma pessoa pode conservar o emprego, mas não passará disso, e quando o trabalho escassear, essa pessoa será a primeira a ser dispensada.

Por mais de 25 anos venho estudando cuidadosamente os homens, com o objetivo de descobrir por que algumas pessoas conseguem êxitos notáveis, ao passo que outras, com igual capacidade, não vão adiante; parece significativo o fato de que todas as pessoas que observei, e que adotavam o princípio acima descrito, tinham melhores colocações e recebiam melhores salários do que todos aqueles que faziam unicamente o trabalho necessário para "passar".

Por mim, posso afirmar que em toda a minha vida jamais alcancei uma promoção que não atribuísse diretamente ao fato de ter prestado mais e melhores serviços do que era minha obrigação.

Acentuo aqui a importância que tem o fazer desse princípio um hábito, que nos habilitará a conseguir melhores colocações, com melhor salário, porque este curso se destina a ser seguido por milhares de moças e rapazes que trabalham para viver; contudo, o princípio se aplica tanto ao empregador e ao profissional como ao próprio empregado.

Se tentou e fracassou, se planejou e viu seus planos ruírem, lembre-se que os maiores homens da história foram produto de coragem, e a coragem, bem sabemos, nasce no berço da adversidade.

A observância desse princípio proporciona uma dupla recompensa: torna possível conseguir melhor salário e traz também consigo o contentamento íntimo que os outros não conhecem. Na verdade, se não se recebe outro pagamento senão o salário, a remuneração será insuficiente, seja qual for a soma contida no contracheque.

Minha mulher, que fora à biblioteca pública, trouxe de lá um livro que me deu para ler. O livro é intitulado *Observation. Every Man his own University* (Observação. Cada homem é sua própria universidade), de Russell H. Conwell.

Por acaso, abri o livro no começo do capítulo intitulado "Every Man's University" (A universidade de cada homem) e, depois que o li, o meu primeiro impulso foi o de recomendar ao leitor que se dirigisse à biblioteca e lesse todo o livro; mas, pensando melhor, não farei isso; recomendarei antes que compre o livro, e o leia não apenas uma vez, mas centenas de vezes, pois esse livro trata do assunto da presente lição como se tivesse sido escrito especialmente para isso; trata desse assunto de maneira muito mais impressionante do que eu poderia fazer.

Transcreverei um trecho do capítulo a que me referi, é uma amostra magnífica da mina de ouro que é todo o livro:

> O intelecto pode, às vezes, ver muito mais longe do que os homens conseguem, ordinariamente, mas nenhum colégio ou universidade do mundo pode, por si só, conferir tal poder, que é uma consequência da *autocultura*; cada qual o adquire por si mesmo, e talvez seja por essa razão que o poder de observação profunda e vasta é encontrado com muito maior frequência em pessoas que nunca cruzaram os umbrais de outro colégio senão o da adversidade.

Recomendamos ao leitor que leia o livro como parte desta lição, pois sua leitura o tornará apto para tirar proveito da filosofia e psicologia que lhe servem de base.

Examinaremos agora a lei sobre a qual toda esta lição se baseia.

A Lei do Aumento de Lucros

Comecemos nossa análise demonstrando como a natureza emprega essa lei em favor dos agricultores. O fazendeiro prepara cuidadosamente o terreno, semeia em seguida o trigo e espera que a Lei do Aumento de Lucros recompense a semente plantada e dê *mais um grande lucro.*

Sem essa lei o homem pereceria, pois não poderia fazer com que o solo produzisse o suficiente para a sua subsistência. Não haveria vantagem alguma em semear o trigo se a colheita não o devolvesse com acréscimo.

Com essa "gorjeta" que nos dá a natureza nos campos de trigo passemos a analisar melhor a lei, aprendendo a maneira de aplicá-la no nosso trabalho, a fim de que possamos tirar dele lucros vantajosos, maiores do que o esforço empregado.

Antes de tudo, devemos acentuar o fato de que não há nenhum truque ou chicana relacionados com a lei, embora pareça que apenas poucas pessoas acreditem em tal verdade, a julgar pelo grande número dos que gastam todos os seus esforços procurando obter alguma coisa por nada, ou alguma coisa por menos do que o seu real valor.

Não é com esse objetivo que recomendamos o uso da Lei do Aumento de Lucros, pois tal fim não é possível dentro do sentido amplo da palavra *triunfo.*

Outra característica digna de nota dessa lei é o fato de que ela pode ser empregada pelos que contratam serviços, com lucros tão grandes como os das pessoas que os prestam. Para se ter uma prova disso, basta estudar os efeitos do famoso salário mínimo de 5 dólares por dia, criado há alguns anos por Ford, nas suas fábricas.

Todos os que estão a par dos fatos dizem que Ford não fazia aí o papel de filantropo; ao contrário, estava apenas tirando vantagem de um sólido princípio comercial, que provavelmente lhe deu maiores lucros tanto em dólares como em boa vontade do que qualquer outro sistema já experimentado nas suas empresas.

Pagando melhores salários do que a média geral, recebeu mais serviços e de melhor qualidade do que as outras fábricas!

Com um simples gesto, estabelecendo esse sistema de salário mínimo, Ford atraiu para as suas fábricas o melhor trabalho do mercado e pôs a prêmio a oportunidade para trabalhar na sua empresa.

Em última análise, nada há que tenha grande importância. O fracasso que hoje nos despedaça o coração não é mais do que uma pequena ondulação entre as ondas das outras experiências no oceano da nossa vida futura.

Não tenho em mãos cifras autênticas sobre o assunto, mas tenho sólidas razões para conjeturar que, para cada 5 dólares que Ford gastou com esse sistema, recebeu, no mínimo, 7 dólares e 50 centavos em trabalho.

Tenho também motivos justos para acreditar que tal política contribuiu para que Ford reduzisse o custo da superintendência nas suas fábricas, pois os empregos na sua empresa se tornaram tão vantajosos que nenhum operário desejaria correr o risco de perder o lugar por desleixo no trabalho.

Ao passo que outros empregadores eram forçados a despender grandes somas com a fiscalização, a fim de conseguir o trabalho de que necessitavam e pelo qual pagavam, Ford conseguia o mesmo trabalho, e até melhor, com o sistema de tornar vantajosos os empregos na sua fábrica.

Marshall Field foi, provavelmente, o principal comerciante da sua época, e a importante Casa Field, em Chicago, permanece hoje como um monumento à sua habilidade para aplicar a Lei do Aumento de Lucros.

Uma vez, uma cliente da Casa Field comprou nesse estabelecimento uma gola de renda caríssima. Dois anos depois deu-a de presente a uma sobrinha que ia casar. Essa levou a gola à Casa Field e trocou-a por outro artigo, conquanto se tivessem passado já mais de dois anos e a gola estivesse fora de moda.

Não somente a Casa Field recebeu o artigo, como também, o que é mais importante, fez isso sem opor a menor objeção!

Sem dúvida, não havia da parte do estabelecimento nenhuma obrigação moral ou legal de aceitar o artigo, principalmente depois de tanto tempo, e esse fato vem tornar a transação ainda mais significativa.

A gola havia custado 50 dólares e, sem dúvida, teria de ser exposta no balcão e vendida por qualquer preço, mas um estudioso da natureza humana compreenderá que a Casa Field não somente nada perdeu com a transação, como também alcançou um lucro que não pode ser medido simplesmente em dólares.

A senhora que levou a gola sabia que não tinha direito de fazer aquilo, portanto, quando a loja lhe deu esse direito, conquistou-a e fez dela uma cliente. Mas não parou aí o efeito da transação, estamos apenas no começo. Essa senhora espalhou a notícia do "tratamento gentil" que lhe fora dispensado na Casa Field.

Durante vários dias esse foi o assunto predileto de todas as senhoras das suas relações, e a Casa Field teve mais propaganda, em consequência dessa transação, do que teria conseguido de qualquer outra maneira, mesmo pagando dez vezes o valor daquela gola de renda.

O êxito da Casa Field é largamente devido à compreensão que Marshall Field tinha da Lei do Aumento de Lucros, e que decidiu adotar, como parte da sua política comercial, o slogan: "O freguês tem sempre razão."

Quando fazemos apenas o trabalho que nos é pago, nada fazemos de extraordinário para atrair comentários favoráveis sobre a transação; porém, quando fazemos mais trabalho do que o que nos é pago, tal ação atrai uma atenção favorável de todos os interessados nessa transação e damos mais um passo no caminho de estabelecer uma reputação que poderá fazer com que a Lei do Aumento de Lucros trabalhe em nosso favor, pois essa reputação dará como resultado uma procura extensiva dos nossos serviços.

Carol Downes tornou-se empregado de W. C. Durant, o fabricante de automóveis; ocupava um cargo insignificante e agora é o braço direito de Durant, e presidente de uma das suas companhias distribuidoras de automóveis. Foi ele próprio quem se promoveu para esse cargo lucrativo, unicamente por meio do auxílio da Lei do Aumento de Lucros.

Em recente visita que fiz a Downes, perguntei como conseguira tão rápida promoção. Em breves frases ele me contou toda a história:

— Quando comecei a trabalhar com o sr. Durant — disse-me Downes —, notei que ele permanecia no escritório por muito tempo, depois de todos os outros terem saído. Resolvi ficar também. Ninguém me dissera para que ficasse, mas pensei que poderia dar ao sr. Durant algum auxílio de que ele podia necessitar. De fato, às vezes ele olhava em torno, procurando alguém que lhe desse uma coleção de cartas ou que lhe prestasse qualquer outro serviço insignificante, e *sempre me encontrava pronto para servi-lo.* Adquiriu o hábito de me chamar. E é tudo.

Adquiriu o hábito de me chamar!

Leia novamente a frase, que é cheia dos mais ricos ensinamentos.

Gostar do elogio, mas não adorá-lo, e temer a censura, sem ser escravo da mesma, é dar prova de uma personalidade bem-equilibrada.

Por que o sr. Durant adquiriu o hábito de chamar Downes? Porque Downes procurava estar sempre à mão, num lugar onde podia ser visto. Postava-se deliberadamente no caminho de Durant, a fim de prestar-lhe serviços que lhe trariam o apoio da Lei do Aumento de Lucros.

Alguém lhe disse que fizesse isso? *Não!*

Recebia pagamento para fazer isso? *Sim.* Era pago com a oportunidade que lhe era oferecida para chamar a atenção do homem que tinha o poder de promovê-lo.

Nós nos aproximamos agora da parte mais importante desta lição, pois é aqui o lugar apropriado para sugerir ao leitor que ele tem a mesma oportunidade de fazer uso da Lei do Aumento de Lucros e pode aplicá-la da mesma maneira que Downes a aplicou: *estando sempre às ordens e pronto para prestar serviços, dos quais outros poderão esquivar-se, porque não são pagos para isso.*

Detenha-se o leitor se tem intenção de responder com o costumado argumento "*Mas o meu patrão é diferente*". Nem mesmo deve pensar em tal coisa.

Sem dúvida, o seu empregador é diferente. Todos os homens são diferentes em muitos aspectos, mas são muito semelhantes nisto: todos são um tanto *egoístas*; de fato, são bastante egoístas para não desejarem que um homem como Carol Downes arriscasse a sua sorte com um competidor, e esse egoísmo pode servir-lhe como um ativo, e não como uma responsabilidade, se tem capacidade para se tornar tão hábil que a pessoa a quem vende os seus serviços não pode de modo algum passar sem eles.

Uma das promoções mais vantajosas que já tive originou-se de um incidente que me parecia tão insignificante que não lhe dei a menor importância. Um sábado à tarde, um advogado, cujo escritório ficava no mesmo prédio e no mesmo andar em que eu trabalhava, entrou na sala onde eu me encontrava e perguntou-me se eu conhecia algum estenógrafo que pudesse se encarregar de um trabalho que ele era forçado a terminar naquele dia.

Respondi-lhe que todos os nossos estenógrafos tinham ido a uma partida de futebol e ele não me teria encontrado se me tivesse procurado cinco minutos mais tarde, mas estava disposto a ficar e fazer o trabalho, no próximo sábado haveria um novo jogo de futebol e eu poderia ir, ao passo que o seu trabalho tinha de ser feito naquele dia.

Fiz o trabalho, e quando o advogado me perguntou quanto me devia, respondi:

— Mil dólares, porque é para o senhor; se fosse para outro, nada cobraria.

Ele sorriu e agradeceu.

Ao dizer aquilo, não imaginava sequer que o advogado havia de me pagar um dia mil dólares por uma tarde de trabalho, mas foi o que aconteceu. Seis meses depois, quando eu já tinha esquecido inteiramente o caso, ele apareceu de novo no escritório e perguntou quanto eu ganhava. Quando lhe respondi, ele me disse que estava pronto para me pagar aqueles mil dólares que, por brincadeira, eu dissera que lhe cobraria pelo trabalho que fizera para ele. Pagaria dando-me uma colocação na qual eu lucraria mil dólares por ano, em salário.

Inconscientemente, eu fizera trabalhar a Lei do Aumento de Lucros naquela tarde em que deixei de ir me divertir para prestar um serviço, com o objetivo único de ser útil, e nunca considerando qualquer recompensa financeira.

Não era minha obrigação perder a minha tarde de sábado, mas era para mim um *privilégio*.

O dever de Carol Downes era ficar à disposição, no escritório, até a hora de saída, mas era *privilégio* seu permanecer no posto, depois de os outros empregados terem saído, e esse privilégio, que ele exerceu, deu-lhe maiores responsabilidades e um salário que lhe rende, por ano, mais do que ele poderia ter ganho durante toda a vida no posto que ocupava antes.

Venho refletindo há mais de 25 anos sobre esse privilégio de fazer mais do que a nossa obrigação, e essas reflexões levaram-me à conclusão de que uma simples hora por dia, dedicada a exercer tal privilégio, pode nos proporcionar maiores lucros do que o que recebemos por um dia de trabalho fazendo apenas o serviço obrigatório.

Estamos ainda nas proximidades da parte mais importante da lição; assim, o leitor deve pensar e assimilar, antes de passar adiante.

A Lei do Aumento de Lucros não é invenção minha, nem pretendo ter descoberto que o hábito de prestar mais e melhores serviços do que é nossa

O HOMEM EDUCADO É AQUELE QUE APRENDEU A CONSEGUIR TUDO O QUE NECESSITA SEM VIOLAR OS DIREITOS DOS SEUS SEMELHANTES; A EDUCAÇÃO VEM DE DENTRO, CONSEGUIDA POR MEIO DA LUTA, DO ESFORÇO E DO PENSAMENTO.

obrigação constitui um meio de fazer uso dessa lei. O que fiz, unicamente, foi apropriar-me dessa descoberta, depois de vários anos de cuidadosa análise das forças que entram na obtenção do triunfo. E o leitor poderá igualmente apropriar-se dela, depois de ter compreendido o seu significado.

O leitor poderia iniciar esse processo de apropriação tentando uma experiência que pode, facilmente, abrir-lhe os olhos e pôr, em apoio aos seus esforços, poderes que não julgava possuir.

Permita-me, porém, que o advirta a não tentar essa experiência no mesmo espírito com que certa mulher quis experimentar aquela passagem da Bíblia, que se refere ao poder miraculoso da fé. A Bíblia diz: "*Se tiverdes a fé de um grão de mostarda e disserdes àquela montanha que se transporte para outra parte, ela se transportará.*" A mulher em questão morava perto de uma montanha muito alta, que podia avistar da porta da sua casa. Uma noite, ao recolher-se, ordenou à montanha que se transportasse para outro lugar.

Na manhã seguinte, saltou da cama e correu para a porta, mas a montanha continuava no mesmo lugar!

— É exatamente o que eu esperava — exclamou. — Eu sabia que a montanha permaneceria ali.

Peço ao leitor que tente a experiência com fé absoluta, pois ela marcará um dos pontos decisivos mais importantes da sua vida. Peço-lhe que tome como objeto da sua experiência uma montanha que se oponha à sua entrada no *templo do triunfo*.

— Qual será essa montanha? — perguntará o leitor.

Essa montanha é a ideia de que está sendo logrado, quando não recebe pagamento em dinheiro pelos serviços que presta.

Esse sentimento pode estar se expressando inconscientemente, e destruindo até mesmo os alicerces do seu *templo do triunfo*, de dezenas de maneiras que não observou ainda.

Nos tipos mais baixos da humanidade, tal sentimento, em geral, procura externar-se mais ou menos nos seguintes termos:

Não ganho para fazer tal coisa e, portanto, não serei idiota!

O leitor sabe, decerto, a que tipo me refiro; sem dúvida o tem encontrado muitas vezes, mas o que nunca encontrou foi uma pessoa desse tipo que chegasse a triunfar na vida.

O triunfo precisa ser atraído por meio da compreensão e aplicação de leis que são imutáveis, como a lei da gravitação. Não pode ser pego a laço como um novilho selvagem. Por esse motivo, pedimos ao leitor que faça a experiência que descrevemos aqui com o objetivo de familiarizar-se com uma das mais importantes entre essas leis: a Lei do Aumento de Lucros.

Durante os próximos seis meses decida-se a prestar, pelo menos a uma pessoa, por dia, serviços pelos quais não espera, nem aceite pagamento em dinheiro.

Realizada com fé, essa experiência revelará uma das mais poderosas leis que entram na consecução do triunfo permanente, e *você não se decepcionará*.

Tais serviços podem ser prestados de dezenas de formas. Por exemplo, pessoalmente, a uma ou mais pessoas; podem também ser prestados ao empregador, na forma de um trabalho executado depois das horas de expediente.

Podem também ser prestados a pessoas inteiramente estranhas que podemos nunca mais encontrar. O importante é que esses serviços sejam prestados de boa vontade e com o único objetivo de sermos úteis aos outros.

Fazendo essa experiência com um estado de espírito apropriado, o leitor descobrirá o que já foi revelado a todos os que aplicaram essa lei.

Ninguém pode prestar um serviço qualquer sem receber recompensa, da mesma maneira que não é possível recusar-se a prestar esse serviço sem sofrer a perda da recompensa.

"Causa e efeito, meios e fins, semente e fruto não podem ser separados", diz Emerson, "pois o efeito sempre aparece na causa, o fim preexiste nos meios, o fruto, na semente."

Se trabalhamos para um patrão mal-agradecido, nos esforcemos ainda mais, pois é para Deus que trabalhamos. Cada esforço nos será pago. Quanto mais demorar o pagamento, melhor para nós, pois o receberemos com juros.

"A Lei da Natureza é: esforce-se e terá poder, mas os que não se esforçam não o adquirem."

Em geral, o homem é atormentado pela ideia de que está sendo defraudado. Mas é impossível que um homem seja defraudado senão por si mesmo. Mas há em nossas negociações uma terceira parte, que é muda. A natureza e a alma das coisas se encarregam de providenciar o cumprimento de todos os contratos, de modo que *um serviço honesto não pode ser perdido.*

Antes de começar a experiência aconselhada, o leitor deve ler o ensaio de Emerson intitulado *Compensation*, que será muito útil para explicar a razão da experiência.

Talvez o leitor já o conheça, mas convém que o leia novamente. Uma das características dessa obra é o fato de que todas as vezes que a lemos descobrimos novas verdades que não tínhamos percebido nas leituras anteriores.

Há alguns anos fui convidado para fazer um discurso de formatura num colégio do Leste dos Estados Unidos. Nesse discurso acentuei o mais possível a vantagem que há em prestar mais e melhores serviços, sem olhar o salário recebido.

Em seguida ao discurso o diretor e o secretário do colégio convidaram-me para um lanche, durante o qual o segundo voltou-se para o primeiro, dizendo:

— Ajudando os outros a vencer, este nosso amigo conquista para si um lugar de destaque no mundo. É o que acabo de compreender.

Com essa breve afirmativa, ele resumiu a mais importante parte da minha filosofia sobre o triunfo.

Há aí uma grande verdade: ajudando os outros a vencer, podemos triunfar melhor e com mais rapidez.

Há dez anos, quando trabalhava ainda em publicidade, consegui toda a minha clientela por meio da aplicação dos princípios sobre os quais é baseada esta lição. Tendo o meu nome nas listas de várias companhias, recebia com frequência obras sobre vendas. Quando recebia um folheto ou um boletim que julgava poder melhorar, não deixava de fazê-lo, e, em seguida, devolvia-o à firma que o enviara, dizendo que aquilo era uma simples amostra do que eu poderia fazer, que havia inúmeras outras ideias sobre o assunto e que eu me sentiria feliz de poder prestar serviços mensais por um salário regular. Invariavelmente, os meus serviços eram contratados.

Uma vez, lembro-me, a firma teve a desonestidade de apropriar-se das minhas ideias e aplicá-las, sem me dar nenhuma remuneração, mas isso resultou depois numa vantagem para mim, da seguinte maneira: um membro da firma, que estava a par da transação, fundou uma nova firma, e, graças aos serviços que eu prestara aos seus associados e que não me haviam pagado, contratou-me para trabalhar com ele, numa base de salário que era o dobro da soma que eu teria ganho com a firma inicial. Assim, a lei da compensação restituiu-me com juros o que eu havia perdido, prestando serviços à firma desonesta.

Se eu procurasse atualmente um campo de trabalho lucrativo, poderia encontrá-lo pondo em ação esse plano de produzir folhetos sobre vendas, com o objetivo de criar um mercado onde colocar os meus serviços. Talvez encontrasse ainda alguém que se apropriasse das minhas ideias, sem me pagar, mas uma grande maioria das pessoas não faria isso, pela simples razão de que seria muito mais proveitoso para elas tratar lealmente comigo e, assim, tirar proveitos do meu serviço contínuo.

Há vários anos fui convidado para fazer uma conferência perante os alunos da Palmer School, em Davenport, no estado de Iowa. O meu secretário concluíra o acordo para essa conferência, e eu aceitara o convite. Pelos termos do contrato, eu receberia 100 mil dólares pela conferência, incluindo o pagamento das despesas de viagem.

Quando cheguei em Davenport, esperava-me uma comissão de recepção, e naquela noite tive uma das acolhidas mais calorosas que já havia recebido até então na minha carreira de homem público. Conheci várias pessoas amáveis, em conversa com as quais pude reunir muitos fatos interessantes e de grande valor para mim; portanto, quando me pediram para apresentar a conta das despesas, a fim de que a escola me desse um cheque em pagamento, respondi que nada desejava e que já fora suficientemente pago com o que aprendera enquanto ali me encontrava. Recusei o pagamento e voltei ao meu escritório em Chicago, sentindo-me amplamente compensado.

Na manhã seguinte o dr. Palmer falou a 2 mil alunos da sua escola e anunciou-lhes o que eu dissera nos seguintes termos:

— Há 20 anos que venho dirigindo esta escola — iniciou ele —, tenho tido aqui inúmeros conferencistas que têm falado aos estudantes, mas é esta a primeira vez que vejo um homem recusar honorários por considerar-se já

Aquele que semeia um belo pensamento na mente de alguém presta maior serviço à humanidade do que todos os censores reunidos.

pago de outras maneiras. Esse homem é o diretor de uma revista e aconselho a cada um de vocês que façam uma assinatura dela, pois, a julgar pelo seu diretor, aprenderão aí muito do que necessitarão quando entrarem em campo para oferecer os seus serviços.

No meio da semana recebi mais de 6 mil dólares de assinaturas para a revista que editava e durante os dois anos que se seguiram esses 2 mil estudantes e seus amigos me enviaram mais de 50 mil, em assinaturas.

Digam-me agora os leitores como eu poderia ter empregado 100 mil dólares de maneira mais proveitosa do que recusando aceitar os meus honorários e pondo assim para trabalhar em meu favor a Lei do Aumento de Lucros?

Nesta vida, todos nós passamos por dois importantes períodos: um é o período durante o qual reunimos, classificamos e organizamos os conhecimentos, e o outro é o período durante o qual lutamos para nos tornar conhecidos. Primeiro precisamos aprender algo que requer muito mais esforços do que a maioria das pessoas está disposta a fazer; mas, depois de termos aprendido muito do que pode ser útil aos outros, temos ainda de enfrentar o problema de convencê-los de que lhes podemos ser de utilidade.

Uma das razões mais importantes que temos para estar não somente prontos para prestar serviços, mas desejosos de prestá-los, é o fato de que, cada vez que agimos assim, ganhamos nova oportunidade para provar a alguém que temos capacidade e assim não fazemos senão dar um passo a mais, no sentido de conquistar o prestígio que todos nós devemos ter.

Em vez de dizer às pessoas: "Mostre-me o seu dinheiro e eu mostrarei o que posso fazer", invertamos a regra, dizendo: "Deixe que lhe mostre os meus serviços, de maneira a poder olhar para o seu dinheiro, se gostar dos meus serviços."

Em 1917 uma senhora que já estava bem próxima dos 50 anos trabalhava como estenógrafa, ganhando 15 dólares por semana. A julgar pelo salário, não devia ser muito competente no seu trabalho.

Observemos agora essa transformação: o ano passado a mesma senhora ganhou um pouco mais de 100 mil dólares, na tribuna de conferencista.

— Qual teria sido a ponte que ligou esses dois extremos, na capacidade de ganhar dinheiro? — perguntará o leitor, e eu respondo:

Foi o hábito de prestar mais e melhores serviços do que era sua obrigação, tirando assim vantagens da Lei do Aumento de Lucros.

Essa senhora é bem conhecida em todo o país como eminente conferencista sobre questões de psicologia aplicada.

Mostrarei agora de que maneira ela dominou a Lei do Aumento de Lucros. Primeiro, pronunciou numa cidade uma série de 15 conferências, com entrada grátis. Todos que quisessem podiam ouvi-la, sem gastar 1 centavo. Enquanto pronunciava essa série de conferências, vendia-se ao auditório, e ao terminar a série anunciou que formaria uma classe cobrando 25 dólares por aluno. Esse era o seu plano.

Ao passo que ela ganhava uma pequena fortuna por ano com esse trabalho, há vintenas de conferencistas, muito mais eficientes, que apenas ganham o suficiente para pagar as suas despesas. Por quê? Simplesmente porque não se familiarizaram ainda com os princípios sobre os quais esta lição é baseada, tal como fez a senhora a que me refiro.

Agora eu peço ao leitor que se detenha aqui um momento, e responda à seguinte pergunta: se uma mulher de 50 anos, sem preparo especial ou extraordinário, pode dominar a Lei do Aumento de Lucros e de simples estenógrafa, ganhando 15 dólares por semana, passar a conferencista, ganhando mais de 100 mil dólares por ano, por que não poderia o leitor aplicar a mesma lei e encontrar assim as vantagens que nunca julgou possuir?

Não tem importância o que virá no restante da lição, enquanto não tiver respondido a essa pergunta, e tal como deve ser respondida.

Decerto o leitor está lutando, arduamente ou não, para conquistar um lugar no mundo. Talvez esteja se esforçando o bastante para alcançar triunfo da mais elevada espécie, se esse esforço for apoiado na Lei do Aumento de Lucros.

Por essa razão, deve a si mesmo procurar um meio de aplicar essa lei, de maneira que ela lhe dê mais vantagens.

Voltemos agora à pergunta, pois estou determinado a não permitir que passe adiante sem lhe dar pelo menos o benefício de responder a ela.

Em outras palavras, não é possível negar o fato de que o leitor está aqui frente a frente com uma questão que afeta de maneira vital o seu futuro, e se foge a ela, a culpa será sua.

É ABSOLUTAMENTE IMPOSSÍVEL QUE UM HOMEM ALCANCE FAMA E FORTUNA SEM LEVAR OUTROS CONSIGO.

Poderá pôr esta lição de lado, depois de tê-la lido, e tem o direito de fazê-lo, sem a menor tentativa de tirar proveito dela; mas, se o fizer, nunca mais poderá mirar-se num espelho sem sentir a impressão de que *ludibriou deliberadamente a si próprio.*

Talvez o autor esteja dizendo uma verdade, sem muita diplomacia, mas quando o leitor adquiriu esse curso da Lei do Triunfo o fez porque desejava *fatos*, e aqui os tem, sem nenhum embelezamento de lisonjas.

Terminada esta lição, se repassar as outras, sobre *Iniciativa, Liderança* e *Entusiasmo*, há de compreendê-las muito melhor.

Aquelas lições, como esta, estabelecem claramente a necessidade de tomar iniciativa, *seguindo-a com a ação agressiva e fazendo mais do que a obrigação.* Se gravar na consciência os fundamentos dessas três lições, se tornará uma pessoa diferente, e faço essa afirmativa sem saber quem é o leitor ou qual a sua profissão.

Se você se ofendeu com essa linguagem franca, alegro-me com isso, pois é um indício de que você pode "mudar". Agora, se quer lucrar com o conselho de alguém que cometeu muito mais erros e por isso mesmo aprendeu algumas das verdades fundamentais, domine essa mágoa e concentre-se, até que ela o leve a prestar todo o serviço de que é capaz.

Se assim fizer, terá uma régia compensação.

Voltemos agora a nossa atenção para outra importante característica do hábito de prestar mais serviços do que é nossa obrigação.

Essa característica é o fato de que podemos desenvolver esse hábito sem que para isso seja necessário pedir autorização de quem quer que seja.

Tais serviços podem ser prestados por nossa própria conta e iniciativa, sem o consentimento de quem quer que seja. Não precisamos consultar aqueles a quem desejamos servir. Trata-se de um privilégio sobre o qual temos absoluto controle.

Há muitas coisas que poderíamos fazer, e que tenderiam a promover os nossos interesses, porém a maioria delas requer a cooperação e o assentimento dos outros. Para trabalhar menos do que é nossa obrigação fazer precisamos ter o consentimento do patrão, do contrário os nossos serviços seriam imediatamente dispensados.

Desejaria que o leitor compreendesse plenamente essa prerrogativa que todos temos de prestar mais e melhores serviços do que é nossa obrigação, pois isso coloca inteiramente sobre os nossos ombros a responsabilidade que assumimos, agindo assim, e se tal não fizermos não encontraremos uma desculpa plausível para oferecer um álibi a que recorrer se fracassarmos na consecução do nosso objetivo principal definido.

Uma das verdades mais essenciais e mais duras que já me foi dado descobrir é que cada pessoa deve ser o seu próprio mestre.

Todos nós somos hábeis em arranjar álibis e desculpas para apoiar os nossos erros.

Não procuramos enfrentar os fatos e a realidade tal como são, e sim como desejaríamos que fossem. Preferimos a lisonja e a ilusão à verdade fria e dura, e aí é que está o ponto mais fraco do homem.

Além disso, nos revoltamos sempre contra aqueles que ousam nos mostrar a verdade, em nosso benefício.

Um dos choques mais severos que já sofri no começo da minha carreira de publicitário foi o fato de que os homens estão ainda sendo crucificados pelo crime inominável de dizer a verdade.

Lembro-me de um fato que se passou comigo e um homem que escrevera um livro de propaganda da escola comercial da qual era diretor. Propôs-me que fizesse a revisão do livro e desse a minha opinião franca sobre ele, e pagou-me para isso.

Fiz o que me foi recomendado e apontei todas as falhas que encontrei, como era do meu dever.

Isso foi para mim uma grande lição, pois o homem ficou a tal ponto zangado que nunca mais me perdoou a minha franqueza. Quando me pediu que criticasse francamente o livro, o que desejava, realmente, era que eu apontasse o que via nele digno de elogios.

Assim é a natureza humana.

Gostamos mais de lisonjas do que da verdade. Compreendo isso porque também sou humano.

Mas tudo isso tem por único objetivo preparar o leitor para ouvir uma dura verdade que sou forçado a sugerir-lhe: não agiu tão bem como poderia ter agido simplesmente porque não aplicou bastante a verdade estabelecida na oitava lição, sobre o autocontrole, e não culpou a si mesmo por todos os seus erros e fracassos.

Para fazer isso é preciso ter muito autocontrole.

Se pagasse uma grande quantia a uma pessoa que tivesse a habilidade e a coragem de lhe apontar as suas vaidades, o seu orgulho e amor da lisonja, de modo que pudesse ver bem claro os seus pontos mais fracos, lucraria com isso.

Atravessamos toda a vida cambaleando aqui e ali, caindo, mas erguendo-nos novamente, cometendo erros, muitas vezes sendo derrotados. Afinal, tudo isso porque nos recusamos terminantemente a tomar conhecimento da verdade acerca de nós mesmos.

Desde que comecei a descobrir algumas das minhas próprias fraquezas, nesse trabalho de auxiliar os outros a descobrir as suas, fico com vergonha todas as vezes que faço uma análise retrospectiva da minha vida e vejo quão ridículo devo ter parecido aos olhos daqueles que podiam me ver como eu não era capaz de me ver.

Detemo-nos diante das sombras acrescidas da nossa própria vaidade e imaginamos que essas sombras são o nosso ser real, ao passo que as poucas pessoas conscientes que encontramos permanecem ao fundo e olham-nos com piedade e desdém.

Detenha-se o leitor um minuto. Ainda não acabei.

A minha obrigação é penetrar nas profundidades do seu ser real e dar-lhe uma descrição introspectiva do que há nele, e vou cumprir o meu dever, da melhor maneira que puder.

Não somente o leitor se tem enganado quanto à verdadeira causa dos seus fracassos, como também tem procurado culpar os outros, deles.

Quando um trabalho não agradava, em vez de aceitar a responsabilidade, dizia, naturalmente:

— Ao diabo esse trabalho. Não gosto da maneira como estão me tratando. Vou deixar esse emprego.

Não tente negar.

Agora deixe que lhe conte um segredo — um segredo que aprendi através de desgostos e sofrimentos e dos mais rudes e desnecessários castigos: "Em vez de deixar o emprego porque havia dificuldades e obstáculos a dominar e vencer, devia ter enfrentado a realidade; teria então compreendido que a própria vida não é mais do que uma longa série de dificuldades e obstáculos vencidos."

Um homem pode ser julgado muito exatamente pelo seu grau de adaptação ao ambiente e pelo esforço que faz para aceitar a responsabilidade por todas as adversidades que encontra no seu caminho, quer essa adversidade resulte ou não de uma causa que esteja dentro do seu controle.

Agora, se o leitor acha que o "desanquei" um tanto severamente, não me julgue mal por isso. Somos companheiros de jornada, e é preciso que saiba que, antes de puni-lo, puni a mim mesmo, ainda mais severamente, antes de descobrir a verdade que lhe transmito agora para lhe servir de guia.

Tenho poucos inimigos e dou graças a Deus por tê-los encontrado, pois eles foram bastante vulgares e impiedosos para dizer de mim algumas coisas que me *obrigaram* a me libertar de algumas das minhas limitações mais sérias, principalmente aquelas que eu não tinha consciência de possuir. Aproveitei a crítica desses inimigos sem lhes ter pagado os seus serviços em dólares, conquanto tenha pagado de outras maneiras.

Contudo, foi apenas há poucos anos que descobri alguns dos meus defeitos mais graves. Isso foi quando li o ensaio *Compensation*, de Emerson, e cheguei ao seguinte passo:

> A nossa força nasce da nossa fraqueza. Somente depois que somos ferroados, espicaçados e cruelmente atingidos, desperta a nossa indignação, que se arma com forças secretas. *Um grande homem está sempre desejando tornar-se pequeno*. Enquanto se encontra sentado sobre os coxins da vantagem, está sempre dormindo. Quando é empurrado, atormentado, derrotado, tem chance para aprender alguma coisa; volta a si, à sua virilidade; adquiriu fatos; descobriu a sua ignorância; curou-se da loucura do orgulho; aprendeu a moderação; adquiriu a verdadeira habilidade. O homem sensato sempre se coloca do lado dos seus assaltantes. Descobrir os seus pontos fracos é mais do seu interesse do que dos seus inimigos. A censura é mais segura do que o elogio. Detesto ser defendido num jornal. Enquanto sou atacado, sinto-me mais ou menos certo do êxito. Mas logo que ouço palavras melífluas de louvor sinto-me como alguém que se achasse desprotegido diante dos seus inimigos.

Estude o leitor a filosofia do grande Emerson, que pode servir como uma força que modificará o seu comportamento, e o preparará para as lutas desta vida, assim como o carvão tempera o aço.

NENHUM VENDEDOR DEVE ESQUECER QUE NINGUÉM GOSTA DE COMPRAR ARTIGO DO QUAL QUEREMOS NOS VER LIVRES.

Se você é ainda muito jovem, deve estudá-la, com muito mais razão, pois muitas vezes são necessárias as duras realidades da vida, durante muitos anos, a fim de preparar uma pessoa para assimilar e aplicar essa filosofia.

Será melhor aprender essas grandes verdades por meio da apresentação pouco diplomática do autor do que ser forçado a colhê-las por meio das fontes indiferentes e menos simpáticas da experiência. A experiência é uma professora que não tem favoritos. Permitindo assim ao leitor tirar proveito das verdades que colhi nos ensinamentos dessa professora indiferente e fria que se chama Experiência, mostro-lhe, da melhor maneira, um favoritismo que me faz lembrar um pouco aqueles tempos em que meu pai cumpria para comigo "o seu dever"; sempre que era obrigado a castigar-me, começava por dizer: "Meu filho, isso magoa mais a mim do que a você..."

Chegamos ao fim desta lição e contudo estamos longe de ter esgotado o assunto; pelo contrário, mal analisamos sua superfície.

Lembrei-me agora do enredo de um romance por meio do qual posso gravar-lhe na mente o ponto principal desta lição. A cena se passa na cidade de Antioquia, há 2 mil anos, quando a grande cidade de Jerusalém e toda a Judeia estavam sob o jugo de Roma.

O herói do romance é um jovem judeu de nome Ben-Hur, o qual, sob uma falsa acusação, foi condenado a trabalho forçado, numa galera. Acorrentado ao banco dos remadores, Ben-Hur desenvolveu uma força extraordinária. Mal sabiam os seus carrascos que da punição nasceria a força que lhe daria um dia a liberdade. Talvez nem mesmo Ben-Hur tivesse essa esperança.

Chegou então o dia em que devia realizar-se uma corrida de carros; esse dia estava destinado a quebrar os grilhões que prendiam Ben-Hur aos remos das galeras e dar-lhe a liberdade.

Faltava um condutor para uma parelha de cavalos. Desesperado, o proprietário chamou em auxílio o jovem escravo, que tinha braços tão fortes. Disse-lhe que tomasse o lugar do condutor que faltava.

Quando Ben-Hur subiu no carro e empunhou as rédeas, um grito potente se ergueu da multidão:

— Vejam! Que braços! Como conseguiste torná-los tão fortes?

— Nos remos das galeras! — respondeu Ben-Hur.

A corrida terminou. Com os seus poderosos braços, Ben-Hur calmamente conduziu a sua parelha de cavalos para a vitória, vitória que lhe conquistou a liberdade.

A vida é bem uma corrida de carros, e a Vitória sorri apenas para aqueles que desenvolvem caráter, determinação e força de vontade suficiente para vencer.

Que importa que desenvolvamos essa força por meio da escravização a um remo de galera, se pudermos um dia empregá-la de maneira que ela nos conduza afinal à vitória e à liberdade?

A força nasce da resistência, e essa é uma lei invariável. Se sentimos pena do ferreiro que maneja um pesado martelo durante o dia inteiro, devemos também admirar a força maravilhosa do braço que ele desenvolve por meio desse trabalho.

Diz Emerson:

> [...] Devido à constituição dualística de todas as coisas, tanto no trabalho como na vida, não pode haver ludíbrio. O ladrão rouba de si mesmo. O explorador explora a si mesmo. O verdadeiro preço do trabalho consiste no conhecimento e na virtude, cujos sinais são a riqueza e o crédito. Os sinais, como papel-moeda, podem ser falsificados ou roubados, mas o que eles significam, isto é, conhecimento e virtude, nunca podem ser falsificados ou roubados.

Henry Ford recebe por semana mil cartas de pessoas pedindo uma parte da sua riqueza; entretanto, poucas dessas pobres almas ignorantes compreendem que a verdadeira fortuna de Ford não está nos dólares que ele tem nos bancos, nem nas fábricas que possui, e sim na reputação que ele conquistou prestando serviços úteis a preços razoáveis.

E como ele alcançou essa reputação?

Decerto que não foi prestando o mínimo de serviços possíveis e tirando o mais que podia dos seus clientes.

O segredo principal de toda a filosofia comercial da Ford é o seguinte: "Dar ao povo o melhor produto pelo menor preço possível."

Quando outros fabricantes de automóveis elevavam os preços, Ford diminuía os seus. Quando outros empregadores cortavam salários, Ford aumentava os dos seus empregados. Em consequência dessa política, a Lei do Aumento de Lucros trabalhou em benefício de Ford de modo tão eficiente que ele se tornou o homem mais rico e poderoso do mundo.

Essas pessoas insensatas e de pouca visão, que se lançam em busca da fortuna e diariamente voltam da sua caçada de mãos vazias, deviam se esforçar por aproveitar a lição de homens como Ford. Por que não invertem a sua filosofia, passando a dar, a fim de receber?

Termino esta lição na véspera do Natal.

No quarto vizinho ao meu escritório, meus filhos estão ocupados em ornar a árvore de Natal e o som das suas vozes soa como uma música aos meus ouvidos. Estão felizes, não somente porque esperam receber presentes como também pela razão mais profunda de que os ocultaram, que esperam *dar*, por sua vez.

Da janela do meu escritório avisto as crianças da vizinhança, que, igualmente alegres, se empenham nos preparativos para o maravilhoso acontecimento.

Em todo o mundo civilizado milhões de pessoas se preparam a fim de celebrar o nascimento desse Príncipe da Paz, que, mais do que qualquer outro homem, demonstrou as razões pelas quais há mais felicidade em dar do que em receber, e porque a felicidade duradoura se origina não da posse de bens materiais e sim do bem que se faz à humanidade.

Parece uma singular coincidência o fato de que esta parte da lição viesse a ser escrita na véspera do Natal; contudo, sinto-me contente de que isso tenha acontecido, pois encontrei oportunidade para lembrar ao leitor que em toda a história da civilização não poderia encontrar mais sólida base para esta lição do que os ensinamentos do Sermão da Montanha, no livro de São Mateus.

O cristianismo é uma das maiores e mais fortes influências no mundo de hoje, e dificilmente eu poderia deixar de observar aqui que a filosofia cristã está em absoluta harmonia com os princípios sobre os quais se baseia esta lição.

Quando vejo os rostos alegres das crianças e observo as multidões apressadas para fazer suas compras de Natal, todos radiantes, com a ideia de *presentear*, não posso deixar de desejar que todas as noites fossem de

NÃO HÁ HOMENS PREGUIÇOSOS. ÀS VEZES, UM INDIVÍDUO QUE PARECE PREGUIÇOSO É APENAS UMA PESSOA INFELIZ, QUE NÃO ENCONTROU O TRABALHO PARA O QUAL ESTAVA MAIS BEM-INDICADO.

Natal, pois então este mundo seria melhor, a luta pela existência se reduziria ao mínimo e o ódio e a vingança seriam abolidos.

A vida humana mede-se pelo curto espaço de alguns anos. É como uma vela que é acesa, bruxuleia por alguns momentos e logo se extingue! Se fomos postos no mundo com o objetivo de acumular tesouros para serem usados na vida que se estende para além das negras sombras da morte, não acumularíamos melhor esses tesouros fazendo todo o bem que podemos, ao maior número possível de pessoas, num espírito de ternura e simpatia?

Espero que o leitor concorde com essa filosofia.

Devo terminar aqui esta lição, que de modo algum está completa. No ponto em que deixo essa rede de Pensamento, é seu dever tomá-la e desenvolvê-la, à sua moda, e para o seu próprio benefício.

Pela própria natureza do assunto, esta lição não pode terminar jamais, pois conduz ao coração de todas as atividades humanas. Seu objetivo é fazer com que o leitor apreenda os fundamentos sobre os quais ela se baseia, a fim de empregá-los como um estímulo que provocará um desdobramento mental capaz de libertar todas as forças latentes que são propriedade sua.

Esta lição não foi escrita com o objetivo de ensinar, mas destina-se a fazer com que o leitor aprenda consigo mesmo uma das grandes verdades da vida. Destina-se a ser uma fonte de educação, no verdadeiro sentido do termo, isto é, tirar, desenvolver de dentro para fora, todas as forças mentais que lhe serão proveitosas.

Quando começar a prestar os melhores serviços de que for capaz, esforçando-se por fazer cada vez melhor, estará fazendo uso da mais alta forma de educação. Ao mesmo tempo, quando assim fizer, lucrará mais com esse esforço do que qualquer outra pessoa.

É apenas dessa maneira que poderá obter independência no seu campo de trabalho. Por tal motivo, deve incluir como parte do seu *objetivo principal definido* esse esforço para suplantar todos os recordes alcançados anteriormente. Faça disso um hábito diário, e siga-o com a mesma regularidade com que toma as suas refeições.

HÁ SEMPRE LUGAR PARA O HOMEM NO QUAL SE PODE CONFIAR PARA A ENTREGA DE MERCADORIAS NA DATA FIXADA.

Resolva-se a prestar mais serviços do que é a sua obrigação e, antes de compreender bem o que aconteceu, verá que o mundo quer lhe pagar mais do que vale o seu trabalho!

Juros sobre juros é a taxa que receberá por tais serviços. A maneira como se efetuará esse colossal aumento de lucros depende exclusivamente do leitor.

Agora, o que você irá fazer com o que aprendeu nesta lição? Quando? Como? E por quê? Esta lição não terá valor algum, se o leitor não procurar fazer uso dos conhecimentos nela adquiridos.

O conhecimento não se torna Poder senão por meio da organização e do uso que dele se faz. Não devemos esquecer esse fato.

Ninguém poderá se tornar líder sem prestar mais serviços do que é sua obrigação, e ninguém poderá vencer na vida sem se tornar antes um líder na profissão escolhida.

O MASTER MIND

UMA VISITA DO AUTOR DEPOIS DA LIÇÃO

A FORÇA CAPAZ DE NOS DAR TUDO O QUE DESEJAMOS.

O triunfo é conseguido por meio da aplicação do poder. Na figura acima, vemos duas formas de poder.

À esquerda, a força física produzida pela natureza, com o auxílio das grandes quedas-d'água de Niagara. O homem dominou essa forma de poder.

À direita vemos outra forma de poder, muito mais intensiva, produzida pela coordenação *harmoniosa* do pensamento humano. Observemos o destaque na palavra harmoniosa. Neste desenho vemos um grupo de homens sentados em torno da mesa do diretor, num escritório comercial dos nossos dias. A figura poderosa que se ergue sobre o grupo é o Master Mind, que pode ser criado onde quer que um grupo de pessoas entrelace suas mentes num espírito de perfeita harmonia, tendo em vista qualquer objetivo definido.

Estude o leitor esse desenho, que interpreta o maior poder que se conhece.

Com o auxílio da inteligência o homem descobriu muitos fatos interessantes acerca da terra em que vivemos: o ar, o éter, que enchem os espaços sem-fim em torno de nós, e bilhões de outros planetas e corpos celestes que existem no espaço.

Com o auxílio de um pequeno instrumento mecânico (concebido pela Mente), chamado espectroscópio, o homem descobriu, a uma distância de 150 milhões de quilômetros, a natureza das substâncias que compõem o Sol.

Passamos pela Idade da Pedra, pela Idade do Ferro, pela Idade do Cobre, pela idade do fanatismo religioso, pela idade das pesquisas científicas, pela idade industrial e, agora, entramos na era do pensamento.

Do espólio das eras antigas, através das quais passou, o homem reuniu grande quantidade de material, que é seguro alimento para o pensamento. Ao passo que por mais de 10 mil anos vem sendo travada a batalha entre a ignorância, a superstição e o medo, de um lado, e a inteligência, do outro, o homem tem reunido grande soma de conhecimentos úteis.

Entre outros fragmentos desse conhecimento reunido pelo homem, foram descobertos e classificados os 92 elementos que compõem a matéria. Por meio do estudo, da análise e da comparação, o homem descobriu a "grandeza" das coisas materiais no universo, que são representadas por sóis e estrelas, alguns dos quais 10 milhões de vezes maiores do que a Terra. Por outro lado, descobriu a "pequenez" das coisas, reduzindo a matéria a moléculas e átomos e, finalmente, à menor partícula, o elétron. Um átomo já é tão inconcebivelmente pequeno que um grão de areia pode conter milhares de átomos.

A molécula é formada de átomos, pequenas partículas de matéria que vivem num circuito contínuo, uma em torno da outra, numa velocidade de relâmpago, assim como a Terra e os outros planetas giram em torno do Sol, num circuito sem-fim. O átomo, por sua vez, é composto de elétrons que se acham num constante e rápido movimento; assim, em cada gota d'água, em cada grão de areia há uma repetição de todo o princípio sobre o qual opera o universo.

Isso é maravilhoso, estupendo: de que maneira podemos saber que isso é uma verdade? Por meio da inteligência.

Podemos ter uma ligeira ideia da magnitude de tudo isso quando nos sentamos à mesa, se pensarmos que o bife que nos é servido, o prato que o contém, a mesa à qual nos sentamos, os talheres, tudo, em última análise, se compõe do mesmo material, o elétron.

No mundo físico ou material, seja qual for o objeto que se observa (a maior estrela que flutua no espaço ou o menor grão de areia que se apanha na terra), seja qual for o objeto da nossa observação, não é mais do que um grupo organizado de moléculas, átomos e elétrons. (O elétron é uma partícula indivisível de energia cujos movimentos causam a eletricidade positiva ou negativa.)

O homem já conhece muito sobre os fatos físicos do universo.

A próxima grande descoberta será o fato — que já existe — de que o cérebro humano é, ao mesmo tempo, uma estação receptora e uma estação transmissora e que toda vibração de pensamento emitida pelo cérebro pode ser captada e interpretada por outros cérebros que se acham em harmonia ou "afinados" com o grau de vibração do cérebro transmissor.

Como o homem conseguiu reunir o conhecimento que possui sobre as leis físicas da Terra? Como pode saber o que aconteceu antes da sua época, durante o período pré-civilizado? Adquiriu esse conhecimento virando as páginas da bíblia da natureza, observando as evidências claríssimas de milhões de anos de luta entre os animais de inteligência inferior. Voltando aos registros impressos na pedra, o homem descobriu ossos, esqueletos, marcas de pés e outros sinais inconfundíveis que a Mãe Natureza conservou para que ele inspecionasse, por períodos incríveis de tempo.

Agora, o homem está a ponto de voltar sua atenção para outra parte da bíblia da natureza, isto é, as páginas onde está escrita a história da grande luta mental que se efetuou no domínio do Pensamento. Essa página é representada pelo éter ilimitado, que capta e conduz todas as vibrações do pensamento emitidas pelos cérebros humanos.

Essa grande página da bíblia da natureza é tal que nenhum ser humano conseguiu jamais falsificar. Os seus registros são positivos e dentro em pouco estarão claramente interpretados. Sobre a autenticidade da história escrita nesta página não pode haver a menor dúvida.

Graças à educação (significando educar por meio do desenvolvimento vindo de dentro do cérebro humano), a bíblia da natureza está agora sendo interpretada. A história da longa e perigosa luta sustentada pelo homem para elevar-se foi escrita nas páginas da maior de todas as bíblias.

Todos os que têm dominado em parte os seis medos básicos descritos em outra dessas "visitas do autor", e que têm com êxito conseguido dominar a superstição e a ignorância, podem ler as notas registradas nessa bíblia. A todos os outros é negado esse privilégio. Por este motivo há, provavelmente, pouco mais de mil pessoas, em todo o mundo, que são atualmente capazes de ler essa bíblia, mesmo imperfeitamente.

Em todo o mundo há hoje, provavelmente, menos de 100 pessoas que sabem alguma coisa sobre química mental, ou que já tenham ouvido falar nela. Por meio dessa química, *podem ser fundidas duas ou mais mentes num espírito de perfeita harmonia, de tal maneira que nasça uma terceira mente, possuindo o poder sobre-humano de ler a história da vibração do pensamento tal como foi escrita e ainda existe nos registros imperecíveis do éter.*

O princípio do rádio, recentemente descoberto, tapou a boca de todos os incrédulos e lançou a pesquisa científica em novos campos. Quando os cientistas saírem desses novos campos de pesquisa mostrarão que comparar o cérebro humano tal como o conhecemos hoje com o cérebro do homem de amanhã será o mesmo que comparar a inteligência de um sapo com a do professor de biologia que estuda a vida animal, desde a ameba ao homem.

Vamos agora fazer uma breve visita a alguns dos homens mais poderosos do mundo de hoje, que fizeram uso do poder criado por essa fusão mental, num espírito de perfeita harmonia.

Começaremos com três homens bem conhecidos que são tidos como homens de grandes realizações nos seus respectivos campos de trabalho. Esses homens são Henry Ford, Thomas A. Edison e Harvey Firestone.

Dos três, Ford é o mais poderoso no que concerne a poder econômico. Henry Ford é o homem mais poderoso do mundo, e é de crer que nunca houvesse existido outro tão poderoso. Tão grande é o seu poder que ele consegue tudo o que desejar. Adquirir milhões de dólares é para ele tão fácil como o é, para as crianças, apanhar areia na praia para brincar.

Quanto a Edison, tem uma visão tão profunda da bíblia da natureza que dominou e combinou, para o bem do homem, mais leis naturais do que qualquer outro mortal. Foi ele quem uniu a ponta de uma agulha a um pedaço de cera, de tal modo que conseguiu gravar e conservar a voz humana. Foi ele quem descobriu um meio de fazer a eletricidade iluminar as casas e as ruas com a lâmpada incandescente. Foi Edison quem fez a câmera fotográfica registrar e produzir toda sorte de movimento por meio do moderno aparelho cinematográfico...

O sucesso da indústria de Firestone é tão conhecido que dispensa mais comentários. Ele fez os dólares se multiplicarem com tamanha rapidez que o seu nome se tornou conhecido em toda parte onde chegam os automóveis.

Esses três homens começaram sua carreira comercial sem nenhum capital e com muito pouco do que se chama habitualmente educação.

Talvez o começo de Ford tenha sido o mais humilde dos três. Perseguido pela pobreza, retardado pela falta de instrução, mesmo na forma mais elementar, conseguiu suprir todas essas deficiências no período extraordinariamente breve de 25 anos.

Assim, demos aqui uma rápida descrição dos triunfos de três homens *poderosos* e bem conhecidos no mundo inteiro.

Mas tratamos apenas dos efeitos, e o verdadeiro filósofo deseja sempre saber algo sobre as causas que produzem efeitos desejados.

É do conhecimento do público que Ford, Edison e Firestone sempre foram amigos íntimos, que iam juntos para o campo uma vez por ano.

Mas o que o público não sabe, e é de duvidar que até mesmo os três homens de que se trata tenham disso qualquer conhecimento, é que *existiu entre esses três homens um laço de harmonia do qual surgiu um Master Mind, que está sendo empregado pelos três: uma mente de capacidade sobre-humana, que pode "acordar" com forças das quais os outros homens não têm nenhum conhecimento.*

GOSTO DE VER UM HOMEM ORGULHOSO DA SUA PÁTRIA, E GOSTO DE VÊ-LO VIVER DE TAL FORMA QUE A PÁTRIA SE SINTA ORGULHOSA DELE.

LINCOLN

Afirmemos mais uma vez que por meio da fusão e harmonia de duas ou três mentes (12 a 13 parece ser o número mais favorável) pode ser produzida uma mente com capacidade para "se acordar" com as vibrações do éter e captar dessa fonte pensamentos magníficos, sobre todos os assuntos.

Por meio do princípio da harmonia mental, Ford, Edison e Firestone criaram um Master Mind que agora suplementa os esforços de cada um, e *consciente ou inconscientemente esse Master Mind é a causa do triunfo de cada um desses três homens.*

Não há outra resposta para explicar essa maravilhosa soma de poder que eles conseguiram e os retumbantes sucessos que alcançaram nos seus respectivos campos de ação. Isso é verdade, conquanto nenhum dos três tenha talvez consciência do poder que criaram, ou da maneira como o conseguiram.

Em Chicago vivem seis homens poderosos, conhecidos como os Big Six (Os Seis Grandes). Esses seis homens constituem o grupo mais poderoso do Meio-Oeste dos Estados Unidos. Diz-se que os seus rendimentos, juntos, se elevam a mais de 25 milhões de dólares por ano.

Esses seis homens começaram a vida nas mais humildes circunstâncias. São eles: William Wrigley Jr., proprietário da Wrigley Chewing Gum, cuja renda se diz ultrapassar 15 milhões de dólares por ano; John R. Thompson, que possui uma rede de *cafeterias* espalhadas por todo o país; Lascer, que é o chefe da Lord & Thomas Advertising Agency; McCullough, proprietário da maior empresa de expressos do mundo, e Ritchie e Hertz, proprietários da companhia Yellow Taxicab.

Em geral, nada há de extraordinário no homem que se torna milionário; entretanto, relacionado com o êxito financeiro desses homens há algo que é mais do que admirável. Sabe-se que existe entre eles um laço de amizade da qual nasceu esse estado de harmonia que produziu um Master Mind.

Por acaso, ou por deliberação própria, esses homens fundiram os seus espíritos de tal sorte que cada um deles foi suprido de um poder sobre-humano, ou seja, o Master Mind, que lhes trouxe vantagens extraordinárias.

SE APREENDER ESSE PRINCÍPIO E APLICÁ-LO, PODERÁ CONSEGUIR, COM OS SEUS ESFORÇOS, TUDO O QUE DESEJAR NO MUNDO.

A lei por meio da qual opera o princípio do Master Mind foi descoberta por Jesus Cristo, quando se cercou dos 12 apóstolos e criou assim o primeiro "Clube dos 13" do mundo.

Conquanto um daqueles 13 (Judas) tivesse quebrado a rede de harmonia, durante o período em que subsistiu essa harmonia foi lançada a semente que bastou para assegurar a perpetuação da maior e mais completa filosofia que os homens já conheceram.

Muitos milhões de pessoas julgam possuir sabedoria. E muitas delas a possuem, é certo, em graus elementares. Mas nenhum homem é realmente sábio sem o auxílio do poder conhecido com o nome de Master Mind, que só pode ser criado por meio do princípio da fusão mental de dois ou mais espíritos num estado de perfeita harmonia.

Através de longos anos de experiências práticas ficou estabelecido que 13 mentes, fundidas num espírito de perfeita harmonia, produzem os resultados mais práticos possíveis.

Com base nesse princípio, consciente ou inconscientemente, é que se realizaram todos os grandes êxitos industriais e comerciais que a presente era tem produzido com tanta abundância.

A palavra fusão está se tornando uma das mais populares na linguagem de imprensa, pois é raro o dia em que não lemos notícias sobre fusões de estradas de ferro, estabelecimentos comerciais, fábricas etc. Pouco a pouco, o mundo está começando a compreender que, por meio de alianças amistosas e de cooperação, é possível desenvolver um grande *poder.*

As empresas comerciais, industriais e financeiras que conseguem maior prosperidade são as dirigidas por chefes que, consciente ou inconscientemente, aplicam o princípio do esforço coordenado descrito nesta parte. Assim, se o leitor quiser se tornar um grande líder em qualquer empreendimento, cerque-se de outras mentes que possam ser fundidas num espírito de cooperação, de modo que ajam e funcionem como se fossem uma só.

OS PATRÕES ESTÃO SEMPRE À PROCURA DE EMPREGADOS QUE DEEM O MELHOR DE SEU TRABALHO DO QUE O HABITUAL, SEJA AO FAZER UM EMBRULHO, ESCREVER UMA CARTA OU FECHAR UM NEGÓCIO.

DÉCIMA LIÇÃO

UMA PERSONALIDADE ATRAENTE

QUERER É PODER!

O que é uma personalidade *atraente*?

Naturalmente, a resposta a isso será:

Uma personalidade que atrai.

Mas o que é que faz com que uma personalidade atraia? É o que vamos ver. Nossa personalidade é a soma total das características e sinais peculiares que nos distinguem de todas as outras pessoas. As roupas que vestimos, os traços do nosso rosto, o tom da nossa voz, os nossos pensamentos, o caráter que desenvolvemos com esses pensamentos, tudo isso faz parte da nossa personalidade.

Se a nossa personalidade é atraente ou não, isso é outra coisa.

A parte mais importante da personalidade é a que é representada pelo caráter, sendo, assim, a parte que não é visível. O estilo das roupas, a sua propriedade, desempenham uma parte importante nessa questão de personalidade, pois é uma verdade que todos formarão a primeira impressão sobre uma pessoa pelo que observarem da sua aparência.

Até mesmo a maneira de apertar a mão forma uma parte importante da nossa personalidade, tem muita importância quanto a atrair ou repelir as pessoas.

Tal arte pode ser cultivada.

A expressão dos olhos também desempenha uma parte importante quanto à personalidade, pois há pessoas, muito mais numerosas do que se pode imaginar, que podem ver através dos olhos, no coração, e desvendar o que nele está escrito, pela natureza dos nossos mais recônditos pensamentos.

A vitalidade do corpo — algumas vezes chamada magnetismo pessoal — também constitui importante parte da personalidade.

Agora vejamos de que maneira arranjar essas exterioridades, de modo que sirvam para dar expressão à nossa personalidade, para que ela atraia as pessoas, sempre.

Há um meio de expressar o conjunto da *personalidade*, de maneira que ela *sempre atraia*, por mais desgraciosa que a pessoa seja. Esse meio é o seguinte: *ter um interesse profundo pelo que os outros fazem.*

Ilustrarei exatamente o que quero dizer narrando aqui um acontecimento que me sucedeu há alguns anos e que me proporcionou uma ótima lição sobre a *arte de vender.*

Um dia apareceu no meu escritório uma senhora idosa que me mandou o seu cartão com um recado dizendo que precisava falar-me pessoalmente. Por mais que insistisse, o meu secretário não conseguiu que ela dissesse o objetivo da visita. Assim, pensei que se tratasse de alguma pobre criatura que quisesse vender-me um livro qualquer, e, lembrando-me de que minha mãe também era mulher, decidi-me ir até a sala de espera e comprar o livro, fosse ele qual fosse.

Rogo ao leitor que siga o caso com atenção, em todos os seus detalhes, pois encontrará também aqui uma excelente lição sobre a *arte de vender.*

Quando atravessei o corredor que conduzia do meu escritório particular à sala de espera, a senhora, que estava de pé junto à porta, lançou-me um sorriso.

Tenho visto muita gente sorrir, mas em toda a minha vida nunca vira alguém sorrir com tanta doçura. Era um desses sorrisos contagiantes, pois imediatamente apreendi o seu espírito e sorri também.

Ao entrar na sala, a senhora estendeu-me a mão. Ora, eu tenho por hábito nunca me familiarizar muito com as pessoas que me procuram pela primeira vez, pela simples razão de que se torna depois muito difícil dizer um "não", se o visitante me fizer qualquer pedido que eu não deseje conceder.

Entretanto, aquela simpática senhora lançou-me um olhar tão doce e tão inofensivo que lhe estendi também a mão. Quando ela a apertou, descobri que não somente tinha aquele sorriso atraente, como também o seu aperto de mãos era magnético. Apertou a minha mão com firmeza, mas sem exagerar, de tal modo que "enviou" ao meu cérebro a ideia de que me fazia uma honra. Fez-me sentir que estava realmente *satisfeita* por me apertar a mão, e acreditei que estivesse mesmo. Penso que aquele aperto de mãos veio de dentro do seu coração.

Tenho cumprimentado milhares de pessoas durante a minha vida pública, mas não me lembro de ter encontrado jamais alguém que compreendesse tão bem essa arte como aquela senhora. No momento em que ela tocou a minha mão, me senti "deslizando" e compreendi que ela conseguiria de mim o que viera pedir, fosse lá o que fosse.

Em outras palavras, aquele sorriso penetrante e seu caloroso aperto de mãos desarmaram-me e fizeram de mim uma "vítima" resignada. Com um simples gesto aquela senhora fez-me sair da couraça em que habitualmente me defendo da maioria dos vendedores que me procuram para vender alguma coisa que não desejo adquirir. Voltando a uma expressão que já tem sido frequentemente empregada nas lições anteriores, aquela gentil visitante *neutralizou* minha mente e fez-me desejar ouvi-la.

Chegamos agora ao ponto em que a maioria dos vendedores cambaleia e quebra o pescoço, para falar figuradamente, pois é tão inútil tentar vender alguma coisa, antes de conseguir que o cliente consinta em nos ouvir, como ordenar à Terra que interrompa o seu movimento de rotação.

Note o leitor como aquela senhora empregou um sorriso e um aperto de mãos como os instrumentos necessários para abrir a janela que conduzia ao meu coração; porém, não chegamos ainda à parte mais importante.

Vagarosamente, com ar deliberado, como se tivesse diante de si um tempo infinito (estou certo de que tinha realmente naquele momento, pelo menos no que concernia à minha pessoa), a senhora começou a tornar realidade o primeiro passo para a sua vitória, dizendo:

— Vim aqui somente para dizer-lhe que, na minha opinião, o senhor está realizando o trabalho mais admirável que qualquer homem pode realizar hoje em dia.

Cada palavra que pronunciava era acentuada por uma pressão delicada, conquanto firme, na minha mão, e enquanto falava, *olhava através dos meus olhos, para dentro do meu coração.*

Depois que voltei à consciência de mim mesmo (o caso provocou troças entre os meus auxiliares, os quais diziam que quase desmaiei de emoção), dirigi-me à porta do meu gabinete particular, dizendo:

— Rogo-lhe que entre, cara senhora — e fiz uma reverência toda especial, digna dos cavalheiros das eras passadas.

Quando ela entrou no escritório, indiquei-lhe a cômoda poltrona que costumava ocupar, à minha mesa de trabalho, e fui sentar-me numa cadeira pequena, pouco cômoda, que em circunstâncias ordinárias empregaria como um meio de desencorajar aqueles que viessem tomar o meu tempo.

Durante três quartos de hora escutei maravilhado uma das mais brilhantes e encantadoras palestras que já ouvi em toda a minha vida, e era a minha visitante quem falava principalmente. Desde o início tomou a iniciativa e dirigiu a conversa, e até o fim daqueles três quartos de hora não encontrou da minha parte nenhuma inclinação para desafiar-lhe esse direito.

Repito, pois receio que o leitor não tenha apreendido toda a importância do fato: eu a *ouvia voluntariamente!*

Chego agora a um ponto da minha história que poderia ter-me feito corar de confusão se não fosse o fato de que o leitor e eu estamos separados pelas páginas deste livro. Mas devo reunir toda a minha coragem para dizer a verdade inteira, de outra maneira o caso perderia muito da sua significação.

Conforme já declarei, a minha visitante encantou-me com uma conversa brilhante e encantadora, durante três quartos de hora. Agora, sobre que assunto discorreria?

Não! O leitor está absolutamente enganado.

Aquela senhora não tentava me vender livro algum, nem pronunciou uma vez que fosse o pronome *eu*.

Contudo, não somente tentava me vender alguma coisa como a vendia realmente. O que ela me vendia era *eu próprio*!

Mal se sentara na grande poltrona estofada e já desfizera um embrulho que trazia e que eu pensara ser um livro. De fato, ela trazia uma coleção completa, para um ano, da revista *Hill's Golden Rule*, por mim editada. Começou a voltar as páginas das revistas e a ler certos trechos que marcara num ponto ou noutro, assegurando que sempre acreditara na filosofia que aquelas páginas apoiavam.

Então, depois que fiquei num estado de completo mesmerismo, e inteiramente receptivo, a minha visitante desviou, com todo o tato, a nossa conversa para um assunto que, segundo desconfio, tinha em mente discutir comigo, muito antes de apresentar-se no meu escritório; mas — e é *esse outro ponto no qual a maioria dos vendedores sempre erra* — ela inverteu a ordem da conversa. Se tivesse começado por onde terminou, tudo indica que eu não lhe teria oferecido a minha cômoda poltrona.

Durante os três últimos minutos da sua visita, com grande inteligência, ela me apresentou as vantagens de certos títulos que vendia. Não me pediu

Para pensar com clareza um homem deve ter períodos regulares de solidão, a fim de poder concentrar-se e dar largas à imaginação, sem distrações.
Thomas Alva Edison

que os comprasse, mas o modo como me falou das vantagens dos títulos em questão e mais o meio que empregou para me causar tão boa impressão tiveram o mérito psicológico de fazer com que eu quisesse comprá-los; em suma, não comprei os títulos, mas a minha visitante *realizou a transação*, pois peguei imediatamente o telefone e apresentei-a, naquele mesmo instante, a um amigo, que comprou cinco vezes mais do que ela pretendia me vender.

Se aquela mesma senhora, ou qualquer outra pessoa dotada do tato e da personalidade que ela possuía, procurasse me visitar outra vez, eu me sentaria e a ouviria durante três quartos de hora.

Todos nós somos humanos e mais ou menos vaidosos.

Todos nos parecemos neste ponto: ouvimos com interesse aqueles que têm o tato de falar sobre as coisas que temos profundamente no coração. Então, por um sentimento de reciprocidade, ouvimos também com interesse quando o interlocutor finalmente desvia a conversa para o assunto que lhe toca mais de perto o coração, e, afinal, não somente "caímos como patos", mas ainda dizemos: "Que personalidade admirável!"

Dirigi há anos, em Chicago, uma escola para vendedores de apólices de uma companhia que empregava mais de 1.500 pessoas. Para completar as fileiras dessa grande organização tínhamos de treinar e colocar nada menos que 600 novos vendedores todas as semanas. De todos os milhares de candidatos, homens e mulheres, que passaram por essa escola, apenas um aprendeu o significado do princípio que agora descrevo, logo na primeira vez que me ouviu analisá-lo.

Esse rapaz nunca tentara vender títulos e confessou, com toda a franqueza, quando entrou para a escola, que nunca fora vendedor. Vejamos agora se ele era ou não.

Terminado o seu curso, um dos vendedores "astros" tentou fazer uma pilhéria com ele, julgando que se tratasse de uma dessas pessoas muito crédulas, que dão ouvidos a tudo o que escutam. Assim, esse vendedor antigo deu-lhe um indício de um lugar onde se poderia com facilidade colocar alguns títulos. Ele mesmo poderia fazer o negócio, mas queria "ajudar o colega...". O provável comprador era apenas um artista comum, que compraria com tanta facilidade que ele, sendo um "astro" no campo das vendas, não desejava perder tempo com tal cliente.

O novato, porém, ficou encantado com o que ouviu e dirigiu-se imediatamente à casa do tal artista. Logo que ele saiu, o "astro" reuniu os seus colegas e contou-lhes como havia pregado uma peça no outro, na realidade, o tal artista era um homem muito rico e esse vendedor perdera quase um mês tentando vender-lhe títulos, sem nada conseguir. Aconteceu depois que todos os vendedores desse grupo tinham procurado o tal pintor, mas nenhum conseguira vencê-lo.

Havia cerca de hora e meia que o vendedor tinha saído, quando voltou e encontrou todos os "astros", que o esperavam com um sorriso.

Para surpresa de todos, porém, o novato trazia nos lábios um sorriso feliz. Os vendedores se interrogavam com olhares, pois não haviam esperado que o outro voltasse com aquele ar satisfeito.

— Então, conseguiu realizar o negócio? — perguntou o autor da pilhéria.

— Naturalmente — respondeu o novato —, e verifiquei que esse pintor é justamente como o senhor disse. É um perfeito cavalheiro e um homem muito interessante.

E metendo a mão no bolso tirou um contrato e um cheque de 2 mil dólares.

Os vendedores antigos tiveram curiosidade de saber como aquilo acontecera.

— Ora, não houve nenhuma dificuldade — replicou o outro. — Apenas entrei e falei-lhe durante alguns minutos. Foi ele próprio quem começou a falar sobre títulos e apólices e disse que queria comprá-los; dessa maneira, na verdade, não precisei vender. Ele comprou por sua vontade.

Quando tive conhecimento da história, chamei o rapaz, pedi-lhe que me descrevesse detalhadamente a maneira como realizara a transação e narro-a aqui tal como ele me contou.

Quando chegou ao ateliê, encontrou o pintor trabalhando e tão absorvido que não deu conta da sua entrada. O vendedor procurou a melhor posição para admirar o quadro e ali permaneceu, sem dizer uma palavra.

Finalmente o pintor o viu; o vendedor pediu desculpas pela intromissão e começou a falar sobre... *o quadro no qual o artista trabalhava.*

Ele entendia bastante de arte; assim pôde falar com facilidade e inteligência sobre o trabalho que via e mostrou-se realmente interessado pelo assunto.

Gostou do quadro e disse-o com franqueza ao pintor, que não se zangou com isso!

Por quase uma hora os dois homens falaram apenas sobre arte, ocupando-se principalmente do quadro que estava no cavalete.

Por fim o pintor perguntou o nome do visitante e qual a sua profissão. O vendedor (o vendedor, sim, pois ele se mostrava um verdadeiro mestre em tal arte) respondeu prontamente:

— Não se preocupe com a minha profissão ou com o meu nome. Estou mais interessado pelo senhor e pela sua arte.

O artista sorriu satisfeito.

As palavras do outro caíram nos seus ouvidos como os acordes de uma doce música. Mas, não querendo ser suplantado em polidez pelo seu visitante, insistiu em saber dos motivos que o haviam levado ao seu ateliê.

Então, com ar de grande constrangimento, esse vendedor hábil, esse verdadeiro "astro", apresentou-se e disse qual era a sua profissão.

Fez uma rápida descrição dos títulos que vendia e o pintor o ouviu, como *se sentisse prazer em cada palavra que escutava.*

— Está bem — disse em seguida o outro. — Tenho sido idiota. Outros vendedores da sua organização já têm tentado me vender esses títulos, mas falaram apenas em negócio; a verdade é que me aborreceram de tal modo que fui obrigado a pedir a um deles que se retirasse. Deixe ver se me lembro do nome desse seu colega... Ah! Sim, já sei, era Perkins. (Justamente o "astro" que se lembrara de dar o "trote" no principiante.) O senhor, porém, apresentou tudo de modo diferente e deixou-me ver que fui bastante tolo, pois não descobri as vantagens dos tais títulos. Mas agora quero adquirir 2 mil dólares de apólices, comprando-as ao senhor.

Pensemos nesta frase: "O senhor, porém, apresentou tudo de modo diferente."

Como foi que esse vendedor inexperiente pôde apresentar as coisas de modo tão diferente? Ou, em outras palavras, que fez aquele hábil vendedor para ganhar o cliente? Vendeu-lhe as apólices?

Não! O que vendeu foi o quadro que o artista pintava naquele momento, no seu ateliê. Os títulos e as apólices foram apenas um incidente.

Não esqueçamos o seguinte: esse hábil vendedor lembrou-se da história daquela senhora que me entreteve durante três quartos de hora, falando sobre o que mais me interessava, e isso o impressionou a tal ponto que ele se decidiu a estudar os seus clientes em perspectiva a fim de descobrir o que mais os interessava e falar-lhes sobre isso.

Esse novato ganhou 7.900 dólares de comissões, no primeiro mês de trabalho, ultrapassando os principais vendedores, e o que há de mais trágico em tudo isso é que nenhum deles procurou saber como e por que aquele novato se tornou o "astro" da organização, fato esse que justifica plenamente, na minha opinião, a reprimenda um tanto severa da nona lição, com a qual talvez o leitor tenha ficado ofendido.

Carnegie, Rockefeller, James J. Hill e Marshall Field acumularam fortuna por meio dos mesmos princípios que estão à disposição de qualquer indivíduo. Nós, porém, nos limitamos a invejar as suas grandes fortunas e nunca pensamos em estudar a sua filosofia e adaptá-la ao nosso uso pessoal.

Olhamos para um homem que venceu na vida e admiramos que tivesse conseguido triunfar, mas nos descuidamos de analisar os seus métodos e esquecemos também o preço que ele teve de pagar para a preparação cuidadosa e bem-organizada que foi necessária, antes que pudesse colher os frutos dos seus esforços.

Durante todo este curso o leitor não encontrará um só princípio que seja novo: todos eles são tão velhos quanto a civilização; entretanto, apenas poucas pessoas sabem aplicá-los.

O rapaz que conseguiu vender aquelas apólices ao pintor não era somente um vendedor genial, era também um homem que possuía uma personalidade atraente.

Em geral, não era considerado como tal. E daí talvez viesse a ideia do outro, de pregar-lhe uma peça "cruel". Mas mesmo uma pessoa simples pode ter uma personalidade atraente aos olhos daquele cujo trabalho elogia.

Sem dúvida, haverá alguém que interprete mal o princípio que procuro agora deixar bem claro e conclua que qualquer forma de adulação barata pode substituir um interesse genuíno e sincero. Espero porém que o leitor não seja um desses, e sim, pelo contrário, uma pessoa que compreenda a verdadeira psicologia sobre a qual esta lição é baseada, e que terá interesse em estudar as outras pessoas de modo a encontrar nelas ou no seu trabalho

Nenhum homem pode conseguir grandes triunfos se não estiver disposto a fazer sacrifícios pessoais.

algo que admire realmente. Apenas dessa maneira poderá desenvolver uma personalidade irresistivelmente *atraente*.

Bem depressa observará o leitor que os princípios sobre os quais se baseia esta lição estão intimamente relacionados com os que constituem os fundamentos da sétima lição, sobre a imaginação.

Observará, também, que esta lição é baseada nos mesmos princípios gerais que formam a parte mais importante da décima terceira lição, sobre a cooperação.

Apresentamos agora algumas sugestões muito práticas sobre a maneira como as leis da imaginação, cooperação e personalidade atraente podem ser fundidas ou coordenadas para coisas proveitosas por meio da criação de ideias úteis.

Todo pensador sabe que as "ideias" são o início de qualquer realização coroada de êxito. Contudo, a pergunta que se faz mais frequentemente é a seguinte:

— Como é possível criar ideias que façam ganhar dinheiro?

Em parte, responderemos a esta pergunta nesta lição, sugerindo algumas ideias novas, todas elas possíveis de desenvolver-se e tornar-se lucrativas por quem quer que seja, e em qualquer parte.

Plano número um

A guerra de 1914 privou a Alemanha do seu enorme comércio de brinquedos. Antes da guerra, os Estados Unidos compravam a maioria dos brinquedos que importavam nos mercados da Alemanha. Na nossa época, porém, já não compramos brinquedos alemães e por muito tempo não voltaremos talvez a comprá-los.

Os brinquedos constituem uma necessidade em todos os países, muitos dos quais já não os comprarão à Alemanha. O único competidor do americano é o Japão, porém os seus brinquedos são de qualidade tão inferior que essa competição nada significa.

— Mas que espécie de brinquedos fabricarei e onde encontrarei o capital necessário para operar o negócio? — perguntará o leitor.

Em primeiro lugar, vá a uma casa de brinquedos e descubra qual a espécie que é vendida com mais facilidade. Se não se julgar competente para introduzir melhoramentos em alguns dos brinquedos que se vendem atualmente, ponha um anúncio procurando um inventor "que tenha qualquer ideia para fabricar brinquedos vendáveis", e logo encontrará o talento mecânico que suprirá o elo que falta no seu empreendimento. Peça-lhe para fazer um modelo do brinquedo que deseja e em seguida procure um pequeno fabricante, um serralheiro, um mecânico etc. e mande fabricar os seus brinquedos.

Saberá, então, quanto custa o produto e poderá ir a qualquer grande negociante, atacadista ou distribuidor e fazer um contrato para a venda de toda a produção.

Se encontrar um comerciante hábil, poderá financiar todo o projeto com os poucos recursos que despendeu com o anúncio. Uma vez encontrado o inventor, poderá entrar num acordo com ele, para que fabrique o modelo nas suas horas de lazer. Prometa-lhe um bom emprego logo que a empresa começar a funcionar. Provavelmente, ele lhe dará todo o tempo de que precisar para poder lhe pagar; ou, então, pode trabalhar em troca de um interesse no negócio.

Poderá conseguir que o fabricante dos brinquedos espere pelo dinheiro até que receba o pagamento da firma ao qual os vendeu; se for necessário, poderá fazê-lo assinar o recibo dos brinquedos vendidos e deixar que o dinheiro vá diretamente para ele.

Sem dúvida, se tiver uma personalidade extraordinariamente atraente, e se for, além disso, dotado de considerável habilidade para organizar, poderá levar o modelo do brinquedo a um homem que disponha de meios, o qual, em troca de um interesse no negócio, lhe assegurará o capital para manufaturá-lo.

Se desejar saber o que mais se vende, observe um grupo de crianças brincando, estude os seus gostos e as suas aversões, e descubra o que mais as diverte. Dessa maneira conceberá, provavelmente, uma ideia para fabricar o brinquedo. Para inventar não é preciso gênio. Senso comum é tudo que é necessário. Limite-se a descobrir o que agrada às pessoas. Procure produzir melhor do que os outros. Dê ao produto um quê de individualidade. Torne-o original.

NÃO TEMA OS HOMENS, NÃO OS ODEIE, NÃO DESEJE A DESGRAÇA ALHEIA E É MAIS DO QUE PROVÁVEL QUE TERÁ MUITOS AMIGOS.

Gastamos muito por ano com brinquedos para os nossos filhos. Faça com que o brinquedo seja tão útil quão interessante. Torne-o o mais instrutivo possível. Que distraia e instrua ao mesmo tempo. Assim, venderá facilmente. Se se trata de alguma espécie de jogo, faça com que ensine à criança alguma coisa de útil: a geografia, a aritmética, a língua materna, a fisiologia etc. Ou, melhor ainda, fabrique um brinquedo que obrigue a criança a correr e a saltar ou a fazer qualquer outra espécie de exercício. As crianças adoram movimento, o que é salutar para elas, especialmente quando estimuladas pelo interesse do brinquedo.

Um equipamento de beisebol para jogar dentro de casa seria muito vendável, principalmente nas grandes cidades. Elabore um dispositivo no qual a bola será presa a um cordão, o qual penderá do teto, de modo que uma criança possa arremessar a bola contra a parede e em seguida afastar-se e bater nela com um bastão, quando ela retroceder. Em outras palavras, faça um jogo de beisebol que possa ser jogado por uma criança sozinha.

Plano número dois

Este plano interessará apenas àqueles que têm confiança em si mesmos e ambição suficiente para "correr o risco" de assegurar para si um grande rendimento, o que, podemos acrescentar, muita gente não possui.

É uma sugestão que podia ser posta em prática pelo menos por umas 40 ou 50 pessoas em cada grande cidade dos Estados Unidos, e por um número mais restrito nas cidades menores.

Destina-se àqueles que já sabem redigir anúncios, escrever sobre assuntos comerciais, redigir circulares e coisas semelhantes. E esperamos que o leitor possua essas habilidades.

Para fazer uso prático e útil desta sugestão é necessária a cooperação de uma boa agência de publicidade e de umas cinco firmas ou indivíduos que façam publicidade suficiente para garantir as suas aquisições por intermédio de uma agência.

Você irá, primeiro, à agência, à qual fará uma proposta para trabalhar, recebendo 7% de todos os negócios que conseguir; qualquer agência digna de confiança lhe dará essa comissão pelos contratos que conseguir.

Em seguida, procure uma firma ou um comerciante cujos anúncios deseja obter, e dirá que quer trabalhar *sem compensação*. Diga então o que pode e pretende fazer em favor da firma, no sentido de aumentar os seus negócios. Se a firma tiver um chefe de publicidade, você poderá se tornar o seu auxiliar, virtualmente, *sem salário*, com uma condição, isto é, todos os anúncios serão colocados por intermédio da agência com a qual está relacionado. Por meio desse acordo, a firma ou o indivíduo cujos anúncios assegura terá o benefício dos seus serviços pessoais, *sem custo*, e não pagará mais anunciando por intermédio da sua agência do que pagaria anunciando em qualquer outra agência. Se os seus argumentos forem convincentes, e se preparar com cuidado o seu caso, vencerá sem muita dificuldade.

Essa transação pode ser repetida até você conseguir o número de firmas que puder manejar com vantagem, isto é, nas condições habituais, não mais de dez a 12; provavelmente menos, se um ou mais dos seus clientes gasta mais de 25 mil dólares por ano em anúncios.

Se o leitor for um competente redator de anúncios e tiver habilidade para ter ideias novas e práticas para os seus clientes, será fácil conservar os negócios com essas firmas anos a fio. Naturalmente, não deverá aceitar mais trabalho do que pode dar conta pessoalmente. Deve gastar parte do seu tempo no escritório de cada um dos seus clientes; de fato, deve ter uma mesa e material de trabalho no próprio local, de modo a poder adquirir informações de primeira mão quanto aos problemas comerciais das firmas a que serve, bem como estar a par dos seus artigos e mercadorias.

Por meio desse esforço você dará à agência para onde trabalha a reputação de fornecer serviços eficientes, e agradará aos seus clientes, que lucrarão com os resultados satisfatórios dos seus esforços.

Enquanto satisfizer à agência e às firmas às quais serve, terá o emprego garantido e, ao mesmo tempo, ganhará dinheiro. Poderia fazer uns 25 mil dólares por ano, e assim os seus 7% de comissão poderiam elevar-se a 17.500 dólares.

Uma pessoa com habilidade excepcional poderá elevar essa soma a uma cifra muito maior, podendo conseguir um rendimento anual de 25 mil dólares, conquanto a média do que se pode esperar ganhar, razoavelmente, seja de 5 mil a 7.500 dólares.

Podemos ver que esse plano apresenta grandes possibilidades. Fornece trabalho independente e 100% de possibilidade para ganhar dinheiro. Pode ser até mesmo melhor do que exercer o cargo de chefe de publicidade, mesmo ganhando igual salário, pois praticamente a pessoa fica em condições de trabalhar por conta própria.

Plano número três

Esse plano pode ser posto em prática por qualquer pessoa com inteligência mediana e com pouco preparo. Basta ir a uma gráfica importante e fazer um acordo para manejar todos os negócios que lhe puder arranjar, mediante uma comissão, digamos, de 10% sobre o bruto. Procure então os principais clientes do material impresso e consiga amostras do material que empregam.

Mediante sociedade ou acordo de trabalho com um artista, examine em seguida o material impresso. Introduza melhoramentos onde isso for possível, como, por exemplo, nas ilustrações que já existem ou incluindo outras, tornando, em suma, as publicações mais interessantes.

Se não souber redigir, associe-se com alguém que saiba. O seu sócio percorrerá todos os exemplares de material impresso e procurará melhorá-los em todos os sentidos possíveis.

Logo que estiver terminado o trabalho, volte à firma onde arranjou o material e mostre o que pode fazer para aperfeiçoá-lo. Contudo, não fale sobre as vantagens que obterá com isso enquanto não tiver mostrado a que ponto pode melhorar o material impresso. Provavelmente, conseguirá os negócios dessa firma em troca dessa espécie de serviço relacionado com todos os trabalhos impressos que a firma tiver feito.

Se trabalhar bem, dentro em pouco terá todos os clientes que puder manejar com o seu sócio, e que poderão render 5 mil dólares por ano para cada um.

Qualquer proveito que tirar do trabalho dos outros, em relação com os planos aqui descritos, será legítimo, pois é um proveito ao qual tem direito, pela sua habilidade para organizar e pelo fato de reunir o talento necessário para tornar satisfatório o seu trabalho.

Se entrar para o comércio de brinquedos, terá direito a um lucro sobre o trabalho dos que fabricam os artigos, pois foi graças à sua habilidade que eles conseguiram emprego.

É mais que provável que a sua inteligência e habilidade, acrescentadas às dos seus auxiliares, aumentarão grandemente a capacidade de ganhar dinheiro destes últimos a um ponto tal que eles podem muito bem permitir que junte algum dinheiro com os seus esforços, pois *ainda assim ganharão muito mais do que poderiam ganhar sem a sua direção.*

Você deseja ou não escolher um desses planos, tirando proveito deles? Não vê por sua parte nada de censurável neles? Se é empregado de qualquer pessoa ou firma não é possível que o chefe dessa firma ou essa pessoa, com a sua capacidade de organizar e financiar etc., esteja aumentando também a sua capacidade de ganhar dinheiro?

Quer deixar de ser empregado para se tornar empregador, por sua vez? Não o censuramos por isso. Qualquer pessoa normal deseja fazer o mesmo. E o primeiro passo a dar para isso é servir à firma ou ao indivíduo para quem trabalha da mesma maneira que desejaria ser servido, se fosse esse indivíduo ou um chefe de firma.

Quem são os maiores empregadores de hoje? Serão por acaso os filhos de homens ricos que se tornaram herdeiros? Nada disso. São pessoas que se ergueram de todas as fileiras do trabalho, mesmo das mais ínfimas; homens e mulheres que não tinham mais oportunidades do que o leitor tem. Adquiriram os seus postos graças à capacidade que lhes tornou possível dirigir os outros de modo inteligente.

O leitor pode também adquirir essa capacidade, se experimentar.

Na sua própria cidade pode haver gente que tirará proveito de conhecê-lo e que por sua vez poderá dar-lhe lucros. Pode haver quem deseje vender uma mercearia para instalar um cinema. Por outro lado, pode haver também alguém que deseje o contrário, isto é, vender um cinema para abrir uma mercearia. Não poderia o leitor aproximar essas pessoas?

Nesse caso, poderia servir a ambos, e teria naturalmente uma boa remuneração.

Na sua cidade, decerto, há pessoas que têm necessidade dos produtos das fazendas das imediações. Essas fazendas têm proprietários que desejam vender os seus produtos aos habitantes das cidades. Se puder encontrar um meio de transportar os produtos diretamente da fazenda para o consumidor da cidade poderá fazer com que o fazendeiro ganhe mais pelos seus produtos e, ao mesmo tempo, o consumidor poderá consegui-los por menos e haverá ainda uma margem para que seja pago por sua habilidade em reduzir o caminho entre o produtor e o consumidor.

Em geral, nos negócios, há sempre duas classes: os produtores e os consumidores. A tendência da nossa época é para encontrar qualquer meio de aproximar as duas classes, sem muitos intermediários. Encontre um modo de diminuir o caminho entre o produtor e o consumidor e terá criado um plano que poderá servir às duas classes e dar-lhe ainda lucros.

Se o leitor puder criar tal plano, terá direito a uma boa proporção do que economiza para o consumidor e a outra parte igualmente vantajosa do lucro que proporciona ao produtor.

É preciso porém adverti-lo que, seja qual for o plano criado como meio de ganhar dinheiro, ele deve, antes, diminuir um pouco o custo para o consumidor do que aumentá-lo, por pouco que seja.

Esse negócio de aproximar o produtor do consumidor é proveitoso quando conduzido de maneira equitativa para ambos, e sem a cobiça de querer *agarrar tudo o que aparece*. Por exemplo, o povo norte-americano é extraordinariamente tolerante para com os aproveitadores que impõem os preços; há porém um limite que nem mesmo os mais ousados se atrevem a ultrapassar.

Pode estar certo elevar grandemente os preços no mercado de diamantes, mas quando os preços dos gêneros alimentícios, das roupas e de outros artigos de primeira necessidade começam a subir demasiadamente, os exploradores podem cair no desagrado do povo.

Se o leitor deseja enriquecer e tem coragem para arcar com as responsabilidades que sempre acompanham a riqueza, inverta os métodos habituais de adquiri-la, ofertando seus artigos e suas mercadorias pelo menor lucro possível, em vez de tirar deles lucros exorbitantes. Ford achou que era vantajoso pagar aos seus operários não o *menos que pudesse pelo seu trabalho e sim tanto quanto seus lucros permitissem*. Também julgou muito mais proveitoso reduzir o preço dos seus automóveis enquanto outros fabricantes (muitos dos quais fracassaram há muito) continuavam a elevar os preços dos seus.

Há, decerto, muitos planos vantajosos por meio dos quais se pode explorar o consumidor sem correr o risco de ir parar na prisão, porém você desfrutará de muito mais sossego de espírito e, provavelmente, mais lucros, afinal de contas, se o plano, depois de completo, seguir o sistema de Ford.

Decerto você já ouviu falar muito mal de John D. Rockefeller, porém a maior parte desses boatos foi inventada por aqueles que desejariam ter o dinheiro dele, mas não possuíam habilidade para ganhá-lo. Seja qual for a opinião do leitor sobre Rockefeller, não convém esquecer que ele começou a vida como um humilde guarda-livros e foi subindo pouco a pouco, até atingir o auge, principalmente em virtude da sua capacidade para organizar e dirigir outros, menos hábeis, de maneira inteligente. Lembremos, ainda, do tempo em que ele tinha de pagar 25 centavos por um galão de óleo de lâmpada e caminhar 3 quilômetros, sob sol forte, para levá-lo para casa numa lata. Hoje, os vagões de Rockefeller entregam a gasolina nas cidades ou nas fazendas por pouco mais da metade desse preço.

Quem terá o direito de censurar Rockefeller por causa dos seus milhões, quando ele reduziu sensivelmente o preço de um artigo de primeira necessidade? Rockefeller poderia muito bem ter aumentado o preço do óleo para 50 centavos de dólar, mas duvidamos seriamente de que ele fosse hoje milionário se tivesse feito isso.

Muita gente deseja ganhar dinheiro, mas 99% dos que iniciam um plano para conseguir isso dão a maior importância ao sistema por meio do qual adquirir o dinheiro e não dão nenhuma atenção ao serviço a ser prestado em troca da fortuna.

Uma personalidade agradável é a que faz uso da imaginação e da cooperação. Citamos os exemplos da maneira como ideias podem ser criadas, a fim de mostrar ao leitor como coordenar as leis da imaginação, da cooperação e de uma personalidade agradável.

Analisemos qualquer homem que não possua uma personalidade agradável e veremos que lhe faltam também as faculdades da imaginação e da cooperação.

Chegou o momento de introduzirmos uma das maiores lições que já se escreveram sobre a *personalidade*. É também uma das lições mais eficientes que se escreveram sobre vendas, pois os assuntos *personalidade atraente* e *arte de vender* devem sempre andar de mãos dadas — são inseparáveis.

Refiro-me à obra-prima de Shakespeare que é o discurso de Marco Antônio nos funerais de César. Talvez o leitor já conheça essa oração, mas ela é apresentada aqui com interpretações entre parênteses, que podem auxiliá-lo a encontrar aí um novo sentido.

A cena era a seguinte:

César está morto, e Brutus, o assassino, é chamado para dizer à população romana, junto ao cadáver, por que motivo matou César. Imagine o leitor uma multidão ululante, pouco favorável a César e que já acreditava que Brutus tivera um gesto nobre, matando-o.

Brutus sobe à tribuna e faz um breve relato das razões que o levaram a suprimir César. Convencido de que havia ganho, voltou a sentar-se. A sua atitude era a daquele que julga que a sua palavra vai ser aceita sem discussão; era uma atitude altiva.

Marco Antônio sobe por sua vez à tribuna, sabendo que a multidão é contra ele, por ser amigo de César. Num tom de voz humilde e baixo, Marco Antônio começa a falar:

MARCO ANTÔNIO: Venho falar-vos em nome de Brutus.

QUARTO CIDADÃO: Que diz ele de Brutus?

TERCEIRO CIDADÃO: Diz que é em nome de Brutus que está aqui para nos falar.

QUARTO CIDADÃO: É melhor que ele não fale mal de Brutus aqui.

PRIMEIRO CIDADÃO: Esse César era um tirano.

TERCEIRO CIDADÃO: Certamente. É uma felicidade que Roma se tenha visto livre dele.

SEGUNDO CIDADÃO: Silêncio! Ouçamos o que Antônio vai dizer. (*Observe-se na sentença inicial de Antônio o seu método inteligente de "neutralizar" a mente dos seus ouvintes.*)

MARCO ANTÔNIO: Amáveis romanos!

TODOS: Silêncio! Ouçamo-lo!

(*Se Antônio tivesse iniciado a sua oração com um ataque a Brutus, a história de Roma teria sido diferente.*)

MARCO ANTÔNIO: Amigos romanos, concidadãos, prestai-me atenção: aqui estou para enterrar César, e não para louvá-lo. (*Aliou-se com o que sabia ser o estado de espírito dos seus ouvintes.*) O mal que os homens praticam lhes sobrevive; o bem, porém, é sempre enterrado com os seus ossos. O mesmo acontece com César. O nobre Brutus vos afirmou que César era ambicioso. Se assim era, ele cometeu uma falta grave, mas já pagou por ela. Aqui, com a permissão de Brutus e de seus companheiros — porque Brutus é um homem respeitável e assim são todos os homens de bem —, venho falar-vos nos funerais de César. Era meu amigo; foi justo e leal comigo; Brutus, porém, disse que ele era ambicioso, e Brutus é um homem respeitável. César trouxe para Roma muitos cativos, cujo resgate encheu os cofres públicos. Seria por isso que parecia ambicioso? Quando o pobre sofria, César chorava; a ambição deve ser feita de estofo mais rude. Entretanto, Brutus disse que ele era ambicioso, e Brutus é um homem respeitável. Todos vós vistes como nas lupercais, por três vezes, lhe apresentei uma coroa de rei e três vezes ele a recusou. Seria isso ambição? Entretanto, Brutus diz que ele era ambicioso, e, sem dúvida alguma, Brutus é um homem respeitável. Falo aqui não para desaprovar Brutus, mas para dizer o que sei. Outrora vós o amastes, e não sem motivo justo. Agora, que motivos vos impedem de chorá-lo? Ó razão! Fugiste para as feras, e os homens já não raciocinam. Perdoai-me. O meu coração está no esquife com César. Devo parar até que ele volte novamente para mim.

(*Nesse ponto Marco Antônio parou para dar aos ouvintes oportunidade de discutir às pressas, entre si, as suas afirmativas claras. O seu objetivo, assim fazendo, era observar qual o efeito que as suas palavras produziam, da mesma maneira que um vendedor anima o seu futuro cliente a falar para descobrir o que ele tem em mente.*)

PRIMEIRO CIDADÃO: Parece-me que há muita coisa nas suas palavras.

SEGUNDO CIDADÃO: Se considerares devidamente o assunto, verás que César cometeu grandes erros.

TERCEIRO CIDADÃO: Na verdade, mestre? Temo que o seu substituto seja pior.

QUARTO CIDADÃO: Prestaste bem atenção às palavras dele! César não quis aceitar a coroa. Isso prova que ele não era ambicioso.

PRIMEIRO CIDADÃO: Se assim for, alguém pagará caro por tudo isso.

Segundo cidadão: Pobre homem! Chorou tanto que tem os olhos vermelhos como brasa.

Terceiro cidadão: Não há em Roma homem mais nobre que Antônio.

Quarto cidadão: Atenção, ele vai começar a falar novamente.

Marco Antônio: Ontem a palavra de César podia dominar o mundo; hoje ele jaz aqui e o mais pobre dos homens não o venera. Senhores! (*Apelava para a vaidade da multidão.*) Se eu quisesse despertar, inflamar os vossos corações e as vossas mentes com a revolta e a cólera, acusaria Brutus, acusaria Cássio, que, todos vós sabeis, são homens respeitáveis.

(*Observemos quantas vezes Marco Antônio repete o termo "respeitável". Observemos, também, com que inteligência ele dá a primeira sugestão de que Brutus e Cássio não são talvez tão respeitáveis como julga a populaça romana. Essa sugestão é levada a efeito nas palavras "revolta" e "cólera" que emprega pela primeira vez, depois da pausa que lhe deu uma oportunidade para observar como a multidão pendia para o seu lado. Observemos como ele constrói as suas frases de acordo com o estado de espírito dos seus ouvintes.*)

Marco Antônio: Não quero acusá-los, porém; antes acusarei o morto, acusarei a mim mesmo e a vós todos do que a esses dignos homens.

(*Concretizando a sua sugestão em ódio a Brutus e a Cássio, apela para a curiosidade da multidão e começa a depositar o alicerce para o clímax, um clímax que ele sabia que venceria a populaça, pois agiu com tanta habilidade que o povo julgaria ser a sua própria conclusão.*)

Marco Antônio: Aqui está um pergaminho com o sinete de César que encontrei no seu gabinete; é o seu testamento. Se ouvísseis a leitura deste testamento, o que — perdoai-me — não pretendo fazer aqui (aguçou a curiosidade do povo, fazendo-o pensar que realmente ele não queria ler o testamento), tenho certeza de que todos vós beijaríeis as feridas de César assassinado, molharíeis os vossos lenços no seu sangue sagrado, imploraríeis fios do seu cabelo como lembrança, e ao morrerdes mencionaríeis entre vossos desejos o de que tão preciosas relíquias passassem para os vossos descendentes. (*A natureza humana sempre deseja o que é difícil de conseguir ou aquilo de que vai ser privado. Observemos com que habilidade Marco Antônio despertou o interesse do povo pelo testamento e como preparou a todos para escutá-lo com o "espírito aberto". É esse o segundo passo a dar no processo de "neutralizar" as mentes.*)

TODOS: O testamento! O testamento! Queremos ouvir o testamento de César.

MARCO ANTÔNIO: Tende paciência, generosos amigos; não devo lê-lo. Não é bom que saibais o quanto César vos amou. Não sois feitos de madeira ou de pedra; sois humanos. E, sendo humanos, ao ouvirem o testamento de César, poderíeis ficar inflamados (*exatamente o que ele desejava*), poderíeis ficar furiosos. Não, não é bom saberdes que sois seus herdeiros, pois, se souberdes, o que poderá acontecer.

QUARTO CIDADÃO: O testamento! Queremos ouvir a leitura do testamento! Marco Antônio, leia o testamento, leia o testamento de César!

MARCO ANTÔNIO: Quereis ser pacientes? Quereis esperar um pouco? Fui muito longe falando nisso. Temo ter acusado os homens respeitáveis que cravaram os seus punhais no coração de César. (*"Punhais" e "cravar" sugerem assassinato. Observemos com que inteligência Marco Antônio põe essa sugestão nas suas palavras e com que rapidez a populaça apreendeu o seu significado, pois, sem ninguém perceber, preparara todas as mentes, deixando-as num estado receptivo.*)

QUARTO CIDADÃO: Esses homens respeitáveis são uns traidores!

TODOS: O testamento! O testamento!

SEGUNDO CIDADÃO: São uns vilões! Uns assassinos! O testamento! (*Exatamente o que Marco Antônio já dissera, mas ele compreendeu que seria de muito maior efeito fixar a ideia na mente dos ouvintes e deixar que eles próprios dissessem.*)

MARCO ANTÔNIO: Exigis de mim a leitura do testamento? Então formai um círculo em torno do corpo de César, para que eu vos possa mostrar o autor do testamento. Posso descer? Permitireis isso? (*Nesse ponto Brutus devia ter procurado uma saída por onde fugir.*)

TODOS: Vinde!

SEGUNDO CIDADÃO: Descei!

TERCEIRO CIDADÃO: Lugar, deem lugar para Antônio, o nobilíssimo Antônio!

Marco Antônio: Não fiqueis tão próximos de mim. Afastai-vos um pouco. (*Ele sabia que dando essa ordem ainda os aproximaria mais, e era justamente o que desejava.*)

Todos: Para trás, para trás.

Marco Antônio: Se tendes lágrimas, preparai-vos para derramá-las. Todos vós conheceis este manto. Lembro-me da primeira vez que César o vestiu. Foi numa noite de verão, na sua tenda, no dia em que bateu os nérvios. Olhai: aqui penetrou o punhal de Cássio. Vede o rasgão que fez o invejoso Casca. Foi aqui que o bem-amado Brutus cravou o seu punhal. E ao ser retirado este, como que o sangue de César seguiu a lâmina, para se certificar de que era Brutus quem feria tão impiedosamente, pois Brutus, como todos vós sabeis, era o anjo de César. Sabeis, ó deuses, quanto César o amava! Este foi o mais cruel de todos os golpes. Quando o nobre César se viu apunhalado, a ingratidão, mais forte que as armas dos traidores, o venceu. Despedaçou seu coração bondoso. E, cobrindo o rosto com o manto, o grande César tombou bem aos pés da estátua de Pompeu, que ficou manchada de sangue. Que queda aquela, meus patrícios! Então eu, vós, todos nós caímos enquanto a traição sangrenta florescia sobre nós. Chorais agora e percebo que vos sentis comovidos; derramais lágrimas de compaixão. Almas sensíveis! Por que chorais se apenas vistes as vestes do nosso César traspassadas de golpes? Olhai aqui; vede o próprio César dilacerado pelos seus traidores!

(*Observemos como Marco Antônio emprega finalmente a palavra "traidores", porque sabe que as mesmas estão em harmonia com o que domina a mente dos seus ouvintes.*)

Primeiro cidadão: Que triste espetáculo!

Segundo cidadão: Que dia fatal!

Terceiro cidadão: Que dia fatal!

Quarto cidadão: Que espetáculo sangrento!

Segundo cidadão: Havemos de vingá-lo!

(*Fosse Brutus um homem mais inteligente e não apenas um tolo e a estas horas já devia estar muito longe da cena.*)

Todos: Vingança! Vamos buscá-los! Incendiemos, matemos, assassinemos! Não deixemos vivo um só dos traidores!

(*Aqui Marco Antônio dá o terceiro passo para a concretização do pensamento da populaça, pondo-a em ação; mas, vendedor hábil que é, não procura* forçar *essa ação.*)

MARCO ANTÔNIO: Parai, concidadãos!

PRIMEIRO CIDADÃO: Calma! Ouçamos o nobre Antônio!

SEGUNDO CIDADÃO: Escutemo-lo, sigamo-lo, morramos com ele!

(*Com essas palavras Antônio teve a certeza de ter a multidão consigo. Observemos como tirou vantagem deste momento psicológico — o momento pelo qual espera todo vendedor inteligente.*)

MARCO ANTÔNIO: Bons amigos, generosos amigos, não quero incitar-vos, de maneira tão rápida, à revolta. Os autores desse feito são homens respeitáveis. Que motivos particulares tinham para assim agir, não sei; eles são inteligentes e honestos e, sem dúvida alguma, poderão apresentar razões para justificar o seu gesto. Não vim roubar os vossos corações. Não sou um orador, como Brutus, mas apenas, como sabeis, um homem simples, franco; amava o meu amigo; eles sabiam disso muito bem e me deram autorização para falar sobre ele. Não tenho talento, nem palavras, nem mérito, nem ação, nem expressão, nem eloquência, nem poder de persuasão para inflamar o sangue dos homens. Apenas falo francamente. Digo-vos apenas o que todos sabeis. Mostro-vos as feridas do querido César, pobres, pobres bocas mudas, e elas que falem por mim. Mas, se eu fosse Brutus e Brutus fosse eu, talvez pudesse inflamar os vossos espíritos e em cada ferida de César, uma eloquência capaz de mover as pedras de Roma e de levantá-las e amotiná-las.

TODOS: Nós nos revoltaremos!

PRIMEIRO CIDADÃO: Incendiaremos a casa de Brutus!

TERCEIRO CIDADÃO: Vamos, então! Vamos, busquemos os conspiradores!

MARCO ANTÔNIO: Ouvi-me, concidadãos! Quero ainda dizer-vos alguma coisa!

TODOS: Calma! Escutemos Antônio, o nobilíssimo Antônio!

MARCO ANTÔNIO: Então, amigos, não sabeis o que ides fazer. Em que César vos mereceu tamanha dedicação? Não o sabeis. Eu vos vou dizer. Esquecestes o testamento?

(Antônio estava pronto para jogar o seu trunfo. Estava quase no clímax. Observemos a inteligência com que apresentou todas as sugestões, uma a uma, deixando para o fim a sua mais importante declaração. Guardou a afirmativa: a qual confiava para a ação. No grande campo das vendas e da oratória em público, muitas vezes os indivíduos procuram chegar a esse ponto muito depressa; procuram "empurrar" os ouvintes ou os futuros clientes, e assim perdem toda a atração.)

TODOS: É verdade! O testamento! Fiquemos e ouçamos o testamento!

MARCO ANTÔNIO: Aqui está o testamento, e com o sinete de César. Para cada cidadão romano, para cada um de vós, deixa 75 dracmas.

SEGUNDO CIDADÃO: Nobilíssimo César! Vingaremos a tua morte!

TERCEIRO CIDADÃO: Magnífico César!

MARCO ANTÔNIO: Ouvi-me com paciência!

TODOS: Silêncio!

MARCO ANTÔNIO: Além disso, deixou para vós todos os jardins, todo o seu parque e os novos pomares que ficam deste lado do Tibre. Deixa tudo isso para vós e vossos herdeiros, e para sempre; lugares agradáveis onde passeareis e vos divertireis. Este era o verdadeiro César! Quando surgirá outro igual?

PRIMEIRO CIDADÃO: Nunca, nunca! Venham! Vamos queimar o seu corpo no lugar sagrado e com as mesmas tochas incendiaremos as casas dos traidores. Levem o corpo!

SEGUNDO CIDADÃO: Vão buscar o fogo!

TERCEIRO CIDADÃO: Arranquem os bancos!

QUARTO CIDADÃO: Derrubemos as janelas e tudo mais!

E esse foi o fim de Brutus.

Ele perdeu porque lhe faltou *personalidade* e bom-senso para apresentar os seus argumentos de *acordo com o ponto de vista da populaça romana*, tal como fez Marco Antônio. Toda a sua atitude indica claramente que ele se julgava uma grande personagem, que estava orgulhoso do seu feito. Todos nós temos conhecido, nos nossos dias, pessoas que se parecem com Brutus nesse ponto, mas, se as observamos de perto, veremos que não conseguem realizar muita coisa.

Suponhamos que Marco Antônio tivesse subido à tribuna com uma atitude agressiva e iniciado o seu discurso mais ou menos no seguinte teor: "Agora, povo romano, permiti que vos diga alguma coisa sobre Brutus... Ele é um verdadeiro assassino...", decerto não teria continuado, pois a populaça o teria apupado.

Hábil vendedor e psicólogo, Marco Antônio apresentou o seu caso de tal modo que o fez parecer não uma ideia sua, mas da própria populaça de Roma.

Volte o leitor à lição sobre iniciativa e liderança e leia-a mais uma vez, comparando a sua psicologia com a da oração de Marco Antônio. Observe como foi acentuado o "vós" e não o "eu". Peço-lhe que observe como esse mesmo ponto foi acentuado em todo o curso e especialmente na sétima lição, quando falamos sobre o entusiasmo.

Shakespeare foi o escritor mais psicólogo que a civilização já conheceu; por essa razão, toda a sua obra é baseada num conhecimento perfeito da natureza humana. Através de todo esse discurso que o autor pôs na boca de Marco Antônio observa-se com que cuidado ele assumiu a atitude da segunda pessoa, tão cuidadosamente que a populaça romana convenceu-se de que tomara a sua própria decisão.

Devemos entretanto chamar a atenção do leitor para o fato de que o apelo de Marco Antônio ao interesse próprio da populaça romana foi baseado nos mesmos princípios escusos que muitas vezes pessoas desonestas empregam para explorar a cupidez e a avareza das suas vítimas. Enquanto Marco Antônio dava provas de grande controle de si mesmo, assumindo em relação a Brutus, no início da sua oração, uma atitude que não era verdadeira, é evidente, ao mesmo tempo, que todo o seu apelo foi baseado na certeza de que sabia o meio de influenciar a populaça romana por meio da lisonja.

As duas cartas reproduzidas na sétima lição deste curso ilustram, de modo muito concreto, o valor do emprego do pronome "vós" e a fatalidade do apelo por meio do "eu". Volte o leitor às cartas, leia-as novamente e observe como a que deu melhor resultado segue de perto o apelo de natureza oposta. Quer se trate de escrever uma carta comercial, pregar um sermão, redigir um anúncio ou escrever um livro, o leitor fará bem seguindo os mesmos princípios empregados por Marco Antônio na sua famosa oração.

A PALAVRA EDUCAR TEM AS SUAS RAÍZES NO LATIM *EDUCO*, QUE SIGNIFICA VIR DE DENTRO, PROJETAR-SE. O HOMEM MAIS EDUCADO É AQUELE QUE POSSUI MAIOR DESENVOLVIMENTO MENTAL.

Voltemos agora a nossa atenção para os modos e meios pelos quais uma pessoa pode desenvolver uma *personalidade atraente*.

Iniciemos com a primeira condição essencial, que é o *caráter*, pois ninguém poderá ter uma personalidade atraente se não possuir a base de um caráter íntegro e verdadeiro. Por meio do princípio da telepatia "telegrafamos" a natureza do nosso caráter às pessoas com quem entramos em contato, sendo isso responsável pelo que comumente se chama sentido intuitivo de que a pessoa que acabamos de encontrar, mas sobre a qual nada sabemos, não nos merece confiança.

Podemos nos vestir com roupas da última moda, feitas pelo melhor alfaiate, e nos conduzir de uma maneira agradável, no que se refere à aparência, mas se houver cobiça, inveja, ódio, avareza e egoísmo no nosso coração, jamais atrairemos alguém, com exceção das características que se harmonizam com o nosso. As coisas iguais se atrae e podemos estar certos de que os que são atraídos por nós são aqueles cuja natureza é igual à nossa.

Podemos mostrar sorrisos artificiais para ocultar os nossos sentimentos e praticar a arte de apertar a mão de modo que imite perfeitamente o gesto de uma pessoa que possua realmente essa arte; mas se essas manifestações externas de uma personalidade atraente não tiverem o fator vital que se chama *sinceridade de propósito*, repelirão, em vez de atrair.

Como poderá, então, alguém construir um caráter?

O primeiro passo para isso é observar uma autodisciplina rígida.

Tanto na segunda como na oitava lição o leitor encontrará a fórmula por meio da qual poderá modelar o seu caráter, de acordo com o padrão que escolher; mas, repetimos aqui, isso é um princípio que precisa ser muito acentuado:

Primeiro: Selecionar aquelas pessoas cujas características são construídas da qualidade que você deseja; em seguida, deve-se proceder da maneira descrita na segunda lição, para adquirir essas qualidades, com o auxílio da autossugestão. Crie o leitor na imaginação uma mesa de conselho e reúna as suas personalidades todas as noites, em torno dela, não sem ter antes redigido claramente uma declaração concisa das qualidades que deseja adquirir de cada uma delas. Comece então a afirmar ou sugerir a si próprio, em voz alta, que já começa a desenvolver em si mesmo essas qualidades. Ao fazer isso, feche os olhos e veja em imaginação as figuras sentadas em torno da mesa imaginária, da maneira descrita na segunda lição.

Segundo: Por meio dos princípios descritos na oitava lição, sobre o autocontrole, domine os seus pensamentos e conserve a mente vitalizada com ideias de natureza positiva. Faça com que o pensamento dominante do seu espírito seja uma imagem da pessoa que deseja ser: a personalidade que está *deliberadamente construindo* por meio desse processo. Pelo menos 12 vezes ao dia, quando tiver alguns minutos para si, feche os olhos e dirija o pensamento para as figuras que escolheu; pense, com uma *fé que não conhece limites*, que está começando a se tornar parecido, em caráter, com as personalidades da sua escolha.

Terceiro: Procure todos os dias pelo menos uma pessoa na qual encontre alguma boa qualidade, que mereça elogio, e a elogie. Lembre-se, entretanto, de que esse louvor não deve ser de natureza barata, lisonja insincera; precisa ser genuíno. Pronuncie as suas palavras de elogio com uma firmeza tal que possam impressionar as pessoas com quem fala. Observe então o que acontece; verá que prestou àqueles a quem elogiou um verdadeiro benefício e terá dado um passo a mais no desenvolvimento do hábito de procurar encontrar boas qualidades nos outros. Nunca será demais acentuar os magníficos resultados desse hábito de elogiar abertamente, com entusiasmo, as boas qualidades dos outros; esse hábito logo trará a recompensa devida, no sentimento de respeito e testemunho de gratidão da parte dos outros para conosco, o que contribuirá para modificar a nossa personalidade. Aqui entra novamente a Lei da Atração, e todos aqueles a quem elogiarmos verão em nós as qualidades que vemos neles. O êxito na aplicação da fórmula em questão está na razão direta da fé na sua veracidade.

Por mim, não penso somente que é verdadeira: *estou convencido de que é*, porque a empreguei com êxito e tenho ensinado outras pessoas a empregá-la com igual êxito. Assim, tenho o direito de prometer ao leitor igual sucesso.

TENHO UMA RIQUEZA QUE NUNCA PODERÁ SER ROUBADA DE MIM, QUE NUNCA PODEREI GASTAR TODA, QUE NÃO PODE SER AFETADA PELAS CRISES ECONÔMICAS E QUEDAS DE TÍTULOS; ESSA RIQUEZA É A MINHA ALEGRIA DE VIVER.

Além disso, com o auxílio dessa fórmula, você poderá desenvolver de modo tão rápido uma personalidade atraente que surpreenderá a todos que o conhecem. O desenvolvimento de tal personalidade está inteiramente dentro do seu controle, fato esse que lhe dá imensa vantagem e que, ao mesmo tempo, põe sobre os seus ombros a responsabilidade do fracasso ou negligência no exercício desse privilégio.

Agora desejo atrair a atenção do leitor para a razão pela qual deve falar alto, ao afirmar as qualidades desejadas que selecionou como material para construir uma personalidade atraente.

Esse processo tem dois efeitos desejáveis, a saber:

Primeiro: Põe em movimento a vibração por meio da qual o pensamento que apoia as palavras chega a se fixar no subconsciente, onde se enraíza e cresce, até se tornar uma grande força motora nas atividades externas, físicas, conduzindo à transformação do pensamento em realidade.

Segundo: Desenvolve a capacidade para falar com firmeza e convicção, que levará finalmente a pessoa a se tornar um bom orador. Seja qual for a nossa ocupação na vida, podemos ter capacidade para ficar de pé, firmes, e falar de modo convincente. É esse um dos meios mais eficientes para se desenvolver uma personalidade atraente.

Ponha o leitor sentimento e emoção nas suas palavras, desenvolva um tom de voz rico, profundo. Se a sua voz tem tendência para ser áspera, eduque-a até que adquira um tom agradável e brando. Com voz desagradável ninguém poderá expressar ao máximo uma personalidade atraente. É possível cultivar a voz, torná-la ritmada e agradável ao ouvido dos outros.

Pensemos que a palavra é o meio principal de expressar a personalidade, e por essa razão há toda vantagem em cultivar um estilo ao mesmo tempo forte e agradável.

Não posso me lembrar de uma única personalidade atraente, digna de nota, que não tenha sido construída em parte com a habilidade para falar com firmeza e convicção. Estudemos os grandes vultos de hoje, em qualquer parte do mundo, e observemos o fato significativo de que quanto mais preeminentes, mais eficientes são na arte de falar com firmeza.

Estudemos as personalidades que mais se distinguiram na política no passado, e observemos que os estadistas que mais conseguiram êxito são citados como tendo sido dotados de grande facilidade de palavra, podendo falar com firmeza e convicção.

No domínio do comércio, da indústria e das finanças, parece igualmente significativo o fato de que os líderes mais eminentes são homens que, têm facilidade de usar a palavra.

Na verdade, ninguém espera se tornar um grande líder em qualquer empreendimento se não desenvolver a habilidade de falar com uma firmeza que traga em si a convicção. Um vendedor poderá nunca ter necessidade de pronunciar um discurso em público, porém muito aproveitará, decerto, se desenvolver essa habilidade, o que o tornará apto para falar com convicção na conversa habitual.

FAÇAMOS AGORA UM RESUMO DOS FATORES QUE ENTRAM NO DESENVOLVIMENTO DE UMA PERSONALIDADE ATRAENTE:

Primeiro: Formar o hábito de interessar-se pelos outros; procurar descobrir suas boas qualidades e referir-se a elas elogiosamente.

Segundo: Desenvolver a habilidade de falar com firmeza e convicção, tanto na conversa habitual como em reuniões públicas, quando se deve usar a voz em um tom mais elevado.

Terceiro: Vestir-se de acordo com o tipo físico e o trabalho que se exerce.

Quarto: Desenvolver um caráter positivo por meio da fórmula traçada nesta lição.

Quinto: Aprender a arte de apertar as mãos, de modo a expressar um sentimento caloroso de entusiasmo por meio dessa forma de saudação.

Sexto: Atrair a si as pessoas "atraindo-se" primeiro para elas.

Sétimo: Lembrar sempre que a nossa única limitação, dentro do razoável, é a que estabelecemos na nossa própria mente.

O ENTUSIASMO É A MAIOR FORÇA DA ALMA. CONSERVE-O E NUNCA LHE FALTARÁ PODER PARA CONSEGUIR O QUE NECESSITAR.

Esses sete pontos cobrem os fatores mais importantes que entram no desenvolvimento de uma *personalidade atraente*, mas parece-me desnecessário sugerir que uma personalidade não se desenvolverá por sua conta própria. *Ela se desenvolverá se nos submetermos à disciplina aqui descrita com uma firme determinação para nos transformarmos na pessoa que gostaríamos de ser.*

Estudando essa lista dos sete fatores importantes que entram no desenvolvimento de uma personalidade atraente pareceu-me interessante chamar a atenção do leitor para o segundo e o quarto pontos como sendo os mais importantes.

Se o leitor cultivar os mais belos pensamentos, sentimentos e ações que entram na construção de um caráter positivo e aprender a expressar-se com firmeza e convicção, terá desenvolvido uma *personalidade atraente*, pois atrás dessas virão as outras qualidades aqui descritas.

Há um grande poder de atração na pessoa que tem um caráter positivo, e esse poder se expressa por meio de fontes visíveis e invisíveis. Desde o momento em que nos aproximamos de uma pessoa assim, mesmo que não tenhamos articulado uma única palavra, faz-se sentir a influência desse "poder que vem de dentro".

Qualquer transação equívoca em que nos envolvermos, todo pensamento negativo que tivermos e todo ato destrutivo que consentirmos, destruirão esse "algo de sutil" que vem de dentro e que se conhece com o nome de *caráter*.

> Há uma confissão completa no nosso modo de olhar, nos nossos sorrisos, nas nossas saudações e apertos de mãos. Os seus pecados o mancham, maculam a boa impressão que ele causa. Não se sabe por quê, mas não se confia nele. Seus vícios transparecem nos seus olhos, desfiguram seu rosto, torcem seu nariz, põem o estigma da fera na sua cabeça e escrevem "Louco" na testa de um rei. *(Emerson)*

Chamarei agora a atenção do leitor para o primeiro dos sete fatores que entram no desenvolvimento de uma *personalidade atraente*. O leitor observou que em toda esta lição entrei em longos detalhes, visando demonstrar as vantagens materiais que há em ser agradável para com outras pessoas.

Entretanto, a maior vantagem de todas reside não na possibilidade de lucros financeiros ou materiais que esse hábito oferece, mas no magnífico efeito que tem sobre o caráter de todos que o praticam.

Adquira o leitor o hábito de ser agradável e lucrará tanto material como mentalmente, pois nunca nos sentimos tão felizes como quando sabemos que também tornamos os outros.

Evite desafiar os outros para discussões inúteis. Tire os óculos enfumaçados através dos quais vê o que lhe parecem ser as "tristezas da vida" e em seu lugar veja somente a luz do sol da amizade. Lance fora o martelo e deixe de bater, porque, certamente, os grandes prêmios da vida cabem aos construtores, e não aos destruidores.

O homem que constrói uma casa é um artista; o que faz uma demolição é apenas um operário. Se o leitor é uma pessoa que se queixa, o mundo escutará as suas lamentações e os seus "delírios", se não puder evitá-lo; mas se é uma pessoa que traz uma mensagem de amizade e otimismo, ouvirá as suas palavras, porque assim o deseja. *As pessoas que se queixam não podem ter uma personalidade atraente!*

E a arte de ser agradável, essa simples característica, é a base de todas as transações coroadas de êxito.

Conduzo sempre o meu carro a uns 8 quilômetros de distância do centro da cidade para comprar a gasolina que podia obter a alguns quarteirões da minha casa. Por quê?

Simplesmente porque o encarregado do posto é um artista, e dirige o seu negócio de modo muito agradável. Vou lá não porque a gasolina seja mais barata, mas porque me agrada o efeito vitalizador da sua personalidade atraente.

Compro sapatos em determinada loja na Broadway, em Nova York, não porque não seja possível encontrar bons calçados em outras lojas, pelo mesmo preço, mas apenas porque o gerente dessa loja tem uma personalidade atraente. Enquanto experimento os sapatos, ele conversa comigo sobre os assuntos que sabe serem do meu particular interesse.

O meu banco é o Harriman National Bank, entre a Rua 44 e a Quinta Avenida, não porque não haja outros estabelecimentos bancários igualmente

Nenhum homem tem o direito de abusar de uma amizade a ponto de pedir ou esperar de um amigo que lhe dê provas de sacrifícios.

bons, mas somente porque todos os funcionários, até mesmo o sr. Harriman, procuram me agradar. Conquanto a minha conta-corrente seja modesta, tratam-me como se eu fosse milionário.

Admiro grandemente John D. Rockefeller, não porque seja o filho de um dos homens mais ricos do mundo, e sim pela única razão de que também ele adquiriu a arte de *ser agradável.*

Na pequena cidade de Lancaster, Pensilvânia, mora M. T. Garvin, um comerciante próspero que eu viajaria centenas de quilômetros para visitar, não porque seja rico, mas porque faz questão de ser agradável. Não tenho dúvida de que o seu êxito material está intimamente relacionado com essa nobre arte da afabilidade que ele adquiriu.

Tenho no meu bolso uma caneta-tinteiro Parker e minha esposa e meus filhos têm também canetas da mesma marca, não porque não existem outras boas canetas-tinteiro, mas pela simples razão de que *me senti atraído por George S. Parker, devido ao seu hábito de ser agradável.*

Minha mulher é assinante do *Ladie's Home Journal* não porque não haja outras boas revistas do mesmo gênero, mas porque nos sentimos atraídos por essa revista há vários anos, quando Edward Bok era o seu diretor, porque ele adquirira a arte de *ser agradável.*

Ó peregrinos que buscais o arco-íris, parai um momento à beira do caminho e aprendei com as pessoas triunfantes, que venceram porque adquiriram a *arte de ser agradável.*

Pode-se vencer durante algum tempo por meio da crueldade ou da astúcia; é possível adquirir mais bens do que os necessários à existência por meio da força e de artifícios; porém, mais cedo ou mais tarde, chega-se a um ponto da vida em que se sente remorso, e o vazio, na bolsa cheia de dinheiro.

Nunca reflito sobre o poder, as situações elevadas e as riquezas adquiridas pela força sem ter a impressão profunda do sentimento expressado por um homem, cujo nome não ouso mencionar, enquanto está junto ao túmulo de Napoleão Bonaparte:

Há pouco estive diante do túmulo de Napoleão — um túmulo magnífico, resplandecente de ouro, próprio de uma deidade — e olhei para o sarcófago de mármore raro, de preço inestimável, onde repousam as cinzas daquele homem turbulento. Olhei por cima da balaustrada e pensei na carreira do maior soldado dos tempos modernos. Vi-o em Toulon. Vi-o caminhando ao longo das margens do Sena, pensando no suicídio. Vi-o derrubando a populaça nas ruas de Paris. Vi-o à frente do exército, na Itália. Vi-o cruzando a ponte em Lodi, com a bandeira tricolor na mão. Vi-o no Egito, à sombra das pirâmides. Vi-o conquistar os Alpes e juntar as águias da França às águias dos penhascos. Vi-o em Marengo, em Ulm e em Austerlitz. Vi-o na Rússia, quando a infantaria da neve e a cavalaria selvagem dispersaram as suas legiões, como o inverno dispersa as folhas secas. Vi-o em Leipzig, na derrota e no desastre — repelido por 1 milhão de baionetas, sobre Paris —, agarrado como uma fera selvagem, banido para Elba. Vi-o escapar, reapoderar-se do império pela força do seu gênio. Vi-o sobre o campo terrível de Waterloo, onde a *chance* e o destino combinaram destruir a fortuna do seu antigo rei. Vi-o em Santa Helena, com as mãos cruzadas nas costas, olhando para o mar, triste e solene.

Pensei nas viúvas e nos órfãos que ele fizera, nas lágrimas que haviam sido derramadas pela sua glória e na única mulher que ele amou, repelida do seu coração pela mão fria da ambição. E disse então que preferia ter sido um camponês francês, calçado de tamancos; preferia ter vivido numa cabana, com a vinha crescendo sobre a porta e os cachos de uva tornando-se purpúreos, aos beijos amorosos do sol de outono; preferia ter sido esse pobre camponês, com a esposa ao lado, costurando, ao pôr do sol, os filhos sobre os joelhos, rodeando-os com os braços; sim, preferia ter sido esse homem, e depois de morto, entregue ao silêncio e ao esquecimento no túmulo, a ter sido a personagem imperial da força e do crime, conhecida por Napoleão, o Grande.

Deixo com o leitor, como clímax desta lição, a ideia dessa dissertação imortal sobre um homem que viveu pela espada e pela força, e morreu na ignomínia, um pária aos olhos dos seus semelhantes, uma chaga à memória da civilização; um fracasso, em suma, porque... *não adquiriu a arte de ser agradável. Porque não pôde ou não quis subordinar o "eu" ao bem dos seus seguidores!*

É PERMISSÍVEL SUGERIR AOS AMIGOS, DE MANEIRA INTELIGENTE, AS NOSSAS NECESSIDADES; TENHAMOS PORÉM O CUIDADO DE NUNCA LHES PEDIR AUXÍLIO DIRETAMENTE, SE QUISERMOS CONSERVAR A SUA AMIZADE.

Décima primeira Lição

Pensar com exatidão

Querer é poder!

É esta uma das mais importantes e ao mesmo tempo mais interessantes e difíceis lições do curso da Lei do Triunfo.

É importante porque trata de um princípio que corre através de todo o curso. É interessante pelo mesmo motivo, e é difícil de apresentar porque conduz sempre o leitor além do limite das experiências comuns e o introduz num campo do pensamento com o qual, em geral, ele não está familiarizado.

A menos que não estude esta lição com muito cuidado e compreensão, o leitor perderá a pedra angular da estrutura do curso, e, sem essa pedra, nunca poderá terminar a construção do seu Templo do Triunfo.

Esta lição dará ao leitor uma concepção de pensamento que poderá conduzi-lo muito acima do nível ao qual se ergueu, por meio do processo evolutivo a que se submeteu no passado, e, por esse motivo, não deve ficar decepcionado se à primeira leitura não o compreender inteiramente. A maioria das pessoas *não crê* naquilo que não pode compreender, e tendo no espírito essa tendência da natureza humana é que o autor adverte o leitor quanto ao perigo de fechar o espírito, se não apreender tudo o que há na lição logo à primeira leitura.

Durante milhares de anos os homens construíram navios exclusivamente de madeira. Empregavam a madeira porque julgavam que fosse o único material capaz de flutuar; a razão disso é que não tinham adiantado bastante o seu processo de pensar para compreender o fato de que o aço flutua, e que é muito superior à madeira para a construção dos navios. Não sabiam que qualquer coisa mais leve do que a porção de água removida pode flutuar, e enquanto não compreenderam essa grande verdade continuaram a fazer os seus navios de madeira.

Até cerca de 25 anos atrás a maioria dos homens pensava que apenas os pássaros podiam voar; hoje, porém, sabemos que o homem pode não somente igualar os pássaros no voo, como até mesmo ultrapassá-los.

Apenas recentemente os homens chegaram a compreender que o grande espaço vazio conhecido por ar é mais vivo e sensível que tudo que há na Terra. Não sabiam que a palavra falada viajaria através do éter com a rapidez de um relâmpago, sem o auxílio de fios. Como poderiam ter compreendido isso, quando a mente humana não atingira ainda um desenvolvimento suficiente para apreender tal fato? O objetivo desta lição é ajudar o leitor a desenvolver a sua mente, a fim de poder *pensar com exatidão*, pois esse desenvolvimento lhe abrirá a porta que conduz a todo o poder de que necessitará para completar o Templo do Triunfo.

Em todas as lições precedentes o leitor deve ter observado que tratamos de princípios que qualquer pessoa pode aprender e aplicar com toda facilidade. Observará, também, que esses princípios foram apresentados de tal forma que conduzem ao *sucesso*, no sentido de bens materiais. Isso nos pareceu necessário porque a maioria das pessoas pensa que *triunfo* e *dinheiro* são palavras sinônimas. Obviamente, as lições precedentes foram destinadas aos que consideram as coisas mundanas e a riqueza material como sendo o único sentido da palavra triunfo.

Em outras palavras, o autor estava certo de que a maioria dos alunos deste curso de leitura ficaria desapontada se lhe fosse apontado outro caminho para o triunfo, um caminho que não atravessasse os umbrais do comércio, das finanças e da indústria. Todos sabem que a maioria das pessoas quer aquela espécie de triunfo que significa *dinheiro*.

Deixemos aqueles que se satisfazem com esse gênero de triunfo. Há porém os que desejam elevar-se mais na escada da vida, em busca de um *triunfo* que é medido por outros padrões que não os das coisas materiais, e é para o seu benefício, em particular, que se destinam esta lição e as subsequentes do nosso curso.

A faculdade de *pensar com exatidão* envolve dois princípios que devem ser observados por todos aqueles que a cultivam. Primeiro, para pensar com exatidão é preciso separar os *fatos* das meras *informações*. Grande parte das informações de que dispomos não é baseada em fatos. Segundo, devemos separar os *fatos* em duas classes, a saber: os *importantes* e os *sem importância*, ou os *de relevo* e os *sem destaque*. Somente fazendo assim poderemos pensar com exatidão.

Todos os *fatos* que se podem usar para a consecução do *objetivo principal* definido são *importantes* e de *relevo*; todos os que não servem para esse fim são *sem importância* e *sem destaque*. É a negligência em fazer essa distinção dos fatos que é responsável pelo abismo que separa tão largamente pessoas que aparentemente têm as mesmas habilidades e que encontram oportunidades iguais. Sem sair do seu círculo de relações, o leitor poderá apontar facilmente duas ou mais pessoas que não têm tido maiores oportunidades do que as suas, que têm talvez menos capacidade e, entretanto, conseguem maiores triunfos.

E o leitor procura descobrir o motivo.

Pesquisando com diligência descobriremos que todas essas pessoas adquiriram o hábito de combinar e usar os *fatos importantes* que afetam o seu gênero de trabalho. Longe de trabalharem mais arduamente do que o leitor, estão talvez trabalhando menos e com mais facilidade. Aprendendo o segredo de separar os fatos *importantes* dos *não importantes* muniram-se de uma espécie de alavanca com a qual podem mover, empregando apenas as pontas dos dedos, o peso que o leitor não será capaz de remover empregando toda a sua força.

A pessoa que adquire o hábito de dirigir sua atenção para os *fatos importantes*, com os quais se constrói o Templo do Triunfo, mune-se com uma força que pode ser comparada à do martelo hidráulico, que desfere golpes de 10 toneladas.

Se tudo isso parecer muito elementar, não esqueçamos o fato de que alguns dos leitores deste curso ainda não desenvolveram a capacidade de pensar em termos mais complicados, e tentar obrigá-los a isso seria o mesmo que deixá-los irremediavelmente atrás.

Para que possamos compreender a importância que há em fazer a distinção entre os fatos e as meras informações, estudemos o tipo de homem que se deixa levar por tudo o que ouve, o tipo que é influenciado por tudo o que "ouve no ar", que aceita, sem análise, tudo o que lê nos jornais e julga os outros pelo que deles dizem os seus inimigos e competidores.

Faça uma investigação no seu círculo de relações e escolha um desses tipos como exemplo e tenha-o sempre em mente, enquanto estudamos o

O GRANDE EDISON FRACASSOU 10 MIL VEZES ANTES DE CONSEGUIR A LÂMPADA ELÉTRICA. NÃO DESANIME NEM "ABANDONE A LUTA" SE FRACASSAR UMA OU DUAS VEZES, ANTES DE ATINGIR SEU OBJETIVO.

assunto. Observemos que um indivíduo desses sempre começa a conversar com frases assim: *Vi nos jornais* ou *Dizem*. O homem que pensa com exatidão sabe que os jornais nem sempre são absolutamente exatos nas suas informações e sabe também que "*o que dizem*" sempre é mais mentira do que verdade. Se o leitor ainda não passou dessa fase do "*Vi nos jornais*" e do "*Me contaram hoje*", tem ainda muito que andar, antes de tornar-se uma pessoa capaz de pensar com exatidão. Decerto, muitos fatos e muita verdade "viajam" nos boatos e nas notícias dos jornais, mas o homem "que pensa" não os aceita logo de primeira mão, sem uma confirmação qualquer.

É esse um ponto que faço questão de acentuar bem, porque constitui os penhascos contra os quais se bate grande número de pessoas, que depois caem derrotadas no oceano sem fundo das falsas conclusões.

No domínio dos processos legais há um princípio chamado de lei da *evidência*, e o objetivo de tal lei é conseguir os *fatos*. Qualquer juiz pode proceder com justiça para com todos os interessados se contar com os fatos nos quais basear o seu julgamento, mas poderá cometer injustiças para com pessoas inocentes se burlar a lei da evidência e chegar a uma conclusão ou julgamento baseado no que "ouviu dizer". Essa lei varia de acordo com o assunto e com as circunstâncias, mas não erraremos muito se, na falta de provas ou de fatos conhecidos, formarmos os nossos julgamentos apenas na hipótese de que são baseadas nos fatos meramente as provas parciais que temos diante de nós e que aproveitam aos nossos próprios interesses *sem causar dano aos outros*.

É esse um ponto crucial e importante nesta lição; portanto, quero ter a certeza de que o leitor não vai passar ligeiramente por ele. Muitos homens confundem, conscientemente ou não, as suas vantagens com os *fatos*; fazem ou deixam de fazer uma coisa levados unicamente por seus interesses, sem considerar se interferem ou não com os direitos dos outros.

Por mais lastimável que seja, a verdade é que a maioria do pensamento de hoje, longe de ser exato, baseia-se unicamente sobre o proveito pessoal. O estudioso mais adiantado da ciência, de pensar com exatidão, fica atônito vendo o grande número de pessoas que são "honestas" quando isso lhes traz vantagens, mas encontram miríades de fatos para justificá-las por seguir um caminho desonesto, quando este lhes parece mais aproveitável e vantajoso.

Sem dúvida, o leitor conhece pessoas assim.

O homem que pensa com exatidão adota uma norma de vida pela qual se guia e que segue sempre, quer lhe traga vantagens imediatas ou o conduza através de um mundo de desvantagens (como indubitavelmente conduzirá).

O homem que pensa com exatidão lida com *fatos*, quer afetem ou não os seus interesses, pois sabe que essa maneira de agir o levará finalmente ao sucesso, dando-lhe a posse absoluta do seu *objetivo principal definido*. Compreende a verdade da filosofia de Creso, quando disse: "Existe uma roda onde se movem todos os negócios humanos, e o seu mecanismo é tal que impede a todos os homens de serem *sempre felizes*."

O homem que pensa com exatidão tem apenas um padrão segundo o qual age nas suas relações com os seus semelhantes. Essa norma é seguida por ele com toda a fidelidade, quer lhe acarrete uma desvantagem temporária, quer lhe traga vantagens reais.

Assim, sendo um homem que pensa com exatidão, sabe que por meio da lei da divisão recuperará, no futuro, o que perdeu, aplicando essa norma de conduta mesmo em detrimento próprio.

O leitor devia começar a se preparar para compreender que é necessário ter o caráter mais íntegro e mais sólido para se tornar uma pessoa que pensa com exatidão, pois pode ver que é para aí que conduz o raciocínio da presente lição.

É fora de dúvida que pensar com exatidão traz um certo número de desvantagens temporárias, mas é igualmente verdade que as compensações, em conjunto, são tão incomparavelmente maiores que pagaremos de boa vontade o seu preço. Na procura dos fatos, é muitas vezes necessário reuni-los unicamente por meio da fonte das experiências e conhecimentos alheios. Torna-se então necessário examinar cuidadosamente tanto a evidência apresentada como a pessoa da qual ela provém, e quando a evidência for de tal natureza que venha a afetar o interesse da pessoa que a dá, maior razão ainda para pesquisá-la com mais cuidado, pois a pessoa interessada, muitas vezes, cede à tentação de dar colorido à história e a torcê-la, de maneira a proteger esse interesse.

Se um homem calunia outro, as suas afirmações podem ser aceitas, se têm algum peso, pelo menos com o proverbial grão de sal de cautela; é uma tendência muito comum da natureza humana encontrar apenas o que é mau naqueles de quem não se gosta. O homem que aprendeu a pensar com exatidão, a um ponto tal que fala dos inimigos sem exagerar os seus defeitos e subestimar as suas virtudes, é a exceção, não a regra.

Muitos homens inteligentes não conseguiram ainda perder esse hábito destruidor de depreciar os seus inimigos, competidores e contemporâneos. Desejo chamar a atenção do leitor para essa tendência comum, acentuando-a o mais possível, porque ela é fatal para o pensamento exato.

Antes de poder se tornar uma pessoa que pensa com exatidão, é preciso compreender e concordar que, desde o momento em que qualquer pessoa, homem ou mulher, começa a assumir a liderança em qualquer domínio da vida, os caluniadores começam a fazer circular "rumores" a seu respeito.

Por mais sólido que seja o caráter da pessoa, seja qual for o serviço que ela se ocupa em prestaı ao mundo, não pode escapar à atenção dessas pessoas desorientadas, que sentem prazer antes em *destruir* do que em *construir*.

Os inimigos políticos de Lincoln se encarregaram de espalhar a notícia de que ele vivia com uma mulher negra. Os inimigos políticos de Washington fizeram circular uma notícia semelhante a seu respeito. Como Lincoln e Washington eram originários do Sul dos Estados Unidos, esse boato era indubitavelmente considerado pelos que o espalhavam como sendo o mais degradante e adequado que poderiam imaginar.

Mas não precisávamos voltar ao primeiro presidente dos Estados Unidos para encontrar provas dessa tendência para a difamação, tão comum nos homens, pois os inimigos políticos foram ainda mais longe em relação ao falecido presidente Harding, e espalharam que nas suas veias corria sangue negro.

Quando Woodrow Wilson voltou de Paris trazendo o que acreditava ser um sólido plano de paz, capaz de eliminar as guerras e de solucionar as disputas internacionais, todos, com exceção dos que "pensavam com exatidão", acreditavam no que se dizia em coro, isto é, que ele era uma combinação de Nero e Judas Iscariotes. Os politicoides, os políticos baratos e os profissionais da política, ao lado dos ignorantes, incapazes de pensar por si

ESTÁ BEM A CAMINHO DO TRIUNFO AQUELE QUE TEM DA VIDA UMA CONCEPÇÃO TÃO INTELIGENTE A PONTO DE NUNCA CONSTRUIR UM PLANO QUE EXIJA DE OUTRA PESSOA UMA COOPERAÇÃO QUE NÃO LHE TRAGA QUALQUER COMPENSAÇÃO.

mesmos, congregaram-se num coro poderoso que tinha por fim destruir o único homem, na história do mundo, que apresentou um plano para a abolição das guerras.

Os difamadores mataram Harding e Wilson — assassinaram a ambos com as suas calúnias. Fizeram o mesmo com Lincoln, apenas de uma maneira mais espetacular, incitando um fanático a apressar a sua morte com um tiro.

A administração e a política não são os únicos campos nos quais "aquele que pensa com exatidão" precisa guardar-se contra o coro do que "os outros dizem". No momento em que um homem começa a elevar-se na indústria ou no comércio, esse coro começa logo a agir. Se um homem faz uma ratoeira melhor que a do seu vizinho, a multidão se dirige logo para sua porta, sobre isso não há dúvida alguma, e nessa multidão estarão aqueles que não irão elogiá-lo, e sim condená-lo e destruir a sua reputação.

O falecido John H. Patterson, presidente da National Cash Register Company, oferece um exemplo notável do que pode acontecer a um homem que faz algo melhor do que o seu vizinho; entretanto, na mente de um homem que pensa com exatidão não haveria o menor lampejo de evidência em apoio das calúnias que os competidores de Patterson espalharam a seu respeito.

Quanto a Wilson e Harding, só podemos julgar de que maneira a posteridade os considerará observando como ficaram imortalizados os nomes de Lincoln e Washington. Apenas a verdade perdura. Tudo mais passa com o tempo!

O objetivo dessas referências não é elogiar pessoas que não necessitam particularmente de elogios, e sim dirigir a atenção do leitor para o fato de que as meras informações devem ser submetidas a um estudo severo, antes de serem aceitas, principalmente quando se trata de informação de natureza negativa ou destruidora. Nenhum mal advirá se aceitarmos como um *fato* uma notícia que "se ouve", contanto que seja de natureza construtiva; mas, se é o contrário, tudo deve ser submetido a rigorosa inspeção por todos os meios possíveis, para que a verdade fique patente.

Sendo uma pessoa que pensa com exatidão, é seu privilégio e seu dever munir-se de fatos mesmo que tenha de se esforçar para consegui-los. Se se acostumar a aceitar, a dar ouvido a tudo quanto lhe dizem, nunca se tornará uma pessoa que pensa com exatidão, e nesse caso nunca poderá estar certo de conseguir o seu *objetivo principal definido* na vida.

Muitos homens têm fracassado porque, devido aos seus preconceitos e prevenções, subestimam as qualidades dos inimigos ou competidores. Os olhos do homem que pensa com exatidão veem fatos — e não as ilusões dos preconceitos, do ódio e da inveja.

Um homem que pensa com exatidão deve ser bastante justo para enxergar tanto as virtudes como as faltas das outras pessoas, pois — ninguém tenha dúvida sobre isso — todos os homens possuem qualidades e defeitos.

Não acredito que possa enganar os outros. "*Sei que não posso enganar a mim mesmo!*"

Esse deve ser o lema de toda pessoa que pensa com exatidão.

Supondo que essas "sugestões" sejam suficientes para fixar, na mente do leitor, a importância que há em procurar investigar os fatos até ter certeza razoável de os haver encontrado, vamos passar agora à questão da organização, classificação e uso desses fatos.

Lance os olhos mais uma vez para o círculo das suas amizades e procure uma pessoa que parece conseguir mais e com menor esforço do que qualquer outro dos seus associados. Estudando essa pessoa, observará que é um estrategista e que aprendeu a organizar os *fatos*, de modo que tragam em seu auxílio a lei do aumento de lucros, que já descrevemos em lição anterior.

O homem que *sabe* que está lidando com *fatos* vai para o trabalho com um sentimento de confiança em si mesmo, e isto lhe torna possível evitar contemporizações, hesitações ou esperas para se certificar do terreno em que pisa. Sabe de antemão qual será o resultado dos seus esforços, desse modo age mais rapidamente e consegue mais do que o homem que precisa "apalpar o caminho", por não ter certeza de que está lidando com fatos.

O homem que aprendeu as vantagens que há em apresentar os *fatos* como base dos seus argumentos foi já muito longe no desenvolvimento da faculdade de pensar com exatidão, porém aquele que aprendeu a separar os fatos em *importantes* e *não importantes* foi ainda mais longe. O último pode ser comparado àquele que faz uso de um *trip-hammer* e, portanto, realiza com um golpe muito mais do que pode fazer aquele que emprega um *tack-hammer*, com 10 mil tacadas.

Analisemos aqui alguns tipos de homens que se dedicaram a lidar com os fatos *importantes* ou de *relevo* relacionados com o trabalho da sua vida.

Se este curso não fosse dedicado às necessidades práticas da vida de hoje, faríamos um estudo sobre os grandes homens do passado — Platão, Aristóteles, Epicteto, Sócrates, Salomão, Moisés e Cristo — e dirigiríamos a atenção do leitor para o hábito que eles tinham de lidar com os fatos. Entretanto, podemos encontrar exemplos mais próximos, na nossa própria geração, e que servirão perfeitamente ao nosso propósito e até mesmo com vantagens neste ponto.

Uma vez que nesta época o dinheiro é considerado a prova mais concreta do triunfo, comecemos por estudar um dos homens que já acumularam mais dinheiro em todo o mundo. Esse homem é John D. Rockefeller.

Rockefeller tinha uma qualidade que sobressaía como uma estrela brilhante, acima de todas as suas outras qualidades: habituou-se a lidar apenas com os fatos importantes relacionados com a sua vida. Desde muito jovem (era então muito pobre) Rockefeller estabeleceu, como seu objetivo principal na vida, a acumulação de uma grande fortuna. Não é meu propósito nem seria de particular vantagem tratar aqui do método que Rockefeller empregou para acumular a sua fortuna. Nós nos limitaremos a observar a sua mais pronunciada qualidade, que era insistir nos *fatos* como base da sua filosofia comercial. Muitos dizem que Rockefeller nem sempre era muito correto com os seus competidores. Isso pode ser verdade, ou não (como pessoas que pensam com exatidão, não nos preocuparemos com esse ponto), mas ninguém (nem mesmo os seus competidores) algum dia acusou Rockefeller de menosprezar a força dos seus concorrentes. Não somente ele reconhecia os fatos que afetavam os seus negócios, onde e quando quer que os encontrasse, como também *fazia questão de procurá-los até ter certeza de os haver encontrado.*

Thomas Alva Edison é outro exemplo de um homem que atingiu a grandeza por meio da organização, classificação e uso de fatos de relevo. Edison lidava, principalmente, com as leis da natureza; dessa maneira, necessitava estar certo dos fatos, antes de poder dominá-las. Sempre que apertarmos um botão ou voltarmos um comutador de luz elétrica, lembremos que foi a capacidade de Edison para organizar fatos de relevo que tornou isso possível.

Sempre que ouvir o som de um fonógrafo, lembre-se o leitor que foi Edison quem tornou aquilo uma realidade com o seu método persistente de tratar com fatos de relevo.

Todas as vezes que for a um cinema, lembre-se que ele nasceu do hábito adotado por Edison de tratar com os fatos importantes e de relevo.

No domínio científico, são os fatos importantes os instrumentos de trabalho dos cientistas. A mera informação ou o que se ouve dizer não tem valor algum para Edison, que entretanto podia ter gasto toda a sua vida ocupado nisso.

O que "se ouve dizer", porém, jamais teria produzido a lâmpada elétrica, o fonógrafo, o cinema, a não ser por mero "acidente". Nesta lição, procuramos preparar o aluno para evitar os "acidentes".

Naturalmente, surgirá agora a pergunta: O que constitui um fato importante e um fato de relevo?

A resposta depende inteiramente do que constitui o *objetivo principal definido* do leitor, pois um fato *importante* e de *relevo* é qualquer fato que se pode usar sem interferir com os direitos dos outros para a realização daquele objetivo.

Todos os outros fatos, pelo que lhe diz respeito, são supérfluos ou de menor importância.

Contudo, pode-se ter muito trabalho em organizar, classificar e usar fatos sem importância ou sem relevo do mesmo modo que se faz com fatos importantes, mas não se conseguirá muita coisa com isso.

Até aqui temos discutido apenas um fator do pensamento exato: o que é baseado no raciocínio dedutivo. Talvez seja esse o ponto em que alguns leitores deste curso terão de *pensar* numa direção com a qual não estão familiarizados. Vamos agora passar à discussão do *pensamento* que faz mais do que reunir, classificar, organizar e combinar os fatos.

Chamemo-lo *pensamento criador*.

Para que se possa compreender a razão por que o chamamos *criador* é necessário estudar ligeiramente o processo de evolução por meio do qual *foi criado o homem que pensa*.

O *homem que pensa* demorou muito tempo na estrada de evolução e já realizou uma longa jornada. Segundo o juiz T. Troward, em *Mistérios e significado da Bíblia*, "o homem perfeito é o ápice da pirâmide da evolução, e isso se faz por uma sequência necessária".

Estudemos o *homem que pensa* através de cinco passos evolutivos por que acreditamos haja passado, começando pelo mais inferior:

1º) Período Mineral. Aqui encontramos a vida nas suas formas mais rudimentares, sem movimento e inerte; uma massa de substâncias minerais sem poder para se movimentar.

2º) Vem então o Período Vegetal. Aqui encontramos a vida numa forma mais ativa, com inteligência suficiente para conseguir alimento, crescer e reproduzir-se, mas ainda incapaz de separar-se das suas amarras.

3º) Vem depois o Período Animal. Encontramos então a vida numa forma mais elevada, com capacidade para movimentar-se de um lugar para outro.

4º) Vem a seguir o Período Humano ou do Homem que Pensa, onde encontramos a vida na forma mais elevada que se conhece; a forma superior, porque o homem pode *pensar* e porque o *pensamento* é a forma mais elevada de energia organizada. No campo do pensamento, o homem não conhece limitações. Pode enviar seus pensamentos até as estrelas, com a rapidez de um relâmpago. Pode reunir fatos e organizá-los em novas e variadas combinações. Pode criar hipóteses e traduzi-las em realidade física por meio do pensamento. Pode raciocinar, tanto indutiva como dedutivamente.

5º) Passamos então para o Período Espiritual. Nesse plano as formas inferiores de vida, descritas nos períodos anteriormente mencionados, convergem e se tornam infinitas em natureza. Nesse ponto desenvolveu-se o homem que pensa; apareceu, expandiu-se e cresceu até projetar a habilidade de pensar na inteligência infinita. Essas exceções são apresentadas por homens como Moisés, Salomão, Cristo, Platão, Aristóteles, Sócrates, Confúcio e um número relativamente pequeno de tipos semelhantes. Desde a sua época tem havido muitos que parcialmente descobriram essa grande verdade; todavia, a verdade em si mesma está ainda agora à disposição de todos, como esteve naqueles tempos.

Para fazer uso do *pensamento criador* o indivíduo deve agir, principalmente, pela *fé*, e é essa a razão principal por que a maioria das pessoas não se dedica a essa espécie de *pensamento*. O indivíduo mais ignorante pode *pensar* em termos do raciocínio dedutivo, relacionados com assuntos de uma natureza puramente física e material, mas dar um passo além e *pensar* em termos da *inteligência infinita* é outra questão. A média dos homens fica totalmente desorientada desde o momento em que vai além do que pode compreender com o auxílio dos cinco sentidos. A inteligência infinita não trabalha por meio de nenhum dos sentidos e não podemos invocar o seu auxílio através de nenhum deles.

Como, então, pode o indivíduo conseguir a força da *inteligência infinita*? É a pergunta natural que todos farão.

E a resposta é a seguinte:

POR MEIO DO PENSAMENTO CRIADOR.

Para tornar clara a maneira exata como isso se faz, chamarei agora a atenção para algumas das precedentes lições deste curso, por meio das quais o leitor se preparou para compreender o que significa *pensamento criador*.

Na segunda lição e até certo ponto em todas as outras lições seguintes, até a presente, o leitor deve ter notado a frequência com que aparece o termo "autossugestão". (A sugestão que alguém faz a si mesmo.) Voltemos agora a esse termo, porque a "autossugestão" é a linha telegráfica, por assim dizer, por meio da qual registramos no nosso subconsciente a descrição ou plano do que desejamos *criar* ou adquirir de forma física.

É um processo que se pode aprender e aplicar com facilidade.

O subconsciente é o intermediário entre o pensamento consciente e a inteligência infinita, e podemos invocar o auxílio desta última apenas por meio daquele, dando-lhe claras instruções do que queremos. Aqui nos tornamos familiares com a razão psicológica para um objetivo principal definido.

Se o leitor não viu ainda a importância de criar um objetivo principal definido como finalidade de todo o trabalho da sua vida, é o que verá, sem dúvida alguma, mesmo antes de ter dominado esta lição.

Conhecendo por experiência própria, ao iniciar o estudo deste assunto, e de outros com ele relacionados, como são malcompreendidos os termos tais como "subconsciente", "autossugestão" e "pensamento criador", tomei

A ARTE DO VENDEDOR CONSISTE, EM GRANDE PARTE, EM "CONHECER" E "DEMONSTRAR" AO FREGUÊS OS MÉRITOS REAIS DO ARTIGO QUE PROCURA VENDER.

ao longo de todo o curso a liberdade de descrever esses termos, apresentando várias comparações e exemplos com o objetivo de tornar o seu significado e o método da sua aplicação o mais claros possível, de modo que nenhum leitor do nosso curso possa deixar de entendê-los. Isso responde pela repetição dos termos, que o leitor terá observado em todas as lições, e, ao mesmo tempo, serve como uma explicação aos que já se adiantaram bastante para apreender o significado que escapa ao principiante à primeira leitura.

O subconsciente possui uma característica notável para a qual quero agora chamar a atenção do leitor: *grava as sugestões que lhe enviamos através da autossugestão e invoca o auxílio da inteligência infinita para a tradução dessas sugestões na sua forma física, por meios naturais, meios que não são de maneira alguma fora do comum.* É importante compreender bem a afirmativa, do contrário é possível que fracasse também quanto a compreender a importância do princípio sobre o qual é construído este curso, sendo esta a base da inteligência infinita, que pode ser alcançada e empregada à vontade por meio da lei do Master Mind, descrita na introdução.

Estude o leitor, cuidadosamente, meditando, todo o parágrafo precedente.

O subconsciente tem uma outra característica notável, isto é, aceita, agindo sobre elas, todas as sugestões que lhe são apresentadas, quer sejam construtivas ou destrutivas.

Podemos ver, desse modo, como é essencial observar a lei da evidência e seguir cuidadosamente os princípios apresentados no início desta lição para selecionar o que deve passar para o subconsciente através da autossugestão. Podemos ver por que o indivíduo deve pesquisar diligentemente os fatos e por que não se deve ter o ouvido sempre pronto para escutar tudo o que dizem os difamadores e os caçadores de escândalos, pois fazer assim seria o mesmo que nutrir o subconsciente com alimentos venenosos, que arruínam o *pensamento criador.*

O subconsciente pode ser comparado ao filme fotográfico que registra tudo o que se coloca diante dele. O filme não escolhe o retrato que vai gravar: grava tudo o que lhe chega através das lentes. A consciência pode ser comparada ao interruptor que impede a luz de chegar ao filme fotográfico, não permitindo que seja gravado senão o que o operador desejar. As lentes podem ser comparadas à autossugestão, que é o meio de levar a imagem do objeto a ser registrada no filme fotográfico sensibilizado. E a inteligência infinita, finalmente, é como se fosse o indivíduo que desenvolve o filme sensibilizado, depois que o retrato foi gravado, tornando assim a imagem fotográfica uma realidade.

A máquina fotográfica comum oferece uma ótima comparação para o processo inteiro do *pensamento criador*. Primeiro vem a seleção do objeto a ser exposto diante da câmera e que representa o objetivo principal definido da pessoa. Vem, em seguida, a operação destinada a preparar um esboço claro para tal propósito, por meio das lentes da autossugestão, tornando sensível o filme do subconsciente. Aqui, a inteligência infinita entra e desenvolve o esboço desse propósito numa forma física, apropriada com a natureza do propósito. A parte que o indivíduo deve desempenhar é evidente.

O leitor escolhe o retrato a ser tirado (objetivo principal definido). Fixa então na sua mente esse objetivo com tal intensidade que ele se comunica com o subconsciente por meio da autossugestão, e grava o retrato. Passará então o leitor a esperar as manifestações de realizações físicas do assunto do quadro.

Mas é preciso ter sempre em mente o fato de que não deve ficar inativo, ou ir para a cama para dormir, com a esperança de acordar e ver que a inteligência infinita já realizou completamente o seu objetivo principal definido. Prossiga como sempre, fazendo o seu trabalho quotidiano, de acordo com as instruções apresentadas na nona lição deste curso, com toda fé e confiança em que os modos e meios naturais para a realização do seu objetivo lhe estarão abertos no momento preciso e da melhor maneira possível.

O caminho não pode ser aberto de súbito do primeiro ao último passo, mas deve ser palmilhado passo a passo. Assim, quando tiver consciência de uma oportunidade para dar o primeiro passo, deve dá-lo sem hesitação, e do mesmo modo o segundo e o terceiro, e todos os outros passos essenciais para a realização do seu objetivo principal definido.

A inteligência infinita não nos construirá decerto uma casa, entregando-a pronta para ser habitada: abrirá porém o caminho e proverá os meios necessários para a sua construção.

A inteligência infinita não colocará, a uma mera sugestão do nosso subconsciente, uma importante quantia na nossa conta-corrente, porém mostrará os meios pelos quais podemos conseguir esse dinheiro e colocá-lo a nosso crédito.

A inteligência infinita não expulsará da Casa Branca o presidente dos Estados Unidos para pôr o leitor no seu lugar, porém lhe apontará a maneira de proceder em todas as circunstâncias para ficar em condições de ocupar qualquer posto importante, e tudo isso se fará por intermédio dos meios comuns da vida.

Não confiemos no poder dos milagres para a realização do nosso objetivo principal definido; confiemos, isto sim, na força da inteligência infinita para nos guiar pelos caminhos naturais e com o auxílio das leis comuns para a sua realização. Não esperemos que a inteligência infinita nos leve ao nosso objetivo principal definido; em vez disso, esperemos que ela nos mostre os meios pelos quais poderemos atingi-lo.

No começo, não espere o leitor que a inteligência infinita se mova com rapidez em seu favor, mas, à medida que se tornar mais hábil no princípio da autossugestão e à medida que desenvolver compreensão e confiança nos métodos exigidos para a sua pronta realização, pode criar um objetivo principal definido e vê-lo traduzido em imediata realidade física. Quando criancinha, o leitor também não conseguiu andar, da primeira vez que experimentou, mas agora anda sem nenhum esforço. Poderá também olhar para a criança que se esforça por ensaiar os primeiros passos e rir das suas tentativas, porém como principiante, no emprego do pensamento criador, pode ser comparado à criança que aprende a andar. Tenho as melhores razões para saber que essa comparação é exata, mas não as declararei aqui. Deixarei que o próprio leitor descubra a sua razão.

Não devemos nunca esquecer o princípio da evolução mediante cuja operação tudo o que há na natureza física está constantemente se elevando e tentando completar o ciclo entre a inteligência finita e a infinita.

O próprio homem é o exemplo mais alto e mais digno de nota do princípio ativo da evolução. Primeiro, o encontramos nos minerais, onde há vida, mas não inteligência; em seguida, o vemos erguendo-se por meio do crescimento, da vegetação (evolução) para uma forma mais alta de vida, onde já tem inteligência bastante para se alimentar. Depois vamos encontrá-lo no

QUALQUER HOMEM PODE SE TORNAR GRANDE SE REALIZAR AS COISAS MAIS SIMPLES DA VIDA ANIMADO DE UM GRANDE ESPÍRITO, COM UM GENUÍNO DESEJO DE SER ÚTIL AOS OUTROS, SEJA QUAL FOR A SUA PROFISSÃO.

período da vida animal, onde já tem um grau de inteligência relativamente elevado e capacidade para se mover de um lugar para outro. Por último, o encontramos mais elevado do que as espécies inferiores do reino animal, onde age como uma entidade pensante, com capacidade para apreender e usar a inteligência infinita.

Observemos que não atingiu de um salto o seu presente grau de desenvolvimento. Foi subindo passo a passo, talvez por meio de várias reencarnações.

Conservando tudo isso em mente, compreenderemos por que motivo não se pode razoavelmente esperar que a inteligência infinita passe por cima de todas as leis naturais e conduza o homem ao depósito de conhecimentos e poderes, antes de tê-lo preparado para fazer uso desses conhecimentos e poderes com uma inteligência mais elevada do que a comum.

Para dar um ótimo exemplo do que pode acontecer a um homem que ascende repentinamente ao poder, estudemos alguns casos de novos-ricos ou pessoas que herdaram fortunas. Nas mãos de John D. Rockefeller o poder-dinheiro não somente está em mãos seguras, como também em mãos que proporcionam benefícios a todo mundo, eliminando a ignorância, destruindo as doenças contagiosas e servindo de milhares de outras maneiras, sobre as quais a maioria das pessoas nada sabe.

Coloquemos porém a fortuna de Rockefeller nas mãos de qualquer jovem estudante, inexperiente, e a história a contar será outra; será uma história cujos detalhes são fornecidos pela nossa imaginação e conhecimento da natureza humana.

Porém, na décima quarta lição me aprofundarei mais sobre esse assunto.

Se o leitor já esteve em contato com a vida agrícola, compreende que são necessários certos preparativos antes de se produzir a colheita. Sabe, decerto, que as sementes não germinam nos bosques e exigem sol e chuva para poderem nascer. Sabe, igualmente, que o agricultor tem de preparar o solo e depois semear o grão.

Depois de feito tudo isso, espera então que a natureza realize a sua parte no trabalho, e ela cumpre a sua tarefa no tempo devido, sem auxílio externo.

É esse um exemplo que ilustra perfeitamente o método por meio do qual o indivíduo pode conseguir o seu objetivo principal definido. Primeiro, vem o preparo do solo para receber a semente, que é representada pela fé e pela inteligência infinita e a compreensão do princípio da autossugestão e do subconsciente. Vem então o período de espera e de trabalho para a realização desse propósito. Durante esse período, deve ser contínua e intensa a fé, que serve como o sol e a chuva e sem a qual a semente secará, morrendo na terra. Finalmente vem a realização, a época da colheita. E pode ser feita uma admirável colheita.

Estou certo de que grande parte do que exponho aqui não será logo apreendido pelo principiante, sobretudo à primeira leitura, pois ainda me recordo da minha própria experiência. Entretanto, à medida que o processo de evolução leva a efeito o seu trabalho (sobre isso não tenhamos a menor dúvida), todos os princípios descritos se tornarão tão familiares ao leitor como a tabuada de multiplicar, que a princípio lhe parecia tão difícil. E, o que é ainda mais importante, todos esses princípios agirão com a mesma certeza invariável do princípio da multiplicação.

Cada lição deste curso tem fornecido ao leitor instruções definidas para serem seguidas. Essas instruções foram simplificadas o máxima possível para que cada um possa entendê-las bem. Nada mais resta senão seguir as instruções e suprir a fé na sua facilidade, pois sem isso elas seriam absolutamente inúteis.

Nesta lição tratamos de quatro grandes fatores para os quais mais uma vez quero chamar a atenção do leitor, acentuando novamente que é indispensável que se familiarize inteiramente com eles. Esses fatores são:

A autossugestão, o subconsciente, o pensamento criador e a inteligência infinita.

São essas as quatro estradas que terá de trilhar, na sua busca do conhecimento ou saber. Observe o leitor que três delas estão sob o seu controle; observe também — e isso é de grande importância — que, da maneira que empregar para seguir por essas três estradas, dependerão o tempo e o lugar onde elas convergirão no quarto fator, ou inteligência infinita.

Sabe o que quer dizer "autossugestão" e "subconsciente". O autor precisa ter certeza de que o leitor compreendeu também perfeitamente a expressão "pensamento criador", isto é, o pensamento de uma natureza positiva, não destruidora, construtora, em suma. A finalidade da oitava lição, sobre o autocontrole, é preparar o leitor para compreender e aplicar com bom êxito o princípio do "pensamento criador". Se não assimilou inteiramente aquela lição, não está em condições de empregar o pensamento criador para a realização do objetivo principal definido.

Vou repetir aqui uma imagem que já empreguei, isto é: o subconsciente é o campo ou terreno onde se planta a semente do objetivo principal definido. O "pensamento criador" é o instrumento por meio do qual se conservará fértil o terreno para que a semente cresça e amadureça. O subconsciente não fará germinar a semente do objetivo principal definido, nem a inteligência infinita transformará esse objetivo numa realidade estando a mente cheia de ódio, inveja, egoísmo e violência. Esses pensamentos destruidores ou negativos serão os vermes que fazem secar a semente do objetivo principal.

O *pensamento criador* pressupõe que se deve conservar a mente num estado de expectativa para a realização do objetivo que encerra toda a nossa razão de ser, que temos confiança absoluta na sua realização, a um dado momento, e no fim de um certo tempo.

Esta lição dá uma compreensão mais completa e profunda da terceira lição, sobre a *confiança em si mesmo*. Depois que o leitor aprender a maneira de plantar a semente do seu desejo no solo fértil do subconsciente, bem como a maneira de fertilizar o terreno para que a semente germine em vida e ação, terá sobejas razões para acreditar em si mesmo.

Tendo chegado a este ponto, no processo da sua evolução, o leitor terá conhecimento suficiente sobre a verdadeira fonte da qual tira todo o poder que lhe dará crédito junto à inteligência infinita, para tudo o que creditou previamente à sua confiança em si mesmo.

A autossugestão, quando empregada de maneira construtiva, é uma arma poderosa com a qual se pode atingir altas realizações. Empregada de maneira negativa, pode vir a destruir todas as possibilidades de sucesso, e quando se faz dela uso impróprio, continuamente, pode até mesmo destruir a saúde.

Um confronto cuidadoso de experiências dos principais médicos e psiquiatras revelou o fato alarmante de que aproximadamente 75% das pessoas que adoecem sofrem de hipocondria, isto é, um estado mórbido do espírito que causa uma ansiedade desnecessária acerca da saúde do indivíduo.

Falando mais claramente, o hipocondríaco é a pessoa que se imagina atacada de qualquer doença; muitas vezes esses infelizes julgam ter todas as doenças de que ouvem falar.

A hipocondria é geralmente produzida por autointoxicação ou envenenamento por meio da insuficiência intestinal para expelir as matérias inúteis. A pessoa que sofre dessas condições tóxicas é não somente incapaz de pensar com exatidão, como também é vítima de toda sorte de pensamentos pervertidos, destruidores e ilusórios. Muitas pessoas mandam extirpar as amígdalas, arrancar dentes, tirar o apêndice, quando poderiam livrar-se do seu mal com uma lavagem ou um vidro de citrato de magnésio (com as devidas desculpas a amigos médicos, um dos quais me deu essa informação).

Mas, voltando à hipocondria, é ela o começo de muitos casos de loucura.

O dr. Henry R. Rose é a autoridade que apoia o seguinte caso típico do poder da autossugestão:

— Se minha mulher morrer, não acredito que Deus exista.

A esposa do homem que assim falava estava atacada de pneumonia e foi com essas palavras que ele me recebeu, quando cheguei à sua casa — contou o dr. Rose. — Tinham me chamado porque o médico que a tratava a havia desenganado (a maioria dos médicos não fará tal declaração na presença do paciente). A doente chamara o marido e os dois filhos, para despedir-se deles, e em seguida pediu que mandassem me chamar, pois eu era o seu pastor. Encontrei o marido na sala da frente, soluçando, enquanto os dois filhos estavam ao lado da mãe, fazendo o possível para reanimá-la. Quando entrei no quarto, a doente respirava com dificuldade e a enfermeira profissional disse-me que ela estava muito mal.

Logo descobri que a sra. N. mandara me chamar para me pedir que olhasse por seus dois filhos depois da sua morte. Disse-lhe eu então:

— A senhora não deve desanimar, *pois não vai morrer*! A senhora sempre foi forte e saudável, e não acredito que Deus deseje a sua morte, deixando seus filhos entregues a mim ou a quem quer que seja.

Continuei a falar-lhe dessa maneira, e em seguida li o Salmo 103, e fiz uma prece na qual a preparei antes para recuperar a saúde do que para entrar na eternidade. Disse-lhe que tivesse confiança em Deus e fortificasse o seu espírito e a sua vontade contra qualquer ideia de morte... Deixei-a então, dizendo:

— Voltarei logo que termine o serviço religioso, e então a encontrarei muito melhor.

Isso foi num domingo de manhã. Voltei à tarde. O marido recebeu-me com um sorriso. Disse-me que logo que eu saíra a esposa o chamou e aos filhos e disse-lhes:

— O dr. Rose diz que não vou morrer, que vou ficar boa, e vou mesmo.

E curou-se. Mas qual foi a causa disso? Foram duas coisas: a autossugestão, produzida pela sugestão que lhe fiz, e a confiança da sua parte. Cheguei no momento exato, e tão grande foi a sua fé em mim que pude inspirar-lhe a fé em si mesma. E foi essa fé que a fez resistir à pneumonia. Há casos de pneumonia que talvez nada possa curar. Todos nós concordamos tristemente com isso. Mas acontece às vezes, como nesse caso, que a mente, se for trabalhada, e trabalhada de maneira apropriada, fará voltar a maré. Enquanto há vida, há esperança. Mas a esperança deve reinar como soberana e fazer todo o bem que pode fazer.

Contarei aqui outro caso notável, mostrando o poder da mente humana, quando empregada de maneira construtiva. Um dia, um médico pediu-me para visitar a sra. H. Disse-me que ela não tinha moléstia nenhuma, apenas não podia comer. Convencera-se de que não podia reter nada no estômago, deixara de comer e estava morrendo aos poucos de fome. Fui visitá-la e a primeira coisa que notei foi que ela não tinha mais crença religiosa. Perdera a fé em Deus. Descobri, também, que não tinha confiança na sua força para reter o alimento. O meu primeiro trabalho foi restaurar a sua fé no Todo-Poderoso e levá-la a crer que Deus estava com ela e podia dar-lhe força. Em seguida, disse-lhe que podia comer tudo o que desejasse. Na verdade, grande era a sua confiança em mim, e as minhas palavras a impressionaram. Desde aquele dia ela começou a comer. Levantou-se da cama três dias depois, pela primeira vez, desde várias semanas. Hoje é uma mulher normal, sadia e feliz.

Qual foi a causa dessa mudança? As mesmas forças que foram descritas no caso precedente; a sugestão vindo de fora (que ela aceitou com fé e aplicou, por meio da autossugestão) e a confiança interna.

Às vezes, quando o espírito está doente, o corpo adoece também. Nessas ocasiões, é necessário um espírito mais forte para curá-lo, dando-lhe direção e especialmente confiança e fé em si mesmo. A isso se chama sugestão. Chama-se uma pessoa transmitir a outra a sua confiança e força, e com tal intensidade a ponto de fazer o outro crer o que se deseja e fazer o que se quer. Não é preciso ser hipnotismo. Podem-se conseguir resultados maravilhosos com o paciente desperto e no seu raciocínio perfeito. O paciente deve acreditar na pessoa que o sugestiona; esta, por sua vez, deve compreender o processo de funcionamento do cérebro humano, a fim de responder aos argumentos e perguntas do paciente. Cada um de nós deve ser um médico dessa espécie e, assim, auxiliar os seus semelhantes.

Lembremos que a nossa verdadeira riqueza é medida não pelo que temos, e sim pelo que somos.

É dever de cada pessoa ler alguns dos melhores livros sobre as forças da mente humana e aprender as coisas maravilhosas que o espírito pode fazer para conservar as pessoas saudáveis e felizes. Vemos as terríveis consequências do pensamento errôneo, que muitas vezes leva as pessoas à loucura. Já é tempo de descobrirmos o bem que a mente pode fazer não somente na cura das desordens mentais, como também dos males físicos.

É preciso aprofundar muito esse assunto.

Não quero dizer que a mente possa curar tudo. Não há provas de que certas formas de câncer possam ser curadas pelo pensamento, pela fé ou por qualquer processo mental ou religioso. Se alguém tiver um câncer, deve começar a se tratar a tempo e por meio de cirurgia. Não há outro meio e seria um crime sugerir tal coisa. Mas a mente pode fazer tanto, em várias espécies de doenças, que devemos confiar mais nela do que fazemos habitualmente.

Durante a campanha do Egito, Napoleão andava entre os seus soldados, que estavam morrendo de peste bubônica, às centenas. Tocava em um, levantava um segundo para dar coragem aos outros, pois parecia que a terrível epidemia se propagava mais pela imaginação do que por qualquer outro meio. Conta-nos Goethe que diversas vezes esteve em lugares onde grassavam febres malignas sem jamais contraí-las, pois a sua vontade foi sempre mais forte. Esses homens excepcionais conheciam uma coisa que vamos descobrindo aos poucos, isto é, o poder da *autossugestão*, ou a influência que temos sobre nós mesmos, convencendo-nos de que não podemos contrair uma moléstia ou adoecer. Há algo, na cooperação da mente automática ou subconsciente, que a faz erguer-se acima dos germes de moléstia e os desafia quando resolvemos não deixar que esse pensamento nos amedronte ou quando andamos entre doentes, mesmo de moléstias contagiosas, sem pensar em nada disso.

"A imaginação pode matar um tigre", diz o velho adágio. Certamente, pode matar um homem ou, por outro lado, ajudá-lo a elevar-se ao auge de realizações da mais extraordinária natureza, contanto que ele a empregue com base na confiança em si mesmo. Registraram-se já casos autênticos de homens que morreram por imaginarem que lhes tinham cortado a jugular, quando na realidade não se fizera mais do que empregar uma pedra de gelo e deixar a água correr, gotejando, de modo que pudessem ouvir o ruído e imaginar que era o seu sangue que corria. Em tais casos, vendavam-se os olhos do paciente, antes de começar a experiência. Por melhor que seja a disposição com que uma pessoa vai para o trabalho, de manhã, se encontra alguém na rua que lhe acha com um "ar de doente" e diz que deve consultar um médico, a pessoa começa logo a sentir-se doente e volta para casa à tarde como um farrapo e disposta a procurar o médico. Tal é o poder da imaginação ou autossugestão.

A faculdade de imaginação da mente humana é uma maravilhosa peça de mecanismo, mas pode — e habitualmente assim o faz — nos pregar peças estranhas, a menos que nos conservemos constantemente de guarda e atentos ao seu controle.

É uma infelicidade alguém consentir que a sua imaginação "espere sempre o pior". É frequente que jovens estudantes de medicina se tornem medrosos e acreditem estar sofrendo de todas as doenças de que têm conhecimento quer pela leitura de seus livros ou por discussões de várias doenças nas aulas.

Conforme declaramos, a hipocondria pode muitas vezes ser produzida por intoxicação alimentar, mas pode também ser motivada por temores injustificados, por meio do uso impróprio da imaginação. Em outras palavras, o estado hipocondríaco pode ter como causa uma base realmente física ou surgir unicamente como resultado de desvarios da imaginação.

Nesse ponto os médicos estão geralmente de acordo.

O dr. Schonfield descreve o caso de uma mulher que tinha um tumor. Foi um dia colocada na mesa de operações, anestesiada, e, para espanto de todos, o tumor desapareceu, não sendo mais necessária a operação. Porém, quando ela recobrou os sentidos, o tumor voltou. O médico soube então que aquela senhora morara na casa de um parente que tinha realmente um tumor e tão vívida era a sua imaginação que ela se julgou atacada de igual moléstia. Foi novamente colocada na mesa de operações, deram-lhe anestesia, enfaixaram-lhe o corpo com ataduras de modo que o tumor não pudesse voltar artificialmente. Quando ela recobrou os sentidos, disseram-lhe que a operação fora bem-sucedida e que ela teria de usar as ataduras ainda por alguns dias. A paciente acreditou no médico e, quando as removeram,

SUBIMOS ÀS ALTURAS PRINCIPALMENTE ATRAVÉS DAS RUÍNAS DOS NOSSOS MAIS CAROS PROJETOS, VENDO NOS NOSSOS FRACASSOS APENAS SINAIS AMIGOS QUE NOS CONDUZEM AO ALTO, PARA O TRIUNFO.

afinal, o tumor não voltou. Entretanto, não haviam feito operação alguma. Apenas ela removera do subconsciente a ideia de que tinha um tumor e a sua imaginação só era ocupada agora pela ideia de que recuperara a saúde, e, como nunca estivera realmente doente, naturalmente permaneceu inteiramente normal.

A mente tem de ser curada das doenças imaginárias da mesma maneira pela qual foi atacada de tais moléstias, isto é, por meio da autossugestão. O melhor momento para trabalhar contra uma imaginação defeituosa é à noite, justamente no momento em que a pessoa vai dormir, pois nesse momento o subconsciente, ou mente automática, age à sua maneira, e os pensamentos e sugestões que lhe damos, enquanto o consciente age, deixam de agir e são trabalhados durante a noite.

Isso pode parecer impossível, mas podemos facilmente provar esse princípio por meio dos seguintes processos: uma pessoa deseja levantar-se às 7 horas da manhã, por exemplo, ou a qualquer outro momento que não seja a sua hora habitual. Diz a si mesma, na hora em que vai dormir: "Preciso levantar amanhã às 7 horas, sem falta." Repete isso várias vezes e ao mesmo tempo se vê levantando à hora desejada. Transmite esse pensamento, com inteira confiança, ao subconsciente, e quando chegar a hora, ele a despertará. O subconsciente despertará a pessoa a qualquer hora que ela deseje, justamente da mesma maneira que ela despertaria se alguém chegasse junto do leito e lhe sacudisse o ombro. Mas é preciso transmitir a ordem em termos decisivos.

Da mesma maneira, o subconsciente pode receber ordens de qualquer outra espécie e executá-las tão prontamente como quando se trata de despertar a uma determinada hora. Por exemplo, à hora de dormir demos ao subconsciente ordens para desenvolver autoconfiança, coragem, iniciativa ou qualquer outra qualidade, e ele cumprirá o nosso desejo.

Se a imaginação pode criar doenças que não existem e levar uma pessoa para a cama com essas moléstias, pode também, com a mesma facilidade, remover a causa de tais males.

O homem é uma combinação de equivalentes químicos cujo valor não excede a 26 dólares, com exceção, naturalmente, do estupendo poder chamado mente humana.

Nesse conjunto, a mente parece ser uma máquina complicada, mas na realidade, no que se refere à maneira de usá-la, é a coisa mais semelhante que se conhece ao movimento perpétuo. Trabalha automaticamente quando estamos dormindo; trabalha tanto automaticamente como em conjunção com a nossa vontade, ou seção voluntária, quando estamos acordados.

A mente merece, nesta lição, análise mais minuciosa porque é a energia com a qual todo pensamento é formulado. Para aprender a "pensar com exatidão" — o que é o único objetivo desta lição — é preciso compreender perfeitamente o seguinte:

Primeiro: Que a mente pode ser controlada, orientada e dirigida para fins criadores ou construtivos.

Segundo: Que a mente pode ser dirigida para fins destrutivos, podendo, voluntariamente, derrubar e destruir, a não ser que, por meio de um plano e deliberação, seja controlada e dirigida construtivamente.

Terceiro: Que a mente tem poder sobre todas as células do corpo, e, assim, pode fazer com que todas elas executem com perfeição o seu trabalho ou, por meio do descuido ou de uma direção errada, destruir o funcionamento normal de uma das células ou mesmo de todas.

Quarto: Que todas as realizações do homem são fruto do pensamento; a parte que o corpo físico desempenha é de importância secundária e, em muitos casos, não tem importância alguma, exceto a de servir de abrigo para a mente.

Quinto: Que as maiores realizações, seja na literatura, na arte, nas finanças, no comércio, nos meios de transporte, na religião, em política ou nas descobertas científicas são, geralmente, resultado de ideias concebidas num cérebro humano, mas transformadas em realidades por outros homens, por meio da ação combinada da mente e do corpo (o que quer dizer que a concepção de uma ideia é de maior importância que a transformação dessa ideia numa forma material, porque poucos homens, relativamente, podem conceber ideias úteis, embora existam centenas de milhões que podem desenvolver uma ideia e dar-lhe forma material depois de concebida).

QUANDO UM HOMEM ESTÁ REALMENTE NO ALTO DA ESCADA DO TRIUNFO, NUNCA ESTÁ SÓ, PORQUE NINGUÉM PODE CONSEGUIR UM TRIUNFO VERDADEIRO SEM LEVAR OUTROS CONSIGO.

Sexto: A maioria dos pensamentos concebidos nas mentes dos homens não é exata, tendo mais a forma de "opiniões" ou de julgamentos precipitados.

Quando Alexandre, o Grande, se lamentava por não haver mais mundo (julgava ele) que pudesse conquistar, estava num estado de espírito semelhante ao dos atuais "Alexandres" da ciência, indústria, invenção etc., cujo *pensamento exato* conquistou o ar e os mares, explorou praticamente todos os quilômetros quadrados da pequenina Terra em que vivemos e arrancou da natureza milhares de "segredos" que, há poucas gerações, seriam apontados como "milagres" da espécie mais extraordinária.

Em todo esse domínio e descobertas das substâncias meramente físicas não é estranho que tenhamos praticamente desprezado a mais maravilhosa de todas as forças: a mente humana?

Todos os homens de ciência que têm estudado essa questão concordam num ponto, isto é, que nem mesmo se arranhou ainda a superfície no domínio do estudo dessa força maravilhosa que jaz na mente humana, esperando, como a bolota do carvalho espera sob a terra, ser despertada e posta em ação. Todos os que já se referiram ao assunto são de opinião que o próximo grande ciclo das descobertas terá lugar no domínio da mente humana.

A possível natureza dessas descobertas tem sido sugerida, em muitas formas diferentes, praticamente em quase todas as lições do nosso curso, particularmente nesta e nas seguintes.

Se essas sugestões parecerem conduzir o leitor a águas mais profundas do que aquelas em que está acostumado a nadar, não esqueçamos que lhe cabe o direito de parar no ponto de profundidade desejado, até estar pronto, por meio de estudo e do pensamento, para prosseguir.

O autor deste curso julgou necessário tomar a dianteira e afastar-se mesmo bastante para induzir o aluno a dar pelo menos uns passos além da média normal do pensamento humano. Não é de esperar que qualquer leitor logo de começo tente assimilar e pôr em prática tudo o que está incluído nessa filosofia. Mas, ainda que o resultado final do curso nada mais seja do que lançar a semente do pensamento construtivo na mente dos que o seguirem, o autor se dará por satisfeito. O tempo e mais o desejo do próprio leitor para adquirir conhecimento farão o resto.

Já é tempo de declararmos francamente que muitas das sugestões formuladas neste curso levarão, se forem literalmente seguidas, muito além dos limites precisos do que ordinariamente se chama filosofia comercial ou de negócios. Ou, em outras palavras, este curso penetra mais profundamente na mente humana do que é necessário, no que se refere ao emprego dessa filosofia como meio de se conseguir êxito comercial ou financeiro. Entretanto, é de presumir que muitos dos que seguem o curso desejarão penetrar mais profundamente na mente humana do que é necessário quando se trata de sucessos puramente materiais. No trabalho de elaborar e escrever as lições o autor não esqueceu tais alunos.

Resumo dos princípios relacionados com a questão de "pensar com exatidão"

Descobrimos que o corpo humano não é "singular" e sim "plural", consistindo em bilhões sobre bilhões de células individuais, inteligentes e vivas, que executam um trabalho muito definido e bem-organizado de construção, desenvolvimento e manutenção do corpo humano.

Descobrimos que essas células são dirigidas, nas suas respectivos funções, pela ação do subconsciente ou ação automática da mente; que o subconsciente da mente pode ser, até certo ponto, controlado e dirigido pela mente consciente ou voluntária.

Descobrimos que qualquer ideia ou pensamento conservado na mente, por meio da repetição, tem uma tendência para dirigir o corpo físico na transformação desse pensamento ou ideia no seu equivalente material. Vimos que qualquer ordem dada adequadamente ao subconsciente da mente (por meio da lei da autossugestão) será executada, a menos que seja posta de lado por uma outra ordem mais forte. Descobrimos, ainda, que o subconsciente não indaga a fonte da qual recebe as ordens, nem investiga para saber a validade de tal ordem, mas procura imediatamente dirigir a musculatura do corpo para executar qualquer ordem recebida.

Isso explica a necessidade de guardar muito bem o ambiente do qual recebemos sugestões e pelo qual somos influenciados de modo sutil, em ocasiões e de maneira que o consciente não toma conhecimento.

Descobrimos, ainda, que cada movimento do corpo humano é controlado pelo consciente ou pelo subconsciente; que nenhum músculo pode se mover antes de receber a ordem enviada de uma outra parte da mente.

Quando compreendermos perfeitamente esse princípio, compreenderemos também o poderoso efeito que tem qualquer ideia ou pensamento que criamos por meio da imaginação e que conservamos no consciente, até que o subconsciente tenha tempo de se apoderar de tal pensamento e começar o trabalho da sua transformação no equivalente material. Quando compreendermos o princípio através do qual a ideia é primeiramente colocada no consciente, e aí conservada até que o subconsciente a apanhe e dela se aproprie, teremos o conhecimento prático da Lei da Concentração, de que trata a próxima lição (e — podemos acrescentar — teremos também uma perfeita compreensão da razão pela qual a Lei da Concentração é necessariamente parte dessa filosofia).

Quando compreendermos essa relação prática entre a imaginação, o consciente e o subconsciente, veremos que o primeiro passo para a realização de um objetivo principal definido é criar uma imagem perfeita do que desejamos. Essa imagem é impressa no consciente por meio da Lei da Concentração, e ali conservada (por meio das fórmulas descritas na lição seguinte) até que o subconsciente a apanhe e transforme na sua forma definitiva e desejada.

Decerto que esse princípio ficou bem claro. Foi repetido várias vezes não somente para o descrevermos completamente, como também, e o que é mais importante, para *impressionar a mente do aluno com a parte que ele representa em todas as realizações humanas.*

A importância de adotar um objetivo principal

Esta lição sobre *pensar com exatidão* não somente descreve o verdadeiro propósito de um objetivo principal definido como também explica, em termos simples, os principais meios que se devem empregar para se atingir um objetivo principal definido. Por meio de uma leitura diária, a ideia ou coisa visada é apanhada pelo consciente e entregue ao subconsciente, que por sua vez dirige as energias do corpo para materializar o desejo.

DESEJO

Um desejo forte, profundamente amadurecido, é o ponto de partida de toda realização. Do mesmo modo que o elétron é a derradeira unidade da matéria discernível pelo cientista, o *desejo* é a semente de toda realização, o ponto de partida atrás do qual nada há, ou pelo menos nada que seja do nosso conhecimento.

Um objetivo principal definido, que é apenas outro nome para *desejo*, não terá sentido algum a menos que seja baseado num desejo forte, profundamente enraizado pelo objetivo do propósito principal. Muitas pessoas "desejam" várias coisas, mas tal sentimento não é esse *desejo* forte a que nos referimos e que se transforma numa forma mais definida.

Homens que têm dedicado anos de pesquisas a esse assunto acreditam que a energia e matéria, no mundo inteiro, são controladas pela Lei da Atração, que impede os elementos e as forças de natureza semelhante a se unirem em torno de certos centros de atração. É por meio dessa mesma lei universal da atração que o desejo constante e profundamente estabelecido atrai o equivalente físico ou contraparte da coisa desejada ou os meios de consegui-la.

Descobrimos também, a ser correta essa hipótese, que todos os ciclos da realização humana operam mais ou menos dessa maneira. Primeiro esboçamos, no nosso consciente, por meio de um objetivo principal definido (baseado num forte desejo), um objetivo qualquer; focalizamos então o consciente sobre esse objetivo, por meio do pensamento constante de que o obteremos, até que o subconsciente apanhe o retrato ou esboço desse objetivo, forçando-o a tomar a necessária ação física e transformando-o em realidade.

SUGESTÃO E AUTOSSUGESTÃO

Por meio dessa e de outras lições do curso da Lei do Triunfo, o leitor aprendeu que as impressões sensoriais oriundas do ambiente que o cerca ou de declarações ou ações de outras pessoas são chamadas sugestões, enquanto as impressões que colocamos em nossa mente são ali instaladas por meio da autossugestão.

Todas as sugestões que nos vêm dos outros ou do ambiente que nos cerca nos influenciam apenas depois que as aceitamos e as passamos para o subconsciente, por meio do princípio da autossugestão, de modo que a sugestão se torna, inevitavelmente, uma autossugestão antes de influenciar a mente de quem a recebe.

Ou, em outras palavras, ninguém pode influenciar outra pessoa sem o consentimento desta, pois a influência se exerce através do poder da autossugestão da própria pessoa.

Durante o tempo que passamos acordados o consciente se mantém de sentinela, guardando o subconsciente e defendendo-o de todas as sugestões que, vindo de fora, procuram alcançá-lo antes de terem sido examinadas. É dessa maneira que a natureza defende as criaturas humanas contra intrusos que, de outro modo, controlariam à vontade qualquer mente humana.

É um arranjo sábio.

O VALOR DA AUTOSSUGESTÃO PARA A REALIZAÇÃO DO OBJETIVO PRINCIPAL DEFINIDO

Um dos mais importantes empregos que se pode dar ao poder da autossugestão é dirigi-lo de modo a nos auxiliar na realização do objetivo principal definido.

É muito simples o processo por meio do qual se pode conseguir isso. Embora a fórmula exata haja sido descrita na segunda lição e merecido referências durante todo o curso, descrevemos aqui novamente o princípio sobre o qual se baseia.

Faça o leitor um esboço conciso do que pretende realizar, como *objetivo principal definido*, por exemplo, durante os cinco próximos anos. Faça pelo menos duas cópias dessa declaração, uma para ser colocada num lugar onde possa vê-la várias vezes, todos os dias, durante as horas de trabalho. A outra deve ser posta no quarto, de modo que possa vê-la todos os dias, ao recolher-se, e também à hora de levantar-se.

A influência sugestiva desse processo (por menos prático que ele possa parecer) impressionará dentro em pouco o seu subconsciente e, como por magia, começará a observar acontecimentos que o aproximarão cada vez mais desse objetivo. Desde o dia em que chegar a decidir, na mente, aquilo que deseja mais profundamente, começará a observar, nos livros, nas revistas

WILLIAM WRIGLEY JR. JUNTOU UMA IMENSA FORTUNA APENAS CONCENTRANDO OS SEUS ESFORÇOS NA FABRICAÇÃO E DISTRIBUIÇÃO DA MELHOR QUALIDADE DE CHICLETES, PROVANDO, MAIS UMA VEZ, QUE A SEMENTE DO SUCESSO ESTÁ ENVOLTA NAS PEQUENAS COISAS DA VIDA.

e em jornais, tudo o que se relaciona com o seu objetivo principal definido. Observará, também, que as oportunidades começarão a procurá-lo, e, se souber descobri-las e aproveitá-las, cada dia chegará mais perto da meta do seu desejo. Ninguém sabe melhor que o autor deste curso quão impossível e absurdo isso pode parecer à pessoa que não está a par do mecanismo de operação da mente; entretanto, a nossa época não é favorável à indecisão ou pessimismo, e a melhor coisa que se pode fazer é experimentar esse princípio até estabelecer a sua exequibilidade.

À geração atual pode parecer que não há mais mundos a conquistar no campo da invenção mecânica, mas todo pensador (mesmo o que não costuma pensar com exatidão) compreende que estamos entrando numa nova era de evolução, de experiência e de análise, e acredita que todo homem é capaz de fazer tudo o que acredita poder fazer!

Sabemos, com certeza, que o universo é formado por duas substâncias: matéria e energia. Por meio de uma paciente pesquisa científica descobrimos e aceitamos como fato indiscutível que todas as coisas materiais, depois de analisadas, se originam dos elétrons, que são apenas uma forma de energia. Por outro lado, todas as coisas materiais que o homem criou tiveram início sob a forma de energia, nascendo da semente de uma ideia libertada pela faculdade de imaginação do cérebro humano. Em outras palavras, o começo de toda coisa material é a energia, como o seu fim é também a energia.

Toda matéria obedece às ordens de uma forma ou outra de energia. A forma de energia mais elevada que conhecemos é a que funciona como a mente humana. Assim, a mente humana é a única força diretriz de tudo o que o homem cria, e o que ele pode ainda criar com essa força, no futuro, comparado com o que já criou, tornará mesquinhas e sem importância as realizações anteriores.

Não precisamos esperar as futuras descobertas que resultarão dos poderes da mente humana para ter a prova de que a inteligência é a maior força que a humanidade conhece. Sabemos agora que qualquer ideia, objetivo ou propósito que é fixado na mente e conservado nela, com um desejo de realização do seu equivalente físico ou material, põe em movimento forças que não podem ser conquistadas.

Buxton disse:

> Quanto mais vivo, mais me certifico de que a grande diferença entre os homens, entre os fracos e os fortes, entre grandes e pequenos é a energia — determinação invencível —, um propósito fixo, e, depois, a morte ou a vitória. Essa qualidade fará tudo que é possível fazer no mundo — e nem talentos, nem circunstâncias, nem oportunidades, sem contar com ela, poderão fazer um homem.

Donald G. Mitchell disse muito bem:

> A resolução é o que torna manifesto um homem. Não as resoluções dúbias ou as determinações cruéis; não os propósitos vagos — mas o desejo forte e incansável que não conhece barreiras, que anula dificuldades e perigos.

E o grande Disraeli:

> Depois de muito meditar cheguei à conclusão de que um ser humano que estabeleceu um propósito deve cumpri-lo, e que nada pode resistir a um desejo, a uma vontade, mesmo quando para sua realização seja necessária uma existência inteira.

Sir John Simpson afirmou:

> Um desejo apaixonado pode realizar coisas impossíveis, ou que assim possam parecer ao frio, ao tímido e ao fraco.

E John Fostes acrescentou seu testemunho ao declarar:

> Quando num homem se manifesta um espírito firme e decidido, é curioso ver como o espaço se abre em torno dele, claro, dando-lhe inteira liberdade de ação.

Abraham Lincoln disse do general Grant:

> O que Grant tem de grande é a sua fria persistência. Não se exalta facilmente e tem a teimosia de um buldogue, quando crava os dentes em qualquer coisa.

Parece-me apropriado declarar aqui que um desejo forte, para transformar-se em realidade, precisa ser apoiado pela persistência antes que possa ser transmitido ao subconsciente. Não basta sentir muito profundamente, durante alguns dias ou horas, o desejo de realizar um *objetivo principal definido*, e em seguida esquecer esse desejo. O desejo deve ser fixado na mente e nela mantido com uma persistência que não conhece derrotas, até que o subconsciente dele se aposse. Até esse ponto, a pessoa deve permanecer firme nesse desejo e tudo fazer para impulsioná-lo.

A persistência pode ser comparada à gotinha d'água que acaba furando a pedra: "Água mole em pedra dura, tanto bate até que fura." Terminado o capítulo final da vida, ficará patente que a persistência ou a falta de persistência de uma pessoa desempenhou parte importantíssima no seu triunfo ou no seu fracasso.

O autor teve oportunidade de assistir à luta de boxe entre Dempsey e Tunney, em Chicago. Estudou com cuidado o ambiente em que se realizava o encontro e toda a psicologia que o envolvia. Duas coisas ajudaram Tunney a derrotar Dempsey, em ambas as ocasiões, apesar de Dempsey ser mais forte e, conforme a maioria acreditava, melhor lutador.

E essas duas coisas que decretaram a derrota de Dempsey foram, primeiro, a falta de confiança em si mesmo — o medo de que Tunney pudesse derrotá-lo; em seguida, a autoconfiança demonstrada por Tunney e a sua certeza de que poderia derrotar Dempsey.

Tunney subiu ao ringue de queixo erguido, com um ar de certeza e confiança em todos os seus movimentos. Dempsey, pelo contrário, subiu meio vacilante, olhando Tunney de uma maneira que parecia dizer: "Você me vencerá mesmo?"

Dempsey já estava mentalmente derrotado antes de subir ao ringue. Os publicitários haviam feito o truque, graças à capacidade de pensar que Tunney possuía.

E assim se conta a história, desde as mais humildes e mais brutais ocupações. O triunfo cabe ao homem que sabe usar a sua força de pensar.

Os médicos mais notáveis são os que sabem pôr esperança e fé nos remédios que receitam para os seus pacientes.

No decorrer de todo este curso tem sido grandemente acentuada a importância do ambiente e hábitos de onde nasce o estímulo que movimenta o cérebro humano para o impelir à ação. Feliz é a pessoa que sabe estimular sua mente para que ela funcione construtivamente, e que sabe também colocá-la em apoio de um desejo forte e profundamente enraizado.

O pensamento exato é o que faz uso inteligente de todos os poderes da mente humana e não se detém com o mero exame, classificação e arranjo das ideias. Ele cria as ideias e também transforma ideias em formas mais construtivas e mais úteis.

O leitor ficará talvez mais bem-preparado para analisar, sem sentimentos de ceticismo e dúvida, os princípios apontados nesta lição se não esquecer o fato de que as conclusões e hipóteses aqui enumeradas não são apenas do autor, o qual teve a vantagem de contar com a cooperação de alguns dos principais investigadores no campo dos fenômenos mentais, e as conclusões a que se chegou, citadas neste curso, são de diversas pessoas.

Na lição sobre concentração o leitor ainda receberá mais instruções sobre o método de aplicar o princípio da autossugestão. Na verdade, durante todo o curso foi seguido o princípio do desdobramento gradual, tão paralelo quanto possível ao princípio da evolução. A primeira lição deixou o alicerce para a segunda; esta, por sua vez, abriu o caminho para a terceira e assim por diante. *Procurei organizar este curso exatamente da mesma maneira que a natureza forma o homem, isto é, por meio de uma série de passos, elevando pouco a pouco o aluno ao ápice da pirâmide que o curso representa como um todo.*

O objetivo do autor, ao organizar o curso desta maneira, não pode ser descrito em palavras, mas parecerá claro ao leitor logo que tiver dominado todas as lições, então, lhe será aberta uma fonte de conhecimento que não pode ser transmitida de um homem para outro, mas só é atingível pela *educação, pela projeção, de dentro para fora, pelo desenvolvimento mental* do próprio indivíduo. A razão por que tais conhecimentos não podem ser transmitidos de uma pessoa para outra é a mesma que impossibilita a um indivíduo descrever as cores a um cego.

O conhecimento do que escrevo tornou-se claro para mim apenas depois que segui diligente e confiantemente as instruções que são dadas neste curso como orientação e esclarecimento; deste modo, falo por experiência, quando digo que não há exemplos, ilustrações ou palavras que possam descrever adequadamente o conhecimento, que só pode vir de dentro.

Depois dessa vaga insinuação quanto à recompensa que espera os que procuram esforçadamente, e com inteligência, a passagem secreta conduzindo ao conhecimento a que me refiro, passaremos a discutir agora a fase do "pensamento exato", que conduzirá o leitor às mais altas realizações — unicamente, é claro, por meio da descoberta dessa passagem secreta a que já aludi.

Os *pensamentos* são coisas: "E o Verbo se fez carne e habitou entre nós (e contemplamos a sua glória como o filho unigênito do Pai), cheio de graça e de verdade." (João, I:13) Muitos acreditam que cada pensamento dá origem a uma vibração infindável com a qual aquele que a provoca terá de lutar mais tarde; que o homem, em si mesmo, é apenas o reflexo físico do *pensamento* que foi posto em ação pela *inteligência infinita*.

A única esperança deixada à humanidade em toda a Bíblia é a de uma recompensa que não pode ser atingida senão por meio do pensamento construtivo. Trata-se de uma afirmativa impressionante, contudo, mesmo que não seja um perfeito conhecedor da Bíblia, o leitor compreenderá claramente que se trata de uma verdade.

Se há um ponto em que a Bíblia seja mais verdadeira que em outro é justamente quando diz que o pensamento é o princípio de todas as coisas de natureza material.

No começo de cada lição deste curso o leitor deve ter observado o se guinte moto: "*Querer é poder!*"

Esta frase é baseada numa grande *verdade*, que é, praticamente, a maior promessa de todos os ensinamentos da Bíblia. Observemos como foi acentuada a palavra *querer*. Atrás desta palavra está a força com que se pode dar vida às sugestões que passam ao subconsciente, por meio da autossugestão, com o auxílio da lei do Master Mind. Não esqueça o leitor este ponto. Não deve esquecê-lo de modo algum, pois ele encerra toda a força que poderá adquirir um dia.

PRIMEIRO, ADQUIRA PACIÊNCIA E PERSISTÊNCIA, E SÓ ENTÃO PREPARE A SUA MENTE PARA ALCANÇAR O QUE QUER, POIS ASSIM É QUASE CERTO QUE OBTERÁ.

Todo pensamento é criador. Entretanto, nem todo pensamento é construtivo ou positivo. Se alguém pensa em miséria e pobreza e não vê um meio de evitar tais condições, cria com os seus pensamentos essa situação, e será arrastado para ela. Mas há o reverso da medalha: pense alguém em coisas de natureza positiva, esperançosas, e tais pensamentos criarão as mesmas condições.

O *pensamento* magnetiza toda a nossa personalidade e atrai para nós as coisas objetivas que se harmonizam com a natureza dos nossos pensamentos. Temos procurado em todas as lições deixar tudo isso bem claro, e a essa ideia voltaremos ainda muitas vezes nas lições subsequentes. A razão para essa repetição constante é o fato de que quase todos os que se iniciam no estudo do funcionamento da mente deixam de ver a importância dessa verdade básica.

Quando estabelecemos um objetivo principal definido, no subconsciente, precisamos segui-lo com absoluta confiança em que a inteligência infinita o apoiará e fará com que tal propósito se torne realidade de acordo com os nossos desejos. Qualquer restrição nessa confiança nos trará desapontamentos.

Quando o leitor sugerir ao seu subconsciente um *objetivo principal definido* que envolva algum desejo ardente, deve fazê-lo com tal fé e confiança na sua realização a ponto de se ver já de posse do que deseja.

Não hesite; não procure saber se os princípios da autossugestão darão resultados; *não duvide, acredite.*

Temos a certeza de que este ponto já foi bem estudado e deve ter impressionado a mente do leitor com a sua importância. Uma *crença positiva* na consecução do objetivo principal é o "adubo" com que se pode fertilizar o "ovo do pensamento" e, se deixarmos de dar-lhe esse fertilizante e esperar a realização do nosso objetivo principal, seria o mesmo que esperar que um ovo gorado, de galinha, pudesse produzir um pinto.

Nunca podemos dizer o que nos traz um pensamento,
Se ódio ou amor;
Os pensamentos são coisas e têm asas

Mais velozes que as dos pombos-correios.
Seguem a lei do universo —
Todos os pensamentos se concretizam
E se espalham e nos trazem de volta
Tudo o que a nossa mente enviou.*

Os *pensamentos* são coisas. Essa é uma grande verdade. E depois que o leitor a tiver compreendido perfeitamente ela o levará bem perto da passagem secreta para o domínio do conhecimento, a que já nos referimos. Poderá, então, entrar nele facilmente. *O poder de pensar é o único sobre o qual exercemos absoluto controle.*

Rogaríamos ao leitor que lesse repetidas vezes a frase anterior, meditando sobre ela, até apreender inteiramente o seu significado. Se tem o poder de controlar os seus pensamentos, a responsabilidade por eles recai sobre os seus ombros, sejam esses pensamentos de natureza construtiva ou destruidora, o que nos traz à memória um dos mais famosos poemas que já se escreveram algum dia:

Fora da noite que me envolve,
Negra como um abismo de um polo a outro,
Agradeço aos deuses que existem
A alma indomável que me deram.
Na cruel garra das circunstâncias,
Não tremi nem clamei:
Sob os caprichos da sorte,
Minha cabeça sangrou, mas não se curvou.
Para além deste mundo de ira e de lágrimas,
Diviso apenas o horror das sombras,
Entretanto a ameaça dos anos,
Me encontrou sempre sem medo.

---

*You never can tell what a *thought* will do/ In bringing you hate or love;/ For thoughts are things, and their airy wings/ Are swifter than a carrier dove./ They follow the law of the universe—/ Each thought creates its kind,/ And they speed o'er the track to bring you back/ Whatever went out from your mind.

Por mais estreita que possa ser a porta,
Seja qual for o castigo imposto,
Sou senhor do meu destino,
O capitão da minha alma.*

Henley só escreveu esse poema depois de ter descoberto a porta para a passagem secreta a que já aludi.

O leitor é o "senhor do seu destino", o "capitão da sua alma", pois pode controlar os seus próprios pensamentos, e com o auxílio desses pensamentos criar tudo o que desejar.

Como nos aproximamos do final desta lição, afastemos a cortina que pende sobre a porta de saída do que se chama *morte* e lancemos um olhar para o grande além. Contemplemos um mundo habitado por seres que funcionam sem o auxílio de corpos físicos. Contemplemos esse mundo bem de perto, para nosso deleite ou para nosso horror, e veremos um mundo povoado de seres criados por nós mesmos, que correspondem exatamente à natureza dos nossos próprios pensamentos, tal como os expressamos em vida. Esses seres são os filhos do nosso próprio coração, do nosso próprio espírito, modelados de acordo com a imagem dos nossos pensamentos.

Os que nasceram do nosso ódio, inveja, ciúme, egoísmo e injustiça para com os nossos semelhantes não serão vizinhos muito desejáveis, mas temos de viver com eles, de qualquer maneira, pois são nossos filhos e não podemos renegá-los.

Seremos infelizes, se virmos que não temos filhos nascidos do amor, da justiça, da verdade e da bondade para com os nossos semelhantes.

À luz dessa sugestão alegórica, a questão de "pensar com exatidão" adquire um novo aspecto, muito mais importante, não julga o leitor?

Se houver possibilidade de que todos os pensamentos que formularmos em vida tenham a forma de seres vivos, para nos receberem depois da morte,

*Out of the night that covers me,/ Black as the pit from pole to pole,/ I thank whatever gods may be/ For my unconquerable soul./ In the fell clutch of circumstance/ I have not winced or cried aloud./ Under the bludgeoning's of chance/ My head is bloody, but unbowed./ Beyond this place of wrath and tears/ Looms but the horror of the shade,/ And yet the menace of the years/ Finds, and shall find, me unafraid./ It matters not how strait the gate,/ How charged with punishments the scroll,/ I am the master of my fate,/ I am the captain of my soul.

não temos razão para guardar os pensamentos com maior cuidado do que guardaríamos o alimento com que sustentamos o corpo?

Chamo "alegórica" a essa sugestão porque o leitor só poderá apreender o seu significado depois que tiver passado através da porta dessa passagem secreta para o conhecimento, a que já me referi antes.

Perguntar-me como sei essas coisas, antes de passar por essa porta, seria tão inútil como alguém perguntar a um cego o aspecto da cor vermelha.

Não estou insistindo com o leitor para aceitar esse ponto de vista. Nem mesmo argumento aqui quanto à sua validade. Cumpro apenas o meu dever, descarregando-me da minha responsabilidade, dando ao leitor essa sugestão, que ele deve levar até um ponto onde possa aceitá-la ou rejeitá-la, à sua própria maneira, por sua própria vontade.

A expressão "pensamento exato" tal como é empregada nesta lição refere-se ao pensamento que é a nossa própria criação. O que vem dos outros, por meio de uma sugestão, ou de uma declaração direta, "não é pensamento exato", quer de acordo com o sentido ou com o propósito desta lição, conquanto possa ser pensamento baseado em fatos.

Conduzi o leitor ao ápice da pirâmide desta lição sobre "pensar com exatidão". Não posso levá-lo mais longe. Contudo, o leitor não chegou ainda ao fim da jornada. Apenas *iniciou-a*. Daqui por diante deve ser o seu próprio guia e, se não perdeu de todo a grande verdade sobre que se baseia a lição, não encontrará dificuldade para encontrar o seu caminho.

Advirto-o porém de que não desanime, se a *verdade fundamental* desta lição não brilhar aos seus olhos logo à primeira leitura. Talvez precise de semanas e até mesmo de meses inteiros de meditação para chegar a compreender plenamente essa verdade, mas esse trabalho será compensado.

Os princípios apresentados no começo desta lição podem ser compreendidos e aceitos, pois são de natureza muito elementar. Contudo, quando começar a seguir a cadeia de *pensamento* que conduz ao fim da lição, talvez venha a descobrir que está sendo carregado para águas profundas demais.

Talvez eu possa lançar um último raio de luz sobre o assunto, lembrando-lhe que o som de cada voz, de cada nota de música, os sons, de qualquer natureza que sejam, que vibrarem no ar no momento em que lê estas linhas, flutuam no éter, justamente no ponto em que está o leitor. Para ouvir tudo isso, não se necessita mais do que um aparelho de rádio. Sem esse equipamento para suprir a nossa capacidade auditiva não poderemos ouvir tais sons.

ALGUNS HOMENS MORREM MUITO CEDO PORQUE COMEM DEMAIS, OUTROS, PORQUE BEBEM MUITO, ENQUANTO OUTROS MORREM PORQUE NÃO TÊM O QUE FAZER.

A pessoa que tivesse feito tal afirmativa, há 20 anos, teria sido considerada como louca. Hoje, porém, essa verdade é aceita sem contestação.

O *pensamento* é uma forma de energia mais alta e mais bem-organizada do que o mero som. Assim, não é desarrazoado supor que todo pensamento formulado nesse momento, como os que já o foram no passado, está também no éter, e pode ser interpretado por todos os que possuem o equipamento necessário para isso.

— Qual será esse equipamento? — perguntará o leitor.

A resposta será dada quando o leitor cruzar os umbrais da porta que leva à passagem secreta para o conhecimento. Não é possível responder antes. Essa passagem o leitor só atingirá por meio dos seus próprios pensamentos. É por essa razão que os grandes filósofos do passado aconselharam sempre o homem a conhecer-se a si mesmo. "Conhece-te a ti mesmo", eis o que se tem clamado, desde muitas eras. A vida de Cristo foi uma promessa ininterrupta de esperança e possibilidades baseadas inteiramente no conhecimento, que podem descobrir todos aqueles que as procuram dentro do seu próprio ser.

Um dos mais inexplicáveis mistérios das obras de Deus é o fato de que essa grande descoberta é sempre uma "autodescoberta". A verdade que o homem procura eternamente está escondida dentro dele próprio. Assim, será infrutífera a procura feita nos desertos da vida ou no coração dos outros homens. Fazer assim não nos aproxima do que procuramos, mas nos afasta ainda mais.

E pode ser — quem poderá saber, senão ele próprio? — que, mesmo agora, no momento em que chega ao fim desta lição, o leitor já se encontre mais próximo da porta que conduz à passagem secreta para o conhecimento.

Uma vez dominada esta lição, o leitor chegará a um conhecimento mais amplo do princípio a que nos referimos na introdução, com o nome de Master Mind. Decerto compreende agora perfeitamente a razão que explica a necessidade de cooperação amistosa, por meio de aliança entre duas ou mais pessoas. Essa aliança eleva às mentes de todos os que dela participam e permite-lhes pôr em contato o seu poder de pensar com inteligência infinita.

Com essa afirmativa, a primeira lição terá outro sentido. Foi a introdução que familiarizou o leitor com a razão principal que se tem para fazer uso da lei do Master Mind, e mostrou as alturas a que essa lei pode conduzir todos aqueles que a conhecem e empregam.

Já agora você deve ter compreendido por que alguns homens têm chegado ao auge das realizações, em poder e fortuna, ao passo que outros que os rodeiam permanecem na pobreza e na necessidade. Se não compreendeu ainda a causa disso, chegará a compreendê-la logo que tiver dominado as lições restantes.

Você não deve desanimar se não chegar à compreensão completa desses princípios logo à primeira leitura da presente lição. Entre todas as outras, é esta uma lição que não pode ser assimilada pelo principiante com uma só leitura. Ela dará ao leitor tesouros de conhecimento, mas somente por meio do pensamento, da reflexão e da meditação. Por isso aconselhamos que a leia umas quatro vezes, pelo menos, com intervalos de uma semana.

O leitor deve ler novamente a primeira lição, a fim de poder compreender de maneira mais exata e definida a lei do Master Mind e a relação que existe entre ela e os assuntos de que trata a lição que terminamos.

O Master Mind é o princípio por meio do qual o leitor pode se tornar uma pessoa que "pensa com exatidão".

Não é esta uma afirmativa clara e significativa?

O FRACASSO

UMA VISITA DO AUTOR DEPOIS DA LIÇÃO

Uma sábia providência organizou os negócios da humanidade de tal maneira que todas as pessoas que chegam à idade da razão têm de carregar, de uma forma ou de outra, a cruz do *fracasso.*

Vemos, na ilustração anterior, a mais pesada e mais cruel de todas as cruzes: a pobreza!

Centenas de milhões de pessoas, hoje, se encontram diante da necessidade de lutar sob o peso dessa cruz, a fim de poderem conseguir as três necessidades fundamentais da vida: um lugar onde dormir, alguma coisa para comer e roupas para vestir.

AS PROVEITOSAS LIÇÕES QUE SE PODEM TIRAR DOS REVESES.

Carregar a cruz da pobreza não é brincadeira!

O fracasso é geralmente aceito como uma maldição. Porém poucas pessoas compreendem que o fracasso é um mal apenas quando aceito como tal. E muito poucos compreendem a grande verdade seguinte: o fracasso raramente é permanente. Faça o leitor um retrospecto de suas experiências e verificará que quase todos os seus fracassos provaram ser para o seu bem. Os fracassos contêm lições que os homens nunca aprenderiam de outra maneira. Além disso, ensinam uma língua universal. Entre as grandes lições apresentadas pelos fracassos encontra-se a humildade.

Nenhum de nós pode se tornar realmente grande sem se sentir humilhado e insignificante quando se compara ao mundo que nos rodeia, às estrelas que brilham acima de nós e à harmonia com que a natureza realiza o seu trabalho.

Para cada filho de homem rico que se torna útil à humanidade há 99 que se elevam lutando com a pobreza e a miséria. Isso me parece ser mais do que mera coincidência.

Quase todas as pessoas que se consideram fracassadas não fracassaram, na realidade. O mais das vezes, condições que se consideram como fracassos não são mais do que derrotas temporárias.

Se o leitor se lastima e julga ser um fracasso, pense que há outros em condições muito piores e que têm verdadeiros motivos para se julgarem infelizes.

Citemos, por exemplo, o caso de uma moça que vive em Chicago. É uma linda jovem, de olhos azuis e tez muito alva. Tem a voz suave e agradável. É bem-educada e culta. Três dias antes de diplomar-se, num dos colégios do Leste, descobriu-se que tinha sangue negro nas veias.

O seu noivo recusou-se a desposá-la. Os negros não a querem e os brancos recusam também associar-se com ela. Durante o resto da sua vida ela tem de levar em si o estigma do fracasso permanente.

No momento em que escrevo estas palavras chega-nos a notícia de que uma linda criança — uma menina —, cuja mãe é uma moça solteira, foi levada a um orfanato, onde será educada mecanicamente, sem nem mesmo conhecer a influência do amor maternal. Durante toda a sua vida essa pobre criança terá de pagar pelo erro de sua mãe, que jamais poderá ser corrigido.

Pense o leitor que esses, sim, são fracassos permanentes.

Uma cuidadosa análise sobre uma centena de pessoas que o mundo aponta como "grandes" mostra que todas elas tiveram de sofrer privações e derrotas temporárias e fracassos tais como provavelmente o leitor nunca conheceu nem conhecerá jamais.

Woodrow Wilson morreu muito cedo, vítima de uma decepção e de calúnias cruéis, e, naturalmente, julgou-se um fracasso. O tempo, porém, que faz milagres, corrige os erros e transforma fracassos em sucessos, porá o nome de Woodrow Wilson no alto da página onde estão anotados os nomes dos que são realmente grandes.

Poucos são os que têm agora uma visão de que do "fracasso" de Wilson surgirá talvez uma exigência de paz universal tão poderosa que tornará a guerra uma impossibilidade.

Lincoln morreu sem saber que o seu "fracasso" colocava os alicerces da maior nação do mundo.

Colombo morreu prisioneiro, agrilhoado, sem mesmo pensar que o seu "fracasso" significava o descobrimento da grande nação que Lincoln e Wilson ajudaram a preservar também com os seus "fracassos".

Assim, não empreguemos levianamente a palavra "fracasso".

Lembremos que carregar uma cruz pesada temporária não é um "fracasso". Se temos dentro de nós a verdadeira semente do triunfo, uma pequena adversidade, uma derrota temporária, servirão apenas para fertilizar a semente e fazer com que ela se desenvolva e atinja a maturidade.

Quando a inteligência divina deseja que uma pessoa realmente grande preste qualquer serviço necessário à humanidade, essa pessoa afortunada é submetida à prova por meio de uma forma qualquer de fracasso. Assim, se o leitor se julga nesse momento um fracasso, deve ter paciência: talvez esteja passando pelo seu tempo de prova.

Nenhum chefe capaz escolheria como seu lugar-tenente uma pessoa cujas qualidades essenciais, tais como lealdade e perseverança, não tivessem sido submetidas à prova.

A responsabilidade, tudo o que a acompanha, em busca da recompensa, gravita sempre em direção à pessoa que não aceita a derrota temporária como um fracasso permanente.

O que prova um homem é a luta que ele trava,
A tenacidade que mostra cada dia;
Sua resistência ante os embates
E os golpes repetidos da sorte.
O covarde sorri quando nada teme,
Quando nada se opõe ao seu caminho;
Mas é preciso ser um homem, um homem forte,
Para ficar de pé e aplaudir os que se elevam.

Porque não é a vitória,
E sim a luta que faz um homem:
O homem que, mesmo vencido,
Resiste ereto e recebe, de cabeça erguida,
Todos os golpes do destino:
Sangrando, ferido e exangue.
Esse é o homem que vencerá afinal,
Pois não tem medo do fracasso.

Os golpes que recebemos na vida,
Os choques a que resistimos,
As horas de tristeza e amargura.

O prêmio que nos foge das mãos,
Eis a prova a que se opõe nosso valor;
Os golpes que recebemos neste mundo
Mostram o estofo de que somos feitos.*

O fracasso muitas vezes nos coloca numa situação na qual, para o futuro, devemos fazer um esforço extraordinário. Muitos homens têm tirado a vitória da derrota, lutando com as costas na parede, sem ter possibilidade de retirada.

César sempre desejara conquistar os britânicos. Calmamente, fez navegar os seus navios carregados de tropas, rumo às Ilhas Britânicas, onde desembarcou os seus soldados e tudo de que precisavam, dando ordem em seguida para que se queimassem todos os navios. Reunindo em torno de si os seus soldados, disse-lhes:

— Agora é vencer ou morrer; não temos alternativa.

E venceram! Os homens geralmente vencem, quando se decidem a isso.

Queime o leitor todas as pontes e há de ver como luta bem, quando souber que não tem possibilidade de retirada.

É conhecido o caso de um condutor de bonde que pediu uma licença a fim de experimentar outra colocação numa importante casa comercial.

— Se eu não conseguir ficar no meu novo emprego — disse ele a um amigo —, volto ao antigo trabalho.

De fato, ao fim de um mês, estava de volta, completamente curado da ambição de ser algo mais na vida do que um motorneiro. Se tivesse pedido demissão do antigo emprego, em vez de uma simples licença, teria vencido no novo cargo.

---

*The test of a man is the fight he makes,/ The grit that he daily shows;/ The way he stands on his feet and takes/ Fate's numerous bumps and blows,/ A coward can smile when there's naught to fear,/ When nothing his progress bars;/ But it takes a man to stand up and cheer/ While some other fellow stars./ It isn't the victory, after all,/ But the fight that a brother makes;/ The man who, driven against the wall,/ Still stands up erect and takes/ The blows of fate with his head held high:/ Bleeding, and bruised, and pale,/ Is the man who'll win in the by and by,/ For he isn't afraid to fail./ It's the bumps you get, and the jolts you get,/ And the shocks that your courage stands,/ The hours of sorrow and vain regret,/ The prize that escapes your hands,/ That test your mettle and prove your worth;/ It isn't the blows you deal,/ But the blows you take on the good old earth,/ That show if your stuff is real.

O movimento conhecido como "Clube dos 13", que se espalhou através dos Estados Unidos, nasceu em consequência de uma grande decepção sofrida pelo seu fundador. Esse choque foi suficiente para tornar o seu espí rito mais aberto e mais compreensivo acerca das necessidades da época, e essa descoberta levou-o à criação de uma das mais importantes influências desta era.

As 15 Leis do Triunfo, sobre as quais é baseado este curso, nasceram de 20 anos de privações e pobreza tais como raramente alguém tem experimentado na vida.

Decerto os que seguiram esta série de lições, desde o início, devem ter lido nas entrelinhas uma história de luta que significa autodisciplina, autodescoberta, que nunca teriam sido possíveis sem essas dificuldades.

Estude o leitor o caminho da vida, na gravura que ilustra o começo deste ensaio, e observará que todos os que seguem essa estrada carregam uma cruz. Lembre-se, ao fazer um inventário dos seus próprios fardos, que as mais ricas dádivas da natureza são oferecidas àqueles que enfrentam o fracasso sem desculpas, sem se lastimar.

Os caminhos da natureza não são fáceis de entender. Se fossem, ninguém seria provado com o *fracasso* para as grandes responsabilidades.

Quando a natureza quer fazer um homem,
Sacudi-lo e despertá-lo;
Quando a natureza quer fazer um homem,
Para as realizações do futuro;
E empregando toda a sua habilidade,
Se empenha com toda a alma
Em criá-lo grande, completo...
Com que astúcia o prepara!
Como o experimenta, e nunca o poupa!
Como o estimula, e o atormenta,
E o gera na pobreza...
Quantas vezes o desaponta...
Como o consagra,
Com que prudência o oculta,
E o forma,

Conquanto ele sofra a humilhação,
E o seu orgulho nunca esqueça!
A natureza lhe ordena que lute ainda mais,
Isola-o,
Para que apenas
Lhe cheguem as mensagens de Deus,
Para que possa ter certeza de ensinar-lhe
Os planos de Deus.
Manda-o dominar
Paixões que não pode compreender,
Com que crueldade o impele.
Com que terrível ardor o incita,
Mesmo amando-o mais que a todos.

Ah! A crise! Ah! O clamor
Que devem despertar um líder,
Quando uma nação precisa ser salva!
Eis que surge afinal o dirigente...
Quando o mundo encontrou um HOMEM!
Mostra então o seu plano a natureza.*

Não existe *fracasso.* O que parece ser fracasso é apenas uma derrota temporária. Devemos nos certificar de que não a aceitamos como *permanente.*

---

*When Nature wants to make a man,/ And shake a man,/ And wake a man;/ When Nature wants to make a man/ To do the Future's will;/ When she tries with all her skill/ And she yearns with all her soul/ To create him large and whole.../ With what cunning she prepares him!/ How she goads and never spares him!/ How she whets him, and she frets him,/ And in poverty begets him.../ How she often disappoints/ How she often anoints,/ With what wisdom she will hide him,/ Never minding what betide him/ Though his genius sob with slighting/ And his pride may not forget!/ Bids him struggle harder yet./ Makes him lonely/ So that only/ God's high messages shall reach him,/ So that she may surely teach him/ What the Hierarchy planned./ Though he may not understand/ Gives him passions to command./ Row remorselessly she spurs him/ With terrific ardor stirs him/ When she poignantly prefers him!/ Lo, the crisis! Lo, the shout/ That must call the leader out./ When the people need salvation/ Doth he come to lead the nation.../ Then doth Nature show her plan/ When the world has found — A Man!

EXISTE UM MEIO SEGURO DE EVITAR CRÍTICAS: NADA SER E NADA FAZER. ARRANJE UM EMPREGO DE VARREDOR DE RUA E MATE A AMBIÇÃO. ESSE REMÉDIO NUNCA FALHA.

DÉCIMA SEGUNDA LIÇÃO

CONCENTRAÇÃO

QUERER É PODER!

Esta lição ocupa um lugar de destaque neste curso, pois a lei psicológica sobre a qual se baseia tem importância vital para todas as outras lições.

Definamos, antes de tudo, a palavra "concentração" no sentido em que é aqui empregada:

Concentração é o ato de focalizar a mente sobre um determinado desejo, até que os meios para a sua realização tenham sido elaborados e empregados com êxito.

Duas leis importantes entram na ação de *concentrar* a mente sobre um *desejo* determinado. Uma é a lei da *autossugestão*; a outra é a lei do *hábito*. Já que a primeira foi amplamente descrita numa das lições anteriores, daremos aqui uma rápida descrição da segunda.

O *hábito* se origina do ambiente que nos cerca, do fato de fazer a mesma coisa, da mesma maneira, repetidas vezes, ou de formular o mesmo pensamento, incessantemente. Uma vez formado, o *hábito* se assemelha a um bloco de cimento que endureceu no molde: é difícil de quebrar.

O *hábito* é a base de todo treinamento da memória, fato esse que podemos demonstrar facilmente tentando lembrar o nome de uma pessoa que acabamos de encontrar, repetindo esse nome muitas vezes, até fixá-lo de todo na mente.

> Tão grande é a força da educação que podemos moldar o espírito e as maneiras dos jovens dando-lhes a forma que nos agradar, e fixando tais impressões desses *hábitos* que eles permanecerão eternamente. (Atterbury)

Excetuando as raras ocasiões em que paira acima do ambiente que o cerca, o espírito humano tira dele o material com que é criado o pensamento, tornando-o fixo e armazenando-o no subconsciente, onde se torna parte vital da nossa personalidade, influencia silenciosamente as nossas ações, forma os nossos preconceitos e inclinações e controla as nossas opiniões.

"Primeiro, toleramos, em seguida, nos apiedamos e finalmente aceitamos", disse já um grande filósofo, referindo-se à maneira pela qual os homens honestos chegam a perdoar o crime. Decerto, ao fazer essa afirmativa, esse filósofo tinha em mente a força do hábito.

O *hábito* pode ser comparado aos entalhes de um disco de fonógrafo, sendo a mente a ponta da agulha que os fere. Uma vez formado um hábito (pela repetição do pensamento ou da ação), a mente se acostuma a ele e segue-o como a agulha de um fonógrafo segue as estrias de um disco de cera, seja qual for a natureza desse *hábito*.

Começamos, assim, a perceber a importância que há em escolher com cuidado o nosso ambiente, porque o ambiente é o campo de onde se extrai o alimento para o espírito.

O ambiente fornece, em grande parte, o alimento e o material com que criamos o pensamento, e é o hábito que concretiza e torna permanente esse material.

Naturalmente, compreendemos que o "ambiente" é o total das forças que nos influenciam através de qualquer dos sentidos: visão, olfato, audição, tato e paladar.

> A força do hábito é geralmente reconhecida, mas quase sempre sob o aspecto pior, com exclusão do que tem de favorável. Já se disse muito bem que os homens são "filhos do hábito" e que "o hábito é uma corda na qual, diariamente, pomos mais um fio; finalmente, ela se torna tão forte que não podemos quebrá-la".
>
> Se é certo que o hábito se torna um tirano, que domina o homem e o leva a agir contra a sua vontade, desejo e inclinação — o que é verdade em muitos casos —, surge naturalmente a questão de saber se o hábito não pode ser controlado pelo homem como acontece com outras forças da natureza. Se isso é possível, o homem deve então dominar o hábito e pô-lo a seu serviço, em vez de ser seu escravo e obedecer-lhe cegamente. Os psicólogos modernos nos dizem, positivamente, que o hábito pode ser dominado e posto a serviço do homem em vez de se lhe permitir dominar os atos e o caráter de alguém. Milhares de pessoas experimentaram pôr em prática esse novo conhecimento e desviaram essa força do hábito para novos canais, fazendo-o impulsionar a máquina da

ação, em vez de lhe permitir arrasar as construções que os homens ergueram com trabalho e gastos, ou destruir férteis campos mentais.

Um hábito é um *caminho mental* seguido durante algum tempo por nossas ações e, à passagem de cada uma delas, se torna um pouco mais profundo e mais largo. Se tivermos de seguir por um campo ou de atravessar uma floresta, escolheremos de preferência o caminho mais aberto, em vez do menos palmilhado. A linha de ação mental é precisamente a mesma: é o movimento ao longo das trilhas de menor resistência, a passagem pelo atalho mais conhecido. Também os hábitos são formados pela repetição, de acordo com uma lei natural que se observa em todas as coisas animadas e mesmo, como querem alguns, também nas coisas inanimadas. Por exemplo: uma folha de papel dobrada uma vez de certo modo tende a dobrar-se da mesma maneira uma segunda vez. Todos os que trabalham com máquinas de costura ou outras peças delicadas sabem que, uma vez quebrados, esses instrumentos tendem a enguiçar sempre. Observa-se a mesma lei no caso de instrumentos musicais. Os vestidos e as luvas formam pregas de acordo com as pessoas que os usam, e uma vez formadas, essas pregas continuam a existir, conquanto repetidamente sejam passadas a ferro. Os rios e as correntes d'água abrem os seus cursos através da terra e daí por diante seguem o caminho habitual.

Essas ilustrações ajudarão o leitor a formar uma ideia da natureza do hábito e a abrir novos caminhos mentais. E lembremos sempre disso — o melhor (pode-se dizer o único) método para a destruição de velhos hábitos prejudiciais é formar outros, que os substituam. Abramos novos caminhos mentais e veremos como os antigos se vão tornando menos distintos, até desaparecerem com o tempo. À medida que formos seguindo pelo novo atalho, ele se torna mais largo e mais fácil de ser transitado. Esse desbravamento de caminhos mentais é de grande importância e nunca será demais insistir sobre o assunto. É preciso praticar, praticar incessantemente — ser um paciente "desbravador de caminhos".

As regras para formar os hábitos que se desejam são os seguintes:

Primeiro: No começo da formação de um novo hábito, expressá-lo com força e entusiasmo. Sentir o que se pensa. Pensar que é esse o primeiro passo na formação do novo caminho mental e que há sempre mais obstáculos no seu início. Tornar esse caminho tão largo quanto possível para, na próxima vez que desejarmos segui-lo, podermos distingui-lo claramente.

Segundo: Conservar a atenção firmemente *concentrada* na abertura do novo atalho e tratar de afastar o pensamento dos antigos caminhos, sob pena de correr o risco de segui-los novamente. Esquecer tudo o que diz respeito aos velhos hábitos e concentrar-se na formação dos novos.

Terceiro: Seguir o mais possível pelos caminhos que se acabaram de abrir. Procurar oportunidades para fazê-lo, em vez de esperar que essas se apresentem por acaso. Quanto mais usarmos os novos caminhos, tanto mais depressa eles se tornarão fáceis de palmilhar. Fazer planos para ultrapassar esses novos caminhos mentais, desde o início da sua formação.

Quarto: Resistir à tentação de caminhar pelas velhas e fáceis trilhas costumeiras. Sempre que resistirmos à tentação, nos tornaremos mais fortes para uma nova resistência. Porém, de cada vez que cedermos, mais fácil será cedermos sempre, e mais difícil resistir de novo. No começo teremos de sustentar uma batalha — esse é o momento crítico. Demonstremos, desde logo, nossa determinação, persistência e força de vontade.

Quinto: Tendo consciência de que delineamos bem o nosso *objetivo definido*, prossigamos sem medo e sem duvidar. "Empunhemos com firmeza o cabo do arado e não olhemos para trás." Escolhamos a nossa meta e, em seguida, abramos amplas e claras estradas que a ela conduzam diretamente.

Como o leitor já deve ter observado, existe uma íntima relação entre o *hábito* e a *autossugestão*. Por meio do hábito, um ato praticado repetidamente, da mesma maneira, tende a se tornar permanente e, dentro de certo tempo, chegamos a praticá-lo automaticamente, ou inconscientemente. Por exemplo: tocando ao piano uma peça conhecida, um artista pode ter o seu consciente ocupado com assunto inteiramente diverso.

A autossugestão é o instrumento com que abrimos um novo caminho mental, a concentração é a mão que faz trabalhar esse instrumento e o hábito é o roteiro seguido por esse caminho. Uma ideia, ou desejo, para ser transformada em termos de ação ou de realidade física, deve ser mantida no consciente *fiel e persistentemente*, até que o *hábito* comece a dar-lhe forma permanente.

Voltemos agora nossa atenção para o *ambiente*.

Conforme já vimos, absorvemos no ambiente em que vivemos o material que forma o nosso pensamento. O termo "ambiente" abrange um largo campo. Significa os livros que lemos, as pessoas a quem nos associamos, a comunidade em que vivemos, a natureza do trabalho a que nos dedicamos, o país que habitamos, as roupas que usamos, as canções que cantamos e, sobretudo, *o ensino intelectual e religioso que recebemos até a idade de 14 anos.*

O nosso objetivo, analisando essa questão do "ambiente", é mostrar sua relação direta com a personalidade que desenvolvemos, e, como é o ambiente que nos dá os meios de atingir o nosso *objetivo definido* na vida, é da maior importância selecioná-lo ao máximo. A mente se alimenta com o que lhe damos ou com o que lhe é imposto pelo *ambiente*. Portanto, escolhamos o nosso ambiente, com o maior cuidado, com o fim de proporcionar à nossa mente o material apropriado para o trabalho de conseguir o nosso *objetivo definido.*

Se o nosso ambiente não nos agrada, escolhamos outro!

A primeira coisa a fazer é criar, no pensamento, um esboço perfeitamente claro e exato do ambiente que supomos nos servirá melhor para chegarmos ao nosso *objetivo definido*, e depois *concentrar* a mente sobre esse esboço até transformá-lo em realidade.

Na segunda lição deste curso aprendemos que o primeiro passo a dar para a realização de qualquer *desejo* é criar na mente o esboço fiel e claro do que queremos conseguir. Esse é o primeiro princípio a observar quando fazemos planos para a conquista do *triunfo*, e se o negligenciarmos, jamais triunfaremos, a não ser por acaso.

As pessoas com quem convivemos diariamente constituem uma das partes mais importantes e mais influentes do nosso ambiente e, segundo a sua natureza, podem nos fazer progredir ou retroceder. Tanto quanto nos seja possível, devemos escolher os nossos *íntimos* entre os que simpatizam com os nossos ideais — especialmente com o nosso *objetivo definido* na vida — e cuja atitude mental nos estimule entusiasmo, autoconfiança, determinação e ambição.

Devemos lembrar sempre que cada palavra que ouvimos, cada vista alcançada por nossos olhos, cada impressão, em suma, que recebemos através de qualquer dos cinco sentidos, influencia o nosso pensamento tão seguramente como é certo que o sol nasce no Oriente e se põe no Ocidente.

Assim, como é possível que deixemos de ver a importância que há em controlar, tanto quanto possível, o ambiente em que vivemos e trabalhamos?

EIS UMA COINCIDÊNCIA IMPRESSIONANTE: A PALAVRA *AMERICAN* [AMERICANO] TERMINA POR *I CAN* [EU POSSO].

Como não ver a importância que há em livros relacionados com o nosso *objetivo principal definido*, e em falar com pessoas que simpatizem com o nosso ideal e nos encorajem e estimulem para atingi-lo?

Vivemos no que se chama uma "civilização do século XX". Os cientistas concordam quanto a afirmar que a natureza levou milhões de anos para criar, por meio do processo da evolução, o nosso atual ambiente civilizado.

Não podemos calcular o número de séculos que os índios viveram no continente norte-americano sem nenhum progresso apreciável no sentido da civilização moderna, tal como a entendemos. O seu ambiente era a mata virgem e eles nunca fizeram uma tentativa sequer para transformar ou desenvolver esse ambiente. A transformação só se realizou depois que novas raças diferentes apareceram e *lhes impuseram o ambiente de civilização progressiva em que vivemos hoje.*

Vejamos o que aconteceu durante o curto período de três séculos: terrenos de caça foram transformados em grandes cidades e os índios adquiriram, em muitos sentidos, cultura e educação que se igualam às de seus irmãos brancos.

Na décima quinta lição discutimos os efeitos do ambiente do ponto de vista geral e descrevemos detalhadamente o princípio da hereditariedade, que é a principal fonte por meio da qual esses efeitos podem ser impostos à mente dos jovens.

A roupa que vestimos tem a sua influência e, portanto, constitui parte do nosso ambiente. Suja e esfarrapada, deprime e concorre para diminuir a autoconfiança, ao passo que bem-arranjada e de estilo apropriado, tem efeito inteiramente diverso.

Um observador pode estudar uma pessoa vendo a sua mesa de trabalho, o seu escritório ou qualquer lugar em que trabalhe. Uma mesa bem-arrumada indica um cérebro bem-organizado. Mostre-me o estabelecimento de um comerciante e eu lhe direi se ele possui ou não um cérebro organizado, pois existe uma relação muito íntima entre a atitude mental e o ambiente físico.

Os efeitos do ambiente sobre os que trabalham em fábricas, lojas ou escritórios são tais que os patrões vão aos poucos compreendendo a importância de criar um ambiente que estimule e encoraje o empregado.

Um próspero tintureiro de Chicago conseguiu afastar inteiramente os seus competidores instalando na sala de trabalho uma pianola, aos cuidados de uma jovem bem-vestida, que a fazia funcionar durante as horas de serviço. As empregadas vestiam uniformes brancos e tudo ali indicava um trabalho limpo e benfeito. Com a ajuda desse ambiente agradável ele conseguiu levantar o nível do trabalho, obter maiores lucros e pagar melhores salários do que os seus competidores.

Esse exemplo nos deixa à vontade para descrever o método que o leitor deve seguir, a fim de empregar os princípios que estão, direta ou indiretamente, relacionados com a *concentração.*

Chamemos esse método a chave mágica do triunfo!

Apresentando essa Chave Mágica devo esclarecer que não se trata de uma invenção ou descoberta minha.

É a mesma chave que está sendo usada, de uma forma ou de outra, pelos adeptos do Novo Pensamento e de todas as seitas baseadas na filosofia do otimismo.

Essa Chave Mágica constitui um poder irresistível, que pode ser usado por todos os que assim desejarem.

Ela abrirá as portas à fortuna!

Abrirá as portas à fama!

E, em muitos casos, abrirá as portas à saúde.

Ela abrirá ao leitor as portas da educação e o tornará apto para vários misteres. Ela agirá como uma senha para qualquer situação que possa alcançar na vida.

Com a ajuda dessa Chave Mágica abriremos todas as portas secretas que levaram às grandes invenções do homem.

Com o seu mágico poder, todos os grandes gênios do passado foram aproveitados.

Suponhamos que o leitor seja um empregado doméstico e deseje conseguir uma situação melhor. A Chave Mágica o ajudará a atingi-la! Utilizando-a, Carnegie, Rockefeller, Hill, Harriman, Morgan e inúmeros outros do mesmo tipo conseguiram acumular imensas fortunas.

Ela abrirá as portas das prisões e transformará ruínas humanas em seres úteis e dignos de confiança. Ela transformará a derrota em triunfo, a desgraça em felicidade.

— Qual é essa Chave Mágica? — perguntará o leitor.

E eu responderei em uma palavra que é *concentração*!

Deixe-me definir agora *concentração*, no sentido em que a empregamos. Antes, porém, quero que o leitor compreenda que não me ocupo de ocultismo, embora admita que todos os cientistas falharam ao tentar explicar os estranhos fenômenos produzidos com a ajuda da *concentração*.

Concentração, no sentido em que a palavra é empregada aqui, significa a capacidade, conseguida pelo hábito e pela repetição, de conservar a mente focalizada sobre um assunto, até que se esteja perfeitamente familiarizado com ele, chegando a dominá-lo. Significa a capacidade de *controlar a atenção e ocupá-la com um determinado problema até solucioná-lo*.

Significa a capacidade de abandonar os hábitos dos quais queremos nos libertar e a capacidade de formar novos hábitos, mais agradáveis. Significa completo *autocontrole*.

Em outras palavras, *concentração* é a capacidade de *pensar* como desejamos pensar; de controlar os nossos pensamentos e dirigi-los para um fim determinado; de organizar o nosso conhecimento num plano de ação.

É claro que, *concentrando* o pensamento num *objetivo definido* na vida, teremos de reunir diversos assuntos que se ligam uns aos outros, formando o assunto sobre o qual estamos concentrados.

Ambição e *desejo* são os fatores principais de uma *concentração* perfeita. Sem esses fatores a Chave Mágica não serve para nada, e a razão por que tão poucas pessoas fazem uso dessa chave é que a maioria relega a *ambição* para segundo plano e *não deseja coisa alguma em particular*.

Desejamos qualquer coisa — e se esse desejo for forte e razoável, a Chave Mágica da *concentração* nos ajudará a consegui-la. Cientistas eminentes nos dizem que o maravilhoso poder da prece opera através da *concentração*, para a consecução de um *desejo profundamente enraizado*.

Tudo o que o homem criou até hoje, antes de ser realizado, foi criado na imaginação, pelo desejo, e depois transformado em realidade pela *concentração*.

O INDIVÍDUO QUE NÃO RECEBE OUTRA RECOMPENSA PELO SEU TRABALHO, ALÉM DA QUE VEM NO ENVELOPE DE PAGAMENTO, É MALPAGO, SEJA QUAL FOR A QUANTIA QUE O ENVELOPE CONTENHA.

Façamos agora um teste com a Chave Mágica, auxiliados por uma fórmula definida.

Primeiro devemos esmagar a dúvida e o ceticismo. Nenhum cético conseguiu jamais gozar os benefícios da Chave Mágica. O leitor deve acreditar na prova que vai fazer.

Presumamos que você deseje se tornar um escritor de sucesso, um orador poderoso, um triunfante homem de negócios ou um hábil financista. Tomaremos o caso do orador como motivo desse teste, mas lembre-se o leitor de que deve seguir à risca as instruções.

Numa folha de papel de tamanho comum escreva o seguinte:

> Eu me tornarei um grande orador, pois assim poderei prestar ao mundo serviços úteis e porque isso me proporcionará uma situação financeira que me dará todo o conforto material de que necessito.
>
> Concentrarei o meu pensamento nesse desejo, diariamente, durante dez minutos, antes de me recolher, e ao me levantar, pela manhã, com o objetivo de determinar o plano a seguir, para transformá-lo em realidade.
>
> Sei que posso me tornar um orador poderoso e, portanto, não permitirei que nada interfira com a minha resolução.
>
> Assinado: ________________

Assine o leitor esse penhor da sua palavra e comece a proceder como prometeu que o faria, até que tenha obtido os resultados desejados.

Eis o método a seguir, quando tiver de fazer a sua *concentração*. Pense no futuro: um, dois, dez anos depois deste momento, e imagine que é um grande orador, o maior orador da época. Crie, na imaginação, uma renda apropriada. Imagine-se no lar que conseguiu pelo seu próprio esforço. Veja uma boa conta-corrente no seu banco, para os dias da velhice. Veja-se influente devido à sua eloquência. Imagine-se gozando uma vida despreocupada e feliz.

Esboce esse quadro claramente, com a ajuda da imaginação, e em breve ele se tornará a imagem belíssima de um *desejo* firme. Empregue esse desejo como objetivo principal da sua *concentração* e observe o que acontece.

Agora você possui o segredo da Chave Mágica!

Não subestime esse poder pelo fato de não lhe aparecer vestido de misticismo ou por estar escrito em linguagem acessível a todos, pois todas as grandes verdades, em última análise, são simples e fáceis de compreender — ou não são *grandes* verdades.

Faça da Chave Mágica um uso inteligente e unicamente para fins dignos, e ela lhe trará felicidade e sucessos duradouros. Esqueça-se dos erros que cometeu e das derrotas que experimentou. Deixe de viver no passado. Não sabe que o dia que passou não volta mais? Recomece tudo novamente, se os seus esforços anteriores não deram os resultados esperados, e faça com que os próximos cinco ou dez anos tragam triunfos que satisfaçam às suas mais altas ambições.

Faça por si mesmo o seu nome, e preste um grande serviço ao mundo por meio da *ambição, desejo e esforço concentrados.*

Lembre-se de que querer é poder!

Assim termina a Chave Mágica.

A presença de qualquer ideia ou pensamento em nossa consciência tende a produzir um sentimento "associado" e a nos levar à ação correspondente. Alimentemos na consciência um *desejo* profundo, com a ajuda do princípio da *concentração*, e se fizermos isso acreditando na realização desse desejo, atrairemos, em nosso auxílio, poderes que toda a ciência do mundo não conseguiu compreender ou explicar por meio de uma hipótese razoável.

Quando o leitor começar a se familiarizar com os poderes da *concentração*, compreenderá então a razão da escolha de um *objetivo definido* como primeiro passo na conquista de triunfos duradouros.

Concentre o seu pensamento na realização de um *desejo* profundo e firme e em breve se tornará um ímã capaz de atrair, com o auxílio de forças inexplicáveis, o material necessário à realização desse *desejo*. A exposição desse fato prepara o caminho para a descrição do princípio que constitui a parte mais importante desta lição e talvez de todo este curso, a saber:

Quando duas ou mais pessoas se aliam, num espírito de perfeita harmonia, com o propósito de alcançar um determinado fim, essa aliança trará, se

Temos uma enorme vantagem sobre as pessoas que nos caluniam ou que nos fazem uma injustiça propositada: a de poder perdoá-las.

for respeitada por todos os aliados, poderes sobre-humanos, que parecem de natureza irresistível.

Apoiando a afirmativa precedente há uma lei cuja natureza a ciência ainda não pôde determinar. O autor a tinha em mente quando expôs os conceitos relacionados com o poder do *esforço organizado*, que se notará por todo este curso.

Em química aprendemos que dois elementos podem ser combinados de tal maneira que o resultado dessa combinação seja um elemento novo, inteiramente diverso dos elementos individuais que agiram na combinação. A água comum, por exemplo, conhecida em química sob a fórmula H_2O, é um composto formado por dois átomos de hidrogênio para um de oxigênio, *mas a água não é nem hidrogênio nem oxigênio*. Esse "casamento" de elementos dá origem à *formação de uma substância inteiramente nova.*

A mesma lei que rege a transformação dos elementos físicos deve ser responsável pelas forças aparentemente sobre-humanas resultantes da aliança de duas ou mais pessoas, num espírito de *perfeita harmonia e compreensão*, para a conquista de um fim determinado.

A Terra e os demais planetas são formados por elétrons. (Um elétron é a menor unidade analisável da matéria e assemelha-se, pela sua natureza, ao que chamamos eletricidade, ou uma forma de energia.) Por outro lado, o *pensamento* e o que chamamos *mente* são também formas de energia, e realmente são as mais poderosas formas de energia que se conhecem. O *pensamento*, em outras palavras, é *energia organizada*, e não é improvável que ele seja da mesma espécie de energia gerada por um dínamo elétrico, embora de forma muito mais *organizada.*

Em última análise, se toda matéria consiste em grupo de elétrons, que não são mais do que uma forma de energia a que damos o nome de eletricidade, e se a mente não é senão uma forma de eletricidade altamente organizada, não parece possível que a lei que regula a matéria seja a mesma que governa a mente?

E se da combinação de dois elementos de matéria, na devida proporção e em condições apropriadas, resulta um corpo inteiramente diverso dos elementos originais (como no caso de H_2O), não parece possível que da combinação da energia de duas ou mais mentes resulte algo totalmente diferente dos elementos que serviram para a sua formação?

Sem dúvida o leitor já notou a influência que exerce sobre a sua pessoa a presença de outros indivíduos. Algumas pessoas lhe inspiram entusiasmo e otimismo. A sua presença basta para estimular-lhe a mente e levá-lo a fazer grandes coisas, e isso não somente *parece* como *é* verdade. A presença de outras pessoas, pelo contrário, tende a inspirar-lhe uma espécie de depressão — uma tendência que podemos assegurar ser real.

Qual seria a causa das mudanças que se operam em nós, quando estamos com certas pessoas, a não ser a combinação da sua mente com a nossa, pela ação de uma lei que não foi ainda muito bem-compreendida, mas que se assemelha (se não for realmente a mesma) à lei segundo a qual a combinação de dois átomos de hidrogênio e um de oxigênio produz a água?

Não possuo base científica para essa hipótese, mas tenho lhe dedicado muitos anos de profunda meditação e sempre chego à conclusão de que é pelo menos uma hipótese aceitável, embora não possua meios de prová-la.

Não precisamos de provas para saber que é verdade que a presença de certas pessoas nos inspira entusiasmo, enquanto a visão de outras nos deprime. Assim sendo, é lógico que as pessoas que nos inspiram e despertam em nossa mente uma atividade maior nos dão maior poder de realização, ao passo que aquelas que nos deprimem e diminuem a nossa vitalidade têm sobre nós efeitos opostos. Podemos compreender isso sem o auxílio de qualquer hipótese e sem outras provas além da nossa experiência.

Voltemos à afirmação anterior: "Quando duas ou mais pessoas se aliam, *num espírito de perfeita harmonia*, com o propósito de alcançar determinado fim, essa aliança trará, se for respeitada por todos os que a compõem, um poder sobre-humano, que parece de natureza irresistível."

Estude o leitor cuidadosamente a parte em itálico do parágrafo precedente, pois aí encontrará a "fórmula mental" que, se não for fielmente observada, destruirá os efeitos do conjunto.

Um átomo de hidrogênio mais um átomo de oxigênio não produzirão água, assim como uma aliança formal, não animada do *espírito de perfeita harmonia, não poderá produzir poderes sobre-humanos irresistíveis.*

Lembro-me de uma família de montanheses que por mais de seis gerações tem vivido na parte montanhosa do estado de Kentucky. Geração após geração, os membros dessa família se sucediam sem nenhum desenvolvimento notável, do ponto de vista mental, cada geração seguindo os passos dos seus predecessores. Tiravam o sustento do solo e, tanto quanto sabiam ou queriam saber, o universo consistia naquele pequeno território conhecido como o condado de Letcher. Casavam-se estritamente no próprio clã e na sua comunidade.

Finalmente, um dos membros da família desviou-se do rebanho, por assim dizer, e casou com uma mulher bem-educada, originária do vizinho estado da Virgínia. Essa senhora era o que se pode chamar uma pessoa ambiciosa e aprendera que o universo se estende para além da fronteira do condado de Letcher ou que incluía pelo menos todos os estados do Sul. Ela ouvira falar em química, botânica, patologia, biologia, psicologia e muitos outros assuntos importantes no campo da educação. Quando os filhos chegaram à idade da razão, ela lhes falou sobre isso, e eles, por sua vez, começaram a mostrar um profundo interesse por essas questões.

Um dos seus filhos é hoje presidente de um grande instituto de educação, outro, um eminente advogado, e o terceiro, é um médico conhecido.

O marido (graças à influência da mulher) é um ótimo cirurgião-dentista e o primeiro da sua família, em seis gerações, a romper com a tradição que manietava sua gente.

A fusão da mente da esposa com a sua *deu-lhe o estímulo necessário e inspirou-lhe a ambição que ele jamais conheceria sem a sua influência.*

Durante muitos anos estudei a biografia daqueles a quem o mundo chama de *grandes homens*, e parece-me mais do que uma simples coincidência o fato de que, em cada caso, a pessoa verdadeiramente responsável pelo triunfo ficasse em segundo plano, atrás da cena, pouco conhecida do público. Em geral, esse "poder oculto" é uma esposa paciente, que estimula o marido e o leva a grandes realizações, como no caso que acabei de contar.

Henry Ford é um dos modernos milagres da nossa época, e duvido que os Estados Unidos ou qualquer outro país tivesse jamais produzido um gênio industrial semelhante. Se os *fatos fossem conhecidos* (e talvez o sejam), eles atribuiriam as realizações fenomenais de Ford a uma mulher de quem o público quase não ouviu falar: a sra. Ford.

Ouvimos referências às realizações e à imensa fortuna de Ford e o imaginamos dotado de uma espantosa capacidade. Ele a possui, sem dúvida, mas se não fora a influência modificadora da esposa, que com ele cooperou durante todos os seus anos de luta, *num espírito de perfeita harmonia com o propósito de atingir um determinado fim*, Ford não teria no seu ativo tais realizações.

Lembro-me de outro gênio conhecido de todo o mundo civilizado — Thomas Edison. As suas invenções são tão conhecidas que dispensam citação. Todas as vezes que apertamos um botão para acender uma lâmpada, ou que ouvimos um fonógrafo, devemos pensar em Edison, pois foi ele quem aperfeiçoou a ambos, o fonógrafo moderno e a lâmpada incandescente. Todas as vezes que formos a um cinema nos lembremos de Edison, sem ele, esse grande empreendimento não seria possível.

Mas, como no caso de Henry Ford, atrás de Edison estava uma das mulheres mais notáveis da América — sua esposa. Ninguém, exceto a família Edison e alguns dos seus mais íntimos amigos, sabe a que ponto a influência da sra. Edison tornou possíveis as realizações do marido. A sra. Edison me disse, certa vez, que uma das qualidades mais notáveis de Edison e, por assim dizer, o segredo dos seus êxitos, era a *concentração*!

Quando Edison começava uma investigação, uma experiência ou uma pesquisa, não a abandonava antes de encontrar o que procurava ou de esgotar todos os meios que o levassem a isso.

Noite após noite, Edison trabalhava com tal entusiasmo que dormia apenas três ou quatro horas. (Observe-se o que dissemos sobre os efeitos do *entusiasmo*, na sétima lição deste curso.)

Atrás de Edison estavam dois grandes poderes: um era a *concentração* e o outro era a sra. Edison!

Plantemos uma semente de maçã, no terreno adequado, na época apropriada e aos poucos surgirá dela um pequeno rebento, que depois crescerá, tornando-se uma macieira. Essa árvore não surge do solo, nem dos elementos do ar, *mas de ambas essas fontes*, e não há quem possa explicar a lei que retira do ar e do solo a combinação de células que constitui a árvore.

A árvore não provém da pequenina semente, mas *a semente é o começo da árvore*!

Quando duas ou mais pessoas se aliam, *num espírito de perfeita harmonia, com o propósito de atingir um determinado objetivo*, esse *objetivo* ou *desejo* pode ser comparado à semente da maçã, como a combinação da energia de duas ou mais mentes pode ser comparada ao ar e ao solo que produzem os elementos que formam os objetivos materiais desse *desejo.*

A *força* que rege a atração e combinação dessas energias da mente, como a que combina os elementos que dão origem à formação da árvore, não pode ser explicada.

Mas o importante é que uma árvore nascerá de uma semente plantada em terreno e época apropriados, e que grandes realizações sucederão ao *esforço combinado* de duas ou mais mentes, em vista de um objetivo definido.

Na décima terceira lição deste curso veremos o princípio do esforço combinado levado a proporções capazes de fazer vacilar a imaginação dos que não se acostumaram a pensar em termos de *pensamento organizado.*

Este curso é, por si mesmo, uma ilustração do princípio a que nos referimos, e o leitor compreenderá que são necessárias as 16 lições para dar uma completa descrição desse princípio. Omitir uma única dessas lições é afetar toda a estrutura do curso, assim como a perda de um elo afetaria uma corrente no seu conjunto.

Já o disse de várias maneiras: é uma hipótese bem-fundada que quando uma pessoa concentra o seu pensamento num determinado assunto os fatos de natureza intimamente ligada a ele surgirão de todas as fontes imagináveis. Isso quer dizer que, quando plantado em "terreno mental" apropriado, um *desejo* firme e profundo serve de ímã que atrai tudo o que se harmonize com a natureza desse *desejo.*

O dr. Elmer Gates, de Washington, é um dos psicólogos mais compe tentes do mundo e se lhe reconhece, tanto na psicologia como nas ciências correlatas, a mais profunda cultura científica.

Estudemos os seus métodos.

Depois de ter seguido tão longe quanto possível uma linha de investigação pelos sistemas comuns de pesquisa, e de se haver munido de todos os fatos à sua disposição, o dr. Gates toma um lápis e um pedaço de papel e "espera" por novas informações, *concentrando o seu pensamento no assunto até que os fatos ligados a ele comecem à afluir na sua mente.* Escreve esses pensamentos no papel, tal como surgem (nem ele sabe de onde). O dr. Gates me disse, certa vez, que muitas das suas mais importantes descobertas foram feitas por esse método. Há mais de 20 anos que falei com o dr. Elmer

A DERROTA, COMO UMA DOR DE CABEÇA, AVISA-NOS DE QUE ALGUMA COISA ESTÁ ERRADA. SE FORMOS INTELIGENTES, PROCURAREMOS A CAUSA E LUCRAREMOS COM A EXPERIÊNCIA.

Gates sobre o assunto. Desde então a descoberta do princípio do rádio nos forneceu uma hipótese razoável para explicar esses resultados.

O éter, conforme se descobriu por meio dos modernos aparelhos de rádio, está em constante agitação. Ondas de som flutuam constantemente através dele, mas essas ondas não podem ser captadas mesmo a pequena distância, senão com aparelhos apropriados.

Ora, parece razoável supor que o *pensamento*, sendo a forma mais altamente organizada de energia, está constantemente emitindo, através do éter, ondas que, como as ondas de som, só podem ser captadas e interpretadas corretamente por uma mente que se harmonize com elas.

Não há dúvida de que sempre que o dr. Gates estava no seu quarto, num tranquilo e passivo estado mental, os *pensamentos* dominantes em seu espírito serviam de ímã que atraía as *ondas de pensamento* afins.

Levando um pouco mais longe a hipótese, ocorreu-me muitas vezes, desde a descoberta do princípio do rádio, que *todo pensamento enviado, em qualquer tempo, de maneira organizada, da mente de um ser humano, continua a existir no éter em forma de onda e está constantemente girando num círculo sem-fim*, e que o fato de *concentrar* a mente num determinado assunto, com intensidade, emite *ondas de pensamento* que atingem outras, de natureza semelhante, e com elas se confundem, estabelecendo, assim, uma linha direta de comunicação entre a pessoa que se *concentra* e os pensamentos semelhantes anteriormente postos em movimento.

Ou melhor, não seria possível a uma pessoa sintonizar a média de vibração do pensamento com a média de vibração do éter, de modo que todo conhecimento acumulado pelo *pensamento organizado* do passado possa ser utilizado?

Tendo em mente essas hipóteses, volte o leitor à segunda lição deste curso e estude a descrição feita por Carnegie, do Master Mind, que o auxiliou a acumular sua grande fortuna.

Ao formar uma aliança de mentes cuidadosamente escolhidas, Carnegie criou, desse modo, uma das forças industriais mais importantes que o mundo já conheceu. Com algumas notáveis (e desastrosas) exceções, os homens que constituíam o Master Mind criado por Carnegie *pensavam e agiam como uma única pessoa*!

Esse Master Mind (composto de muitas mentes individuais) estava *concentrado* num único propósito, cuja natureza é conhecida de todos, e *particularmente dos que com ele concorriam na indústria do aço*.

Os que acompanharam, mesmo de longe, as atividades de Ford, terão observado, sem dúvida, que o *esforço organizado* foi uma das qualidades predominantes na sua carreira. Há cerca de 30 anos ele adotou uma política de estandardização para o tipo geral de automóveis a construir, e manteve firmemente essa política até 1927, quando a mudança das condições do mercado o obrigou a alterá-la.

Há alguns anos encontrei-me com o ex-engenheiro-chefe do plano Ford, que me narrou um caso ocorrido nos primeiros dias de experiência com o automóvel Ford. Esse caso indica claramente que o *esforço concentrado* é um dos principais fundamentos da filosofia econômica de Ford.

Nessa ocasião, os engenheiros da usina Ford estavam reunidos no escritório a fim de discutir uma proposta de mudança no desenho do eixo de retaguarda dos automóveis Ford. Ford estava por ali, ouvindo a discussão, e deixou que cada engenheiro fizesse a sua sugestão. Dirigiu-se então à mesa, tocou com o dedo no desenho do eixo proposto e exclamou:

— Ouçam! O eixo que usamos serve perfeitamente para o propósito a que foi destinado. Portanto, não vamos mais mudá-lo.

Voltou-se e saiu da sala. E o eixo permaneceu o mesmo. Não é improvável que o sucesso de Ford na indústria de automóveis tenha sido em grande parte devido à sua política de *concentrar* todos os seus esforços num único plano, com um só *objetivo definido*, de cada vez.

Há alguns anos li o livro de Edward Bok, *The Man From Maine* (O homem do Maine), que é a biografia do seu sogro, Cyrus H. K. Curtis, proprietário do *Saturday Evening Post*, do *Ladie's Home Journal* e de várias outras publicações. Em todo o livro, notei que a filosofia de Curtis se baseava na concentração do esforço em apoio de um objetivo definido.

Ao adquirir a propriedade da *Saturday Evening Post*, aventura em que gastou centenas de milhares de dólares, Curtis necessitou empregar o esforço concentrado, apoiado por uma coragem como poucos homens possuem, a fim de poder prosseguir.

A *Saturday Evening Post* é atualmente uma das revistas mais rendosas do mundo, mas o seu nome já teria sido esquecido há muito se Curtis não tivesse concentrado a sua atenção e a sua fortuna no *objetivo definido* de fazer dela uma grande revista.

Vimos a importância que têm o *ambiente* e o *hábito*, no que se refere à *concentração*. Passemos agora a falar sobre a *memória*, que também se relaciona com o assunto.

OS PROCESSOS DE TREINAMENTO DA "MEMÓRIA" SÃO RELATIVAMENTE SIMPLES, A SABER:

1. *Retenção.* A recepção de uma impressão por um ou mais dos cinco sentidos e o registro dessa impressão, eis o trabalho normal da mente. Esse processo pode ser comparado ao registro de uma fotografia no filme de uma câmera Kodak.

2. *Lembrança.* É a recordação de impressões dos sentidos, que ficaram arquivadas no subconsciente. Esse processo pode ser comparado ao ato de procurar num fichário, até encontrar a ficha desejada.

3. *Reconhecimento.* É a capacidade de reconhecer uma impressão, quando ela for chamada ao consciente, identificá-la como uma duplicata da original e associá-la com a fonte de onde veio, ao ser registrada pela primeira vez. Esse processo nos torna capazes de fazer a distinção entre "memória" e "imaginação".

Sao esses os três princípios que entram na ação de lembrar. Agora tratemos da sua aplicação e determinemos o modo de empregá-los:

Primeiro. Quando quisermos ter a certeza de que somos capazes de nos lembrar de uma impressão anteriormente recebida, um nome, uma data ou um lugar, tornemos essa impressão vívida, *concentrando nela nossa atenção*, mesmo em detalhes. Um meio prático de fazer isso é repetir muitas vezes aquilo que desejamos nos lembrar. Assim como um fotógrafo deve contar um tempo determinado para que a "pose" se fixe no visor da máquina, assim também devemos dar ao nosso subconsciente o tempo necessário para gravar uma impressão qualquer de que queiramos lembrar com presteza.

Segundo. Associemos o fato do qual desejamos recordar, com outro objeto, nome, local ou data com que estejamos familiarizados e de que nos

NÃO É ESTRANHO QUE A PALAVRA BUMERANGUE TENHA SIDO DICIONARIZADA HÁ TANTOS ANOS E QUE AS PESSOAS NÃO SAIBAM, GERALMENTE, QUE ESSA PALAVRA SIGNIFICA UMA ARMA QUE VOLTA ATRÁS E FERE A MÃO QUE A ARREMESSOU?

possamos lembrar a qualquer momento, como, por exemplo, o nome do lugar onde nascemos, nosso melhor amigo, o dia do nosso aniversário etc., pois, ao comparar a impressão que desejamos recordar com a que temos na memória, a mente facilmente as conduz para o consciente.

Terceiro. Repita várias vezes aquilo que deseja se lembrar, *concentrando*, ao mesmo tempo, a mente assim como a concentraria numa determinada hora em que desejasse acordar no dia seguinte — o que, como sabe, assegura o despertar àquela hora. A incapacidade de lembrar certas coisas, que prejudica a quase todos nós, é devida a que não registramos devidamente esses fatos no subconsciente. Quando formos apresentados a uma pessoa cujo nome desejamos recordar, devemos repetir esse nome quatro ou cinco vezes, assegurando-nos, primeiramente, de que o ouvimos corretamente. Se o nome é parecido ou igual ao de uma pessoa muito nossa conhecida, associemos esses dois nomes, pensando em ambos, enquanto repetimos aquele de que procuramos nos lembrar em qualquer tempo.

Se alguém nos entrega uma carta para ser posta no correio, fixemos nela o olhar, depois aumentemos o seu tamanho, na imaginação, vendo-a sobre uma caixa do correio. Registremos na mente uma carta aproximadamente do tamanho de uma porta, associando-a depois com uma caixa postal. Veremos que a primeira caixa postal pela qual passarmos nos recordará a carta que trazemos no bolso.

Suponhamos que o leitor tenha sido apresentado a uma senhora chamada Elizabeth Shearer e que deseja poder lembrar-se desse nome em qualquer momento. Quando repetir o nome dessa senhora, ligue-o a uma grande tesoura (*scissor*), digamos de um metro e meio de comprimento, e à rainha Elizabeth. Observará que a lembrança da tesoura ou o nome da rainha Elizabeth o ajudará a lembrar-se de Elizabeth Shearer.

Se alguém quisesse lembrar-se do nome de Lloyd Keith seria bastante repetir esse nome várias vezes, associando-o com o de Lloyd George e o do Teatro Keith, nomes que poderia recordar a qualquer momento.

A *lei da associação* é a mais notável qualidade de uma memória bem-treinada e, contudo, é uma lei bem simples. Tudo o que temos a fazer para poder usá-la é registrar o nome daquilo que desejamos lembrar, juntamente com o de uma coisa que poderemos recordar a qualquer momento. A sua lembrança nos trará à memória a visão da outra.

Há cerca de dez anos um amigo deu-me o número do telefone da sua residência, em Milwaukee, em Wisconsin, e embora eu não tivesse tomado nota recordo-me dele perfeitamente. Eis o modo pelo qual eu o arquivei no subconsciente:

O número era Lakeview 2.651.

No momento em que ele me deu esse número, estávamos na estação da estrada de ferro, diante do lago Michigan, e eu usei o lago (*lake*) como objeto ao qual associar o ramal telefônico. Aconteceu que o número do telefone era formado pelas idades de meu irmão e de meu pai, que tinham então, respectivamente, 26 e 51 anos. Portanto, para lembrar-me do ramal e do número daquele telefone bastava que eu pensasse em meu irmão, em meu pai e no lago Michigan.

Um dos meus conhecidos começou a sofrer do que se chama comumente uma "memória falha". Ele estava se tornando "distraído", incapaz de lembrar-se das coisas. Leiamos o que ele vai contar, com as suas próprias palavras. E a maneira pela qual venceu essa limitação:

> Tenho 50 anos. Sou, há dez anos, chefe de um departamento numa grande fábrica. No início, meu trabalho era fácil, até que a firma teve uma rápida expansão nos seus negócios, o que aumentou consideravelmente as minhas responsabilidades. Muitos dos jovens que trabalhavam no departamento que eu dirigia eram ativos e hábeis, e pelo menos um deles tinha o olhar fixo no meu emprego.
>
> Eu havia chegado à idade em que se deseja conforto e, estando naquela empresa havia muitos anos, pensei que poderia trabalhar com menos afinco. O efeito dessa atitude mental foi quase desastroso para o meu cargo.
>
> Há cerca de dois anos notei que o meu poder de *concentração* começava a enfraquecer e que o meu trabalho se tornava enfadonho. Descuidei-me da correspondência, e olhava com horror para a enorme pilha de cartas que precisavam de resposta. Sentava-me à mesa, mas a minha mente divagava por outras regiões.

Outra circunstância veio mostrar claramente que eu não concentrava a atenção devida no trabalho: esqueci-me de comparecer a uma reunião dos diretores da companhia. Um dos empregados que trabalhavam sob a minha direção encontrou um grave erro numa estimativa que fiz, de um vagão de mercadorias, e, está claro, levou esse fato ao conhecimento do gerente.

Essa situação começou a me inquietar. Pedi uma semana de licença para poder pensar sobre o assunto. Estava decidido a solicitar demissão ou a descobrir o mal e remediá-lo. Depois de alguns dias de séria introspecção, numa vilegiatura na montanha, convenci-me de que o que se dava comigo era um caso típico de "distração". Faltava-me concentração, e as minhas atividades físicas e mentais, no escritório, se tornavam desordenadas. Tornava-me negligente e descuidado, tudo porque a minha atenção não estava *concentrada* no trabalho. Quando diagnostiquei o mal, pensei imediatamente no remédio. Precisava adquirir uma série inteiramente nova de hábitos de trabalho, e tomei uma resolução nesse sentido.

Numa folha de papel, tracei o esquema de um dia de trabalho: primeiro, a correspondência da manhã; depois, as ordens a cumprir: ditado, conferência com os subordinados e trabalhos diversos; finalmente, coloquei em completa ordem a minha mesa, antes de deixar o trabalho.

"Como se forma um hábito?", perguntei a mim mesmo. "Pela repetição", foi a resposta. "Mas tenho feito essas mesmas coisas milhares e milhares de vezes", protestou o meu outro *eu*. "É verdade, mas não o fez de maneira ordenada, concentrada", respondeu o eco.

Voltei ao escritório com o espírito preocupado, mas descansado, e imediatamente coloquei em ação o meu esquema. Trabalhava com o mesmo zelo de todos os dias, e, tanto quanto me era possível, da mesma maneira. Quando a minha atenção começava a se afastar, eu a trazia de volta, rapidamente.

Partindo de um estímulo mental criado pelo poder da vontade, fiz progressos na construção de novos hábitos. Dia após dia praticava a concentração de pensamento. Quando a repetição começou a se tornar agradável para mim, percebi que vencera a partida.

A capacidade de treinar a memória ou desenvolver qualquer hábito desejável é questão, somente, de conseguir *fixar a atenção num assunto determinado, até que a imagem correspondente esteja registrada claramente no "filme" da nossa mente.*

A própria *concentração* não é mais do que o controle da atenção.

Podemos observar tal fato lendo pela primeira vez uma linha impressa qualquer: se fecharmos os olhos, veremos tão claramente como se fosse na própria página. Na realidade, "estamos olhando para ela", não impressa na página, mas no filme sensível da nossa mente. Se tentarmos essa experiência e ela não der resultado, será porque não *concentramos bastante* a atenção na linha. Repetindo a experiência, seremos finalmente bem-sucedidos.

Se desejarmos aprender poesias de cor, por exemplo, conseguiremos isso facilmente experimentando fixar a atenção nas linhas com tanta firmeza que, fechando os olhos, sejamos capazes de "vê-las" tão perfeitamente como se elas estivessem na página do livro.

Tão importante é essa questão do *controle da atenção* que eu me sinto impelido a acentuá-la, de tal maneira que o leitor não possa passar por ela ligeiramente. Reservei para o fim as referências a esse assunto, para fazer delas o clímax desta lição, porque considero esse ponto um dos mais importantes do curso.

Os resultados extraordinários obtidos pelos que praticam o truque da "bola de cristal" são devidos inteiramente à sua capacidade para *fixar a atenção* num determinado assunto, por um tempo ininterrupto, fora do habitual.

Esse truque não é mais do que *atenção concentrada.*

Já insinuei e agora declaro aqui a minha crença de que é possível, com o auxílio da *atenção concentrada*, uma pessoa afinar a tal ponto o seu espírito com a vibração do éter que todos os segredos no mundo insondável e desconhecido dos fenômenos mentais chegam a tornar-se livros abertos, que podem ser facilmente lidos. É essa uma ideia sobre a qual vale a pena meditar.

Sou de opinião, e não sem evidências substanciais onde me apoiar, que é possível a uma pessoa desenvolver em tão elevado grau a capacidade de fixar a atenção, a ponto de captar e compreender tudo o que se passa na mente de outro. Mas isso ainda não é tudo, nem também é a parte mais importante de uma hipótese a que cheguei, depois de muitos anos de cuidadosas pesquisas: estou também convencido de que se pode dar um passo além e "entoar" com a *mente universal*, na qual está armazenado todo o conhecimento do qual se podem apropriar todos aqueles que adquiriram a arte de chegar a ele.

A uma mente ortodoxa essas afirmativas poderão parecer muito irracionais, porém, para o estudante (a propósito, há no mundo poucas pessoas

ESTÃO VENDO AQUELE FELIZARDO QUE CONSEGUIU UM EMPREGO "SUAVE" COM O AUXÍLIO DE UM "PISTOLÃO"? POIS BEM, ESCUTEM UM SEGREDO: O DESTINO ESTÁ ESPERANDO POR ELE NA PRIMEIRA ESQUINA, COM A SUA CLAVA, QUE NÃO É COBERTA DE ALGODÃO...

que sejam mais do que alunos elementares nessa matéria) que abordou tal assunto com um grau qualquer de compreensão, tais hipóteses não somente parecerão possíveis, como também absolutamente prováveis.

Mas o leitor submeta essa hipótese a um teste. Creio que não poderá escolher melhor assunto para experiência do que o seu *objetivo definido* na vida.

Aprenda de cor o seu objetivo definido, de maneira a poder repeti-lo sem olhar para a página escrita, e adquira o hábito de *fixar nele a sua atenção*, pelo menos duas vezes por dia. Proceda da seguinte maneira:

Procure um lugar tranquilo, onde nada o perturbe; sente-se, relaxando completamente o corpo e a mente; em seguida, feche os olhos, ponha os dedos nos ouvidos, excluindo assim as ondas ordinárias de som e todas as ondas leves. Nessa posição, repita o seu objetivo definido na vida, e enquanto isso veja-se, na imaginação, já de plena posse dele. Se parte desse desejo é a acumulação de dinheiro, como deve ser, naturalmente, imagine-se de posse desse dinheiro. Se o objetivo inclui também a posse de um lar, imagine um esboço desse lar, tal como deseja que seja na realidade. Se parte do seu objetivo na vida é tornar-se um poderoso orador, imagine-se falando diante de um grande auditório, dominando as emoções dos seus ouvintes, assim como um grande violinista maneja as cordas do seu instrumento.

Como nos aproximamos do fim desta lição, há duas coisas que o leitor precisa fazer:

Primeiro: Começar desde já a cultivar a capacidade de *fixar a atenção*, no momento que desejar, sobre um determinado assunto com a ideia de que essa capacidade, quando plenamente desenvolvida, realizará o seu objetivo definido na vida;

Segundo: O leitor pode erguer o nariz para o ar e, com um sorriso cínico, dizer a si próprio "Bolas!", fazendo assim de si mesmo um idiota.

Esta lição não foi escrita com o fim de servir de argumento ou assunto de debate. O leitor está no direito de aceitá-la, inteira ou em parte, ou rejeitá-la.

Nesse ponto, preciso dizer que a nossa época não comporta cinismo ou dúvida, É uma época em que se conquistaram, definitivamente, o espaço e os mares, e que nos tornou capazes de dominar o ar e transformá-lo em mensageiro que conduz o som da nossa voz a meio mundo na fração de um segundo. Portanto, não é uma época para encorajar os eternos duvidosos e descontentes.

A família humana já passou pela Idade da Pedra, pela Idade do Ferro e Idade do Aço, e agora entra na era do "Poder da Mente", que, em realizações estupendas, ultrapassará todas as outras eras combinadas.

Aprenda o leitor a fixar sua atenção num dado assunto, a qualquer momento, pelo tempo que desejar, pois assim terá aprendido o segredo que conduz à passagem para o poder.

Isso é *concentração.*

Com esta lição o leitor compreenderá que o objetivo da formação de uma aliança entre duas ou mais pessoas, e, portanto, a criação de um Master Mind, é aplicar a Lei da Concentração com mais eficiência do que se fosse aplicada por meio dos esforços de uma única pessoa.

O princípio a que nos referimos aqui com o nome de Master Mind nada mais é do que a concentração em grupo do poder mental para a conquista de um objetivo ou fim definido. Por meio da concentração de mentes é possível alcançar maior poder, em virtude do "refinamento" do processo, produzido mediante a reação de uma mente sobre a outra, ou outras.

PERSUASÃO *VERSUS* FORÇA

O triunfo, como já foi exposto de diferentes maneiras em todo este curso, é principalmente o produto de negociações harmoniosas e hábeis com outras pessoas. De modo geral, o homem que sabe levar os outros a fazerem o que ele deseja conseguirá triunfar em qualquer parte.

Como um clímax apropriado a esta lição sobre a Lei da Concentração descreveremos os princípios que influenciam os homens, e por meio dos quais a cooperação é conseguida, o antagonismo, vencido, e a amizade, desenvolvida.

OS PEIXES NÃO MORDEM A ISCA PARA NOS DIVERTIR; TENTEMOS OUTRA VEZ, MUDEMOS A ISCA E CONTINUEMOS. A FORTUNA NÃO ESTÁ PRESA A LUGAR ALGUM. AQUELES A QUEM INVEJAMOS PODEM INVEJAR TAMBÉM A NOSSA SORTE E O NOSSO EMPREGO. CONTINUEMOS A PESCAR.

A força, às vezes, consegue resultados que podem parecer satisfatórios, mas, sozinha, a força jamais construiu nem construirá um triunfo duradouro.

A Grande Guerra de 1914 a 1918, mais do que qualquer outro fato na história do mundo, veio mostrar a inutilidade da força como meio de influenciar a mente humana. Sem entrar em detalhes, ou lembrar os exemplos que poderiam ser citados, todos nós sabemos que a força foi a base sobre a qual se construiu a filosofia alemã durante os últimos 40 anos. A doutrina segundo a qual a *força* é o *direito* foi julgada num tribunal mundial e universalmente condenada.

O corpo humano pode ser preso e controlado pela força física, mas não se dá o mesmo com a mente. Ninguém na Terra é capaz de controlar a mente de uma pessoa normal e saudável, desde que essa pessoa saiba exercer o direito divino, controlar as suas próprias ações. A maioria das pessoas não exerce esse direito. Graças ao nosso deficiente sistema educacional muita gente caminha pelo mundo afora sem descobrir a força que dorme na sua própria mente. Às vezes, acontece qualquer coisa, em geral um acidente, que desperta o indivíduo e leva-o a descobrir a sua verdadeira força e o meio de empregá-la no desenvolvimento de uma indústria ou de profissão qualquer. Resultado: nasce um gênio!

Há um ponto no qual a mente humana cessa de se desenvolver e de investigar, a não ser que aconteça algo, fora da rotina diária, obrigando a pessoa a transpor esse obstáculo. Em certas mentes esse ponto é muito baixo, em outras, muito alto. Em algumas, varia entre alto e baixo. O indivíduo que descobre o meio de estimular artificialmente o seu espírito e, elevando-o, faz com que ele transponha o ponto onde se detém a maioria das pessoas, pode estar certo de que será recompensado com a fama e a fortuna, desde que os seus esforços sejam de natureza construtiva.

O educador que descobrir o meio de estimular a mente, fazendo-a elevar-se acima desse ponto onde a maioria se detém, sem que daí resulte qualquer mal, prestará à espécie humana o maior benefício que a história pode registrar. Está visto que não nos referimos a nenhum estimulante físico ou narcótico, que podem elevar a mente por algum tempo mas, às vezes, a arruínam inteiramente. Falamos aqui do estimulante puramente mental, como o que provém do interesse profundo, do desejo, do entusiasmo, do amor etc., fatores que tornam possível o desenvolvimento do Master Mind.

A pessoa que chegar a essa descoberta terá feito muito no sentido de resolver o problema do crime. Podemos fazer o que quisermos com qualquer pessoa, desde que descubramos o meio de influenciá-la. A mente pode ser comparada a um largo campo — um campo muito fértil, à espera do semeador. O problema se resume na escolha da semente apropriada e em semeá-la de modo que ela germine e cresça rapidamente. Semeamos no campo do nosso espírito todos os dias, todas as horas, todos os minutos, todos os segundos, mas o fazemos desordenadamente e de maneira mais ou menos inconsciente. Devemos aprender a semear de acordo com um plano preestabelecido e com um desejo firme. A semente atirada ao acaso, na mente humana, produzirá uma colheita incerta. Não se pode fugir a esse resultado.

A história está cheia de casos notáveis de homens que se transformaram de cidadãos pacíficos e realizadores em perversos criminosos. Há também milhares de casos em que o chamado tipo criminoso se transformou num cidadão digno e trabalhador. Em todos esses casos, a transformação teve lugar na mente da pessoa, que por uma razão qualquer criou uma imagem do que desejava e tratou de torná-la realidade. Na verdade, se na mente humana se fotografa qualquer ambiente, condição ou objeto e se a mente é focalizada ou concentrada nesse retrato, durante o tempo necessário, com persistência, apoiada por um *forte desejo* não haverá mais do que um pequeno degrau a vencer, entre o retrato e a sua realização, em uma forma física ou mental.

A Guerra Mundial fez nascer na mente humana muitas tendências que corroboram o trabalho dos psicólogos na pesquisa dos processos mentais. A história que se segue, de um jovem montanhês rústico e indisciplinado, é excelente exemplo:

Há 12 boas razões para justificar um fracasso. A primeira é a intenção de "não fazer mais do que a obrigação". E a pessoa que confessa isso poderá ver as outras 11, se se mirar num espelho.

Lutou pela sua religião e é agora um grande herói da Guerra Mundial

George W. Dixon

Constitui um romântico capítulo na história da Grande Guerra a maneira como Alvin Cullon York, ignorante caçador de esquilos do Tennessee, tornou-se o maior herói das Forças Expedicionárias norte-americanas na França.

York é natural de Fentress County. Nasceu e se criou entre os rudes montanheses das florestas do Tennessee. Não existe sequer uma estrada de ferro em Fentress County. Durante os primeiros anos da sua infância ele parecia possuir um caráter perigoso. O nosso herói era o que se chamava um perfeito atirador. Os seus tiros de revólver e as suas proezas com o rifle corriam de boca em boca entre os montanheses de toda a região.

Um dia, uma organização religiosa armou a sua tenda na comunidade onde vivia York com seus pais. Era uma seita estranha que procurava converter os montanheses, mas os métodos do evangelho do novo culto eram cheios de fogo e emoção. Denunciavam o pecador, o caráter vil e o homem que cobiçava a propriedade do vizinho, e apontavam os ensinamentos de Cristo como um exemplo que todos deviam seguir.

Alvin chega à religião

Uma noite, Alvin Cullon York deixou pasmados os seus vizinhos, sentando-se no banco dos penitentes. Os velhos mexiam-se inquietos nos seus lugares e as senhoras espichavam o pescoço, enquanto York lutava contra os seus antigos pecados, nas sombras das montanhas do Tennessee.

York tornou-se um apóstolo ardente da nova religião. Tornou-se um líder na vida religiosa da comunidade e, embora a sua pontaria continuasse mortal como sempre, ninguém o temia, pois ele seguia o caminho certo.

Quando as notícias da guerra chegaram àquela remota região do Tennessee e os montanheses souberam que iam ser convocados, York tornou-se sombrio e intratável. Achava que não se deviam matar homens, mesmo na guerra. A Bíblia lhe ensinara: "Não matarás!" Para ele, isso era coisa definitiva. Acusaram-no de recusar-se conscientemente a ir para a guerra.

Os oficiais encarregados da conscrição previam dificuldades. Sabiam que a decisão de York estava tomada e eles deviam fazê-lo mudar de opinião por qualquer outro meio que não as ameaças.

A GUERRA COMO POR UMA CAUSA SANTA

Aproximaram-se dele com uma Bíblia e mostraram-lhe que a guerra era uma causa santa — a causa da liberdade humana. Fizeram-no acreditar que homens como ele estavam sendo chamados pelos Altos Poderes para defender a liberdade do mundo; para evitar que inocentes mulheres e crianças fossem violadas; para fazer com que os pobres e os oprimidos também tivessem direito a uma vida digna, para dominar o "dragão" citado nas Escrituras e para fazer com que o mundo fosse livre, para melhor propagação do cristianismo. Era uma luta entre as hostes do bem e as hordas de satã. O diabo estava tentando conquistar o mundo com o auxílio dos seus asseclas escolhidos, o Kaiser e os seus generais.

Os olhos de York brilharam ferozmente. Suas enormes mãos se fecharam. Cerrou os dentes: "O Kaiser!", silvava ele. "A fera! O destruidor de mulheres e crianças! Vou lhe mostrar o seu lugar, se o encontrar um dia ao alcance do meu rifle!" Acariciou o rifle, despediu-se de sua mãe e disse-lhe que tornaria a vê-la quando o Kaiser fosse posto fora de combate. Foi para um campo de treinamento e exercitou-se com atenção e disciplina.

A sua habilidade no alvo fez-se notar. Seus companheiros ficavam intrigados com os resultados que ele obtinha. Não compreendiam que um simples caçador de esquilos pudesse se tornar um excelente soldado nas trincheiras.

A atuação de York na guerra está hoje registrada na história. O general Pershing apontou-o como um dos grandes heróis da guerra. Ganhou todas as condecorações, inclusive a Congressional Medal, a Cruz da Guerra a da Legião de Honra. Enfrentou os alemães sem medo. Ele estava lutando para vingar a sua religião; pela santidade do lar, pelo amor das mulheres e das crianças, pela preservação dos ideais cristãos e pela liberdade dos pobres e oprimidos. Não existia em seu vocabulário a palavra medo. Sua fria ousadia

NADA HÁ NO MUNDO TÃO CONTAGIANTE COMO O ENTUSIASMO. É ESSA A VERDADEIRA ALEGORIA DA LENDA DE ORFEU. O ENTUSIASMO FAZ AS PEDRAS DANÇAREM E ENCANTA AS FERAS. É O GÊNIO DA SINCERIDADE, E SEM ELE A VERDADE NÃO CONQUISTA VITÓRIAS.
BULWER

pasmou mais de 1 milhão de homens e fez com que o mundo falasse sobre aquele estranho herói, rude filho das montanhas do Tennessee.

O caso do jovem montanhês mostra-nos que se ele tivesse sido abordado de maneira diferente, teria, sem dúvida, fugido à conscrição, tornando-se em consequência tão irritado contra o seu país a ponto de se tornar "fora da lei", pronto para atacar na primeira oportunidade.

Os que trataram com ele sabiam alguma coisa acerca dos processos de funcionamento da mente humana. Souberam lidar com York, vencendo primeiro a resistência a que estava disposto o seu espírito. É por essa razão que milhares de homens, em virtude da incompreensão desse princípio, são arbitrariamente classificados como criminosos e tratados como indivíduos perigosos para a sociedade. Por meio da sugestão, esses indivíduos poderiam ter sido trabalhados de maneira tão eficiente como foi o jovem York, e transformados em pessoas úteis e produtivas.

Na procura dos meios de compreensão e manejo da nossa própria mente podemos persuadi-la a criar aquilo que desejamos na vida. Lembre-se o leitor de que sem uma única exceção tudo o que nos irrita e desperta a nossa cólera, ódio, aversão ou cinismo, tem uma influência má e destruidora sobre nós.

Nunca poderemos tirar o máximo ou mesmo atingir uma boa média de ação construtiva da nossa mente enquanto não aprendermos a controlá-la e a evitar que ela seja estimulada pela cólera ou pelo medo.

Essas duas negativas, cólera e medo, são positivamente de efeito destruidor para a nossa mente, e enquanto lhes dermos guarida podemos estar certos de que colheremos resultados pouco satisfatórios e muito abaixo do que seríamos capazes de produzir.

Ao discutirmos o ambiente e o ato, aprendemos que a mente do indivíduo é influenciada pelas sugestões do ambiente, que as mentes de um grupo de indivíduos em fusão se conformam com a sugestão da influência que prevalece, do líder ou figura dominadora.

J. A. Fisk apresenta-nos uma interessante narrativa sobre a influência da sugestão mental nas reuniões dos revivalistas. Essa narrativa vem confirmar as nossas palavras.

A SUGESTÃO MENTAL NO REVIVALISMO

A psicologia moderna estabeleceu que a maior parte dos fenômenos religiosos do revivalismo são antes de natureza *psíquica* do que espiritual. São mesmo *anormalmente psíquicos*. As maiores autoridades no assunto reconhecem que a excitação mental resultante dos apelos emocionais do "revivalista" deve ser classificada antes com o fenômeno da sugestão hipnótica do que com o da verdadeira experiência religiosa. E os que fizeram um estudo profundo dessa matéria reconhecem que essa excitação, em vez de elevar a mente e exaltar o espírito do indivíduo, serve para enfraquecê-lo e rebaixá-lo, mergulhando-o num frenesi psíquico anormal e em excessos emocionais. Realmente, alguns observadores cuidadosos, a quem esses fenômenos são familiares, comparam as assembleias revivalistas ao "divertimento" público hipnótico, como um exemplo típico de intoxicação psíquica e de histerismo.

David Starr Jordan, emérito reitor da Universidade Leland Stanford, diz: "A cocaína e o álcool trazem a loucura temporária, como o revivalismo." O falecido professor William James, da Universidade de Harvard, eminente psicólogo, assim se expressou: "O revivalismo é mais perigoso para a vida e para a sociedade do que o alcoolismo."

É desnecessário explicar que, nesta lição, o termo "revivalismo" é usado na sua significação mais estrita, indicando a típica excitação religiosa conhecida pelo termo em questão, e não se aplica de modo algum à respeitável experiência religiosa mais antiga designada pela mesma palavra, que era altamente reverenciada entre os puritanos, os luteranos e outras seitas em tempos idos. Um trabalho importante sobre o assunto assim se refere ao revivalismo:

> O revivalismo ocorre em todas as religiões. Quando isso se verifica, grande número de pessoas até então relativamente indiferentes às considerações espirituais, simultaneamente ou em rápida sucessão, demonstra por tais assuntos grande interesse, se altera moral e espiritualmente e age com zelo excessivo na conversão de outras pessoas. Um revivalismo maometano toma

> a forma de volta às estritas doutrinas do Alcorão e ao desejo de propagá-las a fio de espada: a minoria cristã do lugar em questão fica ameaçada de massacre pelos conversos. A efusão do Espírito Santo no Pentecostes produziu um revivalismo no cristianismo no seu início, seguindo-se numerosas conversões. O revivalismo sempre ocorreu — embora sob outro nome — desde os tempos apostólicos até a Reforma, tendo se tratado os revivalistas, por vezes, de maneira tão pouco simpática que eles abandonaram a Igreja e formaram seitas divergentes, ao passo que, noutros casos, principalmente no dos fundadores das ordens monásticas, eles foram conservados na Igreja, agindo em conjunto. O impulso espiritual que levou à Reforma e o que produziu a formação da Sociedade de Jesus eram, ambos, revivalistas. O termo é empregado principalmente pelos protestantes, para designar um súbito aumento de atividade espiritual. O empreendimento dos Wesley e dos Whitefield, nos Estados Unidos e na Inglaterra, de 1738 em diante, era inteiramente revivalista... Desde então têm ocorrido vários revivalismos, de quando em quando, e em quase todas as seitas. Os meios adotados são as preces ao Espírito Santo, as reuniões por noites seguidas, muitas vezes prolongando-se até altas horas, e em seguida apelos impressionantes principalmente dos revivalistas leigos, e reuniões para tratar dos impressionados. Finalmente, descobriu-se que alguns dos aparentemente convertidos tinham permanecido firmes, ao passo que outros voltaram atrás, enquanto prevalecia uma tibieza proporcionada à prévia excitação temporária.
>
> Essas manifestações mórbidas são agora desencorajadas e por conseguinte tornaram-se cada vez mais raras.

Para poder compreender o princípio por meio do qual opera a sugestão mental, no revivalismo, é preciso antes saber algo acerca do que se chama *psicologia das multidões*. Os psicólogos sabem que a psicologia de uma multidão, considerada em conjunto, difere materialmente da dos indivíduos que a compõem. Existe uma multidão de indivíduos em separado e outra compósita, na qual a natureza emotiva das unidades parece se misturar e unir.

A transformação da primeira dessas multidões na segunda provém da influência de uma atenção profunda ou apelos emocionais mais fortes, ou de interesse comum. Quando ocorre essa transformação, a multidão se torna um único indivíduo compósito, cujo grau de inteligência e de controle emocional está ligeiramente acima do mais fraco dos seus componentes. Esse fato, por mais estranho que pareça ao leitor comum, é admitido pelos psicólogos mais ilustres da época e sobre ele já se escreveram muitos ensaios e livros importantes. As características predominantes dessa multidão de mente compósita são as evidências de extrema sugestibilidade, a correspondência aos apelos da emoção, a imaginação viva e a tendência para imitar — traços universalmente manifestados pelo homem primitivo. Em suma, a multidão demonstra atavismo, ou seja, a volta ao primitivismo.

Na sua obra *Psicologia da mente unida num auditório*, Diall afirma que a mente de uma assembleia que ouve um grande orador passa por um curioso processo chamado de "fusão", por meio do qual os indivíduos que compõem o *auditório são reduzidos a um só indivíduo, cujas características são as de um jovem de 20 anos, impulsivo, com elevados ideais, porém sem raciocínio ou vontade.* O psicólogo francês Tarde é da mesma opinião.

O professor Joseph Jastrow, no seu livro *Fatos e lendas na psicologia*, diz o seguinte:

> O poder do contágio mental desempenha papel importantíssimo na formação desse estado mental. O erro, como a verdade, floresce nas multidões. À luz da simpatia encontram acolhimento nos corações.
>
> Nenhuma forma de contágio é tão insidiosa no princípio, tão difícil de deter no seu avanço, tão certa de deixar germes que poderão a qualquer momento revelar seu pernicioso poder, como o contágio mental — o contágio do medo, do pânico, do fanatismo, da desobediência à lei, da superstição, do erro. Em resumo, devemos acrescentar ao grande número de fatores que contribuem para o engano a reconhecida diminuição da capacidade crítica, do poder de observação e raciocínio produzida pela simples formação da multidão. O doutrinador encontra facilidade em conduzir um grande auditório porque, entre outras razões, é fácil despertar a admiração e a simpatia da multidão, e mais fácil ainda fazer com que ela se esqueça de si própria e perca a sua capacidade de crítica, como que entrando num mundo de maravilha. Parece, sob certos aspectos, que o grau de crítica de uma assembleia é igual ao do seu componente mais fraco.

O professor Le Bon, no seu livro *A psicologia das multidões*, diz o seguinte:

> Os sentimentos e as ideias das pessoas que formam uma multidão têm a mesma direção, e as suas personalidades conscientes desaparecem. A mentalidade coletiva forma-se transitoriamente, apresentando características marcadas. A multidão tornou-se o que, na ausência de uma expressão mais

apropriada, chamarei uma multidão organizada, ou, se se prefere essa denominação, uma multidão psicológica. Ela é um único ser e está sujeita à lei de unidade mental das multidões [...] A mais chocante particularidade apresentada pela psicologia de uma multidão é a seguinte: sejam quais forem os indivíduos que a componham, ou o seu modo de vida, as suas ocupações, o seu caráter ou a sua inteligência, o fato de se terem tornado uma multidão lhes dá a posse de uma espécie de mente coletiva que os faz sentir, pensar e agir de maneira inteiramente diversa de quando estão separados. Há ideias e pensamentos que não chegam a se concretizar ou não se transformam em atos, exceto no caso de vários indivíduos formarem uma multidão [...] Nas grandes multidões, acumula-se a estupidez, em vez da inteligência. Na mentalidade coletiva as aptidões intelectuais dos indivíduos e, consequentemente, as suas personalidades, se enfraquecem [...] As mais cuidadosas observações parecem provar que o indivíduo que integra, por certo tempo, uma multidão em movimento, cedo fica num estado especial, que mais parece o estado de fascinação em que ficam os indivíduos hipnotizados [...] A personalidade consciente desaparece inteiramente, a vontade e o discernimento estão perdidos. Todos os pensamentos e sentimentos se inclinam na direção indicada pelo hipnotizador [...] Sob a influência de uma sugestão ele empreenderá o cumprimento de certos atos, com ímpeto irresistível. Esse ímpeto é mais irresistível no caso das multidões, pelo fato de que a sugestão, sendo a mesma para todos os indivíduos, ganha em força pela reciprocidade. Além disso, pelo simples fato de formar parte de uma multidão organizada, o homem desce vários degraus na escada da civilização. Isoladamente, pode ser um indivíduo culto; numa multidão, é um bárbaro, isto é, uma criatura agindo por instinto. Possui a espontaneidade, a violência, a ferocidade e também o entusiasmo e o heroísmo dos seres primitivos, com quem, mais tarde, tende a se assemelhar, pela facilidade com que concorda em cometer atos contrários aos seus mais claros interesses e aos seus hábitos mais arraigados. Um indivíduo numa multidão é um grão de areia que o vento leva para onde quer.

O professor Davenport, na sua obra *Traços primitivos no revivalismo*, diz:

A mente da multidão se assemelha de maneira estranha à do homem primitivo. A maior parte dos indivíduos que a compõem pode estar muito longe das emoções primitivas em pensamento e caráter; contudo, os resultados

> tendem sempre a ser os mesmos. O estímulo gera imediatamente a ação. A razão está adormecida. Um orador frio e racional tem possibilidades muito pequenas comparado com outro, hábil em despertar emoções. A multidão pensa por imagens — e o discurso deve tomar essa forma para lhe ser acessível. As imagens não estão ligadas por nenhum laço natural e cada uma delas toma o lugar da outra, como as chapas de uma lanterna mágica. Segue-se daí que os apelos à imaginação têm influência dominante [...] A multidão é unificada e controlada pela emoção, em vez de o ser pela razão. A emoção é o laço natural, pois os homens diferem muito menos sob esse aspecto do que intelectualmente. Também é verdade que, numa multidão de mil indivíduos, a quantidade de emoção existente e em movimento é maior do que o total que poderia ser obtido pela soma das emoções de cada indivíduo em particular. A explicação desse fato é que a atenção da multidão está sempre dirigida, pelas circunstâncias da ocasião ou pelo orador, para certas ideias comuns — como "salvação", em reuniões de caráter religioso [...] —, e cada indivíduo presente a essa reunião é tomado de emoção, não somente porque essa ideia o comove, como também por causa da certeza de que todos os outros indivíduos ali presentes estão igualmente comovidos. E isso aumenta enormemente o volume da sua própria emoção e, consequentemente, o volume total da emoção da multidão. Como no caso da mente primitiva, a imaginação abriu as comportas da emoção, que às vezes pode se transformar em entusiasmo selvagem ou em frenesi diabólico.

O estudioso desse assunto da sugestão verá que os membros de uma assembleia revivalista não só estão sujeitos aos efeitos da "mente compósita" proveniente da psicologia da multidão, e por isso enfraquecidos no seu poder de resistência, como também estão sob a influência de duas outras formas muito poderosas de sugestão mental. Adicionada à poderosa sugestão de autoridade do revivalista, que se exerce plenamente de maneira à que é empregada pelo hipnotizador profissional, está a sugestão da imitação exercida sobre cada indivíduo pela força combinada da multidão.

Conforme observou Durkheim nas suas investigações psicológicas, a média dos indivíduos é "intimada pela massa" da multidão que está ao redor ou à frente e experimenta a peculiar influência psicológica exercida pelo número de pessoas contra o ser individual. A pessoa sugestionada não somente encontra facilidade para seguir as sugestões autoritárias do pregador e as exortações dos seus ajudantes, como também é arrastada para

Não precisamos recear a concorrência dos que dizem: "Não me pagam para fazer isso, portanto, não o farei." Tais indivíduos nunca serão concorrentes perigosos. Mas vigiemos os que permanecem no seu trabalho até que o terminem e que fazem um pouco mais do que deles se espera, pois estes, sim, podem ameaçar a estabilidade da nossa situação.

o círculo das sugestões imitativas vindas dos vizinhos, de todos os lados que experimentam e manifestam atividades emocionais. A voz do pastor a conduz, mas a sineta ao pescoço da madrinha da tropa também lhe chega aos ouvidos, e a tendência para a imitação, que faz com que uma ovelha salte porque a que estava na frente assim o fez (e desta maneira até que a última ovelha tenha saltado), não necessita mais do que a força do exemplo do líder para pôr em movimento todo o rebanho. Isso não é exagero — os seres humanos, em momentos de pânico, medo ou emoções profundas de qualquer espécie, manifestam a mesma tendência para a imitação que caracteriza as ovelhas, bem como a tendência do gado para o "estouro".

Para o estudante familiarizado com o trabalho experimental do laboratório de psicologia existe a mais íntima analogia entre o fenômeno do revivalismo e a sugestão hipnótica. Em ambos os casos a atenção e o interesse são atraídos pelo procedimento incomum; o elemento de mistério e de medo é sugerido por palavras pronunciadas ou atos cumpridos especialmente com esse objetivo; os sentidos se cansam com os discursos monótonos feitos em tom impressionante e autoritário; finalmente, as sugestões são postas em ação de maneira autoritária, *sugestiva*, familiar a todos os estudiosos de sugestão hipnótica. Os pacientes, em ambos os casos, são preparados para as ordens e sugestões finais por sugestões menos importantes dadas anteriormente, como: "Levante-se" ou "Olhe para cá" etc., no caso do hipnotizador, e "Levantem-se todos os que pensam dessa maneira", "Levantem-se todos os que se sentem capazes de se tornar melhores", no que diz respeito aos revivalistas. Os indivíduos impressionáveis *são assim acostumados à obediência por etapas fáceis*. E, finalmente, a sugestão: "Venha agora — por aqui — agora — venha — estou dizendo que venha — *venha* — VENHA!" etc., que faz com que o sugestionado se levante imediatamente e comece a andar para a frente, é precisamente a mesma na prática do hipnotismo, de um lado, e no revivalismo, do outro. Todo bom revivalista daria um bom hipnotizador, assim como um bom hipnotizador se revelaria um grande revivalista, se a sua mente fosse conduzida nessa direção.

No revivalismo a pessoa que dá as sugestões tem a vantagem de quebrar a resistência dos que o ouvem, despertando os seus sentimentos e emoções. Histórias sobre a influência materna, sobre lar e o céu; hinos religiosos e apelos pessoais ao passado e à infância do indivíduo tendem a levá-lo a um estado emocional profundo e torná-lo mais suscetível a fortes e repetidas sugestões do mesmo tipo. Os seus sentimentos estão excitados e a vontade está influenciada pela prédica, pelos cânticos e apelos pessoais do revivalista.

Por esse processo, as mais sagradas recordações sentimentais vêm ao consciente. O cântico "Onde estará esta noite o meu filho errante!" traz lágrimas aos olhos de muitos para quem a recordação materna é sagrada e a prédica sobre a vida da mãe, em perfeita felicidade, no céu, de que o filho perdido está afastado, a não ser que professe a fé, serve para impelir muitos à ação. O elemento medo também é invocado no revivalismo não tanto quanto o era antigamente, mas ainda em proporção considerável, e com maior sutileza. O medo de uma morte inesperada, como impenitente, paira sobre o auditório. "Por que não agora? Por que não *esta noite*?, pergunta-se ao som de um hino apropriado.

Como diz Davenport:

> É sabido que o emprego de imagens simbólicas aumenta grandemente a emoção de um auditório. O vocabulário revivalista está cheio de tais imagens — a cruz, a coroa, a legião dos anjos, o inferno, o céu. Ora, imaginação viva, sentimentos fortes e fé são estados favoráveis à sugestão tanto quanto à ação impulsiva. É também verdade que a influência de uma multidão simpática às ideias sugeridas é coercitiva e capaz de intimidar o pecador. Há um número considerável de conversões que resultam, a princípio, quase que apenas dessa forma de pressão coletiva. Finalmente, a inibição de todas as ideias estranhas é estimulada, nas reuniões revivalistas, pelos cânticos e pelos sermões. Existe, portanto, extrema sensibilidade à sugestão. Quando, a essas condições de consciência negativa da parte do auditório, acrescenta-se um orador de alto poder hipnótico, como Wesley ou Finney, ou mesmo que seja apenas uma personalidade magnética e persuasiva, como Whitefield, a

ANTES DE APRENDERMOS A SER TOLERANTES COM OS QUE NÃO CONCORDAM CONOSCO, ANTES DE HAVERMOS CULTIVADO O HÁBITO DE DIZER PALAVRAS AMÁVEIS ÀQUELES A QUEM NÃO ADMIRAMOS, ANTES DE TERMOS FORMADO O HÁBITO DE VER SOMENTE O LADO BOM DOS NOSSOS SEMELHANTES — NÃO PODEREMOS SER FELIZES NEM CONSEGUIREMOS TRIUNFAR.

> influência exercida sobre certos indivíduos da multidão pode aproximar-se da anormalidade ou da hipnose. Quando não se chega a isso, resta ainda, contudo, grande sugestionabilidade com que contar, embora normal.

As pessoas que demonstrem ter sido influenciadas são depois "trabalhadas" pelo revivalista ou por seus colaboradores. Eles tratam de anular a vontade dos indivíduos e "entregá-las inteiramente ao Senhor". Dizem: "Dai-vos completamente a Deus, agora, precisamente agora, neste momento", ou: "Acreditai agora e sereis salvos", ou ainda: "Não vos quereis entregar a Jesus?" etc. Exortam-nas, chamam-nas com doçura, rodeiam-nas com os braços, em suma, emprega-se toda arte da sugestão emocional e persuasiva; para fazer com que o pecador se converta.

Starbuck, em sua *Psicologia da religião*, narra certo número de exemplos de experiências de conversão pessoal em reuniões revivalistas. Uma pessoa escreveu o seguinte:

> Minha vontade parecia inteiramente à mercê dos outros, particularmente do revivalista. Não havia nenhum elemento intelectual. Era puro sentimento. Depois seguiu-se um período de êxtase. Fui levado a fazer o bem, e era eloquente nos meus apelos aos outros. O estado de excitação moral não perdurou. Foi seguido por um completo repúdio da religião ortodoxa.

Davenport responde da maneira seguinte à asserção de que os antigos métodos de influenciar os conversos, numa reunião revivalista, haviam desaparecido com a teologia do passado:

> Dedico especial importância a esse assunto porque, ao passo que o emprego do medo irracional, na conversão, foi abandonado há muito tempo, o uso do método hipnótico ainda persiste. Ou melhor, houve o fortalecimento consciente desse método, porque o velho esteio do terror desapareceu. E não será demais acentuar que tal força não é espiritual, em sentido algum,

> mas antes psíquica, desconhecida e obscura. O próprio método necessita ser altamente refinado, antes de poder produzir qualquer efeito espiritual. É completamente primitivo e participa dos meios instintivos e animais de fascinação.
>
> Nessa forma descoberta e crua o felino o emprega sobre o pássaro indefeso e o mago hindu sobre os crentes, na dança dos espíritos. Quando usado, como tem acontecido, sobre crianças — que são, como se sabe, facilmente impressionáveis —, ele não tem justificativa e é prejudicial, mental e moralmente, no mais alto grau. Não vejo de que maneira violentas agonias emocionais e o emprego da sugestão, na sua forma mais crua, possam prestar serviços, e, mesmo em casos de pecadores endurecidos, certamente, fazer uso desse método sobre grandes massas populares não é mais do que um erro psicológico. Nós nos prevenimos com cuidado contra os charlatães da obstetrícia, mas seria bom que fizéssemos o mesmo com a obstetrícia espiritual, cuja função é a de guia, no processo mais delicado do novo nascimento.

Alguns dos que favorecem os métodos da conversão, mas que também reconhecem que a sugestão mental desempenha importante papel nos fenômenos resultantes, afirmam que as objeções similares às que sustentamos aqui não são válidas contra os métodos do revivalismo, já que a sugestão mental, como é sabido, *pode ser usada tanto para fins dignos como para maus propósitos*, para melhorar a vida do indivíduo ou desgraçá-la. Isto posto, essas boas pessoas argumentam que a sugestão mental, no revivalismo, é um método legítimo, "uma arma de ataque contra a força do demônio". Mas esse argumento se mostra deficiente quando examinados os seus efeitos e as suas consequências. Em primeiro lugar, ele parece identificar os estados mentais emocionais, neuróticos e histéricos induzidos por métodos revivalistas com a elevação espiritual e a regeneração moral que é o acompanhamento da verdadeira experiência religiosa. Procura colocar o falso no plano do legítimo — o pobre resplendor dos raios do sol espiritual. Ele busca elevar a fase hipnótica até a "disposição espiritual" do homem. Aqueles que estão familiarizados com as duas classes de fenômenos notam entre eles uma diferença tão grande quanto a que separa a água do vinho.

Para mostrar em que direção sopra o vento do moderno pensamento religioso leiamos o que se segue, transcrito do volume *Religião e milagre*, de autoria do reverendo George A. Gordon, emérito pastor da New Old South Church, de Boston:

> Para esse fim, o revivalismo profissional — com as suas organizações, sua corporação de relatores que fazem as imagens exprimirem as esperanças dos homens bons, o sistema de advertências, a exclusão ou supressão de toda crítica, os apelos à emoção e o uso de meios que não têm relação visível com a graça e que não podem de nenhum modo levar à glória — é inadequado. O mundo espera pela visão, pela paixão, pela simplicidade e pela veracidade dos profetas hebreus; espera a grande soberania e a energia moral do apóstolo cristão às nações; espera o Mestre, que, como Cristo, propagará a sua doutrina num espírito elevado e num grande caráter.

Embora existissem, sem dúvida, muitas pessoas atraídas a princípio pela excitação emocional do revivalismo, que depois levaram uma vida religiosa de natureza espiritual superior, também, em muitos outros casos, o revivalismo exerceu apenas um efeito benéfico temporário sobre as pessoas que se deixaram levar pela excitação, as quais, depois de passada a crise, caíram na indiferença ou em completa aversão pelo verdadeiro sentimento religioso. A reação é por vezes igual à primeira ação. As consequências da "evasão" são bem conhecidas de todas as Igrejas, seguida a um revivalismo. Em outras apenas desperta uma suscetibilidade para a excitação emocional, que leva o indivíduo a sujeitar-se aos estágios de conversão em cada reunião, até que se dê a "evasão", depois de desvanecida a influência da massa.

Além disso, é fato conhecido dos psicólogos que as pessoas levadas à excitação emocional e aos excessos revivalistas típicos se tornam depois sensivelmente mais suscetíveis do que antes aos "ismos" e às falsas religiões. *Os que estão à mercê dos vários aventureiros e impostores pseudorreligiosos da época são os mesmos que, anteriormente, eram os mais ardentes e excitáveis conversos do revivalismo.* As fileiras dos Messias, dos Elias e dos "profetas da Aurora", que apareceram em grande número nos Estados Unidos e na Inglaterra, durante os últimos 50 anos, foram recrutados quase que exclusivamente entre os que já tinham "experimentado" o fervor revivalista nas Igrejas ortodoxas. É a velha história do treinamento do paciente hipnótico. Essa forma de intoxicação emocional é particularmente maléfica para os jovens e para as mulheres. Devemos nos lembrar de que a adolescência é um período em que a mente sofre importantes mudanças. É a época da vida em que se produz o desenvolvimento da natureza emocional, sexual e religiosa. As condições desse período tornam particularmente contraproducente o deboche psíquico do revivalismo ou da exibição hipnótica. A excessiva excitação emocional, combinada com mistério, o medo e o respeito nesse período da vida, muitas vezes resulta em condições mórbidas e anormais para o futuro. Como diz muito bem Davenport, "Não é tempo para o abalo do medo ou para a agonia do remorso. O único resultado de tal zelo religioso maldirigido é tornar mais forte, especialmente nas mulheres, a tendência para a morbidez, o histerismo, a confusão e a dúvida".

Há outros fatos ligados à relação íntima existente entre a excitação religiosa anormal e o desenvolvimento irregular da natureza sexual, bem conhecida dos estudiosos do assunto, e que não podem ser comentados aqui. Contudo, transcrevemos o seguinte trecho de Davenport:

> [...] No período da puberdade há um processo orgânico em ação que movimenta quase ao mesmo tempo o sexual e o espiritual. Não existe prova, contudo, de que o último seja causado pelo primeiro. Mas, realmente, parece que os dois mantêm uma íntima ligação, no ponto do processo físico em que tomam direções diferentes, *que nesse período crítico qualquer excitação radical de um tem influência sobre o outro*. Um estudo cuidadoso dessa afirmação servirá para explicar muitas coisas que deixavam perplexas as pessoas antigamente, acerca da excitação revivalista, as reuniões em campo aberto etc. Essa influência aparente do diabo, que tanto preocupou os antigos, parece não ser mais do que o resultado de leis psicológicas e fisiológicas. Compreender isso é ter em mão o remédio.

Mas o que dizem as autoridades sobre o revivalismo do futuro — do novo revivalismo —, do verdadeiro revivalismo? Deixemos que fale o professor Davenport:

> Acredito que se faça muito menor emprego da reunião revivalista como instrumento coercitivo para dominar a vontade e se sobrepor à razão individual. A influência das reuniões públicas religiosas será mais indireta, mais inofensiva. Ver-se-á que o hipnotismo enfraquece a alma, e não mais se imporá uma crença a um indivíduo em estado de excitação, contágio e sugestão [...] Os convertidos talvez sejam poucos. Talvez sejam muitos. Serão avaliados não pela capacidade de hipnotizar do pregador, mas principalmente pela capacidade para a amizade, sem egoísmo, de todos os cristãos. Uma coisa porém poderemos ter como certa: os dias de efervescência e de licença religiosa estão desaparecendo. Surgem os dias de piedade religiosa

Aquele que hesita e recua durante o combate não é um bom soldado, é um covarde. E o próprio diabo despreza o indivíduo que tem "sangue de barata".

inteligente e sem egoísmo. Estão raiando. Fazer justiça, ser misericordioso, seguir a Deus com humildade — tais são as provas do divino no homem [...] A experiência religiosa é uma evolução. Vamos do primitivo e do rudimentar para o racional e o espiritual. E, segundo São Paulo, o fruto maduro do Espírito não é a sublime elevação, o lapso de inibição, mas o amor racional, a alegria, a paz, o sofrimento paciente, a bondade, a caridade, a fé, a doçura, o controle pessoal.

A Lei da Concentração é um dos mais importantes princípios que devem compreender e aplicar com inteligência todos que experimentem com sucesso o princípio descrito neste curso com o nome de Master Mind.

Os comentários precedentes, feitos pelas autoridades mais competentes sobre o assunto, farão com que se compreenda melhor a Lei da Concentração tal como é empregada pelos que desejam "fundir" as mentes de uma multidão de pessoas para que funcionem como uma única.

O leitor está agora preparado para a lição sobre a cooperação, que servirá para aprofundar os seus conhecimentos dos métodos de aplicação das leis psicológicas nas quais se baseia a filosofia Lei do Triunfo.

FRACASSOU MUITAS VEZES? QUE SORTE! DEVE SABER, JÁ AGORA, ALGUMAS DAS COISAS QUE NÃO DEVE FAZER.

DÉCIMA TERCEIRA LIÇÃO

COOPERAÇÃO

QUERER É PODER!

A cooperação é o início de todo esforço organizado. Conforme foi exposto na segunda lição deste curso, Andrew Carnegie acumulou a sua gigantesca fortuna por meio dos esforços combinados de um pequeno grupo de homens.

Todos nós podemos aprender a usar esse princípio.

Há duas formas de cooperação para as quais a atenção do leitor será dirigida nesta lição, a saber:

Primeiro, a cooperação entre pessoas que se reúnem num grupo ou formam alianças com o fim de atingir um determinado propósito, sob os princípios conhecidos com o nome de lei do Master Mind.

Segundo, a cooperação entre o consciente e o subconsciente que habilita o homem a ligar-se, comunicar-se, agir com *infinita inteligência*.

A todos os que não pensaram seriamente sobre o assunto, a hipótese precedente poderá parecer pouco razoável, mas estude o leitor os fatos sobre os quais se baseia e depois tire as suas próprias conclusões.

Comecemos por passar em revista, ligeiramente, a constituição física do corpo:

> Sabemos que o corpo humano é constituído por um sistema de nervos que servem de canais de comunicação entre o *eu* interior, espiritual, que chamamos mente, e as funções do organismo.
>
> *Esse sistema nervoso* é *duplo*. Um sistema conhecido por "simpático" é o canal para todas as atividades que não são conscientemente dirigidas pela nossa vontade, tais como o funcionamento dos órgãos da digestão, o reparo feito nos desgastes cotidianos dos tecidos e coisas semelhantes.

O outro sistema, conhecido como "voluntário", ou cerebroespinhal, é o canal através do qual recebemos a percepção consciente, vinda dos sentidos, e controlamos os movimentos do corpo. Esse sistema tem como centro o cérebro, ao passo que o outro tem o seu centro na massa ganglionar conhecida como plexo solar, algumas vezes chamada de cérebro abdominal. O sistema cerebroespinhal é o canal da nossa ação mental consciente ou volitiva, e o sistema simpático é o canal da ação mental, que sustenta inconscientemente as funções vitais do corpo.

Assim, o sistema cerebroespinhal é o órgão do consciente e o simpático é o órgão do subconsciente.

Mas a interação do consciente e do subconsciente requer uma interação semelhante entre os dois sistemas nervosos correspondentes, e o elo pelo qual é fornecida essa interação é o nervo "vago". Esse nervo passa por fora da região cerebral, como parte do sistema voluntário, e por meio dele controlamos os órgãos vocais; depois vai em direção ao tórax, esgalhando-se para o coração e os pulmões, e, finalmente, passando através do diafragma, perde a capa exterior que distingue os nervos do sistema voluntário e se identifica com os do sistema simpático, *formando assim um elo* entre os dois e tornando o homem uma entidade única.

Do mesmo modo, áreas diferentes do cérebro indicam sua ligação com as atividades objetivas e subjetivas da mente, respectivamente, e, de modo geral, podemos atribuir a parte anterior do cérebro à primeira e a parte posterior à segunda, enquanto a intermediária participa do caráter de ambas.

A faculdade de intuição tem a sua correspondente na região superior do cérebro, situada entre o frontal e as partes posteriores, e, psicologicamente falando, é por aí que as ideias intuitivas penetram. Elas, no começo, são mais ou menos informes e de caráter geral, mas, mesmo assim, o consciente se apercebe de sua existência. De outro modo, jamais saberíamos que elas existem. Então, o esforço da natureza se concentra em dar forma mais definida a essas ideias para que o consciente se apodere delas e induza uma corrente vibratória correspondente no sistema voluntário e este, por sua vez, induza uma corrente semelhante no sistema involuntário, *passando assim a ideia para a mente subjetiva*. A corrente vibratória que descera inicialmente do ápice do cérebro para a parte frontal e, daí, através do sistema voluntário, para o plexo solar, volta agora e sobe por meio do sistema simpático, para o cérebro posterior, indicando essa corrente de retorno a ação da mente subjetiva.

Se removêssemos a superfície do ápice do cérebro, encontraríamos imediatamente abaixo a faixa que constitui a substância cerebral chamada *corpus* *callosum. Esse é o ponto de união entre o subjetivo e o objetivo* e, quando a corrente volta do plexo solar para esse ponto, é restituída à posição objetiva do cérebro sob a nova forma *adquirida na silenciosa alquimia da mente subjetiva.* Assim, a concepção, antes vagamente perceptível, é restituída à mente objetiva sob uma forma definitiva, e então a mente objetiva, agindo através da parte frontal do cérebro — a área da comparação e da análise —, começa a trabalhar com uma ideia definida e a utilizar as suas potencialidades latentes.*

O termo "mente subjetiva" significa o mesmo que "subconsciente", e dizer "mente objetiva" equivale a dizer "consciente".

É preciso compreender bem a diferença entre esses termos.

Estudando esse duplo sistema, por meio do qual o corpo transmite energia, descobrimos os pontos precisos de relação entre os dois sistemas e a maneira como transmitimos um pensamento do consciente para o subconsciente.

Esse *duplo sistema nervoso* é a forma mais importante de cooperação que o homem conhece, pois é por meio desse sistema que o princípio de evolução trabalha no desenvolvimento do *pensamento exato*, conforme descrevemos na décima primeira lição deste curso.

Quando imprimimos uma ideia qualquer no subconsciente, por meio da autossugestão, o fazemos com o auxílio desse *duplo sistema nervoso*, e quando o nosso subconsciente forma o plano definido de algum desejo, esse plano é devolvido ao nosso consciente pelo mesmo sistema.

Esse sistema nervoso de cooperação constitui, literalmente, uma linha direta de comunicação entre a nossa consciência ordinária e a *inteligência infinita.*

Sabendo por minhas próprias experiências de principiante, no estudo dessa matéria, como é difícil aceitar a hipótese aqui descrita, darei um exemplo fácil que permitirá ao leitor compreendê-la e demonstrá-la por si mesmo.

Antes de deitar-se à noite, imponha à sua mente o *desejo* de acordar na manhã seguinte, a uma hora determinada, digamos, às 4 horas da madrugada, e se o seu desejo for acompanhado pela determinação *firme* de levantar-se àquela hora, o seu subconsciente a registrará, e você acordará exatamente às 4 horas.

---

*T. Troward, em *The Edinburgh Lecture on Mental Science.*

Agora, poderiam perfeitamente perguntar:

— Se é possível impor à mente o desejo de despertar num dado momento, e se essa experiência dá o resultado desejado, não poderemos formar o hábito de impor-lhe novos desejos, mais importantes?

Se o leitor perguntar isso a si mesmo e *insistir em obter uma resposta*, estará já muito perto do caminho que conduz à porta secreta do *conhecimento*, tal como foi descrito na décima primeira lição.

Passemos agora à questão da cooperação entre homens que se unem ou se agrupam para o fim de atingirem um determinado objetivo. Na segunda lição nos referimos a essa espécie de cooperação com o nome de esforço organizado.

Neste curso tratamos da cooperação a bem dizer em todas as lições. Isso era inevitável, pois o nosso objetivo é ajudar o aluno a desenvolver o seu *poder*, e isso só é possível por meio do *esforço organizado*.

Vivemos numa era de esforço cooperativo. Todos os negócios que triunfam são conduzidos sob qualquer forma de cooperação. O mesmo acontece no campo da indústria e no das finanças, bem como no domínio profissional.

Os médicos e advogados se aliam com fins de auxílio mútuo e proteção na forma de associações médicas e sociedades de advogados.

Os banqueiros têm associações locais e nacionais para auxílio mútuo e progresso nos negócios.

Os pequenos negociantes têm as suas associações para o mesmo fim.

Os proprietários de automóveis se agrupam em clubes e associações.

Os impressores têm a sua associação; os encanadores e comerciantes de carvão têm igualmente as suas.

A cooperação é o objetivo de todas essas associações. Os trabalhadores têm os seus sindicatos, assim como os que fornecem o capital e superintendem os esforços dos que trabalham têm também as suas alianças.

As nações têm as suas alianças cooperativas, conquanto pareçam não ter ainda apreendido o sentido pleno da palavra "cooperação". A tentativa do presidente Wilson para aperfeiçoar a Liga das Nações, seguida dos esforços do presidente Harding para realizar a mesma ideia sob o nome de Tribunal Internacional, indica a tendência da nossa época para a cooperação.

Pouco a pouco se torna evidente para os homens a vantagem da aplicação eficiente do esforço combinado, que pode ser aplicado desde as formas inferiores de vida até a mais alta expressão do esforço humano.

É IMPOSSÍVEL AMEDRONTAR UM HOMEM QUE ESTÁ EM PAZ COM DEUS, COM OS SEUS SEMELHANTES E CONSIGO PRÓPRIO. NÃO HÁ LUGAR PARA O MEDO NO CORAÇÃO DE TAL HOMEM. QUANDO O TEMOR ENCONTRA BOA ACOLHIDA, É SINAL DE QUE ALGUMA COISA PRECISA SER DESPERTADA.

Carnegie, Rockefeller e Ford ensinaram aos homens de negócios o valor da cooperação, isto é, mostraram a todos o princípio por meio do qual acumularam vastas fortunas.

A cooperação é a verdadeira base de toda direção bem-sucedida. O maior ativo de Henry Ford é a força bem-organizada que ele estabeleceu. Essa organização não somente lhe fornece um escoadouro para os seus automóveis, como também, o que é ainda mais importante, lhe proporciona um poder financeiro suficiente para fazer face a qualquer emergência, fato esse que já foi demonstrado pelo menos uma vez.

Graças a essa compreensão do princípio da cooperação Ford se libertou da dependência das instituições financeiras e, ao mesmo tempo, adquiriu imenso poder comercial.

O Banco Federal de Reserva é outro exemplo do esforço combinado, que praticamente garante os Estados Unidos contra um pânico financeiro.

O sistema de lojas reunidas constitui outra forma de cooperação vantajosa no campo comercial, tanto na distribuição como na compra.

O moderno sistema de departamentos, que equivale a um grupo de pequenas lojas, instaladas na mesma casa, sob uma única direção e um único dono, é outro exemplo das vantagens do sistema de cooperação no campo comercial.

Na décima quinta lição o leitor observará as possibilidades do esforço combinado na sua forma mais perfeita, e, ao mesmo tempo, verá o importante papel por ele representado, no desenvolvimento do *poder*.

Conforme já vimos, *poder é esforço organizado*. Os três fatores mais importantes do processo de organização do esforço são:

Concentração, cooperação e coordenação.

Como desenvolver o poder por meio da cooperação

Já vimos que o poder é esforço organizado, ou energia. O poder pessoal é desenvolvido pelo incremento, pela organização e pela coordenação das faculdades da mente. Isso pode ser realizado por meio do domínio e aplicação dos 15 princípios capitais que formam a base do nosso curso. Descreveremos detalhadamente, na décima sexta lição, a maneira de adquirir esse domínio.

A evolução do poder pessoal é apenas o primeiro passo para o desenvolvimento da força potencial utilizável por meio do esforço conjugado, ou *cooperação*, que também pode ser chamado poder de grupo.

É sabido que todos os homens que conseguiram acumular grandes fortunas são conhecidos como bons "organizadores". Isso significa que eles tinham a habilidade necessária para pôr a seu serviço a colaboração de outros homens dotados do talento e da habilidade que lhes faltavam.

O objetivo principal deste curso é expor os princípios do *esforço organizado*, ou *cooperativo*, de modo que o leitor compreenda a sua significação e faça deles a base da sua filosofia.

Tome, como exemplo, qualquer negócio ou profissão que escolher e observará, analisando-o, que só encontrará aí limitações se deixar de aplicar de maneira eficiente os princípios do *esforço organizado e cooperativo*. Vejamos um exemplo:

Se uma firma de advogados é formada por homens de um só tipo mental, será grandemente prejudicada, embora todos os seus membros sejam homens de capacidade reconhecida. O complicado sistema de leis requer uma grande variedade de talentos, que dificilmente se encontra num só homem. Torna-se evidente, portanto, que o esforço organizado não basta para garantir o triunfo duradouro: a organização deve ser suprida por alguns talentos especializados que os outros membros não possuam.

Uma firma de advogados bem-organizada incluirá, portanto, talentos especializados na preparação dos casos e homens de visão larga e imaginação que saibam harmonizar a lei e as provas de um caso num plano sólido. Ora, os homens capazes de fazer isso nem sempre são capazes de defender o caso diante do tribunal. Portanto, tal organização devia ter, entre os seus membros, advogados especializados nesse trabalho. Levando esta análise um pouco mais longe, sabe-se que há muitas espécies diferentes de casos, o que requer talentos especializados para a sua preparação e julgamento. Um advogado cível dificilmente seria bem-sucedido num processo criminal.

Ao formar uma sociedade dessa natureza, o homem que compreende os princípios do *esforço organizado* e *cooperativo* procurará cercar-se de cooperadores especializados nos diversos ramos do direito. Porém aquele que não tem uma concepção da força em potencial desses princípios escolherá decerto os seus associados ao acaso, baseando essa seleção antes na questão da personalidade e nas relações de amizade do que no tipo de talento particular de cada um dos seus cooperadores.

O *esforço organizado*, de que tratamos nas lições precedentes, volta novamente à baila, ligado que está a esta lição, a fim de acentuar-se a necessidade da formação de alianças ou organizações cujos membros sejam indivíduos *que possuam o talento necessário à conquista do objetivo que se tem em vista.*

Em quase todos os empreendimentos comerciais nota-se a necessidade de três espécies de talento, pelo menos, isto é, compradores, vendedores e entendidos em finanças. Vê-se claramente que, quando esses três tipos de homem *organizam* e *coordenam* os seus esforços, adquirem por meio dessa *cooperação* poderes que nenhum dos três possuía, por si sós.

A razão do fracasso de um grande número de empresas está em que os seus diretores são vendedores, compradores ou financistas. Os vendedores mais capazes são por natureza otimistas, entusiastas e emocionais, enquanto os financistas, em geral, são imperturbáveis, deliberados e conservadores. Esses dois tipos de homem são essenciais para o êxito de uma empresa comercial, pois a influência de um contrabalança a do outro.

Concorda-se geralmente que James Hill foi o mais eficiente construtor de estradas de ferro dos Estados Unidos, mas sabe-se também que ele não era engenheiro civil, nem engenheiro de pontes ou mecânico, nem mesmo químico industrial, embora essas especialidades da engenharia sejam necessárias na construção das estradas de ferro. Mas Hill compreendia os princípios do *esforço organizado* e da *cooperação* e, portanto, cercou-se de homens dotados da competência que lhe faltava.

O tipo moderno de loja de departamentos é um esplêndido exemplo do *esforço organizado* e da *cooperação.*

Cada departamento está sob a direção de uma pessoa especializada na compra e venda das respectivas mercadorias.

Acima de todos esses chefes de departamento há um conselho diretor, composto de especialistas em compra, venda, finanças e administração. Essa forma de *esforço organizado* faz com que cada departamento mantenha um

UMA BOA DOSE DE CONFIANÇA EM SI PRÓPRIO E UMA ROUPA NOVA O AJUDARÃO A SUBIR SEM A AJUDA DE "PISTOLÕES", MAS LEMBRE-SE DE QUE NADA PODERÁ AJUDÁ-LO TANTO QUANTO O ENTUSIASMO E A DETERMINAÇÃO DE FAZER "MAIS DO QUE A SUA OBRIGAÇÃO".

alto nível de negócios, o que não aconteceria se cada loja funcionasse isoladamente.

Os Estados Unidos são um dos países mais ricos e mais *poderosos* do mundo, e o seu enorme poder provém da *cooperação* de todos os estados da União.

Foi com o propósito de salvaguardar esse poder que o imortal Lincoln tomou a determinação de destruir as linhas Dixon e Mason. Pôr a União a salvo da cisão era para ele um problema de importância muito maior do que o da libertação dos escravos do Sul. Sem isso, a posição dos Estados Unidos entre as potências mundiais seria hoje muito diferente.

Era esse mesmo princípio de cooperação que Wilson tinha em mente ao criar o plano para a Liga das Nações. Ele previu a necessidade desse plano a fim de evitar a guerra entre os povos, tal como Lincoln o previra, como meio de harmonizar os esforços do povo americano, preservando assim a existência da União.

Assim, vê-se que o princípio do *esforço organizado e cooperativo*, com cujo auxílio o indivíduo pode desenvolver e aumentar o seu poder pessoal, é o mesmo princípio a empregar no desenvolvimento do poder de grupo.

Andrew Carnegie conseguiu dominar facilmente os negócios do aço durante a sua atividade relacionada com essa indústria porque se valeu do princípio do *esforço organizado e cooperativo* e se cercou de especialistas em finanças, químicos, gerentes de vendas, compradores de materiais, técnicos em transportes e outros auxiliares, cujos serviços eram essenciais a essa indústria, e organizou esse grupo de colaboradores no que ele chamava um Master Mind.

Qualquer grande universidade oferece um excelente exemplo da necessidade do *esforço organizado e cooperativo*. O corpo docente é constituído de homens e mulheres de capacidades altamente especializadas, conquanto diversas umas das outras. Um departamento é presidido por especialistas em literatura, outro, por hábeis matemáticos, químicos competentes; há, ainda, os especialistas em economia política, em medicina, em jurisprudência etc.

A universidade, em conjunto, equivale a um grupo de colégios, cada qual dirigido por um técnico na respectiva matéria, e cuja eficiência é grandemente aumentada graças ao esforço cooperativo sob a direção de uma única mente.

Analisemos o poder, onde quer que seja, sob qualquer forma, e encontraremos a organização e a cooperação como os seus principais fatores. Encontraremos esses dois princípios em evidência na forma mais inferior de vegetação, bem como na mais desenvolvida espécie animal — o homem.

Ao largo da costa da Noruega existe o mais temível e famoso redemoinho do mundo. Esse grande torvelinho de movimento incessante jamais, que se saiba, devolveu uma vítima colhida no seu abraço circular de água espumante.

Não menos certos de serem destruídos devem estar os infelizes que forem apanhados no grande redemoinho da vida, que é o fim de todos aqueles que não compreendem o princípio do *esforço organizado e cooperativo.* Vivemos numa época na qual está em evidência, por toda parte, a lei da sobrevivência do mais capaz. Os mais capazes são os que têm *poder* — e poder é esforço organizado.

Infeliz a pessoa que por ignorância ou egoísmo pensa poder atravessar o mar da vida no frágil barco da independência. Acabará fatalmente por descobrir que na vida há redemoinhos mais perigosos do que um simples torvelinho de águas hostis. Todas as leis naturais e todos os planos da natureza são baseados no esforço cooperativo, harmonioso, e todos os que atingiram postos elevados na vida chegaram a essa conclusão.

Onde quer que haja pessoas empenhadas em combates e hostilidades, seja qual for a sua natureza ou a sua causa, pode-se observar que está próximo um desses rebojos que esperam os combatentes.

Na vida, o triunfo só pode ser conseguido por meio do esforço harmonioso, pacífico e cooperativo. O triunfo também não pode ser conseguido sem auxílio, ou independentemente. Mesmo que viva como um eremita, na floresta, longe da civilização, o homem *depende*, apesar de tudo, de forças alheias à sua pessoa. Quanto mais se aproxima da civilização, tanto mais se torna dependente do esforço *cooperativo.*

Quer uma pessoa ganhe a vida com o seu trabalho diário, ou viva da fortuna que acumulou, sempre encontrará menos oposição se cooperar amistosamente com os outros. Além disso, o homem que baseia a sua filosofia na *cooperação*, em vez da *competição*, não só conseguirá o necessário e o supérfluo com menor esforço, como também gozará de uma recompensa extra, na forma de uma *felicidade* que os outros nunca sentirão.

As fortunas conseguidas pelo *esforço cooperativo* não deixam cicatrizes no coração dos seus possuidores, o que já não se pode dizer acerca de fortunas adquiridas por métodos de competição e de conflito que chegam quase à extorsão. O acúmulo de riqueza, seja qual for o seu objetivo, toma a maior parte do tempo que dedicamos à nossa luta terrestre. Se não podemos modificar essa tendência materialista da natureza humana, podemos pelo menos transformar os métodos usados para a sua obtenção adotando a *cooperação* como base.

A *cooperação* oferece as duas recompensas, pois dá o necessário e o supérfluo e traz a paz da consciência, que o homem dominado pela cobiça nunca terá. Naturalmente, o indivíduo avarento e cobiçoso pode chegar a acumular grande fortuna, mas terá vendido a alma por um prato de lentilhas.

Lembremos de que todos os triunfos são baseados sobre o *poder* e que o poder é fruto do conhecimento organizado e expressado em termos de *AÇÃO*.

O mundo paga apenas uma espécie de conhecimento — a que se exprime em termos de trabalho construtivo. Dirigindo-se aos diplomandos de uma escola comercial, um dos mais conhecidos banqueiros americanos assim se expressou:

> Os senhores devem sentir orgulho dos diplomas que recebem, pois eles são a prova de que estiveram se preparando para a *ação* no vasto campo dos negócios.
>
> Uma das vantagens das escolas comerciais é que elas preparam o indivíduo para a *ação*. Sem querer desfazer dos outros métodos de educação em favor dos métodos modernos de ensino comercial, lembro aqui que a maioria dos estudantes das outras escolas está preparada para tudo, menos para a *ação*.
>
> Os alunos vêm a esta escola comercial tendo em vista um único objetivo: aprender a trabalhar e ganhar a vida. As roupas da última moda são de pouco interesse para os senhores, pois se prepararam para um trabalho no qual o estilo de roupa não desempenha papel importante. Os senhores não vieram aqui para aprender a maneira de se comportar num chá elegante,

A RECUSA DE UM PEQUENO SALÁRIO INICIAL TEM FEITO COM QUE MUITOS HOMENS PERCAM ÓTIMAS SITUAÇÕES. SE ACHA QUE PODE PÔR TODO O SEU CORAÇÃO NO TRABALHO QUE ENCONTROU, ACEITE-O, MESMO QUE TENHA DE TRABALHAR DE GRAÇA ATÉ PODER APRESENTAR UMA BOA AMOSTRA DO SEU VALOR. DAÍ EM DIANTE, SERÁ PAGO EM PROPORÇÃO DA QUALIDADE E QUANTIDADE DO SEU TRABALHO.

nem também para adquirir a habilidade de fingir amizade para com aqueles a quem invejam, porque se vestem melhor do que os senhores e guiam automóveis caros. Vieram aqui aprender a trabalhar!

A turma que se graduava naquele dia, e à qual esse homem falava, compunha-se de 13 jovens, todos tão pobres que mal tinham o necessário para pagar os estudos. Alguns pagavam mesmo esse curso trabalhando nas horas que lhes sobravam, antes e depois das aulas.

Isso foi há 25 anos. No verão passado encontrei-me com o diretor do colégio e ele me contou a história de cada um desses rapazes desde o dia em que se graduaram. Um deles é hoje presidente de uma importantíssima companhia de produtos farmacêuticos e está rico; outro é um advogado que tem obtido grandes triunfos; dois são proprietários de duas grandes escolas comerciais; um é professor de economia numa das mais importantes universidades americanas; outro é diretor de uma grande fábrica de automóveis; dois outros são presidentes de bancos e acumularam grandes fortunas; há um que é proprietário de uma rede de lojas; outro é vice-presidente de uma das mais importantes estradas de ferro do país; outro é um acreditado conferente da alfândega; um deles já morreu e o décimo terceiro escreve agora este curso sobre a Lei do Triunfo.

Onze triunfos numa classe de 13 alunos não é um mau recorde graças ao espírito de *ação* desenvolvido pela educação dessa escola comercial.

O que importa não é a instrução que recebemos e sim a maneira de fazer uso do que aprendemos, o nosso modo de agir.

Não é meu intento menosprezar aqui a educação superior, e sim encorajar os que não receberam tal instrução para que expressem o que sabem, por pouco que seja, numa *ação intensiva*, ao longo de linhas construtivas.

Um dos homens mais eminentes que já ocuparam a Casa Branca tinha pouca instrução, mas empregou-a de maneira tão útil, por meio de uma linha apropriada de ação, que o seu nome ficou para sempre ligado à história dos Estados Unidos.

Cada cidade, cada aldeia conta na sua população indivíduos caracterizados por "nunca conseguirem fazer nada", e se analisarmos essas pobres criaturas, veremos que uma das suas características principais é a da protelação.

A *falta de ação* fez com que eles caíssem no fosso em que permanecerão, a menos que, acidentalmente, sejam forçados à luta pela vida, que exige uma *ação* incomum.

Não se deixe chegar a tal situação!

Todo escritório, estabelecimento comercial ou banco tem entre os seus empregados essas vítimas da protelação, que marcam passo ao longo da estrada poeirenta do *fracasso* por não terem desenvolvido o hábito de se exprimir em termos de *ação*.

Se analisarmos as pessoas com as quais entramos em contato, encontraremos muitos infelizes e observaremos que construíram uma falsa filosofia, mais ou menos desta natureza:

"Cumpro a minha obrigação e vou vivendo."

Sim, "vão vivendo", mas é essa a única coisa que podem fazer.

Há alguns anos, quando o trabalho era escasso, e os salários particularmente elevados, observei grande número de homens fisicamente capazes vagando pelos parques de Chicago sem fazer nada. Tive curiosidade de saber que espécie de desculpa apresentariam para a sua conduta. Uma tarde entrevistei sete deles.

Oferecendo-lhes cigarros, charutos e alguns níqueis, consegui a confiança dos meus entrevistados e pude ter uma visão mais profunda da sua filosofia. Todos apresentaram a mesma razão para o desemprego em que estavam, dizendo: "O mundo não me dá uma *chance*!!!" (Os pontos de exclamação são meus.)

Está claro que o mundo nunca *dá* uma *chance* a ninguém. Aquele que deseja uma chance, pode criá-la pela ação, mas, se espera que alguém lhe venha entregar numa bandeja de prata, terá uma desilusão.

Temo que essa desculpa de que o mundo não dá uma "chance" seja muito comum e suspeito de que aí está, muitas vezes, a causa da pobreza e dos fracassos.

Eis uma boa pilhéria a fazer com o seu patrão: apresente-se para trabalhar um pouco antes da hora estabelecida e saia um pouco mais tarde. Tome os instrumentos de trabalho como se fossem seus. Saia dos seus cuidados para dizer uma palavra amável sobre o patrão aos seus companheiros de trabalho. Quando houver serviço extraordinário, apresente-se como voluntário. E não demonstre surpresa quando o patrão lhe oferecer sociedade no negócio ou a chefia de uma seção, pois esta é a melhor parte da "pilhéria".

O último dos meus entrevistados daquela tarde era um raro espécime no que diz respeito à aparência física. Estava deitado no chão, dormindo, com um jornal aberto sobre o rosto. Afastei o jornal; o homem acordou, sentou-se, tomou-me o jornal e deitou-se novamente, disposto a continuar o seu sono.

Usei então uma pequena estratégia, tirando o jornal do seu rosto e pondo-o fora do seu alcance. Finalmente sentou-se no chão e pude conversar com ele. Esse homem era graduado por duas das melhores universidades norte-americanas.

A sua história era patética.

Tivera vários empregos, mas os patrões e os companheiros de trabalho "implicavam" com ele. Não compreendiam o valor da instrução que recebera. Não queriam dar-lhe uma *chance*.

Estava ali um homem que poderia encontrar-se à frente de um importante negócio, ou ser figura preeminente numa das profissões que abraçara se não tivesse construído a sua casa sobre as areias da protelação e julgado que o mundo tinha a obrigação de pagar-lhe *pelo que ele sabia*!

Felizmente a maioria dos graduados em colégios e universidades pensa de modo diverso, porque nenhum colégio do mundo pode coroar com o triunfo o homem que tenta ganhar a vida com o que sabe, e não com o que *pode tirar dos seus conhecimentos.*

O homem a quem me referi pertencia a uma das mais conhecidas famílias do estado da Virgínia. Falou da sua família e dos seus ancestrais, encolhendo os ombros e dizendo:

"Calcule o senhor! Sou filho de uma das primeiras famílias da Virgínia!"

Minhas observações me levam a crer que o fato de ser filho de uma "importante família" nem sempre é favorável, quer para o filho, quer para a família. Em geral, esses filhos de "famílias importantes" tentam abandonar o lar, confiados na influência do nome da família. Talvez isso seja apenas uma ideia minha, mas tenho observado que os homens de negócios não têm tempo nem tendência para se jactarem dos seus ancestrais.

Há pouco tempo viajei pelo sul de Virgínia, onde nasci. Era a primeira vez que ali voltava, depois de 20 anos de ausência. Era triste comparar os filhos das "primeiras famílias", de 20 anos antes, com os filhos das famílias modestas, que haviam desenvolvido uma *ação* de natureza grandemente intensiva.

A comparação não favorecia os filhos das "primeiras famílias". É sem nenhum orgulho que expresso a minha gratidão por não ter nascido de pais que pertencessem às "primeiras famílias". Isso, está claro, não dependia da minha vontade e, se assim fora, talvez eu também tivesse escolhido os meus pais nesse tipo de família.

Há pouco tempo fui convidado para fazer uma conferência em Boston, terminada a qual a comissão de recepção se ofereceu para mostrar-me a cidade. O programa incluía uma excursão a Cambridge, e ali visitamos a Universidade de Harvard. Observei que alguns filhos das "primeiras famílias" possuíam elegantes carros Packards. Há 20 anos eu teria sentido orgulho em ser estudante de Harvard e em possuir um Packard, porém a minha atual experiência me fez chegar à conclusão de que, se eu tivesse gozado do privilégio de estudar naquela universidade, teria feito muito, mesmo sem o auxílio de um carro desses.

Observei alguns rapazes que não tinham Packards. Trabalhavam como garçons, num restaurante onde almocei, e pelo que me foi dado ver, nada perdiam do seu valor pelo fato de não possuírem automóveis, nem pareciam sofrer com a comparação que se poderia fazer entre eles e os que se podiam gabar de pertencer a uma família importante.

Nada tenho a dizer contra a Universidade de Harvard, indiscutivelmente uma das melhores do mundo, nem também contra as "famílias importantes" que para lá mandam seus filhos. Pretendo apenas encorajar os pouco favorecidos que, como eu próprio, pouco têm e pouco sabem, mas exprimem esse pouco em termos de ação útil e construtiva.

A psicologia da inação é uma das principais razões por que muitas aldeias e cidades morrem de estagnação.

Tomemos como exemplo a cidade de X, no Maine. O leitor a reconhecerá pela descrição, se estiver familiarizado com essa parte do país. Os restaurantes, devido a certas leis, fecham aos domingos. Os trens devem diminuir a velocidade para 20 quilômetros por hora ao passar pela cidade. Nos parques colocam-se cartazes com a inscrição: "*Não pise na grama!*" As melhores indústrias se transferiram para outras cidades, em vista dos decretos desfavoráveis da Prefeitura. Por todos os lados nota-se constrangimento. O povo que circula pelas ruas mostra o constrangimento no rosto, nas maneiras e no andar.

A psicologia de massa da cidade é negativa.

Quando se salta do trem, na estação, sente-se imediatamente essa atmosfera de constrangimento e deseja-se logo tomar o próximo trem de volta. O lugar faz lembrar um cemitério, e os habitantes parecem fantasmas ambulantes.

Não há na cidade o menor indício de *ação*.

Os bancos refletem esse estado negativo da mente. A mesma coisa se percebe nas lojas, nas vitrinas e na fisionomia dos empregados. Entrei numa loja para comprar um par de meias. Uma moça de cabelos ondulados, que poderia ter sido uma ótima atração, se não fosse tão preguiçosa, atirou uma caixa de meias sobre o balcão. Apanhei a caixa e deixei perceber, pela expressão da minha fisionomia, que as meias não me agradavam. A balconista respondeu indolentemente:

— São as melhores que o senhor poderá encontrar neste buraco!

Buraco! Aquela moça decerto sabia ler os pensamentos alheios, pois era esta a palavra que eu tinha em mente, justamente antes de ouvir a sua resposta. A loja parecia um buraco sujo — e a cidade também. Senti que aquela inércia começava a me contaminar e que a psicologia negativa do povo estava a ponto de me envolver.

O Maine não é o único estado onde há cidades assim. Poderia citar muitas outras, mas talvez venha a entrar algum dia para a política: assim, deixo ao leitor o cuidado de analisar e comparar as cidades onde se nota uma *ação* intensa e as que estão morrendo lentamente de *inação*.

Conheço algumas firmas que estão no mesmo estado de inação, mas prefiro omitir os seus nomes. Com certeza, todos as conhecem.

Há muitos anos, Frank A. Vanderlip, um dos banqueiros mais conhecidos e mais capazes da América, foi trabalhar no National City Bank, de Nova York.

Deram-lhe desde o início um salário acima do comum, devido à sua reconhecida capacidade e aos seus triunfos anteriores.

Designaram-lhe um escritório particular, com uma mesa de trabalho e uma poltrona. Sobre a mesa havia um botão ligado à escrivaninha da secretária, do lado de fora do escritório.

No primeiro dia não apareceu trabalho algum. O mesmo aconteceu nos quatro dias seguintes. Ninguém foi ao seu escritório, nem lhe disseram coisa alguma.

Chegado o fim da semana, ele começou a sentir-se mal. (Os homens de *ação* sempre se sentem mal quando ficam inativos.)

Na semana seguinte Vanderlip foi ao gabinete do diretor:

— O senhor está me pagando um grande salário e nada me dá para fazer. Isso está mexendo com os meus nervos!

O presidente do banco olhou-o, divertido e perscrutador.

— Durante a semana que passei inativo — continuou Vanderlip — pensei num plano para aumentar o volume de negócios do banco.

O presidente perguntou-lhe qual era o plano.

— Pensei num plano que dará ao banco o benefício e o resultado da minha experiência, neste ramo de negócios. Proponho-lhe criar um departamento de contratos e anunciá-lo como uma das seções do banco.

— Que está dizendo? Anunciar? Temos conseguido sempre fazer os nossos negócios sem o auxílio de anúncios — respondeu o presidente.

— Pois podemos começar agora — disse Vanderlip —, e a primeira coisa a anunciar é a nova seção que planejei.

Vanderlip venceu! *Os homens de ação geralmente vencem* — essa é uma das qualidades que os distinguem dos outros. O National City Bank também lucrou, pois transformou-se numa das mais poderosas organizações bancárias da América, graças à publicidade idealizada por Vanderlip.

Colheram-se outros resultados dignos de nota. Entre esses cumpre destacar a ascensão de Frank Vanderlip, que a se tornou presidente do banco. Os homens de ação sempre se destacam nos empreendimentos em que tomam parte.

Toda derrota se transformará numa lição aproveitável se conservarmos os olhos e os ouvidos bem abertos e quisermos aprender. A adversidade é em geral uma bênção disfarçada. Sem fracassos e derrotas temporárias jamais conheceremos a nossa própria fibra.

Na lição sobre a *imaginação* aprendemos como se combinam velhas ideias em novos planos, mas, embora esses planos sejam os mais práticos possíveis, eles não darão o resultado desejado se não se exprimirem em *ação*. Ter sonhos e visões do que se desejaria ser ou da situação que se gostaria de conquistar são coisas admiráveis, desde que esses sonhos e visões sejam transformados em realidade, por meio de *ação* intensiva.

Há homens que se limitam a sonhar. Outros tomam as visões dos sonhadores e as transformam em pedra, em construções de mármore, em música, em livros, em estradas de ferro e em linhas de navegação. Há, ainda, os que *sonham* e *transformam* esses sonhos em realidade.

Há uma razão psicológica e econômica para que formemos o hábito da *ação* intensiva. Nosso corpo é feito de bilhões de pequeninas células altamente sensíveis e sujeitas à influência da nossa mente. Se a mente de uma pessoa é do tipo inativo e letárgico, as células do seu corpo se tornam também inativas e preguiçosas. Assim como a água estagnada de um poço se torna impura e malsã, as células de um corpo inativo se tornam doentias.

A preguiça não é mais do que o resultado da ação de uma mente inativa sobre as células do corpo. Se tiver dúvida sobre isso, na próxima vez em que sentir preguiça tome uma ducha fria e esfregue-se bem, estimulando desse modo as células do corpo, e verá como a preguiça desaparecerá rapidamente. Ou melhor, volte o seu pensamento para um jogo que lhe agrade muito e verá com que rapidez as células do seu corpo responderão ao apelo do seu entusiasmo.

As células agem de acordo com o estado mental, exatamente da mesma maneira como os habitantes de uma cidade agem de acordo com a psicologia da massa que a domina. Se um grupo de cidadãos eminentes procura fazer com que a cidade adquira a reputação de "progressista", essa *ação* influencia todos os que ali vivem. O mesmo princípio se aplica às relações entre a mente e o corpo. Uma mente ativa e dinâmica conserva as células do corpo em constante estado de atividade.

As condições artificiais em que vive a maior parte dos habitantes das cidades levam a uma condição física conhecida como autointoxicação, ou seja, autoenvenenamento devido à inação dos intestinos. Há muitas dores de cabeça que podem ser curadas em menos de uma hora por meio de uma lavagem intestinal.

Oito copos de água por dia e uma certa quantidade de ação física, comumente chamada "exercício", tomarão o lugar dessa lavagem. Experimente esse método durante uma semana e então você não terá mais necessidade de continuá-lo, porque se terá transformado num novo homem, a menos que a natureza do seu trabalho lhe seja tal que o obrigue a fazer muito exercício físico e beber muita água durante as suas atividades.

Em duas páginas deste livro poderiam ser escritos conselhos muito úteis para conservar a saúde e manter viva a *ação* durante 16 dentre as 24 horas do dia, mas esses conselhos seriam tão simples que quase ninguém os seguiria.

A soma de trabalho que produzo diariamente, conservando-me contudo em boas condições físicas, causa admiração aos meus íntimos, conquanto não haja nisso mistério algum e o sistema a seguir seja dos mais fáceis.

Passo a explicá-lo para uso dos leitores, caso o desejem:

Primeiro: Ao levantar-me, pela manhã, antes da primeira refeição, bebo uma xícara de água quente.

Segundo: Meu café da manhã consiste em pão, cereais, frutas, ovos quentes e café. Ao almoço, como verduras variadas, pão e um copo de leite. Duas vezes por semana meu jantar consiste num bife bem-passado, verduras, especialmente alface, e café.

Terceiro: Ando a pé, diariamente, 16 quilômetros em média (8 de ida e 8 de volta), meditando durante esse tempo. Talvez pensar tenha tanta importância para a saúde como andar.

Quarto: Deixo-me ficar comodamente numa poltrona, com os músculos inteiramente relaxados, os braços quase tocando o solo. Isso faz com que as energias nervosas do meu corpo se equilibrem e distribuam de maneira adequada. Dez minutos nessa posição fazem desaparecer todos os sinais de fadiga, por mais cansado que eu esteja.

Quinto: Tomo um clister pelo menos de dez em dez dias, e com mais frequência se for necessário, usando água um pouco abaixo da temperatura do corpo e pondo uma colherada de sal.

Sexto: Tomo diariamente um banho quente de chuveiro, seguido imediatamente por outro, frio, geralmente ao levantar-me pela manhã.

Faço essas coisas simples e a natureza se encarrega do restante para conservar a minha saúde.

Nunca será demais insistir sobre a necessidade de conservar limpos os intestinos, pois é notório que os habitantes das grandes cidades se envenenam literalmente por não adotarem essa prática. Não tome lavagens somente quando sentir prisão de ventre. Quando isso acontece, é porque a pessoa está praticamente doente e um alívio imediato faz-se absolutamente necessário. Mas se prestarmos regularmente a atenção devida ao nosso organismo, evitaremos os inúmeros aborrecimentos provocados pela constipação.

Durante cerca de 15 anos fui assaltado por dores de cabeça. Em geral, tomava uma dose de aspirina e conseguia um alívio temporário. Estava sofrendo de autointoxicação e não sabia, pois não tinha prisão de ventre.

Quando descobri qual era o meu mal, fiz duas coisas que recomendo aos leitores: deixei de tomar aspirina e passei a comer metade do que comia diariamente.

Precisamos dizer aqui, sobre a aspirina, algo que talvez não agrade aos que lucram com a venda desse produto: a aspirina não produz a cura permanente da dor de cabeça. O seu efeito pode ser comparado ao trabalho daquele que cortasse a linha do telégrafo que um operador estivesse empregando, a fim de pedir auxílio em caso de incêndio do edifício onde estivesse. A aspirina corta ou "amortece" a linha do nervo de comunicação que parte do estômago ou região intestinal, o ponto em que se processa a autointoxicação, envenenando o sangue e chegando ao cérebro, onde o veneno se manifesta na forma de dor.

O fato de cortar a linha de comunicação não impede que o fogo se propague; assim, não se remove também a causa da dor de cabeça amortecendo com uma dose de aspirina a linha nervosa sobre a qual se registra um apelo de socorro.

Assim, jamais será um homem de *ação* aquele que por falta de cuidado se deixa levar à autointoxicação. Nesse estado, o cérebro se torna uma massa inerte como uma bola de poteia. Nem também se tornará um homem de ação aquele que come muito pão branco e duas vezes mais carne do que pode digerir.

Não pode ser um homem de ação quem recorre ao vidro de pílulas todas as vezes que sofre ou *imagina* sofrer alguma dor, nem também quem toma aspirina sempre que os intestinos precisam de uma boa limpeza.

Não pode ser um homem de ação aquele que come demasiado e faz pouco exercício físico.

Não pode ser homem de ação aquele que lê as bulas de remédios e começa logo a sentir os sintomas descritos por indivíduos hábeis, com o fim de extorquir dinheiro.

Durante mais de cinco anos não tomei um remédio sequer, não estive doente, nem senti dor alguma, conquanto tivesse trabalhado arduamente. Sou um entusiasta, *persistente* e *ativo*, porque adoto uma alimentação simples que contém os elementos necessários à saúde e acompanho com muito cuidado o processo de eliminação.

Se esses simples e francos conselhos parecem ao leitor baseados no senso comum, submeta-os a um teste e, se lhe servirem tal como têm servido a mim, ambos teremos lucrado com a coragem que tive de incluí-los nesta lição.

Em geral, quando alguém, a não ser um médico, faz uma sugestão sobre cuidados de higiene, é imediatamente tachado de importuno, e admito que às vezes a acusação é merecida. Eis por que não faço recomendação alguma, exceto a seguinte:

Sempre que for assaltado por uma dor de cabeça, experimente um clister, e se lhe parecerem aceitáveis algumas das outras sugestões dadas aqui, dê-lhes uma oportunidade para provarem se são valiosas ou não.

Antes, porém, de mudar de assunto, é preciso explicar que a água que se deve usar para o clister deve ser ligeiramente tépida, o que faz com que se contraiam os músculos dos intestinos, o que por sua vez força a saída das matérias nocivas. Isso exercita os músculos em questão, podendo torná-los aptos para trabalhar sem o auxílio do clister. Um clister de água quente é muito prejudicial porque relaxa os músculos dos intestinos, e no fim de certo tempo faz cessar inteiramente o seu funcionamento, produzindo o que se chama geralmente "hábito de clister".

UMA INFELICIDADE OCASIONAL É UMA BOA COISA, POIS NOS LEMBRA QUE NINGUÉM POSSUI ABSOLUTA INDEPENDÊNCIA.

Com as devidas desculpas aos meus amigos médicos, convido agora o leitor a voltar a essa parte da lição sobre a qual não pode haver conflito de opiniões quanto à justeza dos meus conselhos.

Há outro inimigo que precisamos vencer para nos tornarmos pessoas de ação. Esse inimigo é o *hábito de se preocupar*.

Preocupação, inveja, ciúme, ódio, dúvida e medo são estados de espírito fatais à *ação*.

Qualquer desses estados mentais pode influir no processo digestivo que assimila o alimento e o prepara para ser distribuído pelo corpo. Essa influência é puramente física, mas o seu efeito desastroso não para aí, pois esses estados negativos da mente destroem o mais importante dos fatores da conquista do triunfo: o *desejo* de vencer.

Na segunda lição deste curso aprendemos que o *objetivo definido* na vida deve ser ajudado pelo *firme desejo* de alcançá-lo. Ninguém pode alimentar um *firme desejo* encontrando-se num estado negativo da mente, seja qual for a causa desse estado mental.

Para me conservar sempre num estado mental sadio descobri um eficiente *destruidor de tristezas*. Talvez não seja uma maneira muito digna de expressar o meu pensamento, mas, como o assunto desta lição é *ação* e não dignidade, façamos de conta que o seja. O "destruidor de tristezas" a que me referi é uma *boa gargalhada*. Quando me sinto indisposto, ou inclinado a discutir com outra pessoa acerca de algo que não valha a pena discutir, sei que preciso do meu "destruidor de tristezas". Procuro um lugar onde não possa ser perturbado e dou uma *boa gargalhada*. Se não posso encontrar alguma coisa engraçada que me faça rir, dou uma gargalhada forçada. O efeito é o mesmo.

Cinco minutos dessa espécie de exercício mental e físico estimularão a *ação* que se libertará das tendências negativas.

Não confie apenas na minha palavra — experimente!

Ouvi, há pouco tempo, um disco intitulado *The Laughing Fool* (O idiota que ri), que devia ser ouvido por todos aqueles cuja dignidade lhes não permite soltar uma grande gargalhada, em benefício da saúde. Esse disco era, como o nome o diz, uma gargalhada do princípio ao fim. Um homem tentava tocar pistão e uma mulher ria dele. Ela ria com tanto entusiasmo que afinal ele se deu por vencido e a acompanhou na gargalhada. Todos os que ouvem esse disco são forçados a rir, quer queiram, quer não.

"Um homem age de acordo com o sentimento que abriga no coração."

Tendo medo, ninguém pode agir com coragem, assim como não se pode ter *ódio* e agir de maneira generosa para com os outros. Os pensamentos dominantes na nossa mente — ou seja, os mais frequentes e profundos pensamentos que nos vêm — influenciam a ação do nosso corpo.

Cada pensamento posto em ação pelo cérebro atinge e influencia todas as células do corpo. Quando temos medo, a nossa mente telegrafa esse pensamento às células que compõem os músculos das pernas e ordena que esses músculos entrem em ação e nos façam correr o mais rapidamente possível. Um homem que tem medo foge porque as suas pernas o levam a isso, e assim o fazem porque o pensamento, vindo da mente, lhes deu tais instruções, ainda que inconscientemente.

Na primeira lição aprendemos como o pensamento viaja de uma mente para outra por meio do princípio da telepatia. Nesta lição o aluno deve ir um pouco mais longe e aprender que os seus pensamentos não somente se registram na mente de outras pessoas, segundo o princípio da telepatia, como — o que é 1 milhão de vezes mais importante compreender — registram-se nas células do seu corpo e as afetam de acordo com a natureza desses pensamentos.

Compreender esse princípio é compreender a verdade da afirmativa: "Um homem age de acordo com o sentimento que abriga no coração."

A ação, no sentido que damos ao termo, nesta lição, é de duas espécies: física e mental. Podemos ser muito ativos mentalmente, ao passo que o corpo permanece inteiramente inativo, com exceção dos atos involuntários dos órgãos vitais. Ou podemos agir ao mesmo tempo com o corpo e a mente.

Da mesma maneira, os homens de ação estão divididos em dois tipos: o tipo do administrador e o do promotor do negócio, ou vendedor. Ambos esses tipos são essenciais nos negócios modernos, na indústria e nas finanças. Um é o "dínamo", ao passo que o outro é o "fiel da balança".

Só raramente acontece que os dois tipos se combinem num único indivíduo. As organizações comerciais de mais sucesso são constituídas por homens desses dois tipos.

O "fiel da balança" nada faz senão compilar os fatos, cifras e estatísticas, mas é um homem de ação, tanto quanto aquele que, numa plataforma, "vende" uma ideia a milhares de pessoas unicamente pelo magnetismo da sua ativa personalidade. Para determinar se um homem é ou não um homem de ação é necessário analisar os seus hábitos físicos e mentais.

Na primeira parte desta lição dissemos "somos pagos pelo que fazemos, e não pelo que sabemos". É possível que essa afirmativa esteja mal-construída. Somos pagos, realmente, por *aquilo que fazemos ou pelo que conseguimos que os outros façam.*

Um homem que pode induzir outras pessoas à cooperação, ou a fazer um trabalho em conjunto, ou torná-las mais *ativas*, é um homem de *ação* tanto quanto aquele que presta serviços de uma maneira mais direta.

Na indústria e no comércio, há homens que têm capacidade para dirigir os esforços de outros, que realizam assim mais do que realizariam sem essa direção. Sabe-se que Carnegie dirigiu tão habilmente os esforços dos homens que constituíam o seu pessoal que enriqueceu a muitos homens, os quais, sem a sua ajuda, jamais chegariam a adquirir fortuna. O mesmo pode ser dito praticamente de todos os líderes da indústria e do comércio. O lucro não cabe inteiramente aos líderes. Os que estão sob a sua direção muitas vezes tiram proveitos também.

Alguns empregados costumam censurar os patrões em virtude da situação oposta em que estão, mas é certo também que sem eles estariam em pior situação.

Na primeira lição deste curso acentuamos o valor do esforço combinado, visto que certos homens arquitetam planos, ao passo que outros sabem pô-los em prática, embora não possuam a imaginação necessária para criá-los.

Foi a compreensão desse princípio do esforço combinado que fez com que Carnegie se cercasse de um grupo composto de homens que sabiam planejar e dos que teriam capacidade para executar esses planos. Carnegie tinha, entre os membros do seu Master Mind, homens que ficaram conhecidos como os vendedores mais ativos do mundo, mas se esse grupo fosse composto apenas de vendedores, ele jamais poderia ter acumulado a enorme fortuna que o tornou célebre. Se os seus auxiliares fossem exclusivamente grandes vendedores, ele teria *ação* em excesso, mas, conforme expusemos nesta lição, a *ação* deve ser dirigida de maneira inteligente.

Uma das mais importantes firmas de advogados dos Estados Unidos é composta de dois advogados, um dos quais nunca aparece no tribunal, ocupando-se da preparação dos casos a serem julgados e deixando que a defesa seja feita pelo seu companheiro de trabalho. Ambos são homens de ação, mas expressam-na de maneira diversa.

Na preparação pode haver o mesmo grau de ação que na feitura.

Encontrando o nosso próprio lugar no mundo, deveríamos nos analisar e descobrir se somos o "dínamo" ou o "fiel da balança" e escolher um objetivo definido que esteja em harmonia com a natureza da nossa habilidade. Se temos negócios com outras pessoas, devemos analisá-las tão cuidadosamente como a nós mesmos, e nos esforçar por fazer com que cada pessoa procure o lugar que mais se harmoniza com a sua habilidade.

Ou, por assim dizer, as pessoas podem ser classificadas em dois tipos: um é o promotor e o outro, o zelador. O promotor é geralmente um hábil vendedor e organizador. O zelador é um ótimo guarda dos bens acumulados. Encarregue-se um homem desse tipo de zelar por uma seção de livros e ele estará feliz. Mas se lhe dermos um lugar de vendedor, não somente ele será infeliz como também fracassará no seu trabalho. Ponha-se porém o tipo promotor a cargo de uma seção de livros e ele será infeliz. A sua natureza requer ação mais intensa. Ação do tipo passivo não satisfará as suas ambições, e se permanecer por muito tempo num emprego que não lhe proporcione a ação requerida, fracassará. Quase sempre as pessoas responsáveis por desfalques são do tipo promotor, e não cederiam a semelhante tentação se os seus esforços tivessem sido empregados na espécie de trabalho requerida pela sua natureza.

Dê-se a um homem a espécie de trabalho que mais se harmonize com a sua natureza e ele revelará o que tem em si de melhor. Uma das maiores tragédias da humanidade é o fato de que a maioria das pessoas nunca se ocupa do trabalho para o qual melhor se adapta.

Muito frequentemente o erro está em escolher um trabalho que pareça mais proveitoso, do ponto de vista econômico, sem consideração pelas habilidades naturais. Se o dinheiro fosse o único fator do triunfo, esse modo de agir estaria certo, mas o *triunfo*, na sua forma mais nobre e mais elevada, exige a paz de espírito e o prazer e a felicidade que só possuem aqueles que encontram o trabalho que mais lhes agrada.

Milhares de pessoas passaram sobre a mina de cobre de Calumet sem a descobrir. Um indivíduo sozinho pôs-se a trabalhar com uma picareta e a descobriu. Talvez você esteja sobre a sua "mina de cobre", neste momento, sem o saber. Cave e veja o que existe sob o terreno em que pisa.

O objetivo principal deste curso é auxiliar os leitores a analisar a sua pessoa e determinar o trabalho para o qual melhor se adaptam as suas qualidades naturais. Essa análise deve ser feita por meio do estudo cuidadoso da carta que acompanha a introdução, antes de selecionar-se o *objetivo principal definido.*

Tratemos agora do princípio por meio do qual podemos desenvolver a ação. Para compreender bem a maneira de ser ativo é necessário saber evitar a protelação.

Essas sugestões servirão para fornecer as necessárias instruções:

Primeiro: Deve-se formar o hábito de realizar, antes de tudo, as tarefas mais difíceis e desagradáveis. No começo isso será difícil, mas depois de formado o hábito sentiremos orgulho em agir dessa maneira, investindo, em primeiro lugar, contra a parte mais desagradável do trabalho.

Segundo: Colocar, no lugar de trabalho, em ponto bem visível, e também no quarto, o seguinte texto: "Não dizer nunca o que se é capaz de fazer, e sim fazê-lo, sem demora!"

Terceiro: Repetir alto, 12 vezes, todas as noites, as seguintes palavras: "Amanhã farei tudo o que devo fazer, como e quando deve ser feito. Primeiro, tratarei das coisas mais difíceis, pois isso destruirá o hábito da protelação, e desenvolverá o hábito de *agir*."

Quarto: Executar essas instruções com inteira confiança no seu valor, crente de que desenvolverão, no corpo e na mente, a ação suficiente para conduzir ao *objetivo definido na vida.*

A característica mais destacada do nosso curso é a simplicidade de estilo em que foi escrito. Todas as verdades fundamentais são, em última análise, simples, e, quando se escreve um curso de instrução, as afirmativas devem ter a forma mais concisa e clara possível.

Antes de terminar esta lição seja-me permitido voltar a falar sobre o valor de uma boa gargalhada, como estimulante da ação, e afirmar também que o canto produz os mesmos resultados, e que em alguns casos é preferível cantar a rir.

Billy Sunday é um dos pregadores mais dinâmicos e ativos do mundo, e, contudo, já se disse dele que os seus sermões perderiam muito se não fosse o efeito psicológico dos cantos executados durante o serviço religioso.

Sabe-se que no começo da Grande Guerra, e muito depois mesmo, o exército alemão era um exército vitorioso, e diz-se que grande parte das suas vitórias era devida ao fato de que os soldados cantavam. Vieram depois os soldados americanos, e todos eram também cantores. As suas canções eram baseadas na fé na causa que defendiam. Em breve os alemães deixaram de cantar, e então a roda da fortuna se voltou contra eles.

Se a Igreja nada mais tivesse a recomendá-la, os cânticos religiosos seriam suficientes, pois ninguém entoa um belo hino religioso sem sentir contentamento.

Durante muito tempo observei que podia escrever com muito mais eficiência depois de ter tomado parte num serviço religioso onde se entoassem canções.

Ponha o leitor à prova a minha afirmativa: vá à igreja num domingo e tome parte no coro, com todo o entusiasmo possível.

Durante a guerra, o autor deste curso auxiliou na descoberta de modos e meios de apressar a produção destinada aos fornecimentos de guerra. Numa usina onde trabalhavam 3 mil pessoas, o trabalho aumentou 45% em menos de um mês depois de termos organizado os trabalhadores em grupos de cantores e instalado orquestras e bandas de música que tocavam com intervalos de dez minutos canções entusiásticas. Os trabalhadores apanhavam o ritmo da música e aceleravam o trabalho de acordo com ele.

Uma música apropriada estimulará maior ação dos trabalhadores de qualquer área. É esse um fato que parece não ter sido ainda muito bem-compreendido por aqueles que dirigem os esforços de um grande número de pessoas.

Em todas as viagens que tenho feito, encontrei apenas uma firma cujos gerentes faziam uso da música como estimulante para os seus empregados. Essa firma era a Filene Department Store, de Boston. No verão, a empresa

NÃO TENHO BEM CERTEZA, MAS PARECE-ME QUE A PESSOA QUE REALIZA MAIOR SOMA DE TRABALHO, E DE MELHOR QUALIDADE, DO QUE É SUA OBRIGAÇÃO FAZER, VIRÁ FINALMENTE A SER PAGA POR MAIS DO QUE REALIZA.

mantinha uma orquestra que executava os números mais modernos de música dançante, durante meia hora, antes de abrir o estabelecimento. Os empregados dançavam então nos halls e corredores, e assim começavam o dia de trabalho num estado de atividade física e mental que conservavam durante todo o dia.

A propósito, eu nunca vi empregados mais amáveis e mais eficientes do que os da Casa Filene. Um dos chefes de seção disse-me que o pessoal trabalhava muito, e sem maior esforço aparentemente, devido ao programa musical da manhã.

Um exército que canta é um exército vitorioso, seja nos campos de batalha, na guerra ou por trás do balcão, na loja. Recomendo, a todos os interessados na psicologia do canto, o livro de George Wharton James, *Singing Through Life With God* (Cantando com Deus pela vida afora).

Se eu fosse gerente de uma empresa industrial, onde o trabalho fosse pesado e monótono, criaria um programa de música para os empregados. Na Broadway, em Nova York, um grego engenhoso descobriu um meio de divertir os fregueses e de ativar ao mesmo tempo o trabalho dos seus empregados. Empregou para isso uma vitrola. Todos os engraxates fazem uso dos seus instrumentos de trabalho de acordo com a música e parecem divertir-se muito com isso. Para estimular a atividade dos empregados, o patrão acelera o ritmo da música.

Todo esforço de grupo no qual duas ou mais pessoas formam uma aliança cooperativa, com o propósito de realizar um determinado objetivo, se torna mais poderoso do que o simples esforço individual.

Um time de futebol pode ganhar sempre devido à coordenação das atividades, embora todos os membros da equipe, fora do campo, vivam em desacordo uns com os outros.

Os componentes de um conselho de diretores podem discordar uns dos outros, podem ser hostis uns aos outros e não haver entre eles nenhuma simpatia, e, contudo, podem dirigir uma empresa aparentemente de grande sucesso.

Um casal pode viver junto, acumular uma grande fortuna, criar e educar filhos, sem que exista entre ambos a harmonia essencial ao desenvolvimento do Master Mind.

Mas todas essas alianças podem ser mais eficientes e poderosas quando baseadas numa perfeita harmonia, permitindo assim o desenvolvimento de um poder suplementar, conhecido por Master Mind.

O esforço combinado produz o poder. Sobre isso não pode haver dúvida. Mas o esforço combinado que se baseia em perfeita harmonia desenvolve o superpoder.

Se todos os membros de um grupo empregam todo o seu esforço para a conquista do mesmo fim, num espírito de perfeita harmonia, preparam assim o caminho para o Master Mind, desde que todos subordinem os seus interesses pessoais à consecução do fim que se tem em mira.

Os Estados Unidos se tornaram uma das nações mais poderosas do mundo devido, principalmente, ao esforço cooperativo de todos os estados. É preciso lembrar que os Estados Unidos nasceram de um dos mais poderosos Master Mind jamais criados. Os membros desse Master Mind foram os signatários da Declaração da Independência. Os homens que assinaram esse documento, consciente ou inconscientemente, puseram em ação o poder conhecido como Master Mind, e esse poder foi suficiente para torná-los capazes de derrotar todos os soldados postos em campo contra eles. Os homens que lutaram pela Declaração da Independência não lutaram apenas por dinheiro, lutaram por um princípio — o princípio da liberdade, — a maior força que se conhece.

Um grande líder, quer no comércio, na indústria, nas finanças ou na política, é um homem que sabe como criar um objetivo que possa ser aceito com entusiasmo por todos os seus colaboradores.

Em política, a "palavra de ordem" é tudo.

Por "palavra de ordem" entende-se qualquer objetivo popular para cuja consecução se possa reunir a maioria dos votantes. Esses objetivos são em geral irradiados entre as populações sob a forma de slogans, tais como: "Apoiemos Coolidge", o que sugeria que conservar Coolidge no governo era o mesmo que conservar a prosperidade.

Durante a campanha de eleição de Lincoln clamava-se: "Apoiemos Lincoln. Salvemos a União!" O slogan deu resultado.

Os encarregados da campanha da reeleição de Woodrow Wilson tinham o seguinte slogan: "Ele nos manteve afastados da guerra." Isso surtiu efeito.

O grau de poder criado pelo esforço cooperativo de qualquer agrupamento de pessoas é medido sempre pela natureza do objetivo que esse grupo tenta alcançar. Compreender isso é proveitoso para todos os que pretendem organizar esforços de grupo, para qualquer propósito. Aquele que descobrir um motivo que reúna os homens, num entusiástico espírito de perfeita harmonia, terá encontrado o ponto de partida para a criação de um Master Mind.

É fato conhecido que o homem luta com mais entusiasmo pela consecução de um ideal do que para ganhar dinheiro. Ao procurar um motivo que sirva de base ao desenvolvimento do esforço cooperativo é preciso ter em mente esse fato.

Na época em que escrevíamos a presente lição havia muita agitação contrária e crítica geral às estradas de ferro do país. Quem apoiava tal agitação é o que eu não sei dizer, sei porém que o mero fato de existir tal agitação podia e devia ser a força motivadora em torno da qual os diretores das estradas de ferro poderiam reunir centenas de milhares de ferroviários, que tiram do trabalho nas estradas de ferro os meios de subsistência, criando assim uma força capaz de eliminar esse criticismo adverso.

As estradas de ferro são a espinha dorsal do país. Se fosse suprimido todo o serviço ferroviário, as populações das grandes cidades morreriam de fome, antes que a elas chegassem os fornecimentos necessários. Nesse fato pode-se encontrar o motivo em torno do qual reunir uma grande maioria do público, em apoio de qualquer plano para a autoproteção que os diretores das ferrovias quisessem levar a efeito.

O poder representado por todos os empregados ferroviários e pela maioria do público que patrocina as estradas de ferro é suficiente para protegê-las contra qualquer espécie de legislação adversa e outras tentativas para depreciar o seu domínio, mas a força é apenas um potencial, enquanto não for organizada e colocada definitivamente em apoio de um motivo específico.

O homem é um animal estranho. Dê-lhe um motivo, — e um homem dotado apenas de uma habilidade elementar, em circunstâncias normais, será em breve senhor de um superpoder.

A nossa situação não é mais do que uma oportunidade para demonstrar a nossa capacidade. Tiraremos dela exatamente o que nela pusermos — nem mais, nem menos. Uma *boa* situação é apenas o coroamento de *pequenos* cargos bem-desempenhados.

O que o homem pode fazer para agradar à mulher amada (desde que esta saiba estimulá-lo) é motivo de admiração para os que estudam a mente humana.

Há três motivos principais em todos os esforços humanos:

1. O instinto de conservação.
2. O desejo sexual.
3. A ambição de conquistar uma boa posição financeira e social.

Em suma, os motivos que levam o homem a agir são o dinheiro, o sexo e a conservação da existência. Os líderes que procuram um motivo que arraste multidões o encontrarão sob uma ou mais dessas três classificações.

O leitor terá decerto notado que esta lição está intimamente ligada à introdução e à segunda lição, que tratam da lei do Master Mind. É possível que diferentes grupos funcionem cooperativamente, sem que se dê a criação de um Master Mind, como, por exemplo, quando se trata de cooperação forçada pela necessidade, sem que haja um espírito de perfeita harmonia na base dos seus esforços realizados. Essa espécie de cooperação pode produzir um poder considerável, que, entretanto, não se compara ao que pode resultar de um grupo de pessoas que submetem os seus interesses pessoais ao interesse geral e coordenam os seus esforços com os dos outros membros da aliança em perfeita harmonia.

O grau dessa cooperação entre os homens depende do motivo causador da ação. A harmonia necessária para criar o Master Mind só pode ser obtida quando esse motivo for bastante forte para que cada membro do grupo se esqueça dos seus interesses pessoais e trabalhe pelo bem comum ou pela conquista de qualquer ideal filantrópico.

Os três grandes motivos da humanidade foram aqui mencionados para uso do líder que deseje obter a cooperação alheia nos planos que arquitetar.

A massa não se submeterá inteiramente à direção de um líder enquanto este não lhe apresentar um motivo que relegue para segundo plano os interesses pessoais.

Fazemos bem aquilo que gostamos de fazer — e feliz é o líder que compreende esse fato e organiza os seus planos de acordo.

O líder consegue êxito porque dá a cada correligionário um motivo bastante forte para cooperar, num espírito de perfeita harmonia, com todos os outros membros do grupo.

Se deseja conseguir o seu *objetivo definido* na vida pelo esforço combinado de certo número de pessoas, dê a essas pessoas um motivo bastante forte que lhe assegure a sua cooperação ilimitada em todos os momentos.

Agora o aluno está preparado para a décima quarta lição, que lhe ensinará a maneira de tirar proveito dos erros cometidos e das derrotas sofridas, bem como a maneira de lucrar com os fracassos e com os erros dos outros.

O presidente de uma das mais importantes ferrovias do país disse, depois de ler a décima quarta lição deste curso, que "ela contém uma sugestão que, se for bem-compreendida, tornará qualquer pessoa capaz de triunfar na profissão que escolher".

Por motivos que o leitor compreenderá depois de tê-la lido, a próxima lição é a minha favorita do curso sobre a Lei do Triunfo.

Um exército a postos

Uma visita do autor depois da lição

Na gravura que ilustra a página seguinte vemos o exército mais poderoso do mundo. Esse exército está alerta, pronto a obedecer a quem resolva comandá-lo.

O Poder nasce do esforço organizado. Na gravura acima vemos as forças que entram na constituição de todo esforço organizado. Dominemos essas 15 forças e seremos capazes de alcançar o que quisermos. Os outros serão incapazes de derrotar os nossos planos. Aproprie-se o leitor dessas 15 forças e será alguém que pensa com exatidão.

Esse exército dará ao que o empregar *poder* suficiente para afastar toda oposição que possa encontrar. Estude o leitor essa gravura, cuidadosamente, e faça um inventário de si mesmo e veja de quantos desses soldados necessita.

ESSES 15 SOLDADOS SE CHAMAM OBJETIVO DEFINIDO, CONFIANÇA EM SI PRÓPRIO, ECONOMIA, IMAGINAÇÃO, INICIATIVA E LIDERANÇA, ENTUSIASMO, AUTOCONTROLE, FAÇO MAIS DO QUE A MINHA OBRIGAÇÃO, PERSONALIDADE ATRAENTE, PENSAR COM EXATIDÃO, CONCENTRAÇÃO, COOPERAÇÃO, DERROTA, TOLERÂNCIA E REGRA DE OURO.

Se você é um indivíduo normal, sente necessidade de triunfo material.

Triunfo e *poder* estão sempre juntos. Não poderemos contar com o triunfo se não tivermos poder e não teremos poder se não o desenvolvemos por meio dessas 15 qualidades.

Cada uma dessas 15 forças pode ser comparada ao comandante de um regimento. Desenvolva no espírito essas qualidades e terá *poder*.

O oficial mais importante desse regimento é o *objetivo* definido.

Sem o auxílio de um propósito definido esse exército não terá valor algum. Descubramos o nosso propósito definido na vida, pois, enquanto não fizermos essa descoberta, estaremos ao sabor dos ventos das circunstâncias, que sopram em nossa direção.

Milhares de pessoas passam pela vida sem saber o que desejam.

Todos têm um propósito, mas apenas duas, em cada 100 pessoas, possuem um *objetivo definido*.

Antes de decidir se o seu objetivo é *definido* ou não, veja no dicionário o significado dessa palavra.

Tudo é possível para quem sabe o que deseja e resolve conquistá-lo!

Colombo tinha um *objetivo definido*, que se tornou realidade. *O objetivo definido* de Lincoln era libertar os escravos, e ele transformou esse objetivo em realidade. O *objetivo definido* de Theodore Roosevelt, durante a sua primeira investidura, foi a construção do Canal do Panamá — e ele viveu para ver a sua realização. O *objetivo definido* de Henry Ford era a construção de automóveis a preços populares, e esse objetivo, sustentado persistentemente, tornou-o o homem mais poderoso do mundo. O *objetivo definido* de Burbank era melhorar a vida vegetal, e esse propósito já tornou possível produzir em 25 quilômetros quadrados alimento suficiente para o mundo inteiro.

Há cerca de 20 anos o *objetivo definido* de Edwin C. Barnes era associar-se a Thomas Edison. Quando concebeu essa ideia, Barnes não tinha nenhuma qualificação para trabalhar com o maior inventor de todos os tempos, mas, apesar disso, tornou-se sócio de Edison. Há cinco anos, quando se retirou dos negócios, possuía uma enorme fortuna, ganha durante a sua associação com Edison.

Tudo é possível ao homem que tem um propósito bem-definido

Oportunidade, capital, cooperação, em suma, tudo o que é necessário à conquista do triunfo gravita em torno daquele que sabe o que quer.

Vitalizemos a nossa mente com um *objetivo definido* e imediatamente ela se tornará um ímã que atrairá tudo o que se harmonize com esse objetivo.

James Hill, o maior construtor de estradas de ferro do país, foi até os 40 anos um operador de telégrafo malpago, sem qualquer possibilidade de triunfo na vida. Eis que algo de importante acontece! Uma coisa tão importante para Hill como para o povo americano. Ele tomou como *objetivo definido* construir uma estrada de ferro através do grande deserto do Oeste. Sem fama, sem capital, sem o encorajamento de outros, James Hill conseguiu o capital necessário e construiu o maior sistema ferroviário dos Estados Unidos.

Woolworth era um obscuro guarda-livros num estabelecimento comercial. Na sua mente nasceu a ideia de uma rede de lojas especializadas em artigos cujo custo não fosse além de 5 e 10 centavos. Essa rede de lojas se tornou o seu *objetivo definido.* Ele conseguiu transformar o seu desejo em realidade — e em milhões.

Cyrus H. K. Curtis escolheu, para seu *objetivo definido,* a publicação do maior jornal do mundo. Começando apenas com o nome *Saturday Evening Post* e com a oposição de amigos que diziam "Isso não é possível", ele conseguiu transformar esse propósito em realidade.

Martim W. Littleton é o advogado mais bem-pago do mundo. Diz-se que ele não aceita causas de menos de 50 mil dólares. Aos 12 anos, não estivera ainda na escola. Um dia, ouviu um advogado defender um assassino. O discurso de defesa causou-lhe uma impressão profunda. Pegando a mão de seu pai, disse-lhe então: "Algum dia serei o melhor advogado dos Estados Unidos e farei discursos iguais ao desse homem!"

Um jovem e ignorante montanhês tornar-se um grande advogado! Mas é preciso não esquecer que *tudo é possível* ao homem que sabe o que quer e que resolve consegui-lo!

Estude o leitor os 15 soldados da gravura do começo deste ensaio.

Lembre-se, enquanto assim fizer, de que nenhum desses soldados, isoladamente, pode trazer o triunfo. A deserção de um deles enfraquecerá todo o exército.

O homem poderoso é o que desenvolveu, na sua mente, essas 15 qualidades. Para conseguir o poder é preciso ter um *objetivo definido*, é preciso ter *confiança em si próprio* para persistir, é preciso ter *iniciativa e liderança* com que exercitar a confiança em si próprio, é necessário ter *imaginação* para criar o seu objetivo definido e os planos para a sua transformação em realidade. Devemos ter *entusiasmo* na ação para torná-la mais interessante. Devemos exercitar o *autocontrole*. Devemos cultivar o hábito de *fazer mais do que a nossa obrigação*. Devemos adquirir uma *personalidade atraente*. Devemos adquirir o hábito da *economia*. Devemos cultivar o hábito de *pensar com exatidão*, lembrando que a clareza de pensamento se baseia em *fatos* e não sobre informações e boatos. É preciso contrair o hábito da *concentração* dando atenção a apenas um trabalho de cada vez. É preciso praticar sempre a *cooperação*, lucrar com a experiência das *derrotas* próprias e alheias, aprender a ser *tolerante*. E, por último, devemos fazer da *regra de ouro* o alicerce de tudo o que fazemos e que afete as outras pessoas.

Conserve o leitor essa gravura em um lugar onde possa vê-la todos os dias e estude, um por um, todos os seus soldados, de modo que eles se fixem perfeitamente na sua memória.

Todos os exércitos eficientes são bem disciplinados.

O exército que você está construindo na sua mente também precisa de disciplina, pois deve obedecer ao seu comando a todo momento.

Quando examinar o décimo terceiro soldado, chamado *derrota,* não se esqueça de que nada solidifica tanto a disciplina quanto a derrota e o insucesso temporário. Ao compará-lo consigo próprio, procure saber se tem ou não lucrado com a sua experiência das derrotas e de insucessos temporários que tem sofrido.

A *derrota* chega para todos. Quando lhe chegar também, esteja pronto para dela tirar proveito. Mas saiba que a derrota não lhe baterá à porta se você não lhe der oportunidade para isso.

Para conquistar o triunfo você deve contar apenas com as forças de que dispõe a sua mente, no começo. Depois poderá invocar o auxílio alheio, mas o primeiro passo deve ser dado sem a ajuda de ninguém. Por fim, ficará surpreendido ao ver quanta gente se apresentará para auxiliá-lo.

O triunfo é formado por muitos fatos e fatores, e principalmente pelas 15 qualidades representadas por esses 15 soldados. Para gozarmos um sucesso duradouro devemos completar a nossa habilidade inata com o auxílio dos soldados que necessitarmos.

Quando viemos ao mundo, fomos dotados de certos traços inatos, resultado de milhões de anos de evolução, através de milhares de gerações.

A esses traços herdados dos nossos antepassados juntamos outros adquiridos de acordo com a natureza do ambiente em que vivemos e da educação que recebemos na infância. Em resumo, somos a soma do que trouxemos ao nascer, do que pensamos, do que nos ensinaram e do que aprendemos com as nossas experiências.

Segundo a lei das probabilidades, apenas uma pessoa em cada mil terá o domínio dessas 15 qualidades, mesmo juntando as que trouxe do berço às que adquiriu depois.

Os que não têm a felicidade de adquirir tais qualidades, essenciais ao *triunfo*, devem desenvolvê-las em si mesmos.

Para conquistar o triunfo devemos verificar quais as qualidades que possuímos e procurar adquirir as que nos faltam.

As preces, às vezes, têm valor, outras vezes, não.

Uma prece tem sempre valor quando detrás dela existe uma *fé* inabalável. Essa verdade não pode ser negada, embora ninguém seja capaz de explicá-la. Tudo o que sabemos é que a prece dará resultado se acreditarmos nisso. Uma prece que não seja a expressão de uma *fé* profunda não é mais do que um amontoado de palavras.

Um *objetivo definido* só pode ser transformado em realidade quando se *acredita* na sua realização. Talvez a lei que transforma em realidade uma prece sustentada por uma fé *inabalável seja a mesma que transforma um* objetivo definido *em realidade.*

Não nos fará mal algum escolher, para assunto das nossas preces, o nosso *objetivo definido,* mas lembremos que uma prece só tem valor quando é feita com *fé.*

Desenvolva o leitor na sua mente todas as 15 qualidades, desde o *objetivo definido* até a *regra de ouro,* e verá que a aplicação da *fé* não é difícil.

Faça o inventário de si mesmo. Veja quantas dessas 15 qualidades possui. Some a essas as que lhe faltam, até que tenha todas na mente. Então, será capaz de conseguir, em qualquer campo, o triunfo que desejar.

As 15 qualidades representadas pelos soldados da gravura são o material que devemos empregar para construir o Templo do Triunfo. Dominemos essas 15 qualidades e poderemos tocar uma perfeita sinfonia do Triunfo, em qualquer empreendimento, da mesma maneira que aquele que conhece música a fundo pode tocar qualquer peça à primeira vista.

Aproprie-se o leitor dessas 15 qualidades e será uma pessoa *educada,* pois poderá alcançar tudo o que desejar sem precisar violar os direitos alheios.

> O homem pode dominar e conquistar todos os mundos,
> E é esta a sua glória.
> Mas há também uma lei de ferro: tem de instruir-se
> Primeiro. É aqui que começa e acaba toda a *luta.**

---

*All worlds are man's, to conquer and to rule/ This is the glory of his life./ But this its iron law: first must he school/ Himself. Here' gins and ends all strife.

O DIA DE ONTEM É APENAS UM SONHO; O DIA DE AMANHÃ, UMA SIMPLES VISÃO; MAS O DIA DE HOJE, BEM-VIVIDO, FAZ DE CADA DIA PASSADO UM SONHO DE FELICIDADE E DE CADA DIA FUTURO UMA VISÃO DE ESPERANÇA; SEJAMOS CUIDADOSOS COM O DIA PRESENTE.

DO SÂNSCRITO

DÉCIMA QUARTA LIÇÃO

FRACASSO

QUERER É PODER!

Em condições ordinárias, a palavra "fracasso" é um termo negativo. Nesta lição, porém, a palavra terá um novo significado, porque tem sido sempre muito mal-empregada. E por esse motivo tem trazido a milhões de pessoas muitas tristezas e provações, que poderiam ser evitadas.

Primeiro, mostremos a diferença que há entre "fracasso" e "derrota temporária". Vejamos se o que se considera sempre como um fracasso não é, na realidade, apenas uma "derrota temporária". Além disso, vejamos se a derrota temporária não é, em geral, um "mal que vem para o bem", porque sempre nos dá um estímulo e dirige as nossas energias em sentido diferente e mais proveitoso.

Na nona lição deste curso aprendemos que a força nasce da resistência, e, na presente lição veremos que o caráter reto é, geralmente, o fruto de muitos reveses e contratempos, de derrotas temporárias que os ignorantes chamam "fracasso".

Nem a derrota temporária nem a adversidade chegam a se transformar em fracasso na mente da pessoa que as encara como mestras que lhe ministrarão qualquer lição necessária. Na verdade, há sempre, afinal de contas, uma grande lição nos reveses e em cada derrota. E é também verdade que não poderíamos receber certas lições senão por meio da derrota.

Muitas vezes a derrota nos fala uma "*linguagem muda*" que não entendemos. Se isto não fosse verdade não cometeríamos, repetidamente, os mesmos erros, sem lucrar coisa alguma das lições que eles podem nos dar. Se não fosse verdade, observaríamos com mais cuidado os erros das outras pessoas e deles tiraríamos vantagens.

O OBJETIVO PRINCIPAL DESTA LIÇÃO É AUXILIAR O ALUNO A COMPREENDER E TIRAR AS NECESSÁRIAS VANTAGENS DESSA "LINGUAGEM MUDA" COM QUE SEMPRE A DERROTA SE DIRIGE A TODOS.

Talvez eu possa ajudá-lo melhor na interpretação do sentido da palavra derrota levando-o a examinar algumas experiências da minha vida, num período de 30 anos, aproximadamente. Nesse período cheguei ao ponto culminante que os ignorantes chamam "fracasso", e isso nada menos de sete vezes. Em todas essas ocasiões, pensei ter encontrado uma derrota absoluta, mas agora sei que o que vi como fracasso foi para mim apenas uma bondosa e invisível mão, que me deteve num curso da vida que escolhera e, com imensa sabedoria, forçou-me a uma nova direção dos meus esforços, de maneira muito mais vantajosa.

Cheguei a essa decisão, entretanto, apenas depois de ter feito um longo estudo retrospectivo das minhas experiências e de tê-las analisado à luz de muitos anos de pensamento meditativo e sóbrio.

O PRIMEIRO PONTO DECISIVO

Depois de ter terminado o curso numa escola comercial consegui um lugar de estenógrafo e contador, cargo que exerci durante cinco anos. Como resultado de haver praticado o hábito de produzir mais trabalho do que era a minha obrigação — assunto da nona lição deste curso —, tive várias promoções, e ocupava já um cargo de grande responsabilidade, recebendo um salário bem elevado para a minha idade. Fazia economia e já depositara mil dólares no banco. Minha reputação se espalhou e encontrei propostas tentadoras para os meus serviços.

Para evitar essas ofertas de alguns competidores meu chefe promoveu-me a gerente das minas onde eu estava empregado. Estava chegando próximo do ponto culminante, e *sabia disso*!

Minha desgraça foi justamente esta: *eu sabia disso*!

Então, a mão bondosa do Destino bateu no meu ombro. Meu empregador perdeu a fortuna e eu perdi o emprego. Essa foi a minha primeira derrota real que, conquanto fosse o resultado de causas fora do alcance do meu controle, deveria ter me servido como lição que aproveitei de fato, mas somente muitos anos depois.

O SEGUNDO PONTO DECISIVO

Arranjei depois um emprego de gerente de vendas de uma grande serraria, no Sul dos Estados Unidos. Eu nada sabia sobre madeiras, e muito pouco sobre vendas. Sabia, porém, que era interessante prestar mais serviços do que era meu dever, e compreendia também que há uma grande vantagem em ter iniciativa e procurar discernir o que se deve fazer sem precisar procurar os chefes. Uma boa conta-corrente no banco e várias promoções que obtivera no emprego anterior despertaram a autoconfiança de que eu necessitava. Talvez até mais do que isso.

O meu acesso foi rápido e tive aumento de salário duas vezes num ano. Andei tão acertadamente no controle das vendas que o meu chefe convidou-me para sócio. Começamos a ganhar dinheiro e vi-me novamente dominando o mundo.

Atingir o "ponto culminante" produz uma sensação maravilhosa, mas é um lugar perigoso, e, a menos que nos conservemos muito firmes, tais alturas trazem sérios resultados.

Eu prosperava aos saltos.

Até então nunca pensei que o triunfo podia ser medido por outros termos que não o dinheiro e a autoridade. Talvez isso fosse devido ao fato de ter mais dinheiro do que necessitava e mais autoridade do que a que poderia dirigir com segurança em tal idade.

Mas eu não somente "triunfava" do meu ponto de vista de triunfo, como também me empenhava num trabalho de acordo com o meu temperamento. Nada poderia me levar a passar para outro campo de ação. Isto é, nada exceto o que aconteceu e forçou a mudança.

A mão invisível do Destino deixou que eu me pavoneasse sob a influência da minha própria vaidade, e comecei a me julgar muito importante. Hoje, à luz da experiência, acontece de eu pensar: não será que o destino nos permite, a nós, pobres insensatos, fazer ostentação diante do espelho da nossa vaidade, até que vejamos a vulgaridade do nosso procedimento e nos envergonhemos de nós mesmos? Seja como for, o meu caminho me parecia fácil e aberto; havia muito combustível na caldeira, água no tanque; eu controlava o motor. Ai de mim! O Destino me esperava na esquina, com a sua clava de madeira duríssima. Naturalmente, o golpe foi uma surpresa

UM DOS MAIORES LÍDERES QUE O MUNDO JÁ CONHECEU CONTOU EM POUCAS PALAVRAS O SEGREDO DA SUA LIDERANÇA: "A BONDADE PODE MAIS DO QUE A FORÇA."

para mim. A minha história foi triste, porém é igual à que muitos outros poderiam contar, se fossem sinceros consigo mesmos.

Como o clarão de um relâmpago num céu claro, o pânico de 1907 me alcançou em cheio e da noite para o dia prestou-me o serviço inestimável de destruir os meus negócios, libertando-me de todos os dólares que eu possuía.

Foi essa a minha primeira *derrota séria*! Tomei-a por um *fracasso*, mas me enganei e, antes de terminar esta lição, direi por que não foi um fracasso.

O TERCEIRO PONTO DECISIVO

Foi necessário o pânico comercial de 1907 e a derrota que se seguiu para dar uma nova direção aos meus esforços, desviando-me do comércio de madeira para o estudo de direito. Nada no mundo, exceto uma derrota, podia produzir tal resultado; o terceiro ponto decisivo da minha vida foi o resultado de um "fracasso", como diriam muitos, o que me faz repetir aqui que cada derrota traz uma lição necessária aos que estão desejosos de aproveitá-la.

Quando entrei para a escola de direito, foi com a firme crença de que sairia de lá duplamente preparado para atingir uma das extremidades do arco-íris e com direito a reclamar uma fortuna, pois até então não tinha outra concepção da palavra triunfo que não fosse acompanhada da ideia do dinheiro.

Ia às aulas à noite e durante o dia trabalhava como vendedor de automóveis. Minha experiência como comerciante de madeira me foi de grande proveito. Prosperei rapidamente (conservava sempre o hábito de fazer mais do que a minha obrigação), fazendo tanto que me apareceu uma oportunidade para entrar na indústria de automóveis. Compreendia a necessidade de mecânicos especializados e, assim, fundei um curso anexo à fábrica e comecei a treinar mecânicos para trabalhar em reparos de automóveis. A escola prosperou, dando-me um lucro líquido de mais de mil dólares.

Aproximava-me outra vez do final do arco-íris. Senti que havia encontrado o meu lugar no mundo, que nada poderia me desviar da carreira que abraçava e da indústria de automóveis.

O diretor do banco onde eu fazia negócios via que eu ia prosperando, e, portanto, emprestava-me dinheiro para eu me expandir. Uma característica peculiar aos banqueiros — característica que pode ser também mais ou menos desenvolvida em todos nós — é que emprestam dinheiro sem nenhuma hesitação quando estamos *prósperos.*

O banco emprestou-me tanto dinheiro que fiquei absolutamente impossibilitado de pagar. Os diretores se apossaram do meu negócio com tanta calma como se lhes pertencesse realmente.

Da situação de homem de negócios, com uma renda de mais de mil dólares por mês, eu me vi novamente reduzido à pobreza.

Hoje, 20 anos depois, agradeço à mão do Destino, que me forçou numa nova direção, de que eu necessitava então.

Pela primeira vez na minha vida comecei a perguntar a mim mesmo se não seria possível encontrar outro valor que não fosse o dinheiro e o poder, na ponta do arco-íris. Essa atitude de dúvida temporária não chegou a se tornar rebelião franca, é preciso esclarecer, nem também persisti nela até encontrar a resposta. Foi uma espécie de flutuação, como tantos outros pensamentos aos quais não damos atenção, e logo desapareceu do meu espírito. Se naquela época eu soubesse tanto como sei agora sobre a lei da compensação, e se fosse então capaz de interpretar as experiências como as interpreto agora, teria reconhecido esse fato como um leve empurrão da mão do destino.

Depois de ter terminado a luta mais árdua da minha vida até então, aceitei aquela derrota temporária como um "fracasso" e fui assim conduzido ao próximo e quarto ponto decisivo, que me deu uma oportunidade para pôr em prática o conhecimento da lei que havia adquirido.

O quarto ponto decisivo

Graças à influência da família de minha mulher consegui ser nomeado assistente do chefe do conselho de uma das maiores companhias de carvão do mundo. O meu salário era imensamente maior do que se costuma pagar em geral a principiantes, e, ainda mais, desproporcionado com os serviços que eu prestava. Mas proteção é proteção, e permaneci no cargo. Acontece que o que me faltava, em prática de advocacia, era compensado pela aplicação do princípio que eu adotara, de fazer mais do que a minha obrigação, e tomar a iniciativa de fazer o que devia, sem precisar que me mandassem.

Conservava a minha colocação, sem dificuldade. Se tivesse desejado, teria conservado sempre essa vida "folgada". Mas, sem consultar os amigos, e sem prevenir ninguém, eu me demiti do cargo!

Foi o primeiro ponto decisivo escolhido por mim mesmo. Ninguém me forçou a isso. Vi o Destino chegar e bater-me à porta. Quando insistiram comigo para dar uma razão do meu ato, apresentei uma que me pareceu muito justa, mas tive depois grande trabalho para convencer a minha família de que agira acertadamente.

Deixei o emprego por achar que o trabalho era fácil demais e eu o fazia sem nenhum esforço. Via-me resvalar pouco a pouco para o hábito da inércia. Sentia que ia me acostumando a levar a vida muito facilmente e sabia que o próximo passo só poderia ser regressão. Tinha tantos amigos no tribunal que não havia necessidade particular de que eu me movesse. Estava entre amigos e parentes e tinha uma situação que podia conservar enquanto desejasse, sem fazer nenhum esforço. Tinha um salário que me provia todas as necessidades da vida, e mesmo alguns luxos, inclusive um automóvel e gasolina bastante para conservá-lo em movimento.

De que mais precisava?

Nada, eu começava a dizer a mim mesmo.

Era para essa atitude de comodismo que eu me sentia deslizando. Era uma atitude que por uma razão ou outra me irritava, a tal ponto que me fez dar um passo que muitos consideraram absurdo: a demissão do meu cargo. Contudo, por mais ignorante que eu fosse em outros assuntos naquela época, considero-me feliz por ter tido senso bastante para compreender que a força e o desenvolvimento só podem ser alcançados por meio de contínuo esforço e luta, e que a inércia traz a atrofia e a decadência.

Esse gesto provou ser o ponto mais importante da minha vida, conquanto fosse seguido por dez anos de esforços que me trouxeram todos os desgostos que um coração humano pode experimentar. Abandonei uma profissão onde ganhava bem, vivendo entre amigos e parentes, onde tinha o que todos julgavam ser um futuro brilhante e promissor. Tenho a franqueza de confessar que sempre me causou espanto o fato de que eu tivesse tido coragem para fazer o que fiz. Tanto quanto posso interpretar o acontecimento, cheguei à decisão de resignar o cargo mais por uma espécie de "impulso" que não posso compreender do que por um raciocínio lógico.

Escolhi Chicago como novo campo de esforços. Assim o fiz por julgar que essa cidade era um lugar onde se pode provar se um homem tem realmente essas qualidades fortes que são tão essenciais para a sobrevivência num mundo de aguda competição. Decidi que se conseguisse adquirir prestígio em qualquer espécie de trabalho digno em Chicago seria isso a prova de que eu tinha realmente em mim essa espécie de estofo que pode ser desenvolvida em capacidade real. Era esse um estranho processo de raciocínio; pelo menos era um processo ao qual eu não costumava ceder naquele tempo, o que me faz declarar aqui que nós, seres humanos, muitas vezes, acreditamos ser dotados de inteligência maior do que realmente possuímos. Receio que muitas vezes nos sejam atribuídos, erroneamente, uma prudência e resultados felizes que provêm de causas sobre as quais não temos controle algum.

Conquanto não deseje dar aqui a impressão de que acredito que todos os nossos atos são controlados por causas fora do nosso poder, insisto com o leitor para estudar e interpretar corretamente as causas que marcam os pontos vitais mais decisivos da sua vida; pontos para os quais os seus esforços são desviados de velhos para novos canais, a despeito de todos os esforços. *Pelo menos deve abster-se de aceitar qualquer derrota como um fracasso Enquanto não tiver analisado o resultado final.*

Em Chicago coloquei-me primeiramente como chefe de publicidade de uma importante escola por correspondência. Sabia muito pouco sobre publicidade, mas a minha experiência como vendedor e a vantagem ganha com a minha prática de fazer sempre mais do que a minha obrigação tornaram-me possível bater dentro em pouco um recorde.

No primeiro ano de trabalho ganhei 5.200 dólares.

Reconquistava aos saltos o terreno perdido. Pouco a pouco a ponta do arco-íris começou a circular em torno de mim e mais uma vez vi brilhar a fortuna ao meu alcance. É bem certo o adágio: "O dia da fartura é a véspera da miséria." Eu me banqueteava, sem prever que a fome viria em seguida. Tudo ia correndo tão bem que aprovava inteiramente todos os meus atos.

LEMBREMO-NOS DE QUE, QUANDO AS COISAS ESTÃO CONTRA NÓS, DE TODAS AS EXPRESSÕES QUE SE ESTAMPAM NO NOSSO ROSTO É A LUZ DA ALEGRIA A QUE MAIS BRILHA.

Essa atitude de autoaprovação é sempre perigosa. Isso é uma grande verdade que a maioria das pessoas não aprende enquanto a mão do Destino não lhes toca no ombro. Muitos nunca aprendem essa lição, e os que a aprendem são aqueles que chegam finalmente a entender a "linguagem muda" da derrota.

Chegamos agora ao quinto ponto decisivo, que foi ainda escolhido por mim.

O QUINTO PONTO DECISIVO

Tinha conseguido um tal recorde, como chefe de publicidade da escola, que o diretor me induziu a me demitir do cargo e montar com ele uma confeitaria. Assim, organizamos a Betsy Ross Candy Company e tornei-me seu primeiro diretor, começando dessa maneira o seguinte ponto da minha vida.

A empresa desenvolveu-se rapidamente e em pouco tempo tínhamos uma rede de confeitarias em 18 cidades. Mais uma vez vi bem perto a ponta do arco-íris. Via que encontrara afinal o negócio no qual desejaria permanecer para sempre. O negócio era rendoso e, como eu considerasse o dinheiro a única prova do triunfo, acreditei que o alcançara, afinal.

Tudo corria bem, até que meu sócio e um outro, que havíamos tomado como associado, acharam que deviam controlar os meus interesses na firma, sem pagar por isso.

O plano surtiu efeito, num certo sentido, porém eu me mostrei mais recalcitrante do que eles esperavam; portanto, com o objetivo de "persuadir-me com brandura", fizeram-me prender, sob uma falsa acusação, e em seguida se ofereceram para retirar a acusação, se eu lhes entregasse o meu interesse no negócio.

Vi então pela primeira vez quanta crueldade, injustiça e desonestidade se abriga nos corações humanos.

Quando chegou o momento do primeiro interrogatório, não se encontraram testemunhas de acusação, mas eu os forcei a se apresentarem no banco das testemunhas e a contar a história, o que resultou na minha vingança e num processo contra os perpetradores de tal injustiça.

Como era natural, o incidente deu em resultado um rompimento irreparável entre os meus sócios e eu, o que me custou afinal os meus interesses na empresa, mas isso foi coisa insignificante em comparação com o que custou aos meus sócios desonestos, pois eles estão ainda pagando por isso e, sem dúvida, continuarão a pagar enquanto viverem.

Instaurou-se o processo por difamação, e no estado de Illinois, onde se deu o caso, aquele que ganha um processo dessa ordem tem o direito de conservar o culpado na prisão, até ter sido paga a indenização.

Finalmente tive ganho de causa contra os meus antigos sócios. Podia ter enviado ambos para a prisão.

Pela primeira vez na minha vida eu me vi diante da oportunidade de tirar uma vingança completa dos meus inimigos. Estava de posse de uma arma que eles próprios haviam colocado nas minhas mãos.

A impressão que senti então foi estranha.

Poderia mandar os meus inimigos para a prisão, ou tirar vantagem dessa oportunidade para lhes mostrar a minha clemência, provando assim ser feito de outro estofo.

Foi aí que se colocou no meu coração o alicerce da sexta lição do presente curso, pois decidi deixar ir em paz os meus inimigos, concedendo-lhes o perdão. Porém, muito antes de ter chegado a essa decisão, a mão do Destino já começara a tratar rudemente esses dois homens desonestos, que haviam tentado em vão me destruir. O Tempo, o senhor ao qual devemos todos nos submeter mais cedo ou mais tarde, já começara a se ocupar com os meus antigos sócios, e de modo menos misericordioso do que o fiz. Um deles foi depois condenado a cumprir uma longa pena de prisão, por crime cometido anteriormente, e o outro viu-se reduzido à miséria.

Podemos frustrar as leis que os homens escrevem nos códigos, mas nunca a lei da compensação!

O julgamento que obtive contra esses dois homens permanece nos registros da Suprema Corte de Chicago, como prova silenciosa de que não sou um homem vingativo. Mas serve-me ainda de outro modo, mais importante, isto é, serve para mostrar a mim mesmo que fui capaz perdoar a inimigos que tinham tentado me arruinar, e por essa razão, em vez de destruir o meu caráter, julgo que o incidente serviu para fortalecê-lo.

Ser preso pareceu-me então uma terrível desgraça, mesmo que a acusação fosse falsa. Não gostei da experiência e não desejo passar por ela outra vez, mas estou certo de que valeu a pena tudo quanto sofri, pois encontrei uma oportunidade para concluir que a vingança não faria parte da minha personalidade.

Aqui quero chamar a atenção do leitor para uma análise completa dos fatos narrados nesta lição, e se observar atentamente, verá que o presente curso nasceu inteiramente dessas experiências. Cada derrota temporária deixou uma marca no meu coração e forneceu parte do material com o qual o curso foi elaborado.

Ninguém teria medo de passar por experiências difíceis se observasse, pela leitura de biografias, que todos os homens célebres tiveram de sofrer antes de "vencer" terríveis reveses e provações. Isso me leva a pensar no que seria o mundo se a mão do Destino não experimentasse várias vezes o metal de que somos feitos, antes de colocar sobre os nossos ombros grandes responsabilidades.

Antes de chegarmos ao próximo ponto decisivo da minha vida não posso deixar de chamar a atenção do leitor para o significativo fato de que cada revés me aproximava mais da extremidade do meu arco-íris, trazendo-me, ao mesmo tempo, úteis conhecimentos, que se tornaram mais tarde parte da minha filosofia da vida.

O SEXTO PONTO DECISIVO

Chegamos agora a uma experiência que provavelmente me aproximou mais da ponta do arco-íris do que qualquer das provas anteriores, porque me colocou em situação tal que fui forçado a pôr em prática todos os conhecimentos que adquirira até então e encontrei, ao mesmo tempo, uma oportunidade para autoexpressão e desenvolvimento, coisas que raramente acontecem cedo na vida de um homem. Essa experiência sobreveio logo depois que vi destruídos os meus sonhos de prosperidade no negócio de confeitaria e quando voltei os meus esforços para um curso de publicidade e vendas, numa escola comercial.

Disse já um filósofo que nunca aprendemos bastante qualquer coisa antes de começar a ensiná-la aos outros. Minha experiência como professor encarregou-se de provar a verdade dessa afirmativa. Meu curso prosperou desde o início. Eu ensinava a uma classe no colégio e mantinha também um curso por correspondência, por meio do qual estava em contato com estudantes de quase todos os países de língua inglesa. Apesar das dificuldades criadas pela guerra, a escola prosperava, e mais uma vez vi bem próxima a ponta do arco-íris.

Veio então o segundo alistamento militar, que destruiu por assim dizer o meu curso, pois foi convocada a maioria dos estudantes matriculados. Eu chegava, então, a fazer 75 mil dólares em matrículas e, ao mesmo tempo, contribuía com um serviço para o meu país.

Mais uma vez, fiquei sem 1 vintém.

Infeliz é a pessoa que nunca experimentou a sensação de ficar uma vez ou outra sem dinheiro. Conforme declarou Edward Bok, com muita propriedade, a pobreza é a maior experiência que um homem pode ter na vida. Contudo, acrescenta ele, é uma experiência da qual se deve sair o mais depressa possível.

Fui novamente forçado a dar outra direção aos meus esforços, porém, antes de descrever essa última e mais importante experiência, desejo chamar a atenção dos leitores para o fato de que nenhum dos acontecimentos aqui descritos, tomado isoladamente, foi de qualquer significação prática para mim. Os seis pontos decisivos que descrevi rapidamente nada significam para mim por si mesmos, como também nada significam para o leitor que os analisar isoladamente. Tomemos porém esses acontecimentos coletivamente e eles formarão uma base significativa para o sétimo ponto decisivo, e constituem uma prova digna de confiança de que os seres humanos estão constantemente sofrendo mudanças como resultado das experiências da vida, conquanto uma experiência, isolada, não pareça trazer em si uma lição definida, proveitosa.

Sinto-me impelido a me alongar no assunto que estou procurando esclarecer aqui porque cheguei agora a um ponto da minha carreira no qual os homens caem em derrota permanente, ou se erguem, com energias renovadas, às alturas das realizações, de acordo com a maneira como interpretam as suas experiências passadas e as empregam como base para planos praticáveis. Se a minha história parasse aqui, não teria nenhum valor para o leitor, mas há outro capítulo a ser escrito, muito mais significativo,

É MUITO MELHOR ASSOCIAR-SE A ALGUMAS PESSOAS DIREITAS DO QUE A UMA MULTIDÃO DE GENTE QUE SEGUE UM CAMINHO ERRADO, AFINAL DE CONTAS, O DIREITO SEMPRE VENCE.

e cujo assunto é o sétimo e o mais importante de todos os pontos decisivos da minha vida.

Naturalmente, ficou claro para os que me leram que eu não encontrara ainda o meu verdadeiro lugar no mundo. Compreende-se que a maior parte das minhas derrotas, temporárias, ou se não todas, foi devida principalmente ao fato de que eu não descobrira ainda o trabalho ao qual poderia me entregar de corpo e alma. Encontrar a espécie de trabalho para o qual se está mais bem-adaptado é mais ou menos o mesmo que encontrar a pessoa a quem se vai amar acima de todas. Não há regra fixa para seguir, nessa busca, porém, uma vez encontrado o lugar exato, imediatamente a reconhecemos.

O SÉTIMO PONTO DECISIVO

Antes de terminar, descreverei em conjunto as lições que me foram ministradas por cada um desses sete pontos decisivos da minha vida, mas antes preciso narrar o último. Para isso é preciso remontar a um dia memorável: 11 de novembro de 1918, o Dia do Armistício, conforme todo mundo sabe.

A guerra me havia deixado sem 1 vintém, segundo declarei, mas eu me sentia feliz, sabendo que terminara a carnificina e que a razão triunfara, afinal, e com ela voltaria a civilização.

Encontrava-me à janela do meu escritório, e olhava para a rua, para a multidão ululante que celebrava o fim da guerra; meu espírito voltou então para dias passados, especialmente para aquele em que um ancião, pondo a mão sobre o meu ombro, disse-me que, se eu adquirisse instrução, poderia chegar a me distinguir na vida. E sem saber, eu adquirira essa instrução. Por mais de 20 anos frequentara a escola da adversidade, conforme o leitor terá observado pela descrição das várias etapas da minha vida. Ali à janela desenrolou-se diante de mim todo o meu passado, com as suas felicidades e amarguras, os seus altos e baixos.

Chegara o momento de voltar a um outro ponto decisivo.

Sentei-me à minha máquina de escrever e, para meu espanto, meus dedos começaram a tocar em ritmo regular sobre o teclado. Não planejei, nem pensei o que ia escrever: *apenas escrevi o que me veio à mente.*

Inconscientemente, lançara o alicerce do mais importante ponto decisivo de minha vida, pois ao terminar havia escrito um documento por meio do qual financiava uma revista que me poria em contato com os povos de todos os países de língua inglesa no mundo inteiro. Esse documento influenciou a tal ponto a minha carreira e a vida de dezenas de milhares de pessoas que julgo será de interesse para os alunos do presente curso; portanto, reproduzo-o, tal como apareceu na revista *Hill's Golden Rule*, onde foi inicialmente publicado.

"Uma visita ao editor"

Escrevo estas linhas no dia 11 de novembro de 1918, uma segunda-feira.

Na rua, justamente ao lado da janela do meu escritório, uma grande multidão de pessoas celebra a derrota de uma influência que ameaçou a civilização durante os quatro últimos anos. Acabou-se a guerra!

Em breve os nossos soldados voltarão dos campos de batalha na França.

O senhor da força brutal nada mais é do que uma sombra, o espectro do passado.

Há 2 mil anos Jesus Cristo era um proscrito, sem um lugar onde repousar a cabeça.

Agora a situação mudou, e é o demônio que não tem um lugar onde repousar a cabeça.

Que cada um de nós aproveite a grande lição ministrada por essa Guerra Mundial; isto é, deve subsistir apenas o que for baseado na justiça e na misericórdia para com todos, fracos e fortes, ricos e pobres. Tudo mais deve passar.

Dessa guerra surgirá um novo idealismo — um idealismo baseado na filosofia da Regra de Ouro, um idealismo que nos guiará para ver não "o que podemos tirar dos nossos irmãos" e sim o que podemos fazer para minorar as suas provações e torná-los felizes enquanto seguem a jornada da vida.

Emerson expressou esse idealismo no seu grande ensaio sobre a Lei da Compensação. Outro grande filósofo expressou-o também nas seguintes palavras: "*O homem colherá aquilo que semeou.*"

HOMEM ALGUM VIVE COMO DEVE, SENÃO QUANDO VIVE DE MANEIRA TAL QUE TODOS AQUELES COM QUEM ENTRA EM CONTATO DELE SE AFASTAM MAIS ALEGRES E CONFIANTES.

LILIAN WHITING

Chegou o tempo de pôr em prática a filosofia da Regra de Ouro. Em negócios, como nas relações sociais, aquele que se descuidar dessa filosofia, ou que se recusar a empregá-la, como base dos seus atos, não fará mais do que apressar o momento do seu fracasso.

E como me encontro ainda delirante com as gloriosas notícias do término do conflito, não é justo que procure fazer algo a fim de preservar, para as gerações vindouras, uma das maiores lições que se pode aprender na vida, mostrando-lhes os resultados do esforço feito por Guilherme de Hohenzollern, para dominar o mundo pela força?

O melhor meio que encontro para fazer isso é retroceder, por um período de 22 anos, para os começos da minha vida. Consentirá o leitor em acompanhar-me?

Foi por uma sombria manhã de novembro, provavelmente nas proximidades desse dia 11 de novembro, que consegui o meu primeiro emprego numa mina de carvão, no estado da Virgínia, com o salário de 1 dólar por dia.

Naquela época, 1 dólar por dia era um ótimo salário, especialmente para um rapaz da minha idade.

Logo depois que comecei a trabalhar os mineiros se tornaram insatisfeitos e começaram a falar em greve. Eu escutava atentamente tudo o que se dizia. Estava interessado, principalmente, no homem que organizara a reunião. Era um dos mais fluentes oradores que já me foi dado ouvir, e as suas palavras me fascinavam. Disse-me principalmente uma coisa que nunca esqueci; e se eu pudesse encontrá-lo agora, iria agradecer-lhe pelas suas palavras. A filosofia que nelas recolhi teve a mais profunda e duradoura influência sobre mim.

Talvez o leitor diga que a maioria dos agitadores trabalhistas não é de filósofos muito verdadeiros, e quanto a isso estou de acordo. Talvez esse a que me refiro não fosse um filósofo verdadeiro, mas, decerto, a filosofia que expôs naquela ocasião era verdadeira.

De pé, sobre um caixote, no canto de uma velha oficina, assim falou esse agitador:

Trabalhadores, estamos falando em entrar em greve. Antes de votarem, desejo chamar a atenção de vocês para algo que lhes trará benefícios, se prestarem atenção ao que digo.

Desejam receber dinheiro pelo seu trabalho; e eu desejo que recebam, porque acredito que merecem.

Não devo então dizer a vocês de que maneira ganhar mais dinheiro e ao mesmo tempo conservar a boa vontade do proprietário desta mina?

Podemos proclamar a greve e provavelmente forçá-lo a nos pagar maior salário, mas não podemos forçá-lo a gostar de fazer isso. Antes de declarar a greve, sejamos justos com o proprietário da mina e conosco; vamos ao proprietário pedir-lhe que divida conosco, justamente, o lucro da sua mina.

Se ele disser que sim, como provavelmente dirá, perguntemos a ele, então, quanto lucrou no mês passado, e se ele dividir entre nós uma proporção justa de qualquer lucro adicional poderá, se todos nós corrermos a auxiliá-lo, ganhar mais no próximo mês.

Sendo humano, assim como nós, ele não terá dúvida em dizer: "Sim, rapazes, vão trabalhar e dividiremos os lucros." É natural que diga isso.

Depois que ele concordar com a nossa reivindicação, conforme acredito que concordará se nos mostrarmos ansiosos por trabalhar, desejo que cada um de nós vá sempre para o trabalho com um sorriso nos lábios durante o próximo mês. Ao entrar para a mina, desejo que o façam sempre entoando uma canção, ou assobiando. Vão para o trabalho sempre com o sentimento de que são sócios na empresa.

Sem ferir ninguém, poderão fazer duas vezes mais o trabalho que fazem agora; e se trabalharem mais, poderão ter certeza de auxiliar o proprietário da mina a obter maiores lucros. E se ele ganhar mais dinheiro, se sentirá contente, dividindo conosco parte desse lucro. Fará isso simplesmente por questões de negócios, mesmo que não seja levado por um espírito de justiça.

Ele concordará, tão certo como Deus está no céu. Se não concordar, serei responsável perante vocês, e se mandarem, farei explodir esta mina em mil pedaços!

Eis o que penso do plano, rapazes! Estão comigo?

Todos concordaram, até o último homem!

Essas palavras ficaram para sempre impressas no meu coração, como se tivessem sido gravadas a ferro em brasa.

É claro que todos os trabalhadores concordaram, até o último homem!

No mês seguinte, cada mineiro recebeu uma bonificação de 20% do seu salário mensal. Desde então, todos os meses, cada mineiro recebia um envelope vermelho vivo contendo a sua parte dos lucros extraordinários da mina. No exterior do envelope liam-se as seguintes palavras:

"A parte que lhe cabe dos lucros do trabalho que fez e pelo qual não recebeu salário."

Durante os últimos 20 anos passei por inúmeras experiências, mas tenho sempre saído delas um pouco mais sensato, mais feliz e mais bem-preparado para prestar serviços aos meus semelhantes devido ao fato de ter sempre aplicado o princípio de fazer mais do que a minha obrigação.

Talvez seja de interesse para o leitor saber que a última colocação que exerci na indústria do carvão foi a de assistente do presidente do conselho de uma das maiores minas de carvão do mundo. É um salto considerável passar de trabalhador em minas de carvão a assistente do presidente do conselho de uma das maiores companhias do mundo; é um salto que eu nunca teria dado sem o auxílio do princípio que adotei de fazer sempre mais do que a minha obrigação.

Desejaria ter espaço suficiente para contar aqui o número de vezes em que essa prática me auxiliou a sair de sérias dificuldades.

Muitas vezes cheguei a obrigar a tal ponto os meus empregadores para comigo, por meio desse princípio, que conseguia deles tudo quanto desejava, sempre com a maior facilidade. Tudo isso sem fazer queixas e sem ressentimento; e o que é mais importante, sem o sentimento de que estivesse me aproveitando do meu patrão.

Acredito sinceramente que tudo o que um homem adquire sem o consentimento pleno daquele que faz a concessão acabará por queimar-lhe ou ferir-lhe as palmas das mãos, sem falar no remorso da sua consciência e na dor que lhe torturará o coração.

Conforme disse anteriormente, escrevo na manhã de 11 de novembro, enquanto as multidões celebram a grande vitória do direito sobre o erro.

Portanto, é natural que eu me volte para as profundezas do meu coração em busca de um pensamento qualquer que ajude a conservar vivo, no espírito dos americanos, a chama do idealismo pelo qual lutaram, e com que entraram na Guerra Mundial.

Nada encontro de mais apropriado do que a filosofia sobre a qual falei, pois acredito sinceramente que foi o arrogante desrespeito por essa filosofia que levou à desgraça a Alemanha e o próprio Kaiser. Para conseguir que essa filosofia penetre no coração dos que dela necessitam editarei uma revista que terá o nome de *Hill's Golden Rule.*

Para editar uma revista é preciso bastante dinheiro, e não tenho muito no instante em que escrevo, mas, antes de passado um mês, com o auxílio da filosofia que procurei acentuar aqui, encontrarei alguém que fornecerá o dinheiro necessário, e isso me dará oportunidade de transmitir ao mundo a filosofia simples que me tirou das minas de carvão e me proporcionou um lugar onde posso prestar serviços à humanidade. Essa filosofia que erguerá o meu caro leitor, quem quer que ele seja ou o que quer que faça, à situação que almeja conquistar na vida.

Toda pessoa tem ou deve ter o desejo inerente de ganhar qualquer coisa que valha dinheiro. De uma maneira vaga, pelo menos, todo aquele que trabalha para os outros (e isso envolve a grande maioria) olha sempre para a frente, para o tempo em que poderá também trabalhar por sua conta.

*O melhor meio de realizar essa ambição é executar mais trabalho do que é nossa obrigação. Podemos vencer, mesmo sem possuir grande instrução; podemos vencer qualquer obstáculo que apareça se estivermos sinceramente decididos a dar o melhor trabalho de que somos capazes, sem olhar a remuneração. Podemos vencer na vida mesmo sem possuir capital...**

Foi dessa maneira dramática que vi transformado em realidade um desejo que alimentara durante quase 20 anos. Durante todo esse tempo, eu procurara entrar em contato com um editor. Há 30 anos, quando era ainda uma criança, auxiliava meu pai na impressão de um pequeno semanário que ele publicava; acostumei-me a gostar do cheiro da tinta fresca.

Talvez que esse desejo fosse aumentando subconscientemente durante todos esses anos de preparação, enquanto eu passava pelas diversas experiências que narrei, até que surgiu em termos de ação; ou talvez fosse também um outro plano sobre o qual não exerci controle, que me exigiu esforços e não permitiu descanso até começar a publicação da minha revista. Isso, porém, não interessa no momento. O fato importante para o qual desejo despertar atenção é que encontrei afinal o meu lugar no mundo e considerava-me muito feliz com isto.

---

*Hoje é 21 de novembro, justamente dez dias depois que escrevi o editorial aqui transcrito. Eu o li agora mesmo para George B. Williams, de Chicago, homem que se fez sozinho, com o auxílio da filosofia sobre a qual falei. Foi ele quem tornou possível a publicação da revista *Hill's Golden Rule.* (*N. do A.*)

DAR PRAZER A UM CORAÇÃO COM UM SIMPLES ATO DE BONDADE VALE MAIS DO QUE CURVAR-SE 1 MILHÃO DE VEZES EM PRECE.
SAADI

De maneira bastante estranha dediquei-me a essa empresa sem pensar em procurar na ponta do arco-íris o proverbial pote de ouro que se supõe lá existir. Pela primeira vez na minha vida penso que compreendi, sem sombra de dúvida, que há, no mundo, algo que vale mais do que o ouro; desse modo lancei-me no novo empreendimento tendo em mente apenas uma ideia, e aqui faço uma pausa enquanto o leitor medita sobre esse ponto...

A minha ideia era prestar ao mundo o melhor serviço de que eu fosse capaz, quer os meus esforços fossem ou não recompensados pecuniariamente.

A publicação da revista veio me pôr em contato com intelectuais de todo o país. Deu-me uma grande chance para ser ouvido. A mensagem de otimismo e boa vontade que a revista conduzia se tornou tão popular que fui convidado a visitar várias partes dos Estados Unidos, numa *tournée* de conferências, durante a primeira parte do ano de 1920. Tive então oportunidade de conversar com várias personalidades destacadas e com vários elementos progressistas da nova geração. O contato com essas pessoas contribuiu muito para me animar a prosseguir o trabalho iniciado. Essa *tournée* foi uma educação liberal em si mesma, porque me proporcionou excelente oportunidade de encontrar pessoas de todas as classes sociais e também me permitiu ver que os Estados Unidos são de fato um grande país.

Chegamos agora ao clímax do sétimo ponto decisivo da minha vida.

Durante a *tournée* de conferências que realizei, em princípios de 1920, encontrava-me um dia num restaurante em Dallas, no Texas, de onde contemplava o maior aguaceiro que já tinha visto cair na minha vida. A água corria pelo vidro da janela em duas grandes torrentes, outras pequenas formavam algo que se assemelhava a uma grande escada de água.

Enquanto olhava essa cena estranha, ocorreu-me a ideia de que eu poderia fazer uma excelente conferência organizando tudo o que aprendera nos sete pontos decisivos da minha vida, bem como a experiência adquirida no estudo da vida dos homens triunfantes e dando por título à palestra: "A Escada Mágica do Triunfo."

Nas costas de um envelope esbocei os 15 pontos que constituiriam a conferência, e mais tarde, ampliei esses pontos numa palestra que foi formada inteiramente com as derrotas temporárias descritas nos sete pontos decisivos da minha vida.

Tudo o que me parece valer a pena conhecer é representado pelos 15 pontos, e o material por meio do qual esse conhecimento foi reunido nada mais é que o conhecimento que me foi imposto à força através das experiências que, indubitavelmente, muitas pessoas classificariam como *fracassos*!

O curso de leitura do qual faz parte a presente lição é apenas a soma total do que reuni em todos esses "fracassos". Se este curso for útil para o leitor, conforme espero, terá sido isso graças aos "fracassos" descritos nesta lição.

Talvez o leitor deseje saber quais os benefícios materiais e financeiros que alcancei com os meus reveses, pois, com certeza, compreende que vivemos numa época em que a vida é uma luta fastidiosa pela existência e nada agradável para aqueles que têm a infelicidade de ser pobres.

Falarei com franqueza.

Para começar, a renda aproximada do que lucrei com a venda deste curso é tudo o que necessito para viver, e isso apesar de ter insistido com os meus editores para que aplicassem a filosofia de Ford e vendessem os livros a preços populares, isto é, ao alcance de todos que desejassem adquiri-los.

Em adição ao lucro com a venda do curso (o qual, você não deve esquecer, é apenas o conhecimento que adquiri com os meus "fracassos"), me comprometi agora a escrever uma série de editoriais ilustrados, que foram publicados nos jornais de todo o país, e que são baseados nos mesmos 15 pontos delineados no curso.

O lucro líquido da venda desses editoriais representa mais do que posso desejar para as minhas necessidades.

Além disso, colaboro também com um grupo de cientistas, psicólogos e homens de negócios na elaboração de um curso para pós-graduados que, dentro em pouco, estará à disposição dos estudantes que já dominaram o presente curso, mais elementar. O novo curso inclui não somente as 15 leis aqui traçadas, de um ponto de vista mais avançado, como também outras leis que só recentemente foram descobertas.

Menciono esses fatos apenas porque sei que todos nós temos o costume de medir o triunfo em termos de dinheiro, e recusamos como pouco consistente toda filosofia que não tem base numa boa conta-corrente no banco.

Praticamente, em toda a minha vida, fui um homem pobre, mesmo bastante pobre, no que se refere a dinheiro nos bancos. Essa situação foi em grande medida resultado da minha própria escolha, pois gastei o melhor tempo na tarefa penosa de eliminar um pouco da minha ignorância e reunir alguns conhecimentos que me pareciam necessários.

Das experiências descritas nos sete pontos decisivos da minha vida reuni alguns fios de ouro de conhecimentos, que não podia ter ganho de outra maneira, senão por meio da *derrota*.

As minhas próprias experiências me levaram a acreditar que a linguagem muda da *derrota* é a mais clara e mais eficiente linguagem do mundo, uma vez que começamos a compreendê-la. Sinto-me quase tentado a dizer que julgo ser essa uma linguagem universal, com a qual a natureza nos fala, quando não ouvimos outra voz.

Sinto-me feliz por ter experimentado tantas derrotas.

Elas tiveram por efeito "me temperar" com a coragem suficiente para empreender tarefas que nunca ousaria começar, mesmo que estivesse cercado de influências protetoras.

A derrota é uma força destruidora apenas quando é aceita como um fracasso. Porém, quando a aceitamos como uma lição necessária, é sempre uma bênção.

Eu costumava odiar os meus inimigos, antes de haver compreendido o bem que eles me faziam, conservando-me alerta, atento a todas as fraquezas do meu caráter, a fim de evitar que eles encontrassem um ponto por meio do qual me prejudicassem.

Assim, compreendendo o quanto é útil ter inimigos, se eu não possuísse alguns julgaria meu dever criá-los. Eles descobririam os meus defeitos e os apontariam, enquanto os meus amigos, mesmo conhecendo as minhas fraquezas, nada me diriam sobre elas.

De todos os poemas de Joaquim Miller, nenhum expressou ideia mais nobre do que este:

"Todos honram aquele que conquista um prêmio",
É o que o mundo proclama há milhares de anos;
Mas ao que tenta, fracassa e morre,
Honro e glorifico com lágrimas.

Glorifiquemos e honremos com piedosas lágrimas
Os que fracassam em feito sublime;
Suas almas estão na vanguarda dos anos,
Eles nasceram com o Tempo, ou o precederam.

Grande é o herói que conquistou um nome;
Porém maior, muitas vezes maior,
É o ser pálido e triste que morre no opróbrio
E deixa a Deus completar sua ideia sublime.

Bravo é o homem que a espada desembainha,
E virtuoso aquele que do vinho se abstém;
Mas o que fracassa e prossegue lutando,
Este, sim, é que é o meu irmão gêmeo.*

Não pode haver fracasso para o homem que "continua a lutar". Um homem não fracassa enquanto não considera a derrota temporária como um fracasso. Há uma grande diferença entre derrota temporária e fracasso, diferença essa que tenho me esforçado por acentuar durante toda esta lição.

No seu poema intitulado *When Nature Wants a Man*, Angela Morgan expressou uma grande verdade em apoio à teoria exposta nesta lição, isto é, que a adversidade e a derrota temporária são sempre males que vêm para o bem.

Quando a natureza quer provar um homem,
E experimentá-lo,
Quando a natureza quer formar um homem
Para desempenhar o papel mais nobre;
Quando se empenha de todo o seu coração

---

*"All honor to him who shall win a prize",/ The world has cried for a thousand years;/ But to him who tries, and who fails, and dies,/ I give great honor, and glory, and tears./ Give glory and honor and pitiful tears/ To all who fail in their deeds sublime;/ Their ghosts are many in the van of years,/ They were born with Time, in advance of Time./ Oh, great is the hero who wins a name;/ But greater many, and many a time,/ Some pale-faced fellow who dies in shame/ And lets God finish the thought sublime./ And great is the man with a sword undrawn,/ And good is the man who refrains from wine:/ But the man who fails and yet still fights on,/ Lo, he is the twin-brother of mine.

Para criar um homem tão grande e tão digno
Que todo mundo dele se orgulhe...
Observemos os seus métodos e os seus meios;
Com que impiedade aperfeiçoa
Aquele que elegeu.
Como o ataca e como o fere,
E com que golpes violentos
Leva-o a moldes que apenas ela entende
Enquanto ele clama na sua tortura e ergue as mãos suplicantes!
Como a natureza curva, mas sem destruir,
Como procura o seu bem
Como trabalha aquele que elege!
Modela-o por todos os fins;
Por todas as artes o induz
A mostrar o seu esplendor.
A natureza sabe o que faz!

Quando a natureza quer fazer um homem,
Despertar um homem,
Para cumprir a vontade do futuro,
Quando procura com toda a sua arte
E se esforça com toda a sua alma,
Para criá-lo grande e completo...
Com que astúcia o prepara,
Como o atormenta e jamais o poupa,
Como o exaspera e o aflige,
Como o faz nascer na pobreza...
Quantas vezes desaponta
Aquele que sagrou.
Com que prudência o oculta,
Como o torna obscuro,
Conquanto o seu gênio soluce de humilhado, e seu orgulho jamais esqueça!
Manda-o lutar mais arduamente ainda.
Isola-o,

De modo que lhe cheguem apenas
As altas mensagens de Deus.
De modo a poder ensinar-lhe
O que a hierarquia planejou.
Conquanto ele não compreenda,
Dá-lhe paixões a dominar;
Com que impiedade o esporeia,
Com que tremendo ardor o instiga
Quando o elege cruelmente!

Quando a natureza quer dar nome a um homem,
Dar-lhe fama,
E domá-lo,
Quando a natureza deseja dar-lhe brio
Para fazer o melhor que pode...
Quando realiza a mais elevada prova,
Quando deseja um deus ou um rei,
Como o domina, como o restringe,
De modo que ele mal se contém,
Quando ela o instiga e inspira!
Conserva-o desejando, sempre ardendo por um objetivo inatingível...
Castiga e lacera a sua alma.
Lança um desafio ao seu espírito,
Ergue-o quando ele se aproxima:
Faz uma selva para que ele a desbrave;
Faz um deserto para que ele o tema,
E o vença, se puder...
Assim faz a natureza um homem.
Então, para provar a sua paciência,
Atira uma montanha em seu caminho...
Põe-no num dilema
E olhando-o impiedosamente:
"Sobe ou morre!", diz-lhe ela...
Observemos o seu propósito, os seus meios!

A natureza tem um plano maravilhoso,
Pudéssemos nós entendê-la.
Loucos são os que a chamaram de cega!
Quando o eleito tem os pés feridos e sangrando,
O seu espírito paira nas alturas,
E com seu alto poder rapidamente,
Abre novos caminhos magníficos;
Quando essa força divina
O desafia a cada fracasso e o seu ardor ainda é o mesmo
E o amor e a esperança ardem em presença da derrota...
Oh! A crise, o clamor!
Que apelam por um líder,
Quando um povo precisa ser salvo,
É então que ele surge como um guia,
E que o seu plano a natureza mostra,
E que o mundo encontra um HOMEM!*

---

*When Nature wants to drill a man,/ And thrill a man,/ And skill a man./ When Nature wants to mold a man,/ To play the noblest part;/ When she yearns with all her heart/ To create so great and bold a man/ That all the world shall praise—/ Watch her method, watch her ways!/ How she ruthlessly perfects/ Whom she royally elects;/ How she hammers him and hurts him,/ And with mighty blows converts him/ Into trial shapes of clay which only Nature understands—/ While his tortured heart is crying and he lifts beseeching hands!—/ How she bends, but never breaks,/ When his good she undertakes.../ How she uses whom she chooses/ And with every purpose fuses him,/ By every art induces him/ To try his splendor out—/ Nature knows what she's about./ When Nature wants to take a man,/ And shake a man,/ And make a man;/ When Nature wants to make a man/ To do the Future's will;/ When she tries with all her skill/ And she yearns with all her soul/ To create him large and whole.../ With what cunning she prepares him!/ How she goads and never spares him,/ How she whets him, and she frets him,/ And in poverty begets him,/ How she often disappoints/ Whom she sacredly anoints,/ With what wisdom she will hide him,/ Never minding what betide him/ Though his genius sob with slighting and his pride may not forget!/ Bids him struggle harder yet./ Makes him lonely/ So that only/ God's high messages shall reach him,/ So that she may surely teach him/ What the Hierarchy planned,/ Though he may not understand,/ Gives him passions to command,/ How remorselessly she spurs him/ With terrific ardor stirs him/ When she poignantly prefers him!/ When Nature wants to name a man/ And fame a man/ And tame a man;/ When Nature wants to shame a man/ To do his heavenly best.../ When she tries the highest test/ That she reckoning may bring—/ When she wants a god or king!/ How she reins him and restrains him/ So his body scarce

Se pudéssemos ler a história secreta dos nossos inimigos, encontraríamos, na vida de cada um, tristeza e sofrimentos suficientes para desarmar qualquer hostilidade.

Longfellow

Estou convencido de que o fracasso é o plano por meio do qual a natureza experimenta os predestinados e os prepara para o seu trabalho. O fracasso é o grande cadinho da natureza, no qual ela purifica o metal do coração humano, a fim de que possa ser posto à prova.

Estudando os grandes homens, desde Sócrates e Jesus Cristo até as grandes figuras dos nossos dias, tenho encontrado provas em apoio dessa teoria. O triunfo de cada homem parece ser quase na exata proporção dos obstáculos e dificuldades que ele tem de vencer.

Homem algum já se ergueu de uma derrota sem se sentir mais forte e mais prudente com a experiência. A derrota nos fala uma linguagem própria: uma linguagem que devemos escutar, quer desejemos ou não.

Sem dúvida, é preciso ter grande coragem para considerar a derrota como um "mal que vem para o bem", mas o alcance de qualquer posição que valha a pena manter na vida requer uma grande quantidade de "areia", o que me traz à memória um poema que se harmoniza com a filosofia desta lição:

> Um dia observei uma locomotiva, no pátio da estrada de ferro.
> Ela esperava no ponto onde as locomotivas esperam.
> Resfolegava para a jornada. Tinha carvão e estava plenamente equipada.

---

contains him/ While she fires him/ And inspires him!/ Keeps him yearning, ever burning for a tantalizing goal—/ Lures and lacerates his soul./ Sets a challenge for his spirit,/ Draws it higher when he's near it—/ Makes a jungle, that he clear it;/ Makes a desert that he fear it/ And subdue it if he can—/ So doth Nature make a man./ Then, to test his spirit's wrath/ Hurls a mountain in his path—/ Puts a bitter choice before him/ And relentlessly stands o'er him./ "Climb, or perish!" so she says.../ Watch her purpose, watch her ways!/ Nature's plan is wondrous kind/ Could we understand her mind.../ Fools are they who call her blind./ When his feet are torn and bleeding/ Yet his spirit mounts unheeding,/ All his higher powers speeding,/ Blazing newer paths and fine;/ When the force that is divine/ Leaps to challenge every failure and his ardor still is sweet/ And love and hope are burning in the presence of defeat.../ Lo, the crisis! Lo, the shout/ That must call the leader out./ When the people need salvation/ Doth he come to lead the nation.../ Then doth Nature show her plan/ When the world has found— a MAN!

E havia uma caixa que o foguista enchia de areia,
Ao que parece, as locomotivas nem sempre podem se sustentar
no seu esguio pavimento de aço porque as rodas podem escorregar;
E quando chegam a um ponto escorregadio, empregam a sua tática,
E para se sustentar no trilho, espalham sobre ele areia.
O mesmo acontece na viagem ao longo do atalho escorregadio da vida..
Se a nossa carga é pesada, estamos sempre escorregando;
Assim, se aproveitarmos o exemplo da locomotiva,
Levaremos ao partir uma boa provisão de areia.

Se o nosso caminho é íngreme e montanhoso e temos de subir,
Se os que seguiram na frente tornaram os trilhos escorregadios,
Se algum dia atingimos o cimo do planalto,
Teremos de fazer uso da areia, com liberalidade.
Se encontrarmos um inverno rigoroso e descobrirmos à nossa custa
Que podemos escorregar numa pesada camada de neve,
Devemos então agir com decisão.
E escorregaremos, se não tivermos areia.
Podemos chegar a qualquer estação na ferrovia da vida,
Se há bastante fogo na caldeira, da forte máquina da ambição.
E chegaremos à estação da "fartura" num imenso grau de velocidade,
Se, para todos os lugares escorregadios, tivermos uma boa provisão de areia.*

*I observed a locomotive in the railroad yards one day,/ It was waiting in the roundhouse where the locomotives stay;/ It was panting for the journey, it was coaled and fully manned,/ And it had a box the fireman was filling full of sand./ It appears that locomotives cannot always get a grip/ On their slender iron pavement, 'cause the wheels are apt to slip;/ And when they reach a slippery spot, their tactics they command,/ And to get a grip upon the rail, they sprinkle it with sand./ It's about the way with travel along life's slippery track—/ If your load is rather heavy, you're always slipping back;/ So, if a common locomotive you completely understand,/ You'll provide yourself in starting with a good supply of sand./ If your track is steep and hilly and you have a heavy grade,/ If those who've gone before you have the rails quite slippery made,/ If you ever reach the summit of the upper tableland,/ You'll find you'll have to do it with a liberal use of sand./ If you strike some frigid weather and discover to your cost,/ That you're liable to slip upon a heavy coat of frost,/ Then some prompt decided action will be called into demand,/ And you'll slip 'way to the bottom if you haven't any sand,/ You can get to any station that is on life's schedule seen,/ If there's fire beneath the

O leitor nada perderá aprendendo de cor os poemas citados nesta lição e tornando parte integrante da sua norma de vida a filosofia sobre a qual eles são baseados.

Como nos aproximamos do fim desta lição, vem à minha memória um pouco da filosofia contida nas obras do grande Shakespeare, e que desejo contestar, porque não julgo verdadeira. Está contida nos seguintes versos:

> Há na vida dos homens uma maré,
> Que se for aproveitada na enchente conduz à fortuna;
> Se for omitida, toda a viagem da vida
> É feita em charcos e em misérias.
> No mar da vida agora flutuamos:
> Devemos seguir a corrente favorável,
> Ou perder a ventura.*

O medo e a admissão do fracasso são os laços que nos fazem ficar "presos", "encalhados em bancos de areia e em misérias". Podemos quebrar esses laços? Não. Devemos, antes, obter vantagem deles e fazê-los servir como rebocadores para nos conduzirem à praia, se observarmos e aproveitarmos a lição que eles nos ministram.

> Quem nunca sofreu, nunca viveu de todo,
> Quem nunca fracassou, nunca lutou nem se esforçou,
> Quem nunca chorou é também estranho ao riso,
> E quem nunca duvidou também nunca pensou.**

Aproximando-me do fim desta lição, a minha predileta em todo o curso, fecho os olhos por um momento e vejo diante de mim um grande exército de homens e mulheres cujos rostos mostram as linhas do desespero e dos cuidados.

---

boiler of ambition's strong machine,/ And you'll reach a place called Flushtown at a rate of speed that' s grand,/ If for all the slippery places you've a good supply of sand.

*There is a tide in the affairs of men/ Which, taken at the flood, leads on to fortune;/ Omitted all the voyage of their life/ Is bound in shallows, and in miseries./ On such a full sea are we now afloat;/ And we must take the current when it serves,/ Or lose our ventures.

**Who ne'er has suffered, he has lived but half,/ Who never failed, he never strove or sought,/ Who never wept is stranger to a laugh,/ And he who never doubted never thought.

NÃO LUTES PARA AFOGAR O SOFRIMENTO E A DÚVIDA NO TURBILHÃO DOS PRAZERES; A PAZ QUE PROCURAS POR FORA SÓ SE ENCONTRA NO ÍNTIMO DA ALMA.

CARY

Alguns estão em farrapos, tendo atingido o último ponto desse longo, longo atalho que os homens chamam *fracasso*! Outros estão em melhores condições, mas o medo da miséria aparece plenamente nos seus rostos; o sorriso da coragem abandonou os seus lábios, e eles também parecem ter abandonado a luta.

Muda o cenário.

Olho novamente e vejo-me transportado para o passado, na história da luta do homem por um lugar ao sol, e vejo também os "fracassos" do passado que significam mais, para a raça humana, do que todos os chamados "sucessos" registrados na história do mundo.

Vejo a fisionomia de Sócrates, ao chegar ao fim do caminho do "fracasso", com os olhos voltados para o céu, naqueles momentos que devem ter parecido uma eternidade, antes de beber a taça com a cicuta a que o forçaram os sicários.

Vejo também Cristóvão Colombo, feito prisioneiro, em correntes, pois tal foi o prêmio que recebeu por ter aportado numa terra ignota para descobrir um continente desconhecido.

Vejo também o rosto de Thomas Paine, aquele a quem os ingleses procuraram prender e condenar à morte como instigador da Revolução Americana. Vejo-o encerrado numa infecta prisão, na França, esperando calmamente, à sombra da guilhotina, a morte que seria o seu prêmio pelo que realizou para o bem da humanidade.

Vejo também a fisionomia serena do Nazareno, sofrendo na cruz, no Calvário — recompensa que recebeu pelos seus esforços para redimir a humanidade sofredora.

Todos esses homens foram "fracassados".

Ser um "fracassado" assim... passar à história como passaram esses que tiveram o valor suficiente para colocar a humanidade acima do *indivíduo* e os princípios acima dos lucros pecuniários!

É em tais "fracassados" que repousa a esperança do mundo.

NESTE MUNDO, O QUE VALE É O CONTATO HUMANO, O CONTATO DAS NOSSAS MÃOS QUE PARA UM CORAÇÃO DESOLADO SIGNIFICA MAIS DO QUE O TETO, O PÃO E O VINHO; PORQUE, TERMINADA A NOITE, SE VAI O TETO, O PÃO DURA APENAS UM DIA, MAS O CONTATO DAS MÃOS E O SOM DA VOZ CANTAM NA ALMA PARA SEMPRE.

SPENCER M. TREE

Ó fracassados, erguei-vos e recomeçai!
No mundo da ação há lugar, há lugar para vós.
Nenhum fracasso foi jamais registado nos anais da verdade,
Exceto o do covarde que falha e não tenta outra vez.
A glória está na ação, e não no troféu conquistado;
As muralhas das trevas podem rir aos beijos do sol.
Ó escravos do destino, perseguidos e cansados!
Eu canto para vós.*

Agradeçamos à derrota que os homens chamam fracasso, porque, se pudermos sobreviver a ela, encontraremos uma oportunidade para provar nossa capacidade para atingir o auge das realizações no campo profissional escolhido.

Ninguém tem o direito de nos estigmatizar de fracassados, exceto nós mesmos.

Se, num momento de desespero, nos sentirmos inclinados a nos considerar fracassados, lembremos das palavras do rico filósofo Creso, que era o conselheiro de Ciro, o rei dos persas:

> Lembro-me ó rei! — e aprende de cor esta lição — há uma roda em que são resolvidos os negócios humanos e o seu mecanismo é tal que evita que os homens sejam sempre felizes.

*Oh, men, who are labeled "failures"—up, rise up! again and do!/ Somewhere in the world of action is room; there is room for you./ No failure was e'er recorded, in the annals of truthful men,/ Except of the craven-hearted who fails, nor attemps again./ The glory is in the doing, and not in the trophy won;/ The walls that are laid in darkness may laugh to the kiss of the sun./ Oh, weary and worn and stricken, oh, child of fate's cruel gales!/ I sing—that it haply may cheer him—I sing to the man who fails.

Que magnífica lição está encerrada nessas palavras! É uma lição de esperança, de coragem e promessa.

Qual de nós não tem tido dias em que tudo parece errado? São os dias em que vemos apenas o lado mau da grande roda da vida.

Lembremos de que a roda está sempre em movimento: se traz tristezas hoje, amanhã trará alegrias. A vida é um ciclo de acontecimentos variados — alegrias e tristezas.

Não podemos deter a roda do destino, mas podemos modificar as desgraças que ela nos traz lembrando-nos de que, se conservarmos a fé e agirmos honestamente, da melhor maneira, a bonança virá depois, tão certo como a noite sucede o dia.

"E isso também cedo passará", dizia sempre Lincoln nas suas horas de provação.

Assim, se o leitor estiver abalado com os efeitos de uma derrota temporária e achar difícil esquecê-la, recomendo-lhe a leitura de um dos mais belos poemas de Walter Malone, "Opportunity":

Ofendem-me os que dizem que não voltarei,
Porque bati à tua porta e não te encontrei;
Porque todas as noites permaneço à tua porta,
E ordeno que despertes e te ergas para lutar e vencer.
Não chores pelas preciosas chances que passaram;
Não chores pela idade de ouro que se foi;
Todas as noites queimo o registro do dia;
Ao erguer do sol, todas as almas nascem de novo.
Ri como um menino aos esplendores que passaram.
Às alegrias que se esvaíram, sê surdo e mudo.
O meu julgamento sela o passado que morreu,

Mas nunca prende um momento ainda por vir.
Mesmo afundado na lama, não torças as mãos nem chores.
Dou o meu braço a todos os que dizem: "Eu posso!"
Nenhum pária algum dia caiu tão baixo
Que não pudesse erguer-se e ser um homem novamente!
Lastimas a mocidade perdida?

Hesitas em desfechar um golpe merecido?
Volta-te então dos arquivos apagados do passado,
E encontrarás as brancas páginas do futuro.
Choras por uma pessoa amada? Liberta-te da magia;
És um pecador? O pecado tem perdão;
Cada manhã te dá asas com que voar do inferno,
Cada noite uma estrela para te guiar aos céus.*

*They do me wrong who say I come no more/ When once I knock and fail to find you in:/ For every day I stand outside your door,/ And bid you wake, and rise to fight and win./ Wail not for precious chances passed away;/ Weep not for golden ages on the wane;/ Each night I burn the records of the day;/ At sunrise every soul is born again./ Laugh like a boy at splendors that have sped,/ To vanished joys be blind and deaf and dumb;/ My judgments seal the dead past with its dead,/ But never bind a moment yet to come./ Though deep in mire wring not your hands and weep,/ I lend my arm to all who say, "I can!"/ No shamefaced outcast ever sank so deep/ But yet might rise and be again a man!/ Dost thou behold thy lost youth all aghast?/ Dost reel from righteous retribution's blow?/ Then turn from blotted archives of the past/ And find the future's pages white as snow./ Art thou a mourner? Rouse thee from thy spell;/ Art thou a sinner? Sin may be forgiven;/ Each morning gives thee wings to flee from hell,/ Each night a star to guide thy feet to heaven.

HÁ NESTE MUNDO ALMAS QUE TÊM O DOM DE ENCONTRAR ALEGRIA POR TODA PARTE E DE DEIXÁ-LA ATRÁS DE SI, ONDE QUER QUE VÃO.

FABER

DÉCIMA QUINTA LIÇÃO

TOLERÂNCIA

QUERER É PODER!

No início desta lição quero chamar a atenção do leitor para duas características significativas da *intolerância*:

Primeiro: A intolerância é uma forma de ignorância que precisa ser vencida, antes de se poder conseguir qualquer forma de triunfo duradouro. É a causa principal de todas as guerras. Fabrica inimigos nos negócios e nas profissões e em todos os outros setores das relações humanas. Desintegra as forças organizadas da sociedade de milhares de formas e é uma barreira gigantesca que se opõe à abolição da guerra. Destrona a razão e coloca no seu lugar a psicologia das massas.

Segundo: A intolerância é a principal força desintegradora das religiões organizadas, onde opera a destruição com a maior força do bem que existe na Terra, quebrando essa força em pequenas seitas e denominações que despendem tanto esforço em se oporem umas às outras como em destruir os males do mundo.

Mas falamos aqui de modo geral. Vejamos de que maneira a intolerância afeta o indivíduo. É claro que tudo o que impede o progresso da civilização permanece como uma barreira ao indivíduo, e vice-versa, tudo o que anuvia a mente do homem e retarda o seu desenvolvimento mental, moral e espiritual, retarda também o progresso da civilização.

Mas tudo isso não é mais que uma maneira abstrata de declarar uma grande verdade, e, como as afirmativas abstratas não são interessantes nem muito informativas, ilustremos de maneira mais concreta os efeitos prejudiciais da *intolerância*.

Começarei por descrever um caso que venho mencionando em quase todos os meus discursos em público nos últimos cinco anos; porém, como a palavra impressa tem um efeito modificador que torna possível a interpretação errada do relato aqui descrito, julgo necessário prevenir o leitor para que não leia nas entrelinhas um sentido que não era minha intenção colocar aqui. O leitor fará a si uma injustiça se se descuidar ou se recusar de propósito a estudar esse exemplo, apresentado em palavras exatas e com o sentido exato que lhe quero dar — um sentido tão claro como me é possível oferecer na língua inglesa.

Ao ler o caso, ponha-se na minha situação e veja se não passou por experiência igual e, nesse caso, que lição tirou daí.

Apresentaram-me um dia um rapaz de aparência extremamente delicada. Os seus claros olhos azuis, o aperto firme da sua mão, o tom da sua voz e o gosto magnífico com que estava vestido indicavam um jovem de tipo altamente intelectual. Era o tipo clássico do jovem universitário americano, e, correndo os olhos sobre ele, estudei-lhe rapidamente a personalidade, como era natural em tais circunstâncias, e observei que tinha na lapela uma insígnia representando um Cavaleiro de Colombo.

Imediatamente soltei-lhe a mão, como se fosse uma pedra de gelo.

O meu gesto foi tão brusco e rápido que nos surpreendeu a ambos. Desculpando-me e afastando-me, lancei um rápido olhar para a insígnia maçônica que eu trazia na lapela; então, tornei a olhar para a outra insígnia e admirei-me de que duas bagatelas tais como aquelas pudessem cavar um abismo tão profundo entre dois homens que nada sabiam um do outro.

Durante o restante do dia continuei a pensar sobre o caso, que muito me abalara. Sempre me orgulhei de ser tolerante para com todas as pessoas, mas eis que tivera uma espontânea manifestação de intolerância, a qual vinha provar que no meu subconsciente existia um complexo que me influenciava para demonstrar estreiteza de espírito.

Essa descoberta impressionou-me tanto que comecei imediatamente um processo de psicanálise, por meio do qual pesquisei as profundezas da minha alma, à procura da causa de semelhante aspereza.

Perguntava a mim mesmo, repetidamente:

Por que soltei abruptamente a mão do rapaz e me afastei dele, quando nada sabia a seu respeito?

Sem dúvida, a resposta me reconduzia sempre à insígnia que ele usava. Mas isso não era uma resposta justa, e não me satisfazia.

Iniciei um trabalho de pesquisa sobre religiões. Comecei a estudar o catolicismo e o protestantismo, até que remontei à origem de ambos, e encontrando uma linha de procedimento que, devo confessar, deu-me, dos problemas da vida, uma compreensão melhor do que todos os conhecimentos adquiridos anteriormente. Uma das coisas que descobri foi que o catolicismo e o protestantismo diferem mais em *forma* do que em *efeito*, que ambos são fundados exatamente na mesma causa, que é o cristianismo.

Mas não foi essa a principal descoberta que fiz, porque as minhas pesquisas conduziram-me necessariamente em várias direções e levaram-me ao campo da biologia, onde aprendi muito do que precisava saber sobre a vida em geral, e sobre os seres humanos em particular. As minhas pesquisas conduziram-me também ao estudo da hipótese de Darwin, sobre a evolução, tal como foi esboçada na *A origem das espécies*, e isso, por sua vez, conduziu-me a uma análise muito mais ampla do que fizera anteriormente nas questões de psicologia.

Quando comecei a trilhar essa direção, compreendi que a minha mente começava a expandir-se com uma rapidez tão alarmante que julguei necessário, imediatamente, pôr de lado o que julgava ser o conhecimento adquirido anteriormente e desaprender o que pensara conduzir à verdade.

É preciso apreender o sentido completo da afirmativa que acabo de fazer.

Imagine-se o leitor descobrindo de repente que quase toda a sua filosofia da vida tem sido construída com unilateralidades e preconceitos, tornando-lhe necessário reconhecer que, longe de ter terminado a sua instrução, está apenas qualificado para ser um estudante inteligente.

Tal foi a situação em que me encontrei, em relação a grande parte do que julgava ser a verdadeira base da vida; mas de todas as descobertas a que cheguei com esse trabalho de pesquisa nenhuma foi mais importante do que a da importância da hereditariedade social e física, pois foi essa descoberta que me revelou a causa da minha ação, quando voltei as costas a um rapaz que me era inteiramente desconhecido, conforme acabei de narrar.

OS CORAÇÕES, COMO AS PORTAS, PODEM SER ABERTOS COM FACILIDADE, E COM CHAVES MINÚSCULAS; NÃO ESQUEÇAMOS QUE ESSAS CHAVES SÃO "MUITO OBRIGADO" E "POR FAVOR".

Foi essa descoberta que me revelou de que maneira e onde adquiri os meus pontos de vista religiosos, políticos, econômicos e sobre muitos outros assuntos importantes. Sinto-me ao mesmo tempo alegre e triste, declarando ter verificado que a maioria das minhas opiniões nessas questões *era inteiramente sem base, não tendo nem mesmo o apoio de uma hipótese razoável e, muito menos, de fatos reais.*

Lembrei-me então de uma conversa que tive com o falecido senador Robert L. Taylor, sobre questões de política. Era uma discussão amistosa, pois professávamos o mesmo credo político, porém o senador me fez uma pergunta que não o perdoei senão depois que iniciei as pesquisas às quais me referi.

— Vejo que o senhor é um democrata convicto — disse-me ele —, e desejaria saber se sabe a razão disso.

Pensei um pouco sobre a pergunta e respondi com certa aspereza:

— Sem dúvida, porque meu pai era democrata!

Com um leve sorriso, o senador Taylor retorquiu:

— É exatamente o que eu pensava. Agora diga-me uma coisa: não estaria o senhor em má situação se seu pai tivesse sido um ladrão de cavalos?

Somente muitos anos mais tarde, conforme declarei anteriormente, me foi possível compreender o verdadeiro significado da pergunta do senador Taylor. Muitas vezes temos opiniões baseadas exclusivamente nos pensamentos dos outros.

A fim de dar ao leitor uma demonstração dos mais importantes princípios revelados por esse caso e também para que, de modo geral, o leitor possa adquirir a sua filosofia da vida, a fim de que descubra, conforme aconteceu comigo, que é, em grande parte, o resultado da educação que recebeu antes de alcançar os 15 anos de idade, transcreverei aqui o texto completo de um plano para a abolição da guerra que apresentei ao comitê de Edward Bok, *A contribuição americana para a abolição da guerra.*

Esse plano inclui não somente os mais importantes princípios a que me refiro, como também, conforme se observará, mostra de que maneira o princípio do *esforço organizado,* tal como foi esboçado na segunda lição deste curso, pode ser aplicado a um dos problemas mundiais mais importantes, e ao mesmo tempo nos dá uma ideia mais compreensiva da maneira como aplicá-lo também na consecução do *objetivo definido.*

Como abolir a guerra

Antes de apresentar esse plano para evitar as guerras parece-me necessário fazer um esboço do princípio que constitui a sua essência.

As causas da guerra podem ser omitidas aqui porque têm pouca ou nenhuma relação com o princípio por meio do qual os conflitos podem ser evitados.

O início desse esboço trata de dois importantes fatores que constituem as principais forças que controlam a civilização. Um é a hereditariedade física; o outro, a hereditariedade social.

As dimensões e a forma do corpo, a cor da pele e dos olhos, o funcionamento dos órgãos vitais são o resultado da hereditariedade física. São estáticos, fixos, não podem ser transformados, pois que são o resultado de 1 milhão de anos de evolução. Mas a parte mais importante do que somos é o resultado da hereditariedade social, e é adquirida do ambiente em que vivemos e da educação recebida na infância.

A nossa concepção de religião, política, economia, filosofia e outras questões de natureza semelhante, inclusive a guerra, é inteiramente o resultado das forças dominadoras da nossa educação e do ambiente em que vivemos.

O católico é católico em virtude da primeira educação que recebeu, e o protestante é protestante pelo mesmo motivo. Com poucas exceções, a religião que um indivíduo professa é o resultado da educação religiosa recebida entre os 4 e os 14 anos de idade, período em que a religião lhe é *imposta* pelos pais ou pelos que dirigiram a sua educação.

Um eminente sacerdote mostrou compreender muito bem o princípio da hereditariedade social quando afirmou: "Deixem-me dirigir uma criança até os 12 anos de idade e em seguida podem ensinar-lhe qualquer religião que desejarem, pois terei implantado a minha crença tão profundamente no seu espírito que não há poder terrestre capaz de desfazer o meu trabalho."

As principais crenças de uma pessoa são as que lhe foram impostas ou as que ela absorveu, voluntariamente, sob condições *altamente emocionais* num período em que a sua mente estava em estado receptivo. Em tais condições, o doutrinador pode implantar a ideia de religião, de maneira mais profunda e permanente, durante as horas de serviços religiosos revivalistas, do que poderia fazê-lo sob condições ordinárias, durante anos e anos, não estando a mente em estado emocional.

O povo dos Estados Unidos imortalizou Washington e Lincoln porque eles foram líderes da nação em épocas nas quais o espírito popular estava em estado de alta emoção, em consequência de calamidades que abalavam os próprios alicerces do país e afetavam de maneira vital o interesse de todo o povo. Por meio do princípio da hereditariedade social, operando através das escolas (ensino da história americana), e através de outras formas de ensino, a ideia da imortalidade de Washington e de Lincoln é implantada no espírito dos jovens americanos e conservada aí sempre viva.

As três grandes *forças organizadas* por meio das quais opera a hereditariedade social são as seguintes: as escolas, as igrejas e a imprensa.

Qualquer ideal que conte com a cooperação ativa dessas três forças pode, durante o breve período de uma geração, ser imposto de maneira tão eficiente no espírito dos jovens que eles não lhe poderão resistir.

Em uma manhã do ano de 1914 o mundo despertou para verificar que estava nas chamas de uma conflagração em escala até então nunca vista. E a característica principal dessa calamidade mundial era o Exército alemão, altamente organizado. Durante mais de três anos esses exércitos ganharam terreno tão rapidamente que parecia certo o domínio do mundo pela Alemanha. A máquina militar alemã operava com uma eficiência até então desconhecida. Tendo a *kultur* por ideal professado, a Alemanha moderna varria diante de si as forças que se lhe opunham, como se não tivessem chefe, conquanto os Aliados ultrapassassem os alemães em número, em todos os *fronts*.

A capacidade de sacrifício dos alemães, em apoio ao seu ideal, foi a surpresa principal da guerra, e essa capacidade era, em grande parte, o resultado do trabalho de dois homens. Por meio do sistema alemão de educação, controlado por esses dois homens, a psicologia que levou o mundo à guerra, em 1914, foi criada na forma definida da *kultur*. Esses dois homens foram Adalberto Falk, ministro prussiano da Educação até 1879, e o imperador Guilherme II.

A agência por meio da qual os dois homens conseguiram tal resultado era o princípio da hereditariedade social: a imposição de um ideal ao espírito da juventude alemã, sob condições altamente emotivas.

A *kultur*, como ideal nacional, foi incutida na mente dos jovens da Alemanha, a começar pela escola fundamental e estendendo-se ao ensino médio e superior. *Os professores foram obrigados a implantar o ideal da* kultur *na mente dos alunos*, e desse ensino, numa única geração, nasceu uma tal capacidade de sacrifício do indivíduo em bem dos interesses da nação que o mundo inteiro se surpreendeu.

Conforme declarou Benjamin Kidd, com muita propriedade, "o objetivo do Estado alemão era orientar em toda parte a opinião pública por meio dos chefes, tanto do ponto de vista espiritual como temporal, por meio da burocracia, por meio dos oficiais do exército, por meio da imprensa controlada pelo Estado e, finalmente, por meio do controle do Estado sobre o comércio e a indústria nacionais, levando assim o idealismo do povo a uma concepção de apoio absoluto à política nacional da Alemanha moderna".

A Alemanha controlou a imprensa, o clero e as escolas; desse modo não é de admirar que tenha conseguido um exército poderoso no decorrer de uma só geração, que representava unanimemente o seu ideal de *kultur*. Poderá alguém admirar-se de que os soldados alemães enfrentassem a morte com semelhante coragem quando se sabe que todos eles foram ensinados, desde a mais tenra infância, que tal sacrifício significava raro privilégio?

Passemos agora para um outro estranho processo de preparação e observemos o caso japonês. Nenhuma nação ocidental, exceto a Alemanha, demonstrou tão ampla compreensão do princípio da hereditariedade social. No decorrer de uma só geração o Japão subiu da condição de potência de quarta ordem para a fileira das potências mundiais reconhecidas como civilizadas. Estudemos o Japão e veremos que nele se adota, para influenciar o espírito dos jovens, o mesmo expediente alemão, isto é, a subordinação dos interesses individuais aos interesses sagrados da pátria.

Em todas as controvérsias do Japão com a China, observadores competentes têm notado que atrás das causas aparentes de disputa esconde-se a tentativa furtiva japonesa para controlar a mente da juventude das escolas. *Se o Japão pudesse controlar a mente dos jovens chineses, seria capaz de dominar a gigantesca nação em apenas uma simples geração.*

BASTA UM SEGUNDO PARA SE FAZER UMA CENSURA, MAS AQUELE QUE A RECEBE PODE LEVAR A VIDA INTEIRA PARA ESQUECÊ-LA.

Se quisermos estudar os efeitos da hereditariedade social, tal como está sendo empregada para o desenvolvimento de um ideal nacional por outra nação ocidental, observemos o que se passa na Rússia, desde a ascendência do governo soviético, que padroniza as jovens inteligências dentro do ideal nacional, cuja natureza ninguém precisa ser grande analista para interpretar. Esse ideal, devidamente amadurecido no decurso de uma geração, constituirá justamente o que o governo comunista deseja que represente.

De toda a torrente de propaganda acerca do regime soviético que se tem espalhado nos Estados Unidos através da imprensa desde o fim da Grande Guerra, o seguinte despacho constitui o exemplo mais significativo:

> *Os russos vermelhos encomendam livros.* A Rússia fez à Alemanha uma encomenda de 20 milhões de volumes. A propaganda educativa destina-se principalmente às crianças.
>
> Especial para o noticiário do exterior do *Chicago Daily News*. Berlim, 9 de novembro de 1920.
>
> Em nome do governo soviético o conhecido editor de Petrogrado, Grschebin, amigo de Máximo Gorki, acaba de fazer com a Alemanha um contrato para a publicação de 20 milhões de livros em língua russa, especialmente para crianças. Grschebin se dirigira primeiramente à Inglaterra, mas foi recebido com indiferença quando falou sobre o assunto ao governo britânico. Os alemães, porém, não somente o acolheram com satisfação, como também fizeram preços tão baixos como teria sido impossível em qualquer outro país. O jornal berlinense *Ullsteins* e vários editores concordaram em imprimir vários milhões de livros por menos do custo.

Isso mostra bem o que se passa na Rússia.

Longe de se impressionar com esse despacho significativo, a maioria dos jornais da América não o publicou, e os que o fizeram puseram-no num lugar escuro, em tipo miúdo. A sua verdadeira significação se tornará mais aparente daqui a uns 20 anos, quando o governo soviético tiver organizado um exército que apoiará, unanimemente, qualquer ideal nacional que estabelecer.

A possibilidade da guerra é hoje (1939) uma realidade severa, porque o princípio da hereditariedade social não somente tem sido usado como força que sanciona a guerra, como também tem sido empregado como a principal agência por meio da qual as mentes humanas são deliberadamente preparadas para a guerra. A fim de encontrar provas em apoio da verdade dessa afirmativa examinemos a história de qualquer país ou a história universal, e *observemos com que habilidade e eficiência a guerra é glorificada e de tal modo descrita que não somente causa viva impressão ao estudante, como se estabelece aí a sua justificação plausível.*

Nas praças públicas das nossas cidades observamos os monumentos erguidos em honra aos heróis das guerras. Vemos que todos eles são esculpidos de maneira a servir como símbolos para glorificar homens que nada fizeram senão dirigir os seus exércitos em jornadas de destruição. Essas estátuas de guerreiros servem como meios de estimular as mentes jovens e prepará-las para a aceitação da guerra, não apenas como um ato perdoável, mas como um meio desejável de alcançar glória, fama e honras No momento em que escrevo estas linhas, um grupo de senhoras bem-intencionadas encarregou-se de mandar esculpir no granito imperecível de Stone Mountain, na Geórgia, figuras de 30 metros de altura representando os soldados confederados e perpetuando assim a memória de uma causa "perdida", que nunca chegou a ser "uma causa" e que quanto mais cedo fosse esquecida, melhor seria.

Se essas referências a países longínquos como o Japão, a Rússia e a Alemanha parecem inexpressivas e abstratas, estudemos o princípio da hereditariedade social tal como funciona agora numa escala altamente desenvolvida nos Estados Unidos, pois é esperar muito da média do nosso povo supor que ele possa se interessar pelo que se passa fora do país.

Também nós estamos firmando na mente dos nossos jovens um ideal nacional, que vem sendo tão eficientemente desenvolvido, por meio do princípio da hereditariedade social, a ponto de já se ter transformado no ideal dominante da nação.

Esse ideal é o desejo de riqueza!

Tanto neste país como no restante do mundo a primeira pergunta que formulamos logo que somos apresentados a alguém é a seguinte: "Quanto ele possui?", e logo depois: "Como adquiriu sua fortuna?"

O nosso ideal não é medido em termos de guerra, mas em termos de finanças, de indústria e de negócios. Nossos Patrick Henries, George

Washingtons e Abraham Lincolns de gerações passadas são agora representados por hábeis líderes que dirigem nossas indústrias de aço, carvão, madeiras, algodão, instituições bancárias e estradas de ferro.

Podemos negar o que quisermos, mas contra os fatos não existem argumentos.

O principal problema do povo americano, atualmente, é o espírito de intranquilidade da parte das massas, as quais veem que a luta pela vida torna-se cada vez mais difícil, porque os cérebros mais competentes do país estão empenhados numa tentativa altamente competidora para acumular bens e controlar a máquina produtora de riqueza da nação.

Não é necessário demorar sobre esse assunto ou oferecer provas dessa verdade, porque isso é evidente para todos, exceto os que pretendem ignorá-la.

Tão profundamente estabelecido está esse prejudicial desejo de riqueza que não nos incomodamos que as outras nações se armem o mais possível, contanto que não interfiram com a nossa prosperidade. Há ainda gente que estimula a guerra, vislumbrando os lucros que possa vir a ter.

O PLANO

A guerra nasce do desejo que o homem sente de conquistar vantagens à custa dos seus semelhantes, e esse desejo é insuflado pelos agrupamentos que colocam os seus interesses acima dos de outros grupos.

Não se pode acabar de uma vez com as guerras.

A guerra só pode ser eliminada pela educação, por meio do auxílio do princípio da subordinação dos interesses individuais aos interesses mais reais da raça humana como um todo.

As tendências e atividades do homem, como já declaramos, são oriundas de duas grandes forças. Uma é a hereditariedade física e a outra é a hereditariedade social. Por meio da primeira dessas forças o homem herda todas as tendências primitivas para destruir os seus semelhantes. É essa uma prática muito antiga, herdada das eras em que a luta pela existência assumia tais proporções que apenas os fisicamente fortes podiam sobreviver.

Pouco a pouco os homens começaram a aprender que o indivíduo podia sobreviver em circunstâncias mais favoráveis aliando-se a outros, e, dessa descoberta, nasceu a sociedade moderna, os agrupamentos de pessoas

É NA VERDADE INFELIZ O HOMEM QUE SE ACOSTUMOU TANTO COM O MAL A PONTO DE NÃO ACHÁ-LO HORRÍVEL.

formaram os Estados e as nações. É muito insignificante a tendência para a guerra entre os indivíduos de uma mesma nação ou Estado, pois eles aprenderam, por meio do princípio da hereditariedade social, que podem viver melhor subordinando o interesse individual ao do grupo.

Agora, o problema é estender esse princípio de agrupamento, *de modo que as nações do mundo subordinem os seus interesses aos da raça humana.*

Isso só pode ser conseguido por meio do princípio da hereditariedade social. *Impondo à mente dos jovens de todas as raças o fato de que a guerra é uma coisa terrível, que não serve nem aos interesses do indivíduo nem aos do grupo.*

Surge então a pergunta:

"Como isso será possível?"

Antes de responder a esta pergunta vamos, mais uma vez, definir a expressão "hereditariedade social" e ver quais as suas possibilidades.

A hereditariedade social é o princípio por meio do qual os jovens absorvem do seu ambiente, e particularmente da primeira educação que recebem dos pais, professores e líderes religiosos, *as crenças e as tendências dos adultos que têm influência sobre eles.*

Qualquer plano para abolir a guerra, para ter êxito, depende, sobretudo, da coordenação do esforço entre *todas as igrejas e escolas do mundo para o deliberado propósito de fertilizar o espírito dos jovens com a ideia da abolição da guerra, de modo que a simples palavra "guerra" lhes desperte pavor.*

NÃO HÁ OUTRO PROCESSO PARA ACABAR COM AS GUERRAS!

A pergunta que surge logo em seguida é a seguinte: "Como será possível organizar as escolas e as igrejas no mundo inteiro com esse grande ideal por objetivo?" A resposta é a seguinte: "Nem todas podem ser induzidas a entrar em tal aliança, de uma só vez, mas é possível convencer um número suficiente das mais influentes dentre elas; estas, por sua vez, arrastarão as outras, pois rapidamente a opinião pública passará a exigir tal coisa."

Surge depois outra pergunta:

"Quem terá influência suficiente para convocar uma conferência dos mais poderosos líderes da educação e das religiões?"

A resposta é clara:

"O presidente e o Congresso dos Estados Unidos da América."

Tal empreendimento exige o apoio da imprensa numa escala até agora desconhecida, e por meio dessa fonte, sozinha, a propaganda começará a alcançar e fertilizar os espíritos dos povos de todos os países civilizados, em preparação para a adoção do plano pelas igrejas e escolas de todo o mundo.

O plano para acabar com as guerras pode ser comparado a uma magnífica peça dramática que seria constituída dos seguintes fatores principais:

CENÁRIO: O Capitólio dos Estados Unidos da América.

ATORES PRINCIPAIS: O presidente e os membros do Congresso.

ATORES MENOS IMPORTANTES: Os ministros mais eminentes de todas as seitas religiosas, os educadores mais importantes convidados e a expensas do governo dos Estados Unidos.

SALA DE IMPRENSA: Representantes de todas as agências telegráficas do mundo.

EQUIPAMENTO: Uma emissora para enviar as notícias pelo mundo inteiro.

TÍTULO DA PEÇA: "Não matarás!"

OBJETIVO DA PEÇA: A criação de um Tribunal Mundial, formado por representantes de todas as raças, cuja função será ouvir e julgar os casos resultantes de desacordo entre as nações.

Outros fatores entrarão nesse grande drama do mundo, mas são de menor importância.

Os pontos principais, bem como os fatores mais importantes, já foram enumerados.

Surge uma outra pergunta:

"Quem movimentará a máquina governamental dos Estados Unidos para convocar a conferência?"

A resposta é:

A opinião pública, por meio do auxílio de um líder hábil, que organizará e dirigirá os esforços de uma Sociedade da Regra de Ouro, cujo objetivo será impelir à ação o presidente e o Congresso.

Nenhuma Liga das Nações nem meros argumentos entre estas poderão acabar com a guerra enquanto houver corações humanos que a sancionem.

A paz universal entre as nações nascerá de um movimento que será levado a efeito, no princípio, apenas por um pequeno número de pensadores. Pouco a pouco esse número aumentará, até incluir os principais educadores, ministros de seitas religiosas e publicitários no mundo inteiro, e estes, por sua vez, se encarregarão de incutir nos espíritos jovens o ideal da paz universal, até que isso se torne uma realidade.

Esse fim desejado pode ser obtido dentro de uma única geração, sob uma liderança adequada, mas é muito provável que não se consiga isso senão depois de decorridas algumas gerações, porque os que têm capacidade para assumir a liderança estão ocupados demais com a "caça à riqueza" para poderem se sacrificar pelo bem das gerações vindouras.

A guerra pode ser abolida, não por meio de um apelo à razão, e sim por meio de um apelo ao lado emotivo da humanidade. É possível conseguir isso *organizando e emocionando os povos das diferentes nações do mundo em apoio a um plano universal de paz, e esse plano deve ser incutido no espírito das gerações vindouras com o mesmo diligente cuidado com que incutimos no espírito dos nossos jovens os nossos ideais religiosos.*

Não seria exagero dizer que as Igrejas do mundo inteiro poderiam estabelecer a paz universal como um ideal internacional, em uma única geração, se dedicassem a esse ideal pelo menos a metade do esforço que despendem em lutar umas contra as outras.

Estaremos ainda dentro dos limites do razoável se declararmos que as Igrejas cristãs, por si sós, têm influência suficiente para estabelecer a paz universal como um ideal de todo o mundo, em três gerações, se as várias seitas congregassem suas forças nesse sentido.

Que as principais igrejas de todas as religiões, as principais escolas e a imprensa do mundo poderiam conseguir êxito quanto a incutir o ideal da paz universal tanto na mente das crianças como na dos adultos no decorrer de uma só geração é uma ideia que pode parecer absurda, mas não é.

Se as religiões organizadas do mundo inteiro, tal como existem agora, não subordinarem seus interesses e propósitos individuais aos do estabelecimento da paz universal, então o remédio será o estabelecimento de uma igreja universal que funcionará por meio de todas as raças e cujo credo será baseado inteiramente sobre o propósito de incutir na mente dos jovens o ideal da paz universal.

Uma igreja assim iria, aos poucos, atraindo para o seu seio os crentes de todas as outras seitas.

E se as instituições educacionais do mundo inteiro não cooperarem para a realização e propagação desse ideal de paz universal, o remédio será então a criação de um sistema de educação inteiramente novo, que se encarregará de implantá-lo na mente dos jovens.

E, ainda no caso em que a imprensa mundial não coopere para isso, a solução estará na criação de uma imprensa independente que utilizará tanto a página impressa como o rádio para o objetivo de criar o apoio da massa em favor desse grande ideal.

Resumindo, se as atuais *forças organizadas* do mundo não emprestarem seu apoio para o estabelecimento da paz universal, como ideia internacional, será então necessário criar novas organizações que se encarreguem disso.

À primeira vista, parece demasiado esperar que as igrejas organizadas do mundo inteiro sejam induzidas a empenhar o seu poder e subordinar os seus interesses pessoais aos da civilização, em conjunto.

Mas esse obstáculo, que à primeira vista parece intransponível, na realidade não constitui nenhum empecilho, pois todo apoio que as Igrejas possam dar a esse plano será compensado com um redobramento do seu poder.

Vejamos que vantagens adviriam para as igrejas da sua participação no plano para o estabelecimento da paz universal, como ideal em todo o mundo: antes de tudo, é evidente que igreja alguma perderia as suas prerrogativas pelo fato de aliar-se a outras com o fim de estabelecer a paz universal. Essa aliança não interfere de maneira alguma com o credo de cada igreja em particular. Cada uma entraria na aliança e dela sairia com todas as prerrogativas e vantagens que possuía antes, e com a vantagem adicional de maior influência que a Igreja em conjunto gozará, visto ter servido como fator dominante para forçar à civilização o maior dos benefícios de que ela tem gozado em todos os tempos.

Se a Igreja não conquistasse outras vantagens por meio da aliança, apenas essa só seria suficiente para justificá-la. *Mas a vantagem mais importante que a igreja ganharia com essa aliança seria a descoberta de que tem poder suficiente para forçar os seus ideais ao mundo, quando coloca o seu apoio, em conjunto, em favor de um empreendimento.*

É SUBLIME TER UM OBJETIVO ELEVADO; NÃO É UM CRIME FRACASSAR, MAS AS BAIXAS ASPIRAÇÕES SÃO SEMPRE CENSURÁVEIS.

Por meio dessa aliança a Igreja terá apreendido todo o amplo significado do princípio do esforço organizado, mediante cujo auxílio lhe foi possível dominar facilmente o mundo e impor seus ideais à civilização.

A Igreja é a maior força em potencial do mundo de hoje, mas toda essa força e meramente "potencial" e assim permanecera até que ela empregue o princípio do esforço aliado ou *organizado*, o que quer dizer: *até que todas as Igrejas formulem um acordo de trabalho dentro do qual a força da religião organizada será empregada como um meio de incutir um ideal mais alto na mente dos jovens...*

A Igreja é a maior força em potencial do mundo, porque seu poder nasce das emoções humanas. *A emoção governa o mundo, e a Igreja é a única organização que repousa apenas no poder da emoção. A Igreja é o único fator organizado da sociedade que tem o poder de dominar e dirigir as forças emocionais da civilização, porque as emoções são controladas pela fé, não pela razão. E a Igreja é o único corpo organizado que centraliza a fé mundial.*

A Igreja é hoje formada por várias unidades de poder, sem ligação alguma, e não é fazer um cálculo exagerado dizer que quando essas unidades estiverem ligadas por meio do esforço aliado o poder de tal aliança *dominará o mundo e nenhuma força na Terra será capaz de derrotá-la!*

É num espírito animador que essa afirmativa é seguida por outra, ainda mais radical:

A tarefa de realizar essa aliança das igrejas para apoio do ideal da paz mundial deve repousar no elemento feminino das igrejas, porque a abolição da guerra promete vantagens que podem ser prolongadas no futuro e que serão gozadas apenas pelas gerações vindouras.

Numa das suas mais acres arremetidas contra as mulheres, Schopenhauer fez inconscientemente uma afirmativa verdadeira sobre a qual repousa a esperança da civilização: "Para a mulher, a raça é sempre mais do que o indivíduo." Schopenhauer acusa a mulher de ser a inimiga natural do homem, devido à sua característica inata *de colocar os interesses da raça acima dos do indivíduo.*

Parece-me uma profecia razoável sugerir que a civilização passou para uma nova era, que começou com a Guerra Mundial, e na qual a mulher está destinada a tomar em suas mãos a tarefa de reerguer os padrões éticos do mundo. É esse um indício esperançoso, pois é da natureza feminina subordinar os interesses do presente aos do futuro. É da natureza da mulher incutir no espírito dos jovens ideais que serão benéficos para as gerações vindouras, enquanto o homem é geralmente movido pelos interesses do presente.

Nos seus violentos ataques às mulheres, Schopenhauer disse uma grande verdade no que se refere à sua natureza, uma verdade que poderá ser utilizada por todos os que se empenham na tarefa meritória de estabelecer a *paz universal* como ideal no mundo inteiro.

Os clubes de mulheres, no mundo inteiro, estão destinados a desempenhar um importante papel nos negócios mundiais, um papel muito mais importante do que conquistar o direito de voto.

A CIVILIZAÇÃO NÃO PODE ESQUECER ISSO!

Os que não querem a paz são os que tiram proveito da guerra. Em número, essa classe constitui apenas um fragmento da potência mundial e poderia mesmo ser varrida da face da Terra, como se não existisse, se a multidão dos que não querem a guerra se organizasse com o alto ideal da paz universal como seu objetivo principal.

Terminando, julgo do meu dever pedir desculpas por este ensaio incompleto, mas parece-me que é alguma coisa sugerir que os tijolos, a argamassa, as pedras para os alicerces, em suma, todos os materiais necessários à construção do *templo da paz universal* estão aqui reunidos e podem ser organizados e transformados nesse alto ideal como uma realidade mundial.

Prossigamos agora na aplicação do princípio da hereditariedade social aos assuntos econômicos e vejamos se ele pode ou não ser de efeito benéfico para a consecução da riqueza material.

Fosse eu um banqueiro, procuraria uma lista de todos os nascimentos em famílias que residissem a uma dada distância do local do meu estabelecimento. A cada criança que nascesse, enviaria uma carta, congratulando-me com a sua chegada ao mundo num momento tão oportuno, e num meio tão favorável; e em cada aniversário a criança receberia do meu banco um presente apropriado. Assim, ao atingir a idade em que se gosta dos livros de histórias, o banco enviaria um interessante livro com todas as vantagens da economia, descritas de uma maneira atraente, em forma de contos. Se fosse uma menina, o livro contaria histórias de bonecas, mas teria impresso na contracapa o nome do banco. Se fosse um menino, receberia *bats* de beisebol. Um dos andares mais importantes do estabelecimento, talvez mesmo um edifício inteiro que ficasse próximo, seria transformado em *playground* onde eu instalaria carrosséis, trampolins, jogos de toda espécie, e um zelador competente ficaria encarregado de cuidar para que os pequenos se divertissem bastante. Faria com que esse *playground* se tornasse o habitat popular das crianças da comunidade, onde as mães pudessem deixar os seus filhos enquanto fossem fazer compras ou visitas.

Proporcionaria tais distrações a essas crianças, que quando crescessem e se tornassem correntistas de banco, estariam inseparavelmente ligadas ao meu. Nesse ínterim, eu não iria perdendo oportunidades para fazer com que os seus pais abrissem uma conta no meu estabelecimento.

Se eu fosse proprietário de uma escola comercial, começaria por instruir os rapazes e as moças da minha comunidade desde que chegassem ao último ano do ensino fundamental até atingirem o ensino médio, de modo que quando terminassem o curso superior, estando prontos para escolher uma vocação, teriam bem fixo no espírito o nome da minha escola.

Se eu fosse proprietário de uma loja, de uma mercearia ou de uma farmácia, não me descuidaria das crianças, pois por seu intermédio atrairia os pais para meus clientes. É fato bem conhecido que o meio mais fácil de conquistar um pai é mostrar interesse por seus filhos. Se eu fosse comerciante e anunciasse nos jornais, como de costume, incluiria nos anúncios interessantes desenhos cômicos que atraíssem as crianças.

Se eu fosse pregador, instalaria no pátio da minha igreja uma sala de recreio tão interessante que atraísse as crianças da comunidade, todos os dias da semana. Participaria das suas brincadeiras e, assim, obteria inspiração para melhores sermões. Ao mesmo tempo, conquistaria futuros ouvintes. Não poderia encontrar um meio mais eficiente de prestar um serviço em harmonia com os ideais do cristianismo, e, ao mesmo tempo, faria da minha igreja um lugar preferido pelas crianças.

A UNIDADE DE PROPÓSITO É UM DOS FATORES ESSENCIAIS DO TRIUNFO, SEJA QUAL FOR O NOSSO OBJETIVO NA VIDA.
JOHN D. ROCKEFELLER JÚNIOR

Se eu fosse um agente de publicidade, ou o proprietário de uma casa distribuidora, encontraria meios apropriados para estabelecer um ponto de contato com as crianças do país porque, deixem-me repetir aqui, não há melhor meio de influenciar os pais do que cativando os filhos.

Se eu fosse barbeiro, teria uma sala equipada exclusivamente para crianças, pois isso me traria a preferência tanto das crianças como de seus pais.

Nos arredores de cada cidade há oportunidade de ótimos negócios para aqueles que estabelecessem um restaurante e servissem refeições saudáveis, atraindo assim as famílias que desejassem levar seus filhos para jantar uma vez ou outra.

Poderia haver lá tanques para pesca, pôneis para as crianças montarem, outras espécies de animais, pássaros, em suma, tudo o que interessasse às crianças. Por que falar de minas de ouro quando as oportunidades se oferecem por toda parte?

São esses apenas alguns dos muitos casos nos quais a hereditariedade social pode ser empregada com vantagem em negócios.

Atraindo as crianças, atrairemos também os pais!

Se as nações podem construir soldados para a guerra, inclinando em favor da guerra o espírito dos jovens, os homens de negócios podem também conseguir clientes por meio do mesmo princípio.

Chegamos agora a outra característica importante desta lição por meio da qual podemos ver, de outro ângulo, como é possível acumular poder por meio do esforço organizado ou de cooperação.

No plano organizado para a extinção das guerras observamos de que maneira a coordenação de esforços entre as três grandes forças organizadas do mundo (as escolas, a Igreja e a imprensa) podem servir para implantar a paz universal.

Apesar de toda a destruição que causou, a Guerra Mundial nos ministrou muitas lições de valor. Mas nenhuma foi mais importante do que a lição sobre o valor do esforço organizado. Devemos estar lembrados de que a maré começou a ser favorável aos Aliados quando todos os exércitos foram colocados sob a direção suprema do marechal Foch.

Nunca, na história do mundo, houve tanto poder concentrado nas mãos de um grupo de homens. Chegamos agora a um dos fatos mais significativos que se pode encontrar analisando esses exércitos Aliados: isto é, o fato de representarem as tropas mais cosmopolitas que o mundo já conheceu.

Católicos, protestantes, judeus, pagãos, brancos, negros e amarelos, todas as raças da Terra estavam representadas naqueles exércitos. Se existiam diferenças de credo ou de raça, tudo isso foi posto de lado em benefício da causa pela qual todos lutavam. Sob os horrores da guerra, a grande massa da humanidade foi reduzida a um nível comum, onde todos lutavam ombro a ombro, lado a lado, sem indagar sobre tendências raciais ou crenças religiosas.

Assim, se todos puderam pôr de lado a *intolerância* e lutar pela própria vida, porque não poderemos fazer o mesmo, lutando por um ideal mais elevado, em busca de melhor padrão de moral nos negócios, nas finanças e nas indústrias?

Será somente quando lutam pela própria vida que os povos põem de lado a intolerância e cooperam decididamente para um fim comum?

Se os exércitos Aliados encontraram mais vantagem em pensar e agir como um só corpo, não haveria vantagem para o povo de uma cidade, para os membros de uma comunidade ou de uma indústria agir e pensar como tal unidade?

Se todas as igrejas e escolas e todos os jornais, clubes e organizações cívicas de uma cidade se aliassem para trabalhar por uma causa comum, não seria possível assegurar o triunfo dessa causa?

Aproxime o leitor ainda mais esse exemplo, aplicando-o aos seus interesses individuais, imaginando uma aliança entre todos os empregados e empregadores da sua cidade, com o objetivo de reduzir os desentendimentos e tornando-lhes possível prestar melhores serviços, por preços mais baixos, com proveito para o público e para si mesmo.

Aprendemos com a Guerra Mundial que não se pode destruir uma parte sem enfraquecer o todo; que, se uma nação ou grupo é reduzido à pobreza e à necessidade, o restante do mundo sofrerá também. Em outras palavras, aprendemos com a Guerra Mundial que a *cooperação* e a *tolerância* são a verdadeira base de todo sucesso duradouro.

O autor não deixa de notar o fato de que, provavelmente, o leitor segue este curso com o objetivo de tirar proveito, de todos os modos possíveis,

QUANDO UM HOMEM FORMA UM CARÁTER ÍNTEGRO, POUCO IMPORTA O QUE OS OUTROS DIGAM A SEU RESPEITO, PORQUE AFINAL ELE VENCERÁ.

NAPOLEON HILL

dos princípios em que ele se baseia. Assim, esforçou-se por esboçar a aplicação desses princípios ao maior número possível de assuntos.

Nesta lição tivemos a oportunidade de observar a aplicação dos princípios do esforço organizado e da hereditariedade social em tal extensão que o leitor deve ter obtido assuntos para muita reflexão e que a sua imaginação deve ter encontrado muita ocasião para exercício proveitoso. Esforcei-me por demonstrar que esses princípios podem ser empregados tanto para a defesa dos seus interesses pessoais, em qualquer setor do trabalho, como também em benefício da civilização.

Seja o leitor um pregador, um vendedor, um empregado doméstico, um advogado ou clínico, ou diretor de empresa, ou mesmo um simples operário tarefeiro, parece-me não ser demasiado esperar que tenha encontrado nesta lição um estímulo que poderá conduzi-lo às mais altas realizações. Caso seja um redator de anúncios, seguramente encontrará aqui alimento suficiente para dar mais poder à sua pena. Se precisa oferecer serviços pessoais, não é desarrazoado esperar que esta lição lhe tenha sugerido novos modos e meios para colocação dos mesmos, com maiores vantagens.

Revelando ao leitor as fontes da *intolerância*, esta lição levou-o também ao estudo de outros assuntos que despertam pensamentos capazes de marcar o ponto decisivo mais proveitoso da sua vida. Livros e lições, em si mesmos, são de pouco valor. O seu valor real não está nas páginas impressas, *mas na possível ação que podem despertar no leitor.*

Por exemplo, ao terminar a leitura desta lição minha revisora de provas informou-me que tanto ela como seu marido tinham ficado de tal modo impressionados que formaram o plano de se dedicarem à publicidade, com anúncios que chegariam aos pais por meio dos filhos. E acreditavam que tal plano lhes renderia 10 mil dólares por ano.

Na verdade, o seu plano me pareceu tão viável que chego a pensar que poderá render duas ou três vezes mais do que esperam, e até mesmo cinco vezes mais, se for executado por pessoas capazes.

Mas isso ainda não é tudo o que esta lição alcançou, mesmo antes de ser impressa. Um eminente diretor de escola comercial, ao qual mostrei os originais, começou a levar a efeito a sugestão a que me referi, sobre a hereditariedade social como meio de "cultivar" os estudantes. É bastante otimista para acreditar que um plano semelhante ao que pretende empregar poderá ser vendido à maioria das 1.500 escolas comerciais dos Estados Unidos e do Canadá, numa base que daria ao promotor desse plano uma renda superior ao salário recebido pelo presidente dos Estados Unidos

E ao terminar a lição recebi uma carta do dr. Charles F. Crouch, de Atlanta, Geórgia, na qual ele me informou que um grupo de importantes comerciantes de Atlanta acaba de fundar o Clube da Regra de Ouro, sendo o seu principal objetivo pôr em execução, em todo o país, o plano para a abolição da guerra, tal como foi esboçado neste capítulo. (O dr. Crouch recebeu uma cópia desta parte da lição várias semanas antes de ser terminada.)

Esses três acontecimentos, ocorrendo um após o outro, num período de poucas semanas, reforçaram a minha crença de que é esta a mais importante das 16 lições, mas seu valor dependerá inteiramente do grau em que estimular o pensamento do leitor.

O principal objetivo deste curso e, particularmente, desta lição é, antes, educar do que *informar* — educar tendo aqui o sentido de *deduzir*, isto é, levar o leitor a fazer uso do poder latente que traz em si e que espera o estímulo apropriado para despertá-lo e pô-lo em ação.

Concluindo, deixo com o leitor a minha própria opinião sobre a tolerância, no seguinte ensaio que escrevi na hora da minha grande provação, quando um inimigo procurava destruir a minha reputação e os resultados de toda uma vida de esforços honestos para fazer algum bem ao mundo.

Tolerância

Quando a aurora da inteligência tiver aberto as suas asas sobre o horizonte do progresso, e a ignorância e a superstição tiverem deixado as suas últimas pegadas nas areias do Tempo, será registrado no livro dos crimes e erros do homem que o seu pecado mais grave foi a intolerância.

A intolerância mais acerba nasce dos preconceitos religiosos e das diferenças de opinião como resultado da educação. Por quanto tempo, ó Senhor dos destinos humanos, nós, pobres mortais, viveremos ainda sem compreender que é loucura procurar destruir um ao outro por divergências de dogmas e credos e outras questões superficiais?

A nossa vida é apenas um breve momento!

Como uma vela, ardemos, brilhamos por um instante e logo nos extinguimos. Por que não podemos fazer essa breve jornada terrestre de tal maneira que, quando a grande caravana da morte anunciar que está terminada a nossa visita, estejamos prontos para dobrar as nossas tendas e silenciosamente, como os árabes do deserto, seguir a grande caravana para as trevas do desconhecido, sem medo e sem tremor?

Espero não encontrar judeus nem gentios, católicos nem protestantes, alemães nem ingleses, franceses ou russos, brancos ou pretos, vermelhos ou amarelos quando tiver cruzado a fronteira para o além.

Então, espero encontrar apenas almas humanas, todos irmãos, sem distinção de raça, credo ou cor; desejo que não haja então intolerância, pois quero repousar em paz, livre da ignorância, da superstição e das incompreensões mesquinhas que tornam a nossa vida terrestre um caos de tristeza e sofrimento.

É IMPOSSÍVEL QUE UMA PESSOA LEIA A FILOSOFIA DA LEI DO TRIUNFO SEM FICAR MAIS BEM PREPARADA PARA TRIUNFAR EM QUALQUER PROFISSÃO QUE ESCOLHER.

ELBERT H. GARY

DÉCIMA SEXTA LIÇÃO

A REGRA DE OURO

QUERER É PODER!

Com esta lição nos aproximamos do ápice da pirâmide deste curso sobre a Lei do Triunfo. É ela que tornará fácil ao leitor empregar de maneira proveitosa e construtiva o conhecimento reunido das lições anteriores.

Há nas lições precedentes muito mais poder do que se pensa e, assim, a presente lição é um leme que, se for observado e seguido, capacitará o leitor para dirigir o barco dos seus conhecimentos nas zonas de rochas e recifes do fracasso que habitualmente põe obstáculos no caminho de todos os que vencem subitamente.

Por mais de 20 anos tenho observado a maneira pela qual os homens se comportam quando alcançam o poder, e cheguei à conclusão de que os que conseguem o poder de outra maneira que não seja por um processo vagaroso, passo a passo, estão constantemente em perigo de se destruir, bem como a todos aqueles sobre os quais exercem influência.

De há muito deve ter ficado inteiramente claro para o leitor que todo este curso conduz à obtenção do poder em proporções que poderiam significar o impossível; tornou-se aqui aparente que esse poder só se obtém pela observação de vários princípios fundamentais, todos convergindo nesta lição, que é baseada na lei que iguala e suplanta em importância todas as outras, descritas nas lições anteriores.

Do mesmo modo, parece claro para o aluno consciencioso que tal poder só é duradouro por meio da observância fiel da lei sobre a qual se baseia esta lição, na qual se encontra a válvula de segurança que protege o leitor descuidado do perigo das suas próprias loucuras e protege também os que ele poderia pôr em perigo tentando frustrar a injunção aqui apresentada.

Querer exibir, sem uma assimilação completa e estrita observância da lei aqui apresentada, o poder que só se obtém por meio dos conhecimentos contidos nas lições precedentes equivale a jogar com uma força que tanto pode destruir como criar.

Falo aqui não do que penso ser verdade, e sim do que estou certo de que é verdade. A verdade sobre a qual se baseia todo este curso e em particular esta lição não é uma invenção minha. Não tenho essa pretensão. Apenas observo que tenho feito dela uma aplicação incessante, na vida de todos os dias, por um período de mais de 25 anos de luta, e de tê-la assimilado tanto quanto podia empregá-la, de acordo com a minha fragilidade humana.

Se o leitor pedir provas positivas da veracidade das leis sobre as quais se baseia este curso, e esta lição, em particular, devo confessar a minha incapacidade para oferecê-las, exceto por meio de uma testemunha, que é o próprio leitor.

Só poderá ter provas *positivas* explicando e aplicando por si mesmo essas leis.

Se quiser provas mais autorizadas e mais substanciais do que as minhas, remeto-o então aos ensinamentos e à filosofia de Cristo, Platão, Sócrates, Epicteto, Confúcio, Emerson e dois dos mais modernos filósofos, James e Münsterberg, de cujos trabalhos tirei tudo o que constitui os mais importantes fundamentos desta lição, com exceção, naturalmente, do que colhi das minhas próprias experiências.

Por mais de 4 mil anos tem sido pregada a Regra de Ouro como uma norma adequada a ser seguida entre os homens. Desgraçadamente, porém, o mundo tem aceito a letra da Regra de Ouro, mas tem esquecido completamente o espírito dessa Injunção Universal. Aceitamos a filosofia da Regra de Ouro apenas como uma sólida regra de conduta ética, mas temos fracassado na compreensão da lei que lhe serve de base.

Por dezenas de vezes, tenho ouvido falar da Regra de Ouro, mas não me lembro de ter ouvido uma só explicação da lei em que se baseia, e somente há poucos anos compreendi essa lei. Daí, sou levado a crer que a grande maioria dos que a citam não a entende.

A REGRA DE OURO SIGNIFICA, SUBSTANCIALMENTE, FAZER AOS OUTROS APENAS AQUILO QUE DESEJARÍAMOS QUE OS OUTROS NOS FIZESSEM, SE ESTIVESSEM EM NOSSA SITUAÇÃO.

Mas por quê? Qual o motivo *real* para tão bondosa consideração para com os outros?

A razão verdadeira é a seguinte:

Há uma lei eterna por meio da qual colhemos sempre o que semeamos.

Escolhendo a regra de conduta para guiar nossas ações e transações com os outros, seremos justos e sinceros, tanto quanto possível, se soubermos que estamos pondo em ação, com essa escolha, um poder que seguirá o seu curso, influenciando a vida dos outros, volvendo finalmente a nos auxiliar ou a nos prejudicar, de acordo com a sua natureza.

"Quem semeia ventos, colhe tempestades."

É um direito nosso tratar injustamente os nossos semelhantes, mas, se conhecermos a lei em que se baseia a Regra de Ouro saberemos que o "feitiço vira contra o feiticeiro".

Se o leitor compreendeu bem os princípios descritos na décima primeira lição, sobre "pensar com exatidão", encontrará muita facilidade para compreender a lei que serve de base à Regra de Ouro. Não poderá desviar ou modificar o curso dessa lei, *mas pode adaptar-se à sua natureza e, assim, usá-la como uma força irresistível que o levará às alturas das realizações que não poderiam ser atingidas sem o seu auxílio.*

Essa lei não se limita a fazer voltar contra nós as ações injustas que cometeremos para com os outros; vai mais longe, muito mais longe, e nos traz os resultados de cada pensamento que formulamos.

Assim sendo, não é aconselhável "fazer aos outros aquilo que não queremos que os outros nos façam", e sim garantir para nós mesmos todos os benefícios da Grande Lei Universal, seguindo a regra: "Pensar apenas o que desejamos que os outros pensem de nós."

A lei sobre a qual se baseia a Regra de Ouro começa a nos afetar quer para o bem, quer para o mal desde o momento em que formulamos um pensamento. Atinge quase as proporções de uma tragédia mundial o fato de que geralmente não se tem conhecimento dessa lei. Apesar da sua simplicidade, essa lei resume em si tudo o que o homem precisa aprender, pois é por meio dela que nos tornamos senhores do nosso destino.

Compreendendo essa lei teremos compreendido tudo o que a Bíblia nos revelou, pois ela apresenta uma sequência ininterrupta de provas em apoio

TODO HOMEM SE ACAUTELA PARA NÃO SER ENGANADO PELO PRÓXIMO. CHEGA O DIA, PORÉM, EM QUE ELE PRÓPRIO CUIDA DE NÃO ENGANAR OS OUTROS, ENTÃO TUDO VAI BEM. A ESTRADA LARGA SUBSTITUIU O CAMINHO ESTREITO.

do fato de que é o homem quem faz o seu próprio destino. E os seus pensamentos e as suas ações são os instrumentos com que o constrói.

Durante eras menos esclarecidas e menos tolerantes do que a atual alguns dos maiores pensadores do mundo pagaram com a própria vida as suas ousadas tentativas para tornar conhecida a Lei Universal, a fim de que todos pudessem entendê-la. À luz da história passada no mundo há uma evidência animadora de que os homens vão erguendo pouco a pouco o véu da ignorância. Assim, não corro perigo por escrever o que em outras eras poderia me custar a vida.

Embora este curso trate das mais elevadas leis universais que o homem é capaz de interpretar, o seu objetivo, entretanto, tem sido o de demonstrar como essas leis podem ser usadas nas questões práticas da vida. Com esse objetivo em mente, prossigamos na nossa análise sobre o efeito da Regra de Ouro, e narrarei o seguinte incidente:

O PODER DA PRECE

— Não — disse o advogado —, não farei a sua acusação contra esse homem; pode procurar outro advogado para tratar do caso ou então retirar a denúncia. Fica à sua vontade decidir.

— Pensa que não ganhará muito no caso?

— Sei que há algum dinheiro; e esse dinheiro será o resultado da venda da pequena casa que ele chama de seu lar! Mas não quero me encarregar desse caso, seja como for.

— Tem medo, hein?

— Não, não é isso.

— Suponho então que o sujeito veio implorar-lhe que não prosseguisse...

— Sim, veio.

— E o comoveu?

— Sim.

— Por Deus! Que fez o senhor?

— Creio que derramei algumas lágrimas.

— E o velho suplicou com determinação, não foi?

— Não, não me disse uma palavra.

— Bem, poderei então perguntar a quem se dirigiu, na sua presença?

— A Deus Todo-Poderoso.

— Ah! Recorreu às preces, não foi?

— Como vê, encontrei a casinha com muita facilidade. Bati na porta, que estava aberta, mas ninguém me ouviu; assim, entrei no pequeno hall e vi, através da fenda da porta, uma sala bem-arranjada e, numa cama, com a cabeça grisalha sobre travesseiros, uma senhora idosa, que se assemelhava imensamente à minha mãe, a última vez que a vi neste mundo. Bem, no momento em que ia bater, ouvi-a dizer: "Vamos, fale. Estou pronta." De joelhos ao seu lado, estava um homem velho, de cabelos brancos, ainda mais velho do que a esposa, segundo pude julgar. Não tive mais coragem de bater. Mas ele começou. Primeiro lembrou-lhe que eram filhos submissos de Deus, e fosse qual fosse a provação que Ele lhes impusesse, não deviam se rebelar contra a Sua vontade. Sem dúvida, ia ser muito duro para eles ficarem sem lar na velhice, principalmente a pobre mulher, tão doente e indefesa. Ah! Como seria diferente se um dos rapazes ao menos tivesse sido poupado. Então a sua voz como que se quebrou, e uma mão branca, saindo de sob as cobertas, acariciou-lhe o cabelo grisalho. Mas ele prosseguiu, dizendo que nada mais seria tão cruel como a perda dos seus três filhos — a não ser que ele e a esposa tivessem de se separar. Mas, finalmente, passou a confortar a si próprio com a ideia de que o Senhor bem sabia que não fora por falta sua ou da esposa que se viam agora ameaçados de perder o seu querido lar, o que significava a mendicância ou o asilo, lugar onde Deus os livrasse de entrar, se fosse da Sua vontade. Então citou uma quantidade de promessas acerca da segurança dos que põem a sua confiança em Deus. De fato, foi a súplica mais comovente que já me foi dado ouvir. Finalmente, pediu a Deus que abençoasse a todos os que necessitavam de justiça.

E o advogado continuou, com voz ainda mais alta:

— E, creia, prefiro ir eu próprio para o asilo, esta noite, a manchar o meu coração e as minhas mãos com semelhante causa.

— Está com medo de fazer com que a prece do velho não seja ouvida?

— Por Deus, homem! Não pode deixar de ser ouvida — disse o advogado. — Digo-lhe que ele submeteu tudo à vontade de Deus, mas declarou que podíamos tornar os nossos desejos conhecidos de Deus; nunca ouvi uma prece igual. Como vê, ensinaram-me isso na infância. De qualquer maneira, por que motivo tive de ouvir aquelas preces? Estou certo de que não sei. Mas tenho de desistir do caso.

— Desejaria que o senhor não me falasse mais sobre as súplicas daquele velho — disse o cliente, inquieto.

— Por quê?

— Bem, me interessa apenas o dinheiro que o caso pode me render; mas fui educado nos ensinamentos da Bíblia e também não desejo contradizê-lo. Desejaria não ter ouvido uma palavra sobre isso, e, de outra vez, fecharei os ouvidos a tais pedidos.

O advogado sorriu.

— Meu caro amigo — disse ele —, ainda uma vez não tem razão. Isso se destina aos meus ouvidos e aos seus. Foi Deus que assim determinou. Minha mãe, lembro-me ainda, costumava cantar uma canção sobre os caminhos misteriosos que Deus escolhe.

— A minha mãe também — disse rispidamente o cliente, enquanto amassava os papéis entre os dedos. E acrescentou: — Pode ir à casa desse velhinho e dizer-lhe que a reclamação judicial foi suspensa.

— De modo misterioso — retrucou o advogado, sorrindo.

Nem esta lição nem o curso do qual faz parte são baseados num apelo a sentimentalismo excessivo, mas não é possível negar a verdade de que o triunfo, nas suas formas mais elevadas e mais nobres, conduz por fim o indivíduo a considerar as relações humanas com um sentimento de profunda emoção, como aconteceu a esse advogado quando atendeu a súplica do homem idoso.

Pode parecer uma ideia antiquada, mas não consigo me libertar da crença de que *nenhum homem pode conseguir triunfo na vida, na sua mais elevada forma, sem o auxílio de uma prece.*

A prece é a chave que abre a porta secreta a que nos referimos na décima primeira lição. Nesta era de mundanismo, quando a ideia dominante da grande maioria das pessoas se centraliza na acumulação de riqueza, ou na mera luta pela existência, não somente é natural como também é fácil para qualquer um de nós menosprezar o valor da prece.

Não quero dizer com isso que se recorra às preces como meio de solucionar problemas imediatos. Seria ir longe demais num curso de instrução que será seguido principalmente pelos que procuram uma estrada para o triunfo que é medido em moedas; mas não poderia eu sugerir modestamente ao leitor que experimentasse a prece, quando tudo mais falhasse?

Trinta homens, com os olhos vermelhos e os cabelos em desalinho, compareceram diante do tribunal de polícia de São Francisco. Eram bêbados e desordeiros. Alguns eram velhos e já endurecidos; outros abaixaram a cabeça, envergonhados. Exatamente no momento em que se acalmava a desordem momentânea causada pela entrada dos prisioneiros, uma coisa estranha aconteceu. Uma voz forte, clara, vindo de baixo, cantava:

A noite passada, enquanto dormia,
Tive um sonho muito lindo.*

A noite passada! Para todos aqueles homens fora uma noite de orgia e bebedeira. A canção apresentava um contraste tão forte com o horrível fato que nenhum deles pôde deixar de sentir um abalo súbito.

Estava em Jerusalém,
Ao lado do Templo.**

O juiz fez uma pausa. Perguntou em voz baixa o que acontecia. Era o ex-membro de uma famosa companhia lírica, que esperava ser julgado por crime de falsificação. Era ele quem cantava em sua cela.

Nesse ínterim, a canção prosseguia e todos os homens pareciam emocionados. Um ou dois chegaram a cair de joelhos; um jovem que se achava numa das extremidades da fila, depois de ter feito um esforço desesperado

---

*Last night I lay a-sleeping,/ There came a dream so fair.

**I stood in old Jerusalem,/ Beside the Temple there.

UM FAVOR INSIGNIFICANTE, AQUI E ALI, É UMA COISA SIMPLES; ENTRETANTO, SE OS SEMEARMOS SEMPRE, TODA A VIDA, GRANDE SERÁ A NOSSA COLHEITA.

para se controlar, não se conteve, encostou-se à parede e, escondendo o rosto nos braços cruzados, exclamou entre soluços:

— Oh! minha mãe, minha mãe!

Os soluços cortavam o coração de todos os que ali se achavam e a canção prosseguia, confundindo-se com os murmúrios que corriam na sala do júri. Finalmente, um dos homens protestou:

— Senhor juiz — disse ele —, viemos aqui para nos entregar. Estamos prontos para receber o castigo, mas isso... — E começou também a soluçar.

Foi impossível prosseguir com o julgamento; contudo, o tribunal não ordenou que o cantor se calasse. O sargento de polícia, depois de um esforço para conservar os homens em ordem, afastou-se e ficou esperando. A canção atingiu o clímax:

Jerusalém, Jerusalém,
Canto a noite que passou,
Hosana nas alturas,
Hosana para sempre!*

Num êxtase da melodia, as últimas palavras morreram e fez-se o silêncio. O juiz olhou os rostos dos homens que tinha diante de si. Não havia um só que não estivesse comovido pela canção. Nenhum homem deixara de sentir um melhor impulso. O juiz despediu a todos e ninguém foi condenado ou multado naquela manhã. A canção produzira melhor efeito do que o que teria produzido qualquer castigo.

Você leu a história de um advogado e de um juiz que aplicaram a Regra de Ouro. Nesses dois incidentes comuns da vida quotidiana observou a maneira de aplicá-la.

Uma atitude passiva e a mera crença na Regra de Ouro não serão de vantagem alguma.

*Jerusalem, Jerusalem!/ Sing, for the night is o'er!/ Hosanna, in the highest!/ Hosanna, for evermore!

Não basta acreditar na filosofia, *é preciso, ao mesmo tempo, aplicá-la nas nossas relações com as outras pessoas.* Se desejamos resultados, precisamos ter uma atitude ativa em relação à Regra de Ouro. Uma mera atitude passiva, representada apenas pela confiança na sua veracidade, de nada nos aproveitará.

De nada adiantará também proclamar ao mundo a crença na Regra de Ouro enquanto as nossas ações não estiverem em harmonia com essa declaração. Em suma, em nada adiantará fingir praticar a Regra de Ouro se, dentro do nosso coração, não estivermos desejando ardentemente fazer uso dessa lei universal. Mesmo a pessoa mais ignorante "compreenderá" o que somos.

"O caráter humano sempre se patenteia. Não pode se ocultar. Odeia a escuridão e procura sempre a luz..." Uma vez ouvi um experimentado advogado dizer que nunca receou a acusação de outro advogado que não estivesse inteiramente convencido da justiça e da causa do seu cliente. A sua descrença é logo notada pelo júri, a despeito de todos os seus protestos, e os jurados se tornam também descrentes. É essa lei que faz com que uma obra de arte, de qualquer espécie que seja, nos ponha no mesmo estado de espírito em que estava o artista quando a compôs. Nunca podemos dizer de maneira adequada aquilo em que não acreditamos, mesmo que o repitamos muitas vezes. Foi essa convicção que Swedenborg expressou quando descreveu um grupo de pessoas do mundo espiritual tratando em vão articular uma proposição em que não acreditavam. Não podiam fazê-lo, conquanto torcessem os lábios, em indignação.

> Um homem passa por aquilo que vale realmente. O que ele é transparece na sua fisionomia, no seu aspecto, no seu destino, em letras luminosas que todos podem ler, menos ele próprio. Um homem pode se fazer de louco na solidão de um deserto, mas cada grão de areia parece testemunhá-lo.
>
> Emerson

É a lei sobre a qual se baseia a Regra de Ouro a que Emerson se refere nessas palavras. Era a mesma lei que ele tinha em mente quando escreveu o seguinte:

> Cada violação da verdade é não somente uma espécie de suicídio para o mentiroso, como também um golpe no bem da sociedade humana. Por

mais lucrativa que seja a mentira, o curso dos acontecimentos sempre lhe impõe taxa destruidora; está provado que a franqueza é a melhor das táticas, pois provoca a franqueza, põe as duas partes no mesmo nível e transforma o negócio em amizade. Confiemos nos homens e eles serão sinceros para conosco; se os tratarmos com magnanimidade, eles serão magnânimos para conosco, embora façam em nosso favor uma exceção a todas as regras de negócios.

A filosofia da Regra de Ouro é baseada numa lei que nenhum homem pode frustrar. Essa lei é a mesma que foi descrita na décima primeira lição, sobre *pensar com exatidão*, e por meio da qual os nossos pensamentos são transformados na realidade correspondente à sua natureza.

Uma vez concedido o poder criador ao nosso pensamento, está terminada a luta para encontrar cada um o seu próprio caminho. Desde então, o indivíduo passa a ser o resultado dos seus pensamentos.

Ora, é precisamente na concepção do poder criador do nosso pensamento que se baseia toda a Bíblia. Se não fosse isso, que significaria *ser salvo pela fé?*

A fé é, essencialmente, o pensamento; e assim sendo, toda prece para alcançar a fé em Deus é uma súplica para confiar no poder do nosso próprio pensamento acerca de Deus. A Bíblia inteira nada mais é do que uma glorificação do poder criador do pensamento.

A Lei da Individualidade do Homem é, deste modo, a Lei da Liberdade, e é também o Evangelho da Paz, pois quando compreendemos realmente a lei da nossa própria individualidade, vemos que ela encontra sua expressão em tudo mais, e, por conseguinte, devemos reverenciá-la nos outros, na mesma proporção em que a avaliamos em nós. Fazer isto é seguir a Regra de Ouro, ou fazer aos outros o que queremos que os outros nos façam; e como sabemos que a lei da liberdade, em nós mesmos, deve incluir o livre uso do nosso poder criador, não deve haver nenhum motivo para interferência nos direitos dos outros, pois podemos satisfazer todos os nossos desejos por meio da aplicação do conhecimento dessa lei.

Uma vez entendido isso, a cooperação tomará o lugar da competição, resultando daí que desaparecem todos os motivos para inimizades, seja entre indivíduos, classes ou nações.*

---

*Do livro *Bible Mystery and Bible Meaning*, da autoria do juiz T. Troward, Robert McBride & Company, Nova York. O juiz Troward foi o autor de vários volumes interessantes, entre os quais *The Edinburgh Lecture*, que recomendamos a todos que seguirem este curso. (*N. do A.*)

NÃO HÁ PESSOA PREGUIÇOSA QUE ESTEJA GARANTIDA NA VIDA, QUER SEJA RICA OU POBRE, BRANCA OU NEGRA, EDUCADA OU IGNORANTE.

BOOKER T. WASHINGTON

Se o leitor souber o que acontece a um homem que desdenha totalmente a lei em que se baseia a filosofia da Regra de Ouro, observe, no seu meio, uma pessoa cujo único objetivo seja acumular riqueza e que não tenha escrúpulos nos processos de conseguir o seu propósito. Estude essa pessoa e verá que não há fervor na sua alma, nem bondade nas suas palavras; a sua fisionomia não atrai. Tornou-se um escravo da ambição de riqueza, é ocupado demais para poder ter prazer na vida e egoísta demais para desejar ajudar os outros a serem felizes. Anda, fala e respira apenas como um autômato humano. Entretanto, há muitas pessoas que invejam tal homem e desejam ocupar sua posição, acreditando loucamente que ele é um triunfador.

Não pode haver triunfo sem felicidade, e nenhum homem pode ser feliz sem dispensar também felicidade aos outros. Mas essa felicidade deve ser dada voluntariamente e sem outro objetivo em vista senão levar um pouco de alegria a corações oprimidos.

George D. Herron tinha em mente a lei sobre a qual se fundamenta a filosofia da Regra de Ouro quando declarou o seguinte:

> Fala-se muito sobre a fraternidade futura, mas na verdade a fraternidade foi sempre um fato na vida humana, muito antes de se tornar um sentimento moderno e inspirado. Apenas temos sido irmãos na escravidão e no sofrimento, irmãos na ignorância e na sua perdição, irmãos nas enfermidades, na guerra, na penúria, irmãos na prostituição e na hipocrisia. O que acontece a um de nós em breve acontece também a todos; temos sido sempre, inevitavelmente, envolvidos num destino comum. O mundo tende constantemente para o nível do homem mais decaído que nele existe; e esse homem decaído é o verdadeiro dominador do mundo, que o traz preso a si e o arrasta na sua morte. Podeis pensar que não é assim, mas isso é verdade, deve ser verdade. Porque, se houvesse algum meio de nos libertarmos uns dos outros, se houvesse um meio de fazer com que alguns de nós estivessem no céu, enquanto outros sofrem tormentos infernais, se houvesse um meio de fazer com que uma parte do mundo escapasse a qualquer forma de infelicidade, perigo, miséria, trabalho mal, compensado, então o nosso mundo ficaria perdido, condenado; mas desde que os

> homens não são capazes de se libertar dos males uns dos outros, já que a história ensina claramente que não podemos escapar à fraternidade, de qualquer maneira que seja, então a vida inteira nos ensina que temos de escolher entre a fraternidade no sofrimento ou a fraternidade no bem; resta-nos escolher a fraternidade num mundo de cooperação, com todos os seus frutos, isto é, os frutos do *amor* e da *liberdade*.

A Guerra Mundial nos lançou numa era de esforço cooperativo na qual o preceito "vivamos e deixemos os outros viverem" permanece como uma estrela brilhante para nos guiar nas relações com os nossos semelhantes. Esse grande apelo por esforço cooperativo toma várias formas, das quais a modalidade não menos importante é constituída pelos clubes, como, por exemplo, o Rotary, que reúne os homens num espírito de camaradagem. Assim, esses clubes marcam o início de uma época de competição amistosa nos negócios. O próximo passo a ser dado será uma aliança mais estreita de tais clubes, nesse espírito de cooperação amigável.

A tentativa de Woodrow Wilson e de seus contemporâneos para estabelecer a Liga das Nações, seguida pelos esforços de Warren G. Harding, para dar estrutura à mesma causa, sob o nome de Tribunal Mundial, marcou a primeira tentativa feita na história do mundo no sentido de tornar efetiva a Regra de Ouro, como ponto de reunião das nações do mundo inteiro.

Não podemos negar o fato de que o mundo chegou, afinal, a descobrir a verdade da declaração de George D. Herron: "escolher entre a fraternidade no sofrimento e a fraternidade no bem." A Guerra Mundial nos ensinou, isto é, forçou-nos a aceitar a verdade segundo a qual uma parte do mundo não pode sofrer sem prejudicar ao mesmo tempo o mundo inteiro. Chamamos a atenção do leitor para esse fato não com o objetivo de pregar a moral e sim com o objetivo de dirigir a sua atenção para a lei por meio da qual se realizam todas essas transformações. Por mais de 4 mil anos o mundo tem refletido sobre a filosofia da Regra de Ouro, e tais *reflexões* se transformam agora na realização dos benefícios que são a recompensa dos que aplicam essa regra.

Tendo sempre em mente o fato de que os que seguem este curso estão interessados no triunfo material na forma de dinheiro no banco, parece-me adequado sugerir aqui que todos os que desejarem podem tirar proveito da aplicação dessa filosofia, que está de acordo com a onda de cooperação que se estende hoje por todo o mundo.

Se o leitor puder apreender o significado da enorme transformação que se está processando no mundo, desde que terminou a Grande Guerra, e se puder interpretar o significado de todos os clubes e organizações semelhantes, onde se reúnem homens e mulheres num espírito de cooperação amistosa, por certo a sua imaginação lhe sugerirá o fato de que chegou o momento oportuno de tirar proveito da aplicação desse espírito, como base da sua filosofia comercial ou profissional.

Em outras palavras, deve ser evidente para todos os que pretendem pensar com exatidão que chegou o momento em que o fracasso quanto a adotar a Regra de Ouro, como base de filosofia comercial ou profissional, equivale a um suicídio econômico.

Talvez o leitor tenha achado um tanto estranho o fato de que a questão de honestidade não tenha sido mencionada neste curso como requisito para o *triunfo*, e, se assim aconteceu, encontrará aqui a explicação. A filosofia da Regra de Ouro, compreendida e aplicada como deve ser, torna impossível a desonestidade. Ainda mais: torna impossíveis todas as outras qualidades destruidoras, como o egoísmo, a violência, a inveja, o ódio e a malícia.

Quando aplicamos a Regra de Ouro, nos tornamos, ao mesmo tempo, juízes e réus, acusados e acusadores. Isso vem nos colocar numa posição na qual a *honestidade* começa no fundo do nosso coração para conosco e se estende a todos os outros com iguais efeitos. A *honestidade* baseada na Regra de Ouro não é a espécie de honestidade que nada reconhece, senão a questão de oportunidade.

Não há nenhum crédito em ser honesto quando a honestidade é claramente proveitosa, evitando que se perca um bom cliente ou freguês, ou que se seja enviado à prisão. Mas quando a honestidade significa uma perda material, temporária ou permanente, torna-se então uma *honra* elevada para todos os que a praticam. Tal espécie de honestidade tem a sua justa recompensa na acumulação da força de caráter e na reputação desfrutada pelos que a merecem.

Os que compreendem e aplicam a filosofia da Regra de Ouro são sempre escrupulosamente honestos, não só em virtude do desejo de serem justos para com os outros, como também porque desejam ser justos para consigo mesmos.

Compreendem a lei eterna sobre a qual se baseia a Regra de Ouro e sabem que por meio da cooperação dessa lei *todos os pensamentos que formulam e todos os atos que praticam têm a sua compensação em qualquer circunstância que terão de enfrentar mais tarde.*

Os filósofos da Regra de Ouro são honestos porque compreendem a verdade segundo a qual a honestidade acrescenta ao seu caráter "algo de vital", que lhe dá atividade e poder. Aqueles que conhecem a lei por meio da qual opera a Regra de Ouro mais facilmente envenenariam a própria água que bebem do que praticariam uma injustiça, pois sabem que disso se originariam acontecimentos que não somente lhes trariam sofrimentos materiais, como lhes destruiriam o caráter, ameaçando-lhes a reputação e tornando impossível a realização de um triunfo duradouro.

A lei por meio da qual opera a filosofia da Regra de Ouro não é outra senão a lei por meio da qual opera também a autossugestão. Essa afirmativa dá ao leitor uma sugestão da qual poderá tirar uma dedução que é de grande alcance e de valor inestimável.

Experimente o seu progresso na assimilação deste curso analisando a afirmativa precedente e determinando, antes de prosseguir na leitura, qual a sugestão que ela pode lhe oferecer.

Qual o benefício que lhe adviria do fato de que quando faz aos outros o que desejaria que eles lhe fizessem — o que é a substância da Regra do Ouro — está pondo em movimento uma rede de causalidade por meio do auxílio de uma lei que afeta as outras pessoas, de acordo com a natureza do seu ato, *e ao mesmo tempo implanta no seu caráter, por meio do subconsciente, os efeitos desse ato?*

Esta pergunta, por si mesma, sugere a resposta, mas como o autor está determinado a fazer com que o leitor reflita sobre um assunto de importância vital, apresentará a pergunta de outra forma, isto é: *Se todos os seus atos e mesmo os seus pensamentos para com os outros são registrados no seu subconsciente, por meio do princípio da autossugestão, fazendo assim do seu caráter uma duplicata exata dos seus pensamentos e atos, não vê então a que ponto é importante vigiar esses atos e pensamentos?*

Chegamos agora à verdadeira razão que temos para fazer aos outros o que desejamos que eles nos façam, pois é claro que o que quer que façamos aos outros fazemos também a nós mesmos.

Em outras palavras, cada ato e cada pensamento que formulamos modificam o nosso caráter na exata conformidade com a natureza desse pensamento ou ato, e o nosso caráter é uma espécie de ímã que atrai para nós as pessoas e as condições que se harmonizam com ele.

Não podemos condescender com um ato com outra pessoa sem ter antes criado a natureza desse ato no nosso próprio *pensamento, e não podemos formular um pensamento sem implantar a soma, a substância e a natureza desse pensamento no nosso próprio subconsciente, de modo que ele se torne parte do nosso próprio caráter.*

Apreendendo esse simples princípio teremos compreendido por que não podemos condescender em odiar ou invejar ninguém. Compreenderemos também por que não podemos condescender em "pagar na mesma moeda" aos que nos fazem uma injustiça. Da mesma maneira, compreenderemos a máxima "pagar o mal com o bem".

Se compreendermos a lei sobre a qual é baseada a injunção da Regra de Ouro, compreenderemos também a lei que liga eternamente todos os homens, num laço de fraternidade, e torna impossível, *para nós*, ofender a outrem por *pensamento* ou *ato* sem prejudicar também a nós mesmos; e pela mesma razão, acrescentamos ao nosso caráter os resultados de qualquer pensamento ou ato generoso em que condescendermos.

Compreendendo essa lei saberemos, sem sombra de dúvida, que estamos constantemente punindo a nós mesmos por toda má ação que cometermos e nos recompensando também por todos os atos construtivos que praticarmos.

Parece quase um ato da Providência o fato de que o maior mal, a mais severa injustiça, que já sofri da parte de um dos meus semelhantes tivesse ocorrido justamente no momento em que começava a escrever esta lição. (Alguns dos leitores deste curso sabem decerto a que me refiro.)

Essa injustiça me prejudicou apenas temporariamente, mas isso tem pouca importância em comparação com a vantagem que me trouxe, fornecendo-me oportunidade para testemunhar a veracidade da premissa sobre a qual é baseada esta lição.

A injustiça a que me refiro pôs-me diante de duas maneiras de agir: eu podia ter "pagado na mesma moeda", exigindo uma indenização por meio de processo, ou poderia ter decidido pelo direito de perdoar-lhe. Um processo teria me dado uma soma substancial, e a alegria e satisfação que há em derrotar e punir um inimigo. O outro modo de agir teria me dado o

NÃO HÁ DERROTA SENÃO A QUE VEM DE NÓS MESMOS. NÃO HÁ BARREIRA INTRANSPONÍVEL SENÃO A NOSSA PRÓPRIA FRAQUEZA DE PROPÓSITO.

EMERSON

respeito próprio que é desfrutado por todos que se submetem com êxito à prova e descobrem que evoluíram a ponto de apreender o amplo significado das palavras da oração do Pai-nosso.

Escolhi o segundo modo de agir. Escolhi-o a despeito dos meus amigos íntimos, que me aconselhavam a "pagar na mesma moeda", e a despeito das ofertas de um eminente advogado, que me oferecia os seus serviços *de graça*.

Mas esse advogado se oferecia para fazer o impossível, pela simples razão de que nenhum homem pode tirar represálias *de graça*. Nem sempre o custo é financeiro, pois podemos pagar com outras coisas além do dinheiro.

Mas tentar fazer com que uma pessoa não familiarizada com a Regra de Ouro compreendesse por que eu não queria me vingar desse inimigo seria tão inútil como procurar descrever a um macaco a lei da gravitação. Se o leitor compreende essa lei, compreenderá também por que preferi perdoar o meu inimigo.

O Pai-nosso nos adverte a perdoar os nossos inimigos, mas essa advertência cairá em ouvidos surdos, exceto quando aquele que a ouve compreende a lei sobre a qual a injunção é baseada.

É a lei que serve de base a esta lição e por meio da qual, inevitavelmente, colheremos o que semearmos. Não há meio de escapar dessa lei, nem também há razão alguma para que evitemos as suas consequências, se nos abstivermos de pôr em ação pensamentos e atos destruidores.

Para que possamos descrever melhor essa lei vamos concretizá-la num código de moral que deve ser adotado por todos aqueles que desejam seguir a direção da Regra de Ouro.

MEU CÓDIGO DE MORAL

1. Creio na Regra de Ouro como base de toda a conduta humana; assim, nunca farei aos outros aquilo que não desejaria que me fizessem.
2. Serei honesto, mesmo nos detalhes, em todas as minhas transações com os outros, não só porque é meu desejo ser justo com todos, como também

porque desejo imprimir no meu subconsciente a ideia de honestidade e, assim, fixar no meu caráter essa qualidade essencial.

3. Perdoarei os que forem injustos comigo sem olhar se merecem ou não o meu perdão, porque compreendo a lei por meio da qual o perdão concedido reforma o meu caráter e elimina os efeitos das minhas transgressões no meu subconsciente.
4. Serei sempre justo, generoso e sincero com os outros, mesmo quando souber que meus atos passarão despercebidos e sem qualquer recompensa, de acordo com o que se entende por recompensa, porque compreendo e pretendo aplicar a lei por meio da qual o caráter de alguém é apenas a soma total das suas ações.
5. Seja qual for o tempo que eu possa empregar em descobrir e expor as fraquezas e os defeitos dos outros, o empregarei com mais proveito descobrindo e corrigindo os meus próprios defeitos.
6. Não falarei mal de ninguém, por mais razões que tenha para isso, porque desejo fixar no meu subconsciente apenas as ações construtivas.
7. Reconheço o poder do pensamento como sendo um canal que conduz ao meu cérebro, partindo do oceano universal da vida; assim, não deixarei que pensamentos destrutivos flutuem nesse oceano, para evitar que contaminem os outros espíritos.
8. Dominarei a tendência humana para o ódio, a inveja, o egoísmo, o ciúme, a malícia, o pessimismo, a dúvida, o medo, pois creio que eles são as sementes que dão ao mundo a maior colheita de tribulações.
9. Quando minha mente não estiver ocupada com pensamentos que tendam para a realização do meu principal objetivo definido na vida, procurarei conservá-la cheia de pensamentos corajosos, de confiança em mim mesmo, boa vontade para com os outros, de fé, bondade, lealdade, amor pela verdade e pela justiça, pois acredito que eles são as sementes que produzem a colheita do progresso.
10. Compreendo que uma mera crença passiva na realidade da filosofia da Regra de Ouro não tem valor algum, quer para mim quer para os outros; assim, *ativamente* porei em ação essa regra universal, em todas as minhas transações com os outros.
11. Compreendo a lei por meio de cuja operação se desenvolve o meu caráter, através dos meus *atos* e *pensamentos*; por isso, evitarei com cuidado tudo o que interferir com esse desenvolvimento

12. Compreendendo que toda felicidade duradoura é conseguida apenas por meio do auxílio que prestamos aos nossos semelhantes, que nenhum ato de bondade fica sem a sua recompensa, mesmo que ela não seja dada de um modo direto e imediato, tudo farei para auxiliar os outros onde e quando se apresentarem as oportunidades.

Decerto o leitor notou a insistência com que citei Emerson no decorrer deste curso. Cada leitor deve adquirir um volume dos *Ensaios*, de Emerson, e o ensaio sobre a "Compensação" deve ser lido e estudado de três em três meses. Observe-se durante a leitura desse ensaio como se trata aí da mesma lei sobre a qual se baseia a Regra de Ouro.

Muita gente acredita que a filosofia da Regra de Ouro é apenas uma teoria, sem ligação alguma com uma lei imutável. Os que assim pensam chegaram a essa conclusão apenas por terem prestado serviços sem receber uma recompensa direta.

Quantas vezes prestamos serviços aos outros que não são retribuídos nem compreendidos! Por mim, tenho experimentado isso muitas vezes, e estou certo de que para o futuro terei novas experiências desse gênero. Contudo, não deixarei de prestar serviços aos outros apenas porque eles não são retribuídos nem apreciados.

A razão disso é que quando presto um serviço a alguém ou pratico um ato de bondade deposito no meu subconsciente o efeito dos meus esforços, que pode ser comparado ao ato de recarregar uma bateria. Pouco a pouco, se pratico um número suficiente de atos semelhantes, terei desenvolvido um caráter positivo e dinâmico que atrairá a mim as pessoas cujo caráter se harmoniza ou parece com o meu.

Todos aqueles que atraio a mim retribuirão os atos de bondade e os serviços que eu tiver prestado, e desse modo a Lei da Compensação tera equilibrado para mim a balança da justiça, trazendo de sua origem os resultados dos serviços que prestei por meio de fontes inteiramente diversas.

O leitor já terá ouvido dizer muitas vezes que o primeiro negócio feito por qualquer vendedor é consigo próprio, o que significa que, a menos que ele se convença primeiro dos méritos da mercadoria que vende, não será capaz de convencer os outros. Mais uma vez, aqui, entra a Lei da Atração, pois é fato bem conhecido que o entusiasmo é contagiante, e quando um vendedor demonstra grande entusiasmo, desperta um interesse correspondente na mente dos clientes.

Podemos compreender mais facilmente essa lei se nos considerarmos como uma espécie de magneto humano que atrai os indivíduos cujas características se harmonizem com o nosso. Encarando-nos assim como um magneto que atrai para nós todos os que se harmonizam com nossas características dominantes e que repele tudo o que está em desacordo com elas, não devemos esquecer também o fato de que *somos nós que constituímos esse magneto* e também que podemos modificar a sua natureza, para que ele corresponda a qualquer ideal que desejamos fixar e seguir.

E, o que é mais importante, não esqueçamos que todo esse processo de transformação ou modificação tem lugar por meio do pensamento.

O nosso caráter é apenas a soma total dos nossos pensamentos e atos! Essa verdade já foi declarada de vários modos no decorrer deste curso.

Em vista disso, é impossível prestar qualquer serviço útil ou praticar qualquer ato benéfico a terceiros sem que se receba a recompensa. E mais ainda: é impossível praticarmos qualquer ato ou pensamento destrutivo sem incorrermos no castigo de perdermos uma quantidade correspondente do nosso poder.

O pensamento *positivo* desenvolve uma personalidade dinâmica, ao passo que o *pensamento negativo* desenvolve uma personalidade de natureza diferente. Em muitas das lições anteriores e mesmo na presente demos instruções definitivas sobre o método exato de desenvolver uma personalidade por meio do *pensamento positivo*. Essas instruções foram particularmente detalhadas, sobretudo na terceira lição, sobre a autoconfiança. Encontra-se ali uma fórmula muito definida a ser seguida. Todas as fórmulas dadas neste curso têm o objetivo de ajudar *conscientemente* o leitor a dirigir o poder do *pensamento* para desenvolver uma personalidade que atrairá para si todos os que o ajudarão a realizar o seu objetivo principal definido.

Não precisamos de provas de que os nossos atos hostis para com os outros provocam represália. Além disso, ela quase sempre é decisiva e imediata. Do mesmo modo, não necessitamos de provas para mostrar que podemos fazer muito mais se tratarmos os outros de maneira a levá-los a cooperar conosco. Se o leitor assimilou a lição sobre o autocontrole, sabe agora induzir os outros a agir da maneira que desejar *por meio da sua atitude para com eles.*

O preceito bíblico "Olho por olho, dente por dente" é baseado na mesma lei sobre a qual opera a Regra de Ouro. Nada mais é do que a Lei da Represália, com a qual já estamos familiarizados. Mesmo a pessoa mais egoísta terá de responder a essa lei, pois não pode evitá-la. Se falo mal de alguém, mesmo que diga a verdade, essa pessoa não pensará muito bem a meu respeito e, mais do que isso, procurará uma oportunidade para represálias, mas se falo sobre as suas virtudes, ela sentirá simpatia por mim e, quando se apresentar uma oportunidade, procurará quase sempre retribuir com favores.

Por meio da operação da Lei da Atração os que a ignoram estão constantemente atraindo dificuldades, tristezas, o ódio e a oposição dos outros somente com *palavras imprudentes e atos destruidores.*

"Façamos aos outros o que desejarmos que eles nos façam."

Quantas vezes temos ouvido esta frase! Entretanto, quantas pessoas compreendem a lei sobre a qual ela é baseada? Para tornar essa advertência ainda mais clara, talvez seja melhor expressá-la com mais detalhes da seguinte maneira:

Façamos aos outros o que desejarmos que eles nos façam, *tendo sempre em mente o fato de que a natureza humana tem tendência para a represália.*

Confúcio devia ter em mente essa lei quando definiu, da seguinte maneira, a filosofia da Regra de Ouro:

"Não façais aos outros o que não desejaríeis que eles vos fizessem."

E bem podia ter acrescentado a explicação de que essa advertência é fundada na tendência comum da natureza humana para "pagar na mesma moeda".

Aqueles que não compreendem a lei sobre a qual se fundamenta a Regra de Ouro tendem a argumentar que ela não tem valor algum, pois os homens têm sempre inclinação para aplicar o "Olho por olho, dente por dente", o que nada mais é do que a Lei da Represália. Se fossem um pouco mais longe no seu raciocínio, compreenderiam que consideram aí apenas os efeitos negativos da lei, a qual é também capaz de produzir efeitos positivos.

NÃO CUMPRIMOS TODOS OS NOSSOS DEVERES SE NÃO PREENCHEMOS TAMBÉM O DE SERMOS AGRADÁVEIS.
CHARLES BUXTON

Em outras palavras, aquele que não deseja ter um olho arrancado deve se precaver contra essa infelicidade evitando arrancar o olho do seu semelhante. Vamos um pouco adiante: prestemos a alguém um favor, um serviço útil, e, por meio da operação da mesma lei essa pessoa nos prestará um favor semelhante.

E se não retribuir, que tem isso?

Lucramos de qualquer maneira com o efeito desse ato sobre o nosso subconsciente.

Assim, fazendo o bem e aplicando sempre a filosofia da Regra de Ouro, podemos estar certos de obter benefícios de uma fonte e, ao mesmo tempo, teremos uma ótima oportunidade para tirar proveito de outras origens.

Pode acontecer que fundemos na filosofia da Regra de Ouro todos os nossos atos para com os outros sem receber por isso retribuição alguma, durante muito tempo, e pode até acontecer que aqueles a quem prestamos favores jamais os retribuam, mas, nesse ínterim, estivemos dando mais vitalidade ao nosso caráter, e mais cedo ou mais tarde esse caráter positivo que estivemos formando começará a se pronunciar e perceberemos que estivemos recebendo juros, em troca de atos de bondade que parecem ter sido praticados inutilmente, com pessoas que não os compreenderam nem retribuíram.

Não devemos esquecer que a nossa reputação é feita pelos outros, mas o nosso *caráter* é formado por nós mesmos.

Queremos que a nossa reputação seja favorável, mas não podemos estar certos de tal coisa, pois reputação é algo exterior, que existe na mente dos outros, é aquilo que os outros acreditam que temos. Com o caráter o caso é diferente. Nosso caráter é o que somos; é o resultado de nossos pensamentos e atos. Nós o controlamos. Podemos fazê-lo fraco ou forte, bom ou mau. Quando estivermos satisfeitos e tivermos certeza de que temos um caráter íntegro, não nos preocupemos com a reputação, pois é impossível que o nosso caráter seja destruído ou prejudicado por qualquer outra pessoa senão nós mesmos.

Era essa verdade que Emerson tinha em mente quando escreveu:

> Uma vitória política, a cura de uma doença, o regresso de um grande amigo, outros acontecimentos exteriores elevam nosso espírito; temos a impressão de que os dias estavam a nosso favor. NÃO ACREDITAMOS NISSO. Não pode ser assim. NADA PODE NOS DAR TRANQUILIDADE SENÃO NÓS MESMOS. NADA PODE NOS DAR PAZ SENÃO O TRIUNFO DOS PRINCÍPIOS.

Uma das razões porque temos que agir com justiça em relação aos outros é o fato de que cada ação pode levá-los a pagar na mesma moeda, mas a melhor razão para isso é que a bondade e a justiça para com os outros desenvolvem um caráter positivo em todos aqueles que praticam tais atos.

Uma pessoa a quem eu prestasse um serviço útil poderia me negar a recompensa a que eu teria direito, mas ninguém pode me privar do benefício que poderei tirar do fato de ter prestado esse favor, pois tal ato serve para fortificar o meu caráter.

Vivemos numa era industrial. Por toda parte vemos forças de evolução que operam grandes transformações nos métodos e maneiras de viver e modificam as relações entre os homens na sua luta pela vida, pela liberdade e pelos meios de ganhar a vida.

Estamos na era do esforço organizado. Por todos os lados vemos claros indícios de que a organização é a base de todo sucesso financeiro, e conquanto entrem outros fatores na consecução do triunfo, a organização é ainda o mais importante.

A era industrial criou dois termos relativamente novos: capital e trabalho. Capital e trabalho constituem as engrenagens principais da máquina do esforço organizado. Essas duas grandes forças triunfam na razão da extensão em que compreendem e aplicam a filosofia da Regra de Ouro. Apesar disso, porém, nem sempre existe harmonia entre essas duas forças, graças aos que vivem semeando a discórdia e alimentando desentendimentos entre empregados e empregadores.

Durante os últimos 15 anos tenho dedicado considerável tempo ao estudo das causas de desacordos entre patrões e empregados. Reuni também grande número de informações úteis de homens que estudaram igualmente a questão.

Há apenas uma solução que, se for bem-entendida por todos os interessados, poderá trazer harmonia ao caos existente, estabelecendo relações perfeitas entre capital e trabalho. O remédio não é invenção minha. Fundamenta-se numa importante lei da natureza. Essa solução foi muito bem-apresentada por um dos grandes homens da nossa geração nas seguintes palavras:

> A questão que nos propomos a considerar está despertando profundo interesse, na hora atual, porém não mais do que a sua importância o exige. É um dos sinais animadores da nossa época o fato de que tais assuntos estejam constantemente atraindo a atenção dos homens mais prudentes e preocupando todas as classes do povo. O vasto predomínio desse movimento demonstra que uma vida nova começa a pulsar no coração da humanidade, operando sobre as suas faculdades, da mesma maneira que a brisa tépida da primavera sobre o solo gelado e as sementes adormecidas das plantas. Pode causar um grande tumulto, pode destruir muitas formas mortas e geladas, produzirá grandes, em alguns casos, extremas mudanças, mas anuncia o florescimento de novas esperanças e a vinda de novas colheitas para suprir as necessidades humanas e trazer mais felicidade para todos. É necessária muita prudência para guiar as novas forças que vão entrando em ação. Cada homem tem a mais grave obrigação de cumprir a sua parte na formação de uma opinião pública correta e de dar uma sábia direção à vontade popular.

A solução para os problemas de trabalho, de necessidade, de sofrimentos e de tristeza só pode ser encontrada se encaramos a questão do ponto de vista moral e espiritual. Ela deve ser vista de um novo ângulo. Deve ser encarada de um ponto de vista mais elevado do que salários e acumulação de riqueza. Deve ser encarada de acordo com as relações que tem com os fins para os quais o homem foi criado. É desse ponto de vista que me proponho estudar a questão.

O capital e o trabalho são essenciais um ao outro. Seus interesses são tão comuns que eles não podem ser separados. Em comunidades civilizadas esclarecidas, são mutuamente dependentes. Se há alguma diferença, o capital é mais dependente do trabalho do que o trabalho do capital. A vida pode ser mantida sem capital. Os animais, com poucas exceções, não têm grande ansiedade pelo dia de amanhã, e Deus nos mostra exemplos dignos de imitação: "Olhai as avezinhas que não semeiam nem colhem e, contudo, o Pai do Céu as alimenta." Os selvagens vivem sem capital. Na verdade, as grandes massas da humanidade vivem do seu trabalho quotidiano. Mas o homem não pode viver somente de riqueza. Não pode comer ouro nem prata; não pode vestir-se com as cédulas de dinheiro ou com as ações das grandes companhias. O capital nada pode fazer sem o trabalho, *o seu único valor consiste no poder de comprar o trabalho ou os seus resultados.* É um produto do trabalho. Não há razão para que assuma uma importância que não lhe pertence. Contudo, inteiramente dependente do trabalho, como é, no que se refere ao valor, é um fator essencial do progresso humano.

Desde o momento em que o homem começa a se erguer do estado selvagem e relativamente independente para o estado civilizado, o capital se torna necessário. Os homens entram em relações mais íntimas uns com os outros. Em vez de uma só pessoa fazer toda espécie de trabalho, o homem começa a se dedicar ao trabalho especializado e a depender dos outros para lhe fornecerem várias coisas. Dessa maneira, o trabalho se torna diverso. Um homem trabalha o aço, outro, a madeira; um fabrica tecidos, que outro transforma em roupas; alguns cultivam os gêneros alimentícios para sustento dos que constroem casas e fabricam os instrumentos agrícolas. Para isso é necessário um sistema de intercâmbio, e para facilitá-lo é preciso construir estradas e empregar homens. À medida que a população cresce e as necessidades se multiplicam, o intercâmbio se torna mais vasto, até que surgem as imensas manufaturas, as estradas de ferro cingem a terra como faixas de aço, os navios sulcam todos os mares e há uma multidão de homens que não sabem cultivar o trigo, fazer roupas ou qualquer trabalho direto para prover as suas necessidades.

Assim, à medida que as nossas necessidades se multiplicam e a civilização cresce, podemos ver a que ponto nos tornamos dependentes uns dos outros. Cada pessoa exerce o seu trabalho especial e faz o seu melhor trabalho porque pode devotar toda a sua inteligência e o seu tempo a uma forma de atividade para a qual mais bem-especializado. Enquanto trabalha para os outros todos, os outros trabalham para ele. Cada membro da comunidade trabalha para toda a comunidade, e esta, por sua vez, para cada membro. É essa a lei da vida perfeita, uma lei que rege em toda parte no mundo material. Cada homem que se ocupa num trabalho útil ao corpo ou ao espírito é um filantropo, um servidor do público, quer cultive o trigo nos prados, o algodão no Texas ou na Índia, trabalhe nas minas de carvão nas entranhas da terra ou alimente com ele as máquinas de um grande navio. Se o egoísmo não pervertesse os motivos humanos, todas as pessoas estariam cumprindo a lei da caridade enquanto se empenham no seu trabalho diário.

Para levar a cabo esse vasto sistema de intercâmbio, para pôr lado a lado a floresta e a fazenda, a fábrica e a mina, e entregar os produtos de todos os climas em cada porta, é necessário um capital imenso. Um homem não pode trabalhar na sua fazenda ou fábrica e construir ao mesmo tempo uma estrada de ferro ou uma linha de navios. Assim como as gotas de chuva, agindo isoladamente, não podem mover um moinho ou suprir energia para um motor, mas reunidas num vasto reservatório se tornam o poder irresistível de Niágara ou a força que movimenta o motor e o navio, assim também alguns dólares em vários bolsos seriam impotentes para promover os meios para vastas operações; porém, combinados, movem o mundo.

O capital é amigo do trabalho e essencial para que ele se exerça economicamente e tenha sua justa recompensa. Pode ser, e muitas vezes isso acontece, um inimigo terrível, se é empregado apenas para fins egoístas, mas a grande massa do capital é mais favorável à felicidade do que se supõe geralmente. Não pode ser empregada sem auxiliar o trabalhador quer direta, quer indiretamente. Pensamos nos males que nos atingem, mas em geral não tomamos conhecimento do bem que desfrutamos. Pensamos nos males de que nos livraríamos se tivéssemos meios mais amplos, e no conforto que isso nos proporcionaria, mas esquecemos as vantagens que temos, e que seriam de todo impossíveis sem o acúmulo do capital. É prudente fazer um cálculo justo tanto do bem que recebemos como do mal que nos atinge.

É muito comum dizer-se hoje que os ricos estão ficando mais ricos e os pobres mais pobres, mas se todas as pessoas fizessem um cálculo cuidadoso surgiriam razões para se duvidar da veracidade de tal afirmativa. É verdade que os ricos estão ficando mais ricos. É também verdade que a situação do operário vai melhorando pouco a pouco. Hoje, o trabalhador comum goza de direitos e vantagens que muitos príncipes não tinham há um século. Veste-se melhor, tem uma alimentação variada e abundante, vive em casas mais confortáveis e tem mais facilidade para dirigir os seus assuntos domésticos e para o prosseguimento do trabalho do que se poderia conseguir com dinheiro há alguns anos. Um imperador não poderia viajar com mais rapidez do que o trabalhador comum hoje em dia. O operário pode pensar que está sozinho, sem ninguém que o auxilie, mas na verdade tem um imenso séquito de servidores, prontos para fazer o que ele manda. É necessário um grande exército de homens e um emprego imenso de capital para prover um jantar comum, como todo mundo, com poucas exceções, pode ter hoje em dia.

Pensemos na vasta combinação de meios e de homens que são necessários para prover até mesmo uma refeição frugal. O chinês cultiva o chá; o brasileiro, o café; das Índias Ocidentais vêm as especiarias; o cubano cultiva o açúcar; os fazendeiros dos prados do Oeste fornecem o pão e, possivelmente, a carne; as fazendas de laticínios fornecem o leite e a manteiga; os mineiros extraem das colinas o carvão que em alguns lugares ainda cozinha os nossos alimentos e aquece as nossas casas; o carpinteiro nos supre de cadeiras e mesas; as cutelarias nos fornecem os talheres; as fábricas de louças, os pratos em que comemos; os irlandeses fabricam o tecido para as toalhas de mesa; o açougueiro nos fornece a carne; e o moleiro, a farinha.

Mas esses vários gêneros alimentícios e os meios de prepará-los e servi-los foram produzidos a imensa distância uns dos outros, e de nós.

Foi necessário atravessar os mares, aterrar vales e abrir túneis em montanhas, construir navios e estradas de ferro e também instruir e empregar um vasto exército de homens para que um jantar comum pudesse ser preparado e servido. Há também homens para reunir esses materiais, para comprá-los, vendê-los e distribuí-los. Cada qual permanece no seu posto, realiza o seu trabalho e recebe o seu salário. Mas nem por isso deixa de estar trabalhando para nós, servindo-nos tão fielmente como se estivesse a nosso serviço especial, e recebendo o salário das nossas mãos. À luz desses fatos que todos devem reconhecer, estamos habilitados para ver mais claramente a seguinte verdade: cada pessoa que realiza um trabalho útil é um benfeitor do público, e essa ideia e esse propósito enobrecem o trabalho e o trabalhador. Todos nós estamos presos por laços comuns: o rico e o pobre, o sábio e o ignorante, o forte e o fraco — estão todos entrelaçados na mesma teia social e civil. Prejudicar um é prejudicar todos; auxiliar um é auxiliar todos.

Assim, vimos que é preciso um grande exército de trabalhadores para prover um jantar comum. Como deixar de compreender que é necessária uma quantidade correspondente de capital para conservar em ação esse complicado maquinário? Não vemos também que todas as pessoas, homens, mulheres e crianças, gozam os benefícios disso? Como teríamos carvão, carne, farinha, chá e café, açúcar e arroz? O operário não pode construir navios e sustentar-se ao mesmo tempo. Um fazendeiro do Kansas poderia hoje estar queimando trigo para cozinhar e aquecer sua casa, e o mineiro sentir a falta do pão que seria feito com esse trigo, por não poderem trocar os frutos do seu trabalho. Cada hectare de terra, todas as florestas e minas aumentaram de valor graças às estradas de ferro e aos navios, e os confortos da vida e os meios de cultura intelectual e social foram transportados aos lugares mais inacessíveis.

Mas os benefícios do capital não se limitam a suprir as nossas presentes necessidades e confortos. O capital abre novas perspectivas ao trabalho. Torna-o diverso e dá um campo mais vasto a cada um, para fazer a espécie de trabalho a que melhor se adapta, por gênio e gosto natural. O número de empregos criados pelas estradas de ferro, navios, telégrafos, fábricas e maquinários mal pode ser avaliado. O capital é também amplamente empregado para suprir os meios de cultura intelectual e espiritual. Os livros se multiplicam, seu preço baixa constantemente, e o melhor pensamento do mundo, graças às editoras, pode ser acessível ao mais humilde trabalhador. Não há melhor exemplo dos benefícios que o trabalhador comum tira do capital do que o jornal diário. Por 2 ou 3 centavos a história do mundo é levada a todas as portas. O trabalhador, quando volta do trabalho ou a ele se dirige, pode visitar todas as partes do mundo e ter uma ideia mais verdadeira dos acontecimentos do dia do que se estivesse realmente presente. Uma batalha na China, ou na África, um terremoto na Espanha, uma explosão em Londres, um debate no Congresso, o movimento dos homens na vida pública e privada, para a supressão do vício e o esclarecimento dos ignorantes, auxílio aos necessitados e aperfeiçoamento do povo, em geral, lhe são apresentados num pequeno espaço e o põem em contato e em pé de igualdade no que se refere à história do mundo com reis e rainhas, com santos e sábios, e pessoas de todas as condições. Já ocorreu ao leitor pensar alguma vez, quando lê os jornais da manhã, quantos homens estiveram trabalhando, reunindo notícias de todas as partes do mundo e pondo-as numa forma conveniente para o seu uso? Para isso foi necessária a inversão de milhões de dólares e o emprego de milhares de homens para produzir o jornal e deixá-lo na sua porta. E quanto pagou o leitor por isso? Apenas alguns centavos.

São exemplos dos benefícios que todos nós tiramos do capital, e que não seriam possíveis sem o emprego de grandes somas. Esses benefícios nos chegam sem que nos preocupemos de modo algum com isso. O capital não pode ser empregado em algo de útil sem beneficiar uma multidão de pessoas. É o capital que põe em ação a máquina da vida e multiplica os empregos; coloca o produto de todos os climas na porta de cada um e aproxima, uns dos outros, todos os povos e nações. Seria proveitoso que todas as pessoas, mesmo as mais pobres, refletissem sobre tal fato.

Se o capital traz tantos benefícios ao trabalho, se só pode ser empregado pelo trabalho, e tira dele todo o seu valor, como poderá, então, haver conflito entre os dois? Não poderia haver conflito algum se o capitalista e o trabalhador agissem de acordo com os princípios humanos e cristãos. Mas isso não acontece. Ambos são governados por princípios anticristãos e inumanos. Cada parte procura conseguir os maiores lucros prestando o menos possível de serviços. O capital deseja maiores lucros e o trabalho, maiores salários. Os interesses do capitalista e do trabalhador entram assim em choque direto. Nessa guerra, o capital tem grandes vantagens e está sempre pronto para se apoderar delas. Tem exigido e tomado a parte do leão na partilha. Tem considerado o trabalhador como um escravo, cujos direitos e felicidade não devem ser respeitados. Influencia os legisladores para que façam leis que lhe sejam favoráveis, subsidia os governos cujo poder curva em seu favor. O capital tem sido um senhor e o trabalho, seu escravo. Enquanto o escravo permaneceu dócil e tolerante, contente com a compensação que o senhor julgava dever lhe dar, não houve conflito. Porém, o trabalho se ergue agora de uma condição submissa e desesperada. Adquiriu força e inteligência; conquistou a ideia de que tem direitos que devem ser respeitados e reuniu forças para apoiar esses direitos.

Cada parte, nessa guerra, considera o assunto de acordo com os seus interesses egoístas. O capitalista acha que o lucro do operário representa uma perda para si e que deve, portanto, olhar primeiro para os seus interesses pessoais; que quanto mais barata for a mão de obra, maiores serão os seus lucros. Por conseguinte, é do seu interesse baixar os salários o mais possível. O trabalhador, ao contrário, pensa que perde justamente o que o capitalista ganha e procura conseguir os salários mais altos. Desses dois pontos de vista contrários nasce o conflito direto. O que uma parte ganha, a outra perde. Daí o conflito. Ambos agem movidos pelo egoísmo, e ambos estão errados. As duas partes veem apenas a metade da verdade, e caem assim numa situação ruinosa. A paixão inflama os espíritos e cega o entendimento, e os homens sacrificam então os seus interesses para ofenderem uns aos outros. E ambos sofrem prejuízos. Vivem constantemente em guerra, recorrem a todos os meios e tiram vantagem de tudo para alcançar a vitória. O capitalista procura curvar o trabalhador pela fome, como a uma cidade sitiada A fome e a necessidade são armas poderosas. O trabalho resiste obstina damente e procura destruir o valor do capital, tornando-o improdutivo. Se a necessidade exige um armistício, faz-se uma trégua de má vontade, mantida com o propósito de recomeçar as hostilidades, logo que haja qualquer possibilidade de sucesso. Desse modo, trabalhadores e capitalistas se enfrentam como dois exércitos armados, prontos para renovar o combate. E ele será recomeçado, sem dúvida, e prosseguirá com um sucesso indeciso, até que as duas partes descubram que estão enganadas, que os seus interesses são mútuos e que só podem ser assegurados plenamente por meio da cooperação, dando-se a cada um a recompensa que merece. O capitalista e o trabalhador devem dar-se as mãos por cima do abismo insondável onde tem sido arremessado tanto trabalho e tanto capital.

De que maneira se pode conseguir isso? Eis o problema que preocupa o espírito de muitos homens bons e inteligentes, no momento atual. Uma legislação sábia e imparcial será, sem dúvida, um agente importante quanto a eliminar a paixão cega e proteger todas as classes contra a exploração. É dever de todos os homens empregar o máximo de esforços para que essa legislação surja e passe a vigorar o mais brevemente possível. As organizações trabalhistas terão grande influência. Sua influência será ainda maior se basearem todas as suas reivindicações no sentimento de justiça e humanidade. Violências e ameaças não dão resultado. A arbitragem — não resta a menor dúvida — é o meio mais prudente e seguro de que se dispõe agora para conseguir acordo entre as duas partes. A concessão ao operário de um certo interesse nos lucros tem dado bons resultados em alguns casos, mas isso traz grandes dificuldades práticas, que exigem mais prudência e autocontrole e respeito genuíno pelos interesses comuns do que é possível encontrar geralmente. Há vários meios que podem produzir um efeito parcial, e provisório, mas não se poderá conseguir um progresso permanente sem a extinção das causas desse conflito.

A verdadeira causa disso está num egoísmo desordenado, e essa causa continuará a operar, enquanto existir. Pode ser restringida ou moderada, mas há de se apresentar sempre, quando surgir ocasião. É preciso eliminá-la.

Há um princípio de influência universal que deve servir de base a todos os esforços nesse sentido. Não é invenção minha. Não há dificuldade para compreendê-lo e aplicá-lo. Uma criança pode entendê-lo e agir de acordo com ele. É universal na sua aplicação e absolutamente prático nos efeitos. Diminui o peso do trabalho e aumenta as suas recompensas. Esse princípio é simplesmente a Regra de Ouro, contida nas seguintes palavras: "*Não façamos aos outros aquilo que não desejamos que eles nos façam.*"

Antes de tratar da aplicação desse princípio quero chamar a atenção do leitor para ele, pois trata-se de uma importante lei da vida humana, e que parece hoje completamente abandonada pelos homens de Estado, filósofos e doutrinadores. Essa regra encerra toda a religião, compreende todos os preceitos, mandamentos e meios de futuros triunfos do bem sobre o mal, da verdade sobre o erro, a paz e a felicidade dos homens, preditas nas gloriosas visões dos profetas. Meditemos sobre as palavras. Não basta dizer que é uma norma prudente, que se acorda com os princípios da ordem divina, revelados na lei e nos profetas. *Essa lei compreende todos, e em si a lei e os profetas.* Compreende o amor de Deus. Diz que devemos considerá-lo como desejamos que ele nos considere; que devemos agir para com ele da maneira que desejamos que ele aja para conosco. Que devemos desejar que ele nos ame de todo o coração, de toda a sua alma, com todo o seu espírito e toda a sua força e que devemos amá-lo da mesma maneira. Se desejamos que o nosso vizinho nos ame como ama a si próprio, devemos amá-lo da mesma maneira que amamos a nós mesmos É aqui que se encontra a lei universal e divina da fraternidade. Não é um preceito de sabedoria humana: tem origem na natureza divina e é encarnado na natureza humana. Apliquemos esse preceito ao conflito entre o capital e o trabalho.

Imaginemos que o leitor é um capitalista. O seu dinheiro está empregado em manufaturas, terras, minas, mercadorias, estradas de ferro e navios, ou, então, é emprestado a juros. Emprega homens, direta ou indiretamente, para usar o seu capital. Não poderá chegar a uma justa conclusão acerca dos seus direitos, deveres e privilégios se olhar exclusivamente para os seus ganhos. O brilho do ouro exerce tal magia sobre o espírito que o cega para tudo mais. Assim, não verá outro interesse que não o seu. O trabalhador não é considerado possuindo qualquer interesse que deva ser respeitado O capitalista o vê apenas como seu escravo, seu instrumento, um meio de aumentar a sua riqueza. Desse ponto de vista é um amigo, enquanto lhe serve, e um inimigo, quando não serve mais. Porém mude o leitor o seu ponto de vista. Ponha-se no lugar do operário, inverta os papéis. Como gostaria que ele o tratasse? Talvez já tenha estado no seu lugar, porque o capitalista de hoje é o operário de ontem, e o trabalhador de hoje será amanhã o patrão. Sabe, então, por experiência própria, como desejaria ser tratado. Gostaria de ser considerado como um mero instrumento, um meio de enriquecer a outro? Gostaria de receber um salário que mal bastasse para as estritas necessidades da vida? Gostaria de ser visto com indiferença e tratado com brutalidade? Gostaria de ter o seu sangue, a sua força transformados em dinheiro para o benefício de outro? Estas perguntas são fáceis de responder. Todos sabem que gostariam de ser tratados com bondade, que os seus interesses fossem considerados, os seus direitos, reconhecidos e protegidos. Todos sabem que tal consideração não pode deixar de ser correspondida. A bondade atrai a bondade, o respeito atrai o respeito. Ponha-se no lugar do operário e não terá dificuldade em decidir se deve agir de outra maneira e tirar 1 centavo a mais dos músculos do trabalhador ou diminuir a pressão e, se possível, aumentar um pouco os seus salários e respeitar o seu serviço. Trate-o da maneira como desejaria que ele o tratasse, se estivesse no seu lugar.

Imaginemos que o leitor seja um operário. Recebe uma certa soma por dia do trabalho. Ponha-se no lugar do seu patrão. Como desejaria que trabalhassem os seus operários? Acharia direito que eles o considerassem como inimigo? Julgaria honesto que diminuíssem o trabalho *para fazer menos, ganhando mais*? Se tivesse um contrato que devesse findar em tempo determinado ou sofresse uma grande perda, gostaria que os seus operários se aproveitassem da necessidade para forçar um aumento de salários? Julgaria acertado e justo que eles interferissem na direção do seu negócio, que lhe impusessem, os seus empregados os termos em que devia contratá-los? Não preferiria que eles fizessem um trabalho honesto e de boa vontade? Não se sentiria, então, muito mais disposto a zelar pelos interesses deles, aumentar-lhes o salário quando fosse possível e zelar pelo bem-estar de suas famílias, quando visse que eles se interessavam pela sua própria? Bem sei que seria assim. É verdade que os homens são egoístas e que alguns são de espírito tão mesquinho e estreito que não podem ver outro interesse senão o seu próprio, homens cujo coração não é feito de carne e sim de metal, tão duro que não se deixa mover por nenhum sentimento humano, e não se importam que os outros sofram, contanto que tirem proveito disso. Mas esses homens são a exceção, não a regra. Somos influenciados pelo cuidado e devotamento dos outros pelos nossos interesses. O trabalhador que sabe que o seu patrão tem boa vontade para com ele deseja tratá-lo com justiça e ter consideração pelo seu bem-estar, produzirá muito mais e melhor trabalho, e estará disposto para olhar os interesses do patrão como olha os seus próprios. Estou certo de que muitos pensarão que essa lei humana e divina de fazer aos outros apenas o que desejaríamos que eles nos fizessem é coisa impraticável nessa época de egoísmo. Se ambas as partes se deixassem governar por ela, todos veriam, afinal, como seriam felizes os resultados. Mas não se deixarão levar por ela. O operário não trabalhará senão compelido pela necessidade. Logo que consegue um pouco de independência do patrão, torna-se orgulhoso, arrogante e hostil. O patrão aproveitará todos os meios de conservar o trabalhador dependente e de tirar dele tudo o que puder. Cada centímetro de terreno que o trabalho cede, o capital ocupará, nele se entrincheirando, e levando o trabalhador à maior dependência e à mais abjeta submissão. Mas isso é um erro. A história do mundo bem prova que quando os espíritos dos homens não estão envenenados por hostilidade intensa ou ultrajados por injustiças cruéis, eles estão sempre prontos para ouvir conselhos, desinteressados e judiciosos. Um homem que empregava um grande número de trabalhadores em minas de carvão contou-me um dia que não conhecia exemplo de um caso em que uma resposta calma e sincera deixasse de produzir efeito quando se apelava para motivos honrosos, de homem para homem, tratando-se de pessoas que tivessem sentimentos de humanidade. Houve recentemente, nessa cidade, o exemplo notável de um conselho judicioso e desinteressado que foi da maior eficiência para resolver dificuldades entre empregadores e empregados.

Quando os espíritos estão inflamados pela paixão, os homens não escutam a voz da razão. Tornam-se cegos pelos seus interesses e não se importam com os interesses alheios. *As dificuldades nunca são solucionadas onde domina a paixão. Nunca são solucionadas pelo conflito. Uma parte pode ser vencida pela força, mas o senso do erro continuará; o fogo da paixão permanecerá aceso sob as cinzas, para irromper na primeira ocasião.* Mas quando o capitalista e o operário estiverem convencidos de que nenhum dos dois quer tirar vantagens, quando estiverem certos de que há um desejo sincero e a determinação de ambos os lados para agir com justiça, todos os conflitos entre as duas partes cessarão completamente, da mesma maneira que as ondas enfurecidas se tornam calmas quando o vento deixa de soprar sobre os mares. O operário e o capitalista têm um interesse mútuo e comum. Nenhum dos dois pode prosperar sempre isoladamente. São partes de um corpo. Se o trabalho é o braço, o capital é o sangue. Desvitalizemos ou desperdicemos o sangue e os braços perderão toda a sua força. Um cuide do outro, e ambos serão beneficiados. *Que cada um tome a Regra de Ouro como guia* e todas as causas de hostilidade serão removidas, todos os conflitos cessarão, e eles irão lado a lado para cumprir a sua tarefa e colher a justa recompensa.

Se o leitor assimilou os fundamentos desta lição, compreendeu por que nenhum orador público consegue mover o seu auditório ou convencer homens com os seus argumentos se não estiver inteiramente convencido do que diz.

Compreende, também, por que nenhum vendedor pode convencer o cliente a não ser que se convença antes dos méritos da mercadoria que vende.

Durante todo este curso acentuou-se em particular um princípio com o fim de ilustrar a verdade segundo a qual toda personalidade é a soma total dos pensamentos e atos do indivíduo — que nos parecemos com a natureza dos nossos pensamentos dominantes.

O pensamento é o único poder sistematicamente capaz de organizar, acumular e reunir fatos e materiais, de acordo com um dado plano. Um rio caudaloso pode reunir detritos e formar um terreno; uma tempestade pode reunir uma massa informe de galhos, mas nem o rio nem a tempestade poderão pensar. Assim, os materiais por eles reunidos não o são sob uma forma organizada, decisiva.

Somente o homem tem o poder de transformar seus *pensamentos* em realidade física, somente o homem pode sonhar e fazer dos seus sonhos uma realidade.

O homem tem o poder de criar ideias e de conseguir realizá-las.

Como aconteceu que o homem seja a única criatura na Terra que sabe usar o poder do pensamento? Isso aconteceu porque o homem é o ápice da pirâmide da evolução, o produto de milhões de anos de luta durante os quais ergueu-se sobre as outras criaturas da Terra *como resultado dos seus próprios pensamentos e dos seus efeitos sobre si mesmo.*

Exatamente quando, onde e como apareceram os primeiros raios do *pensamento* no cérebro humano é o que ninguém sabe, mas todos nós sabemos que o *pensamento* é o poder que distingue o homem de todos os outros animais; do mesmo modo, todos nós sabemos que é o poder do pensamento que coloca o homem acima de todas as outras criaturas.

Ninguém conhece os limites do poder do pensamento, ou sabe se esses limites existem ou não. Tudo em que o homem *acredita*, ele pode realizar. Há algumas gerações, os escritores mais imaginativos falaram de "carruagens sem cavalos". Isso se tornou uma realidade, e é hoje o veículo mais comum. Por meio do poder de evolução do pensamento as esperanças e ambições de uma geração se tornam uma realidade na geração seguinte.

O poder do pensamento tem tido uma posição dominante em todo este curso, isso porque tal posição lhe pertence. A posição dominante do homem, no mundo, é o resultado direto do *pensamento*, e é esse poder que o leitor como indivíduo deve usar para conseguir o triunfo, seja qual for a ideia do que chama *triunfo*.

O leitor chegou, agora, ao ponto em que deve fazer um inventário de si mesmo, com o propósito de ver quais as qualidades de que necessita para ter uma personalidade equilibrada e completa.

O domínio completo das 15 Leis do Triunfo equivale a uma apólice de seguro contra o fracasso.
Samuel Gompers

Quinze fatores principais entraram na estrutura deste curso. Analise-se cuidadosamente, com o auxílio de uma ou mais pessoas, se achar que é necessário, com o fim de ver em quais desses fatores é mais deficiente e concentre então todos os seus esforços nessas lições em particular, até desenvolver plenamente os fatores que elas representam.

Indecisão

Uma visita do autor depois da lição

O desenho que ilustra esta parte conta uma história verdadeira, uma das principais causas de fracasso. Um dos jogadores é o *tempo*, o outro, é o homem comum.

O tempo

A indecisão rouba a oportunidade. É bastante significativo o fato de que nenhum grande líder tivesse jamais conhecido a hesitação. Somos felizes se a ambição nos impele à ação, sem nos permitir nunca hesitar ou voltar atrás uma vez que tomamos a decisão de prosseguir. Segundo a segundo, como o tique-taque do relógio a distância, o tempo disputa conosco uma corrida. A demora significa a derrota, porque homem algum pode fazer um segundo que seja com o tempo perdido. O tempo é um chefe de operários que cura as feridas das decepções e dos fracassos, corrige as injustiças e transforma todos os erros em capital, mas favorece apenas aqueles que matam a indecisão e agem quando se torna necessário tomar decisões.

A vida é um grande tabuleiro de xadrez. O nosso parceiro no jogo é o tempo.

Se hesitarmos, perderemos. Se continuarmos a jogar, poderemos vencer. O único capital verdadeiro é o tempo, mas é capital somente quando empregado.

O leitor ficará atônito se fizer uma estimativa acurada do tempo que desperdiça num único dia. Observe o desenho que ilustra esta parte e conhecerá o destino de todos os que jogam descuidados com o tempo.

De jogada em jogada o *tempo* derrotou o homem comum, levando-o ao canto, onde o apanhará, por mais que ele faça. A causa disso foi a indecisão.

Perguntemos a qualquer vendedor bem-informado e ele nos dirá que a indecisão é a fraqueza principal da maioria das pessoas. Todos os vendedores estão familiarizados com a desculpa clássica: "Vou pensar sobre o assunto", o que significa a última linha de defesa dos que não têm coragem para dizer *sim* ou *não*. Como o jogador acima, não se decidem quanto ao melhor jogo a fazer. Enquanto isso, o *tempo* os leva a um ponto onde não podem se mover.

Os grandes líderes do mundo têm sido sempre pessoas de pronta decisão.

O general Grant tinha muito pouco para justificar a sua fama de hábil general, exceto uma firme decisão. Mas essa qualidade foi suficiente para eliminar todas as suas fraquezas. A história dos grandes triunfos militares que conseguiu pode ser lida na sua resposta aos que o criticavam: "Lutaremos de acordo com esse plano, mesmo que seja preciso levar o verão inteiro."

Quando Napoleão decidia mover os seus exércitos numa determinada direção, não consentia que motivo algum transtornasse a sua deliberação. Se a sua linha de ação conduzia os soldados a uma vala cavada pelo inimigo para deter a marcha, ele dava ordem para que se enchesse a vala com cadáveres de soldados e de cavalos, até formar uma ponte.

A indecisão leva milhões de pessoas ao fracasso. Uma vez, um homem que fora condenado à morte declarou que o pensamento da execução não lhe parecia tão terrível uma vez que já se decidira a aceitar o inevitável.

A falta de decisão é o principal obstáculo encontrado pelos diretores de reuniões revivalistas. Todo o trabalho, aí, é fazer as pessoas chegarem à decisão de aceitar um determinado dogma. Billy Sunday disse uma vez: "A indecisão é o instrumento favorito do demônio."

Andrew Carnegie imaginou uma grande indústria do aço, mas essa indústria não seria o que é hoje se ele não tivesse chegado à decisão de transformar a sua visão em realidade.

James J. Hill viu, com os olhos da imaginação, um grande sistema ferroviário transcontinental, mas essa estrada de ferro jamais teria sido construída se ele não tivesse tomado a decisão de iniciar o projeto.

A imaginação, por si só, não é bastante para garantir o sucesso.

Milhões de pessoas têm imaginação e fazem planos que facilmente lhes dariam fama e fortuna, mas esses planos nunca chegam ao estágio da *decisão.*

Samuel Insul era um taquígrafo vulgar, empregado de Thomas Edison. Imaginou as possibilidades comerciais da eletricidade. Porém fez mais do que ver essas possibilidades — chegou à decisão de transformá-las em realidade, e hoje é um magnata da eletricidade que se tornou multimilionário.

Demóstenes era um jovem grego muito pobre que nutria grande desejo de ser orador. Nada havia nisso de extraordinário. Outros têm desejado a mesma coisa e conseguido realizar esse desejo. Mas Demóstenes acrescentou a decisão ao desejo, e apesar de ser gago conseguiu dominar essa limitação e se tornar um dos maiores oradores do mundo.

Martin W. Littleton era um pobre rapazinho que aos 12 anos de idade nunca havia entrado numa escola. Seu pai levou-o um dia para ouvir um grande advogado que fazia a defesa de um assassino, numa das grandes cidades do Sul dos Estados Unidos. A defesa lhe causou uma impressão tão profunda que, apertando a mão do pai, ele exclamou:

— Serei um dia um dos maiores advogados da América!

Era uma decisão definida!

Hoje Martin W. Littleton não aceita honorários de menos de 50 mil dólares e diz-se que está sempre ocupado. Tornou-se um grande advogado porque tomou a decisão de assim fazer.

Edwin C. Barnes chegou à decisão de tornar-se sócio de Thomas A. Edison. Sem instrução, sem dinheiro para pagar a passagem de trem, sem amigos influentes que o apresentassem a Edison, o jovem Barnes dirigiu-se a East Orange num trem de carga e conquistou Edison de tal maneira que conseguiu a oportunidade que o levou a tornar-se seu sócio. Hoje, justamente 20 anos depois de ter tomado essa decisão, Barnes retirou-se dos negócios e vive na Flórida, com todo o dinheiro de que necessita.

Em geral os homens de decisão conseguem tudo o que querem.

Lembro-me bem de um pequeno grupo de homens que se reuniu em Westerville, no estado de Ohio, para organizar uma "Anti-Saloon League". Os donos de bares faziam pilhérias com eles. O povo ria geralmente da ideia. Mas eles tomaram a decisão.

Essa decisão foi *tão pronunciada que* venceu os poderosos antagonistas.

William Wrigley Jr. tomou a decisão de dedicar toda a sua carreira comercial à fabricação e venda de pacotinhos de chicletes, de 5 centavos: Os lucros que tem obtido sobem a milhões de dólares.

Ford tomou a decisão de fabricar e vender um automóvel a preço popular, que estivesse ao alcance de todos os que desejassem possuir um carro. Tal decisão transformou Ford no homem mais poderoso do mundo e milhões de pessoas encontraram meios de viajar.

Todos esses homens tinham duas qualidades notáveis: um *propósito definido* e uma *firme decisão* para transformar esse propósito em realidade.

O homem de decisão consegue sempre o que quer, seja qual for o tempo que demorar ou os obstáculos que encontrar no caminho. Conta-se o caso de um hábil vendedor, o qual foi um dia procurar um banqueiro de Chicago, que não quis recebê-lo. Uma manhã o vendedor ficou esperando perto da sua casa, até que o viu sair de automóvel. Na expectativa da sua oportunidade, guiou o seu carro, que se chocou de leve com o automóvel do banqueiro. Saltando do carro rapidamente, o vendedor entregou um cartão ao outro, pediu desculpas pelo que acontecera e prometeu ao banqueiro um carro novo, inteiramente igual ao que fora danificado. Na mesma tarde o automóvel foi enviado e do incidente nasceu uma amizade que terminou numa sociedade que ainda hoje existe.

---

*Behind him lay the gray Azores,/ Behind the Gates of Hercules;/ Before him not the ghosts of shores;/ Before him only shoreless seas./ The good mate said: "Now must we pray,/ For lo! The very stars are gone,/ Brave Adm'r'l, speak; what shall I say"/ Why, say: "Sail on and on!"

O homem de decisão não pode ser detido.
O homem indeciso não pode iniciar. Faça o leitor a sua escolha.

> Atrás os Açores cor de cinza,
> Atrás as Portas de Hércules.
> Diante dele não espectros de praias,
> Mas apenas os mares sem praias.
> E o bom piloto: "Agora devemos rezar,
> Porque até as estrelas se foram."
> "Bravo almirante, falai, que devo dizer?"
> Dize: "Naveguemos, naveguemos sempre..."*

Ao iniciar a sua famosa viagem Colombo tomou uma das mais notáveis decisões registradas na história da humanidade. Não tivesse ele permanecido firme nessa decisão talvez a liberdade americana, tal como conhecemos hoje, não tivesse sido possível.

Observemos todos os nossos conhecidos que têm vencido na vida e descobriremos o fato significativo de que *os homens e as mulheres que triunfam na vida são os que sabem tomar decisões rápidas e nelas permanecem firmes, até vê-las realizadas.*

Se o leitor é um daqueles que tomam uma decisão hoje para mudar amanhã, estará irremediavelmente perdido. Se não está certo do jogo a fazer, é melhor fechar os olhos e jogar no escuro do que permanecer imóvel, sem jogar.

O mundo pode perdoar os nossos erros, mas nunca perdoará a falta de decisão, pois nunca se ouvirá falar de nós fora da comunidade em que vivemos.

Todos nós, quem quer que sejamos, seja qual for a nossa ocupação, jogamos uma partida de xadrez com o *tempo*! É sempre nossa a próxima jogada. Movamos a pedra com decisão e o *tempo* nos favorecerá. Permaneçamos indecisos e o *tempo* nos expulsará do tabuleiro.

Nem sempre podemos fazer o jogo acertado, mas se continuarmos a jogar com decisão poderemos tirar vantagem da lei das médias e alcançar uma boa marcação antes de terminado esse grande jogo que se chama A VIDA.

Este livro foi composto na tipologia Minion Pro,
em corpo 11/15,5 e impresso em papel off-set 75g/m²,
no Sistema Cameron da Divisão Gráfica
da Distribuidora Record.